JN438772

International Commercial Arbitration

무역분쟁의 예방과 해결

박승락 · 윤영한 · 이재영 공저

머리말
Preface

본질적으로 무역거래는 법역(法域)을 달리하는 거래이기 때문에 필연적으로 국내 거래보다 리스크가 높을 수 밖에 없으며, 이에 따라 분쟁이 발생할 가능성 역시 높다.

문제는 국제거래의 경우 서로 다른 상관습과 적용되는 법규 등이 상이하므로 국내 거래의 분쟁에서 활용되는 법의 일률적 적용이 현실적으로 불가능하므로 국제거래의 활성화를 저해하는 매우 심각한 요소도 대두되어 왔다.

국제상인들은 이러한 문제점을 해결하기 위하여 지난 18세기부터 많은 노력을 기울여 왔으며 이러한 노력의 결과로 얻어진 것이 바로 '상사중재 (International Arbitration)'이다. 실제로 국제상인 (International Merchant)간에는 무역계약을 체결할 때 분쟁의 발생에 대비하여 이러한 조항을 계약서에 삽입하고 해결하는 형식을 취해왔다. 그리고 이러한 상사중재의 적용을 정교화 하기 위하여 무역과 관련된 국제회의 및 기구에서는 다양한 법제를 탄생시키고 발전시켜 왔다.

특히 '뉴욕협약'의 탄생은 이러한 국제상인들의 노력에 의한 결과라고 할 수 있으며, 시대가 변해감에 따라 무역거래 역시 거래 지역과 거래물품이 변해왔으며, 이에 따라 상관습 (Trade Custom) 또한 진화하여 왔다.

그런데, 최근 본격화되고 있는 정보기술의 탄생 및 진화는 무역거래 대상의 전자화 (Digitization)와 거래 방식을 변화시켜왔으며, 최근 들어 조심스럽게 논의되는 내용 가운데 하나가 무역분쟁 해결방식의 전자화이며, 이들의 방향성은 매우 다각도로 활발하게 논의되고 있다.

이에 본 교재는 기존의 상사중재라는 틀을 계승하면서 최초의 변화된 동향을 능동적으로 수용하고 제시하고자 하는 소명의식에서 시도 되었다. 특히 on-line에 대한 심도있는 내용과 더불어 사례연구 등을 통하여 보다 깊이있는 교재가 되도록 노력을 기울였다.

총 4부로 구성한 본 교재는 제1부에서 무역학전공 학생들이 학부제 시행으로 인하여 무역의 기초적인 마인드가 부족한 현실을 감안하여 분쟁해결에 필수적인 법의 기초적인 부분과 더불어 무역클레임의 발생원인 등에 대하여 설명하였고, 제2부에서는 이러한 무역분쟁의 해결방법에 대하여 설명하였다. 제3부에서는 무역분쟁의 해결방법 중하나인 상사중재의 의의와 중재절차 등에 대한 실무적인 부분을 강조하여 설명하였고, 제4부에서는 중재관련 국내외 법규와 향후 분쟁해결제도의 전망에 대하여 제시하였다.

이 책은 우리 3인 저자의 노력으로만 이루어진 것이 아니라 여러 선배 학자들의 연구를 정리한 것에 불과하며, 본 교재에서 있을 수 있는 오류는 오직 저자들의 잔재비학에 기인하는 것이며, 기회가 닿는 대로 본 내용을 검토하여 더욱 완성도 높은 교재가 되도록 노력할 것을 감히 당부 드린다.

본 교재를 완성하는 데는 많은 분들의 도움이 있었다. 우선 좋은 연구여건을 허락해 주신 이수희 충북개발연구원 원장께 이 자리를 빌려 진심으로 감사드리고 싶으며, 주말의 귀중한 시간을 기꺼이 희생해준 가족들에게 미안하다는 말을 전하고 싶다. 졸저의 교정 및 발간을 도와준 우용출판사의 고종식 사장님께도 다시 한 번 감사의 뜻을 전하는 바이다.

마지막으로 이세상의 창조주이시며, 우리를 불꽃같이 지켜주시는 하느님께 감히 영광을 올립니다.

2008. 봄의 길목에서

저자씀

제 I 부 법의 이해와 무역클레임 일반론

제Ⅱ부 무역클레임 해결방법

제Ⅲ부 국제상사중재의 의의와 절차

제Ⅳ부 중재 관련 법규와 분쟁해결제도의 전망

표 차례

그림 차례

분쟁사례

제1부

법의 이해와 무역클레임 일반론

무역분쟁의 주요 해결 수단 : 법의 이해

우리 인류는 어떠한 형태이든지 사회생활을 영위하여 왔으나 이러한 사회생활 가운데 관련 당사자들간에 갈등은 필연적이라고 할 수 있다. 이러한 갈등을 해결하기 위하여 여러 가지 수단을 강구하여 오고 있는데 그 중에서도 강제적 수단을 넓은 의미로 법이라고 지칭한다.

무역의 경우에도 크게 다르지 않아서 관련 당사자들 상호간의 이익(Win-Win)을 위하여 행하는 무역이 어떠한 사유로 인하여 당사자들간의 상호 이해관계의 상충으로 인하여 충돌로 이어지는 경우도 있다. 이를 '무역분쟁'이라 하는데, 이러한 무역분쟁을 해결하는데 있어 법이라고 하는 수단은 직접적으로 영향을 미치는가 하면, 간접적인 형태로 영향을 미치기도 한다. 따라서 무역분쟁의 예방과 해결이라는 대주제를 이해하기 위하여 무역분쟁의 주요 해결 수단인 법의 개념과 관련 제반 사항을 개략적으로 살펴보면 다음과 같다.

1 법의 의미

(1) 법의 개관

법(法)은 넓은 뜻으로는 '실정법'과 '자연법'을 총괄하고 좁은 뜻으로는 법률과 같은 뜻으로 사용되지만, 현실적으로 사회에서 시행되고 있는 실정법을 가리키는 것이 가장 일반적이다. 여기서 실정법은 자연법에 대응되는 말로서, 일정한 시대·사회에서 효력을 가진 것으로 실증적으로 파악될 수 있는 형식으로 나타나 있는 현상적인 것을 말하며, 제정법 뿐만 아니라 관습법과 판례법도 포함한다. 실정법은 공법과 사법, 시민법과 사회법, 실체법과 절차법, 사법법과 행정법, 민사법과 형사법, 국내법과 국제법, 강행법과 임의법 등으로 구별된다.

법은 제정법·판례법·관습법·조리(條理) 등 여러 가지의 형태 즉, 법원(法源)으로 존재하지만, 다른 사회규범으로부터 분화해 자립적인 존재형태를 취하게 되면 각각 독자의 구조적 · 기능적 특질을 가진 몇 개의 규범군으로 조성된 하나의 체계로 존립하고 작동하게 된다. 한편 법의 구조와 기능은 그 규범적 측면을 제도적 · 기술적 · 주체적 측면과 통합적으로 관련지어서 입체적 · 동태적으로 파악해야 한다.

법의 구체적 존재 형태는 각 시대나 사회에 따라 상당히 다르지만, 근대국가 성립 이후의 국내법 체계가 일반적으로 전형적인 법으로 이해되고 있고, 법의 여러 가지 특질도 주로 이와 같은 법체계를 염두에 두고 논의되고 있다.

(2) 법의 기원

법이란 상호 관련되어 있는 법규범의 총체로서 사회규범 중에서 정치적으로 조직된 사회의 강제성을 띤 규범으로서 궁극적으로 추구하는 가치는 정의라고 할 수 있다. 여기서 법규범이란 명령(命令)과 평가(評價)의 공통분모로서의 행위 지시이다. '법은 규범의 체계일 뿐 아니라 행위의 체계'라는 사회학적 법의 개념은 '법은 당위(當爲)이지 존재(存在)는 아니다'라는 법철학적 법 개념과는 다르다고 할 수 있다. 또한 법은 '법 이념'을 지향하고 있지만, 그것과 같다고는 할 수 없다.

1) 법의 기원

법(法)이란 글자의 고자(古字)는 水(물 수 : 평등)와 豸(해태 치 : 정의)와 去(수레 거 : 흘러감)를 조합한 데서 기인하는 글자이다. 여기서 '수'는 수면과 같이 공평함을 뜻한다. '치'는 해태라고 하는 전설적 동물로서 시비곡직을 가리는 일을 맡은 동물인데, 정의를 실현하는 상징이다. 해태는 또한 불을 삼키는 동물로 알려져 불붙은 분쟁을 가라앉힌다고 하여 중국에서는 예로부터 재판을 할 때 이 해태상(海苔像) 앞에서 했다고 한다. '거'는 악을 제거하는, 즉 응징적인 강제성을 나타낸 것이다. 그 약자인 '법'(法)도 따지고 보면 물이 높은 데서 낮은 곳으로 흐르듯 순리적인 것을 뜻하는 글자라고 설명할 수 있을 것이다.

그리스어에서 법을 뜻하는 말인 노모스(nomos)는 원래 '나누어 준다'라는 뜻의 동사 '네모'(γεμω)에서 유래했다고 하며, 결국 법은 의식주의 토대인 토지를 나누어갖는 데서 시작되었기 때문에, 이 '한정'(限定)으로부터 신의에 의한 자연법칙이 아니고 관습적인 우연의 원인을 갖는 인간의 법칙을 뜻하게 되었다. 라틴어의 'jus', 독일어의 'Recht', 프랑스어의 'droit'는 모두 옳은 것, 즉 정의를 뜻하는 것이며 법이란 정의를 실현하는 것이라는 관념과 일치한다. 또 라틴어의 'lex'나 영어의 'law' 등도 명령을 따르는 것에서부터 유래해 그것이 계율을 뜻하게 되었고, 다시 법률을 뜻하게 되었다고 한다.

즉, 평등하고 정의롭게 가는 것을 법으로 정의하고 있는 것으로 이해하는 것이 타당하다.

2) 서양 어원

'ius'는 산스크리트어의 iungere, iugumd의 어근 'Yu'에 뿌리를 두고 있다. 토마스 아퀴나스는 'ius'를 '올바른 사물'이라고 하였는데, 'Recht'는 richtig (올바른)와 Richtung (방향)의 결합이다.

3) 법률(法律)의 어원

법률이란 용어에는 만든 이의 의지를 포함하고 있으며, 'lex' (라틴어, 왕이 만든), 'Gesetz' (만들다) 등의 단어가 있다. 즉, 법률은 법과 명령의 연결이라 할 수 있다.

(3) 법의 개념 : 사회규범성과 강제규범성

1) 규범과 사회생활 : 사회규범 (social norm)

국가와 같은 사회에서 사람의 행동방향을 제시하여 단체생활에 통일과 질서를 부여할 규율이 필요하게 되었다. 즉, 사람에 의하여 사회적으로 설정된 목적달성을 위한 법칙 (마땅히 해야 하는 것을 의미한다. 이러한 예로는 간음하지 말라, 도둑질하지 마라 등)으로서 실현 가능의 여부는 알 수 없으나, 실현되기를 기대하는 목적적 규칙이며, 목적과의 불일치에도 불구하고 타당한 법적 부문을 의미한다.

이와 같이 사회생활을 가능하게 하는 규범 (사회규범)이 요구되는 데, 여기서 우리는 관습, 도덕, 종교와 법의 강제성과 차이점을 구분하여 볼 수 있다.

2) 법의 개념

법이란 사람의 사회 공동생활에 있어서 행위의 준칙 (準則)으로서 국가에 의하여 유지되며 강제되는 사회규범이라 할 수 있다. 이의 위반 시 일정한 불이익 내지 강제 (예를 들자면 벌금을 내게 한다든지 혹은 강제로 일정기간 동안 유치시설에 구속시켜 놓는 것 등)가 예정되어 있다.

(4) 법의 연원 (淵源)

1) 法의 淵源 또는 法源 (source of law)이란 무엇인가?

법을 제정하는 힘, 법을 구성하는 재료, 법률지식을 얻는 자료를 법의 연원 (淵源) 또는 법원 (法源)이라고 한다.

2) 법의 이념

법은 정의, 합목적성, 법적 안정성이라는 이념이 있다. 여기서 정의(正義 : 의(義)는 양 밑에 자신이 있는 것으로 가장 어리석은 양보다 자신을 낮춘다는 의미)는 일반적 정의와 특수적 정의로 구분할 수 있다. 특히, 특수적 정의에는 평균적 정의(사법 : 개인과 개인간의 관계)와 배분적 정의(공법 : 국가와 개인간 관계)로 구분할 수 있다.

한편, 합목적성이란 개인가치, 단체가치, 문화가치 즉 가치 상대주의의 개념으로 규명할 수 있으며, 법적 안정성이란 법의 이념이며, 질서로 나타난다. 법은 일정한 질서를 갖지 않으면 의미가 없으므로 법적 안정성은 법의 존재를 위한 가장 기본적 조건이 된다. 이는 '무질서보다는 독재가 낫다', '시효' 등으로 설명할 수 있다.

(5) 법원(法源)의 종류

법원(法源)의 종류는 보는 학자들의 견해에 따라 매우 다양하게 정의될 수 있으나, 일반적으로 분류하는 유형은 다음과 같다.[1)]

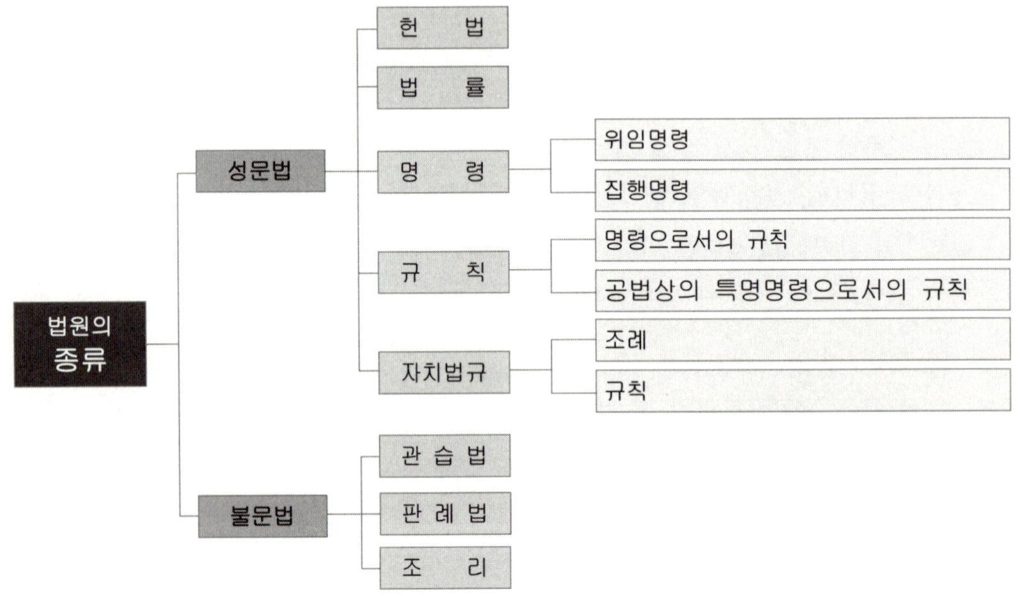

【그림 Ⅰ-1】 법원(法源)의 종류

1) 김병묵 외, 「생활과 법률」, 법문사, 1996.

(6) 법의 역할

법체계가 현대사회에서 직접적·간접적으로 수행하는 기능은 다양하지만 대체로 규범적 기능과 사회적 기능으로 대별된다. 규범적 기능이란 법이 일정한 행위를 수행 또는 유보하기 위한 이유를 제시함으로써 사람들의 행위의 지침 혹은 평가기준이 되는 것이다. 사회적 기능은 다수의 법규범에 의해 확립되고 규제되고 있는 여러 법적 제도에 의해 수행되는 기능이다. 이러한 사회적 기능은 억지(抑止)·활동촉진·분쟁해결·자원배분이라는 기본적인 4가지 기능으로 구분될 수 있다. 이렇듯 법의 역할은 학자들에 따라 매우 다양한 견해를 가지고 있으나, 일반적으로 규정할 수 있는 법의 역할은 다음과 같다.

1) 분쟁해결의 지향

법의 가장 중요한 역할 가운데 하나는 분쟁해결의 지향성이 될 수 있다는 것인데, 구체적으로는 분쟁이 발생한 경우 이를 해결하기 위한 기준을 제시하는 것이 될 수 있다는 것이다.

즉, 법은 사람들이 자주적으로 이해관계를 조정할 수 있도록 사전에 일반적인 법적 규준에 따라 권리·의무 관계를 가능한 한 명확히 규정하고 분쟁방지에 노력할 뿐만 아니라, 어떤 구체적인 분쟁이 발생해 당사자간에 자주적으로 해결할 수 없는 경우에 대비해 최종적인 공권적 분쟁해결기구로서 법원을 설치하고, 재판의 규준·절차 등을 상세히 규정하고 있다. 이와 같은 분쟁의 평화적 해결을 위한 법적 규준·절차의 정비라는 것은 법이 그 억지(보장)기능과 활동촉진기능 등의 다른 여러 기능을 실효성 있게 수행하는 데에도 필수적인 것이다.

2) 분쟁의 예방적 역할

분쟁의 예방적 역할이란 법의 규정에 따름으로서 분쟁을 사전에 예방하는 역할을 하게 되는 것을 의미한다.

즉, 평화질서로서 법의 최소한의 역할은 일반 개인이나 공권력 기관의 실력행사를 효과적으로 규제하는 것이다. 사람들의 반도덕적 행위 등의 일탈행위를 억지하는 기능과 공권력의 전단적 행사의 규제에 의해서 사람들의 자유와 안전을 보장하는 기능과 같이 실력행사의 규제에 관련되는 것으로서 법의 가장 기본적인 기능이다.

3) 국민의 보호

법은 국민을 보호하는 매우 중요하면서도 원칙적 역할을 수행하고 있다. 여기서 '죄형법정주의'[2])라는 개념을 알아둘 필요가 있는데, 이는 법규정에 열거되어 있지 않은 사항에 대해서는 제제의 적용이 없음을 의미하는 것이다.

4) 활동촉진기능

법은 단순히 사람들의 활동을 제한할 뿐만 아니라, 의무부과 규범과 각종의 사적 권능 부여규범이 어우러져 각자가 선택한 목표의 실현을 촉진하고 원조하는 편의를 제공한다. 이를 통해 법은 사람들의 능력이나 에너지를 확대・해방함으로써 사회적 상호교섭 활동을 촉진하기 위한 공적 구조를 확립・유지하는 것을 지향하고 있다. 법을 오로지 강제적 권력기구에 의한 사회통제수단으로 파악하는 입장은 법의 이와 같은 기능에 정당한 의미를 부여하지 못할 뿐 아니라 시민에 의한 자주적인 법적 관계의 조정과 법적 기구의 이용이라는 주체적・동태적 측면을 간과하기 쉽다.

5) 자원배분기능

자원배분기능이 주목을 받게 된 것은 비교적 최근의 일이며, 법의 기능확대라든가 다양화라고 말할 때는 바로 이 기능을 염두에 두고 있는 경우가 많다. 국가 및 기타 공권력 기관이 국민의 사회경제 생활에 광범위하고 적극적으로 관여・개입하게 되면서 법적 기구도 공권력 기관에 의한 각종 서비스 제공, 사회계획, 경제활동의 규제, 재화의 재분배 등에 불가결한 수단이 되고 있다.[3] 이상의 전통적 기능이 주로 민사법・형사법 등의 고전적인 보편주의적 사법법을 통해 소극적으로 또한 사후적인 형태로 수행되고 있는 데 비해, 자원배분기능은 행정법・경제법・사회보장법 등 특정의 정책목표실현을 위한 수단으로서의 성격이 강한 관리형(管理型) 법을 통해 적극적으로 또한 사전적인 형태로 수행되는 일이 많다.

법적 기구가 자원배분기능을 수행하기 위해 시민생활에 관여하는 경우에는 법원보다도 각종 행정기관이 그 중심이 된다. 한편 재판에 의한 사법적 구제의 대상이 되는 개개인의 구체적인 법적 권리・의무가 사전에 명확히 규정되어 있는 경우보

---

2) 죄형법정주의(罪刑法定主義, the principle of "nulla poena[nullum, crimen] sine lege"; the principle of legality, Grundsatz nulla poem sine lege) : 어떠한 행위가 범죄가 되고 또 그 범죄에 대해 어떠한 형벌을 가하느냐를 미리 성문의 법률로서 규정해두어야 한다는 형사법의 대원칙이다. 즉, 보통 "법률이 없으면 범죄도 없고 형벌도 없다"는 표어로 표시된다. 따라서 비록 사회적으로 유해하다고 생각되는 행위일지라도 법률에서 미리 범죄라고 규정해두지 않는 한 범죄가 되지 않으며, 또 비록 법률에 의해 범죄가 되는 경우에도 미리 법률에 규정된 형벌 이외의 형벌로써 또는 규정된 형벌의 양을 초과해서 처벌해서는 안 된다는 것이다. 형법의 자유보장기능은 이러한 죄형법정주의의 뒷받침을 얻어서 비로소 그 효과를 발휘할 수 있다.

3) 공정거래 위원회, 제조물책임법, 할부거래법, 방판법 등의 법률은 법계(法系)상 경제법에 속하는 법들인데 이들 법은 공법과 사법의 중간적 영역에 속한다. 이들 법은 자본주의 경제시스템에서 폐해가 될 수 있는 각종 문제점들을 사전에 규명하고 이들에 대한 해결원칙을 제시하고 있어 법의 역할 가운데 경제적 원칙제시로 분리해서 보는 견해도 있다.

다도 각각의 정책목표를 실시하는 담당기관의 재량적 판단을 기다려서 비로소 개개인의 구체적 권리·의무가 확정되는 경우가 많다. 이러한 이유에서 자원배분기능의 비중이 높아짐에 따라 법적 기구 전체의 행정화라고 하는 경향이 강해지고 법적 과정과 정책형성 과정과의 융합이 추진되게 된다.

6) 입법·사법·행정의 규범 제시

법의 역할 가운데 입법·사법·행정 규범 제시의 역할은 법치주의에 의거한 삼권분립에서 찾아볼 수 있는데, 우리나라의 경우에도 헌법에 명시되어 있다. 이는 국가권력의 삼분할에 의한 상호 견제에 의한 균형으로 나타나고 있다.

2 법의 유형

(1) 법계

1) 법계의 분류

현재 전 세계의 국가에서 적용하는 법계(法系)는 다음의 도표와 같이 분류할 수 있다. 한편, 우리나라의 법계는 대륙법계에 속하며 이 가운데 독일법계에 속한다고 볼 수 있다.

【그림 Ⅰ-2】 법계의 유형 분류

2) 법계의 비교

우리는 앞에서 법계의 유형에 대하여 살펴보았다. 그러나 이러한 법계는 법에 대한 접근 방식 자체가 판이하기 때문에 어떻게 다른가를 명료하게 접근하기는 쉽지 않다. 다만, 본 교재의 목적상 국제무역의 관점에서 법계를 비교해 보는 것은 필요

하다고 판단되는바, 이를 간략하게 살펴보면 다음과 같다.4)

① 계약법의 원칙

계약법의 원칙과 관련된 법계간의 내용을 상호 비교하여 살펴보면 다음의 표와 같다.

<표 Ⅰ-1> 계약법의 원칙과 관련된 법계간의 내용 비교

내용	대륙법(한국)	영미법	이슬람법	Vienna 협약
국가(國家)의 제정	헌법은 최상위법 (성문법)	헌법은 최상위법 (불문법)	세칙(하위법)	관계없음
학설(의견 일치)	법해석 및 판결에 원용	법해석 및 판결에 원용	제1차적 법원으로 인정	관계없음

② 계약의 체결

계약의 체결과 관련된 법계간의 내용을 비교하여 살펴보면 다음의 표와 같다.

<표 Ⅰ-2> 계약의 체결과 관련된 법계간의 내용 비교

내용		대륙법(한국)	영미법	이슬람법	Vienna 협약
청약	구두청약	서면을 우선시함	서면을 우선시함	존중함	서면을 우선시함
	청약의 철회	인정하지 않음	인정함	철회를 인정	인정함
	청약자의 사망	효력인정	효력부정	효력부정	규정없음
승낙	부분 승락	인정함	인정함	인정하지 않음	인정함
	침묵	상황에 맡김	효력인정	일정한 경우 인정	효력인정
	효력 발생	도달주의(원칙) 격자지간(발신주의)	도달주의(원칙) 격자지간(발신주의)	도달주의	도달주의
당사자 능력	미성년자 판단기준	연령 기준	연령 기준	판단능력 + 생식능력	계약의 준거법에 따름
무효·취소계약	사기·착오·강박	최소만 인정	최소만 인정	무효 또는 취소의 양쪽 모두 인정	신의성실 원칙에 따름
	상술의 기준	사회의 통념에 따름	사회의 통념에 따름	동산 1/20, 동물 1/10, 부동산 1/5의 기준 있음	신의성실 원칙에 따름
	고아 및 공익재산	다른 재산과 평등	다른 재산과 평등	특별보호	준거법에 따름

③ 계약의 이행

계약의 이행과 관련된 법계간의 내용을 비교하여 살펴보면 다음의 표와 같다.

4) 변재훈, "이슬람 무역계약의 관행과 유의점", 「중재」, 제285, 1997. 9. pp. 72-73.

<표 Ⅰ-3> 계약의 이행과 관련된 법계간의 내용 비교

내용		대륙법 (한국)	영미법	이슬람법	Vienna 협약
소유권·위험 이전	이전 형태	당사자 약정에 따라 분리 이전	물품판매법(SGA), 미국통일상법전(UCC) : 동시 이전	당사자 약정에 따라 분리 이전	분리 이전
	위험 부담	채무자 부담 주의	채무자 부담 주의	규정없음	절충 (채권, 채무자 부담)
물품 인도	상품성(정확한 인도)	하자담보책임 인정	하자담보책임 인정	이슬람식 선택권 행사	하자담보책임 인정
	하자 담보 기간	민법 : 수량 (1년), 하자 (6월) 상법 : 숨은 하자 (6월), 일반 하자 (기간 없음)	영국 : 6년 미국 : 4년	선택권 1년 (15년 시효)	늦어도 2년
대금 지급	계약시 금액 확정	당사자 약정에 따름	당사자 약정에 따름	요구하고 있음	당사자 약정에 따름
	지급 방법	당사자 약정에 따름	당사자 약정에 따름	약정이 없다면 주단위로 분납	당사자 약정에 따름
	동시이행 항변권	인정함	인정함	인정하지 않음	인정함
이슬람식 선택권	하자의 선택권(본질적 위반)	목적달성 불능으로 계약 해제	목적달성 불능으로 계약 해제	선택권으로 계약 취소	목적달성 불능으로 계약 해제
	검사의 선택권	묵시적 담보 인정	묵시적 담보 인정	물품을 안보고 계약만 인정 (법정권리)	묵시적 담보 인정
불가항력과 사정 변경	불가항력	목적달성	Frustration (목적 좌절) Impossibility (이행불능 : 미국)	Force Majeure	Beyond One's Control
	사정변경	불가항력과 분리 인정	구별없음	불가항력과 분리 인정	분리하고 있음

④ 무역분쟁의 해결

<표 Ⅰ-4> 무역분쟁의 해결과 관련된 따른 법계간의 내용 비교

내용	대륙법 (한국)	영미법	이슬람법	Vienna 협약
중재제도	통일된 서구식 중재	통일된 서구식 중재	전통적 중재인정	관계없음
중재 대상	사적 분쟁에 한함	법에 금지되지 않은 모든 분쟁	화해불가능 분쟁은 제외하고 있음	관계없음
중재인	공무원 임용에 결격이 없는 성인	제한 규정 없음	법관과 동일 자격(성인, 무슬림)	관계없음
집행	국제협약 존중	국제협약 존중	국제협약 존중(가입국), 비가입국은 이슬람법의 적용을 고집하고 있음.	관계없음

(2) 성문법과 불문법

성문법주의는 국가의 근간이 되는 중요한 법은 법률로서 제정함으로써 입법자 및 입법절차를 한정하고 법의 내용을 명확히 해 두는 입법주의라고 할 수 있다. 이러한 성문법주의 하에서는 성문법이 제1차적인 법원(法源)이 되는데 반해 성문법이나 제정법이 아닌 법은 불문법이라고 한다. 불문법으로는 관습법, 판례법, 조리 등을 들 수 있으며, 이러한 제정법 이외의 판례법, 관습법 등을 제1차 법원으로 인정하려는 주의를 불문법주의라고 한다.

대체적으로 영미 계통은 불문법주의를 취하고 있고, 대륙제국은 성문법주의를 취하고 있다고 볼 수 있다. 대륙법을 계수한 우리나라도 역시 성문법주의를 취하고 있다.

영미법계와 대륙법계의 다른 점은 여러 가지 측면을 제시할 수 있으나, 일반적으로는 판례에 일반적인 구속력, 즉 법규범성이 인정되는 가하는 점에 차이가 있다. 즉, 영미법계의 판례법주의에서는 판례구속의 원칙이 파생되어 나온다. 여기에서는 상급법원의 판결이 일반적으로 하급법원을 구속함이 원칙이다. 결국 이러한 법계의 차이는 완연하게 상이하다고 보는 것 보다는 그 비중의 차이에 불과하다고 보는 것이 더 타당하다.

(3) 성문법

1) 성문법의 체계

성문법의 체계는 '헌법(憲法) - 법률(法律) - 명령(命令) - 규칙(規則) - 자치법규(自治法規) - 조약(條約)' 등으로 분류할 수 있는데, 본문은 조문을 표시하여 각 조문에 표제를 붙이며, 세부항목은 '편(篇) - 장(章) - 절(節) - 관(款) - 항(項) - 호(號)'의 순으로 구성되는 것이 일반적이다.

① 헌법

헌법(constitution)은 국가의 기본 조직과 작용 및 국민의 기본권에 관한 국가의 근본법으로서 이른바 '규칙 중의 규칙'의 성질을 갖는 국가의 최고의 기본법이다.

② 법률

법률(statute, Gesetz)은 넓은 의미에서 법 일반을 말하는 것이나, 좁은 의미에서는 입법기관인 국회에서 제정하는 성문법을 뜻하며, 행정부나 사법부에 의해 제정되는 규칙과 구별된다. 이러한 법률은 광의(넓은)의 의미의 법률은 법철학, 법질서, 법률가 포괄하여 지칭하며, 좁은 의미의 법률은 형식적 의미의 법률을 의미한다.

③ 명령・규칙

국회의 의결 없이 행정기관 또는 사법기관에 의해서 제정된 성문법을 의미한다.

㉠ 명령 (order)

국회의 의결을 거치지 않고 행정기관에 의해 제정되는 성문법을 명령이라 한다. 이러한 명령의 유용성은 최근 들어 행정이 비대화・전문화됨에 따라 중요성이 커지고 있는데 기인하는 것으로, 이러한 명령은 일종의 행정입법이라 할 수 있다.

한편, 명령의 종류는 제정권자에 따라 분류할 수 있는데, 상위명령인 '대통령령'과 총리령・부령 (동등한 효력) 등으로 분류할 수 있다. 이러한 명령의 유형은 다음과 같다.

위임명령 : 법률에서 구체적으로 범위를 정하여 위임한 사항에 관하여 발한 명령으로서 법률이나 대통령령을 집행하기 위해서 발하는 명령을 의미한다.

행정규칙 : 헌법이나 법률의 수권 (授權)없이 그 권한범위 내에서 당연히 발할 수 있는 협의의 행정명령을 의미하는 것이다.

㉡ 규칙

규칙이란 공법상의 특별권력관계 내지 행정기관 내부의 사항을 규율하는 것으로서 법규의 성질을 갖지 않는 것으로, 법률이나 특별한 수권 규정이 없이도 행정권에 따르는 당연한 기능으로 발하는 법을 의미한다.

그런데, 법적 성질은 명령이면서 규칙이라고 불리는 것이 있다. 여기에 속하는 것으로서는 '국회규칙', '대법원규칙', '중앙선거관리위원회규칙' 등이 있다.

한편, 자치법규로서의 규칙에 속하는 것이 있는데, 지방자치단체의 장 (교육장 포함)이 법령 또는 조례의 위임범위 내에서 그 권한에 속하는 사항에 관하여 제정하는 법 [국회규칙 (헌법 제64조), 대법원규칙 (헌법 제108조), 중앙선거관리위원회규칙 (헌법 제114조 6항)] 등이 있다.

④ 자치법규

'지치법규'란 지방자치단체가 자치권에 기하여 제정하는 법령 즉, 지방자치단체가 상위법규인 법률 및 명령이 위임하는 범위 내에서 제정하는 자치에 관한 법 (헌법 제117조)을 의미한다.

㉠ 조례

조례는 지방자치단체 의회가 법령에 반하지 않는 범위 내에서 그 권한에 속하는 사항에 관하여 제정한 것을 지칭한다.

㉡ 규칙

한편, 지방자치단체 의회가 아닌 지방자치단체장이 법령과 조례에 반하지 않는 범위 내에서 그 권한에 속하는 사항에 관하여 제정한 것을 '규칙'이라 한다.

⑤ 조약

'조약'이란 문서에 의한 국가간 명시적 합의를 의미한다. 이러한 조약은 보는 관점에 따라 매우 다양하게 지칭되는데 그 예를 살펴보면 다음과 같다. 협정 (agreement), 약정 (arrangement), 협약 (convention), 규약 (covenant), 헌장 (charter), 규정 (statute), 의정서 (protocol), 결정서 (act), 선언 (declaration), 합의서 (agreed minute), 교환공문서 (exchange of note), 잠정협정 (modus vivaldi), concordat (로마교황이 체결하는 조약) 등으로 불린다.

2) 성문법의 장점

성문법의 장점은 다양하게 열거할 수 있으나, 주요한 내용을 중심으로 살펴보면 다음과 같이 요약할 수 있다.

① 합리적인 법의 구체화에 적당

개정절차가 까다로우므로 지속성을 가지며 따라서 법의 존재와 그 내용이 명백하여 법생활의 안정성을 확보와 동시에 국민이 법을 명확히 알 수 있어서 예측가능성이 높다. 따라서 법적 행동하기 위해선 그 결과에 대한 정확한 예견이 필요하므로 상거래 등 법적행동에 필요하다고 볼 수 있다.

② 국민의 권리와 자유보장

성문법은 법의 통일적인 정비가 불문법에 비해 상대적으로 용이하다. 한편, 법관의 주관적 자의(恣意), 권력의 남용을 방지함으로써 범죄인의 특별이익보호(죄형법정주의)가 고려되어야 한다.

3) 성문법의 단점

성문법의 단점은 여러 가지로 열거될 수 있으나, 개략적으로 살펴보면 다음과 같다.

첫째, 법이 경화(硬化)되기 쉬워 유동하는 사회의 실정에 탄력적으로 대처하기가 불문법에 비해 상대적으로 어렵다.

둘째, 입법의 복잡화·기술화로 인해 일반 국민이 체계적으로 이해하기가 곤란하다.

셋째, 개정이 어려우므로 사회사정의 변천에 대한 사회적응력이 떨어진다는 점 등을 들 수 있다.

(4) 불문법

1) 의의

불문법(unwritten law ; jus non scriptum ; ungeschriebenes Recht)은 성문법 이외의 법으로서 문장으로 표현되지 않으며, 일정한 법 제정기관에 의한 소정의 절차를 거치지 않고 형성된 법을 의미한다. 불문법은 일정한 절차에 따라 제정된 법이 아니라, 관습·판례 등에 의하여 제정된 법으로서 비제정법(非制定法)이라고도 한다. 가령 불문법의 내용이 문서에 기재되어 있더라도(판례집의 경우가 해당됨) 적법한 입법기관에 의하여 제정되어 있지 않는 한 성문법으로 되는 것은 아니다. 한국은 성문법주의를 원칙으로 하고 있으므로, 불문법은 성문법에 대한 보충적 효력만을 가지는 것이 원칙이다.

불문법 가운데 중요한 것으로는 사회생활 속에서 법적인 확신 또는 인식을 가지고 관행적으로 행해지는 관습을 내용으로 하는 관습법이 있고, 이밖에도 법원이 구체적인 사건에 대하여 내린 판결이 유사한 사건에 반복·답습됨으로써 일정한 법적 규범의식을 갖게 된 판례 및 사물의 합리성 또는 본질적 법칙을 말하는 조리 등이 있다.

2) 불문법의 종류 : 관습법, 판례, 조리 등

불문법의 종류는 보는 관점에 따라 매우 다양하게 기술될 수 있으나, 일반적으로 사용되는 분류 유형은 관습법, 판례, 조리 등으로 구분하는 것이다. 이를 개략적으로 살펴보면 다음과 같다.

① 관습법

관습법(customary law, Gewohnheitsrecht)이란 제정법(制定法)이 국가법 체계의 대부분을 차지하는 근대국가에서 입법기관에 의해 의도적으로 제정되지 않은 규범 가운데 법적 효력을 부여할 만한 규범적 실체를 지칭한다.

일반적으로 법학자들은 관습법을 '관습이 사회의 법적 확신에 의해 지지되어 일종의 법적 규범력을 가지기에 이른 것'이라고 정의한다. 이러한 이유로 관습법(慣習法)은 자연발생적 규범이라 지칭된다. 그 이유는 국가의 입법기관에 의하여 제정된 것이 아니고, 사회생활 속에서 관습이 반복하여 행하여져서 일반인이 법적 확신 내지 인식을 가짐으로써 법적 가치를 얻는 불문형식의 법 즉, 일정한 행위가 계속적으로 행하여져서 사람들을 구속할 만큼 법적확신을 취득한 것이기 때문이라고 볼 수 있다. 이러한 관습법의 근거로는 관행설, 법적 확신설, 국가승인설 등 매우 다양한 학설이 존재하고 있다.

현재 세계 각국에서 존재하는 관습법의 성립요건으로는 ① 관행이 존재할 것, ② 관행의 내용이 법적 가치를 가진다는 법적 확신이 있을 것, ③ 관습이 선량한 풍속 기타 '사회질서'에 반하지 않을 것, ④ 법령의 규정에 의하여 명문으로 인정된 관습이거나, 법령의 규정에 없는 사항에 관한 관습일 것 등이다.

② 판례법

판례법(case law, Judge-made law ; Judikaturrecht)이란 법원이 특정 소송사건에 대하여 법을 해석·적용하여 내린 판단을 말하며, 이러한 판례의 형태로 존재하는 법의 형태를 의미하는 것으로 법관이 구체적인 분쟁사건을 해결하기 위하여 적용한 법원칙을 선언하고 있는 판결들의 집적체를 지칭한다. 즉, 판례법은 제정법이나 다른 형태의 법원(法源)들과 구별하여 법원으로서 기능하는 판례들을 의미한다. 이러한 판례들은 법원(法院)의 판사들에 의해 형성·변화되기 때문에 법관법 또는 사법법(司法法 ; judiciary law)이라고도 불린다. 판례를 통해서 또는 주로 판사들에 의해서 발전되어온 영미법계에서는, 판례법이 제1차적인 법원으로 인정되고 있으며 제정법과 동등한 지위를 차지하고 있다.

성문법주의를 채택하고 있는 대륙법계에서는 제정법이 제1차적 법원이 되고 법률가는 구체적인 법률문제에 적용될 법원칙을 이로부터 이끌어내는 데 반해, 영미법계의 법률가들은 어떠한 법률문제에 부딪혔을 때 그 해결점을 과거의 사법경험, 즉 선례에서 구하며 바로 적용되는 판례가 없는 경우에 유사한 사건에 관한 판례로부터 유추하여 해결한다. 이러한 법적 사유과정은 영미법체계가 오랫동안 형성해온 보통법(Common Law)의 전통에서 유래한다.

판례가 법원으로서 기능하려면 법적 구속력을 지녀야 하는데, 이를 뒷받침하는 기본적인 원리들이 '선례구속의 원리(doctrine of stare decisis)'와 '기판력의 원리(doctrine of res judicata)'이다. '선례구속의 원리'는 하급심이 상급심의 판결에 구속되는 원칙인데, 이것은 단지 당해사건에 대한 구속을 의미할 뿐만 아니라 이후에 발생한 유사한 사건에 대해서도 구속력을 가짐을 의미한다. 예를 들어 어떠한 판결이 있고 난 후에 이와 유사한 사건이 발생한 경우에 판사는 양 사건의 구체적 사실을 비교·검토하여 양사건의 주요 사실이 동일한 경우에는 이전 사건의 판결에서 표명된 원칙을 적용해서 판결해야 하지만, 그 주요 사실이 상이한 경우에는 이전 사건의 판결에 구속되지 않는다.

기판력의 원리는 제기된 소송이 당사자간에 항소 없이 관할 법정에서 최종적으로 결정된 후에는 동일 법정이나 다른 법정에서 새로운 절차에 의해 다시 다툴 수 없다는 원칙이다. 이 원리는 상급심이 이전에 자신이 내린 선례의 법원칙으로부터 이탈하여 새로운 판례법을 창조할 수 있는 계기를 마련해준다. 즉, 판례법에서 변화는 단지 현재의 사건과 미래의 사건들에만 영향을 미치며, 이전의 선례에 의해 결정된 사건들에 대해서는 어떠한 효과도 지니지 않는다.

③ 조리

조리(law of nature ; natuoalis ratio)는 사회생활에 있어서 인간의 건전한 상식으로 판단할 수 있는 사물의 본질적 법칙 즉, '사물필연의 도리(事物必然의 道理)'라 한다. 즉, 일반적 합리성과 구체적 타당성이 있는 가치로서 경험칙, 사회통념, 사회적 타당성, 신의성실의 원칙, 사물의 도리, 사물의 본질적 법칙, 사물자연의 이치라고 표현되기도 한다. 이 개념은 극히 추상적인 것이어서 일정한 내용을 가진 것이 아니라 법질서 전체 또는 그 속에 흐르는 정신에 비추어 가장 적절하다고 생각되는 경우에 원용되며, 사회통념·사회질서·형평·정의·이성이나 법의 일반원칙 또는 근본이념 등의 표현으로 나타나기도 한다.

조리가 법과 관련을 가지는 것은 모든 법이 이 조리를 구체화하여 그 기준으로 삼고 있으며, 실정법 및 계약의 해석에 있어서 그 표준이 됨은 물론 법의 흠결(欠缺)시 재판의 준거가 된다는 점이다. 그러나 조리를 재판의 준거가 되는 규범으로 인정하는 문제에서, 조리를 법원(法源)으로 인정할 것인가에 관해서는 법철학적 관점에서 견해가 엇갈리고 있다. 즉, 법실증주의의 입장에서 보면 조리는 제정법이나 관습법처럼 객관적으로 존재하는 것이라고 말하기 어렵다. 따라서 그것은 법의 이념 또는 일반적 원리에 불과하지 실정적 법원의 의미를 가진 것이 아니므로 조리의 법원성을 인정하는 것은 타당하지 않다고 본다. 이에 반해 자연법주의에 따르면 모든 법의 근원은 인간의 이성에서 출발하므로, 인간의 이성에 의해 일반적으로 인정되는 규범인 조리는 당연히 법원성을 가진다고 본다.

한편 민법은 "민사에 관하여 법률에 규정이 없으면 관습법에 의하고 관습법이 없으면 조리에 의한다"고 규정함으로써(제1조), 법관은 법의 흠결시 조리에 따라 재판해야 한다는 오늘날 일반적으로 인정되어 있는 원칙을 명문화하고 있다. 그러나 조리의 법원성 문제는 법원의 개념 및 범위를 어떻게 이해하느냐에 따라 달라지게 된다. 즉 법관은 법에 의해 재판해야 하고(헌법 제103조), 법의 흠결(欠缺)시 조리에 따라 재판해야 하므로 '법에 의한 재판'의 원칙을 엄격히 이해한다면 법관이 조리를 바탕으로 정립하는 일반적 준칙이 법으로서 인정되어 결국 조리의 법원성을 긍정하게 된다. 그러나 법원을 실질적 의의의 법의 존재근거로 한정한다면 조리 자체는 아직 법원이라 할 수 없게 된다. 그러나 실제로 조리에 의한 재판의 결과 판례의 형태로 법이 존재하게 되는 경우(판례법), 결국 조리도 법으로 인정되는 결과가 될 수 있다.

3 법의 효력

(1) 법의 효력이란?

법규범은 현실 사회에서의 실현여부를 불문하고 그 규정대로의 준수를 요구하고 있다(Geltung des Rechts). 그런데, 실제로 모든 법규범이 그 규정대로 준수되지는 못하고 있다.[5]

따라서 법이 적용되는 범위 즉, 법이 효력을 갖기 위해서는 규범적 타당성과 사실적 실효성이 있어야 한다. 여기서 '법의 타당성'이란 법이 그 규정대로 시행되어야 한다는 당위성의 요구를 의미하는 것이며, '법의 실효성'이란 현실사회에서 법이 실현되어야 하는 이유는 무엇인가?(실질적 효력)와 법은 시간적 · 공간적 · 인적으로 어떠한 한계상황을 갖는가?(형식적 효력)에 대하여 명확히 할 필요가 있다.

1) 실질적 효력

법이 현실 생활 속에서 실현되는 근거 즉, 규범이 실현하려 하는 이념과 현재 사실로서 실현되고 있는 상태가 합치되느냐의 문제로서 법의 실질적 효력은 법의 타당성과 법의 실효성이 합치될 때 충분히 발휘된다.

법의 타당성과 실효성과의 관계는 필요충분 조건으로 규정할 수 있는데, 우선, ① 타당성은 있으나, 실효성이 없는 경우 법은 사문화(死文化)될 수 밖에 없으며, ② 실효성은 있으나, 타당성이 없는 경우에 법은 악법(惡法)이 되고 만다.[6]

2) 형식적 효력

법의 형식적 효력 범위는 다시 시간적 효력, 대인적 효력, 장소적 효력 등으로 구분할 수 있다.

---

5) 그 대표적인 死文化된 규정으로서 형법 제269조 1항(落胎罪) 등이 있다.
6) 제2차 대전중 나치의 유태인에 대한 대량 학살행위를 전범(戰犯)재판에서 학살의 총책인 아이히만은 그 당시의 실정법에 따랐으므로 합법적이라고 강변한 것이 그 사례

① 시간적 효력

법의 '시간적 효력'이란 법이 시행(효력의 발생)되는 시기에서 폐지(효력의 상실)되는 시기까지를 말한다. 통상적으로 관습법은 성립과 동시에 효력이 발생하지만, 성문법의 경우에는 특별한 규정이 없으면 공포 후 20-30일이 지나면 효력이 발생하며[7], 효력기간이 지정되어 있지 않는 한 폐지될 때까지 효력을 갖는 것이 일반적이다.

한편, 법의 폐지와 관련하여 명시적 폐지와 묵시적 폐지로 분류할 수 있는데, 명시적 폐지는 한시법(발생시기와 종기(終期)의 확정)의 경우로서 법령의 제정시에 미리 그 시행기간을 둔 경우(동성혼에 대한 특별조치법 등)등이며, 신법에서 구법의 일부 또는 전부를 폐지한다고 정한 경우(형법 부칙 제10조) 등이 이에 해당한다.[8] 한편, 묵시적 폐지는 구법과 신법이 서로 저촉·모순되는 경우 그 범위 내에서 구법은 효력을 상실한다는 것이다.[9] '신법은 구법을 개폐(改廢)한다'는 내용을 예로 들 수 있을 것이며, 상하의 법규범이 충돌하는 경우 신·구법 사이에 일반법과 특별법의 관계에 있는 경우 '특별법 우선의 원칙'이 적용된다.[10]

한편, '법률불소급의 원칙(法律不遡及의 原則)'도 살펴볼 필요가 있는데 이는 법적 안정성과 기득권 존중의 이념으로서 법을 시행일 이전에 소급하는 것은 불안정하는 것을 의미한다. 그러나 불가피하게 이러한 원칙의 예외적 적용의 사례도 있었다.[11]

---

7) 공포후 주지기간(20일) 후에 효력이 발생(관보 또는 신문에 게재한 날)한다.

8) 이러한 사례로서 2002년 월드컵을 맞이하여 정부는 국가의 이미지 제고를 하기 위해서 2002년 1월 1일부터 2002년 12월 31일 까지 1년간 시행되는 「개고기식용금지특별법」을 제정하여 시행하게 되었다. 대구에 거주하는 갑은 동법의 유효기간 10일 전 개를 몰래 도축하여 내다 팔아 많은 돈을 벌 수 있었다. 갑의 유효기간 중에 한 행위를 유효기간이 끝난 2003년 5월에도 처벌할 수 있는가? 이의 답변은 다수설로서 추급효부정이 있다.

9) 이를 '경과법'이라 하는데 구법 시대에 발생하여 신법시대에 계속하여 진행되는 사유의 문제 해결하게 된다.

10) 목적달성으로 인한 법의 폐지를 살펴보면, 대구시에서는 도로보수작업이 진행 중에 있었는데, 이 보수 작업이 끝날 때까지 모든 차량에 대해서 10부제 운행을 하되, 이에 위반하는 때에는 10만원의 과태료를 부과하도록 하는 공고를 하였다. 그런데 갑 시장은 도로보수작업이 끝났음에도 불구하고 마침 전국체전이 열리게 되자 교통난의 해소를 위하여 자동차운행제한처분을 그대로 유지하려고 하는데, 이와 같은 갑 시장의 행위는 가능한가? 도로보수작업이 끝남에 따라 처분의 목적이 달성됨과 동시에 해제조건이 성취된 것으로 별도의 의사표시없이 위 조치는 실효된다. 따라서 새로운 목적을 위해 새로운 처분을 하여야 한다.

11) 그 예외의 사유로는 사회실정이나 국민의 정의감에 비추어 필요한 경우 예외적으로 소급효인정이 필요한 경우인데 반민족행위자처벌법.부정선거관련자처벌법(4.19이후), 부정축재자처리법(5.16이후), 정치풍토쇄신법(10.26 이후) 등이 있으며, 형이 구법보다 경한 경우 예외적으로 신법이 적용된다.

② 대인적 효력

법의 대인적 효력범위란 법이 미치는 인적 범위를 의미하는 것으로 예컨대 우리나라 형법이 '대한민국의 영역 외에서 죄를 범한 우리나라 국민에 대하여 적용된다'고 할 경우가 법의 인적 효력을 말하는 것이다.

이러한 대인적 효력과 관련하여 이른바 속인주의(對人高權)(국민을 표준으로 법을 적용하는 주의)와 속지주의(領土高權)(영역을 표준으로 법을 적용하는 주의)가 있는데 우리나라에서는 속인주의를 채택하고 있다. 한편, 이러한 대인적 효력의 예외의 사유가 있는데, 이를 살펴보면 다음과 같다.

㉠ 치외법권(외교특권)

국제법상 체류하는 나라의 과세권, 경찰권에 복종하지 않는 특권으로서 외국원수(국왕, 대통령 또는 수상) 및 그 가족과 수행원, 외국에 주재하는 군대, 외국영해상의 군함 및 승무원 등이 이에 해당한다.

㉡ 국회의원의 불체포특권과 면책특권

불체포특권 : 국회의원은 현행 범인인 경우를 제외하고는 회기중 국회의 동의없이 체포 또는 구금되지 아니한다(헌법 제44조 1항).

면책특권 : 국회의원은 국회에서 직무상 행한 발언과 표결에 대하여 국회외에서 책임을 지지 아니한다(헌법 제45조).

㉢ 특별법에 의한 인적 효력의 제한

국가공무원법(공무원), 근로기준법(사용자 및 근로자), 미성년자 보호법(미성년자 및 친권자) 등이 이에 해당한다.

③ 장소적 효력

법의 장소적 효력이란 법의 효력이 미치는 지역적인 한계를 의미하는데, 예컨대 우리나라 형법은 대한민국의 영토 안에서 발생한 모든 범죄에 대하여 적용된다고 할 경우가 법의 장소적 효력을 말하는 것이다. 이러한 장소적 효력의 예외로서는 자국영역내의 법이 일정한 적용지역을 정하고 있을 경우 당해 지역에서만 효력이 발생하는 경우(자치법규, 도시계획법)가 있으며, 자국의 군함, 선박 또는 항공기는 공해상에서는 물론이고, 타국의 영역 내에 있더라도 자국법의 적용을 받는 경우와(旗國主義), 정치적인 이유로 어떤 나라의 법의 효력이 타국의 영역 내에 미치는 경우 영사재판권, 조차지, 점령지, 위임통치지 등이 있다.

(2) 법의 효력과 분류

1) 법의 분류

법의 분류체계 역시 보는 관점과 목적에 따라 매우 다양하게 분류될 수 있다. 본 교재에서는 아래의 그림에서 보는 바와 같이 실정법과 자연법으로 양분한 다음, 국내법과 국제법으로 분류하는 방법론을 적용하여 보았다. 한편, 법을 크게 공법과 사법으로 분류하는 견해를 비판하는 학자들이 다수 있는 것도 사실이나 가장 보편적인 분류방법이라 하겠다. 여기에서 보는 바와 같이 최근에는 공법과 사법의 중간적 영역으로 분류되는 사회법이 크게 대두되고 있다.

한편, 국제통상법은 국내법과 국제법의 분류 가운데 국제법의 분류에 해당되며, 이러한 국제법을 다시 국제공법과 국제사법으로 분류할 경우 다양한 이견이 존재하나, 가장 보편적 견해는 국제공법적 성향을 많이 나타낸다고 보는 견해라 하겠다.12)

【그림 Ⅰ-3】 법의 분류

12) 이러한 관점에서 WTO를 법원(法源)으로 하는 국제통상법에 대한 법적 성격을 국제공법 영역의 사법 영역에 대한 침투라고 보는 견해도 있다.(이춘삼, 「국제통상법」, 법문사, 2000.)

① 자연법과 실정법

㉠ 자연법 (natural law)

인간의 경험적 근거의 의해 존립하는 시간과 공간을 초월하는 영구불변의 초경험적이며 이상적인 법을 말한다.

㉡ 실정법 (positive law)

제정법, 관습법, 판례법 등과 같이 경험적 역사적 사실에 의해 성립되어 한 사회에서 현실적 제도로서 실효성을 가지고 있는 법규범을 의미한다.

② 국내법과 국제법

㉠ 국내법 (municipal law)

한 국가에 의해 제정 · 공포되고 한 국가 내에 한정되어 적용되는 국가 대 국민 사이, 국민상호간의 권리 · 의무관계를 규정하는 법으로서 국내법은 국내법원이 적용 · 판결에 따라 법규를 강행 집행된다.

㉡ 국제법 (international law)

국제사회에 적용되는 국가간의 관계를 규율하는 법으로서 국제법은 외교절차, 국제조정, 국제 재판 등에 의한 해결되지만, 강제하는 집행기관이 존재하지 않는다는 차이점을 가진다. 한편, 국제법은 국내법과의 동일성이 우리나라 헌법 제6조 제1항 (헌법에 의하여 체결 · 공포된 조약과 일반적으로 승인된 국제법규는 국내법과 같은 효력을 가진다)에 의거 인정받고 있다.

2) 법의 효력

법의 효력을 살펴보면 다음과 같다.

① 일반법과 특별법

㉠ 일반법 (general law)

법의 효력이 사람 · 장소 · 사항에 의하여 특별한 제한 없이 널리 일반적으로 미치는 법이다.

㉡ 특별법 (special law)

법의 효력이 사람 · 장소 · 사항의 일부에 대하여 미치는 법을 말한다.

② 법 효력의 개념

법의 규범력 (規範力)이 어떻게 발동하느냐 하는 것이 법 효력의 개념이라 할 수 있다. 법의 효력에는 법이 왜 효력을 가지게 되느냐 하는 근거를 찾는 법철학적(**法哲學的**) 문제와 그 법의 효력이 어느 때 어느 사람과 어느 곳에서 발생하느냐 하는 형식적(**形式的**) 문제의 두 가지가 있다. 법의 효력의 근거에 관하여는 그 법이 타당성(**妥當性**)이 있기 때문에 효력이 있다는 학설과 국가가 강제성 또는 실력(**實力**)이 있으므로 효력이 있다는 등 기타 여러 가지 학설이 있다.

③ 법의 효력의 형식적인 문제

첫째, 모든 법은 그 법이 시행되는 날부터 효력이 있고, 그 법이 시행되기 이전에는 효력이 없다는 법률불소급(**法律不溯及**)의 원칙이 있다.

둘째, 법은 모든 국민에게 적용되는데, 그 국민이 국내에 있거나 국외에 있거나를 막론하고 모든 국민은 그 국가가 제정한 법의 적용을 받는 것이 원칙이다.

셋째, 국가의 법은 그 국가의 영역, 즉 영토(**領土**)·영해(**領海**)· 영공(**領空**)의 전반에 걸쳐서 적용되고, 그 영역 안에서는 내국인이나 외국인의 구별없이 적용되는 것이 원칙이다 .

④ 원칙법과 예외법

원칙법이란 일정한 사항에 대하여 일반적으로 적용되는 법인데 비해, 예외법이란 일정한 사항에 관하여 특별한 사정이 있는 경우 원칙법을 배제하고 적용되는 법을 의미한다.

⑤ 실체법과 절차법

실체법(substantive law)이란 권리의무의 성질, 종류, 내용 및 그 발생, 변경, 소멸 등의 법률관계의 실체를 규정한 법으로서 헌법, 형법, 민법, 상법 등이 이에 해당한다. 반면, 절차법(adjective law)이란 실체법상 권리의 실질적 내용을 재판에 의하여 구체적으로 실현하는 절차를 규정한 법을 말한다.

⑥ 강행법과 임의법

강행법(imperative law)은 당사자가 자신의 의사에 따라 당해 법의 적용을 배척할 수 없는 법(공공의 질서)을 의미하는데 비해, 임의법(dispositive law)이란 당사자가 이를 배척할 수 있는 법을 의미한다.

⑦ 공법과 사법

㉠ 공법

공법(public law)이란 일반적으로 국민의 국가적·정치적인 생활관계를 규율하는 특수 고유의 법으로 헌법과 행정법만을 지칭한다. 이에 비해 민법(**民法**)이나 상법(**商法**)을 사법(**私法**)이라고 하는 데 대하여 공법은 헌법·행정법·형법(刑法)·소송법(訴訟法)·국제법(國際法) 등을 지칭하는 것이다.

그러나 공법과 사법의 구별은 그 한계가 명백하지 않으며 여러 가지 학설이 대립하고 있다. 즉, 국가 또는 공법인(公法人)에 관한 법을 공법이라 하고 사인(私人)에 관한 법을 사법으로 하는 주체설(主體說), 권력복종관계에 관한 법을 공법으로 하고 평등관계에 관한 법을 사법으로 하는 권력설(權力說), 공익에 관한 법을 공법으로 하고 사익에 관한 법을 사법으로 하는 이익설(利益說) 등이 있다. 이렇듯 공법의 내용은 각 국가의 역사적·정치적 배경에 따라서 달라지는 것이 현실이다.

특히 영·미법계의 여러 나라와 같이 이와 같은 의미에서의 공법·사법의 구별을 인정하지 않는 나라도 있으나, 행정재판제도를 가진 프랑스·독일 등의 대륙법계의 국가들은 공법·사법의 구별을 전제로 하여 재판관할권의 분배를 결정해왔기 때문에 공법과 사법의 구별은 제도상 중요하다고 볼 수 있다.

㉡ 사법

사법(private law)이란 법에 의한 민사·형사 사건의 재판 및 그에 관련되는 국가작용, 민법, 상법 등을 지칭하는 것이다. 그런데, 실질적으로는 입법·행정에 대하여 개개의 구체적 쟁송을 해결하기 위하여 공권적(公權的)인 법률판단을 하여 법을 적용하는 국가작용을 의미하며, 형식적으로 법원의 권한으로 되어 있는 사항을 지칭하는 것이 일반적이다.

그러나 현실적으로 사법의 범위는 국가에 따라 다르며 영국·미국에 있어서는 구체적인 쟁송에 법을 적용하는 모든 작용을 의미한다. 즉 민사·형사의 재판 외에 공무원 행위의 적법성에 관한 쟁송도 포함시키는 반면, 독일·프랑스 등 대륙법계 국가에서는 민사·형사의 재판에만 권한을 가지며, 행정사건에 관한 다툼은 행정권과 결부된 행정재판소의 권한에 속한다고 보아야 한다.

⑧ 사회법

사회법(Social Law)이란 인간의 실질적 평등이나 사회적 조화의 달성을 목적으로 하는 법으로서 법률의 명칭은 아니고, 사회법이라는 법이론을 지칭하는 용어로 활용되는 경우도 빈번하다. 이러한 사회법의 개념은 시민법에서 파악할 수 없는 법의 영역이 출현한 때부터 생겼다. 당초에는 시민법의 수정이라고 일컬었던 노동법에 사용되었으나, 그 후 경제법 등이 이 개념 속에 포함되었다.

오늘날에 와서는 사회법의 핵심이었던 노동법이 독자적인 분야로 발전하였고, 사회법의 대상영역은 사회복지 내지는 사회보장에 관한 모든 법규(좁은 뜻의 사회법이라 하는 경우가 있다)에 영향을 받았는데, 이론적으로는 O.F.기르케, G.귀르비치, G.라트브루흐에 의하여 다듬어졌으나 특히 라트브루흐는 개인법(추상적인 법적 인격자를 상정한 근대시민법)과 사회법(구체적으로 사회화된 인간을 목적으로 하는 법)을 대치(對置)하여 근래의 학설에 영향을 주었으며, 현재는 연로자(年老者)나 아동의 생활보호 내지는 질병자・실업자를 위한 사회보장제도 등 널리 사회적 후생복리의 증진을 목적으로 하는 법까지도 사회법 속에 포함시키고 있다.

현재는 사회법(social law)을 공법과 사법의 제3자적 영역으로 보는 견해가 가장 크며, 이러한 사회법의 영역에는 노동법, 경제법, 사회보장법 등이 포함되는 것으로 보고 있다.

⑨ 경제법(경제통제법・통제경제법)

경제법(economic Law)은 가장 최근에 탄생한 법개념 가운데 하나로서 고도의 자본주의 경제에서 생겨나는 모순과 폐해를 국민경제 전체의 입장에서 경제정책적으로 규제・조정 또는 통제하는 법을 의미한다. 그 탄생 배경을 살펴보면 제1차 세계대전 후 독일에서 사회경제의 변혁을 배경으로 등장한 수많은 경제 제법령(諸法令)을 일괄 총칭한 데서 출발하고 있다. 이후 각국에서도 불황(不況)의 극복, 독점금지, 또는 제2차 세계대전 중의 경제통제 등을 위하여 많은 경제법이 제정되어 사법(私法)도 아니고 공법도 아닌 사법과 공법이 혼합된 법으로서 노동관계법과 함께 사회법이라는 새로운 법영역을 형성함으로써 사법의 공법화 경향이 점차 강화되었다.

경제법에 관한 학설은 ① 널리 경제에 관한 여러 가지 법(노동법 포함)이라는 설(A.누스바움, P.베스트호프 등), ② 민법・상법을 제외한 경제적 기업자에 관한 법(노동법을 제외・대립시킴)이라는 설(W.카스켈 등), ③ 조직화된 경제에 고유한 법, 즉 규제・조정된 거래경제 및 공동경제에 특유한 법(H.골트슈미트 등)이라는 설 등이 있으나, 골드슈미트의 학설이 많은 지지를 얻고 있다. 이 설은 경제법을 경제정책에 대응시키고, 노동법을 사회정책에 대응시켜 각각 독립된 법영역을 인정하는 것이 현재의 추세이다.

⑩ 고유법과 계수법

㉠ 고유법

고유법(indigenous law)이란 국가 민족 고유의 사회적・역사적 흐름 속에서 자연적으로 생성되어온 법을 의미한다.

㉡ 계수법

계수법(adapted law)이란 타국에서 생성・발달한 법률제도와 사상을 받아들여 이것을 자료로 자국에서 제정한 법을 의미한다.

⑪ 국제사법

국제사법(international private law)을 섭외사법(涉外私法)으로도 지칭되는데, 각종 섭외(涉外)적 생활관계를 적용할 준거법(governing law)을 정하는 법의 총체를 의미한다.

4 법의 권리와 의무

(1) 법의 권리

1) 권리의 개념

권리의 개념은 권익을 향유하도록 법에 의하여 주어지는 힘으로 간단하게 정의할 수 있다.

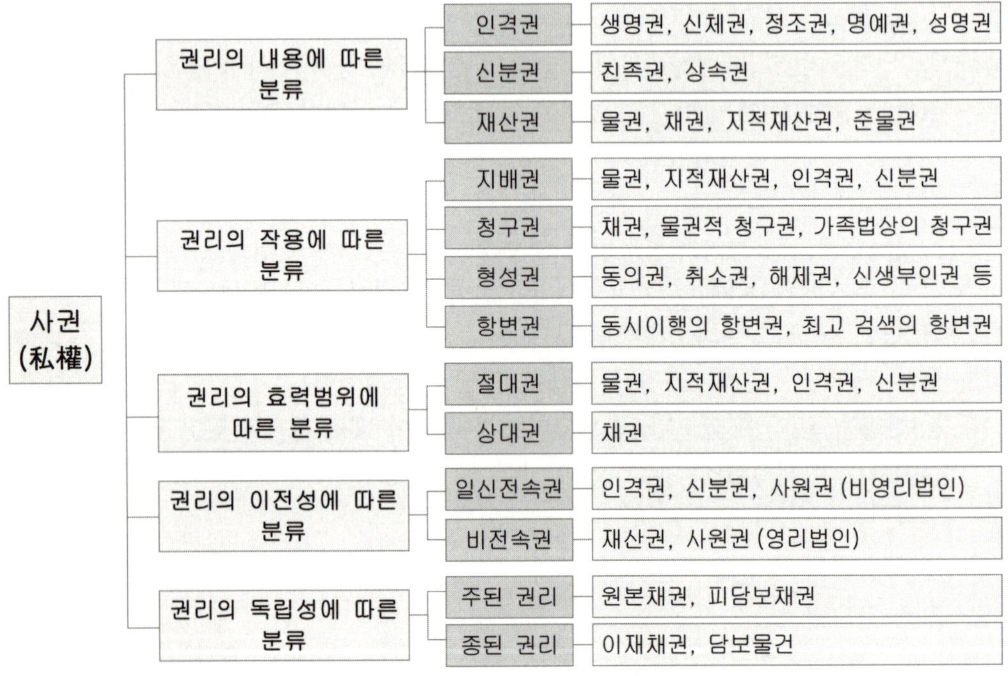

【그림 Ⅰ-4】 권리의 분류

2) 권리의 분류

권리를 분류하면 다음의 그림과 같이 나타낼 수 있다.

① 공권

공권이란 공법관계에 있어서 당사자의 어느 한쪽이 가지는 권리를 의미하며, 그 유형은 다음과 같다.

㉠ 국제법상의 공권

국제법상의 공권이란 국가가 국제법상의 주체로서 가지는 권리 즉, 한 국가가 국가의 존립을 위하여 타국에 대하여 가지는 권리를 의미한다.

㉡ 국내법상의 공권

한편, 국내법상의 공권이란 국가공공단체 및 개인이 공법관계에서 갖는 권리를 의미한다.

② 사권

사권이란 사법상의 권리 즉, 개인 상호간의 재산과 신분관계에서 인정되는 권리를 의미한다.

(2) 법과 의무

1) 의무의 개념

자기 의사와 관계없이 일정한 작위 또는 부작위를 강제하는 법률상의 구속으로 본인의 의사와 관계없이 강요되는 것을 의무라고 한다.

2) 의무의 분류

① 공의무와 사의무

'공의무'란 공적 · 정치적 · 국가적 생활관계에서 일정한 법적 구속을 의미하며, '사의무'란 사법관계에서 존재할 의무를 의미한다.

② 적극적 의무와 소극적 의무

㉠ 적극적 의무

적극적 의무는 행위의무, 작위의무로도 지칭되는데 어떤 행위를 할 것을 내용으로 하는 의무를 의미하는 것으로 법의 명령규정에 의거 발생하게 된다.

㉡ 소극적 의무

소극적 의무는 부작위의무라고도 하는데 어떤 행위를 하지 않을 것을 내용으로 하는 의무로서 법의 금지규정에 의거 발생하게 된다. 이러한 부작위의무는 단순부작위와 인용(타인이 일정한 행위를 하는 것을 참아 이의를 제기하지 않는 것)이 있다.

(3) 권리의무의 주체와 객체

권리의무의 주체와 객체를 분류하여 보면 다음의 그림과 같이 분류할 수 있다. 우선, 권리의 주체는 자연인과 법인으로 분류할 수 있으며, 법인은 다시 공법인과 사법인 그리고 특수법인으로 구분된다.

【그림 Ⅰ-5】 권리의무의 주체

(4) 권리행사의 제한

1) 권리행사의 개념

권리행사란 사권의 내용인 생활상의 이익의 향수를 현실화하는 행위를 의미하는데, 법의 목적이 사회 질서유지를 통한 사회전체의 발전에 있는 한 권리의 행사는 공공복리에 적합할 때 허용이 가능하다.

권리의 행사를 제한하는 기본원리로써 최초로 등장한 것은 '쉬카아네의 금지'[13)]

13) 근대 초기에는 권리행사의 자유가 인정되었으며 권리남용이란 생각할 수 없었다. 이에 대한 반성이 19세기 중엽부터 먼저 프랑스에서 있게 되고 권리행사 자유에 대한 수정원칙으로서 권리남용 금지의 원칙이 서서히 판례를 통하여 형성되어 갔다. 독일민법은 이른바 '쉬카아네(chicane, schikane)'를 금지하는 규정을 두고 있다(동법 제266조).

라고 할 수 있으며, 민법에서는 권리의 행사나 의무의 이행은 신의성실의 원칙과 권리남용금지의 원칙으로 권리의 행사를 제한하고 있다.

2) 권리행사의 원칙

① 신의성실의 원칙

사회 공동생활의 일원으로서 서로 상대방의 신뢰를 헛되이 하지 않도록 성의 있게 행동하여야 한다는 원칙이 신의성실의 원칙이다. 이는 때와 장소에 따라 변화하므로 명확히 정의를 내리기 어렵다. 따라서 이를 판별하기위해 몇 가지 기준이 적용되는데 ⓐ 채무이행에 있어서의 원칙, ⓑ 모순행위금지의 원칙, ⓒ 사정변경의 원칙, ⓓ 실효의 원칙이 주요내용이다.

ⓐ 채무이행에 있어서의 원칙 : 채무이행에 있어서의 원칙은 급부(給付)의 종류 및 방법, 이행시기 및 방법, 장소 등에 관한 사항의 결정에 있어 주요한 기준이 된다.

ⓑ 모순행위금지의 원칙 : 모순행위금지의 원칙은 선행행위와 모순되는 후행행위는 허용되지 않는 원칙으로 거래의 안전을 위해서도 매우 중요하다.

ⓒ 사정변경의 원칙 : 당초의 법률행위의 효과를 그대로 유지하는 것이 오히려 신의칙(信義則)에 반할 때, 그 법률행위의 내용을 변경된 사정에 맞게 수정하거나 법률행위를 해제・해지할 수 있는 원칙으로 상대방에게 통지의 의무를 지닌다. 사정변경의 요건으로는 ㉠ 계약당시의 사정이 현저히 변경, ㉡ 법률행위의 성립전 또는 소멸이전에 사정이 변경, ㉢ 당사자가 사정변경을 예견 못했거나 예견할 수 없었을 때, ㉣ 당사자의 책임없는 사유로 사정이 변경, ㉤ 당초계약내용에 당사자를 구속시키는 것이 신의칙에 부당한 경우이다.

ⓓ 실효의 원칙 : 상대방이 권리자의 행위로부터 그 자가 더 이상 권리를 행사하지 않을 것을 기대할 수 있었고, 상대방이 이를 실제로 신뢰하였을 때, 그 권리의 상실이 인정되는 원칙으로 한국 민법에서는 소멸시효제도를 두고 시행하고 있다.

② 권리남용 금지의 원칙

권리의 행사를 제한하는 권리남용 금지의 원칙으로 이는 외형적으로는 적법한 권리의 행사인 것처럼 보이나, 실제로는 권리행사의 사회성 공정성에 어긋나므로 신의성실의 원칙에 적합한 권리행사로 인정할 수 없다는 원칙을 말하는 것이고, 타인에게 손해를 줄 목적으로 행하는 권리행사는 권리남용으로 인정된다.

권리남용의 성립요건으로 ㉠ 주관적 측면에선 권리자의 가해의사나 가해목적과 같은 표식이 있을 때 인정되며, ㉡ 객관적 요건으로는 권리행사의 행위가 있고 권리행사 본래의 사회적 목적에 반하며 위법성이 있어야 한다.

이처럼 권리행사의 제한은 신의성실의 원칙과 권리남용금지의 원칙으로 제한하며, 권리남용금지의 원칙은 신의성실의 원칙의 표면으로, 권리남용 금지의 여부는 신의성실의 원칙이 기준으로 작용한다.

5 법의 해석과 적용

(1) 법의 해석

1) 법의 해석

법의 해석이란 일반적·추상적으로 규정되어 있는 법규정의 의미와 내용을 특정한 사건에 구체적으로 적용하기 위해 그 개념을 명확히 밝히는 것을 말한다.

① 유권해석

유권해석에는 공권적 해석과 입법적 해석이 있는데, 이를 살펴보면 다음과 같다.

㉠ 공권적 해석 (authentic interpretation)

공권적 해석이란 법 규정이 갖는 의미가 법령 자체 또는 판례에 의하여 즉, 국가의 권한이 있는 기관에 의하여 법 규범의 의미가 해석·확정되는 구속력 있는 해석을 의미한다.

㉡ 입법적 해석 (legislation interpretation)

입법적 해석이란 입법기관이 법문 자체에 해석 규정을 둠으로써 특정법규의 내용 또는 문구의 의미를 밝히는 것을 말한다.

② 사법적 해석 (judicial interpretation)

재판해석으로서 법원(특히 대법원)의 판결형식으로 나타내는 법의 해석을 사법적 해석이라 한다.

③ 행정적 해석 (administrative interpretation)

행정관청에 의하여 행해지는 해석을 행정적 해석이라 한다.

(2) 법의 적용

1) 법 적용 순서 : 3단계

법 적용 순서는 통상 3단계로 이루어지는데 첫째, 법이 적용될 추상적인 법을 대전제로 둘째, 사회에서 발생하는 구체적인 사건을 소전제로 하며 셋째, 대전제와 소전제로부터 판결 또는 결정이라는 결론을 도출하는 단계에 의하여 이루어진다.

2) 법의 적용

① 사실문제

어떤 법규를 적용하는데 있어서 사실확정(事實確定)의 문제를 의미한다.

② 법률문제

이러한 사실에 대하여 어떠한 법을 적용할 것인가의 문제를 법률문제라고 한다.

③ 법의 검색

법률문제 중 구체적 사실을 적용할 법규를 찾는 일을 법의 검색이라 한다.

④ 법의 해석

법규의 뜻을 밝히는 것을 의미한다.

학습정리

법(法)이란 사회규범 중에서 정치적으로 조직된 사회의 강제성을 띈 규범으로서 궁극적으로 추구하는 가치는 정의를 말한다.

법이 효력을 갖기 위해서는 규범적 타당성과 사실적 실효성이 있어야 한다.

법의 효력의 범위는 크게 시간적 효력, 대인적 효력, 장소적 효력으로 구분된다.

법(法)은 여러 형태로의 분류가 가능하지만, 대체로 국내법과 국제법으로, 그리고 국내법은 공법과 사법으로 구분되는 것이 일반적이다.

공법과 사법의 구분은 대체적으로 규율 대상을 중심으로 분류되며, 그 중간적 영역으로서 사회법의 영역이 나타나고 있다.

법 효력의 개념은 법의 규범력(**規範力**)이 어떻게 발동하느냐 하는 것이다.

법의 적용 순서는 법이 적용될 추상적인 법을 대전제로 사회에서 발생하는 구체적인 사건을 소전제로 대전제와 소전제로부터 판결 또는 결정이라는 결론을 도출하는 3단계로 적용된다.

학습과제

1. 법을 보편적 개념에 입각하여 분류하시오.
2. 공법과 사법 그리고 사회법의 분류 기준은 무엇인가?
3. 법의 적용 순서를 3단계로 구분하시오.
4. 법의 효력의 범위를 시간적 효력, 대인적 효력, 장소적 효력으로 구분하여 설명하시오.

분쟁사례연구 1

물품매매 계약금미지급

사건번호 : 제02113-0005호*[14)]

구 분	내 용	비 고
신 청 인	A사	
피 신 청 인	B사 (홍콩)	
청 구 원 인	물품대금 지급청구	
품 목	트랙터	
신 청 금 액	미화 150,192달러 (197,457,422원)	중재비용 : 4,176,016원
신 청 일	2002. 2. 6.	
판 정 일	2002. 8. 13.	
처 리 기 간	188일	
판 정 금 액	미화 150,192달러 (197,457,422원)	

판정요지 :

A사는 2001. 5. 30. B사와의 사이에 물품대금의 50%는 구매주문서 발행과 동시에, 그리고 나머지 50%는 물품이 홍콩에 도착한 후 3달 이내에 지급하기로 하는 조건으로 건설기계제품 수출계약을 체결하였는데, B사를 이중 나머지 50%에 해당하는 미화 110,500달러를 지급하지 않고 있다. 또한 A사는 B사에게 다른 중고제품도 판매하였는데 2001. 6. 27. A사가 이 사건 제3물품 수리용 모터 2세트와 컨트롤 패널을 보내 주면 위 물품의 매매대금 미화 39,692달러를 지급하기로 약정하여 2001. 8. 9. 경위 물건을 인도하였으나 B사는 매매대금을 지급하지 않아 분쟁이 발생하였다.

A사는 건설기계제품 매매계약에 따른 물품대금 미화 150,192달러 및 지연이자를 B사에게 청구하고 있다.

B사는 미화 110,500달러 상당의 물품에 대하여 채무가 있음은 인정하면서도 구매주문서들에 의하면, 위 매매대금 잔액은 B사가 상기 물품들을 판매한 후 30일 이내에 지급하도록 되어 있고 아직 위 물품을 판매하지 못하였으므로 변제기에 도달하지 않았고, 미화 39,692달러 상당 물품을 자신의 창고에 보관하는 것에 동의했을 뿐이라고 주장한다.

---

* 대한상사중재원, 「사례집 제12권」, 2005, pp. 209 - 214.

이에 중재판정부는 이 사건 계약 제6조에 의하면 이 사건 계약의 내용은 양 당사자가 서명한 문서에 의하여만 변경될 수 있는데, 위 구매주문서들은 B사가 일방적으로 작성하여 A사에게 보낸 문서이므로 이러한 구매주문서들에 의해 이 사건 계약상의 매매대금 지급조건이 변경되었다고 볼 수 없고, 미화 39,692달러의 채무에 대하여는 B사가 A사로부터 매수하기로 하고 그에 대한 대금지급까지 약속하였으므로 B사의 위 주장도 이유없다고 보고 A사의 청구를 모두 인용하여 주문과 같이 판정하였다.

판정주문 :

1. 피신청인은 신청인에게 미화 150,192달러 및 이에 대하여 2001. 10. 30.부터 2002. 2. 15.까지는 연 6%의, 그 다음날부터 다 갚는 날까지는 연 25%의 돈을 지급하라.

2. 중재비용은 피신청인의 부담으로 한다.

신청취지

위 주문과 같다.

판정이유

1. 인정되는 사실

다음의 사실은 당사자 간에 다툼이 없거나 신청인이 제출한 일부 서증 및 심리의 전취지에 의하여 이를 인정할 수 있고 달리 반증없다.

가. 신청인은 2001. 5. 30. 피신청인과의 사이에 물품대금의 50%는 구매주문서발행과 동시에, 그리고 나머지 50%는 물품이 홍콩에 도착한 후 3달이내에 지급하기로 하는 조건으로 건설기계제품 수출계약(이하 “이 사건 계약”이라 함)을 체결하였다.

나. 이 사건 계약에 따라 피신청인은 2001. 6. 14. 신청인에게 V18 Hammer 3세트, Bit RT610 (N180) 4세트, 및 Bit RT610 (SD18) 1세트를 주문하였고(구매주문서 번호 TM/PO-268: 이하 “이 사건 제1물품”이라 함), 2001. 7. 9.에는 V24 Hammer 2세트를 주문하였다(구매주문서 번호 TM/PO-271: 이하 “이 사건 제2물품”이라 함).

다. 신청인은 2001. 7. 20.경 이 사건 제1 및 제2 물품을 한국 ○○항에서 △△△△호에 선적하였고 위 물품들은 같은 달 27.경 홍콩에 도착하여 피신청인에게 인도되었다.

라. 피신청인은 이 사건 제1 및 제2 물품대금 총 미화 221,000달러 중 50%는 신청인을 수익자로 하는 신용장을 개설하여 결제하였으나, 나머지 미화 110,500달러는 현재까지 신청인에게 지급하지 아니하였다.

마. 한편 신청인은 피신청인에게 중고 Electric Rotator K150 (이하 "이 사건 제3물품"이라 함)도 판매하였는데 피신청인은 2001. 6. 27. 신청인이 이 사건 제3물품 수리용 모터 2세트와 컨트롤 패널을 보내 주면 위 물품의 매매대금 미화 39,692달러를 지급하기로 약정하였다. 이에 신청인은 2001. 8. 9.경 위 수리용 모터와 컨트롤 패널을 피신청인에게 인도하였다. 그러나 피신청인은 현재까지 신청인에게 위 매매대금 미화 39,692달러를 지급하지 아니하였다.

2. 판단

가. 피신청인의 매매대금 등 지급의무

위 인정사실에 의하면 피신청인은 신청인에게 이 사건 제1 및 제2물품 매매대금의 잔액 미화 110,500달러와 이 사건 제3물품의 매매대금 미화 39,692달러의 합계금 총 미화 150,192달러 및 이에 대한 지연이자를 지급할 의무가 있다. 한편 이 사건 제1 및 제2물품 매매대금의 잔액 미화 110,500달러의 변제기는 위 물품들이 홍콩에 도착한 2001. 7. 27.부터 3개월이 되는 2001. 10. 27.이고 이 사건 제3물품 대금의 변제기는 위 물품 수리용 모터와 컨트롤 패널이 피신청인에게 인도된 2001. 8. 9.경이다. 따라서 피신청인은 신청인에게 미화 110,500달러에 대하여는 변제기인 2001. 10. 27. 이후로서 신청인이 구하는 2001. 10. 30.부터, 나머지 미화 39,692달러에 대하여는 변제기인 2001. 8. 9. 이후로서 신청인이 구하는 2001. 10. 30.부터 지연이자를 지급할 의무가 있다.

나. 피신청인의 주장에 관한 판단

(1) 미화 110,500달러의 채무에 관하여

피신청인은 이 사건 제1 및 제2물품 매매대금의 잔액 미화 110,500달러의 채무가 있음은 인정하면서도, 이 사건 제1 및 제2물품에 관한 구매주문서들에 의하면 위 매매대금 잔액은 피신청인이 이 사건 제1 및 제2물품을 판매한 후 30일 이내에 지급하도록 되어 있는데 아직 피신청인이 위 물품을 판매하지 못하였으므로 위 채무는 변제기에 도달하지 않았다고 주장한다. 그러나 이 사건 계약 제6조에 의하면, 이 사건 계약의 내용은 양 당사자가 서명한 문서에 의하여만 변경될 수 있는데, 위 구매주문서들은 피신청인이 일방적으로 작성하여 신청인에게 보낸 문서이므로 이러한 구매주문서들에 의해 이 사건 계약상의 매매대금지급조건이 변경되었다고 볼 수 없다. 따라서 피신청인의 위 주장은 이유없다.

(2) 미화 39,692달러의 채무에 관하여

피신청인은 이 사건 제3물품을 자신의 창고에 보관하는 것에 동의하였을 뿐 이를 신청인으로부터 매수한 것은 아니라고 주장한다. 그러나 앞에서 인정한 바와 같이 피신청인은 신청인으로부터 이 사건 제3물품을 매수하기로 하고 그에 대한 대금지급까지 약속하였으므로 피신청인의 위 주장도 이유없다.

3. 결론

결국 피신청인은 신청인에게 미화 150,192달러 및 이 중 미화 110,500달러에 대하여는 변제기인 2001. 10. 27. 이후로서 신청인이 구하는 2001. 10. 30.부터, 나머지 미화 39,692달러에 대하여는 변제기인 2001. 8. 9.이후로서 신청인이 구하는 2001. 10. 30.부터, 이 사건 중재신청서 부본이 피신청인에게 송달된 날인 2002. 2. 15.까지는 상법상의 법정이율인 연 6%의 비율에 의한, 그 다음날부터 다 갚는 날까지는 소송촉진등에관한특례법이 정한 연 25%의 비율에 의한 지연이자를 지급할 의무가 있으므로 신청인의 이 사건 중재신청은 이유 있어 인용하며, 중재비용은 피신청인의 부담으로 함이 상당함으로 이에 주문과 같이 판정한다.

제 2 장

무역클레임의 예방과 관리

무역클레임의 예방을 위하여 우리는 클레임 즉 분쟁의 유형을 분류해 볼 필요가 있다. 왜냐하면 클레임을 해결하는 데는 분쟁의 유형에 따라 이를 관리하는 방법 역시 다양하기 때문이다. 따라서 본 장에서는 국제분쟁의 발생원인 및 유형과 이를 해결하는 방법에 대하여 개략적으로 접근해 본다.

1 국제 분쟁의 유형

오늘날 이해 당사자들간의 분쟁은 국내 거래에서 뿐만 아니라 국제통상 활동에도 매우 빈번히 발생되고 있다. 다만 국제통상 활동은 국내 거래에 비해 그 형태가 매우 다양하므로 국제통상과 관련된 분쟁 역시 복잡한 양상을 나타내고 있다.

국제통상과 관련된 분쟁은 분쟁당사자들의 유형과 국제통상 활동의 형태 등에 따라 다양하게 분류될 수 있으나, 분쟁해결 방법을 고려할 경우 전자에 의한 분류가 보다 바람직하다. 즉, 국제통상 분쟁은 관련 분쟁당사자의 유형에 따라 크게 개별 기업들간의 국제통상 분쟁, 개별기업과 국가간의 국제통상 분쟁, 그리고 국가들간의 국제통상 분쟁으로 대별될 수 있다.

(1) 개별기업들간의 국제통상 분쟁

개별기업들 간의 국제통상 분쟁은 분쟁이 개별기업과 개별기업 사이에서 발생되는 것으로, 다양한 국제통상 활동 중 주로 국제계약에서 발생된다. 이러한 범주에 속하는 국제계약에는 물리적 재화의 교역과 관련된 국제물품계약, 기술교역과 관련된 라이센싱 계약, 생산설비 건설과 관련된 턴키계약, 두 기업이 각각 출자하여 제3의 회사를 만드는 합작투자계약 등이 있다. 다만, 개별기업들 간의 국제통상 분쟁은 국적이

서로 상이한 기업들 간의 분쟁뿐만 아니라 분쟁당사자간의 관련활동이 국제성을 띨 경우 동일국적 기업들 간의 분쟁도 의미한다.

이와 같은 개별기업들 간의 국제통상 분쟁은 계약당사자 중 일방이 계약상 의무를 불이행하거나 충족시키지 못할 경우, 즉 계약을 위반한 경우 주로 발생된다. 개별기업들 간의 국제통상 분쟁은 스스로 권리를 포기하거나 당사자간의 합의 및 제3자의 개입을 통해 해결될 수 있다.

(2) 개별기업과 국가간의 국제통상 분쟁

개별기업과 국가간의 국제통상 분쟁은 분쟁이 개별기업과 국가간에 발생되는 것으로, 주로 해외에 기업을 설립하여 경영 참여를 목표로 하는 해외직접투자와 공익사업이나 자원의 탐사와 개발을 위해 국가와 외국 투자기업간에 체결되는 국제양허계약 등에서 발생된다.

이와 같은 개별기업과 국가간의 국제통상 분쟁은 계약위반에 따른 개별기업들 간의 분쟁과는 달리 대부분 특정당사자, 특히 국가의 계약위반 및 일방적 조치에 의해 발생된다. 다만 국제양허계약이나 해외직접투자에 따른 국제분쟁 역시 앞에서 살펴본 개별기업들 간의 국제통상 분쟁 해결방법과 유사한 방법들을 통해 해결될 수 있다.

(3) 국가들간의 국제통상 분쟁

이와 같은 국가들간의 국제통상 분쟁은 특정국가가 통상 관련 법, 규칙, 지침 등을 위반하거나 국제통상 협정의 규정을 위반하여 다른 회원국에게 피해를 줄 경우에 발생된다.

국가들간의 국제통상 분쟁은 분쟁이 국가와 국가사이에서 발생되는 것으로 이는 국제통상 관련기구(협정)에 가입한 회원국들간의 분쟁, 회원국과 비회원국간의 분쟁, 그리고 비회원국들간의 분쟁으로 대별될 수 있다.

국가들간의 국제통상 분쟁은 일반적인 국가간의 분쟁과 마찬가지로 외교적 수단, 국제기구, 국제중재, 국제재판, 그리고 국제통상협정에서 규정한 분쟁해결 절차에 의해 해결될 수 있다.

특히, WTO회원국간의 국제통상 분쟁은 WTO에서 규정하고 있는 분쟁해결 절차에 따라 해결되고 있다.

<표 Ⅰ-5> 국제통상 관련 분쟁의 형태

	분쟁의 대상	분쟁 당사자	분쟁원인	분쟁해결 방법
국제통상 교역 형태별 분쟁	국제계약 - 물품매매계약 - 합작투자계약 - 라이센싱・프랜차이징 계약 - 국제양허계약 - 경영관리계약 - 국제하청생산계약 - Turn-key계약 - 국제 컨소시엄 - 해외건설 계약	개별기업 대 개별기업 개별기업 대 국 가	- 계약당사자 중 일방이 계약의무 불이행 (계약위반)	- 청구권 포기 - 알선 - 조정 - 중재 - 소송
	국제투자 - 해외직접투자	개별기업 대 국 가	- 투자수용국의 특정 조치가 외국투자기업 경영에 부정적 영향을 미치는 경우 - 예를 들어 투자수용국의 외국기업의 몰수, 국유화, 수용	- 청구권 포기 - 알선 - 조정 - 중재 - 소송 - 외교적 보호
WTO 체제상의 분쟁	- WTO설립협정 및 무역협정	협정가입 회원국 대 회원국	- 특정회원국이 협정 의무 위반	- WTO분쟁해결 절차에 따라 협의, 알선, 조정, 중재 - 외교적 노력

2 상사분쟁의 이해

(1) 상사분쟁의 개념

상사분쟁의 개념을 정의하기 위해서는 상사(商事 ; commercial affairs)의 개념을 명확하게 하는 것이 필요한데, 그 개념적 정의는 사실상 용이하지 않다. 다만, UNCITRAL은 상사의 개념을 넓은 의미로 해석하고 있다.[1] 또한 UNCITRAL의 관련법[2]에서도 그 개념을 명확하게 표현하고 있지 않으며, 상사에 포함되는 사항에 대해서 각주(foot note)에서 예시하고 있을 뿐이다.[3]

즉, 1조 1항의 각주에서는 "상사라는 용어는 계약에 의한 것인지의 여부에 관계없이 상업적 성격의 모든 관계로부터 발생되는 모든 문제를 다룰 수 있도록 해석되어져야 한다. 상업적 성격의 모든 관계에는 물품 또는 서비스의 공급 또는 교환을 위한 무역거래, 물품판매계약, 상사대행 또는 대리상, 팩토링, 리싱, 설비건설, 상담, 엔지니어링, 라이센싱, 투자, 금융, 은행업, 보험, 채굴 합의 또는 허가, 합작투자 및 기타 형태의 상업적·산업적 협조, 항공·해상·철도 또는 도로에 의한 물품 또는 여객운송을 포함하며, 이에 국한되지 아니한다"라고 명시하고 있다.

한편, 우리나라의 상법에서도 "영업으로 하는 행위를 상행위"라고 규정하고, 그 예로서 '동산·부동산·유가증권 기타 재산의 매매를 비롯하여 출판, 광고, 통신, 여·수신금융거래, 운송, 보험, 신탁 등 21가지의 기본적 행위를 상행위로 들고 있다. 또한 "상인이 영업을 위하여 하는 행위를 상행위로 본다"고 규정하고, "상인의 행위는 영업을 위하여 하는 것으로 추정한다"고 명시함으로써 보조적 상행위 규정을 두어 상행위의 개념을 광범위하게 인정하고 있다는 점을 고려할 때, 상사의 개념도 보다 넓은 의미에서 이해되는 것이 타당할 것이다.[4]

---

1) 일부 국가의 법체계에서는 상사중재의 개념을 지나치게 제한적으로 해석하고 있는 경향도 존재한다.(Aron Broches, 「Commentary on the UNCITRAL Model Law on International Commercial Arbitration」, Denver·Bosten : Kluwer Law and Taxation Publishers, 1990, p.1.)

2) 이법의 정식 영문명칭은 "UNCITRAL Model Law on International Commercial Arbitration"이다. 그런데, 이법의 명칭과 관련하여 국내 관련 문헌들에서는 'UNCITRAL 모델법', 'UNCITRAL 중재모델법', 'UNCITRAL 표준 중재법' 등 매우 다양하게 지칭되고 있는바, 본 교재에서는 대한상사중재원에서 일반적으로 사용하고 있는 'UNCITRAL 모델 중재법'으로 지칭한다.

3) "본 법은 당국에서 그 효력이 있는 다자간 또는 양자간에 모든 협정에서 순응할 것을 조건으로 하여 국제상사중재에 이를 적용한다"(UNCITRAL 모델 중재법 제1조 제1항)고 정의되어 있다.

4) 홍성규, 「국제상사중재 : 이론과 실제」, 도서출판 두남, 2002. 3. pp. 204-205.

(2) 상사분쟁관리의 중요성

사회가 복잡해지고 다양화하며 전자상거래가 급속히 확대되는 등 사회경제적 환경이 급변하면서 상사분쟁 또한 다양하게 증가하고 있다. 이는 필연적으로 법률수요의 기하급수적 증가를 초래하는 현상이 나타나고 있다. 이와 같은 현상은 개인이나 기업에 국한되지 않고 정부기관이나 공공기관 등 각종 공·사조직에 공통적으로 나타나고 있다. 이에 따라 영리·비영리기관 구별없이 기간의 철저한 분쟁관리가 요구되는 시점이라 하겠다.

현대의 기업은 사회의 핵심적 조직체이자 국민경제의 중추로서 제반 역할을 담당할 뿐만 아니라, 거래상대방, 소비자, 근로자, 주주, 경쟁기업, 채권자 및 채무자, 나아가서 국가 등 기업을 둘러싼 다양한 이해관계자와 긴밀한 관계에 있다. 특히, 국제거래를 담당하는 글로벌기업은 ① 세계경제의 글로벌화, ② 거래관계의 복잡성 증가, ③ 복잡한 거래관계의 통제를 위한 계약상의 한계점 노출, ④ 국제거래관계의 취약성 확대 등으로 인해 타 기관에 비해 상사분쟁에 크게 노출되어 있을 뿐만 아니라 분쟁의 충격 역시 매우 크다.[5)]

상거래에서 발생하는 기업의 상사분쟁은 여러 가지 악영향을 초래하는데, 이를 미시적 측면과 거시적 측면으로 구분하여 살펴보면 다음과 같다.

1) 거시적 측면

거시적 측면에서 클레임 즉, 상사분쟁이 가져올 수 있는 효과로는 우선, 국제거래에서 발생하는 상사분쟁은 거시적으로 대외지급이나 수출대금의 지급거절로 인한 국제수지의 악화를 가져올 수 있다.

둘째, 클레임이나 손해배상 등 외화의 대외지급채무 등으로 인하여 외채부담을 가중시킬 수 있다.

셋째, 기업 등 사거래 당사자간에 발생하는 클레임이나 상사분쟁은 국내무역업계의 대외신용을 실추시키고 나아가서 국가공신력이나 국가신인도 내지 국가의 위신을 손상시킬 수 있다.

넷째, 클레임이나 상사분쟁의 발생은 국가의 공신력이나 국가신인도 내지 국가신용에 악영향을 미치게 하여 수출 또는 무역증대를 어렵게 할 수도 있다.

다섯째, 기업 등 개별 상거래당사자의 클레임이나 상사분쟁은 나아가 국가간의 무역전쟁이나 정치분쟁을 유발시키기도 한다.

---

5) Christian Buhring-Uhle, 「Arbitration and Mediation」, Kluwer Law International, 1998. pp. 4-16.

2) 미시적 측면

한편, 미시적 측면에서의 클레임이 가져올 수 있는 효과로는 우선, 기업의 상거래에 발생된 분쟁의 해결・처리를 위하여 기업의 인적 자원 및 물적 자원의 낭비를 초래한다는 점이다. 또한 거래 상대방에 대한 손해배상이나 대금회수불능 등으로 인한 기업의 직접적 손실이 발생할 수 있다. 기업의 상사분쟁은 기업의 대외신용이나 공신력을 실추시킬 수 있다. 이는 일회성으로 효과를 미치는 것이 아니라 장기적 측면에서 상사분쟁으로 인하여 거래의 단절이나 거래선(trade partner)의 상실을 초래할 수 있다. 이는 기업이나 기업상품의 국제경쟁력 약화라는 악순환의 고래 형성이 가능하게 될 수도 있으며, 최악의 경우에는 기업의 도산 및 관련 업체의 연쇄도산을 초래할 수 있다. 이 외에도 기업인들의 사기를 저하시키거나 사업의욕을 감퇴시키고 업무능률을 떨어뜨릴 수 있다.

위에서 살펴보았듯이 클레임은 단순히 기업의 특정 거래의 문제로 국한된다고 볼 수는 없다. 따라서 상사분쟁 즉, 클레임의 예방과 만일 클레임이 발생하였다면 이러한 클레임을 얼마나 신속하게 효율적으로 처리하는가는 매우 중요하다.

분쟁의 가능성은 국제거래 관계에 있어서 부가된 불확실성과 법적, 비법률적 규제의 한계성 등으로 더욱 높아진다. 그러므로 국제거래 계약은 보다 큰 위험과 보다 낮은 보호에 직면하지 않을 수 없다. 거래는 의사결정을 위하여 위험을 계산할 필요성이 있고 법적 그리고 비법률적 제제는 거래관계의 안정성을 보장할 수 없기 때문에, 국제거래의 당사자들은 더욱 국제거래활동에 있어서 불가피한 변화의 위험과 분쟁에 대처하기 위한 효과적인 분쟁관리기구의 필요성을 가지게 된다. 기업은 상사분쟁관리를 통하여 상사분쟁의 사전적 예방은 물론, 사후적으로는 분쟁해결 코스트의 절감을 추구하고 손실을 최소화하며 분쟁의 재발을 방지할 수 있게 된다.[6)]

(3) 상사분쟁관리의 대상

기업활동에서 발생되는 상사분쟁을 미연에 방지하고 지적재산권 등 사업기술을 법적으로 보호하며 분쟁이 발생된 뒤에는 이를 기업이 합목적적으로 처리하기 위하여 상사분쟁 관리를 하지 않으면 안 된다. 분쟁이 발생한 이후에는 기업 등 분쟁 당사자의 입장에서 최적의 분쟁해결 방법을 선택하고 이를 효율적으로 처리하여야한다.

오늘날 기업경영과 관련하여 무역, 금융, 조세, 해외투자, 외환, 지적소유권, 노동,

6) 최장호, 「한국무역기업의 상사분쟁관리와 상사중재처리에 관한 연구」, 고려대학교 대학원, 1985, p.23.

해상, 증권, 특허, 전자상거래 등의 문제는 물론 기업인수·합병, 기업구조조정, 회사정이, 소비자 보호, 제조물 책임, 중재 등 새로운 많은 문제들이 대두되고 있다.

실제로 우리나라에서 기업의 구조조정은 1997년 IMF 이후 본격적으로 법률적, 경제적, 사회적으로 문제시되기 시작하였으며, 제조물책임(PL : Product Liability)은 종전에는 제품의 품질불량 등 제품 그 자체에 관한 문제가 대부분이었으나, 오늘날에는 제품의 결함이 사용자, 제3자의 생명, 인체 및 물품 등에 위해와 손해를 끼친 경우에도 문제가 발생하는 등 그 양상이 복잡해지고 있다.

기업의 활동 특히 상거래 활동은 관련 당사자간에 이루어지는 것이 일반적이고, 상사분쟁은 이들에 대한 귀착사유에서 발생되는 것이 많으므로, 대인적 분야의 관리가 의외로 중요하다. 대인적 분야에서는 거래선(고객) 및 기업활동 관련자, 사내 임직원 등이 중심을 이룬다. 이외에도 거래선의 신용상태, 평판, 영업활동은 특히 무역분쟁의 예방을 위한 주요 평가요소가 된다. 상사분쟁의 원인 가운데에는 업무처리상의 과오나 업무관련 지식의 부족에 기인하는 경우가 많으므로 사내 임직원은 분쟁관리의 주체이며 대상이 된다. 업무의 질 내지 국제거래 업무수행 능력의 향상은 상사분쟁의 발생을 예방하고 기업 손실을 최소화하게 하므로 국제화시대에 있어서 인력에 대한 관리는 더욱 중요하다.

또한 기업의 상거래는 사실적 행위와 법률적 행위로 이루어지므로 이들 모두 상사분쟁관리의 대상이 되며 이를 대물적 분야에 대한 관리라고 한다. 기업활동의 사실적 행위는 계약대상에 대한 품질 등 생산 또는 공급활동이나 물류 등이 중심을 이룬다. 여기에는 계약대상 물품의 생산과 적기 인도, 상품의 포장·보관·하역·수송 및 전보, 텔렉스, 인터넷 또는 전자상거래 등의 통신활동이 포함된다. 법률적 행위로는 상거래의 기초가 되는 계약 등이 중요하다. 기업은 상사분쟁이 발생한 경우에는 이를 신속하고 경제적이며 거래관계에 장애가 되지 않게 하는 등 기업에 합목적적인 분쟁처리를 모색하지 않으면 안 된다.

한편, 상사분쟁관리는 분쟁발생 전후를 기준으로 상사분쟁의 사전관리와 상사분쟁의 사후관리로 나눌 수 있다.

(4) 상사분쟁관리의 방법

1) 상사분쟁의 사전관리

① 사전관리의 의의 및 방법

기업이나 개인 또는 정부기관 등에 상사분쟁이 발생하면 분쟁 해결 비용이 발생하고 분쟁해결에 따른 기회비용이 발생하며 분쟁당사자의 이미지가 손상되는 등 분쟁당사자의 인적·물적 자원의 낭비를 초래하며 여러 측면에서 손실이 발생한다. 특히, 국제거래에 있어서는 일단 분쟁이 발생하면 그 손실이 확대되기 쉽기 때문에 분쟁의 사전예방이 중요하다. 따라서 기업 등 당사자의 상사분쟁을 사전에 예방하고 기업 등 상사분쟁의 사전예방관리를 철저히 하지 않으면 안 된다.

특히, 기업환경의 복잡화와 더불어 증대되는 불확실성하의 거래위험과 기업경영상의 위험을 회피하기 위하여 위험관리의 하나로서도 지속적이고 효과적인 상사분쟁의 사전관리가 필요하고 중요하게 된다.

오늘날 법률수요는 치료법무에서 예방법무 또는 전략법무로 그 영역이 점차 확대되고 있다. 여기서 '치료법무'란 송사 등 분쟁이 발생된 이후의 법적 대응을 의미하고, '예방법무'란 분쟁의 발생을 미연에 예방하려는 법적조치를 말한다. 한편, '전략법무'란 여기서 한걸음 나아간 것으로서 의사결정이나 경영전략 수립 등에 참여하고 법률을 전략적, 적극적으로 이용하는 것을 의미한다.[7)]

상거래상의 분쟁을 예방하기 위한 상사분쟁의 사전관리 방법으로서는 상사분쟁 관리기구의 조직과 활용, '상사분쟁메뉴얼'의 작성과 활용, 기업 고문변호사 제도, 인터넷의 활용, 상사분쟁관리 직무교육, 계약문서의 작성 등을 들 수 있다.

상사분쟁 관리기구는 기업의 상사분쟁을 전사적으로 지속적이며 효율적으로 관리하기 위하여 설치되는 제도적 장치의 하나이다. 이와 같은 제도적 장치로서는 상사분쟁 관리도구와 상사분쟁 관리조직 제도를 들 수 있다. 상사분쟁 관리조직 제도로서는 기업법무를 담당하는 법무담당부서의 설치나 상사분쟁 또는 무역사고 대책기구, 클레임 대책회의 등 특별 전문부서의 조직이나 특별위원회 또는 회의 등의 운영을 들 수 있다. 이들 상사분쟁의 관리방법은 상사분쟁의 사후관리를 위해서도 유용하게 이용될 수 있기도 하다.

② 상사분쟁관리기구의 조직·활용

기업활동 특히 상거래활동은 많은 법률문제를 포함하고 있는 것이 일반적이며 또한 법률문제의 검토를 필요로 한다. 국제기업의 경우에는 현재까지 단일한 국제상사법률제도가 없기 때문에 국가의 숫자만큼이나 많은 법률환경에 직면하게 된다.[8)]

기업의 법률문제는 광범위하고 복잡하기 때문에 이와 관련하여 많은 분쟁이 발생되고 있는데 기업의 법률문제로 인한 손해는 전문가들 사이에 전체 거래액

7) 김진원, 「로펌」, 띄인돌, 1999. p.21.
8) Stefan H. Robock · Kenneth Simmonds, 「International Business and Multinational Enterprise」, Richard D. Irwin, Inc. 1983, p.161.

의 10-15%로 추정된다는 연구도 있다.[9)]

기업환경의 급속한 법률화와 법률환경의 확대는 법률문제의 전문적이고도 집중적인 처리를 요구하게 된다. 이러한 요구에 부응하고 기업 경영전략 수립에 참여하고 상사분쟁의 효율적 예방과 처리 등 법무활동을 관리하기 위한 상설(常設)적이고 영속적인 기업내 조직으로 기업 법무부서의 조직과 설치가 필요하게 된다.

기업 법무부서는 회사의 임원, 관리자 및 여러 계층 사원에 대하여 회사의 법률문제에 대한 의견을 개진하고 법률문제의 처리를 담당 또는 지도, 지원을 한다. 그러한 의미에서 기업조직상 스탭(Staff)부분에 속한다. 기업 법무부서의 조직구조는 기업의 규모, 업종, 지역 등의 요인에 따라 기업실정에 적합한 구성이 바람직하며, 일반적으로 서비스 스탭(Service Staff)형, 전문 스탭(Specialist Staff)형, 일반 스탭(General Staff)형 등 세 가지 유형으로 분류할 수 있다. 서비스 스탭(Service Staff)형은 총무과, 문서과 등의 일부분으로 법률에 대한 서비스를 한다. 일본에서는 이러한 형태가 중심으로 이루고 있다. 전문 스탭(Specialist Staff)형은 서비스 스탭(Service Staff)형에서 발전된 형태로 독립된 전문가집단으로 법규과, 법무과 등으로 이루어지고 구성원은 전문가로서의 지위를 인정받는다. 일반 스탭(General Staff)형은 경영계획의 수립과 실시에 법률적 측면에서 참가하고 조직상으로도 상당한 지위를 인정받는다. 이러한 유형은 사장실, 기획실, 법규과(부), 법무실 등으로 설치 내지 병설된다. 법무부분의 역할이 큰 미국에서는 이러한 형태가 중심을 이루고 있고 법무부의 중심을 이루는 법무부서장은 부사장 상당의 지위를 부여받는 것이 일반적이다. 미국의 기업은 사내 법률고문을 두거나 변호사들로 조직된 법무부서를 회사 내에 두고 로펌(Law Firm)에서 처리하던 일을 회사내에서 취급하게 하여 효율적이고 합리적인 경영을 하고 있다. 미국기업의 그룹법무실은 하나의 계열사로 파악되기도 한다.[10)]

우리나라에서도 점차 일부 대기업에서는 기업법무팀이 기업내 핵심조직으로 자리잡아 가고 있다. 사업의 전면에 나서지는 않는 소위 '그림자 조직'이지만 계약서 작성, 투자자문, 인수합병 등 기업의 출생에서 사망까지 사내 모든 일에 간여하며 협상과 송무(訟務)는 물론 기업경영의 핵심 브레인 역할을 수행하기도 한다.

금융기관의 법무팀 역시 그 역할이 유사한데 투자금 반환이나 부실채권 정리, 대여금 청구 등 관련 소송업무 뿐만 아니라, 경영 및 영업활동에 필요한 국내외 법규나 자료의 조사 등 종합적인 법률서비스를 제공하고 있다.

---

9) 신영무, "국제매매계약과 법적 문제", 「국제거래법워크샵」, 한국무역협회, 1983. p.47.
10) 한국경제신문, 1997. 11.29. ; 매일경제신문 1998. 12. 2.

기업 법무부서는 분쟁 예방적 기능 외에 분쟁처리 및 전략적 기능을 수행한다. 분쟁처리 기능은 분쟁이 발생한 단계에서 사후적으로 분쟁의 해결 내지 대처하는 기능이다. 기업활동의 법적 위험을 예측하고 사전에 예방조치를 취하는 예방적 기능은 기업경영상 발생하는 위험이 증가함에 따라 선진국 기업에서는 분쟁예방차원에서 이를 특히 중요시하고 기업 법무부서를 설치하는 기업이 많은 실정이다. 분쟁 예방적 기능으로는 사내 법무교육과 법률정보의 전달 그리고 계약서의 심사와 계약서식의 정형화를 들 수 있다.

전략적 기능은 기업의 경영전략수립 및 의사결정에 참여하며 법률을 기업활동의 적극적인 도구로 활용하는 것이다. 기업의 전략법무는 기업의 새로운 경영체계이다. 전략법무는 조직 전체의 법적 리스크를 체계적으로 예방 관리하는 시스템이다. 기업법무팀은 조사, 위험예방, 프로그램 개발, 법 개정 등에 주로 참여한다. 다시 말하면 기회, 법무, 감사업무 등에 연계된 스탭 중의 스탭인 것이다. 실제로 SONY사는 중역회의에 반드시 이사급의 법무실장을 참석시키며, 대한항공 역시 1978년부터 신규취항지 선정 때부터 깊숙히 관여시키고 있다. 국제항공부문은 국제법과 취항지의 국내법 등을 검토하는 것이 시장 진입을 위한 첫 단계가 되기 때문이다.

③ 상사분쟁 매뉴얼(지침서)의 제정·활용

상사분쟁 내지 사고를 예방하고 상사분쟁 발생시 이를 효과적으로 처리하며 재발을 방지하기 위해서는 매뉴얼의 제정 및 실시가 중요하다. 이러한 매뉴얼은 기업내 상사분쟁 관리업무를 합리적, 통일적, 획일적으로 안전하고 효율적으로 처리하게 한다. 또한 기업내 각 부문간이나 본·지사간의 마찰 내지 충돌의 예방을 위해서도 중요한 관리도구로 활용할 수 있다.

이러한 상사분쟁관리를 위한 매뉴얼은 국내용과 국제용 또는 사전관리용과 사후관리용으로 구분할 수 있다. 한편, 여기에 포함되는 사항으로는 국내 또는 국제(해외) 계약서 관리규정, 클레임처리 규정, 클레임처리 절차규정, 불만처리 규정, 무역분쟁 처리규정, 무역사고 처리규정, 법무처리 규정, 클레임보상 규정, 공업소유권관린 규정 등 규정, 규칙, 요령, 지침 등의 형식으로 제정할 수 있다.

④ 기업법률전문가제도(사내변호사, 기업고문변호사)의 활용

기업경영의 국제화와 글로벌스탠다드의 도입에 따라 법률 관련 사무 역시 전문성과 기술성을 띄고 있어 기업경영은 기업법률전문가의 협조를 필요로 하게 된다. 특히, 국제계약의 교섭, 계약서의 작성 등에 있어서 기업법률 전문가의 역할은 매우 중요한데 상사분쟁과 관련해서 상사분쟁의 철저한 사전관리를 위하여

기업사정과 경영법률을 잘 아는 기업 고문변화사가 효과적으로 활용될 수 있다.[11] 또한 분쟁해결에 있어서 중심역할을 하는 주체는 기업체의 중역과 변호사라고 볼 수 있다.[12]

⑤ 인터넷 법률서비스의 활용

분쟁의 예방이나 처리를 위하여 국내외 인터넷 법률서비스를 효율적으로 이용하는 방법도 있다. 미국을 비롯한 선진국에서는 정부기관을 비롯한 각종 공・사기관이나 변호사들이 유・무료의 다양한 서비스를 제공하고 있다. 인터넷 법률서비스는 법률 및 판례정보를 비롯하여 재판 등 분쟁해결 절차 및 서류양식 등을 인터넷 상에서 제공함은 물론 법률상담에서 사건수임, 사건진행에 이르기까지 시간・공간을 초월하여 모든 법률문제를 해결하여 준다. 이메일이나 채팅을 통하여 필요한 법률전문가들의 상담 등 법률서비스를 제공받을 수도 있다.

우리나라에서도 법률관련 공적기관은 물론 로펌, 개인 변호사 등 매우 다양한 사이트에서 관련 정보의 획득은 물론 서비스의 이용이 가능하다.

⑥ 상사분쟁관리 직무교육 프로그램 개발・시행

상사분쟁관리 관련 직무교육프로그램을 위하여 독자적인 자료집이나 사례집 또는 매뉴얼 등의 교재나 업무 지침서를 개발하거나 외부의 자료나 책자, 인터넷 등을 이용할 수 있다. 이와 같은 교육 내지 직무훈련에는 국내외의 각종 교육, 연수, 세미나, 심포지엄 등이 포함된다. 이는 APEC은 물론 주요 국내외 기업에서 시행하여 높은 성과를 거둔 사례로 있다.

⑦ 상사계약 및 자료(문서) 관리

기업활동에서 계약관리 및 자료 내지 문서관리는 매우 중요한데, 수출입거래를 비롯해서 기업의 모든 부분에 있어 증거 및 내용 확인은 체계적이고 철저한 관리가 요구된다. 계약은 상거래의 출발점으로서 “2인 이상의 당사자간에 이루어지는 법률상 강제 가능한 합의이며, 당사자간에 채권채무관계를 창설하고 규정하는 법률행위로서 당사자에 의해 만들어진 구속력을 가진다”고 정의할 수 있다.[13] 따라서 상사분쟁을 미연에 방지하기 위해서는 계약을 대상으로 하는 계약관리가 중요한데, 계약관리는 계약문서의 작성이 핵심이나 넓게는 계약체결을 위한 계약조건의 교섭(협상)과 계약문서의 작성[14], 계약서의 심사, 서명 그리고

---

11) 小島武司, 「會社法務入門」, 青林書院新社, 1983. pp. 271-275. ; 三戸岡道夫, 「經營法學入門」, 日本經濟新聞社, 1979, p.179.

12) 이순우, “APEC 역내 기업인에 대한 ADR 교육”, 「중재」, 제290호, 대한상사중재원, 1998. p.7.

13) 최장호, 「상사분쟁관리론」 - 클레임과 상사중재 및 ADR -, 두남출판사, 2004. p.46.

계약문서의 보존 등 일련과정을 그 대상으로 한다.

국제거래의 경우 당사자국의 법률제도, 문화, 환경 관습 등을 다각도로 고려하고 예상되는 문제점들을 미리 검토해야 한다. 또한 계약이 이루어지기 위해 사용된 협상 단계에서 수집된 각종 자료 역시 계약관리의 대상으로 포함시켜야 한다.

이러한 내용을 숙지하고 각종 법률관계(특히, 상법과 계약법 관련)를 숙지하고 계약서를 보존하여야 한다. 계약서의 보존은 계약기간 중 계약당사자들이 계약상의 권리의무의 범위를 정확히 알아 분쟁의 발생을 예방하고 계약이 바르게 이행되도록 하며, 분쟁발생시 계약서를 근거로 분쟁의 확대를 방지하고 효율적으로 분쟁을 해결 처리할 수 있게 한다. 또한 계약에 관련된 증거자료의 확보를 위해서도 계약서의 보존이 필요한데 계약문서는 다른 법률문서와 같이 그 내용이나 성질에 따라 보존기간을 달리하여 문서관리에 의해 보존된다.

한편, 문서관리는 기록관리라고 할 수 있다. 기업활동과 관련한 각종 기록 즉, 계약 문서 등의 서류뿐만 아니라 사진, 지시사항 등 모든 자료를 철저하게 관리하여야 한다. 구체적으로 무역업자의 경우에는 견본품 검사기록, 시제품 검사기록, 원부자재 납품검사기록 등 각종 검사기록이나 사용설명서, 카탈로그, 승인도면 등의 판매관계서료, 보수·수리기록, A/S 보고서 등 각종 보수 서비스 기록 등을 보존하는 것이 중요할 것이다.

이러한 정보의 저장은 과거에는 종이문서에 기반을 두고 있지만, 요즘은 각종 정보저장장치 즉, 컴퓨터 하드디스크, 메모리 스틱, 메모리 칩, CD 등을 이용하는 것이 바람직하다. 물론, 바이러스 및 해킹을 방지하기 위한 백신프로그램의 운용 및 데이터의 백업은 필수적이다.

2) 상사분쟁의 사후 관리

상사분쟁은 상거래의 암적 존재이나 상거래가 있는 곳이면 상사분쟁이 있다고 인식될 정도로 상거래와 상사분쟁은 동반적으로 있어 왔으며, 최근에는 더욱 상거래가 복잡 다양화되고 있고, 제조물책임법(PL)의 시행 등으로 더욱 빈번하게 상사분쟁이 나타나고 있다. 따라서 이러한 상사분쟁은 사실상 불가피한 것으로 볼 수 있으나, 상사분쟁 관리의 여하에 따라 상사분쟁을 예방 또는 최소화할 수 있다.

---

14) 계약서의 작성목적은 적극적 목적과 소극적 목적으로 분류할 수 있는데, 적극적 목적은 자사 권리의 보전과 실현 및 민·상법상의 임의규정을 배제하는 것이다. 반면, 소극적 목적은 계약서 작성의 최대 목적인 분쟁의 예방과 소송, 집행 절차상의 근거를 확보하는데 있다.(出川一雄, 「會社法制部」, 商事法務研究會, 1982, p.47.)

이러한 상사분쟁은 상거래 및 당해 기업에 악영향을 미침은 물론 심할 경우 기업 경영에 치명적인 영향을 끼칠 수도 있다. 따라서 상사분쟁 발생시 그 손실을 최소화 내지 확산되지 않도록 신속하고 경제적이며 효율적인 방법을 채택해야 한다. 또 나아가 분쟁과 관련된 정보나 그 해결 내지 처리결과를 차후 유익하게 이용할 수 있도록 해야 한다.

결국, 기업은 상사분쟁을 합목적적으로 해결·처리하기 위해서 사후관리를 해야만 한다. 따라서 상사분쟁 발생시 먼저 최선의 분쟁해결 방법을 선택하고 다음으로 분쟁처리의 효율적 관리를 하는 것이 중요하다.

한편, 앞에서 살펴본 바와 같이 상사분쟁관리는 기업내 각 부문조직이 전사적인 관점에서 유기적으로 일관된 조직체계를 구성할 때 보다 효율적으로 사후 관리 될 수 있다.

상사분쟁을 해결하는 방법은 ① 소송에 의한 방법과 소송외적 방법(대안적 분쟁해결방식 ; ADR)에 의한 방법과 ② 당사자간에 해결하는 방법 및 제3자를 개입시켜 해결하는 방법으로 분류할 수 있으며, 각 해결 방법은 다양한 장단점이 존재하므로 제반 상황을 종합적으로 고려한 상태에서 하나의 대안을 선택하는 것이 좋다.

3 무역클레임

(1) 클레임의 개념

국제무역은 국내 거래와는 달리 근본적으로 복잡한 요소가 많이 있는 까닭에 거래 당사자간에 이해가 얽히게 되어 있다. 이해의 양상은 여러 가지 형태로 나타나게 되며 그로 인한 상호간의 불만은 자칫 분쟁으로 화하기 쉽다. 즉, 경제적인 손해배상의 부담뿐만 아니라 시간적인 낭비와 당사자간의 신뢰성을 저하시키며 궁극적으로는 당사자의 상거래상의 명성을 훼손하게 된다. 그럼에도 불구하고 매매계약상의 불이행에 대한 구제를 수행하게 되는 경우에는 신속한 해결과 쌍방의 공동노력 및 상호양보가 요구된다.

이와 같이 무역클레임은 매매계약 당사자의 일방이 계약이행을 위반함으로써 다른 일방이 이로 인하여 입은 손해의 배상을 청구하는 것을 말한다. 즉, 무역클레임은 매매당사자 가운데 피해자(Claimant)가 가해자(Claimee, Respondent)에게 제기하게 되는데 일반적으로 클레임 제기자는 매수인이 되고 매도인이 가해자가 되는 경우가 일반적이다. 클레임이 제기되는 것은 매매당사자 모두에게 유익한 일이 아닐 뿐만 아니라 손해를 초래하게 된다.

무역클레임을 제기함에 있어서는 구체적인 어떤 요구를 하는 경우와 단순한 불평(complain)이나 경고(warning)에 그치는 경우도 있는데, 일반적으로 클레임이라고 하면 물품이나 금전 등의 구체적인 요구를 하는 적극적인 경우를 말한다.

그런데 우리가 흔히 클레임이라고 하는 데는 두 가지 뜻이 있다.[15] 그 하나는 운송화물에 관한 클레임이고, 다른 하나는 무역거래상의 클레임이다. 전자는 운송 중인 화물이 사고에 의하여 입은 손해에 대하여 피해자가 선박회사 또는 보험회사에 대하여 손해배상을 청구하는 것을 말한다. 이러한 사고에 대하여는 수출업자에게는 전혀 책임이 없는 것이며 선박회사·창고업자·하역업자에게 책임이 있는 것인데, 이러한 경우에는 흔히 부보가 되어 있으므로 보험회사가 최종적인 책임을 지게 된다. 이에 대하여 후자는 수출업자와 수입업자 중 어느 한쪽이 매매계약의 내용에 따른 이행을 하지 않았을 때에 그로 인하여 입은 손해를 당사자가 상대방에게 손해배상을 청구하는 것을 말한다. 이것을 상사분쟁의 구상(求償)(claim for trade dispute)이라고 한다.[16]

그러나 일반적으로 클레임이라고 할 때에는 무역거래상의 클레임(business claim)을 가리키며, 양자를 구별하기 위하여 이것을 무역클레임이라고 부른다. 이와 같이 무역거래 당사자간에 어떠한 해결을 보지 못하는 경우에는 분쟁(dispute)의 단계에 이르게 되는데, 여기에는 조정(mediation)·중재(arbitration)·소송(litigation) 등의 절차가 있으나, 이러한 방법에 의할 경우 막대한 비용과 시간이 필요하며 그 절차 또한 복잡하므로 가능한 한 당사자간의 화해(amicable settlement)나 타협(compromise)에 의하여 해결되도록 노력하여야 한다.

무역거래에서 클레임(Claim)이란 "매매당사자의 일방이 매매계약의 내용을 충실히 이행하기 않으므로 인하여 손해를 입은 당사자가 상대방에 대하여 손해배상을 청구하는 것"을 말한다.

무역클레임의 청구내용은 금전배상을 청구하는 방법, 금전 이외의 방법으로 손해배상을 청구하는 방법으로 계약의 해제, 화물의 반환, 대체물의 청구 등을 요구하고 있다. 즉, 계약충족의 성격으로 계약이행 청구 및 대체물의 요구, 부적합 보완청구를 할 수 있다. 반면에 계약충족이 어려운 경우에는 계약해제, 대금감액 및 손해배상을 청구할 수 있다.

15) 齊藤詳男, 「貿易實務解說」, 世界書院, 昭和 54. p.169.
16) 전창원, "클레임 및 조정서한 작성 요령", 「중재」, 1978. 11. p.15.

(2) 클레임의 범위

클레임의 범위는 넓게는 운송 클레임을 비롯하여 보험 클레임 그리고 매매클레임 및 건설클레임, 소비자 클레임 등을 포함하며, 좁게는 매매클레임에 국한하여 지칭하는 것이 일반적이다.[17] 또한 무역클레임과 운송클레임을 국제거래 클레임이라 부르고, 국제거래 클레임은 협의로는 무역을 가리킨다.

이에 대하여 무역실무에서 사용하는 클레임을 손해화물에 대한 클레임(Claim on Demand or Lost Cargo)과 무역거래상의 클레임(Business Claim)으로 나누고, 일반적으로 클레임이라 할 때는 후자를 가리키며 이것을 무역클레임이라 부른다는 견해도 있다.[18] 이 경우 전자는 운송중의 사고에 의하여 화물에 손해가 발생하였을 때에 피해자가 선박회사 또는 보험회사에 대하여 손해배상을 청구하는 것을 말하며, 후자는 매매당사자의 일방이 매매계약의 내용에 따른 이행을 하지 않았을 때에 그로 인하여 손해를 입은 당사자가 상대방에 대하여 손해배상을 청구하는 것을 말한다.

무역용어로서의 클레임은 ① 상거래상의 트집 또는 말썽(complaints), ② 트집 또는 말썽에 대한 항의(making complaints), ③ 트집 또는 말썽에 대한 보상 요구(making claim), ④ 트집 또는 손해배상청구(claims for compensation), ⑤ 트집 또는 말썽에 대한 손해배상청구금(claim money) 등 여러 가지 의미를 모두 포함하며 이는 다시 금전상의 클레임과 금전이외의 클레임으로 나눌 수 있다.[19] 금전상의 클레임에는 상품대금의 지급거절, 손해배상금의 지급청구, 할인의 청구 등이 있으며, 금전이외의 클레임으로는 화물의 인수거절, 대금의 청구, 계약이행의 청구, 계약 잔량(殘量)의 취소, 도덕적 제제 등을 들 수 있다.[20]

(3) 클레임과 상사중재와의 관계

클레임과 상사분쟁의 개념은 앞에서 살펴본 바와 같이 단일하지 않고 다의적(多義的)이다. 현재, 우리나라 무역업계에서는 클레임과 분쟁이라는 용어의 사용이 명확하게 한계가 규정되지 않은 채 당해 용어가 혼용되어 사용하고 있다.[21] 그러나, 다음의 그림에서 보는 바와 같이 피라미드 형태로의 분류가 가능할 수 있다.[22]

---

17) 강이수, 「국제거래분쟁론」, 삼영사, 1999, p.25.
18) 한국무역협회, 「수출입절차해설」, 2004.
19) 이옥영, "무역클레임의 회계처리", 「중재」, 1983. 4. p.24.
20) 상공부, 「통상연보」, 1973. p.497.
21) 김원배 · 김경배, "대중국 무역분쟁에 관한 연구", 「2003년도 한국무역학회 국제학술발표대회 논문집」, 한국무역학회, 2003. p.495.
22) 최장호, 「상사분쟁관리론」 -클레임과 상사중재 및 ADR, 두남출판사, 2004. pp. 34-35.

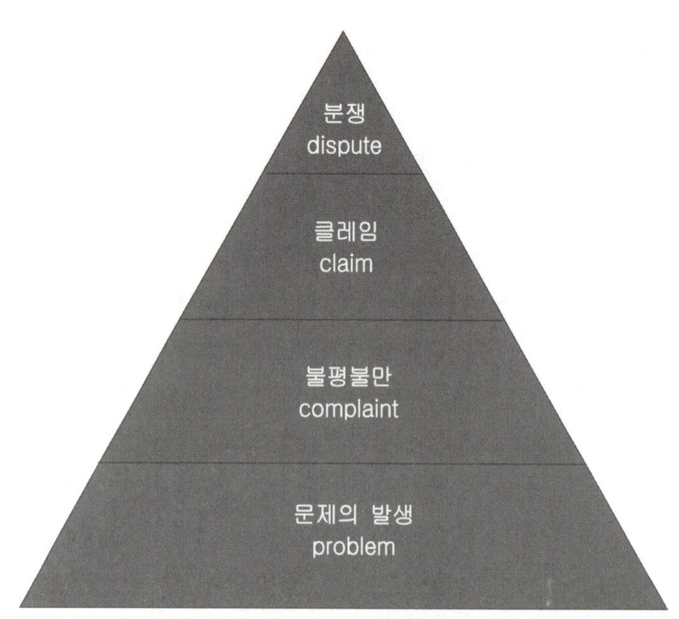

【그림 Ⅰ-6】 클레임과 분쟁 피라미드

제1단계는 거래당사자간에 피해의 발생 등 문제가 발생하는 단계이다. 이 단계에서는 최소 일방당사자에게 거래관계에 대한 문제의식이 존재한다.

제2단계는 거래당사자가 상대방에게 불평이나 불만을 토로하는 단계이다. 양당사자간의 거래관계에서 못마땅하게 생각하는 일방이 타방에 대하여 제기하는 것이 일반적이다. 클레임 내용 가운데 예를 들자면 '색상의 상위(相違)'와 같이 계약조건과 완전히 일치하지 않는 계약의 불완전이행이 있는 경우 일방이 타방에 대하여 불만을 표시한다든가 차기의 완전한 계약이행을 촉구하는 경우에 나타나게 된다.

제3단계는 거래 당사자 일방이 타방에 대하여 불평이나 불만을 토로하는 정도에 그치지 않고 거래당사자중 일방이 타방에 대하여 구체적으로 손해배상이나 피해보상 등을 요구하는 것이다. 실제 거래에 있어 피해당사자가 상대방 당사자에게 불만이나 불평의 단계를 거치지 않고 바로 클레임을 제기하는 경우가 많다.

제4단계는 거래의 일방당사자에 의하여 클레임이 제기된 경우에 상대방이 이를 수용하지 않거나 수용이 불만족스러운 경우에 발생하게 된다. 이러한 관점에서 볼 때 모든 클레임이 분쟁이 되는 것은 아니다.

4 이상적인 분쟁해결 모형

일반적으로 분쟁을 해결하고자 할 때 분쟁당사자와 분쟁조정자는 자신이 실현하기 위한 이상과 목적을 가지고 있어야 한다. 자신이 추구하는 이상과 목적은 권리인 동시에 의무이기도한 것이다. 분쟁조정자들이 추구하여야 하는 이상과 목적은 ① 치우침이 없는 공평성, ② 진실에 부합하고, 법규해석 적용에 오류가 없는 적정성, ③ 가능한 신속하게 해결되도록 하는 신속성, ④ 경제적 부담이 적도록 하는 경제성이 실현되도록 하는 것이다.

신속성, 경제성, 공평성, 적정성의 이상은 분쟁조정자들이 실현시켜야하는 과제이지만 각각의 특성으로 동시에 실현시킬 수 없는 모순이 있다. 신속한 분쟁의 해결은 경제적 효과가 있지만 공평성과 진실의 확보에는 어려움이 있다.

이처럼 공평성과 적정성은 비슷한 내용의 특성상 실현가능하지만 동시에 신속성과 경제성의 이상은 실현 시킬 수 없다. 그러므로 분쟁당사자는 진실의 의무가 있고, 분쟁조정자는 신속하게 진행하여야하는 의무가 따른다. 또한 분쟁조정자는 공평성, 적정성, 신속성, 경제성을 분쟁사안에 맞게 적용해야하는 책무가 있으므로 객관적이고도 신중한 자세가 필요하다 하겠다.

학습정리

국제무역분쟁은 국내 거래에 비해 그 형태가 매우 다양하고 상이하며, 해결방법 역시 다양하고 상이할 수 밖에 없다.

국제무역 분쟁은 개별 기업들간의 분쟁, 국가대 개별 기업간, 국가대 국가간 분쟁으로 구분할 수 있으며, 분쟁해결 방법은 각 분쟁마찰의 주체에 따라서 다양하게 나타낼 수 있다.

무역클레임이란 매매계약 당사자 일방이 계약을 위반함으로써 다른 일방이 이로 인하여 입은 손해의 배상을 청구하는 것을 의미한다.

무역클레임의 원인은 직접적 원인과 간접적 원인으로 구분이 가능하다.

무역클레임의 제기는 수입자, 수출자로부터 제기되는 클레임으로 구분할 수 있는데 구체적으로는 계약상 내용에 기인하는 것과 상황에 기인하는 것으로 구분이 가능하다.

무역클레임의 청구 대상은 수출과 수입별로 일부 상이하다.

학습과제

1. 무역클레임의 개념을 기술하시오.
2. 계약상 클레임의 유형을 제시하고 예를 들어 설명하시오.
3. 무역클레임 제기시 청구 내용의 유형을 제시하시오.
4. 무역클레임의 직접적 원인과 간접적 원인을 제시하시오.

분쟁사례연구 2

계약위약금 청구

사건번호 : 제02112-0007호*23)

구 분	내 용	비 고
신 청 인	A사 (대만)	
피 신 청 인	B사	
청 구 원 인	계약위약금 청구	
품 목	광케이블	
신 청 금 액	미화 840,000달러 (1,009,512,000원)	중재비용 : 10,342,316원
신 청 일	2002. 7. 12.	
판 정 일	2003. 3. 4.	
처 리 기 간	235일	
판 정 금 액	미화 630,000달러 (742,140,000원)	

판정요지 :

A사는 2000. 7. 3.에 B사에게 광섬유를 수출하기로 하는 계약을 체결하였다. 계약의 주요내용을 살펴보면, 첫째, 수출물량은 2000년 8월에 5,000km, 9월에 7,500km, 같은 해 10월부터 2002년 말까지는 매월 10,000km이었으며, 둘째, 가격은 공급되어야 할 물량의 60%는 미화40달러/km로, 나머지 40%는 시장가격을 고려하여 당사자간 합의로 결정하기로 하였고, 셋째, 만일 어느 당사자가 계약을 이행하지 못할 시에는 이행하지 못한 당사자가 미이행된 계약금액의 20%를 위약금으로 보상하기로 하였다.

A사는 B사가 2001년 7월에 5,000km, 같은 해 8월과 9월에도 각 5,000km를 구매하지 못하였고 그 이후부터는 전혀 구매를 하지 않아 본 중재신청서 송달로써 계약을 해제하며, 계약해제시점까지 구매하지 못한 수량과 본 계약해제일로부터 계약기간인 2002년 12월까지의 계약된 수량을 합하여 총 105,000km를 구매하지 못하였으므로 이를 미화 40/km로 산정하면 총 구매물량 금액이 미화 4,200,000달러가 되고, 이에 대한 20%인 미화840,000달러를 위약금으로 보상하여야 한다고 주장한다.

B사는 이 사건 매매계약서에 기재된 중재조항의 중재법원은 대한상사중재원을 지

* 대한상사중재원, 「사례집 제12권」, 2005, pp. 271 - 278.

칭하는 것이 아니고, 만일 중재조항이 이행불능한 중재조항이라면 법원의 소송으로 해결하여야 할 것이며, 중재조항이 유효한 중재조항이라면 문면 그대로 해석하여 법원의 중재를 받아야 할 것이라고 주장한다.

또한 계약체결후 전세계적으로 IT산업이 불황기에 접어들어 광케이블에 대한 수요가 급격히 감소함에 따라 가격도 하락하였으며, 결국 A사는 B사에게 미화40달러/km에서 미화23달러/km로 가격을 낮추어 계약을 변경할 것을 제의하였으나 이미 세계 광섬유가격은 미화 14-15달러/km로 낮게 형성되어 있었고, 이러한 상황에서 계약변경에 대하여 양자간 합의가 결렬되었으므로 이 답변서의 송달로서 계약을 해제하는 바이며, 사정변경의 원칙에 따라 이 경우에는 채무자가 손해배상의무를 부담하지 않으므로 A사의 중재신청은 기각되어야 한다고 주장한다.

중재판정부는 이에 대해 중재는 공식적인 국가기관인 법원에 의한 분쟁해결 방법 이외의 분쟁해결 방법중의 하나임이 명백하며, 따라서 당사자간에 중재에 의한 분쟁해결을 합의한 것이 명백한 이상 단지 'arbitration court'라는 용어를 사용한 것은 중재를 담당하는 법원이라는 의미가 아니라 중재를 담당하는 기관으로 해석하는 것이 타당하다고 판정하였다.

그리고 본건 계약의 대상인 매매 목적물이 당사자간에 최종적으로 사용되는 장소가 대한민국이라는 점, 본건 계약의 위반을 이유로 금전배상을 요구받고 있는 B사가 대한민국 법인이라는 점 등을 고려할 때 본 중재의 목적상 대한민국의 법률을 적용하는 것이 타당하다고 결정하였다.

또한 장기 계약을 체결함에 있어 계약기간 중 당해 산업에 일정한 부침이 있을 수 있는 것은 통상적으로 예견이 가능하고, 따라서 단순히 예측이 벗어나갔다는 이유만으로 사정변경의 원칙을 적용하는 것은 오히려 당사자간의 이해관계를 왜곡할 위험이 있으며, 본건의 경우 당해산업의 경기변화에 대비한 장치에 합의한 점 등을 고려할 때 사정변경의 원칙에 의한 해지는 인정하지 아니하였다.

끝으로 손해배상 예정액으로 정하여진 금원을 지급하여야 할 것이나, A사와 B사의 각 지위, 본건 계약의 목적 및 내용, 손해배상액을 예정한 동기, 본건 계약에서의 구매가격에 대한 예정액의 비율, 예상손해액의 크기, 거래의 관행 등 제반사정을 고려할 때 손해배상 예정액으로 정하여진 잔여 계약기간 판매물량 해당액의 20%는 부당하게 과다하며, 대한민국 민법 제398조에 따라 위약금은 손해배상의 예정으로 추정하여 15%로 인정하였다.

판정주문 :

1. 피신청인은 신청인에게 미화 630,000달러 및 이에 대하여 이 사건 중재신청서 부본 송달익일로부터 완제일까지 연 2할 5푼의 비율에 의한 금원을 지급하라.
2. 신청인의 나머지 청구를 기각한다.
3. 중재비용은 각자 부담한다.

신청취지 :

1. 피신청인은 신청인에게 미화 840,000달러 및 이에 대하여 이 사건 중재신청서 송달일부터 완제일까지 연 2할 5푼의 비율에 의한 금원을 지급하라.
2. 중재비용은 피신청인의 부담으로 한다.

판정이유

1. 중재합의

신청인과 피신청인간에 2000. 7. 3. 체결된 계약서(이하 '본건 계약'이라 한다)의 제8조는 "All dispute or differences which may arise between the parties, in relation to or conjunction with this agreement, or for the breach of thereof which can not be settled amicably, shall be finally settled by arbitration court in Korea, or in Taiwan R.O.C."라고 규정하고 있어, 당사자간에 본건 계약에 따른 분쟁을 중재에 의하여 해결하기로 합의하였음이 명백하다.

이에 대하여 피신청인은 본건 계약 제8조에서 'arbitration court'라는 용어를 사용하였으므로 이는 중재를 담당하는 법원에서만 중재를 하기로 합의한 것으로 대한상사중재원에 의한 중재는 위 계약의 취지에 반하는 것이라 주장하나, 중재는 공식적인 국가기관인 법원에 의한 분쟁해결 방법 이외의 분쟁해결 방법중의 하나임이 명백하며, 따라서 당사자간에 중재에 의한 분쟁해결을 합의한 것이 명백한 이상 단지 위 제8조에서 'arbitration court'라는 용어를 사용한 것은 중재를 담당하는 법원이라는 의미가 아니라 대한민국 또는 대만에서 중재를 담당하는 기관으로 해석하는 것이 타당하여 그 이유가 없다.

2. 적용법조

본건 계약에는 본건 계약의 이행 및 해석 등에 적용될 실체법이 특정되어 있지 아니한 바, 본건 계약의 대상인 매매 목적물이 당사자간에 최종적으로 사용되는 장소가 대한민국이라는 점, 본건 계약의 위반을 이유로 금전배상을 요구받고 있는 피신청인이 대한민국 법인이라는 점 등을 고려할 때 본 중재의 목적상 대한민국의 법률을 적용하는 것이 타당하므로 중재법 제29조에 따라 대한민국 법률을 적용한다.

3. 인정사실

양측의 일부 제출 서증 및 변론의 전 취지에 의하면 다음의 각 사실을 인정할 수 있다.

가. 광섬유 매매계약의 체결

신청인과 피신청인은 2000. 7. 3. 신청인이 제조하는 광섬유(Optical Fiber)를 피신청인에게 판매하고 피신청인은 이를 구매하는 내용의 본건 계약을 체결하였는바, 그 구체적인 내용은 다음과 같다;

1) 제 품 : Single Mode Optical Fiber
2) 계약기간 : 2000. 7. 3.부터 2002. 12. 31.
3) 구매물량 : 2000. 8. 5,000km
   2000. 9. 7,500km
   2000. 10. ~ 2002. 12. 10,000km/월
4) 구매가격 : 가) 매월 정하여진 구매물량의 60%에 대하여는 미화 40달러/km (계약기간동안 불변)
   나) 매월 정하여진 구매물량의 40%에 대하여는 분기별로 시장상황을 고려하여 별도합의
   다) 만약 위 나)항의 합의가 이루어지는 않는 경우 매월 정하여진 구매물량의 40%에 대하여 신청인과 피신청인은 그 매매의무를 부담하지 않음
5) 손해배상액의 예정: 당사자 일방이 계약을 해지하는 경우 계약을 위반한 당사자는 위반시부터 본래의 계약기간까지 판매물량의 20%에 해당하는 금원을 상대방에게 배상함

나. 본건 계약의 이행관계

피신청인은 2001. 7.부터 2001. 9.까지의 기간 동안 매월 당초 예정된 구매물량 중 5,000km씩을 구매하지 못하였고, 그 이후는 일체의 광섬유를 구매하지 않았다.

4. 피신청인의 본건 계약 위반 등

위 인정사실에 의하면 피신청인은 본건 계약을 위반한 것으로 인정된다. 신청인은 피신청인의 위 계약위반을 이유로 본건 중재신청으로 본건 계약을 해지한다고 주장하는바,

위와 같이 피신청인이 본건 계약을 위반하였으므로 신청인의 계약해지 주장은 적법하다.

이에 대하여, 피신청인은 본건 계약 체결이후 국내 및 전세계적으로 IT산업이 급격히 침체하여 결과적으로 광섬유의 공급이 수요를 초과하게 되었고 이에 따라 광섬유 수요자들이 구매를 중단하는 등 본건 계약 체결당시 당사자가 예상할 수 없었던 현저한 사정 변경이 발생하였으므로 사정변경의 원칙에 따라 피신청인이 본건 계약을 해지한다고 주장한다.

그러나 본건과 같은 장기 계약을 체결함에 있어 계약기간 중 당해 산업에 일정한 부침이 있을 수 있는 것은 통상적으로 예견이 가능하고 따라서 단순히 예측이 벗어나갔다는 이유만으로 사정변경의 원칙을 적용하는 것은 오히려 당사자간의 이해관계를 왜곡할 위험이 있으며, 본건의 경우 당사자들은 매월 계약물량의 40%에 대하여는 별도의 금액합의를 전제로 금액합의가 이루어지지 않는 경우 그 물량에 대한 매매의 합의는 없는 것으로 하는 등 당해산업의 경기변화에 대비한 장치에 합의한 점 등을 고려할 때 사정변경의 원칙에 의한 해지는 이를 인정하지 아니한다.

한편 위에서 본 바와 같이, 신청인과 피신청인은 본건 계약에서 당사자 일방이 계약을 해지하는 경우 계약을 위반한 당사자는 위반시부터 본래의 계약기간까지 판매물량의 20%에 해당하는 금원을 상대방에게 배상한다고 약정하고 있으므로, 특별한 사정이 없는 한 피신청인은 신청인에게 위와 같이 예정된 손해배상액을 지급할 의무가 있다.

5. 손해배상의 범위

위와 같이 특별한 사정이 없는 한, 피신청인은 신청인에 대하여 손해배상 예정액으로 정하여진 금원을 지급하여야 할 것이나, 신청인과 피신청인의 각 지위, 본건 계약의 목적 및 내용, 손해배상액을 예정한 동기, 본건 계약에서의 구매가격에 대한 예정액의 비율, 예상손해액의 크기, 거래의 관행 등 제반사정을 고려할 때 손해배상 예정액으로 정하여진 잔여 계약기간 판매물량 해당액의 20%는 부당하게 과다하므로 이를 15%로 직권 감액한다.

그렇다면 피신청인은 신청인에게 손해배상으로 미화 630,000달러 [(5,000km × 3개월 + 6,000km × 15개월) × 미화 40달러 × 15%]를 지급할 의무가 있다.

이에 대하여, 신청인은 본건 계약상 계약위반시 계약을 위반한 당사자가 지급하여야 하는 구매물량의 20%에 해당하는 위약금은 위약벌이라고 주장하나, 대한민국 민법 제398조에 따라 위약금은 손해배상의 예정으로 추정되며 이를 뒤집을 만한 사유가 없어 신청인의 위약벌 주장을 이를 받아들이지 아니한다.

6. 결론

그렇다면 피신청인은 신청인에게 손해배상으로서 미화 금 630,000달러 및 이에 대하여 신청인이 구하는 이 사건 중재신청서 부본 송달 익일로부터 완제일까지 연 2할 5푼의 비율에 의한 금원을 지급하여야 할 의무가 있다 할 것이므로 신청인의 청구는 위 인정범위 내에서 이유있어 이를 인용하고, 나머지 청구는 이유 없어 이를 기각하며, 중재비용은 각자의 부담으로 하여 주문과 같이 판정한다.

제 3 장 무역클레임의 발생원인 및 유형

무역클레임이 발생하는 원인은 매우 다양하게 접근하여 볼 수 있다. 이러한 발생원인에 대한 규명이 필요한 이유는 역시 발생원인에 따라 해결하는 방법론 역시 다양하기 때문이다. 본장에서는 무역클레임의 원인을 직접적·간접적으로 수출자와 수입자로 분류하여 살펴보고, 계약상의 클레임, 상황에 의한 클레임 등에 대하여 접근하여 본다. 그리고 이러한 클레임이 발생하였을 경우 누구에게 어떻게 청구하는가 즉, 무역클레임의 상대방 확정과 청구내용의 확정에 대하여 살펴본다.

1 무역클레임의 발생원인

무역클레임의 발생원인은 크게 직접적 원인과 간접적 원인으로 분류하여 볼 수 있다.

(1) 직접적 원인

무역클레임의 발생이 직접적 원인으로서 무역계약의 진행과정을 기준으로 세 가지로 나누어 고려할 수 있다.

첫째는 상담에 원인이 있는 경우이다. 무역계약을 상담하는 과정에서 문화적인 차이와 언어의 문제로 인한 상호간의 협상과정에서 착오 내지 과실 또는 오해를 일으킬 수 있으며, 경우에 따라서는 부주의한 경우로 클레임이 발생할 수 있다.

둘째는 계약내용에 원인이 있는 경우이다. 매매계약서 내용의 불충분 내지 불완전으로 인한 클레임이 발생할 수 있다. 계약체결 상의 주요조건을 명확히 하지 않을 경우 특히 수량의 측정단위 또는 품질의 측정시기, 가격 및 선적조건 상의 부대수수료 부담자의 불명료, 불가항력, 준거법의 불명료한 합의로 인하여 당사자간에 클레임이 제기될 수 있다.

셋째는 계약의 이행에 원인이 있는 경우이다. 선적의 지연, 품질 클레임, 수량 클레임, 검품 클레임, 포장 클레임, 대금불지급 클레임, 신용장의 개설에 대한 클레임 등이 있다.

(2) 간접적 원인

첫째는 언어의 상위에 따른 의사소통의 불완전으로 인한 클레임의 발생이다.

둘째는 상관습과 법률의 상이이다. 각국마다 고유한 상관행이 상인들에게 보편화되어 있다.

셋째는 계약내용의 전달상의 불완전에서 기인하는 경우이다.

넷째는 신용조사의 미비로 인한 상대방의 대금결제 능력이나 상도덕이 결여된 상대방을 선택할 가능성이 있다.

다섯째는 보험부보에 대한 보험조건의 불만족으로 인한 클레임이 발생할 수 있다. CIF계약에서는 매도인이 매수인을 피보험자로 하는 보험계약을 체결하기 때문에 보험조건에 대하여 충분히 합의를 하여야 한다.

여섯째는 국제시장가격의 변동으로 인한 마켓클레임이 제기될 수 있다. 이는 거래상대방에 대한 신용조사의 미비로 인하여 발생할 수 있는데, 부도덕한 거래상대방으로 인하여 불충분한 물품을 제공받는다거나 거래의 일방적인 불이행 등으로 인하여 클레임이 발생할 수 있다.

일곱째는 도량형의 국가간 표준의 상이로 인하여 클레임이 발생할 수 있다. 예를 들어 중량톤의 경우 영국계에서는 Long Ton (1ton = 2,240lbs), 미국은 Short Ton (1ton = 2,000lbs), 그리고 프랑스나 일본에서는 M/T (1ton = 2,204lbs)을 사용하고 있다. 이에 따라 중량톤에 대한 측정기준을 명확히 하여야 한다.

여덟째는 법규의 무지로 인한 클레임의 발생이다. 수출국과 수입국의 내국 법규상 수출·입 승인 또는 제한물품에 대한 규정을 알지 못하여 발생하는 클레임이 있다.

2 무역거래 당사자별 클레임 유형

무역거래와 관련한 클레임의 제기는 매매계약 당사자에 대한 것만을 언급하는 것은 아니며, 운송계약상의 송하인 또는 수하인으로의 운송인에 대한 클레임, 보험계약상의 피보험자로서의 클레임 등을 포괄하는 것으로 보다 넓은 개념이다.

이러한 무역거래의 당사자별 클레임을 유형별로 살펴보면 다음의 표와 같다.

<표 Ⅰ-6> 클레임의 구분

클 레 임	클 레 임 의 원 인	비 고
품질, 수량에 관한 클레임	① 품질불량(Inferior Quality)	계약의 품질보다 나쁜 것
	② 품질상위(相違)(Different Quality)	계약에 규정된 것과 상위한 것
	③ 불완전포장(Bad Packing)	내용 상품의 품질이 손상된 것
	④ 파손(Breakage)	수입지에서 파손된 것
	⑤ 착하부족(Shortage)	수량에 대한 클레임
무역화물 인도의 클레임	⑥ 선적상위(Different Shipment)	계약물품 이외의 선적
	⑦ 선적지연(Delayed Shipment)	출하 및 선박, 항공기의 스케줄 변경
가격, 결제에 관한 클레임	⑧ 계약불이행(Breach of Contract)	L/C의 발행지연
	⑨ 해약(Cancellation)	계약의 취소 등
시장 클레임	⑩ 시장클레임(Market claim)	소나기 수출에 의한 시장가격의 하락

(1) 수입자로부터 제기되는 클레임

수입자로부터 제기되는 클레임에는 다음과 같은 것들이 있다.

① 품질불량 및 규격이 상이
② 수량부족
③ 포장불량
④ 선적지연
⑤ 수출·입 물품의 법규위반
⑥ 계약의 불이행
⑦ 계약의 취소

(2) 수출자로부터 제기되는 클레임

수출자로부터 제기되는 클레임에는 다음과 같은 것들이 있다.

① 대금의 미지급 또는 지급지연
② 신용장의 미개설 또는 불완전한 개설
③ 운송 클레임
④ 보험 클레임

3 계약상의 클레임

무역거래에 있어서는 여러 가지 특수한 사정이 복합요인으로 작용하여 클레임이 발생하는데, 여기서는 계약상의 클레임과 상황에 기인한 클레임으로 나누어 살펴보기로 한다.

(1) 선적지연 (delayed shipment)

선적지연은 선적불이행 (non-shipment, non-delivery)도 포함하며, 이는 수입업자에게 착하 (着荷)의 지연으로 최종소비자 또는 도매업자에 대한 공급지연 내지 불이행을 초래하게 하여 손해를 유발시키게 된다. 이러한 선적지연의 책임을 벗어나기 위하여 간혹 선적기일을 소급 (back date)하는 경우도 있으나 이는 관계당국에 조회를 하면 쉽게 판명되는 사실이므로 위험한 책임부담이라고 하겠다.

이보다 한 걸음 앞서 전혀 선적도 하지 않은 채로 선적선하증권 (on board B/L)을 받아서 신용장의 할인결제 (negotiation)를 하는 경우도 있는데, 이 경우 예정대로 선적이 이행되면 Buyer로부터도 별다른 이의가 없는 것이 보통이나 간혹 부실한 선박회사의 경우는 항해일정을 너무 위반하는 관계상 클레임이 소급적으로 미쳐 법리상 면책되어야 할 화주에게까지 그 책임이 돌아가는 수가 있다. 따라서 선적기일문제는 계약의 가장 기본적인 사항이므로 주의를 다 하여야 할 사항이다.

(2) 품질불량 (poor quality)

계약에서 정한 물품의 품질보다 실제로 운송된 물품의 품질이 좋지 못할 때에 일어나는 클레임으로서, 클레임 중에 품질불량에 기인하는 경우가 가장 많다. 품질불량은 여러 가지 원인에 의하여 일어나고 있는데, 예를 들면 견품에 대한 착오에 의해서도 일어나며 주문서 및 계약서의 해석 차이에 의해서도 일어나고, 보증기간 내에 변질이 되는 경우에도 일어나며, 포장의 불량으로 화물이 손상을 입은 때에도 일어난다.

품질불량이란 물품의 불량·변색·퇴색·오손·변형·파손·함량부족 등 물리적·화학적 변화를 모두 가리킨다. 이와 같은 사유로 인하여 클레임이 종종 일어나는 까닭은 제조업자나 수출업자가 고의로 불량품을 제조하여 수출하는 경우도 있겠으나 대체로 기술의 부족으로 예기치 않던 사고에 의하여 일어남이 보통이다.

품질불량 클레임이 제기되는 원인 중 계약의 불비에 따라 일어나는 경우도 있는데, 견품에 의하여 계약을 맺는 경우에 'Quality to be Same as Sample'이라고 정하였으면 견품과 똑같은 품질의 물품을 보내야 한다. 그러나 견품을 수출업자가 직접 제조하지 아니하는 경우에는 견품과 동일한 물품을 제조하여 수출하기란 어렵다. 따라서 수입업자가 견품을 송부하여 온 경우에는 Counter Sample을 송부하여 이것에 의거하여 계약을 맺는 것이 좋으며, 가능하다면 계약을 체결할 때 'Quality to be Similar to the Sample'이라고 정하는 것이 안전하다.

조악한 품질(bad quality), 품질상위(different quality), 품질부정(wrong quality), 형이 다른 품질(mistype quality), 불량품의 혼입(useless quality, unusable quality) 품질의 결합(defective quality), 인수불능품(unacceptable goods), 불완전품(im-perfect goods) 등이 발생하지 않도록 품질에 대하여 최선의 주의가 필요하다.

(3) 수량부족(shortage)

상업송장상의 수량보다 실제의 선적수량이 적은 경우 클레임이 제기되는 경우가 있다. 이와 같이 일반적으로는 수량이 부족할 때 문제가 되지만, 반대로 과다할 때에도 문제가 되는 경우가 있다. 실제 통관과정에서 수량이 허가된 수량보다 많게 되면 때에 따라서는 통관이 되지 못하는 경우도 발생한다.

수량의 부족으로 인해 클레임이 제기되는 경우로는, ① 광산물·농산물·임산물 등에서 일어나기 쉬운 선적 또는 운송 중의 감량, ② 기계류 특히 대단위 플랜트의 거래에서 일어나기 쉬운 일부불착 또는 분할하여 선적하도록 계약이 된 경우 분할수량의 착오로 일어나기 쉬운 선적수량 위반, ③ 수량단위에 대한 견해 차이 및 수량용어에 대한 견해 차이로 일어나기 쉬운 부족 등 여러 가지가 있다.

(4) 포장불량(defected packing)

불완전한 포장(incomplete packing), 불만스러운 포장(unsatisfactory packing), 부정한 포장(false packing), 결함이 있는 포장(defective package)을 다 포함하여, 하인(荷印)의 누락(no mark or shipping mark), 하인의 혼합(mark mixed), 하인의 삭감(mark obliterated) 등도 포장 고유의 흠이라고 볼 수 있다. 따라서 무역 거래에 있어서는 포장을 견고히 하여야 한다. 포장에 흠이 생기면 화물이 파손·탈루·발효·발화·부패될 염려가 있으며, 그밖에 화물이 혼합·오염·용해·탈색됨으로써 상품가치를 잃게 될 우려가 있어, 그로 인하여 클레임이 제기될 가능성이 야기된다.

포장의 불량에 대한 클레임은 주로 외장(外裝)에 대한 것으로 포장이 잘못되어 화물이 손상을 입는 경우는 흔히 있는 일로서 포장에 대한 기술은 상품의 제조만큼이나 중요한 것이다. 포장의 종류를 계약에 명시한 때에는 이에 따라 포장을 하여야 하며,

만일 계약에서 정하지 않은 포장을 함으로써 화물에 사고가 발생하였을 때에는 클레임을 면할 수 없다. 포장의 불량으로 일어나는 사고는 두 가지로 볼 수 있는데, 그 하나는 포장하는 방법이 잘못된 경우이고, 다른 하나는 포장 재료를 잘못 선택한 경우이다. 따라서 적은 비용으로 가장 견고한 포장을 할 수 있도록 연구하여야 하며 아울러 하인의 누락이나 혼합 또는 삭감이 되지 않도록 주의하여야 한다.

(5) 규격상위[1)]

색의 상위(different color), 색의 부정(wrong color), 색조의 상위(different shade) 등을 비롯하여 치수의 부족(shortage of size), 치수의 상위(different size), 치수의 불량(wrong size), 치수의 초과(over size), 치수의 과대(over measurement) 등이 규격상위의 예이다. 규격문제에 대하여는 국제적으로 통일된 것도 있지만, 표준화가 되어 있지 않은 것도 많이 있다. 따라서 국제적으로 통일되어 있지 않은 규격품에 대한 거래의 경우에 있어서는 착오가 없도록 자세하게 주문을 해야 할 것이며 견품 또는 명세서에 있어서도 주의를 할 필요가 있다.

한편 규격이 다른 물품에 대하여는 가끔 통관이 되지 않는 경우도 있으며, 높은 세율의 관세가 적용되는 경우도 있기 때문에 한건의 서류를 작성함에 있어서도 현품(現品)에 표시된 규격과 일치하게 작성하도록 하여야 한다. 통관이 되지 못할 때에는 그 물품은 대부분 반송이 되고 따라서 대체품을 수입하여야 한다. 규격에 차이가 있더라도 그대로 인수하여 사용하는 경우도 있는데 이때에는 가격 할인, 원가비용의 부담, 대체품의 추가 운송 등의 클레임이 제기됨이 보통이다.

(6) 보험가입 불비

CIF계약에서 Seller와 Buyer가 계약을 체결할 때에 명백히 부보(負保)할 보험의 범위에 관하여 합의를 한 경우에 Seller가 그대로 부보하면 클레임이 발생할 여지가 없다. 그런데 클레임이 제기되는 경우는 매매계약상 부보단위에 관한 합의가 불충분하거나 또한 Seller가 계약상 정해진 부보조건대로 부보하지 않았을 때 생기게 된다. 또 전시보험료(war premium)는 평상시에는 저율이지만 국지적인 전쟁 또는 전쟁과 유사한 분쟁(war like hostilities)이 갑자기 발생하면 이 보험료율은 오르게 된다.

이 경우에 오른 보험료는 Buyer가 부담한다고 계약서에 명시되어 있지 않더라도

1) 규격의 차이에서 생기는 클레임에는 품질불량 클레임에 포함하는 경우도 있으나, 여기서는 가장 일반적으로 발생하는 물품의 크기・모양・색・브랜드・용도 등 순수한 규격의 차이에 따른 클레임에 국한하여 살펴보기로 한다.

보통 국제관습상 Buyer의 부담으로 해석되고 있다. 그러나 계약서에 명시되어 있지 않기 때문에 당사자간에 이것을 누가 부담할 것인가에 대하여 분쟁이 발생되는 경우도 있으므로 주의하여야 한다.

(7) 대금 미결제

대금결제에 관한 클레임에는 ① 대금 불지급(nonpayment), ② 어음할인 거부(reluctance to negotiate draft)[2], ③ 초과지급금의 불정산(non-settlement of over payment), ④ 송장상의 과오(error in invoice), ⑤ 부정송장(incorrect invoice)등이 포함된다.[3]

①은 신용장개설은행 또는 D/A, D/P 등의 경우 Buyer의 파산 등에 의하여 어음이 부도됨으로써 Seller가 Buyer에 대하여 클레임을 제기하는 경우이고, ②는 수출업자의 어음할인 요구에 대하여 거절당함으로서 클레임이 제기되는 경우이다. ③은 Buyer가 신용장 또는 기타 송금방식에 의하여 수입물품대금을 초과 지급할 때 Seller의 잔액을 반환하지 않음으로써 청구하는 클레임이며, ④와 ⑤는 송장상의 과오・부족 등으로 Buyer가 입은 손해에 대하여 Seller를 상대로 구상하는 클레임이다.

한편, 계약에 의하여 당연히 Buyer에게 지급하여야 할 수수료를 전혀 지급하지 않거나 또는 일부만 지급한 경우에 생기는 클레임도 있는데 이것을 수수료 불지급(non-payment of commission)이라고 한다.

---

2) 만기가 되지 않은 어음을 만기까지의 할인료(이자)를 공제하고 금융기관이 사들이는 형식의 융자형태. 어음할인의 대상이 되는 어음은 상업어음・하환(荷換)어음・은행인수어음 등이 있으며, 구미 여러 나라에서는 은행・할인회사에서 하고 있으나 한국에서는 은행・단자업자들이 하고 있다. 어음대부와 함께 은행의 단기운전자금의 융자방식으로서 대표적인 것이다. 어음할인의 경제적 효과로는 상공업자에게 편익을 주고 자금의 고정화를 피해 생산자금을 회전할 수 있게 해 주는 점, 은행에 대해서는 자금의 단기간 내의 회수와 중앙은행으로부터 담보대부나 재할인을 받을 수 있는 점, 지급인이 지급하지 않을 경우에는 배서인(背書人)・발행인들에게 소구(遡求)할 수 있는 점 등의 이점을 들 수 있다.

한편, 어음할인의 제반 개념은 다음과 같다.

1. 할인 의뢰인 및 할인대상 어음 : 할인 의뢰인은 당해 무역어음의 발행인으로 한정하고 할인대상어음은 법상 요건을 갖춘 환어음으로 인수기관이 인수한 무역어음.
2. 할인 한도 : 할인은 한도거래로 운영함을 원칙으로 함. 할인 한도는 할인기관이 거래실적, 자금사정, 매출전망 등을 고려하여 적정한도를 설정함.
3. 할인요율 및 할인 금액 :
   - 할인 요율 : 할인 기관이 여타 여신금리 수준을 감안해 자율적으로 결정
   - 할인 금액 : 어음금액- 할인료
   - 할인료 : 할인일에 선취하며 산식은 다음과 같음
     어음금액 × 할인요율 × [할인기간(할인일－지급기일) /365]

3) http://blog.daum.net/ftjapan99/909937 ; http://blog.naver.com/kathyyu/8437983

(8) 가격

CIF와 FOB와 같은 가격 약어(略語) 표시에 관한 이해 부족 또는 이들에 관한 국제관습의 무지 등으로부터 일어나는 클레임이 일반적이며 기타 부당한 비용의 계상, 계약이행전 또는 이행 중에 생긴 관세 · 운임 · 보험료 · 환시세 등의 요율변경에 관한 손실을 전가하려고 하는 경우에도 종종 클레임이 발생하는 수도 있다.

(9) 운송

운송에 관한 클레임에는 ① 적재불량(bad stowage), ② 하역불량(bad handling), ③ 초과운임(extra freight, sur charge) 등의 사유에 기인하여 클레임이 생기는 경우가 많다. ①과 ②는 주로 선박회사의 책임에 속하는 것이 보통이지만, ③은 CIF의 Seller간에 계약을 체결할 때에 미리 Surcharge에 관하여 명백한 합의를 해 두지 않으면 후일에 분쟁이 생기는 수가 있다. 그 밖에도 운송에 관한 클레임으로는 환적(transhipment), 환적 중 파손(damage during transhipment), 반송비용(reshipment, returning charges), 체선료(demurrage) 등이 있다.

(10) 기타

이상에서 설명한 각 경우 이외에도 검량 및 검품상위(disputed inspection), 수입대금미지급(nonpayment for imported goods), 신용장개설지연 또는 불개설, 수입국법규 위반, 대리점 계약위반, 해외광고비 미지불, 용선계약 위반 등 제 사유에 기인하여 클레임이 발생하는 수도 있다.

4 상황에 기인한 클레임

(1) 마켓 클레임(market claim)

상거래에 있어서 거의 실질적인 손해가 없거나 또는 있다 해도 그 정도가 경미함에도 불구하고 Seller의 사소한 과실을 구실로 하여 가격인하를 요구해 오는 클레임을 말한다. 원격지간의 무역거래에서는 상도덕의 수준이 낮은 업자에 의하여 가끔 발생한다. 상품의 시세가 수송 중에 급격히 하락하여 수입업자의 수입이 불리하게 되었을 때와 같은 경우에 일어나며 결국은 가격인하의 교섭으로 된다. 이것을 예방하기 위해서는 상대방의 전략에 말려들지 않도록 해외시장에 대한 최신의 정보와 관련된 예민한 감각이 필요하다.

(2) 의도적 클레임

이것은 Buyer가 계약시 이미 계획적인 함정을 만들어 놓고 Seller가 이에 걸릴 경우에 부당하게 클레임을 제기하거나 기타 손해를 입히는 경우이다. 가령, 신용장 상에 Special Instruction Clause로서 'Inspection Certificate by Mr. ×××'이라고 하여 놓고 실제로 불리하게 된 때에는 검사(Inspection)를 기피하는 것이 그 일례이다.

(3) 악성 클레임

Seller 또는 Buyer가 이행능력이 전혀 없음에도 불구하고 계약을 이용하여 대금 또는 물품을 떼어 자취를 감추는 것을 말한다.

5 무역클레임의 청구대상

(1) 클레임 상대방의 확정

수출입과정에서 개재되는 이해관계인은 다종다양하다. 따라서 클레임이 발생한 경우에는 어느 상대방이 가장 책임이 큰가를 법률적 관련을 지어서 신속히 판단하여 확정짓는 것이 중요하다. 즉 이 사람에게 한 번 걸렸다. 저 사람에게 한번 걸었다하는 식은 매우 위험하다. 그러는 사이에 시효에 걸리면 클레임은 무산되어 버린다. 수출입에 관련되는 상대방을 수출과 수입의 경우로 나누어 보면 다음과 같다.

1) 수출의 경우

수출의 경우 클레임의 상대방은 ① Buyer, ② 상대국의 L/C개설자, ③ 외국의 선박회사 · 보험회사, ④ 외국의 Consumer 또는 Wholesaler, ⑤ 국내의 Maker, ⑥ 국내의 선박회사, ⑦ 국내의 포장회사, ⑧ 국내의 창고회사 등이 될 수 있다.

2) 수입의 경우

수입의 경우 클레임의 상대방은 ① Seller, ② 외국의 선박회사 · 보험회사, ③ 외국의 Maker, ④ 국내의 Consumer, Wholesaler, ⑤ 국내의 선박회사, 보험회사, ⑥ 국내의 창고회사, 하역회사 등이 될 수 있다.

(2) 청구내용의 확정

클레임의 상대방이 확정되면 그에 대한 청구내용을 확정하여야 한다. 그 내용은 거래의 형태, 물품의 성질, 클레임의 원인 등에 따라 각각 다르나 대체로 그 내용은 다음과 같다.

1) 대금지급거절 (refusal of payment)

오늘날 무역거래는 신용장에 의한 대금결제가 거의 대부분이므로 운송서류상의 하자가 없는 한 대금지급거절은 불가능하다. 따라서 Usance Bill의 경우 지급기간이 길어서 수입물품을 확인 할 수 있는 경우에나 가능한 방법이다.

2) 손해배상청구 (damages)

일반적으로 무역거래는 화물의 인수에 앞서 대금을 지급하게 되므로 가장 보편적인 구상방법은 손해배상금의 청구이다. 또한, 계약의 이행을 둘러싸고 부당한 위반(즉, 부당한 해약 등)이 있는 경우에도 손해배상을 청구한다. 이 경우 양당사자간에 원만히 배상금액이 확정되면 직접 외화송금을 하면 되지만 외화송금의 번거로움을 피하기 위하여 다음 주문시에 가격을 할인해 주는 방식이 흔히 이용된다.

3) 대금감액의 청구 (reduction of price)

도착된 물품을 검사한 결과 불량한 때 Buyer는 그것을 그대로 인수하는 조건으로 대금의 감액을 요구한다.

4) 화물의 인수거절

화물의 인수거절은 화물의 소유권이전과 관계가 있으므로 일정한 요건이 구비되어야 한다. 그러나 일단 인수거절의 사태가 발생하면 화물의 소유권은 Seller에게 속하는 것이므로 그 물품의 처리에 관한 책임을 지게 된다. 이 경우 Buyer는 L/C에 의하여 Seller가 결제한 물품대금을 반환하도록 하는 클레임을 제기하게 된다.

5) 물품의 대체 또는 추가수송 요구

품질이 전부 또는 일부 불량하거나 규격이 틀릴 때에는 단순히 그 물품을 대체·교환하는 클레임이 제기되며 물품의 일부가 탈루(脫漏)되었을 때에는 이의 추송(追送)을 요구하는 클레임이 제기된다. 흔히 일어나는 클레임으로 그 요구내용이 원만하고 그 해결방법이 용이하기 때문에 큰 마찰이 없이 해결될 수 있는 클레임이다.

6) 계약이행의 청구

신용장의 개설지연, 본선인도(FOB)가격 계약시 Buyer의 선박지명 지체, 선적지연 등의 계약위반이 있는 경우에 이의 이행을 청구하는 내용이다.

7) 예상이익의 변제

수입업자가 물품을 수입함에 있어서는 당연히 예상이익(anticipated profit)이 있을 것이다. 그러나 사고에 의하여 그 이익을 얻지 못하게 되면 그만큼 이익을 얻을 기회를 잃게 됨으로써 손해를 보게 된다고 할 수 있다. 물론 그 이익은 정상적인 이익에 한정되지만, 그 이익이 실제로 얼마나 될 것인가를 구체적으로 계산하는 일은 쉬운 일이 아니다. 그러나 객관적이며 상관습(international trade customs)상 인정되는 선에서 그 한계가 그어져야 할 것이다.

8) 잔액계약분의 해제

통상적으로 분할선적의 경우에 일어나는 것으로서 일차 선적분의 내용이 만족치 않을 때에 다음 선적분의 계약을 해제하는 방식이다.

9) 각종 비용의 변제

무역거래에 있어서는 여러 가지 비용, 즉 창고료·하역료·통관수수료·운송료·통신료 등 각종 비용이 필요하게 된다. 만일, 어떤 거래에 있어서 실패를 하게 되면 이러한 비용마저 손해를 보게 되므로 이러한 비용도 클레임의 범위에 포함시켜 청구하게 된다.

10) 행정당국에 대한 규제

클레임을 제기한다고 하여도 여러 가지 여건으로 보아 실익이 없다고 판단될 때에는 당사자에 대한 경고로서 행정당국에 행정적 규제를 달라고 진정하는 경우도 있다.

<표 Ⅰ-7> 원인별 클레임 현황

구분	2007년		2006년		증감율	
	건수	금액	건수	금액	건수	금액
대금결제	**364**	87,112,967	**310**	**68,471,834**	17	27
계약조건 해석	199	**90,532,992**	127	65,176,583	57	39
품질불량	127	36,029,228	109	14,226,499	17	153
선적 및 납기불이행	113	14,292,536	109	15,752,206	4	-9
운송	33	1,132,754	46	3,329,302	-28	-66
원인미상 및 기타	20	12,162,398	32	5,019,073	-38	142
수량부족	8	804,317	14	749,953	-43	7
지적재산권	6	2,403,007	2	128,212	200	1,774
	1	29,905	0	0	0	0
포장불량	1	15,672	0	0	0	0
총계	872	244,515,776	749	172,853,662	16	41

자료 : 대한상사중재원, "2007년 무역클레임 현황", 2008. 2.

<표 Ⅰ-8> 품목별 클레임 현황

구분	2007년		2006년		증감율	
	건수	금액	건수	금액	건수	금액
부동산 및 무형품목	**295**	**106,590,127**	**169**	50,248,993	75	112
기계류 및 운반용기계	129	51,550,391	113	15,702,247	14	228
전자, 전기	111	31,209,970	141	13,206,504	-21	136
생활용품	88	5,939,586	107	4,375,579	-18	36
품목미상 및 기타	71	23,212,354	46	22,817,282	54	2
플라스틱, 화학제품	46	5,433,319	53	3,692,920	-13	47
일차산품	44	11,608,035	48	4,480,896	-8	159
섬유류	44	3,630,095	37	1,663,023	19	118
철강, 금속	43	5,311,994	35	**56,666,218**	23	-91
	1	29,905	0	0	0	0
총계	872	244,515,776	749	172,853,662	16	41

자료 : 대한상사중재원, "2007년 무역클레임 현황", 2008. 2.

학습정리

무역클레임의 발생원인을 구분하는 유형은 관련 당사자의 관점에 따라 매우 다양하게 볼 수 있다. 이 가운데 가장 일반적인 구분은 직접적 원인과 간접적 원인으로 분류하는 형태이다.

무역클레임에서 당사자별로 클레임을 분류하여 볼 수 있는데, 수출업자로부터 제기되는 클레임과 수입업자로부터 제기되는 클레임으로 분류할 수 있다.

클레임의 또다른 분류로서 계약상의 클레임, 상황에 따른 클레임으로 분류할 수 있는데, 계약상의 클레임에는 선적지연, 품질불량, 포장불량, 규격상위, 보험가입 불비, 대금미결제, 가격, 운송 등으로 볼 수 있으며, 상황에서 기인하는 클레임에는 마켓클레임과 의도적 클레임, 악성 클레임 등으로 분류할 수 있다.

한편, 클레임을 제기하는 당사자는 누구를 대상으로 클레임을 제기하는가 즉, 무역클레임의 청구 대상을 확정시켜야 한다. 또한 청구 대상자가 확정이 되면, 어떠한 내용을 가지고 청구를 할 것인가 즉, 청구내용의 확정이 이행되어야만 한다.

학습과제

1. 무역클레임은 크게 수출업자로부터 제기되는 클레임과 수입업자로부터 제기되는 클레임으로 분류할 수 있다. 이를 3개씩 예를 들어보시오.
2. 계약상 클레임에서 선적지연 역시 클레임의 제기 대상이 된다. 이러한 계약상의 클레임의 종류를 5개만 예를 들어 보시오.
3. 이른바 악성 클레임이란 무엇인가?
4. 무역클레임은 구체적으로 누구를 대상으로 청구를 할 것인가가 확정이 되어야 한다. 그렇다면, 그 이후 어떠한 내용을 가지고 청구를 할 것인가가 정해져야 하는데 이러한 청구내용의 확정에는 어떠한 내용이 포함되어야 하는 것인가?

분쟁사례연구 3

선적불이행으로 인한 손해배상 청구

사건번호 : 제01111-0038호*[4)]

구 분	내 용	비 고
신 청 인	A사	
피 신 청 인	B사외 1	
청 구 원 인	선적불이행으로 인한 손해배상청구	
품 목	스웨터, 모자	
청 구 금 액	미화 180,948달러	
판 정 일	2002. 11. 13. 판정	
판 정 내 용	미화 68,892달러	

판정요지 :

1. 피신청인 B사는 섬유류 제조 판매업 등을 영위하는 법인이며, 피신청인 C씨는 B사의 법인 명의로 신청인과 실제 거래한 자로 신청인은 2001. 2. 7. 피신청인들로부터 폴로 넥 스웨터 7,200피스 등 총 26,400피스의 스웨터와 모자 완제품을 2001. 3. 15.까지 납품받기로 하고 미화 136,800달러를 매매대금조로 지급키로 하는 내용의 완제품 구매계약을 체결한 후, 위 계약에 따라 물품 구매금액 미화 59,040달러의 30%인 미화 17,712달러를 송금하였으나 피신청인이 일방적인 단가 인상을 요구하며 선적을 이행하지 않아 신청인측 바이어의 클레임을 당하지 않기 위하여 신청인은 피신청인의 요구를 받아들였고 이때에 피신청인이 요구하는 편직료 미화 51,180달러를 추가 송금키로 하되 주문량의 50%는 2001. 4. 2.까지, 나머지 잔량은 동년 4. 6.까지 각 비행기편으로 완제품을 선적키로 하여 신청인은 피신청인에게 2회에 걸쳐 도합 미화 68,892달러를 지급하였으나 피신청인이 재차 이를 이행하지 않자 신청인은 피신청인들의 계약불이행으로 신청인측 미국 바이어인 D사에게 손해배상금조로 미화 112,056달러를 지급한 후 피신청인들이 연대하여 신청인이 입은 손해금을 지급하여야 한다고 주장한다.

2. 한편, 피신청인은 본건 계약서는 신청인이 제시한 계약서로 신청인이 선급금 송금을 위하여 필요한 서류라고 생각되어 날인을 하여 준 것이며 계약내용이 중국 공장의 생산원가도 되지 않는 금액이라 더 이상 본 건을 진행할 수 없어 선급금을 반환해 주겠다고 제시하였으나 신청인이 선적이 늦더라도 좀 더 저렴한 공장을 찾아달라고 하여 새로운 공장을 물색한 후 신청인의 지시 하에 선급금으로 보관하고 있던 미화

* 대한상사중재원, 「사례집 제11권」, 2002, pp. 43 - 58.

17,700달러를 중국에 소재한 파로적의 황○○에게 원사구매대금 및 선급금으로 지불하였고, 신청인의 지시에 따른 견본품의 승인하에 물품생산을 완료하였음에도 쿼타차지 문제 등으로 신청인이 선적에 필요한 조치(신용장 미개설 등)를 하지 않아 물품을 선적하지 못하고 있다. 이는 신청인의 귀책사유로 피신청인은 책임이 없으며 이로 인하여 피신청인측에서도 손해를 입었으므로 신청인은 그 책임을 부담하여야 한다고 주장한다.

3. 중재판정부는 매매목적물중 1603, 1603H의 각 수량을 각 6,000벌과, 4,380벌의 매매대금 합계금을 미화 103,860달러로 정한 다음 신청인이 그 대금의 일부인 미화 51,180달러를 피신청인이 지정하는 곳으로 송금하였고 나머지 대금 미화52,680달러에 대한 신용장 개설에 대하여는 선급금 미화 17,712달러와 쿼터차지 9,292달러를 공제한 나머지 미화 25,676달러의 신용장 개설 사실을 인정하였고, 쿼타차지 부담에 관하여는 당사자간에 약정이 없는 한 순수한 매매대금단가에 포함되는 것이 일반적인 무역관례로 보아 선적불이행책임을 피신청인측에 있다고 판단하여 신청인의 청구를 모두 인용하였다. 다만, 신청인이 채무불이행의 손해금명목으로 W사에 미화 112,056달러를 지급한 사실에 관하여는 신청인회사와 D사를 동일체로 보아 신청인에게 실질상 손해가 발생하였다고 볼 수 없다 하여 신청인측이 구하는 손해배상금에서 위 금액을 감액하였다.

판정주문

1. 피신청인들은 연대하여 신청인에게 미화 68,892달러 및 이에 대하여 2001. 4. 7.부터 이 사건 신청취지 변경 신청서 부본 송달일인 2001. 9. 11.까지는 연 6%의, 그 다음날부터 완제일까지는 연 25%의 비율에 의한 금원을 지급하라.

2. 신청인의 나머지 청구는 기각한다.

3. 중재비용은 이를 3분하여 그 2는 신청인의, 나머지 1은 피신청인들의 각 부담으로 한다.

신청취지

1. 피신청인들은 연대하여 신청인에게 미화 180,948달러 및 이 중 68,892달러에 대하여서는 2001. 4. 7.부터 이 사건 신청취지 변경 신청서 부본 송달일까지 연 6% 그 다음날부터 완제일까지는 연 25%의 각 비율에 의한 금원을, 112,056달러에 대하여서는 2001. 5. 9.부터 이 사건 신청취지 변경신청서 부본 송달일까지는 연 6%의, 그 다음날로부터 완제일까지는 연 25%의 비율에 의한 각 금원을 지급하라.

2. 중재비용은 피신청인의 부담으로 한다.

판정이유

1. 기초사실

가. 다음 인정사실은 당사자들간에 다툼이 없다. 2001. 2. 7. 신청인의 대표이사와 피신청인 B사(이하 피신청인 1이라 함)의 실질상의 대표자인 피신청인 C씨(이하 피신청인 2라 함)간에 신청인을 갑, 피신청인 1은 을로 표기하며 다음과 같이 완제품 구매계약(이하 이 사건 구매계약이라 함)을 체결하고 이 구매계약 약관에 따라 신청인은 같은 달 9일 피신청인 1에 대하여 계약목적물 중 ISK 1603, 7,200벌에 대한 매매대금 합계 금 미화 59,040달러의 30%에 해당하는 17,712달러를 피신청인 1이 수령인으로 지정한 외환은행 동대문지점 예금 개설 명의인 이○○에게 송금을 한 사실,

- 다 음 -

STYLE NO. 및 품목	수 량	단 가	금 액
TERIAL : 100% ACRYLIC BR. 2/5 2'S			
ISK 1603 POLO NECK SWEATER(DIP DYED)	7,200 PCS	US$ 8.20/PC	US$ 59,040.00
ISA 1603H SWEATER HAT (DIP DYED)	4,800 PCS	US$ 1.90/PC	US$ 9,120.00
ISK 1602 POLO NECK SWEATER(SOLID DYED	4,800 PCS	US$ 6.60/PC	US$ 31,680.00
ISA 1602H SWEATER HAT (SOLID DYED)	4,800 PCS	US$ 1.30/PC	US$ 6,240.00
ISK 1605 CREW NECK SWEATER (SOLID DYED)	4,800 PCS	US$ 6.40/PC	US$ 30,720.00
TOTAL	25,400 PCS		US$ 136,800.00

금 액 : US$ 136,800.00(FOB CHINA)
제품납기 : MAR. 15. 2001.
지불조건 : 1) 30% of ISK 1603 : T/T IN ADVANVED
2) 30% of ISK 1602, 1605 : FEB. 22, 200
3) BALANCE : AT SIGHT
방 법 : EXPORT STANDARD PACKING
도 착 지 : KOREAN PORT
사 항 :

결재구좌(T/T)
T/T Account : KOREA EXCHANGE BANK
DONGDAEMOON BR.
067-JSD-○○○○
ACCOUNTEE : KWONG ○○

(갑)과 (을)의 모든 거래는 일반 국제 무역 상거래 원칙에 따른다.
계약서에 명시된 수량은 5% 범위 내에서 초과 또는 미달을 허용한다.
B/L에 명시된 날짜를 최종 운송일자로 한다. 본 계약서에 별도 규정하지 않은 경우엔 PARTIAL SHIPMENT 및 TRANSSHIPMENT를 허용한다.
(을)은 (갑)이 지정하는 검사자의 검사에 합격한 물품만을 납품한다.
거래품목에 대한 소송제기는 B/L에 지정된 장소로 납품이 이루어진 이 후 30일 이내에 (갑)이 (을)에게 통보하여야 한다.
이 계약과 관련하여 발생하는 모든 분쟁은 대한민국 서울에서 대한상사중재원의 상사중재규칙에 따른 중재에 의하여 최종적으로 해결한다. 중재인에 의하여 내려지는 판정은 최종적인 것으로 당사자 쌍방에 대하여 구속력을 갖는다.

기타조건
1. (을)의 귀책사유로 인하여 선적불가 및 취소 상황 발생시 본 구매계약과 관련하여 (을)에게 지급되는 선급금은 상황 발생 후 7일 이내에 전액 (갑)에게 상환하여야 한다.
2. (갑)은 (을)이 지정한 상기구좌로 선급금을 송금한다.
3. 세부 선적 스케줄
ISK1603, ISA1603H → 전체수량의 20%이상 : 2월 22일 / 잔량 : 3월 1일
ISK1602, ISK1605, ISA1602H → 전체수량의 20%이상 : 3월 5일 / 잔량 : 3월 15일

나. 피신청인 1의 실질상 대표자인 피신청인 2와 신청인간에 2001. 3. 22. 이 사건 구매계약 내용의 일부를 변경하는 내용의 다음과 같은 합의서(이하 이 사건 합의서라 함)를 체결하고 약관 3에 따라 신청인은 피신청인들이 지정하는 홍콩소재 F사에 물품대금의 일부금으로 ISK 1603, 6,000벌 ISK 1603H(이하 1603H라 함), 4,380벌의 편직료 명목으로 51,180달러를 T/T 송금한 사실,

- 다 음 -

품목	100%	ACRYLIC MEN'S SWEATER
ISK	1603	6,000PCS
ISK	1603H	4,380PCS
합계		10,380PCS

약 관

① 중국에서 위 각 제품 중 50% 상당의 제품은 3. 31.까지 생산 완료하고 4. 2. 출항하는, 나머지 잔량은 4. 4.까지 생산 완료하여 4. 6.까지 출항하는 각 비행기편으로 선적한다.

② 피신청인 1이 위 약속불이행시 신청인이 요구하는 바대로 책임을 지고 신청인이 채무 불이행으로 미국 바이어에게 부담하는 손해배상 책임도 진다.

③ 신청인은 위 합의에 따라 홍콩 F사에 미화 51,180달러를 송금한다.

다. 이 사건 구매계약 체결이나 계약이행 과정에서 피신청인 1의 대표이사 의 친형인 피신청인 2는 실질상 피신청인 1의 대표자격으로 행세하여왔고 신청인도 동인을 피신청인 1의 대표자로 믿고 이 사건 구매계약 등을 진행하여 왔으며 신청인 회사의 대표이사의 친매형이자 미합중국 일리노이주에 주소를 둔 D사의 실질상의 경영자인 신××이 이 사건 구매계약 등의 일부 사항의 진행과정에서 신청인 회사의 대표자로 행세하여 왔고 피신청인 1, 2(이하 피신청인들이라 함)도 그를 신청인 회사의 대표자로 믿고 위 구매계약 등을 진행해 온 사실은 당사자 사이에 다툼이 없다.

2. 양 당사자들의 주장

가. 신청인의 주장

피신청인 1은 이 사건 구매약관에 따라 신청인 측으로부터 1603 품목의 물품대금 선급금 명목으로 17,712달러와 이 사건 합의서 약관에 따른 편직료 51,180불 합계 68,892달러를 수령하였고 신청인 측은 1603, 1603 각 품목 합계 물품대금 잔대금 52,680달러에 대하여 2002. 4. 2.자로 쿼타차지 9,292달러와 선급금 17,712달러를 제

외한 25,676달러에 대한 신용장을 개설하였으며 4. 6. 운송대리인 선임통보를 하였으나 2001. 3. 22.자 합의서상의 최종 선적기일인 2001. 4. 6.까지 1603, 1603H 품목의 주문량 6,000벌과 4,380벌의 선적 또는 선적준비를 위한 물품생산도 완성하지 아니하였으므로 이 사건 구매계약서 기타 조건 제7조 1에 따라 기 지급한 미화 17,712달러의 반환과 이 사건 합의서에 의하여 선지급한 물품대금 51,180달러와 함께 피신청인 등이 이 사건 구매계약과 합의서상의 물품선적의무를 이행하지 않아 신청인은 신청인과 소외 D사간에 체결한 구매계약을 이행할 수 없게 되어 위 구매계약상의 손해 예정 약관에 따라 위 소외 회사에게 손해금으로 112,056달러를 지급하였으므로 이 사건 합의서(갑제5호증) 약관 3에 따라 위 금원 상당의 손해금을 아울러 청구한다는 것이고, 또한 피신청인 1의 채무 불이행은 동시에 불법행위를 형성하는 것이므로 불법행위를 원인으로 한 손해배상도 병합하여 청구하고 나아가서 피신청인 1이 신청인에 대하여 채무불이행 및 불법행위로 인한 손해배상 채무가 있음을 전제로 피신청인 2는 피신청인 1의 신청인에 대한 위 불법행위에 관여한 것이므로 피신청인 2에 대하여 공동 불법행위로 인한 손해배상청구도 구한다.

나. 피신청인들의 주장

피신청인은 약정품목인 1603, 1603H의 각 수량 6,000벌, 4,380벌을 이 사건 합의서상의 최초 선적기일인 2001. 4. 2. 이전까지 모두 생산 완료하여 선적을 할 수 있는 상태에 있었으나 위 각 품목의 수량에 대한 물품대금과 쿼타차지를 포함한 신용장을 개설하지도 않고, 신청인 측이 선적서류의 일부인 물품검사 확인서도 교부치 아니하여 선적을 이행하지 못했다고 주장한다.

3. 판 단

이 사건 구매계약 및 합의서상의 채무 불이행에 대한 귀책사유

가. 인정사실

다음 각 사실은 당사자 사이에 다툼이 없거나 갑제1호증, 갑제2호증, 갑제3호증, 갑제4호증, 갑제5호증, 갑제7호증, 갑제8호증, 갑제9호증, 갑제10호증, 갑제11호증, 갑제12호증, 갑제13호증, 갑제14호증, 갑제16호증, 을제1호증 1 내지 6, 을제2호증의 1 내지 3, 을제4호증, 을제5호증, 을제6호증의 1, 2, 을제7호증, 을제8호증, 을제10호증, 을제11호증, 을제19호증, 을제20호증, 을제22호증, 을제31호증 및 을제34호증의 각 기재와 참고인 신××의 일부 진술(믿지 않는 부분 제외) 및 변론의 전 취지를 종합하여 인정할 수 있고, 을제3호증 및 을제33호증, 을제28호증의 각 기재 및 신××의 나머지 진술부분은 믿지 아니하고, 갑제14호증, 갑제15호증, 갑제16호증, 을제6호증의 1, 2, 을제9호증의 1 내지 3, 을제10호증, 을제15

호증, 을제17호증, 을제21호증, 을제23호증, 을제24호증, 을제25호증, 을제26호증, 을제27호증, 을제29호증, 을제30호증, 을제32호증, 을제35호증, 을제36호증의 각 기재는 위 사실의 인정에 방해가 되지 아니하며 달리 반증이 없다.

1) 2001. 3. 4. 피신청인 측은 신청인 측에 대하여 1603 및 1602, 1605의 각 단가 13.50달러 및 각 12.50달러로 각 인상하고 1603H 단가를 1.65달러로 인하하는 요청을 하였고 2001. 3. 7. 피신청인 2는 피신청인 1의 대표자격으로 신청인을 대리하여 중국 F사 간에 품목 1603의 수량 6,000벌의 편직료를 51,180달러(6,000×8.53달러)로 하는 계약을 체결하고(을제5호증)신청인 측은 이 계약에 따라 체결된 위 2001. 3. 22. 자 이 사건 합의서(갑제5호증)에 의하여 위 금원을 F사에 T/T 송금한 사실(갑제6호증),

2) 2001. 4. 8. 피신청인 등의 부탁으로 F사의 수출사무 대리업체인 G 수출입회사가 신청인과 2001. 1. 15. 별도 구매계약을 체결한 미국 일리니오주 소재 D회사 앞으로 위 편직료를 공제한 나머지 물품대금에 대한 본선 인도가격으로 품목 1603 6,000벌에 관하여는 벌당 단거 7.32달러로 환산한 합계금 43,920달러와 1603H 4,380벌에 대해서는 벌당 단가 2달러로 환산한 합계금 8,750달러 도합 52,680달러로 하고 도착지가 미국 시카고로 된 가 견적서를 발송한 사실(갑제7호증),

3) 2001. 2. 7. 이 사건 구매계약상의 품목 1603, 7,200벌의 대금은 벌당 단가 8.20달러로 환산한 9,120달러 도합 68,180달러(쿼타차지 미포함)이었으나 같은 해 3. 4. 피신청인 측이 요구한 단가 인상으로 1603, 6,000벌과 1603H, 4,380벌의 합계 품목 대금은 103,860달러가 되고 이 금액에 쿼타차지 9,292달러가 포함되어 있는 사실(을제11호증),

4) 신청인 1과 피신청인간에 체결한 이 사건 구매계약 약관에서 부분 선적도 허용하고 있으므로 신청인과 피신청인 측은 이 사건 구매계약서 및 합의서상의 물품의 일부품목인 품목 1603의 수량 6,000벌과 1603H의 수량 4,380벌에 대한 대금 103,860달러의 일부금으로 편직료 명목으로 51,180달러를 피신청인들이 지정한 생산업체인 중국 홍콩 소재 F사 수혜자로 하는 신용장개설을 합의하고 위 합의에 따라서 위 금액에 대하여 신청인 측에서 신용장을 발행하였으나(갑제13호증) 수혜자 측인 F사에서 신용장 기재 금원의 회수가 불가하다는 통보와 함께 현금 송금을 요구함에 따라 위 신용장을 취소하고(갑제13호증 취소불능 외환신용장 발행신청서) 2001. 3. 22. 신청인과 피신청인 1간에 이 사건 합의서를 작정하고 같은 날 신청인측에서 F사에 위 금 51,180달러를 현금으로 송금한 사실(갑제6호증),

5) 가) 신청인 측은 이 사건 합의서상의 최초선적기일인 2001. 4. 2. 위 두 품목의 물품대금 103,860달러 중 편직료 51,180달러를 제외한 나머지 52,680달러에 대한 신용장을 개설함에 있어 위 금원에서 선급금 17,712달러와 쿼터차지 9,292달

러를 공제한 미화 25,676달러를 액면으로 하여 신용장을 발행하고(갑제8호증) 이 사실을 피신청인 측에 통보한 사실,

나) 신청인 측은 편직료를 제외한 품목 1603의 6,000벌에 대한 벌당 단가 7.32달러의 산정 내역은 원사가격 및 파로적 완성품 작업비 5.90달러, 쿼타차지 1.42달러로 합산한 것이고 품목 1603H, 4,380벌에 대한 단가 2달러의 산정내역은 원사가격 및 파로적 완성품 제작비 1.82달러와 쿼터차지 0.18달러를 합산한 사실(을제11호증)과 을제18호증에서는 1603 품목 단가를 6.14달러, 1603H의 그것은 1.5달러로 계산한 후 신용장 개설금액을 43,410달러로 피신청인에게 통보한 사실,

다) 그러므로 FOB 조건부 두 품목의 합계 금액 103,860달러의 산정내역은 F사에 송금한 편직료 51,180달러와 원사대금 및 완성품 생산비 합계금 43,388달러, 쿼타차지 9,292달러를 합한 금원인 사실,

라) 피신청인 측이 신청인으로부터 수령한 물품대금액은 68,892달러(선급금 17,712달러, 편직료 51,180달러)인 사실,

마) 신청인 측에서 2000. 4. 5. 피신청인 측 앞으로 운송대리인 선임을 통보한 사실(을제16호증),

바) 피신청인측은 2001. 4. 10. D사의 신××로부터 물품 1603, 1603H를 선적할 시에는 1602, 1602H, 1605를 4. 25.까지 전량 가지고 가겠다는 내용과 함께 위 세 품목을 반반씩 나누어서라도 4. 25.까지 출고할 수 있도록 최선의 노력을 부탁한다는 내용의 전송문을 수령한 사실(을제22호증)

사) 2001. 4. 9. 신청인이 중국 현지 생산공장을 방문하였으나 위 물품에 대하여 물품생산이 완성되지 아니하여 물품검사 확인서를 발행하지 아니한 사실(을제19호증, 을제20호증),

아) 신청인은 피신청인들에게 2001. 4. 4.자로 이 사건 계약과 관련하여 4. 6.까지 선적하지 못할 경우에는 법적인 조치를 취할 것이라고 하며 이 사건 계약에 대한 해제통보를 한 사실(을제13호증, 을제14호증)

자) 신청인측은 미국 D사와 체결한 2001. 1. 15.자 물품구매계약상의 클레임 규정에 따라 채무 불이행으로 인한 손해배상금 명목으로 112,056달러를 송금한 사실(갑제11, 12, 13호증),

차) 이 사건 구매계약서상의 품목 1602, 160H 및 1605의 벌당 단가 인상에는 합의되지 않은 사실(을제31호증, 을제34호증)

나. 판단

1) 위 인정사실에 의하면 피신청인측과 신청인측간에 이 사건 매매목적물 중 품목 1603, 1603H의 각 수량을 각 6,000벌과 4,380벌의 매매대금 합계금을 103,860달러로 정한 다음 신청인은 2001. 3. 22. 그 대금 일부금인 금 51,180달러를 피신청인측이 지정하는 홍콩소재 F사로 편직료 명목으로 송금하였고 나머지 대금 금 52,680달러에 대한 신용장을 개설하는 데에 있어서 이 금액에서 이 사건 구매계약의 체결 이틀 후인 2. 9. 품목 1603에 대한 선급금 명목으로 피신청인측에 송금한 금 17,712달러와 쿼타차지 9,292달러를 공제한 나머지 금액 25,676달러로 위 품목 등에 대한 마지막 선적기일인 2001. 4. 6. 신용장을 개설한 사실을 알 수 있고 피신청인 측에서도 위 나머지 매매대금 52,680달러 중 43,310달러만으로 신용장을 개설해 달라고 피신청인 1도 신청인에게 같은 날 요구하였던 것이므로 (을제18호증) 이 금액에서 위 선급금 17,712달러를 공제한 금액이 피신청인 등이 요구한 위 신용장 개설 금액과 일치하는 사실을 인정할 수 있으므로 신청인측이 위 두 품목에 대한 신용장 개설은 정당한 것이고 신청인 측이 두 품목의 합계 대금 103,860달러 중에 포함된 쿼터차지 9,292달러의 지급의사에 대하여 계약진행 과정에서 애매한 태도를 취하여 온 것은 사실이나 선적 후 쿼타차지의 T/T 송금 여부를 결정하겠다는 뜻을 피신청인 측에 전달한 점, 피신청인 측에서 위 두 품목에 대하여 당초 단가를 결정할 때나 두 번에 걸쳐서 순차 인상된 1603벌당 단가 13.5달러와 15.3달러 (편직료 벌당 단가 8.53 + 7.32) 속에 쿼타차지가 포함되었는지 여부가 불분명하다가 2001. 4. 2 피신청인 측에서 보낸 을제11호증의 전송문을 받고서야 총 대금 103,860달러에서 편직료 51,180달러를 공제한 나머지 금 52,680달러의 산정의 기초인 1603, 1603H의 각 벌당 단가 7.32달러와 2달러 중에 쿼타차지가 포함되어 산정된 사실을 알게 된 점, 쿼타차지 부담에 관하여 당사자간의 약정이 없는 경우에는 순수한 매매대금 단가에 포함되는 것이 일반 무역관례이고, 최종 합의된 것으로 보이는 1603의 순순한 품목 물품단가 6.14달러와 1603H의 순수 품목 단가 1.5달러로 계산된 금액을 기준으로 신청인 측에서 발행한 위 신용장을 받고도 피신청인측에서 위 두 품목에 대하여 선적을 하지 않은 점 등을 각 인정할 수 있으므로 위 두 품목에 대한 선적불이행 책임은 피신청인 측에 있는 것으로 판단된다.

이에 대하여 피신청인측은 신청인측이 개설한 신용장 금액은 두 품목의 물품대금에 못 미치는 금액이고 그 이외에도 신용장 기재에 하자가 있을 뿐만 아니라 쿼타차지도 송금 받지 못해 중국 정부로부터 수출허가를 받지 못하였고 더욱 2001. 4. 10. 위 두 품목 모두 생산 완료되었는데도 신용장 기재대로 신청인측의 물품검사 확인서도 교부받지 못해 선적서류를 구비할 수 없어 선적하지 못했다고 주장하나, 신청인측이 발행한 신용장 금액은 피신청인측이 요구한 금액과 일치함은 앞서 본 바와 같으며 신청인측과의 관계에 있어서 쿼타차지에 관하여서는 물품선적 이후에 결정할 문제로 남아 있는데다가 4. 10. 신청인측이 생산공장에 갔을 때 생산이 완료되지 않은 사실을 확인한 바 있으므로 이 점들에 대한 피신청인들의 위 주장은 나머지 점에 대한 판단이 필요 없이 이유없다.

그러므로 이 사건 두 품목에 대한 선적 불이행 책임은 순전히 피신청인 1에 있는 것이므로 피신청인 1은 선적의무 불이행으로 인하여 신청인측이 입은 손해를 배상할 책임이 있고 그 손해의 범위에 관하여서는 이 사건 구매계약과 합의서 각 기재의 손해배상 예정규정에 따를 것인 바, 앞서 본 바와 같이 피신청인이 신청인측으로부터 2회에 걸쳐서 대금명목으로 도합 금 68,680달러를 수령하였고 신청인측이 D사에 대한 채무불이행으로 손해금 명목으로 112,056달러를 지급한 사실은 인정되므로 피신청인측은 이 두 금액을 합한 180,948달러를 신청인측에 손해배상 예정금액으로 지급할 의무가 있다 할 것이나 위에서 살펴본 바와 같이 D사의 실질상의 경영자인 신××이 이 사건 구매계약 등의 일부 사항의 진행과정에서 신청인 회사의 대표자로 행세하여 왔고 피신청인들 역시 그렇게 믿고 동인과 이 사건 구매계약 등을 진행하여 왔으며 신청인 회사 대표이사는 위 신××의 친처남이고 신××은 위 사건 구매계약에 관하여 신청인 회사를 사실상 지배하여 온 사정 등에 비추어 신청인 회사와 신××을 동일체로 볼 수도 있어 신청인 회사가 위 D사에 손해배상금 예정액으로 112,056달러를 지급한 사실이 있다 하여도 이를 가지고 신청인 회사에 실질상 손해가 발생하였다고 볼 수 없으며 다른 한편 위 금액까지 합하여 피신청인측에 손해배상금의 지급을 명하는 것은 가혹하여 정의와 형평의 원칙에도 반한다고 판단되므로 신청인 측이 구하는 손해배상금에서 위 금액을 감액한 68,892달러만을 인용키로 한다.

2) 신청인은 피신청인 1에 대하여 위 채무불이행을 원인으로 한 손해배상청구와 병합하여 불법행위를 원인으로 한 손해배상을 구하고 있으나 두 청구는 병합청구가 아닌 선택적 청구로 보이므로 위 채무불이행으로 인한 손해배상 청구 부분 일부가 인용되었으며 불법행위로 인한 손해배상 청구 부분에 관한 손해배상액이 위 채무불이행으로 인한 손해배상액을 초과할 수도 없는 바, 불법행위로 인한 손해배상 청구부분에 대해서는 따로 판단하지 아니한다.

3) 신청인은 피신청인 2에 대하여도 동 피신청인이 피신청인 1의 채무 불이행에 주도적으로 관여한 위법행위를 저질렀으므로 동 피신청인에 대하여 위 손해배상 예정금액 합계금 180,948달러의 지급을 구하고 있다.

살피건대, 피신청인 2가 이 사건 구매계약체결이나 계약 이행과정에서 피신청인

1의 대표자격으로 행세하여 왔고 신청인측도 동인을 피신청인 1의 공동사업자 내지 피신청인 1의 대표자로 믿고 이 사건 구매계약 등을 진행하여 온 사실은 앞서 본 바와 같은 바, 위와 같은 사실에 비추어 피신청인들은 신청인측에 대한 이 사건 구매계약상의 의무를 공동으로 이행할 의무가 있다고 보는 것이 합당하다 할 것이고 피신청인측 1의 채무 불이행에 의한 손해배상책임은 피신청인들이 연대하여 부담하는 것이 합리적이라고 판단되는 바, 피신청인 2는 피신청인 1과 연대하여 위 손해배상 예정금 68,892달러를 신청인에게 지급할 의무가 있다. 그러므로 신청인이 피신청인 2에 대하여 따로 구하는 손해배상 청구부분은 판단하지 않기로 한다.

3. 결론

그러므로 피신청인 1, 2는 연대하여 신청인에 대하여 미화 68,892달러 및 이에 대하여 2001. 4. 7.부터 이 사건 신청취지 변경 신청서 부본의 송달일인 2001. 9. 11.까지는 상법 소정의 연 6%의 그 다음날로부터 완제일까지는 연 25%의 비율에 의한 금원을 지급할 의무가 있어 이를 인용키로 하고 나머지 청구부분은 이유없어 기각하기로 하며, 중재비용은 이를 3분하여 그 2는 신청인의, 나머지 1은 피신청인들의 각 부담으로 하여 주문과 같이 판정한다.

살펴보기 : 칼 vs. 총 vs. 법

한 사무라이가 있었다.

그는 어린 시절 아버지가 적의 검에 죽음 당하는 모습을 목격하고 복수를 위해 무수한 검술 연습을 하고 이길 수 있다는 판단이 섰을 때 원수를 찾아갔다.

드디어 검을 뽑는 순간 원수는 이렇게 이야기 했다. "바보 같은 녀석! 이제는 검의 시대는 갔지. 이제는 총의 시대야." 라면서 상대방을 향해 총을 발사했고 그 자리에서 사무라이는 죽음을 당했다.

이를 목격한 사무라이의 아들은 검 대신 사격 연습을 했고, 고수의 경지에 다다랐을 때 다시 원수를 찾아가 결투를 신청했다.

그때, 그의 원수는 또다시 이렇게 이야기 했다. "이제는 총의 시대는 갔지. 나는 자네를 대비하기 위해 검사가 되었다네. 어이! 수사관 이 사람을 체포하게."

결국 그 사람은 복수는 하지도 못한 채 살인미수 혐의로 구속되어 버렸다.

법은 칼이나 총보다 강한 것인가?

제 2 부

무역클레임 해결방법

제 4 장

무역클레임의 해결방법

무역클레임 해결방법으로는 당사자간의 해결방법과 제3자가 개입하여 분쟁을 해결하는 방법이 있다. 이러한 분쟁해결의 가장 최적의 해결방법은 당사자간의 우호적 해결이 가장 최선의 해결방법이지만, 불가피하게 제3자의 개입에 의한 해결방법을 사용할 수 밖에 없는 경우도 있다. 이를 유형별로 살펴보면 다음과 같다.

1 거래당사자간의 해결방법

당사자간의 해결방법은 당사자간에 직접 교섭을 통하여 우의적으로 해결하는 방법을 말한다. 무역클레임은 당사자간에 해결함이 가장 바람직스럽다. 왜냐하면 무역클레임 내용을 잘 알고 발생원인과 상황을 누구보다 잘 알며 또한 당사자간의 해결에 있어서는 상대방과의 장래의 거래관계를 충분히 고려하기 때문에 비록 양당사자가 각각 자기의 입장에서 충분한 이유가 있다고 생각하더라도 서로 타협하거나 또한 장래 거래를 위하여 양보로써 해결할 수가 있다.

(1) 청구권 포기 (Waiver of Claim)

무역거래에 있어서 클레임의 포기는 빈번히 행하여지고 있으며 이는 피해자가 상대방에게 청구권을 행사하지 않는 경우로서, 이는 대체적으로 상대방이 사전 또는 즉각적으로 손해배상 제의를 통해 해결될 경우에 이루어지게 된다. 이러한 청구권의 포기는 분쟁해결을 위한 가장 바람직한 방법으로 향후 양 당사자간에 지속적이고 안정적인 거래를 보장받을 수 있다는 장점을 가지고 있다.

(2) 화해 (Compromise ; amicable settlement)

당사자간의 직접교섭을 통하여 원만한 화해를 유도하는 것으로 거래당사자 모두에게 매우 바람직한 해결방법이라고 할 수 있다. 당사자간의 교섭을 통하여 타협점을 모색하고 이에 합의함으로써 화해가 이루어지는데 이 경우 대체적으로 화해계약을 체결한다. 대부분의 무역클레임이 이와 같은 방법을 통하여 해결되고 있다.

화해는 당사자 쌍방이 ⓐ 당사자가 서로 양보할 것, ⓑ 분쟁을 종결할 것, ⓒ 그 뜻을 약정할 것 등 3가지 요건을 필요로 하고 있다(민법 제731조).

화해의 조정절차에 있어 제3자인 조정인의 개입이 요청되고 있는데 비해 화해에 있어서는 그러한 조정인의 개입이 없이 당사자간의 이해와 상호교섭에 의하여 분쟁이 해결된다는 점에서 조정과 화해는 명백한 차이가 있다.

또한, 화해는 조정절차 진행중에나 중재 또는 소송절차 진행중에서도 금지되지 아니하므로 당사자는 그 내용에 있어서나 방식에 있어서 아무런 제약을 받지 않으며, 계약자유의 원칙에 따라 합의로서 화해를 성립시킬 수 있다. 그러므로 일단 화해가 성립되면 소정의 절차를 거쳐 경우에 따라 조정, 중재 또는 소송의 종료라는 효력이 발생하게 되는 것이다.

2 제3자의 개입에 의한 해결방법

당사자간에 원만하게 해결할 수 없을 때 즉, 쌍방의 주장이 대립될 때, 쌍방 혹은 일방의 감정이 악화되어 제3자의 냉정한 판단이 필요할 때, 상대방의 무성의로 타협이나 양보가 힘들 때, 학식이나 경험이 많은 제3자를 개입하여 분쟁을 해결하는 방법인데 이러한 방법의 해결로서는 알선, 조정, 중재, 소송 등이 있다.[1]

(1) 알선 (Intercession, recommendation)

알선은 당사자 간의 원만하게 해결될 수 없는 경우 공정한 제3자(예: 상사중재원)가 당사자간의 일방 또는 쌍방의 의뢰에 의하여 클레임에 개입하여 사건의 해결을 위한 조언을 하는 것을 말한다. 당사자간에 비밀이 보장되고 거래관계가 지속을 유지할 수 있는 장점이 있지만 알선은 쌍방의 협력이 없으면 실패로 돌아가고 강제력은 없다는 약점도 가지고 있다. 알선수임기관의 역량에 따라 그 실효성이 나타나 대한상사중재원에 의뢰된 건 중 90% 이상이 알선단계에서 처리되고 있다.[2]

1) 무역클레임의 해결방법, www.aitec.co.kr/technote/main.cgi/claim해결.hwp

이와 같은 알선은 해결방법을 제시하는 것이기 보다는 조언의 수준으로 강제력이 없으며, 당사자들이 알선내용을 반드시 따를 필요는 없다. 이에 따라 알선은 당사자간의 협력이 없으면 성공하기 어렵다.

(2) 조정 (Conciliation, Mediation)

조정은 양 당사자가 공정한 제3자를 조정인으로 선임하고 이러한 조정인이 제시하는 구체적인 해결안에 대하여 합의함으로써 클레임을 해결하는 것이다. 조정은 양당사자의 합의에 의하여 행해지므로 일방만이 조정을 신청하더라도 상대방이 이에 응하지 않으면 조정에 행할 수 없다. 뿐만 아니라 당사자는 제시된 조정안에 대하여 수용할 의무는 없으며 어느 일방이 조정안에 불복하면 조정은 성립하지 않는다.

조정은 우리나라 중재규칙상 중재신청 후 당사자 쌍방의 요청이 있을 때 중재원 사무국이 조정인을 선정, 조정을 시도할 수 있고, 조정이 성립되면 화해에 의한 판정방식으로 처리, 중재판정과 동일한 효력이 있으나, 이에 실패하면 30일내에 조정절차는 폐기되며 중재규칙에 의한 중재인을 선정·중재절차가 진행된다. 그러나 위 30일 기간은 당사자의 약정에 의하여 기간을 연장할 수 있다.3)

(3) 중재 (Arbitration)

중재란 당사자간의 합의(중재합의)로 사법상의 법률관계를 법원의 소송절차에 의하지 아니하고 제3자인 중재인(arbitrator)을 선임하여 그 분쟁을 중재인에게 맡겨 중재인의 판단에 양당사자가 절대 복종함으로써 최종적으로 해결하는 방법이다.4)

조정은 당사자 일방의 요청이 있을 때에도 가능한데 반하여, 중재는 당사자간 중재합의가 있어야 한다. 조정은 양당사자의 자유의사에 따른 해결이나, 중재는 중재인의 판정에 절대 복종하여야 하며 그 결과는 강제성을 가질 뿐만 아니라 그 효력도 당사자간에는 법원의 확정판결과 동일하다(중재법 제12조). 또한 중재에 관한 뉴욕협약에 가입한 외국에서도 집행을 보장해주고 승인해 주므로 소송보다도 더 큰 효력이 있다.

뉴욕협약의 정식명칭은 「외국중재판정의 승인 및 집행에 관한 국제연합협약(the United Nations Convention on the Recognition and Enforcement of Foreign Arbitral Awards)」으로서 뉴욕에서 체결되었다는데 기인하여 일명 '뉴욕협약'으로 지칭되고 있다. 이는 UN 경제사회이사회의 주도 아래 1958. 6. 10. 미국 New York에서 채택됨으로

---

2) 대한상사중재원, http://www.kcab.or,kr
3) 상사중재규칙 제18조 1항-4항
4) 중재법 제1조, 제2조

써 각 체약국내에서는 외국중재판정의 승인 및 집행을 보장받게 되는 근거가 되고 있다. 1999. 6. 현재 가입국 수는 121개국이며, 우리나라도 1973. 2. 8. 가입, 동년 5. 9.부터 그 효력이 발효됨에 따라 국내 유일한 상설중재 기관인 대한상사중재원의 중재판정도 본 협약 체약국간에서는 그 승인 및 집행을 보장받게 되었다.

(4) 소송 (Litigation)

소송은 상기의 해결방법에 의해서 해결되지 않는 경우 국가공권력 즉, 국가 기관인 법원의 판결에 의하여 분쟁을 강제적으로 해결하는 방법이다. 따라서 소송에 의하여 클레임을 해결하려는 경우에는 피제기자가 거주하는 국가에서 현지 변호사를 법정대리인으로 선임하여 소송절차를 진행하여야 한다. 소송의 방법은 시간과 비용이 많이 소요된다.

특히 국내 거래가 아닌 국제간 거래의 경우에는 사법권을 달리하는 당사자들간에 이루어지며 재판권이 상대국에 미치지 않기 때문에 어려운 문제에 직면하게 된다. 이는 종국적으로 해결방안이 없는 경우에 사용되는 극히 예외적인 경우라고 할 수 있다. 중재와 소송의 경우를 비교하면 상사중재는 당사자들의 합의하에 민간인들이 자주적으로 해결하는 방법으로서 분쟁을 신속하게 처리할 수 있고 비용이 소송에 비해 저렴하다. 중재판정은 각기 다른 국가간에 그 효력이 미치므로 무역클레임의 해결방법으로서 유효적절하다고 할 수 있다. 또한 중재는 절차를 비공개로 하기 때문에 모든 사업상의 비밀이나 회사의 명성을 그대로 유지할 수 있게 한다. 그러나 중재는 당사자간에 합의가 되지 않을 경우에는 이용할 수 없고, 중재인의 주관이나 자의가 개입되어 객관적인 타당성을 잃을 위험이 있다.

한편, 법원소송에 의한 분쟁해결은 법관이 헌법과 법률에 의해 그 양심에 따라 판결하므로 그 공정성이 보장되며 당사자간에 합의가 안 되더라도 당사자의 능력만 있으면 분쟁을 해결할 수 있다. 다만 재판에 의한 판결은 국가마다 주권이 상이하므로 그 판정이 다른 국가에 강제적으로 미치지 못할 뿐만 아니라 비용이 많이 들고 해결에 장시일이 소요되는 단점이 있다.

3 무역클레임의 예방 대책

무역클레임은 당사자 모두에게 경제적·시간적 손해를 유발하게 된다. 따라서 클레임의 발생을 미연에 방지할 수 있는 예방책을 강구하는 것이 중요하다. 이를 위한 제반 사항들을 살펴보면 다음과 같다.

첫째, 거래상대방에 대한 철저한 신용조사를 하여야 한다.

무역클레임의 원인 가운데 신용거래의 본질에 대한 이해 분석과 경험미숙이 원인이 되는 경우가 상당수를 차지하고 있다고 분석되고 있다. 국내의 상거래와 달리 국제무역은 상대방이 멀리 떨어져 있는 각각의 언어, 법제, 풍속, 관습 등이 다른 나라들에 거주하고 있을 수 밖에 없다. 따라서 아무리 교통수단이 발달해서 세계가 좁아지고 있다고 하더라도 직접 면접하여 확인할 수 있는 기회가 적은 외국에 있는 거래선과의 상거래에는 신용위험 (credit risk)의 발생이 상대적으로 빈번할 수 밖에 없다. 따라서 거래처 선정시에 상대방의 신용도가 얼마나 되는지를 철저히 조사하는 것이 필수적이다. 신용조사의 효과적 이행을 위해서도 신용조사라는 진실성, 공정성, 청렴성, 성실성, 전문성, 협동성 등에 대한 조사가 반드시 이행되어야만 한다.

둘째, 생산자의 선정에 대한 주의가 필요하다.

무역의 대상은 크게 물리적 재화 (physical goods)와 디지털 재화 (digital good)로 구분이 가능하며, 최근 디지털 재화의 거래가 매우 큰 폭으로 증가하고 있다. 그러나 현재까지 국제무역거래의 대부분은 물리적 재화인데, 이 경우 생산자에 대한 검토가 매우 중요하다. 경우에 따라서는 수출상이 직접 제품을 생산하지 않고 다른 생산업자를 선정하여 물품을 수출할 수도 있다. 이때 생산업자를 잘못 선정하면 원하는 품질에 미흡한 제품이 수출된다든지 또는 그로 인한 선적지연이 발생하여 클레임이 제기될 가능성이 있다. 따라서 수출상은 생산업자의 선정에 신중하여야 하고 납품계약을 체결하여 수입업자로부터 제기되는 클레임을 생산업자에 전가시킬 수 있도록 하여야 할 것이다.

셋째, 계약을 체결할 때에 충분한 타협을 통하여 상호간의 권리의무를 합의하고 계약상의 의무를 충실히 수행하여야 한다.

계약상 중요한 조건을 누락하는 일이 없도록 사전에 충분한 주의를 다하여 협상에 임하여야 한다.

국제매매거래에 있어 격지간의 거래이기 때문에 내용이 특수하고 복잡하여 구두의 이해만으로는 불충분한 경우가 많이 있다. 따라서 장래의 거래를 신속하고도 원활하게 이행하고, 또한 오해나 분쟁의 피하기 위해서도 계약교섭이 성립된 다음 곧 바로 거래

당사자들이 사이에 매매계약의 제조건을 정한 계약서를 교환하는 것은 매우 중요하다.

넷째, 무역거래가 불요식의 낙성계약이라고 하여 계약서를 소홀히 다루어서는 안 된다.

계약서는 무역계약 내용을 증명하는 서류이며 장래 문제의 발생시 중요한 증빙근거가 된다. 계약서의 내용은 충분히 명료하고 정확히 기재되어야 하며 불충분하지 말아야 한다. 특히 클레임의 발생과 관련한 클레임 조항을 삽입하여 유연하고 원활하게 클레임이 해결될 수 있도록 상호 합의규정을 삽입하도록 한다.

다섯째, 무역 거래상 수출·입 절차, 국제상관습, 상대국의 규범과 경제정책, 외환규정, 무역제도 등을 충분히 검토하여야 한다.

이외에도 무역거래와 관련한 상호 교환되는 서류의 철저한 점검과 보관이 이루어져야 한다. 또한 클레임이 발생하는 유형을 고찰하여 점검하고 관리하도록 하여야 한다. 무역거래는 상호 신뢰 하에 신의성실의 원칙(good faith)하에 이루어진다는 점에서 클레임의 예방과 방지에 상당한 주의를 기울여야 할 것이다.

여기서 신의성실의 원칙(Grundsatz von Treu und Glauben)이란 사회공동생활의 일원으로서 서로 상대방의 신뢰를 배반하지 않도록 성의를 가지고 행동한다는 원칙을 의미한다.[5]

상거래라는 것은 상호간의 신뢰를 기초로 하여 성립하는 것으로서, 거래의 상대방에 대하여 서로가 신의를 존중하며 성실하게 처리함에 따라서 신뢰성, 즉 신용을 얻을 수 있는 것이다. 원래 무역에서도 국내의 상거래와 같이 상호간의 신용을 바탕으로 하는 거래이므로 그 이념은 변함이 없도록 성의를 다하여 노력하는데 있다. 이 의미에서도 신용할 수 있는 상대방을 선택함과 동시에 스스로 상대방에 대하여 그 신용이 실추하지 않도록 하는 세심한 주의를 하여, 매매계약의 완전한 이행에 대한 열의를 가지는 것이 불가결한 요소가 된다.

신의성실의 원칙과 관련하여 권리남용금지의 원칙도 무역거래에서 적용되고 있다. 권리의 남용이라 함은 외형상 권리의 행사와 같이 보이지만, 구체적 사정에 비추어 보면 권리의 사외성에 반하고 이를 시인할 수 없는 경우를 말하며, 권리의 행사로 인정하지 않는다. 예컨대, 상대방에 손해를 줄 목적으로 권리를 행사한다든지 부당한 이익을 취득할 목적으로 권리를 행사하는 경우가 이에 속한다. 무역클레임 가운데 이른바 마켓 클레임이 이에 속한다. 따라서 무역계약의 당사자 일방이 권리를 남용한 경우에는 권리의 행사로서 시인될 수 없을 뿐만 아니라, 도리어 위법한 행위로서 손해배상책임을 발생시킨다는 점에 유의하여야 한다.

5) http://blog.naver.com/berdnamuryu/7996136

학습정리

국제무역클레임의 발생시 해결방법은 여러 가지 유형으로 구분할 수 있으나, 당사자간의 해결방법과 제3자의 개입에 의한 해결방법으로 구분할 수 있다.

가장 좋은 해결방법은 당사자간의 협의나 화해를 통한 우호적 해결방법이 최선의 해결방법으로 볼 수 있다.

그러나 이러한 당사자간의 해결이 불가능할 경우 차선책으로서 활용하는 방법이 제3자의 개입에 의한 해결방법이다. 이 가운데서도 상사중재는 가장 우수한 해결방법으로 볼 수 있으며, 현실적으로 가장 많이 활용되고 있다.

무역클레임의 예방대책은 철저한 신용조사, 신중한 생산자 선정, 계약 내용의 충분한 검토 및 계약서 작성 등으로 신중하게 접근하여야만 한다.

학습과제

1. 무역클레임 발생시 가장 최선의 해결방법은 무엇인가?
2. 무역클레임 발생시 당사자간 해결방법과 제3자의 개입에 의한 해결방법의 차이점을 기술하시오.
3. 무역클레임 발생시 가장 많이 사용되고 있는 분쟁해결 수단은 무엇인가? 그 이유는 무엇인가?
4. 무역클레임의 예방 대책에 대하여 제시하시오.

분쟁사례연구 4

D/A 거래에 있어서 물품잔대금 지급청구

사건번호 : 제01113-0021호*6)

구 분	내 용	비 고
신 청 인	A사 (한국)	
피 신 청 인	B사 (미국)	
청 구 원 인	D/A 거래에 있어서 물품잔대금 지급청구	
품 목	플라스틱 백	
청 구 금 액	미화 91,627.44달러	
판 정 일	2002. 2. 24 판정	
판 정 내 용	미화 76,948.51달러	

판정요지 :

1. 신청인은 피신청인과 2000. 4. 24. 플라스틱 백을 결제조건 D/A 60 days로 하는 물품매매계약을 체결한 후 2000. 4. 21.부터 2000. 9. 16.까지 23회에 걸쳐 총 22,681케이스(미화 318,066.63달러)를 수출하였으나 피신청인은 신청인에게 미화 143,208.07달러만을 지급하고 나머지 미화 174,858.56달러를 지급하지 않자 신청인은 미화 83,230.82달러에 대하여는 수출보험공사의 수출 부보를 통하여 채권을 양도하였고 이후 피신청인은 신청인에게 품질불량 등 물품의 하자를 주장하여 신청인은 피신청인에게 다른 거래에서 물품의 클레임액으로 미화 12,663.93달러를 공제하여 주었으나 나머지 물품대금 미화 91,627.44달러를 지급하지 않은 것은 부당하다고 주장한다.

2. 한편, 피신청인은 플라스틱 백의 규격불량, 접착면불량, 개봉불량, 인쇄불량 등으로 판매가 어려워 일부 남아 있는 물품(총액 미화 167,459.63달러)을 신청인에게 반품하면 미화 2,648.65달러를 신청인으로부터 오히려 받아야 하고 또한 신청인의 납기지연, 납품불이행으로 손해를 입었다고 주장한다.

3. 중재판정부는 이 사건의 물품은 육안으로 쉽게 하자를 발견할 수 있었음에도 피신청인은 물품의 수령 즉시 검사를 하지 않고 판매한 후 고객으로부터 물품이 반송되어 오면 이를 근거로 신청인에게 클레임을 제기하는 방식으로 거래를 하여 온 사실과 피신청인이 미지급 물품대금을 12회 분할 지급하기로 신청인과 약정한 사실을 근거로 피신청인측의 품질하자 주장을 인정하지 않았다. 다만, 신청인과 피신청인간의 클

* 대한상사중재원, 「사례집 제11권」, 2001, pp. 292 - 296.

레임 합의는 신청인의 신청과 무관하다고 할 수 없다하여 이를 반영하였다.

판정주문

1. 피신청인은 신청인에게 미화 76,948.51달러 및 이에 대한 2000. 10. 2.부터 중재판정일까지는 상법 소정의 연 6%, 그 다음날부터 완제일까지 연 25%의 각 비율에 의한 금원을 지급하라.
2. 신청인의 나머지 청구를 기각한다.
3. 중재비용은 이를 10분하여 그 2는 신청인의, 나머지는 피신청인의 부담으로 한다.

신청취지

1. 피신청인은 신청인에게 원금 미화 91,627.44달러 및 이에 대하여 만기일인 2000. 10. 2.부터 중재신청서 부본 송달일까지는 연 6%, 중재신청서 부본 송달익일부터 완제일까지 연 25%의 비율에 의한 금액을 지급한다.
2. 중재비용은 피신청인의 부담으로 한다.

판정이유

신청인과 피신청인이 제출한 모든 증거서류와 심리의 전 취지를 종합하여 살펴보면, 신청인과 피신청인은 2000. 2. 24.자로 플라스틱 백, 결제조건은 D/A 60일로 하는 물품매매계약을 체결한 후 2000. 4. 21.부터 2000. 9. 16.까지 23회에 걸쳐 총 22,681케이스 미화 318,066.63달러를 거래한 사실, 피신청인은 신청인에게 미화 143,208.07달러만 지급하고 나머지 미화 174,858.56달러을 지급하지 아니한 사실, 신청인은 미화 83,230.82달러에 대하여는 수출보험공사의 수출 부보를 통하여 채권을 양도하였고 나머지 미화 91,627.74달러를 지급받지 못한 사실, 신청인은 2000. 11. 15.자로 피신청인의 클레임에 대하여 피신청인과 미화 12,663.93달러에 합의한 사실(갑제11호증)은 인정할 수 있고 달리 반증이 없다.

한편, 피신청인은 플라스틱 백의 규격불량, 접착면 불량, 개봉 불량 등 품질문제와 포장문제 등으로 판매가 어려운 일부 남아 있는 제품(총액 미화 167,459.63달러)을 신청인에게 반품하면 미화 2,648.65달러를 신청인으로부터 오히려 받아야 하며, 신청인의 납기지연, 납품불이행 등으로 손해를 입었다고 주장한다. 반면에 신청인은 피신청인이 주장하는 클레임에 대하여 2001. 11. 28.자 준비서면에서 2000. 11. 15.자로 피신청인과 미화 12,663.93달러에 합의하였기 때문에 피신청인의 주장은 이유가 없으며 이중 미화 8,776.13달러는 수출보험공사에 수출 부보된 제품과 관련한 클레임 합의금으로 신청인의 신청과 무관하기 때문에 이를 인정할 수 없다고 주장한다.

살피건대, 위 사건의 물품은 육안으로 쉽게 하자를 발견할 수 있었음에도 불구하고 물품의 수령 즉시 검사를 하지 않고 판매한 후 매수인으로부터 물품이 반송되어 오면 이를 근거로 신청인에게 클레임을 제기하는 방식으로 거래를 하여온 사실, 본 건 물품의 클레임으로 2000. 11. 15.자로 신청인과 미화 12,663.93달러에 합의한 사실, 피신청인이 2000. 9. 28.자로 2000. 9. 30.부터 2000. 11. 25.까지 12회 분할 지급키로 하는 송금일정표를 신청인에게 제공하였으나 피신청인이 동 분할 지급계획을 불이행함에 따라 신청인이 2000. 10.말경 로스앤젤레스로 출장가서 독촉하자 미화 16,650.05달러만을 송금하고 나머지에 대하여는 이행하지 아니한 사실, 피신청인이 물품대금조로 수표를 발행하여 신청인이 2000. 10. 10.경 은행에 돈을 요청하였으나 수표가 부도처리된 사실, 중재심리시에 피신청인이 신청인에게 앞으로 지속적으로 거래가 이루어진다면 미지급대금을 신청인에게 지급하겠다고 한 사실로 볼 때에 피신청인의 주장은 이유 없다. 따라서 피신청인이 신청인에게 약속한 분할지급계획을 이행하지 않음이 명백한 이 사건에 있어서 피신청인의 기한의 이익과 분할 납입의 이익은 상실되었다고 판단한다.

신청인은 피신청인과의 클레임 합의금 중 미화 8,776.13달러는 수출보험공사에 수출 부보된 제품과 관련한 건으로 신청인의 신청과 무관하기 때문에 이를 인정할 수 없다고 주장하나 신청인이 수출보험공사로부터 총 23건 중 13건의 물품에 대한 수출대금을 모두 부보받았고 아울러 클레임 합의는 신청인과 피신청인간에 약정된 이상 신청인의 신청과 무관하다고 할 수는 없다할 것이다.

피신청인은 자국내에서 물품의 하자로 물품이 반품되고 있다며 2002. 1. 17.자로 본 중재판정부에 총 7건의 반품송장(총액 미화 36,508.20달러)을 제출한 바 이 중 5건은 2000. 11. 15. 이전에 이미 반품이 된 사항으로 2000. 11. 15.자 신청인과 피신청인간의 클레임합의서에 포함되었다고 판단되나 2000. 12. 6.자에 반품된 나머지 2건, 미화 10,075달러에 대하여는 신청인과 합의된 사항이 없다. 그러나 신청인이 수출한 물품에 전혀 하자가 없다고는 볼 수 없으므로 여러 가지 정황을 고려하여 이중 20%인 미화 2,015.00달러만을 인정하기로 한다.

그렇다면, 피신청인은 신청인에게 미화 91,627.44달러중 클레임 합의금 미화 12,663.93달러와 미화 2,015.00달러를 제외한 미화 76,948.51달러 및 이에 대하여 물품대금 지급만기일인 2000. 10. 2부터 중재판정일까지는 상법 소정의 연 6%, 그 다음날부터 완제일까지는 연 25%의 각 비율에 의한 금원을 지급할 의무가 있다할 것이므로 그 범위내에서 신청인의 청구를 인용하고 나머지 청구는 이유 없으므로 기각하며 중재비용은 이를 10분하여 그 2는 신청인의, 나머지는 피신청인의 부담으로 하여 주문과 같이 판정한다.

제 5 장

사법적 분쟁해결 제도

국내 거래에서 궁극적인 해결수단은 법원과 같은 기관을 활용하는 분쟁해결 즉, 사법적 분쟁해결제도이다. 한편, 국제무역거래에서 분쟁해결을 하는데 있어 사법적 분쟁해결기관 및 이를 뒷받침하는 제도가 완전하게 배제되는 것은 아니다. 따라서 본장에서는 사법적 분쟁해결제도가 무엇인지 그리고 사인(私人)간의 분쟁 해결 수단인 민사소송제도와 소액사건심판제도 등을 중심으로 살펴보기로 한다.

1 분쟁해결제도의 의의

(1) 분쟁처리의 개념

사인간의 분쟁에서 당사자간의 합의에 의한 분쟁해결이 불가능할 경우, 중립적인 제3자의 개입에 의한 분쟁해결을 도모할 수 밖에 없다. 그렇지 않을 경우에는 자력구제(自力救濟)에 의한 사회의 부정의와 혼란을 야기할 수 밖에 없다. 여기서 자력구제(自力救濟, Selbsthilfe)란 사인(私人)이 자기의 권리를 보호 또는 실현하기 위하여 국가의 힘을 빌리지 않고 스스로 사력(私力)을 행사하는 것을 의미한다.[1)]

1) 이러한 자력구제는 사법절차가 확립되지 않았던 고대 사회에서는 자력구제가 권리의 실현방법으로 널리 인정되었으나 사법절차가 완비되어 있는 현재의 문명사회에서는 자력구제가 원칙적으로 인정되지 않는다. 다만 국가의 보호를 받는 것이 불가능하거나 극히 곤란한 경우에만 예외적으로 인정될 뿐이다. 한국 민법은 사권일반에 관한 자력구제를 인정하지 않고, 오직 점유자에게만 일정한 경우에 허용하고 있을 뿐이다(제209조). 학설상으로는 점유권에 기한 자력구제도 제한된 범위 내에서 인정하는 것이 다수설이다. 자력구제와 점유보호청구권과의 관계를 살펴보면, 전자는 점유를 자력으로 방위·탈환하는 것으로 점유자 자신에 의한 자기보호인 데 반해 후자는 법원에 의해 실현되는 점유보호인 점에서 다르다. 민법이 점유자에게 자력구제권을 부여한 것은 점유의 침해가 현장성 또는 추적가능성을 아직 보유하고 있는 한 실력에 의한 방위·탈환을 인정하더라도 사회평화를 해하지 않음은 물론 오히려 신속히 사회평화를 실현하는 것이기 때문이다. 따라서 점유자는 점유의 침해

이렇듯 분쟁해결이 자력구제에 의하여 해결될 경우에는 사회에 부정의(不正義)와 혼란을 가져올 우려가 매우 크다. 따라서 자력구제를 피하고 중립적인 제3자에 의하여 행하여지는 분쟁해결제도를 채택할 필요가 있는 것이며, 이를 넓은 의미에서 '분쟁처리(紛爭處理)라고 부른다. 분쟁처리는 분쟁해결의 시도 즉, 분쟁이 당사자간에 의도대로 해결되지 않고 미해결의 상태로도 존속할 수 있다는 점에서 분쟁해결보다 넓은 의미로 볼 수 있다.2)

현재, 분쟁해결제도는 매우 다양한 형태로 존재하고 있는데, 이러한 분쟁해결제도가 사회적으로 정당하게 간주되기 위해서는 다음의 두 가지 요소가 전제되어야 한다. 우선, 첫째로, 중립적인 제3자에 의해 구성되어야 하며, 둘째, 분쟁해결기관의 중립성과 해결 기준의 정당성이 필수적이라 할 수 있다.

분쟁을 해결하기 위하여 국가에서 설정하고 있는 제도 가운데 대표적인 것으로는

가 현장성 또는 추적가능성을 아직 보유하고 있으면 자력구제에 의해서, 이와 달리 침해가 완료되거나 새로운 점유가 완성되면 점유보호청구권에 의해서 보호를 받는다. 자력구제권은 점유자가 침탈로 점유를 상실하기 전에 침해행위를 실력으로 방위하는 자력방위권과 침해행위로 점유가 침탈된 경우에 실력으로 다시 회복하는 자력탈환권을 그 내용으로 한다. 그러나 점유탈환에는 현장성 또는 추적가능성이라는 시간적 한계가 있다(제209조 2항). 자력구제권은 직접점유자 및 점유보조자에게 인정되나 간접점유자에게는 인정되지 않는다. 또한 상대방이 자력구제로 인하여 손해를 입었다 하더라도 위법이 되지 않아 불법행위가 성립되지 않는다. 다만 과잉자구나 오상자구(誤想自救)의 경우는 위법이 되므로 손해배상책임이 있다. 형사법에서는 자력구제를 자구행위라 부르며, 이때는 상당한 이유가 있는 한 위법성이 조각되어 범죄가 되지 않는다(형법 제23조).
한편, 자구행위(自救行爲)란 권리자가 자신의 권리를 침해당했을 때 공권력에 의하지 않고 자력에 의해 권리를 구제·실현하는 행위를 의미한다. 현행 형법은 "법정절차에 의하여 청구권을 보전하기 불능한 경우에 그 청구권의 실행불능 또는 현저한 실행곤란을 피하기 위한 행위는 상당한 이유가 있는 때에는 벌하지 아니한다"(제23조 1항)라고 규정하고 있다. 법치국가는 원칙적으로 청구권의 실행을 위하여 사력(私力)의 사용을 금지한다. 그러나 법정절차가 적시에 이루어질 수 없는 상황 속에서 청구권자의 즉각적인 개입 없이는 청구권의 실행이 무효화되거나 본질적으로 어렵게 되는 경우 예외적으로 자구행위가 허용된다. 예컨대 숙박비를 지불하지 않고 몰래 나가려는 손님을 주인이 붙들어 실력으로 그 대금을 취하는 행위는 비록 그 행위가 구성요건에 해당되더라도 일정한 한계 내에서는 자구행위로서 위법성이 조각될 수 있다. 자구행위의 기원은 원시사회의 복수에서 찾아볼 수 있지만 국가권력이 정비됨에 따라 자력구제는 원칙적으로 금지되었고, 권리침해에 대한 구제방법은 공권력에 의존하게 되었다. 다만 공권력에 의한 구제수단만으로는 권리침해에 대한 보호가 어려운 경우에 한하여 자구행위의 문제가 이론상 논의되어 왔다. 근대적 의미의 자구행위는 먼저 민법에서 제도화되었고(민법상의 용어로는 자력구제), 이것이 형법상의 자구행위이론에 영향을 미쳤다. 자구행위의 법적 성질은 다음과 같다. 첫째, 자구행위는 긴급행위의 하나로서 위법성을 조각한다. 자구행위에서의 긴급성은 청구권에 대한 현재의 부당한 침해를 면하기 위한 행위가 아니라 이미 침해된 청구권이 더 이상 보전될 수 없는 긴급한 상태에 처했을 때 이를 구제하기 위한 긴급행위, 즉 사후적 긴급구제행위에 해당하는 것이다. 둘째, 자구행위는 개인이 스스로 국가권력을 대행한다는 입장에서 실력으로 자기의 권리(청구권)를 보전하는 행위이다. 자구행위의 요건이 충족되는 행위는 범죄가 되지 않는다(http://100.empas.com/dicsearch/pentry.html?i=182037).

2) 홍성규, 「국제상사중재 : 이론과 실제」, 도서출판 두남, 2002. 3. pp. 84-85.

재판이 있으며, 민사소송은 재판제도 내에 속해있는 것이다. 따라서 사법적 분쟁해결 제도에는 민사소송과 유사한 개념으로 사용되고 있는 제도가 많다.

(2) 사법적 분쟁해결제도와 비사법적 분쟁해결제도

국제 상거래에서 나타나는 분쟁은 크게 사인(기업)간에 발생하는 '국제상사분쟁'과 국가간의 무역구조의 상이함 또는 무역제도와 관련하여 발생하는 '국제통상 분쟁'의 두 가지 유형으로 분류할 수 있다.

여기서 사인간의 분쟁은 알선, 조정, 중재 등과 같은 매우 다양한 분쟁해결 기구가 존재하는 반면, 국가간 분쟁은 WTO의 DSB[3]에 의해서 해결되고 있다. 이러한 WTO의 분쟁해결 절차를 살펴보면 다음과 같다.

1) WTO DSB에 의한 분쟁해결

우선, 분쟁해결의 첫 단계는 당사자간의 협의를 통한 해결로서 협의가 실패하면, 당사자의 합의하에 사무총장에게 중재를 신청할 수 있다.

중재신청이 접수되면, 패널이 임명되어야 한다. 패널은 분쟁해결을 위한 다른 법정과 여러 면에서 유사하나 패널위원들은 분쟁당사국과의 협의 하에 선택된다. 분쟁 양 당사국이 동의하지 않으면, 사무총장이 그들을 임명한다. 패널위원들은 주로 3명에서 5명으로 구성되며, 증거조사와 함께 어느 쪽의 주장이 옳고 그른지를 결정한다. 패널은 청문, 의견진술과 증거조사의 과정을 거친 후에, 패널 보고서를 작성하여, DSB에 보고하며, DSB는 만장일치에 의해서만이 패널의 보고서를 거절할 수 있다.

패널은 결론을 내리는데 6개월을 초과하지 않도록 해야 하지만, 부패성 상품과 같이 긴급한 경우에는 그 기간을 3개월로 단축한다. 패널의 보고서는 거절되지 않는 한, 60일 이내에 DSB의 권고와 판정이 된다.

양 당사자는 항소할 권한이 있다. 항소기관은 법률심이지 사실심이 아니다. 항소의 심리는 7명으로 구성되고 DSB에 의해 설치된 상설항소기구의 3명의 구성원에 의해 이루어진다. 어떤 정부의 영향으로부터 자유롭고, 법과 국제무역의 분야에서 식견을 갖춘 구성원들은 패널의 법률적인 심사와 결론을 확정, 변경 또는 파기할 수 있다. 일단 그 사건에 대한 결정이 내려지면, 패소국은 무역제재가 가해지기 전에 패널

---

3) WTO의 분쟁해결은 분쟁해결기구(DSB : Dispute Settlement Body)의 소관이다. DSB는 사건을 해결하기 위해 전문가들로 구성된 패널(Panel)을 구성할 권한과 패널의 결정과 항소의 결과를 받아들이거나 거절할 전권을 가지고 있다. 또한 DSB는 그 권고와 판정이 제대로 진행되고 있는지 조사를 하고, 권고와 판정을 받은 국가가 제대로 의무를 이행하고 않고 있는 경우는 보복조치를 승인할 수 있다.

보고서의 권고에 따른 이행조치를 수행해야 한다. 패소국이 이행조치를 따를 수 없다면, 제소국과 상호간에 받아들일 수 있는 보상조치에 대해 협상을 개시해야 한다. 납득할 수 있는 보상이 이루어지지 않으면, 제소국은 DSB에게 제한된 제재를 패소국에게 가해줄 것을 요청할 수 있고, 제재가 가해질 경우에는 실용적인 범위 내에서 분쟁과 동일한 분야의 제재조치가 취해진다.

2) 국제상사분쟁해결제도

① 국제상사분쟁해결제도의 의의

일반적으로 국제상사분쟁해결제도는 국제상거래 과정에서 당해 물품의 생산, 운송, 보관, 인도에 따른 계약상의 하자 등에 관하여 무역주체로서 사인간에 분쟁이 발생하는 경우 이를 원만하게 해결하려는 일련의 절차를 지칭한다.[4)]

국제상거래에서 발생하는 분쟁은 국내 거래에서 발생하는 분쟁보다 발생빈도가 높은 동시에 해결은 보다 용이하지 않다는 특성을 가지는데 이렇듯 위험도가 높은 상사분쟁 관련 문제에 합리적인 해결수단이 존재한다면 그 효용성은 매우 클 것이다. 이러한 필요성에 의해 현재 국제무역거래의 분쟁해결수단으로 사용되는 상사중재 등의 분쟁해결제도가 개발되고 진화되어 왔던 것이다.

주지하다시피 이러한 국제상사분쟁의 해결은 당사자간의 교섭(negotiation)에 의하여 분쟁초기에 원만히 해결되는 것이 바람직하다. 그러나 교섭에 의하여 공정하며 우호적인 해결이 이루어지지 않을 경우에는 교섭과정에서 공적기관의 개입에 의한 분쟁해결제도가 활용될 필요성이 있는 것이다. 즉, 소송(litigation)과 조정(conciliation ; mediation)이라는 양 방법의 특징을 갖는 특특한 분쟁해결 방법인 국제상사중재제도(international arbitration)가 국제상사분쟁의 중심에 존재하는 당위성이라 할 수 있다.[5)] 현재도 상사중재제도가 국제상인 간의 분쟁에서 가장 널리 활용되는 이유는 바로 여기에 있는 것이다.

② 국제상사분쟁해결제도의 유형

국제상사분쟁해결제도는 다시 법원의 관여, 소송제도 등에 의해 사법적 분쟁해결제도와 비사법적 분쟁해결제도로 구분할 수 있다.

---

4) 홍성규, 「국제상사중재 : 이론과 실제」, 도서출판 두남, 2002. 3. p.89.

5) 실제로 지난 1952년 미국 시카고 법과대학의 Soia Menschikoff가 조사한 바에 의하면 사인간의 분쟁가운데 중재방식으로 처리된 것은 모든 민사사건의 70%에 해당하는 것으로 나타났다. 이는 분쟁의 당사자들이 헌법에서 보장하고 있는 분쟁해결방식인 재판을 불편하게 생각하고 중재를 보다 실익이 있는 자율적 해결수단으로 선호하고 있기 때문으로 분석할 수 있다(정기인, “경제제도로서의 중재가 되기 위한 몇 가지 문제점”, 「중재」 제276호, 1995. p.48.).

사법적 분쟁해결제도는 민사소송, 소액사건심판제도 등을 의미하며, 다음과 같은 특징을 가지고 있다.

첫째, 중립적 분쟁해결기관으로서 법원이 절차를 주재한다. 조정이나 중재에 있어서도 법원이나 법관이 절차를 주재하는 경우가 있으나, 소송의 경우에는 원고가 분쟁해결에 대하여 법적 판단을 구하기 위하여 제소한 이상 법원은 민사소송법이 정하고 있는 절차에 따라 그에 따른 판단을 내릴 책임이 있다.

둘째, 분쟁해결기준으로서 실체법이 적용된다는 점이다. 따라서 민사소송에 있어서 심판의 대상이 되는 것은 실체법의 적용에 의하여 해결 가능한 법률상의 권리의무에 관한 쟁송(爭訟)에 한정된다.

셋째, 상대방이 되는 피고 측은 소(訴)가 제기됨에 따라 그 의사에 관계없이 이에 응소할 부담이 따른다. 만일, 피고가 응소(應訴)를 위한 쟁송행위를 하지 않는 경우에도 피고를 당사자로 하는 판결은 양 당사자를 구속하게 된다.

③ 사법적 분쟁해결제도의 한계성과 비사법적 분쟁해결제도의 필요성

사법적 분쟁해결제도의 이러한 특징은 국민에게 재판을 받을 권리를 보장하고 (헌법 제27조 1항) 분쟁해결의 최종적인 근거를 주는 장점이 있지만 동시에 분쟁해결제도로서 사법적 분쟁해결제도는 다음과 같은 한계점을 노출하고 있기도 하다.

현행의 사법적 분쟁해결제도는 법관으로 구성된 법원이 분쟁을 해결하는 것으로서 납세자의 부담에 의하여 운영되어지는 이상 법관의 수에 일정한 한도가 있다는 점을 의미한다. 따라서 다음과 같은 문제점이 노출되고 있다.

첫째, 복잡·다양한 대량의 사건의 해결을 법원에 의해서 해결을 추구할 경우 소송절차가 지연되는 등의 문제가 발생할 가능성이 크다. 또한 현재 재판제도는 절차보장의 이념에 원칙적으로 3급심의 심판이 보장되어 있는데 이 역시 분쟁해결까지 장기간이 소요되는 원인으로 작용하고 있다.

둘째, 간단한 소액사건의 경우에는 큰 문제가 되지 않지만, 거액의 민사소송재판 등의 경우에는 재판에서 본인을 대신하는 변호사 비용을 비롯하여 절차진행상 높은 비용이 소용된다.

셋째, 소송절차가 공개주의에 기초하여 공개법정을 중심으로 진행되는 것이 일반적인데, 상거래 분쟁 특성상 분쟁의 내용이 일반에게 공개되기를 꺼려하는 당사자에게는 사법제도의 이용을 회피하게 만드는 경우가 있다. 특히, 실체법이 해결기준으로 적용되도록 하는 것은 경우에 따라서는 실효적인 해결의 요청을 만족시키지 못하는 원인이 되기도 한다. 이러한 한계점 때문에 상사중재제도와 같은 비사법적 분쟁해결제도가 존재하는 것이며, 전자상거래에서의 대안적 분쟁해결제도(ADR)의 활용에 대한 관심이 높아지는 이유이기도 하다.

(3) 이상적 분쟁해결제도의 모형

일반적으로 분쟁을 해결하고자 할 때는 분쟁당사자와 분쟁조정자는 자신이 실현하기 위한 이상과 목적을 가지고 있어야 하며, 이는 자신의 권리인 동시에 의무이기도 하다. 분쟁조정자는 분쟁의 사실에 대하여 있는 그대로 확인하고 이에 적절한 법을 적용하여 그 시비를 판단해 주어야만이 법이 제정법으로서 역할을 하게 된다. 그러나 날이 갈수록 사회가 복잡·다양하게 변화함에 따라 기존의 제정법으로 모든 사건을 처리하기에는 역부족이며, 또한 법적용이 오히려 사회적 정의나 형평에 맞지 않는 경우도 최근 빈번하게 나타나고 있다. 따라서 분쟁조정자들은 다음과 같은 이상과 목적을 고려해야만 한다.[6]

1) 공평성의 실현

분쟁해결 절차는 공평하게 진행되어 공평의 이상이 실현되어야 한다. 분쟁해결과정에서 당사자들은 자신의 주장, 입증 또는 반론을 제기함에 있어서 어떠한 차별이나 방해를 받아서는 아니 된다. 재판과정에서는 이러한 공평의 이상을 실현하기 위한 심리의 공개, 법관의 제척(除斥)[7]·기피(忌避)[8]·회피제도[9], 쌍방심문주의, 변론주의, 소송절차의 중지·중단, 제3자의 소송참가, 준비서면에 예고하지 않은 사실의 진술금지제도 등을 마련해 놓고 있다.

2) 적정성의 실현

분쟁해결 절차는 진실이 명확히 가려지도록 적정(適正)성의 이상이 실현되어야만 한다. 당사자는 사실관계가 명확히 밝혀지도록 모든 방법을 동원하여야 하고 분쟁해결조정자는 이러한 기회를 당사자에게 충분히 제공하고 사실의 인정이 진실에 부합하고 법규의 해석적용에 오류가 없도록 해야 한다. 이것은 법원의 의무이므로 당사자로서는 권리로서 요구할 수 있다.

---

6) 신한동, "개방경제시대의 분쟁처리 이원화", 「중재」 제289호, 대한상사중재원, 1998. pp. 59-60.

7) 법관의 제척이란 법관이 구체적인 사건에 관하여 법정의 특별한 관계에 있을 때 당연히 직무를 수행할 수 없는 제도를 의미한다.(민사소송법 제37조)

8) 법관의 기피란 법관에게 제척원인 이외에 재판의 공정을 기대하기 어려운 사정이 잇는 경우에 당사자의 신청에 의하여 재판으로 그 직무집행을 배제(排擠)하는 제도를 말한다.(민사소송법 제39조 1항)

9) 법관이 스스로 제척 또는 기피의 사유가 있다고 인정하여 자발적으로 직무집행을 피하는 것을 말하는데 이 경우에는 사법행정상 감독권이 있는 법원의 허가를 받아야 한다.(민사소송법 제45조)

적정의 이상을 담보하기 위하여 민사소송에는 3심제도, 재심제도, 합의제, 특별항고(特別抗告)[10], 전속관할(全屬管轄)[11], 구술주의, 상호심문제도, 직권증거조사, 석명권(釋明權)의 행사[12] 등의 제도를 두고 있다. 외국에서는 이에 나아가 판결의 내용이 현저히 부당한 때에는 헌법소원의 대상으로 하고 있다.[13]

3) 신속성의 실현

분쟁은 가능한 한 신속하게 실현되어야 한다. 그래야만 분쟁당사자간의 피해를 최소화시킬 수 있다. 이러한 이유에서 우리나라에서도 신속한 재판을 받을 권리를 보장하고 있는 것이다. 신속한 분쟁해결은 당사자에게는 물론 국가에게도 크게 요청되고 있는 사항으로서 재판을 받을 권리뿐만 아니라, 신속한 재판을 받을 권리를 보장받고 있다.[14] 신속한 재판을 받을 권리가 침해된 경우에는 헌법소원에 의하여 구제받을 수 있으며, 국가배상을 청구할 수 있다.[15]

법원은 민사소송절차에서 신속을 담보하기 위하여 소송절차의 직권진행, 시간에 늦은 소송자료의 조사거부, 기일연장의 제한, 기피신청의 각하, 증인불출석제에 대한 제재(制裁), 가집행의 선고, 상고이유의 제한, 단독제, 집중심리, 간이재판제도 등을 두고 있다.

4) 경제성의 실현

분쟁해결과정에서 경제적 부담이 적도록 경제의 이상이 실현되어야 한다. 분쟁을 해결하는 과정에서 비용 발생이 현저히 많다면 당사자와 국가는 그만큼 경제적 부담이 가중되며, 당해 분쟁해결 절차는 무용지물이 될 가능성이 높다.

따라서 민사소송에서는 경제의 이상을 실현시키기 위하여 소(訴)의 병합, 구술신청제, 소액사건의 구술제소, 소액사건심판제도, 간이재판제도 등을 두고 있다.

---

10) 특별항고란 불복(不服)을 신청할 수 없는 결정·명령에 대하여 대법원에 하는 항고(민사소송법 제420조 1항)로서 재판에 영향을 미친 헌법 또는 법률의 위반이 있음을 이유로 하는 때에 한하여 제기할 수 있다. 특별항고는 재판확정 후의 불복방법이므로 보통의 상소가 아니며, 재심에 유사한 비상불복절차이다.

11) 전속관할이란 강한 공익상의 요구에서 특정법원에게만 재판하는 것을 인정한다는 취지의 관할이다(민사소송법 제433조). 그 대표적인 예로는 토지관할이 있다.

12) 석명권이란 사건의 진상을 명료하고 공정한 판결이 되도록 하는 사실상과 법률상의 사항에 관하여 질문하고, 당사자에게 진술시키고 또는 입증을 촉구하는 법원의 권한을 의미한다(민사소송법 제126조 1항).

13) 이시윤, 「민사소송법」, 박영사, 2001. p.23.

14) 모든 국민은 신속한 재판을 받을 권리를 가진다.(헌법 제27조 3항)

15) 헌법 제28조

2 민사소송제도

(1) 민사소송의 의의

사람들 사이에 이해관계가 충돌하여 분쟁이 생기면 원시시대에는 스스로의 힘에 의하여 이를 해결할 수 밖에 없었다. 그러나 문명사회에서는 힘으로 분쟁을 해결하는 것은 금지되어 국가 기관인 법원이 분쟁당사자 사이에 개입하여 분쟁을 조정, 해결해 주도록 되었는데 그 절차를 민사소송이라 한다.[16)]

(2) 민사소송의 당사자와 관할

1) 민사소송의 당사자 : 원고와 피고

민사소송을 먼저 제기하는 사람을 원고, 당하는 사람을 피고라고 한다. 개인이나 법인은 물론 종중, 동창회, 학교육영회 같은 사실상의 단체도 민사소송의 원고, 피고가 될 수 있다. 다만, 미성년자 같은 무능력자는 법정대리인이 소송을 대리하여야 한다.

2) 관할

관할이란 재판권을 여러 법원 사이에 어떻게 분배하여 행사시킬 것인가를 구체적으로 정해놓을 것을 의미한다. 법원의 입장에서는 법원이 스스로 재판권을 행사할 수 있는 범위를 말하기 때문에 관할권(管轄權)이라고도 할 수 있다. 따라서 법원이 사건에 관하여 국가주권으로서의 사법권을 행사할 수 있는가의 문제인 재판권(裁判權)과는 명확히 구분된다.

원칙적으로 피고의 주소지를 관할하는 법원에 소송을 제기하여야 하지만 원고의 편의 등을 위하여 여러 가지 예외가 인정되고 있다. 예컨대, 대여금, 물품대금, 손해배상의 청구의 경우 그 채무 이행지인 원고의 주소지를 관할하는 법원에도 소송을 제기할 수 있도록 한 것(의무이행지의 특별재판적 - 特別裁判籍 -), 교통사고를 당한 피해자가 사고 장소를 관할하는 법원에도 소송을 제기할 수 있도록 한 것(불법행위지의 특별재판적)등이다. 그리고 소송물의 액수에 따라 5,000만원을 초과하는 사건은 판사 3인으로 구성되는 재판부가 관할하며, 그 이외의 사건은 단독판사가 관할한다. 다만 예외적으로 소송물의 액수가 1억원 이하인 자동차사고 또는 산업재해로 인한 손해배상청구사건과 모든 어음·수표 청구사건 등은 단독판사가 관할한다.

---

16) http://kr.blog.yahoo.com/kenzo4644/240.html#lifelaw0301

① 토지관할

토지를 기준으로 하여 법원의 관할 구역을 정한 뒤 그 구역과 관계를 가진 사건은 해당 법원이 처리하는 것을 토지관할이라고 하는데 재판적(裁判籍)이라는 말과 같은 의미로 쓰이기도 한다. 민사소송에서의 토지관할은 피고의 주소가 있는 곳, 불법행위를 한 곳, 의무를 이행해야 할 곳, 영업소가 있는 곳 등에 의해 정해지고, 형사소송에서의 토지관할은 피고인의 주소가 있는 곳, 피고인이 살고 있는 곳, 범죄가 일어난 곳 등에 의해 정해진다.[17]

② 사물관할

하나의 사건에 대해 관할구역이 같은 1심 법원 중에서 어느 법원이 그 사건에 대해 재판하는 관할법원이 될 것인가 하는 것이 사물관할이다. 지방법원 마다 모두 구역이 다른 우리나라의 경우 그 지방법원의 단독부와 합의부 중에 어느 쪽에서 재판을 담당하는가 하는 것이 사물관할이 되는데 다음과 같은 경우 합의부가 1심을 맡는다.[18]

① 사형, 무기, 단기 1년 이상의 징역이나 금고에 해당하는 사건과 그 공범에 관한 사건, ② 소송물의 가액이 3,000만원을 넘는 사건, ③ 지방법원 판사에 대한 제척이나 기피 사건, ④ 법률에 의해 합의부에 속하는 사건 등은 판사 3인으로 구성되는 재판부가 관할한다.

(3) 민사소송의 제기방법

민사소송은 원칙적으로 소장을 작성하고 그에 인지를 붙여 관할 법원에 제출함으로써 시작된다. 다만, 소가(訴價) 2,000만원 이하의 소액사건에 있어서는 구술에 의한 소의 제기가 가능하다. 소장(訴狀)에는 민사소송법 제277조에 규정된 필요적 기재사항 이외에 원고 또는 대리인의 기명날인이 있어야만 하며 구체적으로 살펴보면 다음과 같다.

1) 소장의 기재사항

원고, 피고의 주소・성명이 명확히 기재되어야 한다(전화번호와 우편번호도 기재하는 것이 좋다). 만일, 피고가 있는 곳을 알 수 없을 때에는 소명자료를 첨부하여 공시송달(公示送達)[19]을 신청할 수 있다.

---

17) http://ks.hmall.com/top/detail?eid=06TJp

18) http://ks.hmall.com/top/detail?eid=06Scd

19) 공시송달이란 법원 서기관 또는 서기가 송달할 서류를 보관하고 당사자가 오면 언제든지 교부한다는 취지를 법원 게시장에 게시하여 행하는 송달방법이다(민사소송법 제179・181조). 이 송달방법은 당사자의 주소, 거소(居所), 기타 송달해야 할 장소를 알 수 없는 경우에는 소송을 진행할 수

청구취지를 특정하여 기재하여야 한다. '피고는 원고에게 돈 천만원을 지급하라'는 식으로 원고가 판결을 통하여 얻어내려는 결론을 기재하여야 한다.

청구원인을 기재하여야 한다. 예를 들자면 '원고는 1993. 1. 1. 피고에게 돈 천만원을 빌려주었으나, 피고는 이를 갚지 않고 있다는 식'으로 판결을 구하게 된 원인이 무엇인가를 구체적으로 기재한다.

2) 인지의 첨부 또는 현금 납부

소장(訴狀) 제출전 소송물 가액의 0.5%에 해당하는 금액상당의 인지를 붙여서 법원에 제출해야만 한다. 단, 소가(訴價) 10억원 이상은 0.35%, 2심은 1심의 1.5배, 3심은 1심의 2배에 해당하는 인지를 붙여야 하고, 인지액이 20만원 이상일 경우 현금으로 납부하여야 한다.

3) 소장제출

법원에 소장을 제출할 경우에는 피고의 수만큼 소장 부본(副本)을 만들어 함께 제출하여야 한다.

4) 송달료 예납

피고가 1명인 경우를 기준으로 소액사건, 단독사건, 합의사건에 따라 정해진 송달료를 미리 은행에 예납(豫納)해야 한다.

없게 되어 당사자 및 기타 관계인의 권리를 보호할 수 없기 때문에 일정한 요건하에 송달수령자에게 송달된 것으로 함으로써 소송을 진행하고 이들의 권리도 보호하기 위한 제도로서 실무상 많이 이용되고 있다. 공시송달은 당사자 및 그의 법정대리인의 주소·거소, 기타 송달할 장소를 알 수 없는 경우 이외에 외국에서 촉탁송달의 방법에 의할 수 없는 경우, 이를테면 당해 외국과의 사이에 사법공조조약이 없거나 전쟁중인 경우, 즉 다른 송달방법(교부송달·우편송달)이 불가능한 경우에 최후의 수단으로 인정된다.

공시송달은 재판장의 직권 또는 당사자의 신청에 의하여 재판장의 공시송달명령을 얻어서 하게 되는데, 당사자가 신청하는 때에는 상술한 요건을 소명(疏明)해야 하고, 재판장이 직권으로 공시송달을 하는 경우는 소송의 촉진을 위해 필요한 경우에 행한다. 재판장이 공시송달명령을 내리면 법원 서기관 또는 서기가 송달할 서류를 보관하고 동시에 그 사유를 법원 게시장에 게시하여 송달수령자가 출석하면 어느 때라도 그 서류를 교부받을 수 있게 한다. 최초의 공시송달은 게시한 날로부터 2주간, 외국에 있는 자에 대하여는 2개월을 경과한 후에 효력이 발생하여 송달받은 것으로 된다. 다만 동일 당사자에 대한 2회 이후의 공시송달은 게시한 다음날로부터 효력이 발생한다. 그러나 예외적으로 송달을 받아야 할 당사자가 자기에 대하여 공시송달이 있었다는 것을 그가 책임질 수 없는 사유로 과실없이 알지 못하여 그 기간이 경과된 경우에는 추완(追完)이 허용된다.

(4) 민사소송의 진행과정

1) 소장의 제출

소장의 제출은 소장(訴狀)을 서면(書面)으로 작성하여, 제1심 법원에 제출하면 된다.

2) 소장의 심사 및 소장 부본의 송달

민사소송이 제기되면 재판장은 소장부본을 피고에게 송달하여 피고를 상대로 어떠한 소송이 제기되었는가를 미리 알려준다.

3) 변론 기일의 지정 및 소환

그 후 재판장은 사건이 접수된 순서에 따라 변론기일(辯論期日)을 정하여 원고와 피고를 소환한다. 법원에 따라 사건이 폭주하여 변론기일이 지정될 때까지 다소 시간이 걸리는 수도 있다.

4) 주장·답변 및 항변

변론기일에 원고는 먼저 '돈 천만원을 빌려주었다'는 사실을 주장하고 피고는 이에 대하여 '빌린 사실이 있다'(자백) 또는 '없다'(부인)는 식의 답변을 한다. 주의할 점은 대답을 하지 않으면(침묵) 자백하는 것과 같이 취급되고, '모르겠다(부지-不知-)'고 하는 것은 부인하는 것으로 취급된다는 것이다.

그 외에 피고는 돈 빌린 사실이 있으나(자백) 그 후에 갚았다 또는 빚으로 상계했다는 식으로 새로운 사실을 내놓을 수도 있는데 이를 항변(抗辯)이라 하고 그 항변에 대하여 원고는 자백, 부인 등의 답변을 하여 소송이 진행되는 것이다.

이러한 주장, 답변 등은 원·피고가 변론기일에 출석하여 구두로 하는 것이 원칙이나 서면으로 제출할 수도 있는데 이를 준비서면 또는 답변서(피고의 최초 준비서면)라고 부른다. 실제로는 소송상의 주장, 답변 등은 간단한 것을 제외하고는 미리 서면으로 준비하여 이를 제출하는 것이 좋다.

5) 입증

주장 또는 항변사실에 대하여 상대방이 부인(否認)(또는 부지-不知-)하면 주장 또는 항변을 한 자가 이를 입증하여야 한다. 누가 입증할 책임이 있느냐 하는 것은 중요할 뿐만 아니라 매우 어렵고 복잡한 문제이다. 입증을 하는 방법은 제한이 없으나 서증, 증인신문, 검증, 감정, 당사자 본인신문 등이 특히 많이 쓰이는 방법이다.

원고의 소장을 받은 피고는 자신의 주장을 담은 답변서를 미리 제출하여야 하고 피고의 답변서를 받은 원고는 이를 반박하는 내용의 준비서면 등을 제출하는 등 변론기일 이전에 미리 서면공방을 하여 쟁점이 정리되면 변론기일이 지정된다.

이러한 서면공방과정에서는 자신의 주장을 정리한 준비서면뿐 아니라 자신의 주장을 뒷받침 하는 증거들을 미리 제출하거나 증거신청을 하여야 한다. 변론기일에는 증인신문을 위주로 진행되며 가능한 한 모든 증인을 일괄하여 신문하고 변론을 종결하게 된다.

6) 증거조사 및 변론의 입증

① 의제자백

의제자백(擬制自白)이란 당사자가 변론에서 상대방이 주장하고 있는 자기에게 불이익한 사실을 분명하게 다투지 않는 경우와 원・피고 가운데 어느 한쪽이 소환(공시송달 제외)을 받고도 불출석하면 출석한 쪽이 주장하는 사실을 자백한 것으로 간주되기 때문에(다만 불출석하더라도 준비서면으로 써낸 답변은 인정된다)(민사소송법 제150조 1항, 3항, 및 제286조) 상대방의 사실의 주장에 대하여 그것을 다투면 상대방에게 그것을 증명 할 필요가 생기며 그것을 인정하면 재판상의 자백이 된다.

그러나 단순히 알지 못한다고 진술한 때에는 다툰 것으로 추정한다(민사소송법 제150조 2항). 다투었느냐 다투지 않았느냐의 판단은 변론의 종결에 이르기까지 변론의 전체로부터 종합적 관찰에 의하여 행하지 않으면 안 된다. 그러므로 제1심에서 다투었는지가 명확하지 않다고 판단되어도 항소심에서 다투면 자백으로 보지 않게 된다. 결국 재판상의 자백과 달라서 의제자백은 특별한 경우 외에는 (민사소송법 제149조 및 제285조) 사실심의 변론 종결시까지 다툴 수 있는 것이다. 그리고 변론기일에 출석 하지 아니한 당사자가 공시송달에 의한 기일통지서를 송달 받았을 때에는 의제자백이 되지 않는다(민사소송법 제150조 3항).[20]

② 쌍불취하

쌍방이 모두 2회에 걸쳐서 적법한 소환을 받고도 불출석 하거나 변론을 하지 아니한 때에는 그 후 1개월 내에 기일지정신청을 하지 아니하면 소(訴)가 취하된 것으로 간주한다.

20) 「법률용어사전」, 현암사, 2005.

③ 증인의 불출석에 대한 제재

증인이 정당한 사유 없이 변론기일에 출석하지 아니하는 경우에 는 500만원 이하의 과태료에 처하게 되고 소송비용을 부담하게 되며, 과태료의 재판을 받고도 정당한 사유 없이 다시 변론기일에 출석하지 아니하는 때에는 7일 이내의 감치(監置)에 처하게 된다(2002. 7. 1.부터 시행).

(5) 소송절차의 종료

종국판결 법원이 심리를 완료한 때에는 변론을 종결하고 보통 2주후 판결을 선고한다. 소의 취하나 그 밖에 청구의 포기, 인락(認諾)[21], 화해 등으로 종료되기도 한다.

(6) 상소(上訴, appeal)

1) 상소의 개념

상급법원에 하급법원 판결의 심사를 구하거나 행정기관의 명령에 대한 심사를 각급 법원에 호소하는 것을 의미한다. 모든 법체계는 적어도 형식적으로는 몇몇 유형의 상소를 규정하고 있다.

어떤 법원이 자체 내의 판결을 심사할 수도 있지만 상소라는 개념은 사법적 계층구조를 전제로 한다. 전형적인 계층구조는 다음과 같다. 먼저 제한된 또는 특정한 관할권을 가지는 제1심법원(trial court)이 있는데, 이것은 일반적으로 치안판사법원(magistrates' court)·소액법원(少額法院 : small-claims court)·시법원(municipal court)·경찰법원(police court)이라고 불린다.

다음으로 일반적 관할권을 가지는 제1심법원이 있는데, 이는 보통 지방법원·순회법원·상위법원(superior court)이라고 불린다. 그리고 상소관할권을 가지는 법원이 있는데, 이는 한 체계의 종국적인 최고법원일 수도 있다. 제1심법원 수준과 최종상소법원 사이에 항소법원이라고 부르는 중간상소법원(intermediate appellate court)을 도입한 나라도 있다. 통상 각 법원은 계층구조 내에서 그 상급법원에 의해서만 심사를 받는다. 그러나 문제의 중요성이나 긴급성 때문에 최고상소심이 제1심법원

21) 인락(認諾 : Klagenerkenntnis)이란 감수하다, 승낙하다, 허용하다는 의미인데, 차용증에 공증을 받으면 1심 판결없이 집행문을 부여받아 강제집행을 할 수가 있는데 이 때 차용증에 '인락'이라는 문구가 반드시 들어가야 한다. 여기에 해당되는 것이 '차용금을 기한 내에 갚지 못하면 채무자의 재산에 강제집행을 해도 좋다'는 취지이다. 재판시에는 피고는 원고의 주장을 부인하는 것이 보통이다. 그런데 피고가 원고의 주장을 인정하면 그러한 주장을 서류로 작성하게 되고 이를 '인락조서'라고 하며, 이러한 경우는 행정소송에서도 있을 수 있다.

을 직접 심사할 것이 요구되어 중간단계가 생략되는 경우도 빈번히 생긴다.[22)]

법적・현실적 차원에서 볼 때 명령이나 판결에 불복하는 당사자들만이 상소법원에 그 재심을 구할 자격이 있다. 즉 제삼자나 사건에서 승소한 당사자는 상급법원에 그 판결의 재심사를 구할 수 없다. 그러나 원래 소송당사자는 아니었으나 소송에 참가할 것을 허가받은 자나, 집단소송(class action)에서처럼 타인의 대표로 되는 자 등은 일반적으로 원래의 당사자와 동일한 상소권을 가진다. 무죄석방의 평결에 대한 상소가 허용되는 경우는 거의 없다.

상소제도는 오판을 시정하려는 데 그 존재 이유가 있다. 오판은 양형부당・사실오인 등과 같이 사실판단의 오류에 기인하는 경우도 있고, 법령의 해석・적용을 잘못한 경우도 있다. 상소제도는 피고인에 대해서는 원심재판으로 인한 피고인의 불이익을 구제하는 기능을 하고 있다. 상소에 의하여 유죄판결이 무죄판결 또는 피고인에게 유리한 재판으로 시정될 가능성이 있으므로 피고인의 구체적 구제는 상소제도의 중요한 대목이다. 검사와 피고인은 소송당사자이므로 고유의 상소권자이다(동법 제338조 1항). 검사나 피고인 이외의 자로서 결정을 받은 자도 고유의 상소권자이다(동법 제339조). 피고인의 법정대리인은 피고인이 명시한 의사에 반하여도 피고인을 위하여 상소할 수 있으며(동법 제340조), 피고인의 배우자・직계친족・형제자매・호주・변호인 및 원심의 대리인 등은 피고인이 명시한 의사에 반하지 않는 한 피고인을 위하여 상소할 수 있다(동법 제341조). 법정대리인・배우자 등의 상소권은 고유권이 아니라 대리권이므로 피고인의 상소권이 소멸하면 이들의 상소권도 소멸한다. 검사는 공익의 대변자인 지위에서 피고인을 위해 상소할 수 있다고 본다.

---

22) 사건의 유형과 사법적인 문제에 따라서 최고상소법원의 임무를 수행하는 법원이 달라지는 나라들도 있다. 프랑스의 경우 상소법원은 사실문제에 관한 사건들을 재심하며, 법률의 해석에 관한 상소는 파기원(破棄院 ; Cour de Cassation : 최고법원)이 심리한다. 한편 국참사원(國參事院 ; Conseil d'État)은 사실문제에 관한 상소와 별개의 행정법원체계로부터 나오는 법률의 해석에 관한 상소를 모두 심리한다. 헌법상의 문제들이 조금이라도 다루어지는 경우에는 입법기관과 사법기관의 성격을 가지는 헌법평의회(憲法評議會 ; constitutional council)에서 이를 관장한다.
독일(옛 서독)에서는 연방법원(Bundesgerichtshof)이 주로 법률의 통일된 해석에 관심을 가지며, 헌법문제를 다루는 별개 헌법재판소인 연방헌법재판소(Bundesverfassungsgericht)를 두고 있다. 상소법원인 고등법원(Oberlandesgericht)은 민사사건에서는 법률문제와 사실문제에 관한 사건 모두를 재심하며, 형사사건에서는 법률문제만을 심리한다. 미국의 연방대법원은 사실문제・법률해석 및 헌법상의 문제 등에 관한 사건의 상소를 심리하지만, 공공의 이익에 중대한 영향을 미칠 사건을 제외한 대부분의 상소는 연방순회상소법원에서 종료한다. 영국에서는 일정한 경우에 사실문제에 관한 상소는 법률문제에 관한 상소와는 다른 법원에서 관장한다. 어떤 경우에는 최종 상소법원인 귀족원(貴族院 ; House of Lords)에의 상소가 금지되기도 한다. 일본의 최고재판소는 사실문제・법률문제 및 헌법적합성에 관한 최종 상소법원의 기능을 한다.

2) 상소의 범주

제1심법원의 명령과 판결은 상소의 목적을 위해 중간적인 것(interlocutory)과 종국적인 것(final)의 2가지 범주로 나눌 수 있다. 종국판결은 판결의 집행만을 남겨두고 소송을 종결하는 것이다.

한편, 심리과정에서 법원이 부수적 문제들만을 해결하거나 궁극적 문제의 일부에 관해서만 매듭을 짓는 판결을 선고해야 할 경우가 있는데, 이러한 판결을 중간판결(interlocutory decree)로 본다. 모든 법원이 종국판결에 대한 상소를 인가하고 있지만 중간 판결에 대한 상소는 그 인정범위가 훨씬 좁다. 기본적으로 상소는 2가지 기능을 수행한다. 그 주된 기능은 특정 분쟁을 해결함에 있어 소송당사자에게 법 아래에서 정의가 실현되었음을 확인시켜주는 것이다. 2번째 기능은 한 사법체계 내에 있는 모든 하급법원에게 구속력을 가지는 판결의 규칙을 선언함으로써 그 규칙의 영역 내로 들어오는 사람들에게 처우의 통일성과 어느 정도의 확실성 및 지침을 확보해주는 것이다.

3) 우리나라 법제에서의 상소

한국의 법제에서 '상소'란 미확정의 재판에 대하여 상급법원에 구체적 재판을 구하는 불복신청을 말한다. 따라서 확정판결에 대한 불복신청인 재심청구・비상상고, 동급법원에 대한 불복신청인 정식재판의 청구(형사소송법[23] 제453조, 즉결심판법 제14조) 및 이의신청(형사소송법 제296・304조), 검사의 불기소처분에 대한 불복신청인 검찰항고(검찰청법[24] 제10조)・재정신청(형사소송법 제260조)은 상소가 아니다. 준항고도 상급법원에 대한 불복신청이 아니므로 엄밀한 의미에서 상소가 아니다.

4) 상소의 종류

현행법상 상소의 종류에는 항소(抗訴)・상고(上告)・항고(抗告)의 3가지가 있다. 항소는 제1심판결에 대한 상소이며, 상고는 제2심판결에 대한 상소이다.

항소사건의 관할법원은 지방법원 본원합의부 또는 고등법원이며(형사소송법 제357조), 상고사건의 관할법원은 대법원이다(동법 제371조). 고등군사법원의 판결에

---

23) 형사소송법(刑事訴訟法 law of criminal procedure) : 형사소송절차를 규정하는 국가의 법률체계. 형식적 의의의 형사소송법은 형사소송법전, 즉 1954. 9. 23 법률 제341호로 공포・시행된 형사소송법을 말한다.

24) 검찰청법(법률 제5430호) [일부개정 1997.12.13 법률 제5430호 법무부] 이 법은 검찰청의 조직・직무범위 및 인사 기타 필요한 사항을 규정함을 목적으로 한다.

대한 상고사건의 관할법원도 대법원이다(군사법원법[25] 제442조). 항고는 법원의 결정에 대한 상소(上訴)이다. 제1심법원의 결정에 대한 항고사건의 관할법원은 지방법원의 합의부 또는 고등법원이며(법원조직법[26] 제28・32조), 항고법원 또는 고등법원의 결정에 대한 항고사건의 관할법원은 대법원이다(형사소송법 제415조, 법원조직법 제14조 2항). 법관(재판장・수명법관)의 재판 또는 수사기관의 처분에 대해서는 불복신청이 허용되는데(형사소송법 제416・417조), 이를 준항고(準抗告)[27]라고 한다.

① 항소

㉠ 항소의 개념

항소(抗訴, appeal ; Berufung)란 제1심 종국판결에 대하여 사실인정의 부당이나 법령위반을 이유로 판결의 취소・변경을 구하는 불복신청을 의미한다. 항소 신청인을 항소인, 상대방을 피항소인이라 하는데, 항소심에는 사실문제인지 법률문제인지를 묻지 않고 불복신청을 할 수 있으므로 이를 사실심이라 한다. 항소의 대상은 지방법원단독판사 또는 지방법원합의부의 제1심판결이다. 항소는 항소의 이익을 가진 자만이 제기할 수 있다. 따라서 항소권은 전부 또는 일부 패소한 당사자에게 생기는 것이 원칙이다.

㉡ 항소절차

항소의 제기는 제1심판결의 송달이 있은 날로부터 2주일 이내에 제1심법원에 항소장을 제출함으로써 한다(민사소송법 제366조 1항, 제367조 1항). 항소

---

25) 군사법원법(軍事法院法) : 헌법 제10조의 규정에 의하여 군사재판을 관할한 군사법원의 조직・권한・재판관의 자격 및 심판절차와 군검찰의 조직・권한 및 수사절차를 규정한 법률. 1962. 1. 20. "군법회의법"으로 제정되었다가 1987년 12월 4일 법률 제3993호로 전문 개정되었는데, 국사법원 및 군검찰, 소송절차, 특별소송절차, 재판 집행, 전시・사변시의 특례 등 전문 6편 536조와 부칙으로 구성되어 있다.(http://kr.dic.yahoo.com/search/enc/result.html?pk=11284350)

26) 법원조직법[일부개정 2001.1.29. 법률 제6408호 대법원] 이 법은 헌법에 의하여 사법권을 행하는 법원의 조직을 정함을 목적으로 한다.

27) 준항고(準抗告)란 재판장 또는 수명법관이 행하는 일정한 재판, 혹은 검사 또는 사법경찰관이 행한 일정한 처분에 대해서 법원에 그 재판 또는 그 처분의 취소・변경을 청구하는 것을 말한다.
재판장 또는 수명법관・수탁판사가 다음의 하나에 해당한 재판을 고지한 경우에 불복이 있으면 그 법관소속의 법원에 재판의 취소 또는 변경을 청구할 수 있다(형사소송법416①). 즉 (1) 기피신청을 기각한 재판 (2) 구금・보석・압수 또는 압수물환부에 관한 재판 (3) 감정하기 위하여 피고인의 유치를 명한 재판 (4) 증인・감정인・통역인 또는 번역인에 대하여 과태료 또는 비용의 배상을 명한 재판 등이다. 검사 또는 사법경찰관의 구금・압수 또는 압수물의 환부에 관한 처분에 대하여 불복이 있으면 그 직무집행지의 관할법원 또는 검사의 소속검찰청에 대응한 법원에 그 처분의 취소 또는 변경을 청구하는 경우도(형사소송법417) 준항고라 한다.
준항고의 청구는 서면으로 관할법원에 제출하여야 하고(형소418) 즉시항고와 마찬가지로 기간의 제한과 예외적으로 집행정지의 효력이 있다(형사소송법409・416③④).(법률용어, http://beopjeon.com/)

장에는 당사자와 법정대리인, 제1심판결의 표시와 그 판결에 대해 항소한다는 취지를 기재해야 한다(제367조 2항). 원심재판장은 항소장심사권을 가지는데, 필요적 기재사항의 기재를 잘못했거나 법률규정에 따른 인지를 붙이지 않은 경우에 상당한 기간을 정하여 보정을 명하고 그 기간 내에 보정(補正)을 하지 않은 경우에는 항소장 각하명령을 내리게 된다(제368조의 2). 항소인이 제출한 항소장이 각하되지 않은 때에 항소장은 다른 소송기록과 함께 제출된 날로부터 2주일 내에 항소법원에 송부되고 이를 접수한 항소심법원은 직권으로 항소장 부본을 피항소인에게 송달하게 된다. 이와 같이 항소가 제기되면 제1심판결은 항소심에 이심되고 그 확정이 차단되게 된다. 항소제기가 있게 되면 항소법원은 항소인 또는 부대항소인(附帶抗訴人)의 불복신청범위 내에서 심판하게 되는데, 이때 당사자는 새로운 공격방어방법을 제출할 수 있는 권능을 가져 항소심변론은 제1심변론의 속행심리를 이루게 된다(속심주의).

항소심은 종국판결로 완결되는데, 항소요건이 흠결된 때에는 항소각하의 판결을, 제1심판결이 정당하다고 인정되어 항소가 이유 있다고 판단될 때는 항소기각의 판결을 하게 된다. 항소인의 불복이 이유 있다고 판단될 때는 원판결을 취소하고 항소법원은 원판결에 갈음하는 판결, 즉 자판(自判)을 하는 것이 원칙이다.

예외적으로 환송(제388조)이나 이송(제389조)을 하는 경우가 있다. 항소심의 자판시 상대방으로부터 항소 또는 부대항소가 없는 한 항소인의 불이익으로 원판결을 변경할 수는 없는데 이를 "불이익변경금지의 원칙"이라 한다.

② 상고

㉠ 상고의 개념

상고(上告)란 항소심의 종국 판결이 확정되기 전에 법령의 해석적용 면에서 심사를 구하는 불복신청을 의미한다. 상고는 고등법원에 제2심으로 선고한 종국판결이나 지방법원 본원합의부가 제2심으로 선고한 종국판결에 대하여 하는 것이 원칙이다(민사소송법 제392조 1항). 다만, 고등법원이 제1심법원인 경우(행정소송법 제9조) 및 비약상고(飛躍上告)의 합의가 있는 경우(민사소송법 제39조)에는 제1심판결에 대하여 직접 상고할 수 있다(동법 제392조). 또한 특허청의 항고심판의 심결(특허법 제186조)이나 해난(海難)사건에 관한 중앙해난심판원의 재결(해난심판법 제74조)에 대하여도 상고가 인정되고 있다.

이러한 상고의 목적은 다음과 같이 볼 수 있다. 현행법상 상고심은 법령해석의 통일을 목적으로 하는 법률심으로서 원심법원의 판결이 법령에 위반하고 있는가의 여부만을 심사하는 것으로 하고, 원심판결의 위법여부를 심사함에 있어 원심판결의 절차 및 판단의 경우를 사후적으로 심사할 뿐 새로운 사실을 수집하지 않는다. 다만, 상고심에 있어서도 예외적으로 법원이 직권으로 조사해야 할 사항(예를 들어 소송요건이나 상소요건의 존부(存否), 원심의 소송절차의 위반의 유무 등)을 판단함에 있어서는 필요한 사실의 수집이 행해진다(민사소송법 제404조). 그러나 상고심은 그 개시가 직권에 의하지 않고 당사자의 비용으로 당사자의 신청을 필요로 하는 점에서는 당사자의 이익 보호를 위하여 존재하는 제도이기도 하다.

이렇듯 상고는 불이익한 원심재판의 취소·변경을 구하는 경우, 즉 상고의 이익이 있는 경우에 한하여 허용된다. 따라서 원심판결에서 전부 승소한 당사자에게는 상고의 이익이 없다. 그러나 원심판결에서 패소한 당사자라도 언제나 상고가 허용되는 것이 아니고 법률에 의하여 인정되고 있는 상고이유를 주장하는 경우에 한하여 인정된다.

여기서 상고이유란 상고심이 원판결을 파기해야 할 사유를 말한다. 상고심은 법률심이므로 상고이유는 법령위반에만 인정되고 사실인정의 과오는 상고이유가 되지 않는다. 또한 모든 법령위반이 상고이유가 되는 것이 아니다. 원판결에 영향을 미치는 법령위반이 상고이유가 되며 이를 일반적 상고이유라 한다(동법 제393조). 그리고 특별히 중대한 절차법위반을 열거해서 원판결에 영향을 미쳤는가의 여부를 묻지 않고 상고이유로 삼는데 이를 절대적 상고이유라 한다(동법 제394조). 일반적 상고이유에 있어서 법령위반이라고 할 때의 법령은 법원이 준수해야 할 법규로서 헌법·법률·명령·규칙, 지방자치단체의 조례, 관습법 및 국제법상의 조약·협정 등을 말한다. 경험법칙은 그 자체가 법령은 아니지만 이를 자유심증주의의 내재적 제약으로 보아 그 적용의 현저한 부당이 사실인정을 위법하게 만든다는 것이 다수설 및 판례(대법원판례 1963. 9. 30 63 다 1387)의 입장이다.

법령위반의 원인에는 ① 법령 자체의 효력이나 내용을 오해하는 경우(법령해석의 과오), ② 구체적으로 확정된 사실이 특정법규의 구성요건에 해당하는지 아닌지의 평가를 잘못한 경우(법령적용의 과오), ③ 청구의 여부에 대한 원판결의 법적 판단이 부당한 경우(판단의 과오) 및 ④ 원심의 절차에 소송법규의 위반이 있는 경우(절차상의 과오)가 있다.

다만, 특히 중대한 소송절차위반에 대해서 그것은 절대적 상고이유로 하여 절차위반이 판결내용에 영향을 미쳤는지의 여부를 묻지 않고 상고 이유가 된다. 일반적 상고이유에 있어서 판결에 영향을 미친 경우란 법령위반과 원심판결과의 사이에 인과관계의 개연성이 있어야 한다는 것을 의미한다. 따라서 지엽적인 법령 위반이 있는 경우에는 상고가 허용되지 않는다. 그런데 절차상의 과오는 판결내용에 대한 영향이 분명하지 않은 경우가 많기 때문에 특히 중대한 절차위반을 열거적으로 규정하여 이를 절차적 상고이유로 했다.

민사소송법은 제394조에서 법원을 구성하지 않은 때(제1항 1호), 법률에 의하여 판결에 관여할 수 없는 판사가 판결에 관여한 때(제1항 2호), 전속관할규정을 위배한 때(제1항 3호), 법정대리권, 소송대리권, 또는 대리인의 소송행위에 특별수권(特別受權)이 없는 때(제1항 4호), 변론공개의 규정을 위배한 때(제1항 5호), 판결이 이유를 명시하지 않거나 이유에 모순이 있는 때(제1항 6호) 등을 상고이유로 규정하고 있다.

다만 소액사건의 경우는 소액사건심판법 제3조에서 지방법원 본원합의부의 제2심판결에 대해 법률·명령·규칙, 또는 처분의 헌법위반여부와 명령·규칙, 또는 처분의 법률위반여부에 대한 판단이 부당한 때(제3조 2호)와 대법원 관계와 상반되는 판결을 한 때(제3조 2호)에 한해 상고이유로 하도록 제한하고 있다.

㉡ 상고절차

상고인은 원심판결이 송달된 날의 다음날로부터 기산(起算)하여 2주일 내에 상고장을 원심법원에 제출해야 한다(민사소송법 제395조). 상고장의 기재사항은 항소장에 준하며 상고장에 붙이는 인지액은 소장(訴狀)의 3배이다(민사소송등 인지법 제3조). 이밖에 소장의 송달과 통지에 필요한 비용의 예납(豫納)이 필요하다. 상고장이 원심법원에 제출되면 원심재 판장은 상고장에 필요한 기재사항이 누락되었는지, 소정의 인지를 점용했는지를 조사하고 기간을 정하여 보정(補整)을 명한다. 상고인이 흠결(欠缺)을 보정하지 않거나 상고기간을 경과한 때는 명령으로 상고장을 각하하며 이에 대하여는 즉시 항고할 수 있다(민사소송법 제 395조). 상고장에 하자가 없으면 원심법원사무관 등은 상고장이 제출된 날로부터 2주일 이내에 상고법원에 상고기록을 송부해야 한다(동법 제369조). 상고법원의 사무관 등은 소송기록의 송부를 받은 때 지체없이 당사자에게 그 사유를 통지해야 한다(동법 제396조). 상고인이 상고장에 상고이유를 기재하지 않은 때에는 소송기록 접수통지를 받은 날로부터 20일 이내에 상고이유서를 제출해야 한다(동법 제397조). 만일 이 기간 내에 제출이 없으면 상고법원은 변론 없이 판결로 상고를 기각해야 한다(동법 제399조 본문). 다만 직권으로 조사할 사유가 있는 때에는 예외이다(동법 제399조 단서). 상고법원은 상고이유신서를 수리하면 지체없이 그 부본이나 등본을 상대방에게 송달해야 한다(동법 제398조

1항). 상대방은 그 송달을 받은 날로부터 10일 내에 답변서를 제출할 수 있다. 상고심은 상고이유에 표시된 불복의 한도에서 원판결의 당부를 심사한다. 이 경우에는 불이익변경금지의 원칙이 적용된다(동법 제 377·395조). 그리고 상고심에서의 변론은 필요적 변론이 아닌 임의적 변론으로 행해진다. 상고심의 판결은 상고요건이 흠결된 경우 상고각하판결을, 상고 이유서의 제출이 적시에 없거나 상고가 이유 없는 경우에는 상고기각의 판결을 선고하게 되고, 상고가 이유 있다고 인정할 때는 원심판결을 파기하여 환송 또는 이송하거나(동법 제388·389·395조) 자판(自判)하기도 한다(동법 제407조).

③ 항고

㉠ 항고의 개념

항고(抗告, Beschwerde)란 법원의 결정 및 재판장의 명령에 대해 불복이 있는 자가 특히 법률이 정하는 경우에 한해 상급법원에 대하여 취소·변경을 구하는 불복신청을 의미한다. 즉, 항고는 본안과 직접 관련성이 적은 파생적 사항에 관해 종국판결과는 별개로 상소법원의 판단을 받게 함으로써 신속한 해결을 꾀하기 위한 불복신청방법이다. 이에는 항고제기기간에 제한이 없는 보통항고와 불변기간인 항고기간 내에 제기해야 하는 즉시항고가 있고, 판결절차의 항소에 해당하는 최초항고와 상고에 해당하는 재항고 등이 있다. 그밖에 불복신청을 할 수 없는 결정·명령에 대한 비상구제절차로서 대법원에 하는 특별항고가 있다.

항고는 모든 결정·명령에 대하여 허용되는 것이 아니고 소송절차에 관한 신청을 기각한 결정·명령(민사소송법 제409조)이나 위식(違式)의 결정·명령, 즉 결정이나 명령으로 재판할 수 없는 사항에 대한 결정·명령(제410조), 법률의 규정에 따라 개별적으로 즉시항고가 인정되는 재판, 이의에 대한 수소법원의 결정(제411조), 강제집행절차상의 결정·명령(제517조)에 대하여 인정된다.

㉡ 항고절차

항고절차는 반드시 당사자 대립의 구조를 취하는 것은 아니다. 항고는 원재판에 의해 불이익을 받은 당사자나 제3자가 원심법원에 항고장을 제출함으로써 제기된다(제415조). 항고가 제기되면 원재판에 대한 기속력(羈束力)이 배제되어 원심법원은 스스로 항고의 당부를 심사하여 그것이 이유 있다고 인정하면 그 재판을 경정(更正)해야 한다(제416조 1항). 원심법원이 항고를 부적법하거나 이유 없다고 인정하는 때는 의견서를 첨부하여 항고기록을 항고법원에 송부해야 한다(제416조 2항). 결정 및 명령은 즉시 집행력이 생기는 것이 원칙이나 (제519조 1호), 즉시항고가 제기되면 일단 발생한 집행력이 정지된다 (제417조). 항고심의 심리범위는 불복신청의 한도에서 행해지고 항소심의 절차는 임의적 변론으로 심리된다. 항고심의 종국재판은 결정이고 그 내용은 항소심의 종국판결에 준한다.

ⓒ 재항고 및 특별항고

한편 재항고는 항고법원의 종국결정과 고등법원의 결정 및 명령에 대한 항고로서, 재판에 영향을 미친 법령 (헌법 · 법률 · 명령 · 규칙)의 위반을 이유로 하는 경우에 한하여 제기할 수 있으며, 그 성질에 반하지 않는 한 상고절차에 관한 규정이 준용된다 (제412조, 제413조 2항).

특별항고는 통상의 불복신청이 불가능한 결정이나 명령에 대하여 헌법 또는 법률의 위반이 있음을 이유로 대법원에 하는 항고로서, 재항고와 마찬가지로 그 절차에 관하여는 성질에 반하지 않는 한 상고심의 절차에 관한 규정이 준용된다 (제420조 1항, 제421조).

5) 상소의 제기

① 상소제기 기간 및 효력

상소를 제기함에는 상소장을 상소 제기기간 내에 원심법원에 제출해야 한다 (동법 제359 · 375 · 406조). 상소의 제기기간은 재판의 종류에 따라서 다르다. 항소 및 상고의 제기기간은 7일이며 (동법 제358 · 374조), 즉시항고의 제기기간은 3일이다 (동법 제405조). 보통항고의 경우에는 항고기간에 제한이 없고 항고의 이익이 있는 한 보통항고를 할 수 있다 (동법 제404조). 상소의 제기기간은 재판의 선고 또는 고지한 날의 익일부터 기산한다 (동법 제66조, 제 343조 2항). 상소는 재판의 일부에 대해서도 할 수 있는데 (동법 제342조). 이를 일부상소라고 한다. 일부에 대한 상소는 그 일부와 불가분의 관계에 있는 부분에 대하여도 효력을 미친다 (동법 제342조 2항). 포괄적 일죄 (一罪) 또는 과형상 일죄의 일부에 대한 상소제기의 효력은 그 전부에 대해서 미친다. 상소제기의 효력은 상소장이 원심법원에 제출된 때에 발생한다.

다만 교도소 또는 구치소에 있는 피고인이 상소 제기기간 내에 상소장을 교도소장 · 구치소장, 또는 그 직무를 대리하는 자에게 제출한 때에는 상소의 제기기간 내에 상소한 것으로 간주한다 (동법 제344조 1항). 상소의 제기에 의해서 재판의 집행이 정지되며 사건이 상소심에 이심된다.

② 상소권 소멸 및 상소권 회복 청구

상소의 제기기간 내에 상소를 제기하지 않으면 상소권이 소멸한다. 다만 상소권자는 자기 또는 대리인이 책임질 수 없는 사유로 인하여 상소의 제기기간 내에 상소를 하지 못한 때에는 상소권회복의 청구를 할 수 있다(동법 제345조). 상소권회복의 청구는 서면으로 하여야 하며 그 서면은 원심법원에 제출해야 한다(동법 제346조). 또한 청구와 동시에 상소를 제기해야 하며, 청구의 원인된 사유를 소명(疏明)해야 한다(동법 제346조 2·3항). 상소권회복의 청구가 있는 때에는 법원의 재판의 집행을 정지하는 결정을 해야 하며, 이 경우 피고인의 구금을 요하는 때에는 구속영장을 발부해야 한다(동법 제348조). 상소권회복의 청구에 대한 법원의 결정에 대해서는 즉시항고가 허용된다(동법 제347조 2항).

③ 상소의 포기 또는 취하

검사·피고인 등 상소권자는 상소를 포기 또는 취하할 수 있다(동법 제349조). 법정대리인이 있는 피고인이 상소를 포기 또는 취하하는 경우에는 법정대리인의 동의를 얻어야 하며(동법 제350조), 피고인의 법정대리인·배우자·직계친족·형제자매 등은 피고인의 동의를 얻어 상소를 취하할 수 있다(동법 제351조). 상소의 포기는 원심법원에 해야 하고 상소의 취하는 상소법원에 해야 하나, 소송기록이 상소법원에 송부되기 전에는 원심법원에 해야 한다(동법 제353조). 상소의 포기·취하에 의하여 취하한 자 또는 상소의 포기나 취하에 동의한 자는 다시 상소하지 못한다(동법 제354조). 상소의 포기 또는 취하가 부존재 또는 무효임을 주장하는 자는 그 포기 또는 취하 당시 소송기록이 있었던 법원에 절차속행의 신청을 할 수 있으며, 그 신청을 받은 법원이 그 신청이 이유있다고 인정한 때에는 신청을 인용하는 결정을 하고 절차를 속행해야 한다(형사소송규칙 제154조).[28]

④ 상소이유

현행법상 항소이유에는 절대적 항소이유와 상대적 항소이유가 있다. 일정한 사유가 있으면 판결에의 영향 여부를 불문하고 항소이유로 되는 경우를 절대적 항소이유라고 하고, 일정한 사유의 존재가 판결에 영향을 미친 때에 한하여 항소이유로 되는 경우를 상대적 항소이유라고 한다. 판결 전 소송절차의 법령위반은 원칙적으로 상대적 항소이유에 해당한다. 사실오인도 상대적 항소이유이다.

항소인 또는 변호인은 항소이유서를 항소법원에 제출해야 하며(형사소송법 제

28) 이와 관련하여 종전의 구형사소송법은 항소이유를 제한하지 않았으나 항소권의 남용을 억제하기 위해서 형사소송법의 제1차 개정시(1961. 9. 1.)와 제2차 개정시(1963. 12. 13.)에 항소이유를 제한했다(형사소송법 제361조의 5항 1·2호)

361조의 3항 1호), 항소이유서에는 항소이유를 구체적으로 명시해야 한다(형사소송규칙 제155조). 항소법원은 항소이유서에 기재된 항소이유에 관하여 심판해야 한다(동법 제364조 1항). 그러나 판결에 영향이 있는 경우에는 항소이유서에 기재되지 않은 사유에 관하여도 직권으로 심판할 수 있다(동법 제364조 2항). 항소의 제기가 부적합하거나 항소이유서의 제출기간 내에 항소 이유서를 제출하지 않은 경우에는 항소기각의 결정을 해야 하며(형사소송법 제361조 4항, 제362조), 항소이유가 없다고 인정된 때에는 항소기각의 판결을 해야 한다(동법 제364조 4·5항). 항소법원이 심리한 결과 항소이유가 있다고 인정된 때에는 원판결을 파기해야 하며 원판결을 파기한 경우에는 환송(동법 제366조) 또는 이송(동법 제367조)의 경우를 제외하고는 피고사건에 대하여 다시 판결을 해야 한다(동법 제364조 6항). 항소법원이 원판결을 파기 하는 경우에는 자판(自判)을 하는 것이 원칙이며, 환송 또는 이송은 예외적으로 허용된다. 항소심에서의 파기자판(破棄自判)의 원칙은 소송경제를 도모하려는 데 주된 이유가 있다. 항소법원이 파기자판을 하는 경우에는 불이익변경금지의 원칙이 적용된다(동법 제368조). 피고인을 위하여 원심판결을 파기하는 경우에 파기의 이유가 항소한 공동피고인에게 공통되는 때에는 그 공동피고인에 대해서도 원심판결을 파기해야 한다(동법 제364조 2항). 항소법원의 재판서에는 항소이유에 대한 판단을 기재해야 한다(동법 제369조).

⑤ 상고심

상고심은 법률심인 동시에 사후심이므로 상고이유를 제한하고(동법 제383조 1·4호) 심판의 범위를 상고이유서에 기재된 상고이유로 한정하고 있으며(동법 제384조), 서면심리에 의한 판결도 허용하고 있다(동법 제390조). 상고심에서는 파기환송 또는 파기이송이 원칙이며(동법 제397조), 파기자판은 예외적으로 허용된다(동법 제396조). 상고법원이 파기자판을 하면서 형을 선고하는 경우에는 불이익변경금지의 원칙이 적용된다(형사소송법 제396조 2항). 상고이유서에 기재된 상고이유에 대한 심판은 의무적이며, 상고법원의 재판서에는 상고이유에 대한 판단을 기재하여야 한다(동법 제398조). 상고법원의 판결에 대해서는 오류의 정정이 허용된다(동법 제400·401조).

⑥ 재항고 또는 특별항고

항고에는 일반항고와 특별항고(재항고)가 있으며, 일반항고는 보통항고와 즉시항고로 구분된다. 즉시항고는 집행정지의 효력이 있으나 보통항고는 집행정지의 효력이 없다(동법 제409·410조). 항고가 이유있다고 인정되는 경우 원심법원은 원결정을 경정(更正)해야 하며(동법 제408조), 항고법원은 원결정을 취소하고 필요한 경우에는 항고사건에 대하여 직접재판을 해야 한다(동법 제414조). 항고법원 또는 고등법원의 결정에 대하여는 영향을 미친 헌법・법률・명령・규칙의 위반이 있음을 이유로 하는 때에 한해 대법원에 즉시항고를 할 수 있다(동법 제415조). 이 항고를 재항고 또는 특별항고라고 한다.[29]

(7) 민사소송 판결의 실현 : 강제집행

① 강제집행의 개념

강제집행(强制執行)이란 채권자의 신청에 의해 국가의 집행기관이 채무자에게 강제력을 행사함으로써 채무명의(債務名義)에 표시된 급여청구권의 실현을 도모하는 절차를 의미하는데, 당사자는 판결이 확정된 경우에는 소송기록이 있는 법원에서 판결확정증명을, 확정전 판결중 가집행선고가 붙은 판결인 경우에는 판결정본송달증명을 받고 판결에 집행문을 부여받아 이를 채무명의로 하여 강제집행함으로써 소송의 목적을 달성하게 된다.

이러한 강제집행은 국가권력에 의한 사법상의 청구권 만족을 목적으로 하므로 판결에 의해 호적부나 등기부의 기재를 변경하거나 강제집행을 정지・취소하는 경우, 민사소송법 제695조의 의사표시 진술의 의제(擬制)・유질(流質)・위약금(違約金)계약 체결의 결과 채무자가 그 불이익을 피하기 위해 채무를 이행하는 경우, 단체에서 제명에 의한 불이익을 피하기 위해 단체의 회원이 출연하는 경우에는 이에 해당하지 않는다.

② 강제집행과 소송사건 및 비송사건의 구별

강제집행이 소송사건(민사소송)에 속하느냐 비송사건에 속하느냐의 문제는 소송사건과 비송사건을 어떻게 구별하여야 하느냐의 문제와 관련하여 견해가 나누어져 있다. 즉, 판결절차와 더불어 사권의 확정과 실현을 도모하기 때문에 강제집행을 민사소송에 포함시키는 견해와 분쟁의 해결과 청구권의 만족은 별개의 사항이며, 강제집행에 있어서는 법관이 아닌 집달관이 현행법상 독자의 집행기관으로 인정되어 있고, 공증인이 작성하는 집행증서가 판결과 동일하게 채무명의로 인정되고 있으므로 강제집행 등을 비송사건으로 보는 견해의 대립이 있다.

③ 강제집행의 요건

강제집행의 요건으로는 채무명의(집행명의)와 집행문(執行文)이 필요하다. 채무명의는 국가의 강제력에 의하여 실현될 청구권의 존재와 범위가 표시되고, 집행력이 부여된 공정(公正)증서를 말한다. 이에는 종국판결・집행증서・항고 등

29) http://100.empas.com/dicsearch/pentry.html?i=199727

으로만 불복할 수 있는 결정이나 명령 및 확정판결과 동일한 효력을 가지는 조서(청구의 인락조서, 재판상의 화해조서) 등이 있다.

집행문이라 함은 채무명의에 집행력이 있는 것과 집행당사자를 공증하기 위해 공증공무원이 채무명의 정본의 말미에 부기하는 공증문언을 뜻한다. 채무명의 외에 집행문을 요하는 이유는 집행을 수소법원(受訴法院) 이외의 기관이 실시토록 한 관계상 소송기록 등에 대한 지식이 없는 집행기관에 의해 집행이 신속처리될 수 있게 하기 위해서이다.

3 소액사건심판제도

(1) 소액사건심판제도의 필요성

보통 민사소송의 경우 처음 소장을 쓰는 것부터 끝날 때까지의 절차가 어려워 변호사나 법무사[30]의 도움 없이 스스로 하기 어렵고, 비용도 많이 들며, 시일도 오래 걸리기 때문에 재판을 꺼리는 수가 많다. 이에 반해 소액사건심판제도(少額事件審判制度)는 2,000만원을 초과하지 않는 금전지급을 목적으로 하는 청구(대여금, 물품대금, 손해배상청구)와 같은 비교적 단순한 사건에 대하여 보통 민사소송보다 훨씬 간편하며 경제적으로 재판을 받을 수 있도록 만든 제도이다.

대법원 규칙인 소액사건심판규칙에 규정된 소액의 범위는 제소한 때의 소송물가액이 2000만 원을 초과하지 아니하는 금전 및 기타 대체물이나 유가증권으로 한다. 이 경우 구술제소(口述提訴)가 가능하며, 구술제소 때에는 법원서기관・법원사무관・법원주사 또는 법원주사보의 면전에서 진술해야 한다.

30) 법무사란 타인의 위촉에 의해 보수를 받고 사법관계 서류의 작성・제출대행을 업으로 삼는 사람을 의미하는데, 1990. 1. 13. 법률 제4200호로 공포된 법무사법에 의해 이전의 사법서사(司法書士)가 법무사로 개칭되었다. 법원과 검찰청에 제출하는 서류의 작성・제출대행, 법원과 검찰청의 업무에 관련된 서류의 작성, 등기 기타 등록신청에 필요한 서류의 작성・제출대행, 공탁사건(供託事件)의 신청대리(申請代理) 등을 주요 업무로 한다(법무사법 제2조 1항). 법무사의 자격은 법무사법 제4조의 규정에 따라 법무사의 업무수행에 필요한 법률지식과 능력이 있다고 대법원장이 인정한 자 등으로 제한되어 있어, 일반적으로 검찰・법원의 일반직원의 퇴직자 중에서 임명되었으나 이와 같은 자격 제한은 특혜라는 헌법재판소의 위헌결정에 따라 1992년부터 60여 명을 선발하는 시험이 치러졌고, 다시 1993년에는 격년제로 50명 이하를 선발하고 있다. 법무사의 자격이 있는 자가 법무사 업무를 개시하고자 할 때는 대한변호사협회에 비치된 법무사 명부에 등록하고, 등록 이후 2개월 내에 사무소를 설치해 사무를 개시해야 한다(http://100.empas.com/dicsearch/pentry.html/?i=144767).

(2) 소액사건심판제도의 정의

소액의 민사사건을 간이한 절차에 따라 신속하게 처리할 수 있도록 한 특별간이재판을 소액사건심판제도라 한다.

(3) 소액사건심판제도의 특칙

소액사건심판제도는 '소액사건심판법'[31]에 규정되어 있으며, 동법은 소액사건에 대하여 일반민사소송절차에 비하여 다음과 같은 여러 가지 특칙을 정하고 있다.

첫째, 구술 및 임의출석에 의한 제소가 가능하다. 소액소송의 경우 구술(말)로써 소를 제기할 수 있다(형사소송법 제4조). 또한 당사자 쌍방은 임의로 법원에 출석하여 소송에 관하여 변론을 할 수 있다. 이 경우에 소의 제기도 구술에 의한 진술만으로 할 수 있도록 하고 있다(동법 제5조).

둘째, 1회 심리의 원칙이다. 소(訴)의 제기가 있는 경우에 판사는 지체없이 변론기일을 정하여야 하며, 되도록 1회의 변론기일로 심리를 종결하도록 하여야 한다(동법 제7조).

셋째, 소송대리에 관한 특칙이다. 일반 민사소송의 경우 당사자와 가족관계에 있더라도 함부로 당사자를 대리하여 소송을 수행하지 못하고 법원에 '소송대리허가신청서'를 제출하여 법원의 허가를 얻는 절차가 필요하지만, 소액소송에서는 당사자의 배우자, 직계혈족, 형제자매, 호주는 법원의 허가 없이도 소송대리인이 될 수 있다(동법 제8조).

넷째, 심리절차상의 특칙이다. 법원은 소장, 준비서면 기타 소송기록에 의하여 청구가 이유 없음이 명백한 때에는 변론없이 청구를 각하할 수 있다(동법 제9조).

---

31) 소액사건심판법은 1973. 2. 24. 법률 제2547호로 제정・공포되었으며, 1996. 11. 23.(법률 제5166호) 개정되었다. 전문 16조 및 부칙으로 구성되어 있으며, 상고 및 재항고, 구술에 의한 소의 제기, 임의출석에 의한 소의 제기, 소송대리에 관한 특칙, 심리절차상의 특칙, 증거조사에 관한 특칙, 판결에 관한 특칙, 순회재판, 시행규칙 등에 관해 규정하고 있다. 이 법은 지방법원 및 지방법원지원에서 소액의 민사사건을 간이한 절차에 따라 신속히 처리하기 위하여 민사소송법에 대한 특례를 규정함을 목적으로 한다.

학습정리

사인간의 분쟁 발생시 당사자간의 합의에 의한 분쟁해결이 불가능할 경우에는 중립적인 제3자의 개입에 의한 분쟁해결을 도모할 수 밖에 없다.

사법적 분쟁해결 방식은 법원이 절차를 주재하고 분쟁해결 기준으로서 실체법이 적용된다는 특징이 있다.

국제거래에서 나타나는 사인간 국가간 분쟁이 있으며, 사인간 분쟁은 알선, 조정, 중재와 같은 매우 다양한 분쟁해결 기구가 존재하는 반면, 국가간 분쟁은 WTO의 DSB에 의해 해결되고 있다.

학습과제

1. 국가간 분쟁발생시 WTO의 DSB에 의해 해결되고 있다. 이러한 WTO의 DSB에 대하여 기술하시오.

2. 민사소송제도의 의의에 대하여 설명하시오.

3. 민사소송제도의 절차를 간략히 기술하시오.

4. 소액사건심판제도가 필요한 이유는 무엇인가? 이러한 제도의 특징 및 제반 메커니즘에 대하여 기술하시오.

분쟁사례연구 5

물품 상이(相異)에 따른 물품반환청구

사건번호 : 제02112-0004호*[32]

구 분	내 용	비 고
신 청 인	A사(일본)	
피 신 청 인	B사	
청 구 원 인	물품반환청구	
품 목	중고염색기	
신 청 금 액	미화 130,000달러(171,625,000원)	중재비용 : 4,042,094원
신 청 일	2002. 3. 27.	
판 정 일	2002. 10. 9.	
처 리 기 간	212일	
판 정 금 액	미화 130,000달러(171,625,000원)	

판정요지 :

A사는 2001. 11. 1. B사와 사이에 물품대금을 취소불능신용장의 방식으로 결제하기로 하는 조건으로 3대의 중고 염색기 수입계약을 체결하였다. 이 사건 계약에 따라 B사는 위 물품들을 태국 ㅇㅇ항에 도착하여 A사에게 인도하였다. 그런데 B사는 계약과 달리 일본제 중고 염색기가 아닌 한국제 중고 염색기를 선적하였으며, A사가 개설한 신용장을 네고하여 미화 99,000달러를 수취하면서 분쟁이 발생하였다.

A사는 사용조차 할 수 없는 한국제 중고 염색기를 선적하고 신용장을 네고하였기 때문에 신용장 네고 금액 미화 99,000달러 및 그 간의 이자 및 법적 비용으로서 미화 31,000달러 도합 총 미화 130,000달러를 지급해야 한다고 주장한다.

반면 B사는 A사와의 계약은 일본제 중고 염색기와 중고 코팅기의 패키지 딜(Package Deal)로서 A사가 코팅기에 대한 계약을 지연시키고 염색기에 대한 신용장만 개설했기 때문에 사전 확보한 코팅기에 대한 계약을 촉구하기 위하여 고의로 한국제 염색기를 선적하였던 바, A사의 중재신청은 기각되어야 한다고 주장한다.

이에 대해 중재판정부는 패키지 딜이냐 아니냐의 사실관계와 A사의 도의적 책임은

* 대한상사중재원, 「사례집 제12권」, 2005, pp. 244 - 248.

별개의 사안으로서 계약서와 신용장에 명시된 물품과 다른 물품을 B사가 고의로 선적한 것은 명백한 B사의 계약위반임이 인정되므로 A사가 청구한 미화 130,000달러 모두를 인용하여 판정하였다.

판정주문

1. 피신청인은 신청인에게 미화 130,000달러를 지급하라.

2. 중재비용은 이를 3분하여 그 중 1은 신청인의, 나머지는 피신청인의 각 부담으로 한다.

신청취지

1. 피신청인은 신청인에게 미화 130,000달러를 지급하라.

2. 중재비용은 피신청인의 부담으로 한다.

판정이유

1. 다툼없는 사실

가. 신청인은 2001. 11. 1. 피신청인과의 사이에, 물품대금을 취소불능신용장의 방식으로 결제하기로 하는 조건으로 3대의 중고 염색기 (Brand : NISSEN / JAPAN ORIGIN, Type : 600 VPH-FRL 1,) 수입계약 (매매계약번호 MK-111TH079/JHL, 이하 '이 사건 계약'이라 함)을 체결하였다.

나. 이 사건 계약에 따라 피신청인은 2002. 1. 10. 부산항에서 중고 염색기를 세 개의 Dry Container [GSTU6137336 (40'), TPHU4700688 (40'), CNCU4519218 (40')]에 나누어 선적 (Vessel : M. V. "CAPE CANET" V. 201S)하였고 위 물품들은 같은 달 24경 태국 방콕항에 도착하여 같은 달 30경 신청인에게 인도되었다.

다. 피신청인은 신청인에게 계약과 달리 일본제 중고 염색기가 아닌 한국제 중고 염색기를 선적하였으며, 피신청인은 신청인이 개설한 신용장을 네고하여 미화 99,000달러를 수취하였다.

2. 판 단

가. 당사자 주장요지

1) 신청인의 주장

신청인은 피신청인으로부터 일본제 중고 염색기를 수입하기로 계약하고 신용장을 개설하였으나 피신청인은 사용조차 할 수 없는 한국제 중고 염색기를 선적하고 신용장을 네고하였기 때문에 배상하여야 한다고 주장하고 있다.

2) 피신청인의 주장

피신청인은 신청인과의 계약은 일본제 중고 염색기와 중고 코팅기의 패키지 딜(Package Deal)로서 신청인이 코팅기에 대한 계약을 지연시키고 염색기에 대한 신용장만 개설했기 때문에 사전 확보한 코팅기에 대한 계약을 촉구하기 위하여 고의로 한국제 염색기를 선적하였는바, 신청인의 중재신청은 기각되어야 한다고 주장하고 있다.

나. 양당사자 주장에 대한 판단

1) 신청인의 주장에 대한 판단

신청인은 코팅기가 과연 정상적인 품질의 제품을 생산할 수 있을까 염려하고 이 기계의 설치와 가동에 대한 피신청인의 보장을 원하였고 신청인의 자금사정상 계약을 미루었다. 신청인이 직접 피신청인과 통신한 증거자료가 없고 오직 신청인과 중개상인 간의 통신만 있을 뿐이며, 피신청인이 작성하여 보낸 코팅기 계약서에 신청인은 날인한 바가 없다. 중개상인과 피신청인 간의 통신을 신청인이 증거서류로 제출한 사실로 미루어 보아 피신청인과 중개상인과의 교신 내용을 계속 인지하고 있었을 것으로 판단된다. 코팅기에 대한 신용장만 열어주면 일본제 염색기를 선적해 주겠다는 피신청인의 제의가 있었으나 계약과 다른 기계를 선적하고 신용장을 네고하였으므로 네고대금을 반환하고 손해를 배상해야 한다는 신청인의 주장은 이유가 있어 이를 인용하기로 한다.

2) 피신청인의 주장에 대한 판단

피신청인은 패키지 딜이기 때문에 신청인이 코팅기 계약을 이행 안한 것은 잘못이므로 신청인의 중재신청을 기각하여야 한다고 하나 패키지 딜이라는 증거가 따로 없으며 신청인의 코팅기 구입의사를 확인하는 중개상인의 편지 이외에 신청인을 구속하는 증거를 찾아볼 수 없다. 코팅기에 대한 신용장만 개설해 주면 일본제 염색기도 대가없이 선적해 주겠다고 피신청인이 제안한 사실과 염색기에서는 매매이익이 없고 코팅기에서 매매 이익을 기대하였으나 미리 확보해 둔 코팅기 계약이 지지부진하여 할 수 없이 코팅기에 대한 신용장 개설에 압박을 가하려고 고의로 한국제 염색기를 선적한 사실은 별개의 사안이라고 판단된다. 여하튼 계약서에 표시된 물품과 실제로 선적한 물품이 다른 사실은 명백한 계약 위반이며 따라서 신용장을 네고한 것은 잘못으로 판단된다.

3. 결 론

패키지 딜이냐 아니냐의 사실관계와 신청인의 도의적 책임은 별개의 사안으로서 계약서와 신용장에 명시된 물품과 다른 물품을 피신청인이 고의로 선적한 것은 명백한 피신청인의 계약위반임이 인정되므로 신청인이 신청한 신용장 네고 금액 미화 99,000달러와 그 간의 이자 및 법적 비용으로서 미화 31,000달러 도합 총 미화 130,000달러의 지급을 구하는 신청인의 청구는 타당하여 이를 인용하고, 중재비용의 부담에 관하여는 중재규칙 제61조 제2항을 적용하기로 하여 중재판정부 전원일치로 주문과 같이 판정한다.

살펴보기 : 법(法) 알아둡시다 - 소액사건심판제도

♣ 질문 : 청구금액이 적은 민사사건에 대해서는 법원에 소액심판청구를 하면 간편하게 해결할 수 있다는 이야기를 들었습니다. 소액심판제도란 어떤 제도인지요?

♣ 답변 : 소액사건심판법은 일정한 소액 이하를 소송목적의 값으로 하는 사건에 대한 소송을 간편하게 할 수 있도록 하기 위하여 제정된 민사소송법에 대한 특별법의 하나로서, 이 법에 의하여 제기되는 절차를 소액사건심판절차라고 합니다(소액사건심판법 제1조). 소액사건은 소를 제기한 때의 소송목적의 값이 2,000만원을 초과하지 아니하는 금전 기타 대체물, 유가증권의 일정한 수량의 지급을 청구하는 민사 제1심 사건을 대상으로 하며, 소액사건의 소는 구술에 의한 소의 제기나 임의출석에 의한 소의 제기 등 민사소송절차의 예외를 인정하여 그 심판절차를 간소화하고 있습니다(소액사건심판규칙 제1조의2, 소액사건심판법 제4조, 제5조).

구술로 소를 제기하려면 소송에 필요한 증거서류와 도장, 인지대, 송달료 등을 준비하고 상대방의 주소, 성명을 정확히 알아서 법원 소장접수 담당사무관 등에게 제출하고 면전에서 진술하면 법원사무관 등이 제소조서를 작성하는 방식으로 소를 제기할 수 있습니다(소액사건심판규칙 제3조). 그리고 당사자가 직접 소장을 작성하여 제출하고자 하는 경우에는 관할지방법원, 지원 또는 시·군 법원 민원실에서 양식을 교부받아 소장 작성요령에 따라 작성하여 제출하면 되는데, 소장부본은 원고와 피고의 수(數)에 1을 더한 숫자만큼 첨부하면 되고(소액사건심판규칙 제3조의2), 소액사건의 신속한 처리를 위하여 소장이 접수되면 즉시 변론기일을 지정하여 원고에게 소환장을 교부하고, 되도록 1회의 변론기일로 심리를 마치도록 하고 있으며, 원고는 보통 최초의 변론기일에 모든 증거방법을 제출하게 되며 최초기일 전이라도 증거신청이 가능합니다. 증인은 판사가 신문하고, 상당하다고 인정한 때에는 증인 또는 감정인의 신문에 갈음하여 진술을 기재한 서면을 제출케 할 수 있습니다(소액사건심판법 제7조).

원고가 제출한 소장의 부본은 지체 없이 피고에게 송달되는데, 피고는 원고의 주장에 대한 답변서를 제출할 수 있습니다.

또한, 소액사건심판절차에서는 일반 민사사건의 재판과는 달리 당사자의 배우자, 직계친족, 형제자매, 호주는 법원의 허가 없이도 소송대리인이 될 수 있습니다. 이 경우 신분관계를 증명할 수 있는 호적등본 또는 주민등록등본 등으로 신분관계를 증명하고 소송위임장으로 수권관계를 증명하여야 합니다(소액사건심판법 제8조).

법원은 소장·준비서면 기타 소송기록에 의하여 청구가 이유 없음이 명백한 때에는 변론 없이도 청구를 기각할 수 있으며, 또한 판결의 선고는 변론종결 후 즉시 할 수 있고 판결서에는 이유를 기재하지 아니할 수 있습니다(소액사건심판법 제9조 제1항, 제11조의2).

그런데 소액심판제도가 위에서 설명한 바와 같이 간편하므로 청구금액이 2,000만원을 초과하는 경우에 청구를 분할하여 여러 건의 소액심판청구를 할 수 있을 것인지에 관하여 살펴보면, 소액사건심판법 제5조의2에 의하면 "① 금전 기타 대체물이나 유가증권의 일정한 수량의 지급을 목적으로 하는 청구에 있어서 채권자는 소액사건심판법의 적용을 받을 목적으로 청구를 분할하여 그 일부만을 청구할 수 없다. ② 제1항의 규정에 위반한 소(訴)는 판결로 이를 각하 하여야 한다."라고 규정하여 일부청구를 제한하고 있습니다.

또한, 법원은 소액사건에 관하여 ① 독촉절차 또는 조정절차에서 소송절차로 이행된 때,② 청구취지나 청구원인이 불명한 때, ③ 그밖에 이행권고를 하기에 적절하지 아니하다고 인정하는 때를 제외하고는 결정으로 소장부본이나 제소조서등본을 첨부하여 피고에게 청구취지대로 이행할 것을 권고할 수 있으며(소액사건심판법 제5조의3), 피고는 이행권고결정서의 등본을 송달 받은 날부터 2주일 내에 서면으로 이의신청을 할 수 있고, 피고의 이의신청이 있는 때에는 지체없이 변론기일을 지정하여야 하지만(소액사건심판법 제5조의4), 피고가 위 기간 내에 이의신청을 하지 아니한 때, 이의신청에 대한 각하결정이 확정된 때, 이의신청이 취하된 때에는 위와 같은 이행권고결정이 확정판결과 같은 효력을 가집니다(소액사건심판법 제5조의7).

(http://www.hongcheon.gangwon.kr/ 춘천지방검찰청)

비사법적 분쟁해결제도 : ADR

비사법적 분쟁해결제도는 기존의 사법기관에 의한 분쟁해결제도의 대체형 분쟁해결수단 또는 보완적 분쟁해결 수단으로 활용되어 왔다. 본 장에서는 이러한 비사법적 분쟁해결제도의 필요성과 현재의 유형 및 진화 동향에 대하여 살펴본다. 또한, 무역거래에서는 전통적으로 비사법적 분쟁해결제도에 의한 분쟁해결을 추진하여 왔는데, 구체적으로 화해, 알선, 조정 등에 대해서 제반 개념과 특징, 형태 및 절차 등의 내용을 중심으로 살펴본다.

1 비사법적 분쟁해결제도의 개념

(1) 비사법적 분쟁해결제도의 필요성

국제상거래를 비롯하여 개인간의 사적거래에서 발생하는 분쟁을 사법적 절차에 의하여 해결하면 분쟁해결의 지연, 소송비용의 과다, 재판절차의 기술적 난해성·경직성 및 획일화, 경미한 분쟁에 대한 재판절차의 부적합성, 비능률적인 법집행, 사적비밀의 누설 등의 문제에 봉착하게 된다. 따라서 보다 효율적이고 우호적으로 분쟁을 해결하려고 하는 거래당사자들은 이러한 사법적 절차에 의한 해결보다도 비사법적 절차에 따라 분쟁을 해결하는 방법을 더 선호하게 된다.

ADR (Alternative Dispute Resolution)은 '재판 외의 대체적 분쟁해결제도'라고 불리고 있다. 경우에 따라서는 'Primary Dispute Resolution (PDR)' 또는 'out of court'라는 표현도 사용되고 있으나 아직까지는 ADR이라는 표현의 사용이 일반적이다.[1)]

ADR은 일반적으로 법정 밖에서 분쟁을 해결하기 위하여 중립적인 제3자를 선임하

1) http://www.happycampus.com/pages/2003/12/11/D2664631.html

여 절차를 진행시키는 중재 및 조정에 초점이 맞추어져 있으며, 지난 15년 동안 급성장하여 왔다. ADR은 일반적으로 소송보다 저렴하며, 분쟁해결에 있어서 보다 유연성 있는 방법을 채택하고 있다. 또한 비공식적이며 법조인에 대하여 덜 의존적이고 사적인 동시에 비밀유지가 가능하다는 점이 장점으로 되고 있다.

한편, 전자상거래의 ADR에 대한 필요성 또는 유용성은 매우 클 것으로 예견된다. 전자상거래에 따른 분쟁을 해결하는 방법은 기존의 사법절차를 통하는 것이 일반적이나, 전자상거래를 통한 분쟁 자체가 법률적 요소 이외에 기술적 요소가 포함되어 있고, 기존의 사법절차에서 예상하고 있지 않던 형태이며 많은 비용과 시간을 요하기 때문에 전자상거래 참가자나 이해관계인은 전통적인 사법절차에 대하여 거부감을 갖게 된다는 점에 비추어 볼 때, 전자상거래와 관련한 분쟁이 발생할 경우 신속하고 전문적인 해결을 위하여 일반법원이 아닌 전문적 분쟁해결기구를 설치하여 중재 또는 조정을 할 필요가 있다.

즉, 전자상거래에 있어서 분쟁이 발생한 경우, 최종적인 분쟁해결수단은 민사소송법에 의한 재판절차를 통하여 당사자간의 권리의무를 확정하는 것이나, 재판절차의 소요비용이 과다하고 소요기간이 길며 전자상거래의 경우 목적물의 가액이 소액인 경우에는 정규의 재판제도는 그 실익이 없게 되므로 목적물의 가액과 손해배상청구 금액이 일정범위 안에 있는 경우 강제조정을 행하는 절차를 마련하는 것이 필요하게 되었다. 이러한 필요성에 따라 재판 이외의 분쟁해결 방식 가운데 가상공간을 활용하는 방법론이 대두되게 되었던 것이다.[2]

(2) 비사법적 분쟁해결제도의 의의

1) 비사법적 분쟁해결제도의 개념

기업이 당면한 상사분쟁을 해결하는 방법은 크게 소송(Litigation)과 이른바 소송외적 분쟁해결 방식으로 분류할 수 있다. 여기서 소송이란 정부 법정[3]에서의 모든 판결을 의미한다. 이에 비해 비소송적 분쟁해결 제도란 그 수도 많고 종류도 광범위하기 때문에 한마디로 표현하기는 어렵지만 전통적 재판절차에 대체되는 분쟁해결방식이라고 할 수 있다.

이러한 비사법적 분쟁해결제도는 폭넓은 의미로 사용되고 있으나 대체로 재판

2) 손경한, "전자상거래 분쟁의 해결", 「중재」, 2002. 봄호, p.13.
3) 법원 또는 행정기관과 같은 다른 어떠한 정부기관을 포괄하는 것으로 간주한다.(Stephen J. Ware, "Alternative Dispute Resolution", West Group, 2001. p.5.)

외의 대체적 분쟁해결제도를 의미하는 것으로 그 종류는 분쟁의 특성과 사안에 따라 매우 다양하게 정의할 수 있다. 일반적으로 비사법적 분쟁해결제도는 분쟁의 근원적 해결, 접근의 편리성, 법원의 보완적 기능, 법형성 기능, 비밀보장, 판정의 유연성, 임의이행률 확보 등의 장점을 가지고 있어 최근에 와서 각종 분쟁의 해결수단으로서 이러한 비사법적 분쟁해결제도를 활용하려는데 대한 관심이 매우 높다.

따라서 ADR과 관련된 개념은 다음과 같이 정의할 수 있다. "당사자들의 이익을 위하여 분쟁을 법원 밖에서 해결하고 재래의 사법적 쟁송절차에 수반되는 고비용, 절차지연의 피해를 경감하며 법정 분쟁으로 발전하는 것을 막기 위한 일련의 절차"[4]로 정의할 수 있다.

분명한 점은 ARD제도가 효력이 있는 것은 소송과 같이 법적으로 구속력 있는 결과를 산출하지만, 제도의 결과는 그 절차에 의해 산출된 결과에 구속되기로 계약을 체결한 당사자들만을 구속한다. 국제거래에 대한 분쟁의 처리에 이용되는 대표적인 ADR로서 교섭(화해), 알선, 조정, 중재 등이 있다.[5]

(3) 비사법적 분쟁해결제도의 특징

비사법적 분쟁해결제도는 분쟁의 근원적 해결, 접근의 편리성, 법원의 보완적 기능, 법형평 기능, 비밀보장, 판정의 유연성, 임의이행율의 확보 등을 그 장점으로 볼 수 있는데 이를 살펴보면 다음과 같다.[6]

1) 분쟁의 근원적 해결

재판은 기능적 측면에서 접근하면 주로 육하원칙에 따라 과거사실을 모사(模寫)적·회고(回顧)적으로 법관 앞에서 재현하는 절차이다. 따라서 변론에서 주장된 행위를 하게 된 근원적 동기나 내면적 의도는 보통 재판절차에서의 사실인정과는 관계가 없는 것이 일반적이다. 따라서 분쟁의 근본적 동기는 조사되기 어려우며 외부적 증세만이 나타난다. 또한 사법심리는 분쟁당사자나 그 대리인의 개입을 통하여 진행되기 때문에 분쟁당사자들이 직접 대면하여 특정사실의 존부(存否)를 논할 수 있는 계기는 주어지지 않는다. 뿐만 아니라, 재판은 외견상의 사실을 토대로 어떤 권리·의무가 행하여질 것인가에 대한 판단이 요구되기 때문에 어떤 일방의 당사자를 승자로 확인하고 상대방을 패자로 비난하게 된다. 이러한 비난은 단순히 도덕

4) 이규진, "미국의 ARD에 비추어 본 우리나라의 ADR", 「중재」 제296호, 2000. 6. p.26.
5) 강이수, 「국제거래분쟁론」, 삼영사, 1999, pp. 357-358.
6) 장문철, 「현대중재법의 이해」, 세창출판사, 2000, p.244. ; 홍성규, 「국제상사중재 : 이론과 실제」, 도서출판 두남, 2002. 3. pp. 114-116.

적 측면에 국한되지 않고 형사사건의 경우 벌금이나 징역의 형태로 형벌을 부과하거나 민사사건의 경우 손해배상을 하도록 하는 제재를 가하여 대부분의 경우 원고와 피고간의 인간적 관계는 종료되게 된다.

이에 비해 비사법적 분쟁해결제도는 당사자의 감정을 발산시키고 내면적 동기나 상황까지 고려하여 전면승부(all or nothing)가 아닌 분쟁을 근원적이며 총체적으로 해결하는 과정으로 볼 수 있다. 즉, 문제의 원인을 규명하고 위법행위가 중복되지 않도록 하여 침해된 권리관계를 장래에 회복시킬 수 있는 기회를 제공함으로써 내부적 갈등을 자체적으로 해결하여 지속적 관계유지 및 화합의 촉진 역할을 한다. 따라서 사법적 분쟁해결제도의 한계점을 극복하는 Win-Win 전략의 구사가 가능한 분쟁해결제도가 비사법적 분쟁해결제도이며 최근 이들이 주목받고 있는 이유이다.

2) 접근의 편리성

비사법적 분쟁해결제도는 사법적 분쟁해결제도에 비해 상대적으로 이용이 용이하다. 따라서 비사법적 분쟁해결제도의 존재의의는 비형식성(非形式性 ; informalization), 비법조화(非法曹化 ; deprofessionalization)에서 찾을 수 있다. 비사법적 분쟁해결제도는 변화사 대리나 변호사강제의 원칙에도 적용되지 않고 구두(句讀)에 의한 신청을 인정하며, 절차 역시(민사소송법에 준하는 취급을 하는 경우도 존재하지만) 소송과 같이 엄격한 법적 과정이 요구되지 않는다.

또한 당사자의 관점에서 비용의 저렴성과 함께 절차상의 편리성에 관계가 있다는 점에서 접근의 편리성이 인정된다. 또한 분쟁해결기관의 구성원은 법관으로 한정되어 있지 않기 때문에 분쟁의 종류에 부응하여 보다 넓은 범위에서 구성원을 조달할 수 있다는 장점을 가진다.

3) 법원의 보완적 기능

비사법적 분쟁해결제도는 급증하는 소송 건수가 법원의 사건처리 능력을 초월하는 경우에 이를 보완하는 기능을 갖는다. 국민의 권리의식이 발달하고 소송사회화가 진전됨에 따라 최근 소송 건수가 급증하는 경향을 나타내고 있는데 이를 모두 법적 분쟁해결 수단인 소송에 의한다는 것은 현실적으로 불가능하다. 오히려 사회가 전문화됨에 따라 발생하는 복잡·다양한 문제의 해결을 비사법적 분쟁해결제도에 의해 처리한다면 국가는 분쟁해결에 따른 재정적 부담을 상당부분 경감시킬 수 있다.

또한 법원의 분쟁해결능력의 양적 한계와 질적 한계를 극복할 수 있는 수단으로서 비사법적 분쟁해결제도의 활용이 가능하다. 현대사회는 법규범과 사회규범이 점차 괴리되는 경향을 나타내고 있는데, 법규범과 사회규범의 괴리가 크면 클수록 비사법적 분쟁해결제도의 다양화 및 확대화는 현저하게 증가되는 경향이 있다. 왜냐하면 당사자는 분쟁해결을 법에 의하지 않고 일상의 규범에 의해 해결하려고 함에 따라 비사법적 분쟁해결제도의 확충이 자연스럽게 증가하는 것이다. 또한 비사법적 분쟁해결제도의 해결 주체는 특정 사안별 전문가들이라는 점으로 사회의 일부를 구성하고 있는 각 부분에는 각각의 고유한 규범이 있기 마련이다. 따라서 당해 사회에 있어서의 분쟁을 해결하는데 있어서는 각각 제 분야의 전문가에 의한 해결이 더욱 효율적이며 합리적인 방법이 될 수 있다.

4) 법형평 기능

비사법적 분쟁해결제도은 법적 해결만을 고집하지 않고 사회적 통념인 조리(條理)에 의하여 분쟁을 해결하는 이른바, '법외화(法外化 ; delegalization)'의 기능을 가짐으로써 실정법의 경직성을 보완하는 기능을 갖는다. 따라서 비사법적 분쟁해결제도는 법해석 및 법형성의 기능을 일부 수행하는 것이며 어떤 사안에 대하여 비사법적 분쟁해결제도에 의한 분쟁해결사례가 도출된 경우 규범형성 기능은 높이 평가될 수 있다.

5) 비밀보장

비사법적 분쟁해결제도는 절차가 공개되지 않기 때문에 프라이버시나 영업·기술의 비밀에 관련된 분쟁을 비공개적 절차에 의하여 해결할 수 있다. 또한 비밀보장의 이념 자체는 비사법적 분쟁해결제도에도 타당하지만 그 내용을 보다 유연하게 운영할 수 있다. 예를 들자면 당사자간의 감정적 대립이 심한 사건 등에서는 쌍방대석방식(雙方對席方式)이 아니고 교호면접방식(交互面接方式)에 의하여 절차를 진행할 수 있다.

6) 판정의 유연성

비사법적 분쟁해결제도는 사실의 존재여부에 대해서도 그 존재여부를 획일적으로 판단하는 것이 아니라, 심증의 정도에 따라 유연한 해결을 도모할 수 있다. 예를 들면, 가해행위와 손해발생간에 인과관계에 대하여 80% 정도의 심증이 있으면 피해자가 청구한 금액의 80%정도의 지불을 가해자에게 요구하는 해결안을 제시하는 것도 가능하다.

사회적으로 정당한 것으로 되어 있으면 실체법 이외의 조리(條理)에 맞는 해결기준을 채택할 수 있기 때문에 오히려 분쟁의 실정에 맞는 해결기준을 채택할 수 있다. 조리에 맞지 않는 실정에 대한 해결안을 제시하기 위해서는 분쟁해결기관은 우선 다툼의 대상이 되고 있는 사실관계를 충분히 파악하고 이에 따라 조리를 적용해야만 한다. 해결기준으로서 사실관계의 파악이 요구되는 점 및 조리가 적용되는 것은 조정에 의한 해결의 정당성을 보장하는 것으로서 법에 의하여 요구되고 있다.

7) 임의이행율의 확보

민사소송에 있어서는 재판의 대상이 당사자간의 권리관계에 한정되어 있기 때문에 관리관계 주체 이외의 제3자를 분쟁해결을 위해 참여시키는 것이 곤란하지만, 비사법적 분쟁해결제도에서는 그러한 제약이 없기 때문에 이해관계를 가진 자를 참가시켜서는 분쟁의 전체적 해결을 도모할 수 있다. 또한 국민에 의하여 부탁되어진 재판권을 행사하는 법원의 경우에는 민사소송에서와 마찬가지로 분쟁관계인의 의사를 묻지 않고 해결을 수용하도록 강제할 수 있지만 비사법적 분쟁해결제도는 재판권의 행사를 인정하지 않기 때문에 절차의 개시에 있어서 합의의 형태를 취하며, 또한 해결안에 대하여서도 합의의 형식을 가지므로 어느 한쪽의 의사만을 매개로 하여 해결안을 제시할 수 없다. 즉, 이것은 비사법적 분쟁해결제도의 기능적 한계를 나타내는 것이지만,[7] 동시에 합의를 전제로 이루어진 해결안은 임의 이행률도 그만큼 높다는 장점이 있다.

(4) 비사법적 분쟁해결제도의 유형

ARD제도의 유형은 보는 관점에 따라 매우 상이하며, 분류할 수 있는 구체적 기준도 매우 모호하다. 소송 대체적(代替的)인 것과 소송 연계적(連繫的)인 것으로 분류할 수 있는데 이 가운데 대표적인 유형을 소개하면 다음과 같다.[8]

여러 가지 분류기준 가운데 하나는 사법형 ADR, 행정형 ADR, 민간형 ADR로 분류하는 관점이 대두되고 있다.[9] 여기서 사법형 ADR에 속하는 것은 민사조정, 가사조정ADR 등을 들 수 있으며, 행정형 ADR에는 각종 행정위원회에서 실시되는 조정으로 예를 들자면 소비자분쟁조정위원회, 의료심사조정위원회, 건축분쟁조정위원회, 환경분쟁조정위원회, 저작권심의조정위원회, 언론중재위원회 등의 조정 및 중재가 있다. 한편, 민간형 ADR은 아직까지 우리나라에서는 활성화되지 못한 유형으로서 순수 민간단체가 분쟁해결기관으로서의 역할을 담당하는 것을 의미하는데, 일본의 교통사고분쟁처리센터, PL센터, 일본방문판매협의회, 각 변호사회의 중재센터 등이 여기에 해당된다.[10]

---

7) 棚瀬孝雄, 「紛爭と裁判の法社會學」, 法律文化社, 1992. p.216.
8) 최장호, 「상사분쟁관리론 ; 클레임과 상사중재 및 ADR」, 도서출판 두남, 2003. 12. p.144.
9) 정영수, "전자법원과 전자 ADR", 인터넷법률 제34호, 2006. pp. 131-136.

또 다른 견해는 ① 협상이나 조정절차를 통하여 당사자들이 입안한 규칙이나 합의에 따라 분쟁을 해결해 나가는 '사적 분쟁해결제도'와 ② 법원의 쟁송절차와 연계된 '법원 연계형 비사법적 분쟁해결제도(Court-annexed ADR)'의 두 가지 유형으로 구분할 수 있다.[11] 그러나, 이러한 분류 기준 외에도 이러한 비사법적 분쟁해결제도는 그 절차구조, 분쟁해결기관의 성격, 대상이 되는 사건 및 해결의 구속력에 따라 여러 가지로 구분할 수 있다.[12]

분명한 점은 최근 들어 ADR의 적용대상범위가 점차 확대되는 경향을 보이고 있는 것은 분명하며,[13] 보통 강제적인 법원중재 및 법원조정은 소액은 금전청구사건에, 임의적인 ADR은 당사자들의 동의가 있는 모든 분쟁사건이 이용되고 있다.[14]

1) 절차구조

절차 개시시점에서 당해 절차에 의하여 해결에 대한 합의에 도달하는 중재형과 해결안의 내용이 형성된 시점에서 합의를 조달하는 조정형으로 구분할 수 있다.

2) 분쟁해결기관의 성격

법원에 회부된 것, 행정위원회에 의하여 행하여지는 것, 민간의 사인 또는 단체에 의하여 행하여지는 것으로 구분할 수 있다.

3) 대상이 되는 사건 및 해결의 구속력

대상이 되는 사건 및 해결의 구속력 측면에서 보면 화해나 조정제도에도 확정판결과 동일한 효력이 인정되지만, 중재와는 차이가 있는데 구체적으로 화해나 조정의 경우에는 법원 또는 분쟁해결기관에서 법이 정하는 절차에 따라 해결안을 작성하고 그 내용에 대하여 양당사자가 합의하는 것이 확정판결과 동일한 효력을 갖는 근거가 된다.

이에 비해 중재는 양당사자간의 합의로 중재판정부가 구성되고 적법한 절차에 따라 진행되어 판결을 내리게 됨으로써 당해 법이 정하고 있는 중재판정의 취소사유가 인정되지 않는 한 그 판정에 확정판결과 동일한 효력을 부여하고 있다.

---

10) 유병현, "ADR의 발전과 법원외 조정의 효력", 「법조」 통권 573호, 2004. 6.

11) 강현중, 「민사소송법」, 박영사, 1997, pp.4 9-50.

12) **小島武司・伊藤眞, 「裁判外紛爭處理法 : Alternative Dispute Resolution」, 宥斐閣**, 1998, p.10.

13) 심지어 미국에서는 미국인들의 생활 전반에서 생기는 모든 분쟁을 ADR에 적용할 수 있다고 보는 견해도 있다.(유성근, "ADR과 상사중재", 「중재」, 제203호, 1988. p.4.)

14) 대한상사중재원, "조정제도", 2001. p.3.

2 화해

(1) 화해제도의 의의

1) 화해제도의 개념과 유용성

화해는 당사자가 서로 양보하여 그 사이에 개재되었던 분쟁을 정지할 것을 약정함으로써 성립되는 계약이다. 화해는 상호간의 협의와 양보를 거쳐 분쟁을 자주적으로 해결하고 종국판결에 의한 일도양단(一刀兩斷)적 해결을 지양하므로 분쟁당사자들간의 거래관계를 지속적으로 유지시켜 줄 수 있다. 또한 분쟁에 대하여 상호이해와 양보가 중요시됨으로써 분쟁사안을 정확히 직시할 수 있고 동일한 분쟁을 사전에 예방할 수 있으며, 신속하고 경제적인 분쟁해결을 도모할 수 있다.[15)]

2) 화해제도의 취약성

화해제도는 분쟁 당사자간에 경제적・사회적으로 현저한 우열(優劣)의 차이가 있는 경우에는 상대적으로 약자에게 소송 이외의 차원에서 강자의 요구를 강요하는 수단으로 이용될 수도 있고, 특히 법률과 정의에 의하여 분쟁이 해결된다는 법치주의적 의식을 마비시킨다는 문제점이 있다.

헌법에서는 재판에 대해서만 규정(제27조)하고 있고, 화해・조정 등에 관해서는 규정하고 있지 않다. 따라서 당사자에게 판결거부라고 할 만큼 화해제도를 남용해서는 않된다. 예를 들면 민법상 화해계약(제731조 - 제733조)을 뜻하는 재판외 화해는 계약자유의 원칙상 내용과 방식에 있어서 아무런 제한이 없고, 국가기관이 전혀 관여하지 않음으로써 가장 이상적인 분쟁해결방식이라고 할 수 있다. 그러나 실제 불법행위 등 사고가 발생하는 경우에는 이른바 '합의'라는 명복으로 여기에 "민・형사상 일체의 청구를 포기한다"는 조항을 포함시켜 부제소특약(不提訴特約) 내지 권리포기계약을 하는 것이 일반적인데, 강자의 우월적 지위를 이용한 부당한 내용일 때는 공공질서 위반(민법 제103조) 또는 불공정한 행위(동법 제104조)로서 무효가 된다.

15) 홍성규, 「국제상사중재 : 이론과 실제」, 도서출판 두남, 2002. 3. pp. 130-135.

(2) 재판상의 화해

1) 재판상 화해의 개념

재판상 화해는[16] 소송 당사자가 소송절차에 있어 상호 양보하여 소송물인 권리 또는 법률관계에 관한 분쟁을 주지시키는 사법상의 계약인 동시에 소송을 종료할 것을 목적으로 하는 소송법상의 합의를 말한다.

2) 재판상 화해의 종류

재판상의 화해는 소송절차가 진행되기 이전에 지방법원 단독판사 앞에서 하는 제소전 화해와 소송절차의 진행중에 수소법원(受訴法院)에서 하는 소송상의 화해가 있다.

① 제소전 화해

제소전 화해는 분쟁당사자가 처분할 수 있는 일반 민사분쟁이 소송으로 확대되는 것을 방지하기 위하여 소송을 신청하기 전에 지방법원 단독판사 앞에서 화해신청을 하여 분쟁을 해결함으로써 소송을 예방하는 것을 말한다. 제소전 화해는 소송계속전 소송을 예방하기 위한 화해라는 점에서 소송계속후 소송을 종료시키기 위한 화해인 소송상의 화해와는 다르나, 그 법적 성질·요건 및 효력에 있어서는 대체로 소송상 화해의 법리와 동일하다. 이 경우 법원은 화해의 알선·권고가 아니라 당사자간에 성립된 화해계약에 대한 공증적 역할을 하게 된다.

② 소송상 화해

소송상의 화해는 소송절차 진행중에 있는 소송물의 권리관계에 대한 주장을 서로 양보하여 소송을 종료시키기로 한 기일에 있어서의 화해를 말한다. 따라서 양보가 일방적이고 일방이 타방의 주장을 전면적으로 인정한 경우에는 청구의 포기·인낙(認諾)이지 소송상의 화해라고 할 수 없다. 양보의 정도·방법에 관해서는 법률상 제한이 없다. 소송상의 화해가 성립되기 위해서는 소송능력 또는 대리권의 흠결(欠缺)이 없어야 하며, 변론준비절차, 기타의 신문기일이나 화해를 위한 기일에 당사자가 법정에 출석하여 구술로 화해의 내용에 관한 진술이 필요하다.

(3) 중재절차상의 화해

중재절차상의 화해도 법원에서 진행되는 소송상의 화해와 같이 당사자가 상호 양

16) 재판상의 화해는 민사소송절차의 일환으로 행하여진다는 측면에서는 ADR이라는 표현이 적절치 않을 수도 있다. 그러나 재판 또는 판결에 의한 분쟁해결이 아니라는 측면에서는 ADR의 범주로 보는 것이 일반적이다.

보하여 그들 사이의 분쟁을 종지(終止)할 것을 중재인 앞에서 약정함으로써 성립하는 특별계약이다.

우리나라 중재법에서는 중재절차의 진행중에 당사자들이 화해에 이른 경우에 중재판정부는 그 절차를 종료한다. 이 경우 중재판정부는 당사자들의 요구에 의하여 그 화해의 내용을 중재판정의 형식으로 기재할 수 있다(제31조 1항). 화해중재판정은 중재인이 자유심증으로 판단하여 내리는 중재판정과는 동일한 효력을 갖지만, 당사자의 의견이 균형적으로 반영되어 당사자 모두에게 더 큰 만족을 준다는 점에서 그 의의가 있다.

(4) 화해의 법적 효력

일반적으로 '화해는 당사자가 상호 양보하여 당사자간에 분쟁을 종지할 것을 약정함으로서 그 효력이 생긴다'(민법 제731조). 그리고 소송상의 화해는 '화해, 청구의 포기 또는 인낙(認諾)을 조사에 기재한 때에는 그 조사는 확정판결과 동일한 효력이 있다(민사소송법 제206조). 따라서 재판상의 화해를 조서에 기재한 때에는 재심의 소에 의하여 취소 또는 변경되지 않는 한 당사자는 그 화해의 취지에 반하는 주장을 할 수 없다. 그리고 화해조항이 조사에 기재되어 그 효력이 소송법상 확정판결과 동일한 효력이 있다고 하더라도 사법상 무효 또는 취소의 사유가 있는 경우에는 확정판결과 달라서 그 소송법상의 효력도 상실하게 된다.

이와 관련하여 우리나라 중재법에서는 '--- 화해 내용을 기재한 중재판정은 제32조(중재판정의 형식과 내용)의 규정에 따라 작성되어야 하며, 중재판정임이 명시되어야 한다(제31조 2항). 화해중재판정은 당해 사건의 본안에 관한 중재판정과 동일한 효력을 갖는다(제31조 3항)고 규정하고 있다. 대한상사중재원 중재규칙에서도 당사자가 중재절차중 화해를 하였을 경우에는 당사자가 요구하면 중재판정부는 합의된 화해의 내용을 판정으로서 기재할 수 있다(제53조)고 규정하고 있다.

3 알선

(1) 알선의 개념

알선이란 국내외 상거래에서 발생하는 분쟁을 분쟁해결의 경험과 지식이 풍부한 제3자(국내 알선의 경우 대한상사중재원의 직원)가 개입하여 양당사자의 의견을 듣고 해결합의를 위한 조언과 타협권유를 통하여 합의를 유도하는 제도를 의미한다.[17)]

(2) 알선의 특징

알선 단계에서는 특히 분쟁 당사자간의 협력을 필요로 하며 당사자간의 비밀이 보장되고 거래관계를 지속시킬 수 있는 장점이 있다. 대개 중재 합의가 없는 경우에 많이 이용된다. 현재 국내 알선의 경우 성공률은 거의 50% 정도이고 알선절차에 소요되는 모든 경비는 무료이다.[18)]

알선의 효력은 양당사자의 자발적인 합의를 통한 해결이기 때문에 법률적인 구속력은 없다. 당사자간 합의가 불가능한 경우 중재합의(중재계약)를 통하여 중재로 해결하거나 부득이한 경우 소송으로 해결하여야 한다.

(3) 알선의 형태

알선의 형태는 크게 다음과 같이 3가지 유형으로 분류할 수 있다.

1) 국내알선

국내알선이란 국내 기업간의 클레임이 발생한 경우에 적용 가능하다.

2) 대외알선

대외알선은 국내기업이 외국기업에 대하여 신청한 형태를 의미한다.

3) 대내알선

대내알선이란 외국기업이 국내기업에 대하여 신청하는 유형을 의미한다.

---

17) 한편, 알선과 조정의 개념과 관련하여 이들 개념을 동일하게 보는 견해가 있는가하면 그렇지 않은 견해도 있는데 이는 두 단어의 개념(영어 표기인 Mediation과 Conciliation), 제3자의 개입정도, 기능과 성격 관습 내지 전통에 따라 다른데, 우리나라의 대표적인 중재관련 기관인 대한상사중재원에서는 이를 분리된 개념으로 보고 있다. 물론 이들 개념에 대하여는 논란의 여지는 있으나 본 교재에서는 두 개념을 분리하여 정리하였다.(보다 자세한 내용은 “최장호, 「상사분쟁관리론 ; 클레임과 상사중재 및 ADR」, 도서출판 두남, 2003. 12. pp. 183-197.”의 내용을 참고 바람)

18) 대한상사중재원, http://www.kcab.or.kr 보도자료

(4) 알선 절차

알선 절차를 살펴보면 다음의 그림과 같이 나타낼 수 있다.19)

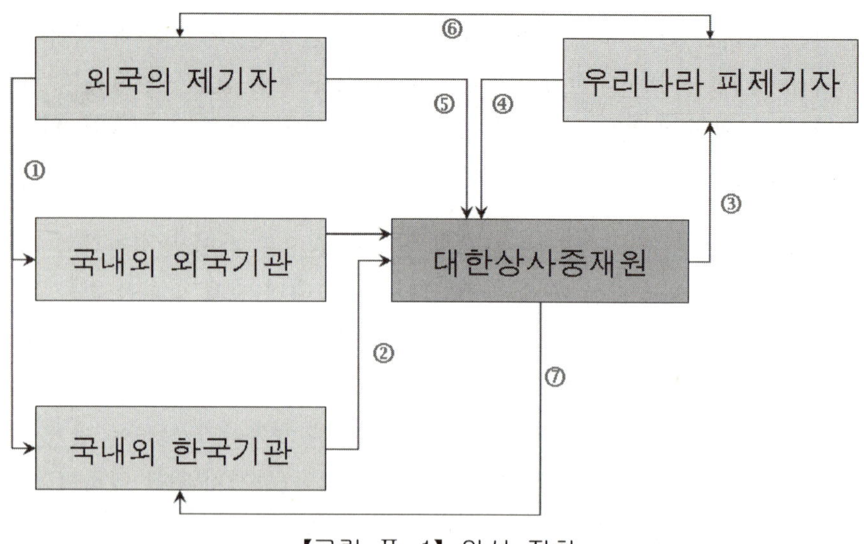

【그림 Ⅱ-1】 알선 절차

① 국내외 관계기관에 클레임 해결 혹은 중재원에 직접 알선 요청을 한다. 그러면, ② 이러한 알선요청의 사항이 대한상사중재원으로 클레임이 이첩되게 되며, 제반 내용을 중심으로 대한상사중재원에서는 ③ 알선의 제기자와 피제기자에게 클레임 해결을 위한 답변요청을 요구한다. ④ 그러면 클레임의 당사자들은 클레임에 대한 답변서를 제출하게 된다. 만일, 필요한 경우라면 당사자 회의를 개최하는 경우도 있다. ⑤ 이후 클레임 처리를 회신하게 되며, ⑥ 당사자간 접촉을 통한 타협 및 합의이행을 유도하고, ⑦ 클레임 처리결과를 회보함으로서 제반 절차는 종료하게 된다.

19) 다음 그림에서는 우리나라에서 알선업무를 수행하는 주요 기관인 대한상사중재원이 중심이 되어 진행하는 형태로 기술하였음.

4 조정

(1) 조정의 개념

조정은 공정하고 중립적인 조정인이 당사자간의 분쟁을 적정한 합의를 통해 해결하도록 도와주는 절차이다. 조정인은 해당 분야에 대해 경험이 풍부하고, 전문적 지식을 갖춘 전문가로 구성되는 것이 보통이며, 전문적 지식을 바탕으로 거래관행, 상관습을 반영하여 의견을 제시하거나 분쟁에 대한 적절한 평가를 통해 당사자들이 스스로 자신의 분쟁에 대해 결정하고 상호 만족할 만한 합의에 이르도록 돕는 제도이다.

실제로 대한상사중재원에서 시행하고 있는 조정에서의 합의율은 외국의 경우 70~80%에 이르며, 합의는 당사자의 입장을 수용하여 이루어지므로 합의안에 따른 자발적 이행율이 상당히 높다. 현재 대한상사중재원에서는 대외무역법에 따른 무역분쟁조정과 '부품 · 소재전문기업등의 육성에 관한 특별조치법'에 따른 신뢰성 분쟁조정을 시행하고 있다.

(2) 조정의 장점

1) 전문가의 조력

무역분야의 권위자인 전문가로 구성된 무역분쟁조정위원회가 거래관행 및 전문적 지식에 근거하여 분쟁해결을 돕고, 당해 분쟁에 대하여 가장 적절한 조정안을 제시한다.

2) 신속성

분쟁을 신속하게 해결하기 위하여 조정신청일로부터 30일 이내에 조정사건을 처리하도록 하고 있다.

3) 저렴한 비용

청구금액에 상관없이 최소비용으로 절차를 진행하고, 신속한 분쟁해결로 인해 정신적, 금전적 비용 및 추가손해를 방지하는 효과가 있다.

4) 공정한 절차

조정과 관련된 양당사자 모두에게 공정하고 공평한 절차로 진행된다.

5) 비공개

기업보호, 영업비밀(노하우) 보호를 위해 비공개로 절차를 진행한다.

(3) 조정의 대상

조정의 대상은 비단 무역에 국한된다고 할 수는 없으나, 무역과 관련된 분쟁에서 그 사용빈도가 비교적 높다고 할 수 있다. 여기에서 조정에 의한 무역 관련 분쟁의 개념을 살펴보면 다음과 같다. 즉, 무역거래자 상호간 또는 무역거래자와 외국업체간에 물품 등의 수출, 수입과 관련하여 분쟁이 발생한 경우(대외무역법 제41조 제4항) 및 선적전 검사와 관련하여 수출자와 선적전 검사기관간에 분쟁이 발생한 경우(제42조 제2항)에 대한상사중재원에서 조정위원회를 구성하고, 이 조정위원회에서 분쟁에 관한 적절한 조정안을 제시함으로써 무역 및 선적전검사 관련 분쟁을 신속하고, 공정하게 처리하도록 도와주는 절차를 의미한다.

1) 무역 관련 분쟁

조정의 대상 가운데 가장 많은 부분이 무역과 관련된 분쟁인데 구체적으로는 무역거래자 상호간 또는 무역거래자와 외국업체간의 수출, 수입과 관련한 분쟁이 대부분이다. 즉, ① 물품대금 미지급, ② 선적불이행 또는 지연, ③ 품질 불량 및 물품상이, ④ 계약과 관련한 분쟁 등이다.

2) 선적전 검사분쟁

선적전 검사(船積前 檢査制度)는 후발 개발도상국 기업 및 정부기관이 상품 수입시 수입국의 관세평가능력 등 세관업무능력 부족을 이유로 관세포탈방지를 위해 국제적인 전문검사기관에 위탁, 수출상품의 수량과 품질 등이 수입허가 내역과 일치하는지의 여부를 확인하는 제도를 말한다. 또한 수입가격이 수출국 현지나 국제시장에서 일반적으로 형성되는 가격과 부합되는 범위 내의 가격인지 여부를 판별하는 제도이다.

그런데, WTO 선적 전 검사 협약에서는 수입국 정부와 계약을 체결하여 선적 전 검사를 실시하는 검사회사는 WTO 회원국간의 수출입 상품을 검사하는 경우 WTO가 정하는 선적 전 검사 규정을 준수해야 한다고 명시하고 있으며, 협약 내용에는 비차별적 검사실시, 검사장소, 검사기준, 투명한 검사방식, 기업기밀 정보 보호, 이익상충 방지, 검사지연 방지 그리고 수출 시장 가격산정을 위한 가격검증 절차와 이의제기 절차 규정 등이 명시되어 있다.

선적전 검사분쟁은 선적전 검사(preshipment inspection)와 관련하여 수출자와 선적전 검사기관간에 발생한 분쟁을 의미한다. 이러한 선적전검사와 관련된 분쟁의 구체적 유형으로는 ① 가격산정, ② 품질, ③ 수량, ④ 통관관련 분쟁 등이 있다.

(4) 조정 절차

조정절차는 신청, 조정위원회 구성, 조정회의, 조정안 제시, 종결의 순서대로 이루어지는데 이를 단계별로 구비서류 및 검토사항 등을 중심으로 살펴보면 다음과 같다.

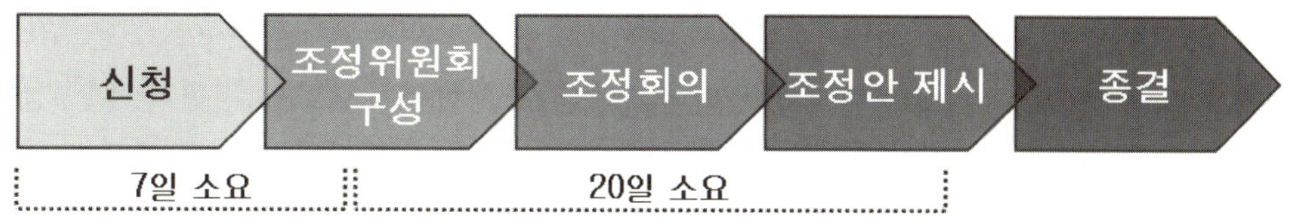

【그림 Ⅱ-2】 알선 절차조정 절차

1) 조정신청

① 제출서류

조성신청에 필요한 제출서류로는 ㉠ 조정신청서, ㉡ 증거자료 등이 있으며, ㉢ 만일 대리인이 있는 경우에는 위임장을 첨부해야 한다.

② 조정신청서 작성시 유의사항

조정신청서 작성시 유의사항은 다음과 같다. ㉠ 당사자 인적사항은 당사자의 성명 및 주소, 법인인 경우 그 대표자의 성명 및 주소를 기재하고, 대리인이 있는 경우에는 대리인의 주소, 성명을 기재한다.

㉡ 조정신청의 취지는 청구하는 구체적 내용(만일 금액이 있는 경우에는 청구하는 정확한 금액)을 기재한다.

㉢ 조정신청의 이유에는 ⓐ 거래개요, ⓑ 분쟁발생 경위, ⓒ 청구금액과 그 산출근거, ⓓ 사건의 내용을 육하원칙에 따라 구체적, 논리적으로 서술한다.

㉣ 필요한 경우에는 계약서 선적서류, 당사자간의 서신 등 주장사실을 증빙하는 제반서류를 증거자료로 제출한다.

③ 서류제출 부수

서류제출 부수는 ㉠ 조정신청서, ㉡ 증거자료는 각각 5부가 필요하며, 만일 위임장이 필요한 경우에는 ㉢ 위임장 1부가 필요하다.

2) 조정신청 접수통지 및 답변서 제출

접수통지 조정신청서와 조정비용이 납부되면 대한상사중재원에서는 양 당사자에게 조정신청의 접수통지를 한다. 한편, 피신청인의 답변과 신속한 절차진행을 위해 피신청인은 조정신청의 접수통지를 수령한 날로부터 3일 이내에 답변서를 제출하여야 한다. 아울러, 피신청인이 청구할 내용이 있는 경우에는 3일 이내에 반대신청을 할 수 있다. 반대신청은 조정신청의 경우와 동일하게 처리된다.

3) 조정위원회 구성

대한상사중재원에서는 조정사건을 접수한 후 7일 이내에 조정위원후보자로 위촉된 조정위원들 중에서 해당 사건에 대하여 후보자 적합성, 자질, 분야 등을 고려하여 3인을 조정위원으로 위촉하고, 그 중 1인을 조정위원장으로 지명한다. 이렇게 위촉된 조정위원들이 조정위원 취임을 모두 수락하면 조정위원회가 구성된다.

4) 조정위원회 회의

조정위원회가 구성되면 위원장은 조정위원회의 회의를 소집하고, 회의를 주재한다. 조정위원회 회의에 서는 분쟁해결을 위하여 분쟁내용을 검토하고, 당사자가 원만한 합의에 이르도록 돕는다. 분쟁내용의 검토를 위해 필요한 경우 조정위원회는 분쟁당사자 또는 이해관계인의 의견을 듣거나 필요한 조사를 할 수 있고, 외부전문가의 기술적인 조언을 받거나 관계전문기관에 감정, 검사를 의뢰할 수 있으며, 당사자 또는 이해관계인에게 서류 및 정보를 제출하게 할 수 있다.

5) 조정안 작성 및 제시

① 조정안 작성

조정위원회는 분쟁내용을 파악한 후 조정안을 작성하여 당사자에게 제시하게 된다. 조정안 작성기일은 조정위원회 구성 후 20일 이내에 하도록 하고 있다.

② 당사자의 수락의사 표시

당사자는 조정위원회로부터 조정안의 통지를 받은 날로부터 7일 이내에 조정안에 대한 수락여부를 서면으로 조정위원회에 통지하여야 한다.

6) 조정성립 효력

양당사자가 조정회의 중 합의에 이르거나, 조정안 제시에 대해 모두 수락한 경우에는 조정이 성립한다. 이 경우 효력은 합의서로써 효력이 있고, 당사자가 내용대로 이행하지 않을 경우에는 이후의 중재, 소송절차에서 그대로 인용될 가능성이 많다. 다만, 그 효력을 확정판결과 동일한 효력으로 하기 위해서 중재 합의를 한 후 중재판정으로 할 수 있다.

7) 조정의 종료

조정절차는 다음과 같은 경우에 종료된다. ① 당사자간에 합의가 이루어지거나 조정안이 수락된 경우, ② 조정신청인 또는 당사자가 조정신청을 철회한 경우, ③

당사자가 조정위원회의 조정안을 거부한 경우, ④ 당사자간 합의가 성립될 가능성이 없다고 인정되는 경우, ⑤ 기타 조정이 불필요하다고 판단되는 경우

(5) 우리나라 무역분쟁조정위원회

1) 무역분쟁조정위원회의 필요성

대한상사중재원에서는 효율적인 무역분쟁의 조정을 위하여 법조계, 학계, 해당 업계의 권위자를 조정위원후보자로 위촉하여 조정위원후보자 명부를 작성, 유지하고 있다.

2) 무역분쟁조정위원회의 조정위원의 역할

조정사건이 접수되면 대한상사중재원에서는 당해 분쟁해결에 가장 적합한 자 3인을 조정위원으로 위촉하고, 조정의 공정성 확보를 위해 조정의 결과에 대해 이해관계가 있는 자는 조정인이 되지 못하도록 하고 있다. 따라서 공정성을 갖춘 해당 분야의 최고 전문가가 당사자의 분쟁을 해결하도록 지원하고 있다.

3) 조정위원 위촉기준

무역분쟁조정위원의 위촉기준은 다음과 같다. ① 판사, 검사 또는 변호사 경력이 10년 이상인 자, ② 상장기업 임원으로서 5년 이상 근무한 자, ③ 관련분야를 전공한 자로서 부교수 이상인 자, ④ 한국주재 외국상사 임원인 자, ⑤ 대한상공회의소, 한국무역협회, 한국검수검정협회의 추천을 받은 자.

4) 우리나라 무역분쟁조정위원회의 조정비용

우리나라 무역분쟁조정위원회의 조정비용은 다음에서 보는 바와 같이 관련사항을 관련기관의 규정을 살펴보면 다음과 같다.

<표 Ⅱ-1> 조정비용

구 분	수수료
조정사건당	50,000원
조정위원 수당	100,000원
조정안 작성 수당	50,000원

합계: 405,000원 (조정비용기준 : 대외무역관리규정 별표 7-1)

학습정리

비사법적 분쟁해결제도는 재판 외의 대체적 분쟁해결 제도를 의미한다. 이는 다시 사적 분쟁해결제도와 법원 연계형 비사법적 분쟁해결제도로 구분이 가능하다.

화해란 당사자가 서로 양보하여 그 사이에 개재되었던 분쟁을 정지할 것을 약정함으로서 성립되는 계약이다. 화해는 상호간의 협의와 양보를 거쳐 분쟁을 자주적으로 해결하고 종국판결에 의한 일도양단(一刀兩斷)적 해결을 지양하므로 분쟁당사자들간의 거래관계를 지속적으로 유지시켜 줄 수 있다.

알선이란 국내외 상거래에서 발생하는 분쟁을 분쟁해결의 경험과 지식이 풍부한 제3자(국내 알선의 경우 대한상사중재원의 직원)가 개입하여 양당사자의 의견을 듣고 해결합의를 위한 조언과 타협권유를 통하여 합의를 유도하는 제도를 의미한다.

조정이란 조정은 공정하고 중립적인 조정인이 당사자간의 분쟁을 적정한 합의를 통해 해결하도록 도와주는 절차이다. 조정인의 전문적 지식을 바탕으로 거래관행, 상관습을 반영하여 의견을 제시하거나 분쟁에 대한 적절한 평가를 통해 당사자들이 스스로 자신의 분쟁에 대해 결정하고 상호 만족할 만한 합의에 이르도록 돕는 제도이다.

학습과제

1. 비사법적 분쟁해결제도가 필요한 이유를 제시하시오.
2. 비사법적 분쟁해결제도를 유형별로 분류·제시하시오.
3. 조정제도의 특장점에 대하여 설명하시오.
4. 화해제도가 가지는 장점을 3가지만 제시하시오

분쟁사례연구 6

선적과 양륙 지연에 따른 체선료 청구

사건번호 : 제02111-0068호*[20]

구 분	내 용	비 고
신 청 인	A사	
피 신 청 인	B사	
청 구 원 인	체선료청구	
품 목	무연탄	
청 구 금 액	미화 13,358.98달러 (15,672,755원)	중재비용 : 1,123,600원
신 청 일	2002. 7. 26	
판 정 일	2002. 10. 15	
처 리 기 간	83일	
판 정 금 액	미화 4,124.60달러 (4,820,420원)	

판정요지 :

A사는 B사에게 ○○호를 제공하고 B사는 A사에게 매일 미화 3,000달러를 지급하기로 하는 항해운송계약을 체결하였는바, 용선자인 B사는 중국 △△항에서 □□항으로 무연탄 6,000/MT을 수송하던 중 적하지에서의 화물과적과 월드컵 기간 중의 주간하역 불능에 의한 운항지연이 발생하였다. 이에 따른 체선료와 하역에 추가로 소요된 비용이 발생하면서 분쟁이 발생하였다.

A사는 선적항과 양륙항에서 B사의 귀책사유로 지연된 선적과 양륙 기간에 대한 지연보상금 및 B사가 부담하여야 할 하역인부 보수로서 A사가 지급한 금액의 총계 미화 13,358.98달러를 지급하여야 한다고 주장한다.

B사는 선적항에서의 지연은 신용장에 의한 수출입계약상의 수량보다 초과 선적된 약 30톤의 무연탄을 양륙하기 위하여 소요된 기간이므로 이는 A사의 이익과도 관련이 있는 것이어서 A사의 주장이 부당하며, 양륙항에서의 지연은 당시 월드컵 축구대회 기간이어서 당국의 간접적인 행정지도로 주간 양륙작업을 할 수 없었고, 또한 본선 하역장치의 잦은 고장으로 작업이 지연된 것이므로 B사는 책임이 없다고 주장한다.

이에 중재판정부는 신용장 조건을 충족하지 못하고 초과 선적되어 이를 선적항에서 양륙하게 된 것은 오로지 용선자인 B사의 귀책사유로 인한 것이 명백하며, 월드컵

* 대한상사중재원, 「사례집 제12권」, 2005, pp. 300 - 305.

기간 중 하역 지연은 정부 내지 관청의 명시적인 지령에 의한 것도 아니었고 본선의 하역장비의 잦은 고장으로 양륙작업이 지연된 것에 대해서는 공제하여야 한다고 판단하여 B사가 A사에게 미화 4,124,60달러를 지급하여야 한다고 판정하였다.

판정주문

1. 피신청인는 신청인에게 미화 4,124.60달러를 지급하라.
2. 신청인의 나머지 청구를 기각한다.
3. 중재비용은 당사자 쌍방의 균등 부담으로 한다.

신청취지

1. 피신청인은 신청인에게 미화 13,358.98달러를 지급하라.
2. 중재비용은 피신청인의 부담으로 한다.

판정이유

1. 사실관계

신청인과 피신청인 사이에 2002. 3. 17. 신청인을 해상운송인으로, 피신청인을 용선자로 하여, 신청인 소유의 선박 ○○호로 중국 △△항에서 □□항까지 무연탄을 운송하기로 하는 항해용선계약이 체결되어, 2002. 5. 27. △△항에서 6,600톤의 무연탄의 선적을 개시하여 동년 5. 29. 선적을 완료하고 출항하여, 동년 5. 30. □□항에 도착하여 동년 5. 31. 부선에 의하여 양륙을 개시하여 동년 6월 7일 양륙을 완료하였다.

이 사건의 항해용선계약에 의하면, 운송물의 선적과 양륙의 작업에 관하여 선적항과 양륙항의 관습에 따라 신속히 행하도록 하는 C.Q.D. (Customary Quick Dispatch)의 조건으로 용선자인 피신청인의 책임과 계산으로 하며(제6조), 피신청인의 귀책사유로 인한 선적 내지 양륙 작업의 지연에 대하여 피신청인은 매일 미화 3,000달러(1일 미만의 지연기간에 대하여는 비례적으로 계산한다)를 신청인에게 지급하기로 약정하였다(제8조).

이러한 선적 내지 양륙 작업의 지연과 관련하여, 신청인은 선적항과 양륙항에서 피신청인의 귀책사유로 지연된 선적과 양륙 기간에 대한 지연 보상금 및 피신청인이 부담하여야 할 하역인부 보수로서 신청인이 지급한 금액의 총계 미화 13,358.98 달러를 피신청인에게 청구하고 있다.

2. 판단

가. 신청인의 청구에 대하여, 먼저 피신청인은 선적항에서의 지연은 신용장에 의한 수출입계약상의 수량보다 초과 선적된 약 30톤의 무연탄을 양륙하기 위하여 소요된 기간이므로, 이는 신청인의 이익과도 관련이 있는 것이므로 신청인의 주장은 부당하다고 주장한다. 즉, 신청인과 피신청인 간의 용선계약에 의하면 피신청인은 신청인의 선박에 최저 6,000톤만 선적하여도 되는데, 결과적으로 600톤이나 더 선적하여 용선자에게 미화 3,780달러의 용선료 수입을 더 얻게 한 것이며, 초과 선적된 화물에 대한 수출입계약의 변경을 위하여는 2일 정도 소요되기 때문에 신청인이 피신청인과의 상호간의 이익을 위하여 이를 양륙하게 된 것이므로 신청인의 이로 인한 지연에 대한 청구는 지나친 주장이라는 것이다. 그러나 이 문제에 관하여는, 신용장 조건을 충족하지 못하여 초과 선적되어 이를 선적항에서 양륙하게 된 것은 오로지 피신청인인 용선자측의 귀책사유로 인한 것이 명백하므로 피신청인의 주장은 인정할 수 없고 또한 신청인에게 결과적으로 이익이 되었다고 하는 주장도 이 사건의 판단에 영향을 미칠 수 있는 것이 아니다.

나. □□항에서의 양륙작업의 지연에 관한 신청인의 주장에 대하여, 피신청인은 당시 월드컵 축구대회 기간이어서 당국의 간접적인 행정지도로 석탄분진을 날리게 하는 주간의 양륙작업을 할 수 없었고, 또한 본선 하역장치의 잦은 고장으로 작업이 지연된 것이며, 나아가 지연(detention)에 대한 책임은 용선자인 피신청인이 화물과 통관 서류를 미비함으로써 지체된 기간에 대한 것에 한하고 이 사건의 경우는 이에 해당하지 않으므로 이 사건의 양륙작업의 지연에 대하여는 피신청인은 책임이 없다고 주장한다.

1) 이 사건에서와 같은 선적과 양륙 작업기간에 관한 특약인 C.Q.D.조건은 일요일과 공휴일, 악천후 기타 불가항력으로 하역작업을 하지 않는 기간을 제외하고, 당해 항구의 하역관습에 따라 최고의 하역능률을 기준으로 신속하게 하역작업이 이루어지도록 용선자가 최선을 다하여야 하는 조건이다. 이러한 조건에 따른 하역작업 기간을 경과함으로써 선적 또는 양륙의 완료가 지연된 경우 항해용선계약상의 운송인인 선박 소유자는 그 지연에 대하여 상당한 보수를 청구할 수 있는 것은 당연하며(상법 제782조 제3항), 이 사건의 용선계약에서 지연에 대하여 매일 미화 3,000달러로 계산한 금액을 지급한다고 한 것은 그 상당한 보수액을 당사자 간에 약정한 것이며, 또한 지연사유로 규정한 용선계약서 제8조 "DUE TO CGO/DOCUMENT UNREADINESS"는 화물의 경우, 용선자가 선적항에서 화물의 준비를 제대로 못한 경우 뿐 아니라 화물에 관한 선적과 양륙의 하역작업이 지연된 경우도 포함한다고 해석하여야 당사자의 의사에 합치되고 신의칙에도 부

합한다. 따라서 이에 대한 피신청인의 주장은 이유 없다.

2) 피신청인은 월드컵 축구대회 기간이기 때문에 □□항에서는 주간의 하역작업을 할 수 없었다고 주장하고 있으나, 그것이 정부 내지 관청의 명시적인 지령에 의한 것이 아니며, 이 사건의 하역작업 기간 중에 □□광역시를 포함한 인근에 무연탄 하역작업이 있었으면 안 되었을 월드컵 시합이 열렸다든가 또는 석탄분진을 세게 날릴만한 풍속의 강한 바람이 불었다는 사실도 확인되고 있지 않다. 따라서 설령 당시 월드컵 축구 대회를 이유로 사실상 분진을 일으킬 염려가 있는 화물의 양륙작업이 없었다고 하더라도, 그 부담을 선박소유자인 신청인의 불이익으로 전가할 수 없는 일이다.

3) 본선의 하역장비의 잦은 고장으로 양륙작업 그 자체가 지연되었을 뿐 아니라, 그로 인하여 피신청인이 막대한 지장을 입었다는 주장에 대하여는, 신청인이 비록 이 부분에 대하여 지연기간의 계산에서 공제하고 지연금을 청구하고 있지만, 2002. 5. 31.의 양륙작업의 개시시부터 4개의 장비 중에서 여러 개의 잦은 고장이 인정되고 있는 바, 이로 인한 작업중단 기간의 공제는 단순히 고장난 장치에 대하여만 분수적인 계산으로 할 것이 아니라, 피신청인의 불이익을 참작할 때 그 고장기간은 본선에 대하여 전체적으로 공제하여 신청인의 부담으로 하여야 할 것이다.

3. 결론

이상과 같이 볼 때, 신청인이 주장하는 □□항에서의 양륙작업 기간의 지연 99.875 시간(4일 3.875 시간) 중에서, 일요일인 2002. 6. 2.과 현충일인 동년 6. 6.의 전일 24시간씩의 48시간을 공제하고, 또한 신청인이 본선의 하역장치(derrick)의 고장에도 불구하고 지연시간에 포함시킨 25.875(1일 1.875 시간) 시간을 전부 지연기간에서 공제하는 것이 타당하다. 그 결과, 피신청인의 부담으로 돌릴 수 있는 지연기간은 26시간 [1일 2시간 = 99.875시간 - (48시간 + 25.875시간)]이며, 이에 대한 지연금은 미화 3,250 달러(26시간 × 3000달러 × 1/24)가 된다. 이 미화 3,250달러에, 선적항에서의 지연금 미화 625달러 및 양륙항에서 신청인이 부담한 미화 249.60달러를 합한, 미화 4,124.60달러가 피신청인이 신청인에게 지급하여야 할 금액이 된다. 그리고 중재비용은 신청인의 청구가 전액 인정되거나 기각되지 않고 또한 그 청구가 일부만 인용되지만, 이 사건의 신청 내지 당사자 간의 주장의 당부에 관하여는 논의의 여지가 있는 것이므로, 어느 일방의 부담으로 하거나 또는 청구가 인용된 금액과 부인된 금액 간의 비례적 분담은 부적절하며, 당사자 쌍방이 균등하게 부담하는 것이 타당하므로 주문과 같이 판정한다.

살펴보기 : 전자거래분쟁조정위원회 사칭 사기 적발

'전자거래분쟁조정위원회는 돈을 받지 않습니다'

전자거래분쟁조정위원회(위원장 송상현 서울대 교수)는 최근 경북 구미시에 살고 있는 이모씨로부터 사실 여부를 확인해 달라는 한 통의 전화를 받고 깜짝 놀랐다.

홈페이지 구축 문제를 놓고 모 업체와 분쟁 중이던 이 씨에게 전자거래분쟁조정위원회에서 근무하고 있다고 자신을 소개한 뒤 30만원을 입금하면 분쟁을 원만히 해결해 주겠다는 연락이 왔다는 것.

현재 전자거래와 관련된 모든 분쟁을 무료로 상담 또는 조정해 주고 있는 조정위원회로서는 황당한 사건이 아닐 수 없었다.

이에 경찰청 사이버테러대응센터에 사건을 신고, 조정위원을 사칭했던 사람을 찾아낼 수 있었는데 사건 정황 상 처벌 근거가 미약해 이번 사건은 경고조치를 내리는 선에서 일단락됐다.

조정위원회는 그러나 전자상거래로 인한 분쟁이 증가함에 따라 앞으로도 유사한 사건이 재발할 가능성이 높다고 판단, 곧바로 조정 위원을 사칭한 사기행각에 유의해 줄 것을 당부하고 나섰다.

이와 함께 모든 전자거래분쟁 상담이 무료임을 재차 강조하는 한편 전국민을 대상으로 분쟁해결을 빙자한 어떠한 금품수수에도 응하지 말 것과 사례 발생시 조정위원회 사무국(02-528-5713, 5707)이나 사이버테러대응센터에 즉시 신고해 줄 것을 적극 홍보키로 했다.

조정위원회 관계자는 "지난해 한해동안 접수받은 조정신청은 총 1151건으로, 전년의 864건에 비해 35% 가량 증가했다"며 "이처럼 전자상거래분쟁이 늘면서 분쟁조정과 관련된 사기행각도 잦아질 것으로 우려되는 만큼 각별히 주의해야 한다며" "전자거래분쟁조정위원회는 분쟁 해결 절차 과정을 자세히 모르는 일반인을 대상으로 삼았다는 점에서 유사 피해자가 속출할 가능성이 있다"며 "앞으로 모든 전자거래분쟁 상담과 조정업무가 무료임을 적극 홍보키로 했다"고 말했다.

위원회는 또 분쟁해결을 빙자한 어떠한 금품수수에도 응하지 말 것과 이러한 사건은 전자거래분쟁조정위원회 사무국이나 경찰청 사이버테러대응센터에 즉시 신고해줄 것을 당부했다.

강희종기자 hijong@dt.co.kr

비사법적 분쟁해결 제도 : on-line ADR

> 인터넷의 등장과 활성화로 다양한 거래 양식이 도출되어 온 것이 사실이지만, 분쟁 역시 같은 크기로 증가하여 왔다. 이렇듯 사이버 공간에서의 상거래를 사이버 공간에서 해결하려는 노력이 최근 다양하게 시도되어 왔다. 따라서 이번 장에서는 이러한 on-line ADR의 개념 및 유형 그리고 이들의 장점 및 단점에 대하여 살펴본다. 특히, 우리나라 전자거래진흥원의 분쟁조정위원회의 현황 및 장점 그리고 한계점 등에 대하여 접근하여 본다.
>
> 또한, 이러한 on-line ADR을 전자무역에도 그대로 적용할 수 있는가에 대하여 현재의 동향과 향후 전망에 대하여 살펴본다.

1 on-line ADR의 의의

(1) on-line ADR의 도입 배경[1)]

1) 인터넷 기술의 발달

전통적으로 분쟁해결 시스템은 off-line을 통해서 이루어져 왔다. 분쟁 당사자들은 우편 또는 물리적 만남을 통한 당사자 접촉에 의해서만 분쟁을 해결할 수 있었다. 이제까지는 법원을 비롯한 거의 모든 분쟁해결기관에서 물리적 방법에 의한 심리절차를 채용하고 있고, 조서작성 및 증거제출 등에 있어서 문서(paper document) 작성을 원칙으로 하고 있었다. 하지만, 인터넷과 웹기반 기술의 발달로 인해, 이제는 on-line 시스템에 의해 물리적 위치에 관계없이 분쟁해결을 위한 원격접근이 가능하게 됨으로써 보다 신속하고 간편한 분쟁해결 시스템을 갖추게 되었다.

---

1) 오현석, “on-line에 의한 ADR 시스템”, 「중재」, 제297호, 2000. 9. pp. 32-37.

2) 전자상거래 분쟁의 증가와 새로운 해결방안 모색 대두

새로운 거래방식의 태동에 따른 분쟁발생의 증가는 전자상거래 활성화 및 이에 따른 경제발전의 발목을 잡는 중요한 문제로 대두되고 있다. 전자상거래 관련 분쟁은 시장규모의 폭발적인 성장에 따라 급증할 것으로 예상되며, 이에 따른 사회적·경제적 비용도 크게 증가할 것이다. 그러나 전자상거래 분쟁은 거래의 신속성, 광역성, 복잡성 등의 속성에 따라 과거의 사법절차로는 해결할 수 없는 상황에 있다. 분쟁자체가 법률적 요소 외에 기술적 요소를 포함하고 있고, 기존의 사법절차에서 예상하지 못한 새로운 형태가 많아 많은 비용과 시간이 요구된다.

전자상거래에 따른 분쟁이 해결되지 못할 경우 시장 활성화 저해는 물론 사회적·경제적 비용 낭비, 국가간·기업간 소모적 대립구도 조장 등 부작용들을 발생시킬 가능성이 있다. 따라서 이러한 전자상거래의 특성이 반영하는 새로운 분쟁해결 수단이 모색될 필요가 있으며, 이러한 해결방식은 전통적 해결 수단 보다는 on-line의 ADR을 이용하는 것이 매우 합리적인 방법이 될 수 있다.[2)]

왜냐하면, ADR에 의한 분쟁의 해결은 경직된 기존 법원과는 달리 그 분쟁해결 절차에 발달된 인터넷 웹기반 기술을 이용한다면 분쟁을 보다 효율적이고 신속하게 처리할 수 있다. 즉, 분쟁당사자가 on-line으로 ADR 분쟁해결 시스템에 접근함으로서 소비자나 기업으로 하여금 많은 거리·시간 등의 물리적 제약들을 극복할 수 있게 하여, 분쟁을 보다 쉽고 빠르며 효율적으로 해결하게 됨으로써 그 실효성을 한층 더 높일 수 있다. 그러나 on-line 분쟁해결 시스템은 아직 초창기이기 때문에 수많은 법적, 기술적 문제들이 산재해 있다.

3) 전자상거래의 본격화에 따른 ADR의 유용성 증대

인터넷의 발달로 인한 전자상거래의 활성화는 우리 삶의 질을 향상시키고, 미래에 대한 무궁한 기회를 제공하고 있다. 그러나 전자상거래 역시 재래의 off-line 거래에서와 같이 거래사기, 물품의 하자, 대금미지급, 부당한 상행위 등의 거래관련 분쟁이 발생하게 되고, 이로 인해 거래 당사자들은 분쟁으로 인한 고통을 받게 된다.

이러한 분쟁이 발생할 경우 그 분쟁해결을 위해 보편적으로 법원의 소송에 의존하게 된다. 하지만 소송을 통해 분쟁을 해결하고자 하는 경우 분쟁 당사자는 엄청난 비용을 감수해야하고, 또한 법원의 결정이 나기까지는 많은 시간이 걸린다. 결

2) Ethen Katch · Janet Rifkin and Alan Gaitenby, "e-Commerce, e-Dispute, and e-Dispute Resolution : In the Shadow of 'e-Bay Law'", http://www.disputes.net/cyberweek2000/ohiostate/ katsh.htm

국 이러한 고비용과 시간 낭비 때문에, 법원의 결정이 나고 거기서 승리하였다 해도 그로 인해 얻는 결과물의 의미와 가치는 퇴색되고 마는 것이다. 분쟁 당사자가 소비자나 중소기업인 경우 위와 같은 소송의 어려움으로 인해 중간에 포기하는 경우까지도 있다.

여기서 더 나아가 거래가 국제거래인 경우 문제가 더 복잡해진다. 분쟁해결 비용은 더 높아지고, 시간은 더 지연될 뿐만 아니라, 재판관할과 준거법문제, 언어의 이질로 인한 의사소통문제, 각국의 다른 상관습 및 문화로 인해 분쟁해결에 상당한 어려움을 겪게 된다. B2C 전자상거래의 경우 금액이 적은 경우가 대부분인데, 이 경우에 다른 국가의 법원에서 소송을 하기란 거의 불가능하고 그 실효성도 없다.

전자상거래 분쟁해결을 위한 법적체계의 불확실성은 소비자나 물품구매를 원하는 기업으로 하여금 인터넷상에서의 상품 및 서비스의 구매를 꺼려하게 하고, 물품을 판매하고자 하는 기업들에게는 전자상거래시장으로의 진출을 망설이게 한다.

따라서 인터넷을 통해 거래를 하는 소비자와 기업들은 전문적·기술적·비법률적인 분쟁을 엄청난 시간과 비용을 들여가면서 불확실한 결과를 창출해내는 소송으로 해결하기보다는, ADR에 의한 분쟁해결을 택함으로써 이익을 얻을 수 있다.

(2) ADR의 발전과 국제적 논의 동향

1) on-line 분쟁해결 시스템의 발전

on-line에 의한 분쟁해결의 최초 시도는 1996년 미국에서 이루어졌다. 전통적으로 영미법 국가에서는 ADR에 의한 분쟁해결 시스템이 경제구조의 하부조직을 이룰 정도로 발달되어 있었는데, 경직된 법원의 분쟁해결 시스템과는 달리 ADR에 의한 분쟁해결 시스템은 전자상거래의 확산과 더불어 on-line을 통한 사이버분쟁해결에 대한 인식에까지 발달하게 되었던 것이다.

초창기에는 간단한 e-mail 등과 off-line에 의한 절차가 결합된 분쟁해결 시스템이 최근에는 BBBonline, Webtrade & Tradeshops와 같이 인증과 결합한 형태로까지 발전되어 왔다. 그러나 on-line에 의한 분쟁해결 시스템이 보다 효율적이고 합리적으로 운용이 되려면, 아직 해결되어야 할 과제들이 많이 남아 있다. 인터넷 웹기반 기술이 고도로 발달되어, 순수하게 on-line을 통해서 분쟁해결이 가능할 정도가 된다고 할지라도, 여전히 문서화되어 있는 분쟁해결 절차 및 규칙, 그리고 적용의 문제가 on-line 분쟁해결 시스템에 맞게 변화되지 않는 한 신속하고 공정한 분쟁해결의 궁극적 목적은 달성되기 힘들 것이다.

2) ADR과 관련된 국제적 논의 동향

ADR을 이용한 분쟁해결에 관해서는 현재 많은 국가와 국제기구에서 그 논의가 진행되고 있다.

1999년 12월 파리에서 개최된 OECD 회의에서는 "전자상거래 소비자보호 가이드라인[3]"을 제정했는데, 제6장에서 소비자의 피해구제를 위해 ADR을 이용할 것을 권고하고 있다. OECD는 소비자로 하여금 부당한 비용이나 부담을 주지 않고 ADR에 의한 분쟁해결 및 피해구제 체계에 쉽게 접근할 수 있도록 하며, 또한 공정하고 투명하며 효과적인 내부절차를 마련하도록 권고하고 있다.

또한 EU에서도 전자상거래에서의 재판관할 및 준거법을 논의하면서 on-line에 의한 대체적 분쟁해결의 전개를 촉진하는 정책선언[4]을 했으며, Global Business Dialogue[5]와 같은 국제적인 포럼이 만들어져 전자상거래 분쟁해결에 관한 연구를 하고 있다.

---

3) http://www.cpb.or.kr/sobi/report/fulltext/rp991210.html
4) http://dsa-isis.jrc.it/ADR
5) http://www.gbde.org

2 on-line ADR의 유형

전자상거래 분쟁해결과 관련한 ADR에는 최종결정의 법적구속력에 따라 여러 가지의 종류로 나눌 수 있는데, 중재, 조정, 옴부즈만 제도, 소비자 불만처리제도 등이 있다.6)

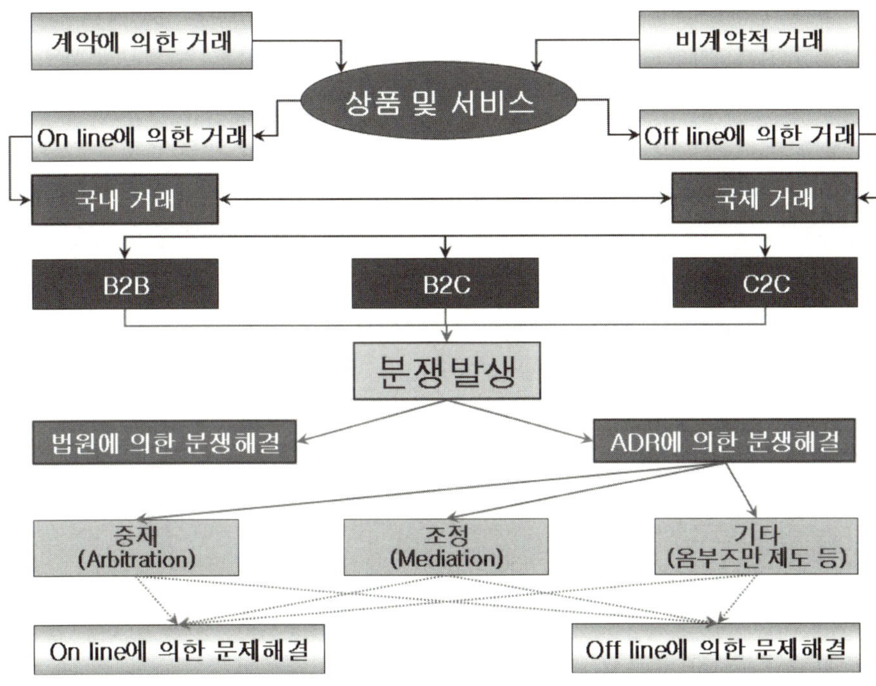

【그림 Ⅱ-3】 on-line ADR의 유형

(1) 중재

중재(Arbitration)는 분쟁 당사자들이 한명 또는 다수의 중립적 인사들(중재인)을 선택해 그들로 하여금 그들 분쟁에 관해 법적 구속력을 가진 최종적인 결정(중재판정)을 내리도록 하는 것이다. 이런 당사자합의에 의한 중재판정이 법적 구속력을 가지며 최종적인 판단이 될 수 있는 법적 근거는 "외국 중재판정의 승인 및 집행에 관한 UN협약(1958년 뉴욕협약)"이다. 그리고 이러한 국제협약에 근거한 각국의 중재법이 중재판정의 법적효력을 뒷받침해 주는 것이다.

국제중재에 있어서는 보다 선진화되고 전문화된 중재법 및 중재규칙의 발전이 있어 왔는데, ICC 같은 국제중재기관 및 UNCITRAL과 같은 국제기구의 역할이 컸다. 이러한 국제중재의 발전에 힘입어 중재는 국제간 B2B 거래에 있어서는 분쟁해결수

6) 오현석, "on-line에 의한 ADR 시스템", 「중재」, 제297호, 2000. 9. p. 33.

단으로 확고한 위치를 차지하게 되었다.

(2) 조정

조정(Mediation / Conciliation)은 분쟁 당사자들이 중립적인 제3자의 도움을 받아 분쟁 당사자들이 자율적으로 해결을 하게 되는데, 이때의 조정안은 일반적으로 아무런 법적 구속력을 갖지 못한다. 보통 조정은 기관중재를 행하는 중재기관에서 중재 전 단계로서 많이 행해지게 되는데, 종종 거래협회 및 상업회의소에 의해 이루어지기도 한다. 일부 국가에서는 국내조정의 경우, 우리의 민소법상 화해와 같은 일정한 법적 구속력을 인정하고, 조정절차에 관해서도 법적으로 규율하는 경우가 있지만, 국제조정의 경우에는 조정안에 대한 법적효력 및 그 절차에 관해 아무런 규율과 통제가 없다. 무통제·무규율의 사적자치에 가장 충실한 분쟁해결수단인 것이다.

이러한 조정제도는 상대적으로 간단한 절차 및 규칙, 신속한 절차진행, 낮은 비용 등의 장점을 갖고 있지만, 또한 많은 단점이 내재되어 있다.

1) 비구속력

분쟁 당사자는 조정절차를 언제든지 끝낼 수 있고 제안된 결정안에 대해서 수락하고 안하고는 당사자 자유이다.

2) 비강제성

만약 당사자들이 제안된 결정을 조정안으로 받아들였다 할지라도 그것은 새로운 계약의 체결일뿐이다. 따라서 일방 당사자가 그 조정안의 이행을 거부한다면, 타방 당사자는 단지 계약위반으로 또 다른 분쟁을 제기할 수 있을 뿐이다.

(3) 소비자 불만처리제도 및 옴부즈만 제도

각국에는 거래협회나 소비자기구, 중립적 성격의 공공기관이 거래에서 발생하는 분쟁을 소비자나 기업 또는 기업과 기업간의 중립적인 위치에서 분쟁에 대한 원만한 해결을 시도하는 분쟁해결 시스템을 설치 운영하고 있다. 그러한 시스템들 중 가장 보편적인 것이 소비자불만처리제도와 옴부즈만(Ombudsman) 제도이다.[7] 특히 B2C의

7) 행정활동이 합목적적으로 수행되고 있는가를 직권 또는 신청에 의하여 규찰하는 행정감찰제도를 말하며 이러한 직책을 가진 감찰관을 옴부즈만이라고 한다. 이 옴부즈만 제도는 입법부나 사법부가 행정통제의 기능을 제대로 발휘하지 못하는 경우, 이를 보완함으로써 국민의 권리나 이익의 침해를 방지하려는데 주안점을 두고 있으며 1809년 스웨덴에서 최초로 이제도가 헌법상 규정되었다. 옴부즈만 제도의 목적은 다음과 같이 5가지로 요약될 수 있다. ① 관료와 국민과의 완충장치로서 작용하게 한다. ② 행정부의 능률을 높이고 공정한 법령집행을 확보한다. ③ 법령이 국민공통의 이익의 관점에서 제정될 것을 확보한다. ④ 국민에게 행정부의 권한 남용에 대하여 책임을 추궁할 권

전자상거래와 같은 적은 금액의 거래에 있어서는 이러한 제도가 분쟁에 가장 효과적으로 대처할 수 있을 것으로 보여진다. 이러한 시스템은 분쟁해결 시스템에 누구나 쉽게 접근할 수 있고, 절차가 매우 신속하게 진행되며, 분쟁처리비용이 낮다는 장점으로 인해 소비자보호를 위한 제도로서 적합하다.

그러나 이러한 제도는 국내법의 영역안에서 국내법의 통제만 받는 경우에는 중요한 분쟁해결 시스템으로서의 역할을 할 수 있으나, 전자상거래의 국경을 초월한 거래라는 특성으로 인해 더 이상 국내법의 영역에 머물러 있을 수 없게 되었고, 강력한 소비자보호라는 국내법의 통제는 아무런 의미가 없게 되어진다.

보편적으로 각 국가에 소비자보호를 위한 소비자 보호장치가 있다고 가정해보자. 전자상거래업자와 소비자의 국적이 다르고, 계약이 각기 다른 국가에서 인터넷을 통해 이루어지는 경우 국경을 초월한 국제거래가 성립하고, 이로부터 분쟁이 발생할 수 있다. 실질적으로 이러한 분쟁은 물리적 거리의 제약으로 인해 더 빈번하게 발생할 것이며 이 경우 소비자는 어느 국가의 소비자 보호기구에 분쟁처리를 의뢰할 수 있을 것인가가 문제된다. 즉, 소비자 국적 국가의 소비자 보호기구에 의해 분쟁처리를 의뢰할 것인지, 전자상거래업자 국적 국가의 소비자 보호기구에 의뢰할 것인지에 대한 명확한 기준 설정이 아직 없다고 할 수 있다.

한을 부여한다. ⑤ 정부권한의 균형을 확보한다.
한편, 스웨덴의 옴부즈만 제도를 중심으로 그 특징을 살펴보면 다음과 같다. ① 옴부즈만은 입법부에 의하여 임명되며 입법부 소속기관으로서 그의 업무에 관하여 입법부에 보고한다. ② 옴부즈만은 사회적으로 존경받는 덕망있는 인사들 가운데서 선출된다. ③ 옴부즈만은 정치적으로 독립된 조사자로서 직무 수행상 입법부로부터의 간섭도 받지 않으며, 임기는 보통 4년으로 되어 있다. ④ 옴부즈만은 법원이나 행정청과는 달리 행정작용을 직접 취소 또는 변경할 수 있는 권한을 가지지 않는다. 따라서 법원이나 행정청에 대한 직접적인 감독권이 없으며 그의 주된 권한은 조사를 해서 사실을 밝히는 데 있다. ⑤ 옴부즈만은 자신의 발의에 의하여 법원이나 행정기관을 조사할 권한을 가진다.
옴부즈만 제도의 장점으로는 ① 다른 구제방법에 비하여 시민의 접근이 용이하고, ② 적은비용으로 문제해결이 될 수 있으며, ③ 제도수립에 있어 고도의 융통성과 적응성이 있는 것이 특색이고, ④ 특히 대 국민 행정과 인구가 적은 사회에서 큰 효용을 보일 수 있다. 이러한 장점에 반하여 단점으로는 다음과 같은 것이 지적된다. ① 옴부즈만의 기능은 국회의원의 직무와 중복된다는 비판이 있다. ② 그밖에 기존 타 기관 또는 다른 제도와의 기능중복으로 옥상옥이라는 점이 있다는 것이다. 이것은 감독기구·재판소·해당행정부서, 또는 청원 등을 생각하면 알 수 있다. ③ 행정의 책임성과 비밀성의 침해라는 우려가 초기에 여러 나라에 있었다. ④ 무엇보다도 옴부즈만 제도는 직접행정이나 재판에 관한 시정권을 갖고 있지 아니하다. 다만 이에 대한 대책으로서 옴부즈만의 주된 무기가 부정의 공개에 있어야 한다는 반박이 나오고 있다.
우리나라에 있어서는 국민의 권리를 보장하기 위하여 행정소송, 청원권의 행사, 감사원이 감사기능 등 여러 가지 법적, 제도적 장치가 마련되어 있으나 국민의 참다운 권익을 보호한다는 실효를 거두고 있는가에 대하여는 적지 않은 의문이 있다고 하겠다. 따라서 전술한 여러 가지 제도적 장치로서는 쉽사리 구제되지 않는 일반국민의 고충을 신속히 해결하기 위하여 우리나라에서도 옴부즈만의 제도의 도입은 고려해 볼 만한 가치가 있다고 생각된다.

그러나 아직까지는 보편적으로 소비자 불만처리제도는 국내영역에 있는 소비자 보호만을 목적으로 하고 있는데, 국내 소비자의 의뢰를 받고 소비자 국적 국가가 분쟁에 대한 어떤 결정을 내렸을 경우, 국내에 있는 기업과는 달리 타국가 기업에 대한 어떠한 법적제재조치가 불가능하다는 데 문제가 있다. 여기에 대해서 OECD, EU등에서는 "소비자보호지침"등을 만들어 회원국들간에 소비자보호를 위해 공동으로 노력하려는 시도가 전개되고 있다.

3 on-line ADR의 장·단점

(1) 장점

on-line ADR은 인터넷 등 온라인 이용자들에게 수많은 이점을 제공하고 있다. 이러한 on-line ADR의 가치는 대부분 전통적인 ADR과 통상 관련되어 있지만 그것은 온라인 의사소통(on-line communication)이라는 수단에 의하여 더 한층 강화될 수 있다. 온라인 절차는 유연성(flexibility), 창조적 해결책(creative solutions) 및 신속한 결정을 가능하게 할 것이다.8)

1) 편리성

on-line ADR의 주요 장점은 당사자들이 그들의 분쟁을 해결하기 위하여 법원, 중재지, 조정지 등의 장소에 출석하지 않고 격지에서도 분쟁해결 절차에 참여할 수 있게 한다는 것이다. 다수의 전자상거래는 서로 다른 장소에 소재한 당사자들 간에 발생하고, 일부의 경우에는 당사자들이 각기 다른 나라에 소재할 수도 있다. 만약 동일한 시간에 동일한 장소에 출석하여 분쟁해결 절차에 참여하게 된다는 것은 시간상, 비용상 많은 자원을 소비하게 할 것이다. 또 다른 편리성의 예로는 그러한 분쟁해결 절차가 단지 업무일 또는 업무시간 내에만 이루어지는 것이 아니라 하루 종일 또는 일주일 내내 이용가능하다는 것이다. 이렇듯 ADR을 이용하는 것은 절차규칙에 있어서의 유연성을 의미하는데, 이는 조정인 등이 당사자들의 시간적, 장소적 제약을 해소할 수 있는 절차를 채택할 수 있기 때문이다.

2) 저렴성

소송은 일반적으로 법률비용이 비교적 높은데, 그러한 비용의 대부분은 변호사 선임료이다. WIPO 등의 도메인 네임 분쟁조정절차에서도 많은 경우 변호사 등이

8) E Casey Lide, ADR and Cyberspace : The Role of Alternative Dispute Resolution in Online Commerce, Intellectual Property and Defamation, 12 Ohio St. J. on Disp. Resol. 193, 195(1996), p.218.

법률대리인으로 선임되는 경우가 다수 있지만, 분쟁 당사자들도 on-line ADR 제공기관이 준비한 서면양식을 기입하는 방법으로 변호사를 선임하지 않고 분쟁해결신청서를 작성하거나 답변서를 작성할 수 있다. 아울러 온라인 시스템을 이용하게 되면 국제전화 또는 장거리 전화, 팩스 등을 이용하면서 지불하여야 할 비용을 절감할 수 있다.

3) 온라인 사용자에게 적합

온라인 사용자에게 있어서 온라인을 통한 분쟁해결은 메커니즘에의 접근은 현실세계의 분쟁메커니즘에 접근하는 것보다 더욱 친숙하게 느낄 수 있고, 가상공간에서 발생하는 분쟁을 해결함에 있어 '자신이 살고 있는 현실세계 보다는 자신의 가상공간의 법률에 의한 결정을 더욱 지지할 것이다'[9]라는 주장이 있다. 이는 인터넷에 능숙한 사용자에게 있어서 현실사회에서 분쟁해결 메커니즘 보다는 자신이 계속 접하고 있는 가상공간에서의 메커니즘에 친밀감을 가지고, 법률문제에 대한 거부감도 더 적게 느낄 것이다.

4) 관할권의 문제

on-line ADR이 전통적인 분쟁해결시스템보다 우월한 이점은 어떤 법원이 발생한 사건에 관한 관할권을 가지는가라는 전통적인 관할권의 문제를 회피하는 것이 될 것이다. 가상공간에 있어서 입법관할권의 문제에 대한 권위적인 해석이 존재하지 않고 국가마다 관할권에 대한 태도가 다른 현재에 있어서 당사자들이 자치적으로 분쟁해결기관을 선택하고 그 결정에 구속되는 것은 일종의 범세계적인 분쟁해결을 가능하게 할 것이다.[10]

특히, 관할권의 문제는 인터넷의 범세계적인 성격에 비추어 보아 특히 그 타당성이 강조되는데, 인터넷상에서 영업활동을 하는 것은 일부 거래관계들을 부지불식간에 외국의 관할권과 외국법에 직면하도록 한다.

(2) 단점

1) 인간적 요소의 결여

on-line ADR의 비판자들은 온라인 조정 및 중재가 대면접촉에 의한 분쟁해결 가

---

9) Robert C. Bordone, Electronic Online Dispute Resolution : A Systems Approach-Potential Problems and a Proposal, 3 Harv. negotiation L. Rev. 175, 176(1998), p.6.

10) UDRP에 의한 도메인네임 분쟁해결의 경우, 준거법의 문제를 해결하기 위하여 자체 Policy 내에 실체적 규정을 두고 있다.

능성을 제공하지 않기 때문에 ADR의 하나이 큰 이점이 분쟁해결과정중의 당사자들간의 타협의 여지를 봉쇄한다고 주장한다.11) 뿐만 아니라 on-line ADR의 의사전달 수단으로 활용되는 e-mail 등에 의한 중재, 조정은 당사자들이 같은 장소에서 만나 직접 대면하는 전통적인 ADR 절차의 역동성을 잃게 할 것이다.

채팅룸에서 웹 카메라 등의 화상기술에 의하여 이러한 단점을 해소할 수는 있지만, 정해진 장소 또는 시간에 구애받지 않고 분쟁해결이 가능하다는 on-line ADR의 장점 및 그러한 온라인 환경을 제공하는데 소요되는 비용 때문에 단시일 내에 비대면성의 문제를 해소하는 수단으로서 화상채팅 등의 방식은 보편화되기 힘들 것으로 예상된다.

2) 접근가능성 부족

on-line ADR을 활용하기 위하여 당사자들은 필요한 소프트웨어 및 하드웨어를 장착한 컴퓨터와 인터넷 등 온라인에 접근할 수 있어야 한다. 또한, 인터넷을 활용할 수 있는 사용자라고 할지라도 온라인 환경에 아주 능숙하지 않는 한 전통적인 ADR보다 더 효과적으로 on-line ADR이 제공하는 이점들을 활용할 수 있다고 볼 수는 없다. 그러므로 on-line ADR의 경우 활용분야는 원래 온라인을 매개로 하여 발생한 분쟁 등, 분쟁당사자들이 온라인을 활용하는데 지장이 없다는 전제조건이 충족되는 분야에서 그 효용성을 가질 수 있다.

3) 기밀성의 결여 및 보안

전통적인 ADR에서의 통상적인 관행은 어떠한 물리적인 기록도 남기지 않는 것이라고 한다.12) 다만 당사자들이 원하는 경우에만 분쟁해결과정에서의 기록들이 기록 또는 공개될 수 있을 것이다. 그러나 on-line ADR의 경우에는 그러한 기밀성의 유지가 힘들다. 즉, 분쟁해결에 참여하는 일방은 손쉽게 e-mail 등을 인쇄 등을 통하여 기록할 수 있으며, 그러한 정보를 타방당사자 등의 허락없이 손쉽게 배포할 수도 있다. 또한, 온라인시스템은 제3자의 해킹에 의한 분쟁해결과정이나 결과 등이 손쉽게 노출될 수 있을 것이다. 이러한 문제들이 발생한다면 일반인들의 On-line ADR에 대한 신뢰를 얻기는 힘들 것이다.

---

11) Joel B. Erisen, Are We Ready for Mediation in Cyberspace? 1998 BYU L. Rev. 1305, pp. 1312-13.
12) M. Ethan Katsch, Dispute Resolution in Cyberspace, 28 Conn. L. Rev. 953, p. 971.

4 on-line ADR의 전자무역에서의 활용 가능성

(1) 전자무역관련 분쟁의 개요

가상공간(cyber space)에서의 상거래가 확산되면서 이와 관련한 분쟁이 크게 증가하고 있는데, 이는 전자무역(International Trade in cyber space)의 활성화에 커다란 장애요인으로 작용하고 있다. 특히 전자무역 관련 분쟁은 전자무역이 급속하게 발전함에 따라 이와 관련한 분쟁이 급증할 것으로 예상된다. 그러나 인터넷 등 컴퓨터 네트워크를 이용하는 사이버 무역관련 분쟁은 거래의 신속성, 광역성, 복잡성 등으로 인하여 기존의 사법제도나 기타 분쟁해결 방법으로는 어려움이 있다.

전자무역의 경우 기존의 무역거래와는 달리 시간적·공간적 제약을 받지 않고 전 세계를 상대로 거래가 이루어짐으로써 사이버 무역과 관련한 분쟁 역시 국경을 넘어서 발생하게 된다. 그러나 이러한 국경을 넘어서 분쟁이 발생하게 되는 경우에 각국간의 서로 다른 법률체계와 상방된 이해관계 등으로 인하여 국제적인 합의 없이는 해결방안을 모색하기 어렵다.

특히 인터넷 거래와 관련한 국제적인 분쟁해결기준이 명확히 마련되지 못하고 있을 뿐만 아니라 각국 내에서 조차도 구체적인 해결방안이 확립되어 있지 못한 실정이다. 따라서 전자무역과 관련하여 분쟁이 발생할 경우 그 분쟁해결을 위해 보편적으로 법원의 소송에 의존하게 된다. 그러나 소송을 통하여 분쟁을 해결하고자 하는 경우 분쟁 당사자는 엄청난 시간과 비용을 감수하지 않으면 안 된다. 뿐만 아니라 재판관할권문제와 준거법문제, 의사소통상의 문제, 상관습과 문화상의 차이 등으로 인하여 분쟁해결에 상당한 어려움이 뒤따른다.

따라서 전자무역거래의 특징으로 보아 분쟁해결에는 법원에서의 소송보다는 대체적 분쟁해결 방법(ADR)에 의하는 것이 보다 적절하다고 하겠다. 이러한 ADR에 의한 사이버 무역거래관련 분쟁의 해결은 이미 대다수의 국가에서 그 효율성과 합리성을 인정받아 시행 중에 있다. 더욱이 신속함을 장점으로 하는 사이버 무역거래에 보다 접합하도록 하기 위하여 그 분쟁해결역시 인터넷 등 컴퓨터 네트워크를 이용한 on-line 분쟁해결시스템을 적용하고 있는데 이러한 정보통신기술 및 전달수단을 활용한 분쟁해결방식을 on-line ADR 또는 ODR이라고 한다.

이미 사이버중재, 사이버 조정 등을 행하는 인터넷 사이트들이 개설되어 분쟁해결에 일익을 담당하고 있다. 그러나 아직은 on-line을 통한 분쟁해결시스템은 그 초기 단계에 있어 개선되어야 할 많은 과제를 안고 있다. 즉, 분쟁당사자들이 보다 쉽고 편하게 접근할 수 있어야 함은 물론, 그 분쟁해결 절차를 신뢰할 수 있는 시스템의 구축이 필요하다. 또한 인터넷 웹 기술을 비롯한 기술적 요소와 법제도의 확충이 필요하다.

(2) 전자무역관련 분쟁의 유형

전자무역과 관련된 분쟁에는 거래 당사자간의 약정한 계약내용과 이행결과와의 차이에서 발생하는 분쟁과 계약내용과 관계없이 상대방의 권리를 침해함으로써 발생하는 분쟁을 들 수 있다. 특히 최근 들어 웹 관련기술의 발달로 인하여 사이버 광고 및 마케팅 등과 관련한 분쟁이 점차 증가하고 있다.

전자무역관련 분쟁의 발생 유형을 살펴보면 다음과 같다.

첫째, 기업의 설립 및 제품생산단계에 있어서 비즈니스 모델(business model)과 도메인 네임(domain name)과 관련한 분쟁 및 상품 및 서비스의 지적재산권과 관련한 분쟁이 발생할 수 있다.

둘째, 무역계약체결 및 전자인증단계에 있어서 컴퓨터 조작실수로 인한 계약의 유효성과 관련한 분쟁, 전자계약체결시 거래당사자의 확인과 관련한 분쟁 및 전자문서의 인증과 관련한 분쟁 등을 들 수 있다.

셋째, 전자결제와 관련하여 해킹이나 바이러스의 침투 등에 의한 대금결제와 관련한 분쟁, 거래무효와 계약취소로 인한 대금환불 관련 분쟁, 결제카드사기로 인한 분쟁 등을 들 수 있다.

마지막으로 계약이행과 관련하여 계약과 다른 상품 및 서비스의 제공과 관련한 분쟁, 상품 및 서비스의 하자관련 분쟁, 상품 및 서비스의 불균형 및 배달지연으로 인한 분쟁 등을 들 수 있다.

(3) 전자무역 관련 분쟁해결제도

전자무역과 관련하여 분쟁이 발생하는 경우에는 법원을 통하여 분쟁을 해결하는 방안보다 대안적 분쟁해결 방법(ADR)에 의한 분쟁해결방안을 모색하는 것이 바람직하다.

전자상거래에서 발생하는 분쟁은 전자상거래의 특수성으로 인하여 특별한 연구검토가 요청되고 있으며, 더욱이 전자상거래에 있어서 피해는 전자상거래가 가지는 소액, 다수거래의 특성상 단기간에 광범위하게 발생하고 경우에 따라서는 국경을 넘는 특수성 때문에 재판제도에 대신하는 신속·간이하고 저렴한 분쟁해결 방법을 강구할 필요가 있다. 또한, 소비자와 사업자가 비대면(非對面) 상황에서 인터넷을 매체로 이용하기 때문에 양 당사자간에 분쟁발생의 가능성이 높고, 전자거래분쟁의 확대는 전자거래가 가지는 가장 큰 장점이 비용절감과 신속성을 저해하여 결국 전자거래시장 참여자의 신뢰 구축에 장애물이 된다. 뿐만 아니라 전자상거래의 성격상 법률적인 면 외에 기술적인 부분을 많이 포함하고 있기 때문에 통상의 재판절차보다 ADR쪽이 적합하다고 할 것이다.

한편, 이러한 대체적 분쟁해결을 위하여 그 해결절차에 있어 인터넷 웹기반 기술을 이용한다면 분쟁을 보다 효율적이고 신속하게 처리할 수 있다. 미국 등에서 활성화된 정보통신기술을 활용한 분쟁해결방식, 즉 on-line ADR의 경우 국제적으로는 이미 도메인 이름의 분쟁해결을 위하여 1999년 말부터 활용되어 왔고, 국내에서도 이미 전자거래분쟁조정위원회의 일부 조정사건에서 이미 시연되고 있다.

이러한 on-line ADR이 출현하고 그에 대한 관심이 고조되고 있는 배경을 살펴보면 다음과 같다.

첫째, 전자상거래가 양적으로 비약적인 확대 경향을 보이고 있다는 점,

둘째, 기존의 분쟁해결방식이 그 대상으로 삼고 있지 않던 비전통적인 상거래가 가상공간에서 계속적으로 출현하고 있다는 점,

셋째, 국제적으로 정부기구나 국제기구들이 위와 같은 현상이나 전자거래에서 발생하는 문제에 대한 하나의 해결책으로서 on-line ADR에 대한 지속적인 관심을 갖고 있다는 점,13)

넷째, 전통적인 ADR 제공기관들이 on-line ADR에 관하여 깊은 관심을 표명하여 온 점,14)

다섯째, SquareTrade, eResolution, Cybersettle이나 ClickSettle 등과 같은 온라인분쟁해결 전문회사가 상당한 투자와 사적인 재원조달을 하여온 점,

여섯째, WIPO, National Arbitration Forum (NAF), CPR Institute, eResolution 등에 의하여 1999년 말부터 시작되어 온 도메인 이름관련 분쟁해결의 사례,

마지막으로 분쟁을 해결하고 사업자와 소비자간의 신뢰를 구축하는 수단으로서 on-line ADR이 on-line 및 off-line 시장에서 상당히 수용되고 있는 점 등이다.

전자무역 분쟁해결과 관련한 ADR에는 화해, 조정, 알선, 중재 등을 들 수 있으며, 전형적으로 on-line ADR 절차는 전통적인 ADR 절차와 같이 분쟁해결 신청인이

13) 2000년에는 미국의 연방거래위원회, 미국상무성, 유럽연합, 헤이그 국제사법회의, OECD, Global Business Dialogue, WIPO 등에 의한 다수의 국제회의 또는 워크 샵이 개최되었다.

14) 예컨대, 미국변호사협회(American Bar Association) 분쟁해결분과위원회의 연례회의에서는 on-line ADR에 대한 논의를 하여왔고, Better Business Bureau는 BBBOnline 프로젝트를 통하여 on-line ADR의 연구 및 발전에 상당한 기여를 하여오고 있으며, 미국중재협회(American Arbitration Association)도 on-line ADR의 도입에 적극적인 노력을 하고 있다.

on-line ADR 제공기관에 분쟁해결신청서를 등록함으로써 시작된다. 이 때 대부분의 경우 신청서를 e-mail로 제출하거나, 웹사이트상의 양식을 기입함으로써 이루어진다. 그 후 ADR 제공기관은 분쟁해결신청서에 제공된 정보를 이용하여 피신청인측과 접촉하고, 그들이 on-line ADR 절차에 참여할 것을 요청한다. 피신청인이 참여를 수락하면, 피신청인은 신청인의 분쟁해결신청서에 대한 답변서를 e-mail 등을 통하여 제출한다.

ADR 제공기관에 의하여 임명된 조정인 등의 조정조서와 분쟁해결서면에 대하여 다양한 집행력이 부여될 수 있으나, 대부분의 on-line ADR의 분쟁해결조서는 법적으로 비구속적이고 집행력이 없다. 다만, 일부 ADR 제공기관은 당사자들이 구속력이 있는 분쟁해결 계약을 맺도록 요구하기도 하지만, 그러한 계약의 효력은 각국의 법률에 따라 달라질 것이다.

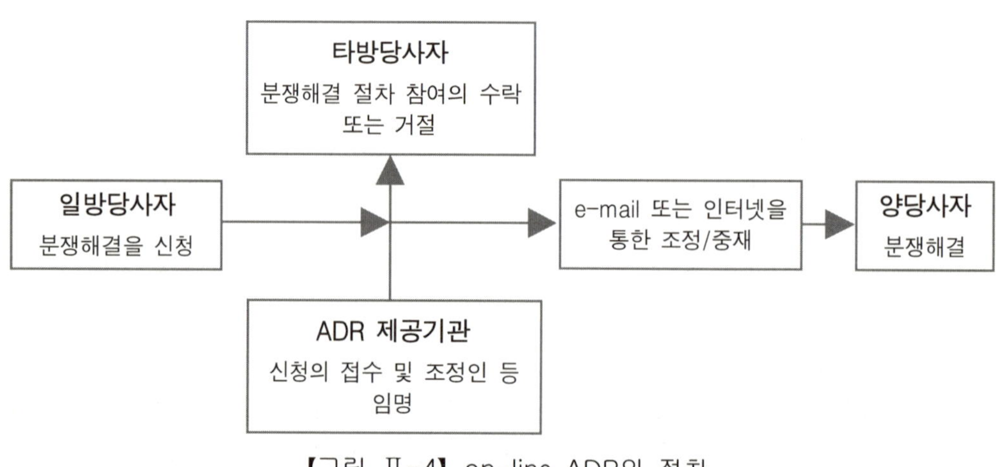

【그림 Ⅱ-4】 on-line ADR의 절차

1) 협상

협상(negotiation)을 통한 분쟁해결시스템은 제3자의 개입 없이 당사자들이 '협상'에 의하여 절차에 참여하고 각자의 의견과 자료를 교환하며 해결의 방법이나 그 합의안을 도출하게 된다는 측면에서, 협상의 중요성은 다른 분쟁해결 절차에서의 기본적 역할에 있다고 할 수 있다.

협상을 통해 처리하는 분쟁은 주로 금융에 간련된 것으로, 보험 및 증권관련 분쟁이 대부분이며, 우선 분쟁이 발생하면 양당사자는 아이디(ID)와 비밀번호(PWD)를 부여받고, 일방당사자는 on-line을 통해 자기가 원하는 협상안을 제시한다. 그러면 타방 당사자가 그 협상안을 받아들일 것인가에 대해서 결정하고, 받아들이지 않을 경우 또 다른 협상안을 제시하게 되어 결국에는 두 당사자의 일치된 협상안이 나올 때까지 계속되는 것이다.

협상은 분쟁당사자들 사이의 교섭과정이라는 의미에서 독립적인 ADR 절차의 하나로 이해할 수 있다.

http://cybersettle.com/

【그림 Ⅱ-5】 협상을 통한 분쟁해결기관 (CyberSettle)

2) 조정

조정 (mediation)은 분쟁당사자의 자발적 의뢰에 따라 선정된 제3자가 당사자간의 합의에 도달하도록 중간자역할을 하여 조정안을 제시하나 그 조정안의 수락여부는 여전히 당사자에 달려있는 형태의 분쟁해결방식을 말한다.

조정은 일반적으로 재판과는 다른 비형식적인 분위기에서 비공개로 진행된다. 조정절차는 분쟁당사자와 조정인 3자에 의해서 다른 형식을 가질 수 있는 것이다. 조정자는 정체된 협상에 다시 활력을 넣고 진전시키는 역할을 하는 것이 중요하지 조정의 과정이나 결과에 대해서 자신이 생각하는 특정한 대안을 당사자에게 강요하려고 해서는 안 된다. 당사자간의 격화된 감정을 누그러트리고 여유를 되찾도록 하기 위해서 각 당사자를 개별적으로 접촉하기도 하고 합동회의를 갖기도 한다. 개별 접촉에서 당사자의 본심을 들을 수 있도록 조정인은 신뢰획득에 우선 힘써야 하며 개별접촉에서 표출된 일방 당사자의 속생각을 그 당사자의 동의 없이 타방 당사자에게 누설하는 경우 조정은 성공하기 어렵다.

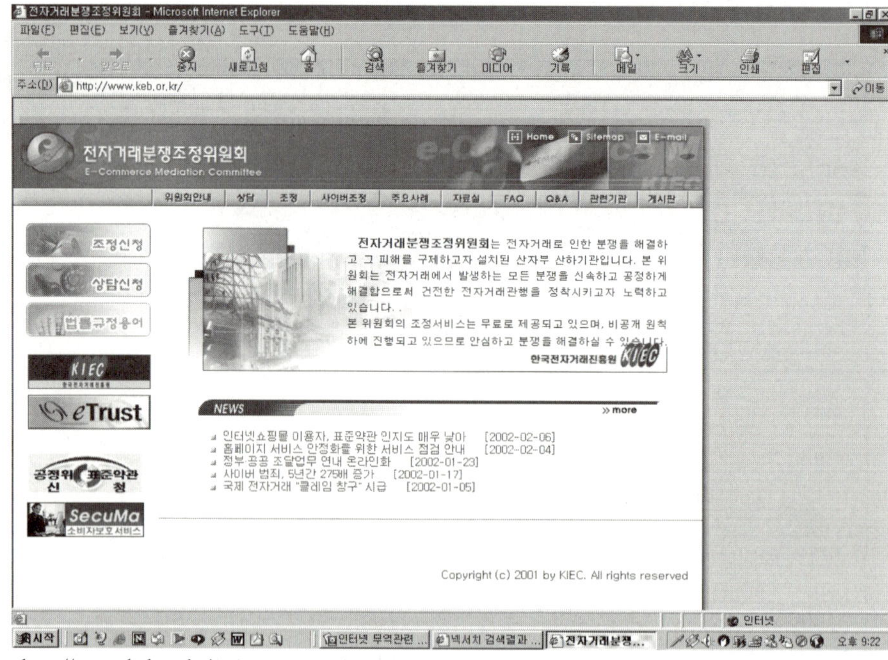

http://www.keb.or.kr/

【그림 Ⅱ-6】 조정을 통한 분쟁해결관련기관 (전자거래분쟁조정위원회)

조정을 통한 분쟁해결시스템은 기존의 조정절차를 on-line을 통해 진행하는 시스템으로 e-mail과 병행해 채팅룸을 만들어 그 속에서 분쟁 당사자들이 중립적인 제3자의 조정을 받는 것이다. 이런 시스템은 지금 가장 보편적으로 이용되고 있는 ADR 분쟁해결 절차이다. 우리나라의 경우 전자거래진흥원[15] 내에 있는 전자거래분쟁조정위원회에서 on-line에 의한 조정서비스를 제공하고 있다.

3) 알선

알선(intermediation)은 거래당사자 사이에서 해결될 수 없을 때 당사자 중의 어느 일방이 제3자에게 의뢰하여, 다른 당사자에게 원만한 해결을 위해서 권고해 줄 것을 요청하는 방법이다.

15) http://www.keb.or.kr

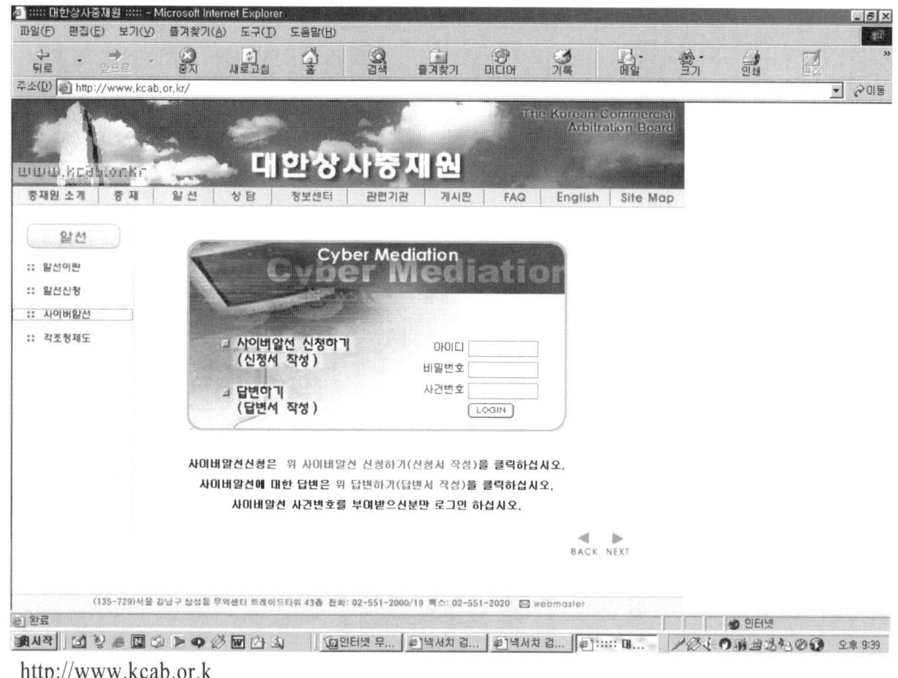

http://www.kcab.or.k

【그림 Ⅱ-7】 알선을 통한 분쟁해결관련 기관(대한상사중재원)

인터넷을 통한 사이버 알선이란 웹상에서 알선을 실시하는 것을 말하는데, 기존의 알선은 양자가 알선기관에 내방하여 당사자 회의를 거쳐 해결하거나, 관련당사자들이 알선기관으로 자신들의 주장사실이나 입증자료들을 서면으로 제출하여 알선기관이 이를 전달하는 방식으로 진행되어 왔다.

그러나 신속한 분쟁의 해결을 도모하기 위하여 알선의 신청 및 답변, 당사자회의, 합의서 작성 등 일련의 알선절차를 전부 혹은 일부를 알선기관의 웹사이트를 통하여 수행할 수 있도록 하는 제도이다.

현재 대한상사중재원에서는 사이버 알선 시스템을 도입하여 운영하고 있는데, 사이버 알선의 절차는 신청인이 대한상사중재원 웹사이트[16)]에 등재되어 있는 사이버 알선신청서를 작성하여 신청을 하게 되면 이를 피제기자에게 통지하여 피제기자가 사이버 알선에 동의하게 되면 알선이 개시된다. 이때에 피제기기자가 동의를 하지 않으면 알선은 기존의 방식으로 진행된다. 제기자는 알선신청 후 일정기간을 기다리면 대한상사중재원으로부터 사이버 알선 개시통지를 받게 되고 이때부터 정식 사이버 알선이 개시된다.

16) http://www.keb.or.kr

만약 피제기자가 사이버알선을 원하지 않는 경우에는 일반적인 알선 절차로 전환되어 진행된다. 단, 대한상사중재원에서 시행하는 사이버 알선은 국내건(국내기업간 클레임)에 한하여 운영되고 있다.

4) 중재 (Arbitration)

직접협상과 조정으로 해결되지 못하는 분쟁의 해결을 위해서는 구속력을 가진 결정을 내릴 수 밖에 없다. 가장 전통적인 결정 방법은 재판이지만 재판이 갖는 절차상 경직성, 소송의 장기성, 높은 비용은 대안으로서 중재제도를 부각시키고 있다.

중재는 중재부탁여부의 결정, 중재인의 선정 등 절차적인 측면에 대한 통제권은 아직도 분쟁 당사자가 가지고 있다. 중재절차의 비공개성은 재판과 또 다른 차이점이지만 주장과 답변, 증인채택, 증거제출, 변론 등은 대체로 재판절차와 유사하다. 당사자는 수용가능한 중재판정의 범위를 제안할 수도 있으나 종국적으로는 판정은 중재인의 몫이다. 중재판정은 항소가 불가능한 분쟁의 종국적 해결이며 당사자가 이행하지 않는 경우 법원을 통해 집행할 수 있다.

조정과 중재의 가장 큰 차이점은 조정안은 당사자가 수행하지 않는 한 구속력이 없음에 비하여 중재판정은 구속력을 갖는다는 것이다. 다른 성격들은 본질적이라기보다는 정도의 차이에 불과하나 이를 유형화해보면 다음과 같다.

인터넷을 통한 사이버 중재 역시 기존 중재절차를 on-line에 의해서 진행시키는 시스템을 말한다. 분쟁당사자가 on-line을 통해 구속력 있는 결정을 내릴 수 있는 중재인의 중재를 받는 것으로, 중재심리절차 등이 on-line으로 진행됨에 있어 증인 및 증거 문제, 참고인 진술문제, 당사자 확인 등 여러 가지 기술적 문제의 해결이 선행되어야 보다 효율적인 분쟁해결 시스템이 될 것이다.

<표 Ⅱ-2> 조정과 중재의 차이

	조 정	중 재
결과의 구속력	비구속적	구속적
절차에의 참여	자발적	자발적 (계약에 의한 강제 가능)
제 3 자	당사자 선택	당사자 선택 혹은 지명
절차의 엄격성	비형식적	약간 형식적
제출사항	제한 없이 관련 사항 개진	증거와 주장만 개진
결 과	조정안에의 합의 혹은 합의 실패	정형적 중재판정
이 행	사적이행	사적 이행 (사법적 강제기능)

자료 : 정찬모 외, "인터넷 분쟁의 소송외적 해결을 위한 법제도 연구", 정보통신정책연구원, 2001. 12.

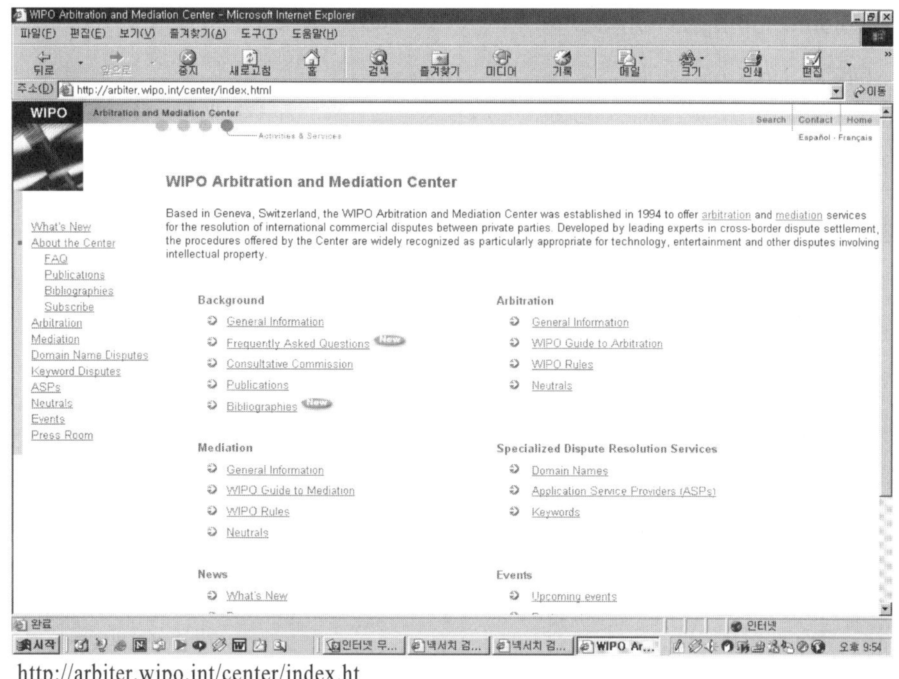

http://arbiter.wipo.int/center/index.ht

【그림 Ⅱ-8】 인터넷 중재관련 기관 (WIPO)

5 on-line 분쟁해결 시스템의 유형 : on-line ADR의 운용 사례

(1) e-mail을 통한 분쟁 제기 시스템

이는 on-line을 통한 분쟁해결의 초창기 단계로서 분쟁 제기만을 e-mail로 할 뿐 실제 분쟁해결 절차는 거의 off-line에 이루어진다. 이런 시스템은 대부분의 쇼핑몰(shopping mall)이나 전자상거래 기업 자체 내에서 소비자나 구매 기업의 불만 사항을 처리하기 위한 것으로서 공정한 분쟁해결을 기대하기 어렵다.

(2) 사이버 조정 시스템

기존의 조정(Mediation)절차를 on-line을 통해 진행하는 시스템이다. e-mail과 병행해 채팅룸을 만들어 그 속에서 분쟁 당사자들이 중립적인 제3자의 조정을 받는 것이다. 이런 시스템은 지금 가장 보편적으로 이용되고 있는 ADR 분쟁해결 절차이다. 우리나라도 전자거래진흥원 내에 있는 전자거래분쟁조정위원회[17]에서 on-line에 의한 조정서비스를 제공하고 있다.

1) Online Ombuds Office[18]

Online Ombuds Office는 1996년부터 on-line 조정에 의해 분쟁을 해결해 오고 있다. Massachusetts 대학에 의해 운영되고 있고, 인터넷 경매회사인 e-Bay에 의해 지원되며 조정비용은 무료이다.

2) IRIS Mediation[19]

IRIS (Imaginons un Reseau Internet Solidaire)는 1997년 프랑스에서 설립되었고, 소비자들에게 비용을 받지 않는 순수한 자원봉사자들에 의해 구성되어 조정서비스를 제공한다. 비교적 비상업적 거래에 관련된 분쟁을 처리한다.

3) Beschwerdestelle of the Freiwillige Selbstkontrolle Multimedia Diensteanbieter[20]

독일의 전자상거래업자들에 의해 자율적으로 조직된 기관으로서 상업적인 거래보다는 인터넷상의 콘텐츠와 관련된 분쟁을 처리한다. 인터넷상의 불법적인 콘텐츠로 인해 피해를 입는 당사자가 이 기관에 불만을 제기하면 콘텐츠 제공업자와의 조정절차를 개시하게 된다. 계속해서 불법적인 콘텐츠를 게시하는 경우 정부에 고발권을 가진다.

4) Internetneutral[21]

미국에서 설립된 기관이며 e-mail, 인터넷 채팅, 화상회의 등을 통해 조정서비스를 제공한다.

5) 기타

이외에도 Online Mediator[22], Transecure[23], E-Mediation[24]의 기관에서 on-line에 의한 조정서비스를 제공한다.

(3) 사이버 중재 시스템

사이버 조정과 마찬가지로 사이버 중재 역시 기존 중재절차를 on-line에 의해서 진행시키는 시스템을 말한다. 분쟁당사자가 on-line을 통해 구속력 있는 결정을 내릴 수

17) http://www.kiec.or.kr/htm/kor/about/e_committee/kiec.htm
18) http://www.ombuds.org.org
19) http://www.iris.sgdg.org/mediation
20) http://www.fsm.de/bes/index.html
21) http://www.internetneutral.com
22) http://www.onlinemediators.com
23) http://www.transecure.org
24) http://www.e-mediation.nl

있는 중재인의 중재를 받는 것으로, 중재심리절차 등이 on-line으로 진행됨에 있어 증인 및 증거 문제, 참고인 진술문제, 당사자확인 등 여러 가지 기술적 문제의 해결이 선행되어야 보다 효율적인 분쟁해결 시스템이 될 것이다.

현재 세계지적재산권기구(WIPO)[25]에서 도메인네임 분쟁에 관해 on-line을 통한 사이버 중재를 실시하고 있는데, 월평균 180여건이 접수 및 처리되고 있는 등 매우 활발하게 운용되고 있다.

1) Virtual Magistrate[26]

이 기관은 1996년 Chicago-Kent 법과대학과 일리노이 기술재단에 의해 설립되었고, Cyberspace Law재단과 미국 AAA에 의해 공동 운영되고 있다. AAA의 추천을 받아 높은 자질을 갖춘 중재인에 의해 개인과 기업, 기업과 기업간의 중재서비스를 제공한다. 분쟁 한 건당 중재인 수당은 250$ 정도이다.

2) eResolution[27]

eResolution은 ICANN (The Internet Corporation for Assigned Names and Numbers)의 공인아래 인터넷 도메인네임 분쟁에 특화된 분쟁해결서비스를 제공하고 있다. eResolution의 on-line 분쟁해결 시스템을 위해서 새로운 소프트웨어가 개발되었고, ICANN에 의해 새로운 규칙과 절차가 제정되었는데, 이 규칙은 1999년 12월 1일자로 법적효력을 갖게 되었다. eResolution의 다음 전략은 도메인네임분쟁보다 좀더 복잡한 상거래관련 분쟁에서 on-line에 의한 조정서비스를 제공하는 것이다.

3) 기타

이외에 미국의 I-courthouse[28]와 독일의 Cybercourt[29]가 on-line을 통한 중재를 시도하고 있다.

(4) 인증마크와 결합된 ADR 분쟁해결 시스템

제3의 공공기관이나 기업이 사이버몰 영업을 원하는 기업의 신용도를 평가하여, 소비자가 믿고 거래할 수 있는 곳에는 자사의 로고(logo)를 게시할 수 있도록 허용하고, 소비자는 이 로고가 있는 사이버몰에서는 안심하고 거래할 수 있는 것이다. 그리고 이 로고를 게재한 기업과 관련해 분쟁이 발생할 경우 on-line을 통해 다양한 방법으로 해결한다.

25) http://www.arbiter.wipo.int
26) http://vmag.org
27) http://www.disputes.org
28) http://www.i-courthouse.com
29) http://www.cybercourt.de

1) BBBOnline[30)]

BBB는 1912년에 설립된 비영리 사단법인으로 현재 미국과 캐나다 전역에 120여개의 지사를 가지고 있고, 전국의 250,000명의 회원을 확보하고 있다. BBB는 America Online, AT&T Corp., Bank of America 같은 미국내 유수한 기업들의 재정적 지원을 받고 있다. BBB는 전자상거래업체에 대한 신뢰도 조사를 시행하고, 일정기준 이상이 되면 자사의 로고 게재를 허용하는데, 이 로고를 보고 일반 소비자들은 전자상거래로 인한 위험의 부담없이 믿고 거래할 수 있는 것이다. BBB는 여기서 한 걸음 더나가 자사 로고를 게재한 회원기업과 그들 고객간의 분쟁이 발생하면 그 분쟁해결서비스까지도 제공하게 된다. 분쟁이 접수되면, on-line을 통해 우선 고객과 기업의 고객담당직원을 연결시켜 분쟁당사자 사이에 대화의 통로를 열어둔다. 그리고 여기서 원만한 합의가 이루어지면, 그 합의가 이행될 수 있도록 유도하고, 만약 분쟁초기에 합의가 이루어지지 않을 경우, 수십년의 분쟁해결 경험을 가진 5천명 이상의 BBB조정인이 공평하고 객관적인 입장에서 조정을 진행하고, 더 나가서는 각계 전문가로 구성된 중재인을 선임하여 자체 중재규칙[31)]에 따라 구속력이 있는 중재로써 해결하도록 한다. 즉, 기업과 그들 고객에게 저렴한 비용으로 신속한 분쟁해결의 기회를 제공하는 것이다.

2) Which Webtrader[32)]

영국에서 설립된 소비자들의 자체 기구로 전자상거래 업체들에게 역시 인증마크를 부여하며, 이들 업체와 관련된 분쟁 발생시 on-line을 통한 분쟁해결 시스템을 제공한다. 또한 이 기구는 전자결제 등으로 인해 카드피해가 발생한 경우 처음 50파운드까지 보상해준다. 또한 EU를 통해 전 유럽으로 이 서비스의 확대를 도모하고 있다.

3) Trusted Shops[33)]

1999년에 설립된 조직으로 자사 인증마크를 부여하며, on-line ADR 서비스를 제공한다. 역시 전자상거래로 인해 피해를 입은 경우 보상을 해 주는데, 이 보상은 특정 계약이 체결된 보험회사에 의해 제공된다.

(5) 협상을 통한 분쟁해결 시스템

이 분쟁해결 시스템은 제3자의 개입 없이 당사자들만에 의한 특이한 절차에 의해서 운

30) http://www.bbbonline.org
31) BBB AUTO LINE Arbitration Rules(October 1998)
32) http://www.which.com/webtrader
33) http://www.trustedshops.org

영된다. 이 시스템에서 처리하는 분쟁은 주로 금융에 관련된 것으로, 보험 및 증권 관련 분쟁이 대부분이다. 우선 분쟁이 발생하면 양당사자는 아이디와 비밀번호를 부여받고, 일방당사자는 on-line을 통해 자기가 원하는 협상안을 제시한다. 그러면 타방 당사자가 그 협상안을 받아들일 것인가에 대해서 결정하고, 받아들이지 않을 경우 또 다른 협상안을 제시하게 되어 결국에는 두 당사자의 일치된 협상안이 나올 때까지 계속되는 것이다.

1) ClickNsettle[34)]

ClickNsettle은 미국에서 보험 및 증권 관련분쟁을 년간 10,000건 이상 on-line 중재를 통해 해결하고 있다.

2) 기타

이외에도 CyberSettle[35)]과 SettleOnline[36)]이 유사한 서비스를 제공하고 있다.

(6) 우리나라의 전자거래진흥원의 분쟁조정위원회

1) 개관

한국전자거래진흥원(KIEC : Korea Institute for Electronic Commerce)은 국내 전자상거래의 활성화를 위하여 '전자거래기본법[37)] (1999. 8)'에 의거 설립된 기관으로서 전자상거래 정책연구, 진흥사업의 추진 등 민간과 정부의 교량역할을 수행하고 있다.[38)] 구체적으로는 전자상거래 조성 및 촉진을 위한 제반사업의 추진을 통하여 전자상거래 활성화를 위한 종합적이고 전문적으로 지원을 하는 기관으로서의 역할을 수행할 목적으로 탄생한 기구이다.

한편, 전자거래진흥원 산하의 전자거래분쟁조정위원회는 전자거래진흥원의 설립 목적을 효율적으로 달성하기 위하여 전자거래에서 파생되는 분쟁을 대안적 수단에 의해 해결하기 위할 목적으로 설립된 기관이다. 즉, 전자거래 분쟁을 신속·공정하게 해결하고, 그 피해를 구제하기 위해 전자거래기본법 제32조에 의거하여 2000. 4. 12. 한국전자거래진흥원 내에 설치·운영하고 있다.

이러한 전자거래분쟁조정위원회의 특징을 살펴보면 다음과 같이 네 가지로 요약할 수 있다. 첫째, 신속한 처리이다. 전자거래분쟁조정위원회의 조정 전 과정은 가

34) http://www.clickNsettle.com
35) http://www.cybersettle.com
36) http://www.settleonline.com
37) 한국전자거래진흥원은 1999년 8월 전자거래기본법 제22조에 따라 설립되어 전자거래의 촉진을 위한 사업의 효율적인 추진 및 전자거래 관련 정책의 개발 지원이 목적이다.
38) http://www.ecmc.or.kr/troublemedi/troublemedicomm.asp

능한 45일내에 처리함으로서 그 어느 해결방안보다 신속한 처리가 가능하다. 둘째, 공정한 해결을 보장한다는 것으로 해당분야별 전문위원이 조정을 진행하는 것에 기인한다. 셋째, 무료라는 점으로 조정비용과 관련된 비용은 전액무료이다. 마지막으로 비공개에 의한 처리인데, 조정에 관여한 모든 당사자에게 비밀누설금지의무를 부여하여 소비자의 개인정보 및 사업자의 영업비밀 유지할 수 있기 때문에 관련 당사자가 부담없이 이용할 수 있다는 장점을 가지고 있다.

2) 자동상담 서비스

이용자가 궁금한 사항이나 처한 문제 상황에 대한 상담 콘텐츠를 편리하게 접근할 수 있도록 하기 위하여 전자거래에서 분쟁이 빈번히 발생하는 분야별로 분류하여 상담 제공하는 시스템을 구축하여 운용함으로써 관련 당사자들의 편의를 돕고 있는데 그 내용을 살펴보면 다음과 같다.

① 자동상담시스템의 개념

온라인상에서 실시간으로 전자거래분쟁 당사자들이 시스템의 요구에 따라 자신이 처한 상황을 입력하면 이를 시스템 상에서 자동으로 처리하여 개인화된 답변을 제공하는 시스템을 의미한다.

【그림 Ⅱ-9】 전자거래진흥원의 자동상담시스템

② 자동상담 서비스의 내용

자동상담서비스의 내용은 ㉠ 배송관련, ㉡ 계약취소/반품/환불, ㉢ 물품하자, ㉣ 계약변경/불이행, ㉤ 허위/과장광고, ㉥ 가격/착오등록, ㉦ 서비스불만, ㉧ 사이버몰 폐쇄, ㉨ 시스템 오류, ㉩ 한글인터넷주소, ㉪ 기타(개인정보보호, 도메인, 저작권, 쇼핑몰분양, 웹호스팅/게임 등) 등이 있다.

③ 기타

한편, 자동상담 수행 후 자동상담 결과에 만족하지 못하고 2차적으로 전문가상담을 수행하고자 하는 경우 전문가상담 서비스 이용 가능하며, 전자거래분쟁 관련 지식 포탈 서비스 제공함은 물론, 전자거래 분쟁해결사례비교집, 전자거래분쟁조정사례집 등 전자거래분쟁 관련 지식정보를 효율적인 검색서비스를 통해 제공하고 있다.

3) 조정절차

전자거래와 관련하여 분쟁이 발생한 경우 그 분쟁의 이해관계인은 위원회에 분쟁의 조정신청을 할 수 있는데, 개인신청인 경우는 본인 이름과 주민등록번호로 실명확인 후 신청 가능하다.[39)]

위원장은 조정신청을 받은 때에 즉시 관계당사자에게 그 내용을 통지하고 합의 및 조정에 응할 것을 권고하며, 관계당사자가 조정에 응하거나 당사자간 합의가 이루어지지 않은 때에 이의 담당조정부 구성하게 된다. 담당조정부 구성 후 대면 또는 사이버조정을 통해 조정안을 작성하여 당사자들에게 이의 수락을 권고하는 절차로 이행되게 된다. 이해관계인이 조정안을 수락한 경우에는 조정조서가 작성되어 조정이 성립하게 되나, 만일 이해관계인이 조정안의 수락을 거절하면 조정의 특성상 이러한 일련의 절차는 종료하게 되며, 법적 효력은 없다. 이러한 조정처리과정을 도표로 나타내면 다음과 같다.

---

39) 단, 기업신청인 경우는 실명확인이 불가능하므로 신청과 동시에 사업자등록증 사본을 팩스(전자거래진흥원 산하 전자거래분쟁조정위원회)로 송부해야만 한다.

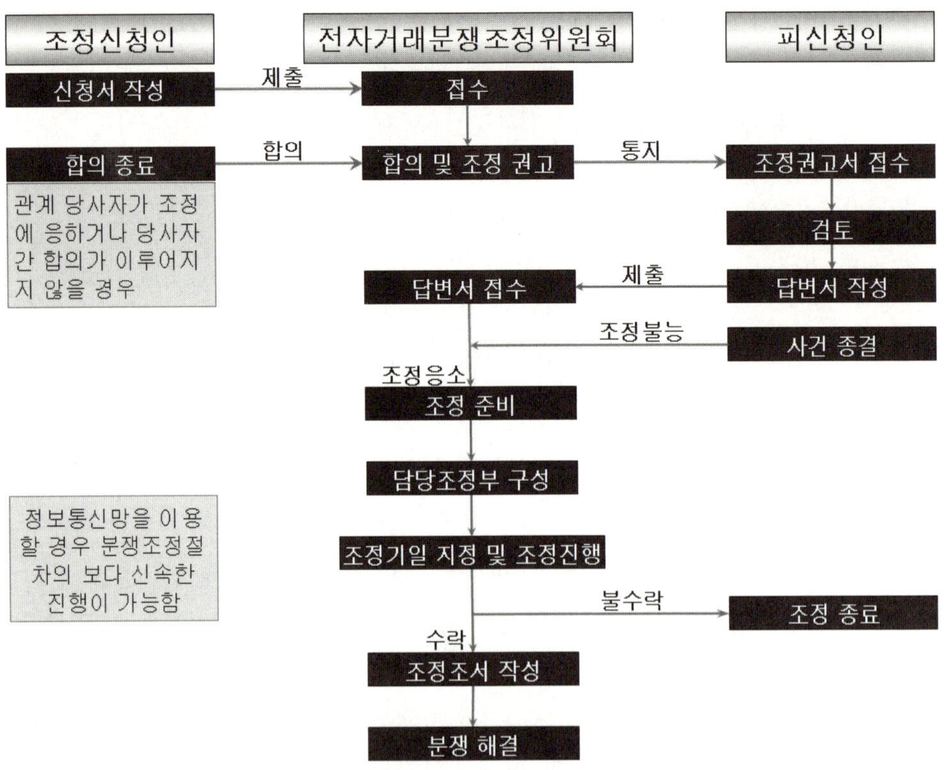

【그림 Ⅱ-10】 전자거래진흥원의 분쟁조정위원회의 조정처리과정

한편, 사무국에서 수행하는 제반 역할을 살펴보면 다음과 같다. 첫째, 조정을 원하는 당사자로부터 조정신청을 접수받고 사실조사를 거쳐 분쟁사안별 전문가로 조정위원을 구성하여 조정이 원만히 진행되도록 업무지원하며, 둘째, 전자거래분쟁을 사전에 예방하기 위한 분쟁조정사례집 발간 등 홍보 활동을 수행하고, 셋째, 효율적인 민원 처리와 위원회의 전문성 강화를 위한 연구조사 관련 업무를 수행하며, 넷째, 전자거래분쟁조정위원회의 합리적 운영을 위한 발전 방안 마련 및 정책 제안 등의 업무를 추진하고 있다.

① 조정 대상

전자거래진흥원의 전자거래분쟁조정위원회를 통한 조정을 활용하기 위한 세부 내용은 다음과 같다. 우선, 조정의 대상은 소비자와 전자거래기업간(B2C), 개인간(C2C ; P2P), 전자거래기업 상호간(B2B) 분쟁 등 전자거래 관련 모든 분쟁이 해당된다. 예를 들자면 배송관련(배송지연, 미인도, 배송비), 계약관련(계약취소거부, 계약조건변경, 약정불이행), 상품정보 오기(가격오기 등), 반품 및 환불, 개인정보(침해, 유출 등), 온라인 게임 등 매우 광범위하게 예시할 수 있다.

② 조정유형

조정 유형은 대면 조정과 사이버 조정으로 분류할 수 있다.

㉠ 대면조정

대면조정은 특수하고 복잡한 사안의 경우 조정관계인이 조정장소(전자거래 분쟁조정위원회조정실)에 출석·대면하여 조정 진행하게 된다.

㉡ 사이버조정

사이버조정은 온라인채팅조정시스템 또는 음성화상조정시스템으로 진행하게 된다. 우선, 사이버조정센터(www.ecmc.or.kr)에 접속, 사이버상에서 조정절차의 전부 또는 일부를 진행함으로써 조정기한 단축 및 제반비용과 시간 절감이 가능하다는 장점을 가진다. 즉, ㉠ 당사자간 지역·시간·장소의 제한 없이 실시간 조정 가능하며, ㉡ 조정관계인이 조정 장소에 직접 출석하지 않고 조정관계인 각자의 장소에서 정보통신망을 이용, 조정절차의 전부 또는 일부 진행하다.

결국, 시간과 장소에 구애받지 않고 실시간에 동시에 조정에 참여, 조정관계인들이 자유롭게 의견 교환이 가능한 메커니즘으로 전자상거래가 가지는 가장 큰 장점인 비용절감 및 신속성을 고려한 분쟁해결방식아라 할 수 있다.

6 on-line ADR의 전망

(1) on-line ADR의 활성화를 위한 고려 요인

최근에 on-line을 통한 ADR 분쟁해결 모델이 많이 개발되고 있다. 이 분쟁시스템의 개발에는 수많은 기술적인 요소들이 요구되는데, 크게 두 개의 범주로 나눌 수 있다. 하나는 시스템 이용자들이 쉽게 분쟁해결 절차에 참여할 수 있도록 해주는 접근성이고, 다른 하나는 시스템에 대한 신뢰성이다.

1) 접근성

① 가시성

on-line을 통한 ADR 분쟁해결 시스템에는 분쟁해결기법 등 수 많은 선택사항[40]이 존재한다. on-line 상에서 잘 보이지 않아 그냥 지나치기 쉬운 선택사항 하나가 분쟁에 중대한 영향을 미칠 수도 있다. 따라서 분쟁해결 시스템을 이용하는 분쟁 당사자들로 하여금 선택사항에 대한 인식을 쉽게 하도록 해 주어야 한

40) 분쟁해결기법의 선택(중재, 조정 등의 선택), 시기 및 장소의 선택, 관할 및 준거법의 선택 등등 여러 선택사항(optional)이 존재할 수 있다.

다. 즉, 분쟁 당사자들이 잠재된 혼동을 피하게 하기 위해서는 on-line 상에 명확한 안내가 있어야 할 것이다.

② 당사자들의 동의

분쟁 당사자들은 on-line ADR 분쟁해결 시스템에 관해 적절한 정보를 알고 있어야 한다. 그 분쟁해결 절차의 종류, 적용될 실체법·절차법, 결정사항의 법적 구속력 여부 등을 잘 알고 있어야 한다. 그러나 이 정보들은 일방적으로 주어져 강제하는 것이 아닌 당사자들의 자율적인 동의가 전제되어야 한다. on-line을 통해 양 분쟁 당사자들의 명백한 동의를 얻어놓을 수 있도록 시스템을 개발하여야 할 것이다.

③ 신속성

on-line ADR 분쟁해결의 특징상, 분쟁당사자들은 신속한 분쟁해결을 원할 것이다. 기존 off-line 분쟁에서처럼 많은 시간이 걸린다면 분쟁해결 시스템의 실효성은 반감될 것이다. 따라서 이러한 요구사항이 고려된 분쟁해결 시스템이 필요할 것이며, 이는 기술의 진화 속도를 볼 때 큰 문제는 없을 것으로 생각된다.

④ 사용의 용이성

일반 분쟁 당사자들이 보다 쉽게 분쟁해결 시스템에 접근할 수 있고, 분쟁해결 절차에 참여할 수 있도록 하여야 한다. 기존의 e-mail, 채팅룸, 화상회의룸 등의 제반시스템을 보다 쉽게 사용할 수 있도록 프로그램을 개발하여야 한다.

⑤ 언어

국제간 분쟁의 경우 분쟁당사자들의 언어 이질성은 필연적이며, 이로 인해 절차가 지연되고, 분쟁해결이 당사자들의 의도와는 왜곡된 방향으로 갈 가능성이 크다. 아무리 신속하게 분쟁을 해결할 수 있는 시스템이라고 해도, 서로 다른 언어로 인해 절차상 장애가 발생한다면, 기존 off-line 분쟁해결 시스템 비해 크게 나을 바가 없다. 현실적으로 영어라는 어느 정도의 공용화된 언어가 있다고 할지라도, 일반인들에게는 아직도 그 언어의 사용에 어려움이 많다. 일반인들도 쉽게 분쟁해결 시스템에 접근하기 위해서는 어느 특정 언어를 공용어로 설정·활용하기보다는 발전된 인터넷 기술을 이용하여 웹상에서 자동적으로 번역되는 시스템을 갖추어야 할 것이다.

⑥ 비용의 저렴성

일반적으로 분쟁해결에 들어간 비용이 적을수록 효율적인 분쟁해결 시스템일 것이다. 분쟁 당사자들은 on-line을 통해서 비용이 많이 드는 모든 물리적 제약들을 극복할 수 있기 때문에 적은 비용을 기대할 것이다. 더구나, 분쟁 당사자들이 소비자들이고 분쟁가액이 작은 경우에는 그 비용이 중요한 영향을 미친다. 따라서 일반소비자나 중소기업(SMEs)이 on-line을 통한 분쟁해결 시스템에 보다 쉽게 접근하기 위해서는 따로 비싼 비용이 드는 프로그램이 아닌 보편적으로 쓰이는 웹브라우저 등을 통한 접근이 가능해야 할 것이다.

⑦ 호환성

아직까지는 순수하게 on-line으로만 분쟁을 해결하기에는 어려움이 많다. 보다 공정하고 정확한 분쟁판단을 위해서는 기존의 off-line에 의한 방법도 병행해야 할 것이다. 적어도 기존의 off-line 분쟁해결 시스템과 충돌하지는 않아야 할 것이다.

⑧ 규모성

분쟁해결 시스템으로서의 효율성을 갖추려면 인프라의 대규모 구축이 필요하고, 여기에 따른 많은 수의 분쟁제기가 있어야 한다. 적정한 분쟁수를 예측하고 여기에 맞는 효율적인 인프라를 구축해야 한다.

⑨ 통합된 분쟁해결 시스템

어떤 특정한 분쟁해결기법만을 제공할 것이 아니라 중재, 조정, 옴부즈만, 인증마크까지 여러 제도를 통합적으로 운영한다면, 그 효율성을 더욱 높일 수 있고, 분쟁 당사자들로 하여금 그 선택의 폭도 넓게 할 수 있다.

2) 신뢰성

① 인증

on-line을 통한 분쟁의 해결시, 당사자들의 신원을 확인하고 전자문서의 진위를 확인하기 위해서는 당사자 인증(identification)이 필수적이다. 분쟁해결 절차에서 인증이 제대로 이루어지지 않는다면, 그 분쟁이 해결되더라도 추후에 인증과 관련된 또 다른 분쟁이 제기될 수 있다.

② 안전성

분쟁해결 시스템에 인증마크제도를 도입하는 경우 그 인증마크가 도용 등의 방법에 의해 사기적으로 이용당하지 않도록 하는 기술적인 개발이 필요하다.

③ 사생활 보호

분쟁해결진행을 공개하는 일반 법원과는 달리, ADR에 의한 분쟁해결에는 비공개가 원칙이다. 일반적으로 분쟁 당사자들은 자신들의 분쟁과 관련된 사항이 공개되지 않기를 원하는 것이 일반적이다. 분쟁을 통해 당사자들의 영업비밀 등이 공개되는 것을 꺼려하기 때문에, 시스템 구축시 임의적 공개는 물론 해킹 등의 방법에 의한 타의적 공개도 막는 프라이버시(privacy) 대책이 강구되어야 한다.

④ 투명성

분쟁해결에 관한 투명성(transparency)은 크게 두 가지 측면에서 주목할 수 있다. 첫째, on-line 상에서의 분쟁해결 절차에 관한 투명성으로, 이는 양 당사자가 절차 진행 정도, 현재 분쟁전개 상황, 앞으로의 대응방안 등을 알 수 있도록 해야 한다. 둘째, 사실 확인, 법적증거, 참고인 진술 등 분쟁의 해결에 결정적인 역할을 하는 사항들에 대한 투명성이 확보될 수 있어야 한다. on-line을 통한 분쟁의 해결에는 이들 사항에 대한 조작의 가능성이 커질 수 있으므로 당사자들의 불신을 불식시키기 위해 시스템의 안전성을 제고시켜야 할 것이다.

(2) on-line ADR의 활성화를 위한 선결 과제

현재 대안적 분쟁해결제도는 세계 여러 나라에서 매우 활발하게 논의가 되고 있으며, 대안적 분쟁해결제도의 약점이라 할 수 있는 법률적 근거의 논란에도 불구하고 매우 활발하게 확산되는 전망을 보이고 있다. 특히, on-line ADR의 경우 제반 효용성은 더욱 클 것으로 전망되는데 이를 간략하게 제시해 보면 다음과 같다.[41)]

가상공간(Cyber Space)상의 여러 가지 문제는 그 성질상 법원에 의한 피해자 구제나 권리조정이 곤란한 경우가 있기 때문에 오히려 on-line ADR에 의하여 당해 분쟁을 해결하는 것이 오히려 더 유용할 것으로 전망된다. 그리고 on-line ADR 이용시 주요한 점은 소비자(이용자)간에 있어서 실효적인 구제절차가 꼭 필요한 기본전제조건이고, 가상공간에서 자치사상과 적합성 문제가 제기될 수 있다. 물론 네트워크 이용자는 모두 실제공간(Real Space)상의 주민이고 현실사회의 실정법이 적용됨은 물론이다. 그러나 사이버 스페이스상에서는 현실사회와는 다른 법적 가치판단이 필요하기 때문에 on-line ADR은 이러한 특수성을 가진 분쟁해결분야에 더욱 적합하게 이용될 수 있을 것으로 전망된다. 이를 위해서는 절차면에서 정통성을 확보할 필요가 있으며, 또한 그 전제로서 실효성이 확보가 요구된다. 예를 들자면 이행확보의 수단으로서 인적·물적 담보설정이나 중재판단의 집행용이화 등이다.

한편, on-line ADR이라는 이름 하에 검열·자율규제 단체로 변모할 우려도 없지 않다. 전자상거래의 경우에는 그 위험이 각종 제도의 보완 및 당사자들의 경험에 의한 선순환 등에 의해 그 위험이 상대적으로 줄어들고 있지만, 표현행위와 인격권과의 충돌과 같은 분쟁에서는 분쟁회피를 최우선시한 나머지 이른바 on-line ADR이 사적 검열기관 또는 자율규제(혹은 자주규제)라는 대의명분아래 단속기관으로 변모할 가능성이 잔존한다. 예를 들자면 자칭 피해자의 일방적인 제소에 응해서 안이하게 정보발

---

41) 홍성규, 「국제상사중재 : 이론과 실제」, 도서출판 두남, 2002. 3. pp. 181-182.

신을 정지하는 등의 행위를 한 경우 일종의 사적인 제제(lynch)가 될 우려가 있다. 반면에 제소에 대한 조치를 소홀히하면 구제거부의 원인이 될 가능성도 있다. 이러한 점은 on-line ADR의 역할이나 절차의 구축에 있어서 충분히 유의를 하여야 하며, ICANN[42]의 분쟁해결정책과 같이 현실사회의 사법기관에 의한 분쟁해결 방법도 항상 개방해 놓음으로써 강제적인 중재부탁이나 법적으로 불합리한 해결이라는 사실상의 강제를 피해야만 한다. 이러한 배려가 전제되어야만 on-line ADR은 사이버스페이스 상에서 자치(autonomy)의 중심으로 부각될 수 있을 것이다.

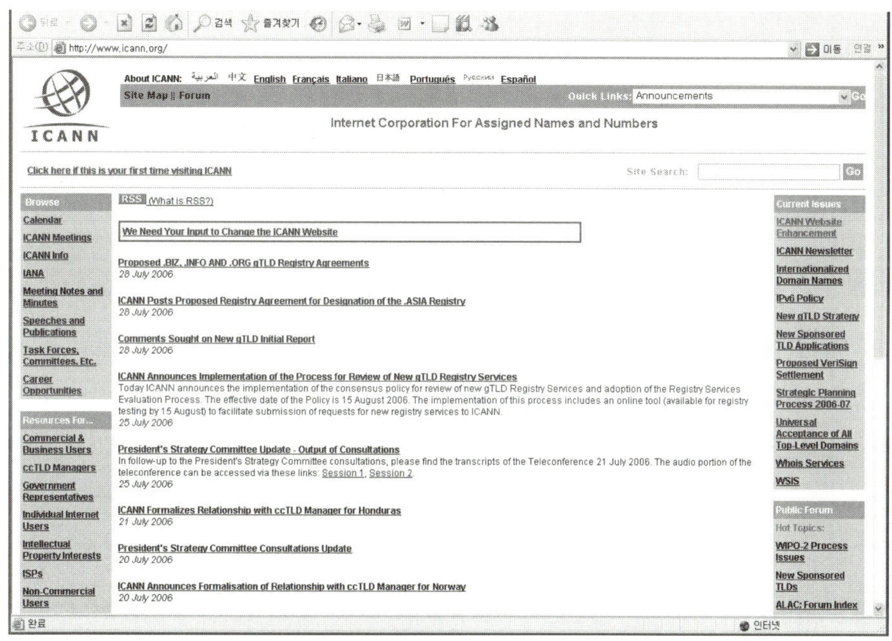

【그림 Ⅱ-11】 ICCN의 Web Site

최근 상거래 분쟁이 복잡하고 전문성이 요구되며, 신속한 해결을 지향하고 있으므로 종래 on-line ADR 제도의 장점과 정보통신적 요소를 가미한 새로운 on-line ADR 제도의 도입 및 추진이 무엇보다도 중요하다고 볼 수 있다. 이를 위하여 on-line ADR의 정통성과 실효성을 확보할 필요가 있다. on-line ADR 제도의 운영 실험 프로젝트에서 나타난 몇 가지 문제점을 보완·개선할 경우 on-line ADR의 유용성은 상당히 증가할 것으로 전망된다.

42) ICANN(Internet Corporation for Assigned Names and Numbers)은 1998년 창설된 국제 인터넷 관리 비영리 법인이다(www.icann.org). 이 기관의 역할은 인터넷 주소, 도메인 네임, IP 어드레스 공간 할당, 루트 서버 시스템, 그리고 인터넷 프로토콜(포트 수, 라우터 프로토콜, 멀티캐스트 주소 등)과 같은 거대한 변수들의 표준을 설정해 통합, 관리한다. ICANN은 네트워크 솔루션(www.networksolutions.com)과 같은 공인 도메인 등록기관을 산하에 두고 공인 등록자 리스트를 제공하는 역할도 한다.

학습정리

기존의 무역에서 유용한 분쟁해결 방식이었던 중재제도와 유사한 형태의 대안적 분쟁해결제도(ADR)가 있으며, 이에 대한 논의가 활발하다.

전자무역에서의 분쟁은 온라인이라는 환경에서 기인하기 때문에 아직까지 구체적 해결방안 모색이 용이하지 못하며 전세계적으로도 통일되어 있지 않다.

현재, 우리나라에서는 전자거래와 관련된 대안적 분쟁해결제도가 정착화되는 초기 단계에 있으며, 향후에는 전자무역에 있어서도 이러한 방법에 의한 분쟁해결이 점증될 것으로 판단된다.

대안적 분쟁해결제도는 각각의 장점과 단점이 존재하는데, 향후 일정한 시간이 경과할 경우 최근 제기되고 있는 단점들이 일정부분 해결된 형태의 분쟁해결제도의 활용은 더욱 강화될 것으로 판단된다.

학습과제

1. 이른바 대안적 분쟁해결제도의 개념과 유형에 대하여 아는 대로 기술하시오.
2. 대안적 분쟁해결제도는 각각의 장점과 단점이 존재하는데, 그 내용에 대하여 설명하시오.
3. 현재, 우리나라의 전자거래의 분쟁을 해결하기 위한 대안적 분쟁해결제도에는 무엇이 있는가?
4. 전자거래에 있어서 대안적 분쟁해결제도의 활용 빈도가 높아지는 이유는 무엇인가?

분쟁사례연구 7

자동전화 프로그램개발 용역대금 청구

사건번호 : 제01111-0010호*[43)]

구 분	내 용	비 고
신 청 인	A사	
피 신 청 인	B사	
청 구 원 인	자동전화 프로그램개발 용역대금 청구	
품 목	프로그램개발용역	
청 구 금 액	금 120,000,000원	
판 정 일	2001. 11. 29. 판정	
판 정 내 용	금 80,000,000원	

판정요지 :

1. 신청인과 피신청인은 2000. 2. 1.자로 신청인이 (1) 웹문서 분석을 통한 자동전화 프로그램 및 (2) CD롬을 이용한 자동전화 프로그램을 개발하여 피신청인에게 공급하는 것을 주된 내용으로 하는 연구과제개발계약을 체결하였고, 이 연구과제개발계약에 의하면, 연구과제개발기간은 2000. 2. 1.부터 2000. 12. 31.까지 11개월로 하고, 피신청인은 신청인에게 연구과제개발에 대한 대가로 금 160,000,000원을 3차에 나누어 단계별로 지급하기로 하였다. 구체적인 대금지급조건과 지급기일을 보면, 피신청인이 1차로 2000. 2. 22.에 금 20,000,000원을, 2차로 2000. 6. 1.에 금 70,000,000원을, 3차로 2000. 11. 1.에 금 70,000,000원을 신청인에게 지급하기로 하되, 피신청인이 지급단계별 자동전화프로그램의 개발 및 구현에 관하여 확인을 한 후에 지급하도록 하고 있다.

2. 이에 따라 신청인은 2000. 8. 16. CD롬을 이용한 자동전화 프로그램을 개발완료한 후 이를 피신청인에게 통지하였으나 피신청인은 연구과제개발대금의 1차 지급기일인 2000. 2. 22.에 금 20,000,000원만을 지급한 후, 2차 지급기일인 6. 1.에는 신청인의 프로그램 개발의 구현정도가 미비하고 추가적인 보완이 필요하다는 이유 등으로 같은 날에 지급하기로 하였던 금 70,000,000원을 신청인에게 지급하지 아니하고 다만, 같은 해 8. 4.에 이르러서야 금 20,000,000원을 지급하여 합계 금 40,000,000원만을 지급한 채 나머지 120,000,000원을 지급하지 않는 것은 부당하다고 주장한다. 반면에 피

* 대한상사중재원, 「사례집 제11권」, 2002, pp. 360 - 369.

신청인은 신청인이 개발인력을 투입할 수 없다는 등의 이유를 들어 피신청인의 프로그램의 수정 및 보완요구에 성실히 응하지 아니하였고, 또한 2000. 5.에 배포한 시제품 약 10,000장이 시장성, 수익성이 없으며, 2000. 12. 19. 피신청인의 경영지원실 소속 부장 H씨의 명의로 신청인의 계약위반을 이유로 하여 해지의 의사표시를 하였기 때문에 본 건 계약은 적법하게 해지되었다. 따라서 이러한 신청인의 프로그램지연 및 하자, 상업적 활용의 중단 등으로 인하여 금 120,000,000원의 손실 혹은 손해를 입었기 때문에 신청인에게 동 대금을 지급할 의무가 없다고 주장한다.

3. 중재판정부는 먼저 위 H씨는 피신청인의 경영지원실 부장으로서 연구과제개발계약에 관한 통상적인 업무를 수행하고 있는 자이므로 그 업무에 관한 한 일상적이고도 적법한 대리권한이 있기 때문에 해지 의사표시의 명의가 피신청인의 대표이사 명의로 이루어지지 않고 위 H씨의 명의로 되어 있다고 하더라도 해지의 효력이 없는 것은 아니라고 판단하였고, 해지의 적법성에 관하여는 연구과제개발계약을 해지할 수 있는 법적 권원을 발생시킬 정도의 중대한 의무위반이 없고 나아가, 신청인이 개발한 자동전화 프로그램이 시장성 혹은 수익성이 없다는 것은 연구과제개발계약상 해지사유가 아닐 뿐 아니라 연구과제개발계약의 목적이라고 보기도 어렵다며 연구과제개발계약을 해지할 수 있는 중대한 사유가 되지 않는다고 판단함으로써 신청인의 청구를 인용하였다. 다만, 연구과제개발 결과물인 자동전화 프로그램에서 동영상이 일부 깨어지고, 모뎀통신부분에서 다이얼에 하자가 있는 등 문제점이 발생하였고, 그에 따른 피신청인의 손실과 프로그램이 계약기간 내에 구현되었다고 하더라도 프로그램의 구현단계별로 일부 지연됨으로써 피신청인에게 손실을 준 사실, 나아가 피신청인의 요청에 의한 것이라고는 하나 웹문서 분석을 통한 자동전화 프로그램의 전부 또는 일부의 기능이 삭제 혹은 그 개발작업이 중단되거나 연구과제개발계약의 목적에서 제외된 것은 위 프로그램의 오류에 기인한 것이라는 점을 고려하여 피신청인이 연구과제개발계약에서 신청인에게 지급하기로 하였던 연구과제개발대금 중 잔금 120,000,000원 전액을 신청인에게 지급토록 하는 것은 신의칙에 반한다고 하며 피신청인의 손실 등으로 금 40,000,000원을 인정하였다.

판정주문

1. 피신청인은 신청인에게 금 80,000,000원을 지급하라
2. 신청인의 나머지 청구를 기각한다.
3. 중재비용은 이를 5분하여 그 2는 신청인의, 나머지는 피신청인의 각 부담으로 한다.

신청취지

1. 피신청인은 신청인에게 금 120,000,000원을 지급하라.
2. 중재비용은 피신청인의 부담으로 한다.

판정이유

1. 기초사실

다음 각 사실은 당사자 사이에 다툼이 없거나, 갑제1호증 내지 갑제4호증, 갑제7호증의 1 내지 2, 갑제8호증의 1 내지 5, 갑제13호증, 을제2호증 내지 을제4호증, 증인 K씨, C씨, T씨의 각 증언에 변론의 전취지를 종합하면 이를 인정할 수 있고, 반증이 없다.

가. 연구과제개발계약 등의 체결

신청인은 소프트웨어, 하드웨어의 자문 및 개발을 주된 사업으로 하는 회사이고, 피신청인은 인터넷을 통한 정보공급 및 통신광고업 등을 영위하는 회사이다. 신청인과 피신청인은 2000. 2. 1. "연구과제개발계약"을 체결하였는바, 신청인이 (1) 웹문서 분석을 통한 자동전화 프로그램 및 (2) CD롬을 이용한 자동전화 프로그램을 개발하여 피신청인에게 공급하는 것을 주된 내용으로 하고 있다. 연구과제개발계약에 의하면, 연구과제개발기간은 2000. 2. 1.부터 2000. 12. 31.까지 11개월로 하고, 피신청인은 신청인에게 연구과제개발에 대한 대가로 금 160,000,000원을 3차에 나누어 단계별로 지급하기로 하였다. 구체적인 대금지급조건과 지급기일을 보면, 피신청인이 1차로 2000. 2. 22.에 금 20,000,000원을, 2차로 2000. 6. 1.에 금 70,000,000원을, 3차로 2000. 11. 1.에 금 70,000,000원을 신청인에게 지급하기로 하되, 피신청인이 지급단계별 자동전화프로그램의 개발 및 구현에 관하여 확인을 한 후에 지급하도록 하고 있다. 다만, (1) 웹문서 분석을 통한 자동전화 프로그램 및 (2) CD롬을 이용한 자동전화 프로그램의 개발 및 구현이 어느 정도에 이르러야 신청인이 피신청인의 확인을 받을 수 있고 단계별 연구과제개발대금을 지급받을 수 있는지에 관하여 연구과제개발계약이나 기타 당사자 사이의 별도의 약정으로 합의된 바는 없다. 한편, 신청인과 피신청인은 연구과제개발계약의 체결일과 같은 날에 당사자 사이의 지속적인 업무협력을 위하여 "전략적 업무제휴 계약서"를 체결하였다.

나. 연구과제개발의 수행과 연구과제개발대금의 지급

(1) 신청인은 2000. 8. 16. CD롬을 이용한 자동전화 프로그램을 개발하였음을

피신청인에게 통지하였는데, 피신청인은 위 통지가 있기 전부터 지속적으로 위 프로그램에 대한 오류수정 및 하자보완을 요구하였다. 웹문서 분석을 통한 자동전화 프로그램은 신청인의 개발과정에서 위 프로그램 일부의 오류, 피신청인의 영업대상이 중소기업에서 대기업 중심으로 변경되었다는 등의 이유로 피신청인의 요청에 따라 일부기능의 개발이 중단되었거나 연구과제개발계약의 목적에서 배제된 것으로 인정된다.

(2) 피신청인은 연구과제개발대금의 1차 지급기일인 2000. 2 22.에 금 20,000,000원을 지급하였으나, 2차 지급기일인 6. 1.에는 신청인의 프로그램 개발의 구현정도가 미비하고 추가적인 보완이 필요하다는 이유 등으로 같은 날에 지급하기로 하였던 70,000,000원을 신청인에게 지급하지 아니하였다. 다만, 같은 해 8. 4.에 이르러서야 금 20,000,000원을 지급하였을 뿐이다. 피신청인은 연구과제개발대금의 3차 지급기일인 같은 해 11. 1.에도 지급하기로 하였던 금 70,000,000원을 같은 이유로 신청인에게 지급하지 아니하였는바, 결국 이 사건 중재에 이르기까지 연구과제개발계약에서 신청인에게 지급하기로 되어 있는 금 160,000,000원 중 120,000,000원이 지급되지 않고 있다.

다. 피신청인의 해지통지

피신청인은 신청인이 개발인력을 투입할 수 없다는 등의 이유를 들어 피신청인의 프로그램의 수정 및 보완요구에 성실히 응하지 아니하고 2000. 5.에 배포한 시제품 약 10,000장이 시장성, 수익성이 없었다는 이유로 2000. 12. 19. 피신청인의 경영지원실 소속 부장 H씨의 명의로 연구과제개발계약서 제7조, 즉 신청인의 계약위반을 이유로 해지의 의사표시를 신청인에게 하였고 위 의사표시는 신청인에게 도달되었다.

2. 피신청인의 연구과제개발계약 해지의 적법성

가. 주장

피신청인은 2000. 12. 19. 위 1의 다.항에서 본 바와 같이 연구과제개발계약을 해지하는 의사표시를 신청인에게 하였다. 피신청인은 연구과제개발계약 제7조에 의하여 신청인이 고의 또는 과실로 프로그램 개발지연, 개발된 프로그램의 하자 등으로 인해 연구과제개발계약상 의무를 다하지 아니하였으므로 위 해지권의 행사는 적법한 권원을 가지고 있다고 주장한다. 이에 대하여 신청인은 피신청인의 경영지원실 부장 H씨의 명의로 해지의 의사표시가 이루어졌으므로 대표이사의 명의에 의한 해지의 의사표시가 아니라고 할 것이고, 따라서 그러한 해지는 적법하지 아니하므로 해지의 의사표시로서 효력이 없다고 한다. 설령, 위 H씨 명의의 해지의 의사표시가 효력이 있다고 하더라도 피신청인의 해지는 연구과제개발계약상 해지사유, 즉 적법한 권원이 없음에도 불구하고 이루어진 것이므로 그 효력이 인정될 수는 없다고 한다.

나. 판단

(1) 먼저, 위 H씨는 피신청인의 경영지원실 부장으로서 연구과제개발계약에 관한 통상적인 업무를 수행하고 있는 자이므로 그 업무에 관한 한 일상적이고도 적법한 대리권한이 있다고 할 것이고, 따라서 2000. 12. 19.자 해지 의사표시의 명의가 피신청인의 대표이사 명의로 이루어지지 않고 위 H씨의 명의로 되어 있다고 하더라도 해지의 효력이 없는 것은 아니라고 할 것이다.

(2) 다음으로, 피신청인은 신청인이 개발하는 프로그램의 오류, 개발지연 등을 원인으로 해지의 의사표시를 하였는바, 연구과제개발계약상 당사자가 약정한 해지사유에 의한 적법한 해지인지에 관하여 본다. 즉, 피신청인이 연구과제개발계약을 유효하게 해지하기 위해서는 연구과제개발계약에서 정하고 있는 해지사유가 있는 경우이어야 할 것인데, 이 사건과 관련하여 신청인의 중대한 계약위반으로 연구과제개발사업의 계속적인 수행이 곤란한 경우, 연구개발과제의 수행이 정지상태가 되어 소기의 연구개발 성과를 기대하기 곤란하거나 연구개발을 완수할 능력이 없다고 인정되는 경우, 기타 중대한 사유로 인하여 본 연구과제개발사업의 계속적인 수행이 불가능하거나 불필요하다고 인정되는 경우에 해당하여야 피신청인의 해지가 가능하다고 할 것이다.

(3) 살피건대, 위 1의 가항에서 본 바와 같이 자동전화 프로그램의 개발로 인한 결과의 정도 및 단계별 프로그램 구현내역, 진행일정에 관하여 당사자 사이에 사전에 구체적으로 합의되어 있지 않은바, 궁극적으로는 연구과제개발기간의 만료일인 2000. 12. 31.까지 프로그램의 개발 및 제공이 이루어지면 연구과제개발계약의 이행으로 충분하다고 할 것이다. 이 사건에 있어서 자동전화 프로그램이 상업적인 용도로 활용될 수 있도록 완전하게 구현되지는 않았고, 개발된 프로그램에 일부 하자가 있는 것으로 인정되나, 프로그램의 개발 전후에 걸쳐 피신청인의 지속적인 프로그램의 오류 수정 및 보완 요청이 있었고, 이에 대해 신청인의 오류수정 및 보완작업이 진행된 것으로 판단된다. 따라서 신청인은 연구과제개발계약상의 프로그램 개발의무를 중대한 측면에서 수행하였다고 인정되는 바, 피신청인이 신청인에게 자동전화프로그램의 기술적인 보완, 오류의 수정을 요구할 수 있는 것 이외에 연구과제개발계약을 해지할 수 있는 정도의 신청인의 중대한 의무위반이

있다고는 인정되지 않는다. 더욱이 신청인은 CD롬을 이용한 자동전화 프로그램을 개발하여 완료상황을 피신청인에게 보고하였고, 웹문서 분석을 통한 자동전화 프로그램은 피신청인의 영업전략의 변경 및 그 필요에 따른 요청에 의하여 그 프로그램 또는 그 기능 중 일부의 개발이 중단되거나, 혹은 연구과제개발계약의 목적에서 제외된 것으로 인정된다. 따라서 전술한 바를 종합할 때, 연구과제개발계약상 신청인의 의무 이행의 정도가 신청인의 중대한 계약위반을 구성하거나, 이로 인해 연구개발과제의 수행이 정지상태에 이르러 소기의 연구개발 성과를 기대하기 곤란하거나 완수할 능력이 없다고 인정되는 경우, 혹은 기타 중대한 사유로 인하여 연구과제개발사업의 계속적인 수행이 불가능하거나 불필요하다고 인정되는 경우 등 연구과제개발계약을 해지할 수 있는 법적 권원을 발생시킬 정도의 중대한 의무위반이 있다고 보기는 어렵다고 할 것이다. 나아가, 신청인이 개발한 자동전화 프로그램이 시장성 혹은 수익성이 없다는 것은 연구과제개발계약상 해지사유가 아닐 뿐 아니라 연구과제개발계약의 목적이라고 보기도 어려우므로 연구과제개발계약을 해지할 수 있는 중대한 사유가 된다고 볼 수는 없다고 판단된다.

(4) 따라서 이 사건과 관련하여 신청인에게 연구과제개발계약의 목적을 달성할 수 없게 할 정도의 중대한 계약위반이 있다고 볼 수 없다. 결국, 피신청인이 주장하는 연구과제개발계약상의 해지권의 발생은 당사자 사이에 약정한 해지사유가 발생하였다고 볼 수 없음에 따라 그 이유가 없다고 할 것이고, 결국 피신청인이 2000. 12. 19. 행한 해지의 의사표시는 정당한 법적 권원을 가지고 있다고 할 수 없으므로 그 효력을 인정할 수 없다.

3. 피신청인이 신청인에게 지급하여야 하는 연구개발대금과 공제의 범위

가. 항변

위 2항에서 본 바와 같이 피신청인은 신청인에게 프로그램의 구현단계별로 지급하기로 되어 있는 연구과제개발대금 중 아직 지급되고 있지 않는 연구과제개발대금의 잔금 120,000,000원을 특단의 사정이 없는 한 신청인에게 지급할 의무가 있다고 할 것이다. 그러나, 피신청인은 신청인의 연구과제개발 및 오류수정, 보완의무가 신청인의 프로그램개발의 지연 및 하자로 인하여 정상적인 프로그램의 개발이 이루어지지 않았고, 이로 인해 프로그램의 하자, 상업적 활용의 중단 등으로 인하여 손실 혹은 손해를 입었다고 주장하며, 피신청인의 연구개발대금의 지급에서 그로 인한 피신청인의 손실 혹은 손해인 금 120,000,000원이 공제되어야 하고, 따라서 동일한 액수의 금원인 연구과제개발대금의 잔금 120,000,000원을 지급할 수 없다고 항변한다.

나. 판단

살피건대, 연구과제개발 결과물인 자동전화 프로그램에서 동영상이 일부 깨어지고, 모뎀통신부분에서 다이얼에 하자가 있는 등 문제점이 발생하였고, 그에 따른 피신청인의 손실이 일부 인정된다. 아울러, 최초 연구과제개발에 참여하였던 증인 C씨가 피신청인에 대한 협의 등의 사전 절차를 거치지 아니하고 연구과제개발작업을 그만 두고 보조적인 지원업무만을 수행함에 따라 프로그램이 계약기간 내에 구현되었다고 하더라도 프로그램의 구현단계별로 일부 지연됨으로써 피신청인에게 손실을 준 사실 또한 인정된다. 나아가, 피신청인의 요청에 의한 것이라고는 하나 웹문서 분석을 통한 자동전화 프로그램의 전부 또는 일부의 기능이 삭제 혹은 그 개발작업이 중단되거나 연구과제개발계약의 목적에서 제외된 것은 위 프로그램의 오류에 기인한 것이라는 점도 일부 있다고 할 것이다. 이러한 점을 고려할 때, 피신청인이 연구과제개발계약에서 신청인에게 지급하기로 하였던 연구과제개발대금 중 잔금 120,000,000원 전액을 신청인에게 지급토록 하는 것은 신의칙에 반한다고 할 것이므로, 전술한 바를 감안하여 피신청인이 위 잔금 중 일정한 금액을 공제하여 신청인에게 지급토록 하는 것이 형평에 부합하는바, 전술한 피신청인의 손실 등을 감안할 때, 연구과제개발 잔금 중에서 40,000,000원을 공제하여 지급하는 것이 상당한 것으로 판단된다. 이외에 연구개발결과의 시장성이 부족하거나 없음에 따른 피신청인의 손실 혹은 손해는 연구과제개발계약서에서 명시된 바 없고, 달리 그러한 사실을 신청인이 알았거나 알 수 있었다는 특별한 사정이 있다고 보기 어려우므로 연구과제개발 잔금 중에서 공제하지 아니한다.

4. 결론

그렇다면, 피신청인은 연구과제개발계약상 지급하기로 되어 있는 미납금액 120,000,000원 중 40,000,000원을 공제한 80,000,000원을 신청인에게 지급할 의무가 있다고 할 것이므로, 신청인의 피신청인에 대한 청구는 위 인정범위 내에서 이유가 있어 인용하고 나머지 청구는 이유가 없어 기각하며, 중재비용의 부담에 관하여는 중재규칙 제61조 제2항을 적용하여 중재판정부의 일치된 의견으로 주문과 같이 판정한다.

살펴보기 : 해사중재 활성화위해 해사관련 단체와 협조체제 강화 시급

대한상사중재원에서의 해사 중재를 활성화시키기 위해서는 해사 중재업무의 특화 추진, 외항선사 및 해사 관련 단체와의 유기적 협조체제강화, 내항선사, 선박건조·매매·수리업체 등에 중재업무의 집중적인 홍보, 대형화주를 대상으로 한 중재 활용 안내 강화, 해상보험업계와 해사전문 로펌과의 협조체제 구축 등이 시급한 것으로 나타났다.

최근 대한상사중재원 이영호 해사중재팀장은 지난 17일 코엑스 컨퍼런스센터에서 열린 2006년도 해사중재인포럼에서 대한상사중재원의 해사중재사건 현황과 활성화방안이란 발표를 통해 해사중재업무의 특화를 위해서는 해사중재전담조직(해사 중재팀) 신설, 해사중재자문위원회 운영, 해사중재 사례집 발간, 한국형 해사표준계약서 제정·보급, 한국형 해사표준계약서 활용 설명회 개최, 선박회사의 선하증권 중재조항 삽입 권장 확대, 해사 관련 매체 광고 확대, 해사중재 안내 부로슈어 제작·활용, 해사 실무에 밝은 전문가의 중재인 위촉 등이 필요하다고 지적했다.

이용호 팀장은 또한 중재인 수당 산정의 정율제 적용 인상, 소액 사건인 1억원 이하의 중재사건은 현행대로 유지하고, 1억원과 10억원 이하는 최고 48%, 10억원 초과는 누진적으로 인상하되 최고 113%까지 인상했다고 밝혔다. 한편, 현행 해사중재제도는 외국표준계약서상의 준거법 및 관할법원이 주로 영국 또는 미국으로 되어 있으며, 분쟁해결을 위한 준거법 및 관할법원 규정에 대한 국내기업 계약 담당자들의 관심이 적어 자국내 중재이용시의 혜택을 포기하고 있으며, 심지어 국내기업간의 계약분쟁에도 영국, 미국에서 해결하는 사례도 있다고 주장했다. 특히, 대한상사중재원의 분쟁해결서비스에 대한 우리나라 해운업체들의 인식이 부족하며, 중소형 해운업체들의 중재제도에 대한 이해도가 낮으며, 국내해사분쟁중 상당부분이 소송을 통해 해결하고 있다는 것이다. 아울러 용선의 경우 선주 또는 하주가 외국 기업인 경우가 많아 우리기업에게 유리한 관할법원을 대한상사중재원의 중재로 합의하는데 어려움이 많은 실정이다.

이영호 팀장은 해사중재의활성화를 위해서는 해사기업단체와의 협조체제 구축이 필요하다고 지적했다.

해사정보신문사, 해사정보, 2006. 5. 31.

제 3 부

국제상사중재의 의의와 절차

제 8 장

중재의 이해

> 전통적으로 국제무역거래에서 분쟁이 발생했을 경우 대부분은 우호적으로 당사자간의 화해에 의해 처리되는 것이 보통이지만, 거래 액수가 거액이라든지 거래 당사자간의 화해에 의한 해결이 불가능할 경우에 주로 사용되는 수단이 중재이다. 따라서 본장에서는 중재제도에 대한 이해와 함께 중재제도가 고대와 중세를 거쳐 현대까지 어떠한 형태로 변화를 거듭하여 왔는지에 대하여 개략적으로 살펴본다.
>
> 이와 함께 중재제도의 유용성과 한계성 그리고 중재의 대상과 요건 등 중재제도의 개력적 내용에 대하여 살펴보기로 한다.

1 중재의 의의

(1) 중재의 개념

중재 (arbitration)라 함은, 당사자간의 합의에 의하여 사법상의 권리 기타 법률관계에 관한 분쟁을 법원의 소송절차에 의하지 않고, 사인 (私人)인 제3자를 중재인 (arbitrator)으로 선정하여 그 분쟁의 해결을 중재인의 결정에 맡기는 동시에 최종적으로 그 결정에 복종함으로써 분쟁을 해결하는 제도를 말한다. 중재 합의 (arbitration agreement)는 분쟁에 대한 법원의 재판권을 배제하는 약속이므로 중재제도는 국가의 법원이 아닌 민간인에 의한 자주적 분쟁해결 방법이다.

(2) 중재의 특징

1) 중재제도의 장점

중재제도는 현존하는 상사분쟁의 해결방법 가운데 가장 실용적이고 현실적인 해결방법이라고 할 수 있는데 그 특징을 살펴보면 다음과 같다.

① 중재는 신속하며 비용이 적게 들고 아울러 상사의 비밀이 보장된다.
② 중재는 사실에 입각하여 판정을 하게 되며 법규에 기속되지 않는다.
③ 중재는 무역관습 및 사실에 대하여 전문적 지식과 경험이 풍부한 중재인이 판정하게 된다.
④ 중재판정은 당사자를 기속(羈束)하며 그 판정은 실용적인 효과가 있다.
⑤ 중재는 사전에 당사자간의 합의에 의하여 이루어지므로 쌍방이 만족할 수 있는 해결을 볼 수 있다.

2) 중재제도 활용의 전제 요건

그러나 중재에 의하여 양당사자가 분쟁을 해결하기 위해서는 다음과 같은 요건이 갖추어져야 한다.

① 당사자간에 중재계약이 성립되어야 한다.
② 재판을 받을 수 있는 권리를 포기하여야 한다.
③ 제3자의 판정은 최종적인 것이고 당사자는 그 판정에 복종해야 한다.

그러므로 중재판정은 후술하는 바와 같이 당사자간에 확정적인 것이며, 그 효력은 법원의 판결과 동일한 효력이 인정될 뿐만 아니라, 그 판정에 대하여는 법률상의 강제집행력(power of compulsory execution)이 부여되어 있다.

2 중재제도의 변천과정[1]

(1) 고대의 상사중재제도[2]

상사중재제도는 매우 오랜 역사를 가지고 있다. 유럽에서는 이미 그 기원전 400년부터 종족 또는 국가에서 중재가 행하여 졌었는데, 그리스・로마시대의 중재제도가 그것이다. 이 중재제도는 유럽에서 영국을 거쳐 미국으로 전파되었다.

그리스 시대에는 다음의 두 가지 종류의 중재제도가 있었다.

첫째, 조정제도로서 중재인이 조정법원을 조직하여 사건을 처리하는 것이었으며, 일반법규에 의하여 중재가 이루어졌으므로 일반법원의 상소가 가능하였다. 또한 경우에 따라서 중재인은 사건을 일반법원으로 이양할 수도 있었는데 중재제도의 활용시 일반법원이 이용은 원천적으로 배제되는 것임을 고려할 때 이는 엄밀한 의미에서

1) 한주섭・김상호・우성구, 「국제상사중재론」, 동성사, 1997. pp. 33-36.
2) Clive M. Schmithoff, 「The Export Trade」 5th ed., London : Stevens, 1969, pp. 361-364. ; 貿易實務講座刊行會, 「貿易と法律」, 東京 : 有斐閣, 1970, p.517.

는 중재가 아니라고 할 수 있다.

둘째, 전자와 달리 당사자가 임의로 중재인을 선정하여 사건을 그 중재인의 판정에 맡기는 것이 있었다. 이 방법에 의한 중재에 있어서는 중재인은 반드시 법률을 엄격하게 적용하지 않고 중재인의 임의대로 판정할 수 있었다. 이 판정은 최종적인 것이었으므로 상소가 불가능하였다. 이것이 오늘날의 중재제도의 기원이라고 할 수 있다.

한편, 고대의 로마법에 의한 민사소송절차의 실체는 중재절차였다. 즉, 분쟁당사자의 합의에 의하여 중재인인 판정인을 민간인 가운데 선정하여 그 판정에 따라 분쟁을 해결하는 것이었다. 국가는 이것을 감독·통제하고 심판인의 판정에 의한 분쟁의 해결을 보장해 주었는데 이러한 소송의 절차가 지금의 중재제도의 기원이 되고 있는 것이다.[3)]

(2) 중세의 상사중재제도

1) 해사법에 의한 중재

로마시대의 상사법과 해사법 및 그 각각의 재판관할은 일반법의 일부로 간주되었으나, 중세의 해사법은 일반법 체계로부터 분리되어 있었다. 무역업자들의 활동이 규준(規準)이었던 해사법은 관습법의 형태를 취하였기 때문에 자주적 성격이 강하여 해사관계자간의 자치가 확립되었고, 분쟁에 대비해서 독특한 해사법원과 해사재판절차가 마련되어 있었다.

13세기 후반에 스페인의 해항(海港)도시 간에 행하여진 해사관습법을 편집한 바르셀로나(Barcelona) 해사법에는 해사법상의 중재인이라고 할 수 있는 해사영사(海事領事)의 선임절차가 기재되어 있다.[4)] 이것은 해사재판이 관계당사자의 자치에 맡겨져 있음을 보여주는 것이라 하겠다. 이 바르셀로나 해사법은 다른 국가에 보급되어 스페인 이외에 이탈리아, 프랑스 등 지중해의 각 해사법원에서 채택되었을 뿐만 아니라 북유럽의 해역에서도 해사보통법으로 인정되었던 것이다.[5)]

2) 시장재판소와 길드의 강제중재

중세 유럽에서는 시장이 발달하였다. 시장은 국왕의 보호 아래 상업적 이득을 보장받았을 뿐만 아니라, 점차 국가권력으로부터 이탈하여 독립된 권리를 얻는데 성공하였다. 그 결과 시장내 거래에 대한 분쟁을 간편하고 빠르게 해결하기 위해 이른바 '시장재판소(Fair Court)'가 설치되었다.

---

3) 森井 淸, 「國際商事仲裁」, 東京 : 東洋經濟新聞社, 1979, p.19.
4) 森井 淸, 「貿易クンムと對策」, 東京 : 東洋經濟新聞社, 1974, pp. 24-25.
5) 森井 淸, 「貿易クンムと對策」, 東京 : 東洋經濟新聞社, 1974, pp. 26-30.

십자군 원정의 결과 유럽시장은 활기를 띄게 되었고, 그로 말미암아 상공인의 융성이 촉진됨에 따라 도시가 발달되는 결과를 초래하였다. 이러한 신흥시장은 국왕 절대군주로부터 획득한 특권으로 자주권을 확립하였다. 자치도시의 자치단체들은 자치적은 특수재판제도로서 상사재판소(Commercial Court)를 설치하고 중재적인 방법으로 분쟁을 해결하였다.

도시에 정주하고 있는 상인들과 직공들은 길드(Gild ; Guild)[6]를 조직하고 수공업자들은 동업조합인 준프트(Zunft)를 조직하여 자치적으로 중재판정을 할 뿐만 아니라, 그 판정을 집행할 능력까지고 가지고 있었다. 만일, 중재판정을 받은 조합원들이 판정에 복정하지 않는 경우, 조합원을 제명시킨다든지, 이것을 전조합원에게 공표하는 등의 제재를 가하는 엄격한 집행을 하였다.

(3) 근대의 상사중재제도

영국에서는 에드워드 2세 시대에 이미 중재재판이 널리 이용되고 있었음을 볼 수 있다. 당시의 시장과 개항장(開港場)에서 상거래상의 분쟁은 동업자 가운데 선정된 상인이 중재인으로서 분쟁사건을 빠르게 처리하는 관행이 생겨 자연발생적인 중재판정이 개항장에서 성행하였음을 알 수 있다.

16세기 접어들면서 길드, 기타 시업단체 간에 중재가 성행하였는데, 이때부터 특히, 영국의 보통법(Common Law)이[7] 정비되어 국왕의 재판제도가 확립되었다. 이후에도 상사분쟁은 대부분 중재에 의하여 해결되고 국왕법원의 소송에 의한 해결은 드물었다.[8] 그러므로 법률적 재판은 상사중재제도보다 상당히 늦게 설립되었으며, 중재제도는 그 초기단계부터 법률 및 사법(私法)법원의 보호를 받을 수 있었다.

그 이후 중재제도는 법률적 재판소 측으로부터 압박을 받았으나, 중재제도는 꾸준히 발전하여 1889년에 중재법이 공포되었다. 이 법은 중재인을 양 당사자의 대리인으로부터 그 해임을 인정하였던 영국의 Common Law의 원칙을 파기하고 중재인이 일

6) 수공업자나 상인들이 상호부조와 보호 및 직업상의 권익증진을 위해 결정한 조합으로서 11~16세기에 유럽에서 번성하여 당시 경제·사회 구조의 중요한 일부를 이루었다.

7) 법원의 판결에 기초한 관습법 체계. 중세 이래 영국의 보통법 법원이 운용해온 판례에서 구체화된 관습법 체계를 지칭한다. 오늘날 미국과 대부분의 영국 연방 국가들의 법체계는 보통법에서 발전해 왔다. 커먼로(Common Law)는 별개의 형평법(equity) 법원에서 발전시킨 법원칙, 제정법(입법기관에서 제정한 법률), 오늘날 서유럽과 기타 지역에 널리 보급되어 있는 대륙법에서 유래하는 법체계와는 대립되는 태도를 취하고 있다. 보통법은 노르만 정복 이후 영국에서 발전한 법으로서, 법령 또는 법규의 적용을 최소화하고 선결례(先決例) 또는 관습에 비추어 개개의 사건들을 판결한 법관들에 의해 형성되었다. 이러한 관습법 체계는 18세기말까지 영국과 그 해외 식민지에서 계속 발전했다. 보통법은 오늘날 계속해서 상당히 현대화되고 있다.

8) 강이수, 「무역클레임론」, 삼영사, 1984, pp. 300-301.

정한 조건을 갖추고 있을 때에 당사자는 중재인을 해임할 수 없도록 하였다. 이로써 장래의 분쟁을 중재에 부탁하는 계약의 유효성이 인정되어 영국의 중재제도는 법적 기초가 확고하게 되었으며, 이 중재법이 공포된 후 영국의 상설중재기관이 정비되어 현재에 이르고 있다.

(4) 우리나라 상사중재제도의 변천

1) 우리나라 상사중재제도의 기원

고대 문헌[9]을 살펴보면 우리나라 최초의 국가인 고조선부터 사적인 분쟁을 법에 호소해서 해결하는 방법 대신 부족 또는 마을 공동체의 풍습을 존중하면서 자연적으로 형성된 도덕적 제제에 따라 자치적으로 규유라는 사회현실로서의 중재 또는 조정을 우선시하는 전통이 확립되어 있었다. 우리나라의 조정우선(調停優先) 사상이나 전통의 뿌리는 범금8조(犯禁八條)를 통해서 살펴볼 수 있다.

이후 고려와 조선시대에 걸쳐서 이러한 정신을 계승·발전되어 왔는데 특히, 향약(鄕約)을 통해서도 조정, 중재제도가 마을생활의 규범으로서 존재해 왔으며, 조선 말엽에 이르러서도 정부에 의해 육성·장려되어 왔다.[10]

2) 근대의 상사중재제도

중재가 우리나라에 처음으로 법의 보호아래 제도화된 것은 1912년 조선민사령(朝鮮民事令) 제1조 13호에 의하여 중재절차가 규정되어 있는 일본민사소송법이 의용(依用)된 시점부터라 할 수 있다. 일본 민사소송법 제8편에는 중재절차에 관한 규정이 있는데, 이 조선민사령은 1945. 8. 15. 해방 이후에 군정법령 제21호에 의하여 대한민국이 독립된 후에도 그 효력을 지속하여 왔기 때문에 중재절차편도 민사소송법에 그대로 유효하게 되었다.

이후 1957. 10. 7. 중재와 중재판정의 집행에 관한 규정이 있는 "대한민국과 미합중국간의 우호통상 및 항해조약"을 체결하게 되었다. 이 조약은 제5조에서 양국의 회사나 국민 간에 분쟁이 발생한 경우 그에 대한 법적 지위의 평등을 규정하고 있다. 특히, 제5조 제2항에서는 그러한 분쟁을 중재에 의하여 해결하기로 합의한 경

---

9) 중국의 「사기」와 「한서」에는 기자(箕子)가 8조(條)에 해당하는 법률을 제정했다는 기록이 나타나 '기자팔조교'라고도 한다. 현재 우리나라의 기록에는 없고 중국기록인 「한서지리지」에 나타나는 것으로 보면 고조선에는 8개의 조목에 해당하는 법률이 있었다. 현재 알 수 있는 것은 3조목뿐으로, ① 사람을 죽인 자는 즉시 사형에 처한다. ② 남에게 상해를 입힌 자는 곡물로써 배상한다. ③ 남의 물건을 훔친 자는 데려다가 노비로 삼는다. 단 스스로 면하려면 1사람 당 50만전(錢)을 내야 한다는 것이다.

10) 대한상사중재원, 「상사중재30년사」, 1996, p.37.

우 그 판정의 집행을 상호 승인하기로 한다고 규정함으로써 한미간에 있어서는 외국중재판정에 대하여 집행을 인정하는 근거를 마련해 놓았다. 그러나 우리나라 중재제도는 실제 거의 활용되지 않았기 때문에 1960년 새롭게 우리나라 민사소송법 제정시에는 중재절차 부분은 삭제하고 노동쟁의에 대비하여 노동쟁의조정법에서 중재제도를 남겨 놓았다.[11] 따라서 1966년에 중재법이 특별법으로 제정될 때까지 한국에는 중재제도의 근거는 없게 되었다.[12]

3) 현대의 상사중재제도

중재제도의 근거가 없어진 이후 1962년부터 한국 정부가 수출주도형 '경제개발 5개년계획'에 착수하면서 국제무역이 신장되고 그에 따라 수출 클레임 등 무역분쟁이 점증되는 동향을 보이자 정부와 상공인들은 중재절차에 의한 분쟁해결의 필요성을 새삼 절감하게 되었다. 따라서 1966. 3. 16. 법률 제1767호로 중재법이 신규 제정되었고 1966. 10. 13.에는 상거래상의 분쟁에 대비한 '대한상공회의소 상사중재 규정' (이후 대한상사중재협회 규칙으로 변경)을 대법원의 승인을 얻어 신규 제정 · 시행하게 되었다.

또한 준거법의 탄생에 대비하여 1966. 3. 22. 대한상공회의소 산하 국제상사중재위원회를 설립하게 되었다. 동 위원회는 제정된 상사중재규칙에 의거하여 중재사건을 처리하였으나, 업무량의 증가 및 중재업무의 독립성을 이유로 1970. 3. 21. 상공부 (현 산업자원부)의 허가를 받아 "사단법인 대한상사중재협회"로 독립 · 설립되어 상설중재기관이 탄생하게 되었다.

그 후에 업무량의 증가와 더불어 대한상사중재협회는 1980. 8. 29. 정관을 개정하여 확대 개편하면서도 그 기능도 강화되고 그 명칭 또한 '대한상사중재원'으로 변경하게 되었다. 또한 중재업무도 국내중재업무와 국제중재업무로 구분하여 처리하게 되었다.

4) 대한상사중재원

① 연혁

중재법 (법률1767)을 제정 · 공포하면서 1966. 3. 22. 대한상공회의소 내에 국제상사중재위원회가 설립된 것이 시초이다. 1970. 3. 21. 사단법인으로 독립하면서

---

11) 박채균, 「한국상사중재제도의 발전적 방향에 관한 연구」, 조선대학교 대학원 1979. p.20. ; 최기원, "한국기업의 해외진출에 따르는 국제간의 분쟁의 해결을 위한 국제상사 중재제도에 관한 연구", 「법학」, 서울대학교, 1978. p.225.

12) 최장호, 「상사분쟁관리론 ; 클레임과 상사중재 및 ADR」, 도서출판 두남, 2003. 12. pp. 220-223.

대한상사중재협회로 바뀌었으며, 1980. 9. 2. 지금의 이름으로 바꾸고 기구를 확대·개편하였다. 이후 1990. 12. 31.에 우리나라 상사중재는 국재중재환경의 변화와 우리나라 중재제도의 국제화를 위하여 유엔무역법위원회 국제상사중재모델법(UNCITRAL Model Law on International Commercial Arbitration)을 상당부분 수용하여 법을 개정하였다. 1966년 중재법을 제정한 이후 1996년 8월과 2000년 4월 두 차례에 걸쳐 상사중재규칙을 대폭 개정하여 오늘에 이르고 있으며, 국제무역거래에서의 분쟁은 물론이고 국내 거래의 분쟁에서도 점차 그 이용율이 높아지고 있다.

② 조직구성

대한상사중재원의 조직은 2부(총괄지원부, 중재부) 1실(알선·상담실) 1지부(부산지부) 5팀(총무팀, 기획홍보팀, 건설중재팀, 무역해사중재팀, 일반거래중재팀)으로 구성되어 있고, 임원진은 이사장 및 감사, 원장, 당연직 이사, 선임직 이사로 구성된다. 감사는 총회에서 선출하고, 원장은 이사장이 임명하며, 선임직 이사는 총회에서 선임한다.[13]

③ 주요 활동

대한상사중재원의 주요 활동 사항은 다음과 같다. ① 중재·알선·상담을 통한 분쟁해결 및 예방, ② 세계무역기구(WTO : World Trade Organization) 협정에 따른 선적전 검사와 관련한 분쟁 조정, ③ 중재제도 보급 및 인식 확산을 위한 홍보, ④ 중소기업 분쟁 해결을 위한 무료 계몽강좌, ⑤ 중재에 관한 조사연구·자료수집·간행물 발간, ⑥ 외국 중재기관과의 중재협정 및 업무협조약정 체결, ⑦ 국제상사중재회의 개최 및 국제회의 참석 등이다.

한편, 국제협력 면에서 볼 때 대한상사중재원은 일본, 미국, 대만, 네덜란드, 태국, 인도, 가나, 인도네시아, 덴마크, 헝가리, 루마니아, 이탈리아 밀라노(Milano), 폴란드, 중국, 호주, 멕시코, 베트남, 러시아, 싱가포르, 우크라이나, 몽골, 체고 등 총24개국 24개 외국중재기관과 중재협정을 체결하였다. 또한 대한상사중재원은 국제상업회의소 중재법원, 아아(亞阿)법률자문회 및 쿠알라룸푸르(Kuala Lumpur) 지역중재센터, 카이로(Cairo) 지역국제상사중재센터, 스위스중재협회, 독일중재원, 호주상사분쟁센터, 스웨덴 스톡홀름(Stockholm) 상업회의소 중재원, 오스트리아 연방상공회의소 국제중제센터, 스페인 중재법원 및 스페인 통산 해운회의소, 일본 해운집회소 도쿄해사중재위원회, 런던국제중재법원, 태국 법무부중재사무소, 남아연방중재인협회, 필리핀 분쟁해결센터, 도미니크(Dominique) 중재 조

---

13) 대한상사중재원(http://www.kcab.or.kr) 참조.

정법원, 그리스 중재협회, 스리랑카(Sri Lanka) 중재센터, 바르셀로나(Barcelona) 중재원, 홍콩 중재인협회, 영국 중재인협회, 인도 국제ADR센터 등 총23개 중재기관과 업무협조조정을 체결하고 국제상사중재의 이용과 발달에 기여하고 있다.

활동 가운데 상담은 무료이며, 주요 상담내용은 분쟁예방을 위한 계약서 작성 안내, 분쟁의 합리적 해결방안 모색, 외국중재기관 및 외국중재법규 정보제공, 중재 및 알선제도 소개 등이다. 알선은 당사자의 의뢰에 따라 중재원이 해결책을 모색하는 업무로 무료이며, 중재인이라는 제3자에게 판단을 맡겨 그 판단에 복종할 것을 약속하는 자치해결제도이다. 선적 전 검사 관련 분쟁 조정은 유료로, 수출자와 검사기관 사이에 문제가 발생할 경우 조정하여 분쟁을 해결하는 제도이다. 여기서 합의되지 않으면 국내 법원의 중재나 소송 또는 WTO의 분쟁해결 제도를 이용할 수 있다.

3 중재제도의 유용성과 한계성

(1) 중재제도의 장점

1) 신속한 분쟁해결 방법

중재는 단심제로 신속히 분쟁에 대한 중재안을 제시할 수 있다. 중재판정은 분쟁당사자간에 있어서는 법원의 확정판결과 동일한 효력이 있다. 다시 말하면 판정에 불만이 있어도 재판처럼 2심 또는 3심 등 항소절차가 없다. "확정판결과 동일한 효력"이라 함은 불복신청을 할 수 없어 당사자에게 최종적 판단으로 구속력을 갖는다. 소송은 평균 대법원까지 2-3년이 걸리지만, 중재는 국내중재가 약 4개월, 국제중재가 약 6개월 정도 소요된다. 신속성을 극대화하기 위하여 집중심리로 심리횟수를 줄이고 예비회의 제도를 활성화하여 심리자체의 소요시간도 단축하여 진행하게 된다.

2) 소송과 중재의 비교

중재는 신속하게 분쟁을 해결하므로 비용을 절감할 수 있다.[14)]

① 중재와 소송비용의 비교

중재와 소송의 비용 차이를 대한상사중재원의 자료를 중심으로 비교해 살펴보면 다음과 같이 나타나고 있는데 비용적 측면에서 중재제도를 활용하는 것이 유리하며, 금액이 커질수록 상대적으로 중재제도를 활용하는 것이 유리하다.

---

14) 대한상사중재원 웹사이트 참고.

<표 Ⅲ-1> 중재와 소송비용의 비교

(단위: 천원)

구분＼금액	5천만	1억	10억	100억
중재 (A)	1,690	2,340	13,090	52,040
소송 (B)	7,185	9,698	39,398	316,148
A/B (%)	23.5	24.1	33.2	16.4

* 여기에서의 중재는 대한상사중재원에서의 중재를 의미하는 것임.

** 소송비용에는 3심까지의 인지대 및 변호사 비용 등이 포함된 것임.

② ICC 중재기관과 우리나라 중재원에 의한 분쟁해결시의 비용 차이

ICC 중재기관과 우리나라 중재원에 의한 분쟁해결시의 비용 차이를 비교해 살펴보면 다음과 같다. 아래 표에서 볼 수 있듯이 대한상사중재원의 이용이 ICC 중재기관을 활용하는 것보다 제반 비용이 저렴하게 소용되는 것을 알 수 있다.

<표 Ⅲ-2> ICC 중재기관과의 비용비교

(단위: 천원)

기관＼금액	5천만원	1억	10억	100억
대한상사중재원 (A)	1,690	2,340	13,090	52,040
ICC (B)	8,820	12,830	49,940	127,660
A/B (%)	20.1	18.2	26.2	40.7

※ ICC 중재인 수당은 1인의 최소액과 최고액의 중간을 기준으로 작성

③ 전문가에 의한 합리적인 판정이 가능함

상사관계는 상관습에 지배를 받기 때문에 법률에 따른 획일적인 판결보다는 상거래관습을 중시하는 중재인의 판정이 보다 현실적이고 타당할 수 있다. 실체적 진실을 정확하게 찾아내기 위하여 분쟁 분야에 대한 해박한 지식과 경험이 있는 전문가로 하여금 사건을 검토하고 판정하도록 한다. 변호사의 법률지식, 기업인의 사업경륜, 교수의 학문적 이론 등이 종합될 때 정확한 판단이 가능하다.[15]

④ 비공개로 이루어지므로 영업상의 비밀을 유지할 수 있음.

중재심리는 당사자간의 분쟁발생 책임소재에 대한 공격. 방어과정에서 실체적 진실을 파악하는데 있으므로 당사자가 허락하지 않는 한 사건과 무관한 제3자의 심문과정 참여를 허용하지 않으며 그 절차도 공개하지 않는다.

⑤ 중재의 효력범위가 국제적

재판은 국가공권력의 발동이므로 법적효력과 강제집행이 불가능한 반면 중재

15) 2007년 현재기준(중재인단 : 1,078명 : 건설, 해운, 무역, 모든 상거래 분야의 전문가 집단)

는 국가주권의 문제와는 별개로 국제적으로 효력을 미칠 수 있다. 물론 외국에서 집행력을 갖기 위해서는 국제협약 또는 이국간 상호 중재협정을 체결하여 중재판정의 효력을 승인하여야 한다. 전 세계 대다수의 국가가 가입한 「뉴욕협약」에 가입한 체약국간에는 외국중재판정을 상호간 승인하고 강제집행도 보장받는다. 따라서 국적을 달리하는 기업인간의 분쟁해결제도로서 각광받고 있다.

⑥ 분쟁당사자가 중재인을 직접 선임 또는 배척할 수 있음.

공정성 보장을 위하여 당사자에게 스스로 중재인을 선임할 권리를 부여하며 동시에 중재인 후보를 배척할 수도 있다.

⑦ 충분한 변론기회의 부여

중재는 단심제로 운영하기 때문에 일단 내려진 중재판정은 변경될 수 없다. 따라서 분쟁당사자는 중재인에게 충분한 변론기회와 변론시간 그리고 증인 또는 증거물 제출기회를 요구할 수 있다.

⑧ 민주적인 절차 진행

중재인은 당사자와 평등한 위치에서 상하 격식 없이 심리를 진행한다. 증인선서를 요구하지 아니하며 관계 당사자의 인격을 최대한 존중하고 있다.

(2) 중재제도의 단점

중재제도는 앞에서 살펴본 바와 같은 여러 가지 장점을 가지고 있는 것이 사실이지만, 다음에서 살펴보는 바와 같이 단점을 동시에 가지고 있으므로 중재제도를 이용할 경우에 신중한 검토가 필요하다.

① 중재인의 공정성과 신뢰성의 문제 야기 가능성 존재

중재제도를 유지하는 가장 큰 요소는 중재인이며 중재인의 공정성이 무엇보다도 중요한 요소이다. 하지만 선임된 중재인이 선임권을 갖는 거래당사자의 대리인적 경향을 배제할 수 없다.

② 중재판정의 법적 안정성이 결여될 가능성 존재

중재는 중재인의 양식에 따라 판정이 이루어지므로 판정기준의 모호성과 객관성이 결여될 수 있다.

③ 상소제도가 없는 단심으로 이루어짐

신속한 판결이 이루어지는데 반하여 판정의 착오나 잘못된 판정의 위험성이 있다.

④ 절차상의 문제가 있을 수 있음

중재에서는 신속처리를 위하여 정당하게 중재절차에 대한 통지가 되었다면 당사자가 결석하더라도 심리를 진행시킬 수 있다. 이에 따라 결석한 당사자의 입장이 완전히 무시될 위험성이 있다.

4 중재의 대상과 요건

(1) 적용대상

중재는 당사자가 자유로이 처분할 수 있는 사법상의 분쟁으로서 현재 또는 장래에 발생할 분쟁 모두가 중재의 대상으로 볼 수 있다. 따라서 당사자가 자유로이 처분할 수 없는 법률관계 즉, 형사사건, 비송사건, 강제집행사건, 행정소송사건 등은 중재의 대상이 될 수 없다. 이를 유형별로 분류해보면 다음과 같다.

1) 거래양태별

거래양태별로 살펴본 중재의 대상에는 ㉠ 매매(동산, 부동산, 유가증권 및 기타 재산 등), ㉡ 대여금, ㉢ 임대차, ㉣ 고용, ㉤ 제조, ㉥ 가공, ㉦ 수선, ㉧ 공급, ㉨ 도급, ㉩ Management 계약(연예인, 운동선수 등), ㉪ 광고, ㉫ 보증 등이 있다.

2) 거래행위별

거래행위별로 살펴본 중재의 대상에는 ㉠ 상행위, ㉡ 대리, ㉢ 중개, ㉣ 위탁매매, ㉤ 운송, ㉥ 신탁, ㉦ 보험 등이 있다.

3) 거래외형별

거래 외형별로 살펴본 중재의 대상에는 ㉠ 무역, ㉡ 합작투자, ㉢ 기술제휴, ㉣ 건설, ㉤ 건축, ㉥ 해운, ㉦ 특허, ㉧ 대리점, ㉨ 수출입알선, ㉩ 부동산매매, ㉪ 건물전세, ㉫ 물품제조판매, ㉬ 도소매 등이 있다.

(2) 중재신청인의 요구 사항

상사중재는 분쟁을 효율적으로 해결하기 위한 수단으로 볼 수 있는데, 이러한 분쟁해결의 구체적 구현 수단은 다음과 같은 세 가지가 대부분이다.

1) 채무불이행에 의한 손해배상청구권

채무자가 그 채무를 이행하지 않은 경우로 인해 채권자에게 손해가 발생한 때에는 채권자는 그 손해에 대한 배상을 채무자에게 청구할 수 있다(민법 제390조). 일반적으로 채무불이행에서의 손해란 채무의 이행이 있었더라면 채권자가 받을 수 있었던 이익과 불이행으로 채권자가 현재 받고 있는 이익의 차액을 의미한다. 채무불이행이 발생하면 먼저 불이행자체가 손해로 채권자에게 돌아오며 이러한 손해로 인하여 추가적인 손해가 발생할 수 있는 2차적 손해가 발생하는데, 이러한 경우 채권자에게는 채무자에게 청구할 수 있는 손해배상청구권을 가지게 된다.16)

2) 불법행위에 의한 손해배상청구권

불법행위란 고의 또는 과실에 의한 위법한 행위로 타인에게 손해를 끼치는 것을 의미한다(민법 제750조).

손해배상청구권 가운데 '채무불이행'을 제외한 대부분 손해배상의 발생은 '불법행위'로 인한 것이 대부분이다. 이러한 불법행위는 법률을 위반하는 행위라는 점과 손해배상청구권을 발생시킨다는 점에서 채무불이행과 비슷하지만 불법행위에 의한 손해배상은 당사자가 어느 누구든지 될 수 있는 반면에 채무불이행은 채권・채무의 계약에 의하여 책임을 진다는 점에서 차이가 있다.

이러한 채무불이행책임과 불법행위책임을 비교해 보면 다음과 같다.

<표 Ⅲ-3> 채무불이행책임과 불법행위책임의 차이

발생원인 / 법률관련 문제	채무불이행책임(계약상 책임)	불법행위책임
과실의 입증책임	채무자	피해자
손해배상의 범위와 방법	민법 제393, 394조	민법 제763조
과실상계	민법 396조	민법 제763조
손해배상자의 대위(代位)	민법 제399조	민법 제763조
연대책임	연대채무의 종류에 따라 상이(민법 제413조, 427조)	공동불법행위에 의한 연대책임(민법 제760조)
소멸시효	10년(민법 제162조 1항)	피해자 또는 그 법정 대리인이 손해 및 가해자를 안 날로부터 3년 또는 불법행위를 한날로부터 10년(민법 제766조)
상계	법률상 상계가 금지된 채권 외의 모든 채권 상계 가능. 상계금지채권(민법 493, 496-8조)	일반채권으로 하는 상계금지(민법 제496조)
제3자에 의한 책임	이행보장에 의한 채무자 책임	사용자 책임(민법 제756조)

16) http://www.lawsee.com/lawinfo

3) 채무부존재 확인 등

갑이 을에게 채무가 있는데, 그 채무가 ㉠ 원래부터 존재하지 않았거나, ㉡ 이미 채무를 완료해서 그 채무에서 벗어난 상황임에도 을이 계속 채무의 완료를 주장할 때, 관련 증거들을 가지고 갑은 을에게 채무가 없거나 이미 채무를 갚은 상태라는 것을 주장하여 법원으로부터 그 채무가 없음을 증명받는 것이 채무부존재 확인이다.

(3) 상사중재의 성립 요건

자치적 중재를 본질로 하는 상사중재가 성립되기 위한 요건은 다음과 같다.[17]

첫째, 상사분쟁의 주체인 당사자가 있어야 한다. 여기서 당사자는 권리・의무의 주체로서 자연인은 물론, 법인 곧 사법인(私法人)과 공법인(公法人)도 포함된 개념으로 보아야 한다.

둘째, 상사중재의 객체인 분쟁이 있어야 하며, 이는 당사자간에 처분할 수 있는 사법상의 법률관계이어야 한다는 것이다.[18] 즉, 분쟁자체가 현실적으로 존재하여야 하며, 중재대상이 특정되어야 하며, 또한 중재합의 범위 내에 속하여야만 한다.

셋째, 양 당사자간의 법률행위로서 사전 또는 사후적인 중재에 대한 합의 즉, 유효한 중재합의가 있어야 한다.

넷째, 양당사자에 의해 신청된 분쟁의 해결을 위임할 중재기관인 판정자로서 제3자인 중재인이 있어야만 한다. 당사자의 무능력 또는 중재합의의 무효는 중재판정취소 사유가 된다는 점도 기억해둘 필요가 있다.

다섯째, 법원에의 직소(直訴)가 금지되어야 한다는 점이다. 이는 분쟁해결에 있어서 중재에 의하여 일반적으로 재판이 가지는 경직성과 비전문성을 피하고 해당 분야의 전문가로 하여금 타당한 결론을 유동하기 위한 것이라 할 수 있다.

여섯째, 중재인의 판정은 최종적이고 구속력이 있기 때문에 당사자는 이에 무조건 복종해야만 한다는 점이다. 이러한 이유로 중재는 소송과 같은 강행적인 확실성과 종국성을 가지므로 "중재판정" 이라고 하는 것이라 하겠다.[19]

---

17) 고범준, 「국제상사중재법해설」, 대한상사중재원, 1985, pp. 45-47.
18) 한주섭・김상호・우성구, 「최신 국제상사중재론」, 동성사, 1997. p.18.
19) Roland L. Kramer, 「International Trade」, 6th ed., Ohio : South Western Publishing Co., 1959, p. 468.

학습정리

중재제도는 현재 무역에서 사실상 분쟁해결의 중심기구적 역할을 수행하여 왔으며, 이와 관련된 내용은 다음과 같다.

중재제도란 당사자간의 합의에 의하여 사법상의 권리 기타 법률관계에 관한 분쟁을 법원의 소송절차에 의하지 않고, 사인(私人)인제3자를 중재인(arbitrator)으로 선정하여 그 분쟁의 해결을 중재인의 결정에 맡기는 동시에 최종적으로 그 결정에 복종함으로써 분쟁을 해결하는 제도를 말한다.

이러한 중재제도는 재판외적 분쟁해결 방식으로서 각각의 장점과 단점을 가지고 있다.

중재의 적용대상은 거래 양태별, 거래행위별, 거래외형별로 분류할 수 있으며, 이와 관련된 성립요건으로서 주체인 당사자가 존재할 것, 객체인 분쟁이 존재할 것, 유효한 중재합의가 있을 것 등이 있다.

학습과제

1. 중재제도가 국제무역거래에서 가지는 의의는 무엇인가? 중재제도의 개념을 중심으로 설명하시오.
2. 중재제도는 각각의 장점과 단점을 가지고 있다. 이 가운데 중재제도의 단점에 대하여 설명하시오.
3. 현재, 중재제도를 활용할 수 있는 대상은 무엇인가? 또한 그 요건은 어떻게 되는지에 대하여 기술하시오.

분쟁사례연구 8 | 호남 샤파이어(Honam Sapphire)호 중재판정에 대한 분석*20)

Ⅰ. 서론

본 연구는 한국의 호남탱커와 덴마크의 머스크 라인 사이에 있었던 유조선(tanker)의 매매 및 용선(sale & charter-back) 거래에서 발생한 다툼에 대한 중재판정의 분석이다. 무릇 다툼에는 승자와 패자가 있기 마련이다. 이 중재판정에서 호남탱커가 패소했다. 호남탱커의 패소원인은 계약에 서툴렀고 기록을 남기지 않았기 때문이다. 한국인들은 계약에 약하고 기록을 남기지 않는 습성이 있다. 한국인에게는 진정한 의미의 계약문화가 없다고 말하는 외국인도 있다.

호남탱커의 패소는 냉혹한 비즈니스 세계를 한국적 정서로 접근하고 판단하는 안일한 사고와 자세가 문제였다. 아마도 상대방이 명망 높은 세계적인 대선사라서 "설마 경위에 어긋나는 짓은 하지 않겠지," 하는 믿는 마음으로 임했을 것이다. 중요한 안건을 계약서에 명시하지 않고 메모 하나 남기지 않은 채 기억만을 믿고 중재에 임해 무참하게 패소한 케이스이다. 사소한 불찰이 막대한 손실로 되돌아 온 것이다. 한 줄의 글이 백 마디 말을 압도함을 보여 준 사례이다.

이 논문은 생생한 1차 자료(raw data)에 근거하여 작성하였다. 좀체로 얻기 어려운 기업의 사내자료를 수년전 지인의 도움으로 입수한 것이다. 샤파이어호의 중재판정에 관한 일체의 자료가 망라되어 있다. 특히 해운시장의 메카라 할 수 있는 런던에서의 중재판정이라서 더욱 관심을 끈다. 본 연구를 통해 런던의 중재절차와 중재판정문의 작성방법 등 영국에서의 중재판정의 이모저모를 조감할 수 있다.

본 논문에서는 자료에 근거하여 중재사건의 개요, 신청인 및 피신청인의 주장요지, 중재인의 판정이유, 나아가 분쟁에 대한 법리적 해석 등을 고찰할 것이다. 나아가 두터운 자료파일 가운데 교훈이 되고 의미있는 부분을 추출하고 정리하여 본 사건이 시사하는 메시지를 부각시킬 예정이다.

그동안 중재에 관련된 국내의 사례연구는 대부분 대한상사중재원에서 판정했던 사건들을 요약하여 배포하는 식이었다. 따라서 해외에서 있었던 중재판정의 결과를 1차 자료에 근거하여 상세하게 소개하고 주밀하게 분석한 연구는 찾아보기 힘들다. 좀체로

* 임석민, "호남 샤파이어호 중재판정에 대한 분석", 한국해운학회지, 「한국해운물류학회」, 2004. 5. pp. 131 - 153.

얻기 어려운 자료인 데다 시사하는 바가 많아 업계와 학계에 도움이 될 것으로 믿는다.

기업에는 벤치마킹이나 반면교사가 될 만한 사례가 많다. 그러나 비밀주의나 이미지 훼손 등을 이유로 자료의 공개를 꺼리고 있다. 본 사건은 상세한 보도는 아니었지만 “TadeWinds”라는 전문일간지에 게재되어 국제적으로는 잘 알려진 사건이다. 그리고 부끄럽고 부도덕한 회사기밀이 있는 것도 아니다. 어찌 보면 한국인들이 공통적으로 갖고 있는 계약 및 기록에 대한 미숙함 및 소홀함이 초래한 하나의 실패사례이다.

기업활동에서는 실패가 있기 마련이고 또한 누구나 실패할 수 있다. 사람들은 실패를 “부족함, 무능력, 소홀함” 등 부정적인 시각으로 보고 있다. 따라서 실패라는 말은 당사자에게는 분명 곤혹스러운 말일 것이다.[21] 그러나 우리는 실패를 통해 값진 교훈을 얻을 수 있다. 실패를 음미하면서 실패의 원인을 규명하고 그것을 교훈으로 삼아 더 이상 실패를 반복하지 않을 수 있다. 그러나 성공사례는 자발적으로 적극 공개하고 선전하지만 실패사례는 개인이나 기업 모두가 드러내기를 꺼려 실패가 가져다주는 훌륭한 교훈을 되살리지 못한다.

사실 성공보다는 실패로부터 얻고 배우는 것이 훨씬 많다. 그러나 귀중한 경험들이 서로 교통되지 않으면 그대로 사장되고 만다. 비록 자랑할 것은 못되지만 기업의 성가(goodwill)에 치명적인 실패가 아니라면 실패의 경험을 공개하여 그 교훈을 공유하는 사회시스템이 있었으면 좋겠다는 생각을 해본다. 성공사례는 물론 실패사례를 사회가 공유함으로써 시행착오가 줄어 대외적으로는 국부의 유출을 방지할 수 있을 것이다.

Ⅱ. 사건의 개요

1991. 8. 14. 호남탱커(이하 호남으로 표기함)는 “Niels Maersk호” (Honam Sapphire호로 개명)를 A.P. Moller(이하 몰러로 표기함)로부터 매입하고 3년 동안 매도자 몰러에게 대선하는 이른바 Purchase & Charter-Back이라는 평행거래(parallel transaction) 계약을 체결하였다.

이는 곧 1994년 말까지 호남은 선가변동에 대한 리스크를 부담하고, 몰러는 운임변동에 대한 리스크를 부담하는 조건이다. 몰러는 샤파이어호의 첫 항차를 10여일 대기한 뒤에 World Scale[22] 39에 PG/JPN (Persian Gulf/Japan)에 스팟(spot)으로 대선했다. 샤파이어

21) 이 논문으로 특정기업의 실패를 세상에 드러내려는 의도는 추호도 없다. 이미 10년이 지난 사건으로 아마 지금쯤 당사자들의 기억에서도 사라졌을 것이다. 보안기한이 해제된 역사적 자료에 속한다. 그러나 이 자료가 제시하는 메시지는 명료하다. 계약에 임하는 자세와 기록 및 전문지식의 중요성을 웅변하고 있어 이 시점에도 자료적 가치가 높다. 당사자들에게는 감추고 싶은 뼈아픈 내용일 수도 있다. 그러나 이 사건에서 노출된 문제점이 타산지석이 되어 우리의 기업들이 유사한 피해를 줄일 수 있다면 그 분들도 사회발전을 위한 기여로 여겨 너그러이 양해할 것으로 믿는다.

호의 C/B (charter base; 손익분기점)는 WS72 정도인데 몰러는 적자용선을 준 셈이다.

1992. 5. 27. 현재 WS32의 극심한 불황으로 몰러는 큰 손해를 보고 있었고 선가 역시 하락하여 92. 12. 16. 샤파이어호의 선가는 1,800만달러가 하락하여 호남도 막대한 손해를 보고 있던 차에 몰러가 손해를 보상하는 조건으로 용선계약의 조기해지에 합의해 줄 것을 요청했지만 호남이 거절하였다.[23)]

1993. 1. 13. 연합국측의 대이라크 폭격이 있었고, 샤파이어호가 일본 토쿠야마에서 양하를 마치고 출항하려던 1993. 1. 15. 13:00에 약관 33조에 의거 몰러가 C/P의 해지를 통고하였다. 1993. 1. 19. 이라크가 익일 클린턴 대통령의 취임일에 맞춰 1993. 1. 20. 08:00로 휴전을 제안하여 이후 긴장이 완화되었다. 그러나 93. 1. 21. 몰러의 변호사가 중재를 제의했고 그동안 수회에 걸쳐 해지철회를 요청하는 전문을 보냈던 호남이 1993. 1. 28. 18:00에 용선계약의 해지를 몰러에게 통고하여 중재에 이르게 되었다.

분쟁해결 방법에 관한 C/P 약관{Clause 41(b), (c)}에는 영국 법원에서 소송(litigation) 또는 런던에서 단독중재인(single arbitrator)에 의한 중재중 하나를 선택할 수 있다. 1993. 1. 19. 및 1 .21. 몰러의 중재회부 제의전문을 발단으로 양자의 중재회부 합의가 있었고 1993. 2. 5. 중재인, Mr. A. J. Kazantzis[24)]를 단독중재인으로 선임하여 중재에 들어갔다.

몰러의 클레임 신청금액은 US$751,596.42 (연료잔량, 용선료 초과지급분, 비용, 전쟁위험 추가보험료 등)이고, 호남의 역클레임 신청금액은 US$9,064,191.79 (손해액, 시장금리의 이자, 발생비용 등)이다.

---

22) 탱커는 운임 및 용선료를 계산하는데 톤당 얼마로 하지 않고 Worldscale을 이용한다. WS로 모든 항해 및 시장의 운임수준을 비교할 수 있기 때문이다. 이는 탱커시장의 고유한 지수로서 국제탱커명목운임지수협회(ITNFSAL ; International Tanker Nominal Freight Scale Association Ltd.)가 도출한다. 정식명칭은 전세계탱커명목운임지수(Worldwide Tanker Nominal Freight Scale)이며, 19,500LT 표준형 탱커를 기준선으로 하여 LT당 몇 달러로 표기된다. 운임수준은 WS 명목운임률의 백분율로 표시한다. WS 100 (또는 Worldscale flat)은 협회가 계산하여 공표한 率이다. 예컨대 WS 175는 공표율의 175%를 의미하고 WS 75는 동율의 75%를 의미한다. 스케일 등장 이후 그 율은 WS 15~WS 500 사이의 변동폭을 보였다.

23) 몰러의 Mr. Nielsen이 92. 12. 16 호남을 방문하여 93년 초에 몰러의 회장이 은퇴하는데, 후임자에게 불리하게 체결된 계약을 넘기지 않는다는 방침하에 보상을 조건으로 조기해지를 제의했지만 호남이 보상액의 결정이 어렵다는 이유로 거절했다(M.S. Oh, *M/T "Niels Maersk" Sale and Charter-back History*, Feb, 1993. pp.40~46).

24) 1929년생으로 발틱거래소 멤버이며 법정변호사(barrister) 자격취득 후 선박중개회사의 이사, 30년의 선박관리인, 그리고 1962년부터 중재인으로 활동하고 있던 경력의 소유자이다.

Ⅲ. 양당사자의 주장요지

1. 신청인 (Claimants)의 주장

신청인은 덴마크의 ① Aktieselskabet Dampskibsselskabet, ② Dampskibsselskabet af 1912, Aktieselskab이며, 이들 두 회사는 몰러의 지주회사로서 각각 48%의 지분을 소유하고 있고, 몰러는 두 회사의 대리인으로 관여하고 있다. 클레임의 요지는 아래와 같다.

(1) 1991. 12 .31. 15:45. ① Aktieselskabet, ② Dampskibsselskabet (이하 용선인으로 호칭)의 대리인으로서 몰러는 1991. 8. 14. 런던에서 체결된 개정셸타임4 (amended Shelltime 4) C/P에 의거 호남탱커 (이하 선주로 호칭)로부터 "Niels Maersk호" (Honam Sapphire호로 개명)를 인도받았다.

(2) 용선인은 C/P의 전조항, 특히 아래의 조항에 의거 클레임을 제기한다.

제6조: 선주는 본선의 유지 및 보수에 대해 책임을 지며, 이러한 책임사항에 대해 용선인 또는 그 대리인이 지출한 금액을 용선인에게 상환한다.

제8조: 용선인은 본선의 인도일시로부터 반환일시까지 첫해에는 US$35,500/day, 2년/3년째에는 US$36,000/day 및 그 시간에 비례하여 용선료 (hire)를 지불한다.

제15조: 용선인은 인도시 본선상의 모든 연료를 인수하고 그 값을 지불하며, 선주는 반환시 (용선계약의 기간만료 또는 용선계약의 조기해지) 본선에 남아있는 모든 연료를 인수하고 그 값을 지불한다.

제19조: 선주는 본선 반환 후 용선료의 초과 지불액 (overpaid hire)을 즉시 반환한다.

제33조: 만약 미국, 소련, 중국, 영국, 덴마크, 독일, 프랑스, 이란, 사우디, 쿠웨이트, 이라크, 한국 등의 이국간 또는 다국간에 전쟁 또는 적대행위가 발생하면 선주 및 용선인은 공히 본 용선계약을 해지할 권리가 있다.[25)]

제63조: 전쟁위험보험에 대한 추가보험료는 용선인이 부담한다.

(3) 1993년 1월 이라크와 미국, 영국, 프랑스 사이에 적대행위(hostilities)가 발생했다.

① 93. 1. 13. 40대의 미영불 전투기가 이라크의 방공시설을 폭격하자 이라크는 대공포로 응사했다.

② 93. 1. 17. (a) 미해군이 이라크 자파라이야 (Zaafaraiyah)에 소재한 원자력 발전소에 40기의 미사일을 발사했고 이라크는 대공포로 응사했다. (b) 미국 전투기가 이라크 전투기 1대를 격추했다.

---

25) "If war or hostilities break out between any two or more of the following countries, USA, USSR, PRC, UK, Denmark, Germany, France, Iran, Saudi Arabia, Kuwait, Iraq, ROK, both Owners and Charterers shall have the right to cancel this charter."

③ 93. 1. 18. 47대의 미영불 전투기가 이라크의 방공시설을 폭격했고 이라크는 대공포로 응사했다.

(4) 이에 용선인은 C/P 33조에 의거 1993. 1. 15. 및 (1. 15의 통지를 침해하지 않으면서) 93. 1. 19. 통지를 통해 C/P를 해지했다.

(5) 1993. 1. 19. 본선 선장의 텔렉스에 따르면 1993. 1. 15. 해지시 본선에는 IFO 1,999.30MT, MDO 192.4MT이 남아 있었다.

(6) 용선인의 C/P 해지로 선주는 제15조에 의거 본선상의 모든 연료를 인수하고 그 대금 US$158,241.45[26]를 지급해야 한다.

(7) 용선인이 1993. 1. 31. 24:00까지의 용선료 US$1,093,683.85를 1992. 12. 31. 선불로 지급하였고 1993. 1. 15. 13:00. 본선을 반환하였으므로 선주는 용선료 초과지급액 US$592,500.00를 환불해야 한다.

(8) 1992. 11. 1. 일본에서 선주의 비용인 NICO 수선공의 교통비 US$915를 용선인의 대리점이 대납하였고, 선주가 1992. 12. 28. 전문에 전쟁위험 추가보험료는 용선인의 비용이라고 고지한 바와 같이 1993. 1. 15. 이후의 전쟁위험 추가보험료 US$60.33을 선주가 환불해야 한다.

(9) 1993. 1. 15.에 C/P의 6조, 15조, 10조 및 63조에 의거 C/P를 해지하였으므로 선주는 용선인에게 총 US$751,596.42를 반환해야 한다.

1993. 3. 23. 신청인의 대리인으로서 변호사(solicitor) P.G. Caldin 작성하다.

2. 피신청인(Respondents)의 항변 및 반대신청

(1) 신청인의 주장 (1), (2)항은 인정한다.

(2) 1993. 1. 15. 및 1. 19. 전문을 받은 사실은 제외하고 신청인의 주장 (3), (4)항을 부인한다.

(3) 신청인의 입증책임 또는 위 부인에 대한 대요(generality)를 침해하지 않고,

① 신청인은 (3)항에 서술한 모든 사항을 엄밀히 입증해야 한다.

② 신청인이 주장하는 사건이 발생했더라도 그것들은 약관 제33조의 진정한 해석(true construction)에 의한 전쟁 또는 적대행위를 구성하지 않는다. 특히,

(a) 주장한 상황들이 전쟁 또는 적대행위를 구성할 만큼 심각하거나 장기적이지 않다. (b) 전쟁 또는 적대행위의 발생여부가 C/P 작성일 또는 본선 인도일

26) $124,956.25(IFO 1,999.30MT x $62.50/MT) + $33,285.20(MDO 192.4MT x $173.00/MT) = US$158,241.45

에 당해국가 사이의 관계에 반하여 판단되고 있다. 그리고 / 또는 (c) UN 결의를 지지하는 행동들은 개별국가간의 적대행위를 구성하지 않는다. 그리고 / 또는 (d) 진정한 해석 및 / 또는 시장의 반응 및 / 또는 사업상의 영향면에서 해지가 이뤄지기 전에 전쟁 또는 적대행위의 발생이 운임시장 및 본선의 운항에 영향을 미쳐야 할 것이다. 본건의 경우 운임시장 및 본선의 운항에 전혀 영향을 미치지 않았다. 해지를 시도했던 시점의 전쟁위험 보험료는 C/P가 작성되었던 1991년보다 오히려 더 낮았다.

(4) ① 1991. 8. 14. 회의에서 신청인과 피신청인은 제33조에 열거한 중동국가가 포함된 전쟁 또는 적대행위의 발생가능성에 대한 구체적인 예로 33조에 근거한 해지권은 본선이 실질적으로 운항불능일 경우에만 행사할 수 있다고 합의한 바 있다. ② 피신청인은 제33조에 대한 이러한 합의된 의미 (meaning) 및 / 또는 표시 (representation)에 의존하여 C/P에 서명했으며,[27] 신청인이 이러한 합의된 이해 (understanding)를 무시하는 것은 부당하다. ③ 신청인이 열거한 사건에 의해 본선의 운항이 전혀 영향을 받지 않았던 93. 1. 15. 또는 93. 1. 19. 신청인의 해지는 협정 (convention) 및 / 또는 약속표시 (promissory representation)에 대한 금반언 (estoppel)이다. 신청인은 1991. 8. 14. 실질적으로 본선의 운항이 불가능한 경우가 아니면 (불가능하게 된 적이 없다) 제33조에 의거 C/P를 해지할 수 있는 권리 (그것들은 부인되었다)를 포기한 바 있다. (5) 신청인의 주장 (5)항에 관하여,

① 1993. 1. 15에 C/P가 해지되었다는 신청인의 고지를 분명히 거부했다.

② 앞에서 서술한 것을 제외하고 어떠한 것도 인정할 수 없다.

(6) 신청인의 주장 (6)항을 거부한다.

(7) US$1,093,683.85의 송금수령은 인정하지만 (7)항의 나머지는 거부한다.

(8) 인정한 것은 제외하고, 피신청인은 신청인의 $751,596.45 송금요구를 거부하며, 피신청인에게 거부할 권리가 있다. 나아가 (8)항, (9)항을 부인한다. 단, 피신청인은 US$915를 신청인에게 지급할 것이다.

(9) 피신청인은 반대신청 (counterclaim)으로 취득한 금액으로 신청인의 클레임에 대해 상계할 것이다.

---

27) C/P에 관한 사실 (fact)의 표시는, ① 계약의 조항 (contractual terms)은 되지 않았지만, 계약의 체결에 이르게 한 유인성의 표시. ② 계약에 편입 (incorporation) 또는 부수 (collateral)하여 계약의 조항을 이루는 표시. ③ 계약의 조항은 아니지만, 계약서 또는 계약의 증거서류에 구현 (contained in)된 표시로 분류된다. 호남은 계약의 조항은 되지 않았지만, 본선이 실질적으로 운항불능일 경우에만 해지할 수 있다는 몰러의 표시가 계약의 체결에 이르게 한 유인성의 표시라는 주장이다.

(10) ① C/P가 해지되었다는 신청인의 부당하고 모호하며 반복적인 주장; 그리고/또는

② 선장에 대한 신청인의 부당한 항해명령의 철회 및 후속항해명령 또는 급유명령의 거절; 그리고/또는

③ C/P가 종료되었다는 신청인의 주장에 대한 철회의 거절 등 C/P에 더 이상 구속받지 않겠다는 신청인의 의사표시는 C/P에 대한 실질적(actual) 및/또는 이행거부적(repudiatory) 위반이다.

(11) 피신청인은 신청인의 이러한 행위를 계약의 종료로 받아들여 1993.1.29.에 팩스로 고지하였다.

(12) 전술한 이유들로 인해 피신청인은 손해를 입었고, 신청인은 이에 대해 책임을 져야 한다.[28] 그 금액의 명세는 별도로 제시할 것이다.

(13) 피신청인은 시장금리의 이자를 추가로 청구할 것이다.

1993년 4월 피신청인의 대리인으로서 변호사 Dominic Kendrick 작성하다.

3. 피신청인의 사실확인에 대한 항변명세(Particulars)

(a) 1991. 8. 14. 09:30-18:30까지 피신청인의 서울 사무실에서 C/P의 조항을 협의하고 종결하기 위해 상담(negotiation)이 이루어졌으며, 신청인측의 참석자는 J.S. Nielsen, H.E. Mortensen (Moller), J.H. Kristensen (Maersk Korea), M. Rayner (broker) 피신청인측은 M.S. Oh, S.J. Choi, H.D. Bang (Honam), S.H. Hwang (broker) 등 8명이다.

(b) 1991. 8. 8. 신청인은 피신청인에게 신청인의 의도를 담은 예비(pro forma) C/P를 제공했다.

(c) 신청인과 피신청인은 그 회합에서 C/P 초안의 각 조항의 문안을 하나하나 순서대로 논의했다.

(d) 전쟁위험약관에 통상 강대국들과 본선의 치적국 또는 관리국 및 용선인의 귀속국만 명기하는 것이 관례이다.

(e) 따라서 제33조를 논의할 때에 Mr. Oh (이하 '오'로 표기)가 왜 타이핑한 국가들로 확대하는지를 묻고 이라크와 미국이 당시 긴장상태에 있는 점을 거론했다.

(f) 이에 대해 Mr. Nielsen (이하 '닐센'으로 표기)이 "우리는 장사를 위해 용선을 한다. 페르시아만에서 전쟁이 발생하여 본선의 운항이 불가능하다면 우리는 어떻

28) 일방이 계약을 위반하면 타방은 그에 대한 손해배상을 청구할 수 있다. 계약을 위반하면 상대방이 일단 손해를 입은 것으로 간주되어, 손해배상청구권은 자동적(automatically)으로 발생한다. 계약위반에 대한 손해배상(contractual damages)은 계약이 제대로 이행되었을 경우를 가정하여 피해자를 보상하는 것이다.

게 되는가?"라고 반문했다.

(g) 그러자 오는 33조에 열거된 나라들 사이에 전쟁 또는 적대행위의 발생으로 본선의 운항이 현실적으로 불가능할 경우에만 적용된다는 것을 確認(confirmation)해 줄 것을 요구했다. Nielsen, Mortensen은 'Sure'라 답했고, Kristensen, Rayner는 고개를 끄덕여 동의했었다. 그리고 오는 "그러한 경우에는 우리 자체의 화물수송을 위해 우리가 본선을 필요로 할 것이다."라고 말했고, 참석자들은 모두 웃음으로 반응했었다.

(h) 제33조의 의미에 대해 합의가 이루어졌고, 신청인이 그 조항의 적용원칙에 대해 표시(represent)했기 때문에 다음의 조항으로 논의가 넘어갔던 것이다.

4. 호남탱커가 분석한 중재에 대한 승패의 전망

(1) 양자의 주장이 대각을 이루고 있으나 영국법상,

① 선박이 인도되고 매매대금이 지급되어 본선의 매매계약은 이미 이행완료되었으므로 현재 당사자를 기속하는 계약서는 정기용선계약서 뿐이다.

② C/P 제33조에 명시되어 있지 않은 이상 전쟁 또는 적대행위 등으로 본선의 운항에 영향을 줄 수 있는 경우에 한하여 해지할 수 있다고 해석할 수 없다. 따라서 C/P 조항만으로는 승소가능성이 희박하다.

(2) 계약체결 당시(1991. 8. 14) 이미 관련국간에 긴장상태가 존재했었으므로 그 정도의 적대행위(hostilities)는 용인하기로 묵시적 합의가 있었던 것으로 보아야 한다는 주장도 있지만 받아들여질 가능성이 높지 않다.

(3) 승패의 관건은 전쟁 등의 상황으로 선박의 운항에 영향이 미칠 경우에 한하여 33조에 의한 해지하기로 한 별도의 구두약정, 표시 또는 보장(collateral contract, representation or warranty)이 있었느냐 여부에 달려 있다.

① 호남에 유리한 면은 ⓐ 호남측의 증인진술(witness statement), ⓑ 호남의 1993. 1. 19. 전문과 그에 대한 몰러의 동일자 회답, ⓒ 계약체결 당시의 정황, ⓓ 몰러가 1991. 1. 18-19.일경 PLM International 선박 2척에 대해 유사한 조항에 의거 조기에 해지하였음에도 이를 묵비한 사실 등.

② 호남에 불리한 면은 33조가 적용될 수 있는 상황에 대하여 명시적으로 논의(discussion)한 사실이 있었다고 하더라도 서면증거(written evidence)가 없으므로 몰러측 증인들이 반대의 증언을 할 경우 그러한 논의사실을 입증하기가 어렵다.

(4) 법률전문가들의 견해

① 영국 변호사의 견해: 일단 불리한 싸움이기는 하나 ②의 문제점에도 불구하고 포기할 정도의 사안은 아니다.

② 김&장의 견해: 영국 변호사와 같은 의견이며, 문서에 의한 입증은 불가능하므로 심리시 몰러측의 증인들을 여하히 공격하여 호남에 유리한 증언을 확보하는가가 승패의 관건이 될 것이다.

5. 몰러의 부당한 용선계약 해지사례

몰러는 NOL (Neptune Orient Line)이 일본에서 건조중인 최신형 이중선저(double-hull) 탱커 2척을 3년 동안 용선계약을 체결하였는데 1993년 2월 협의해약한 바 있다. 몰러는 Exxon Valdez호 사고 이후 미국이 유류오염법 (Oil Pollution Act)을 통과시켜 이중선저선을 의무화하자 이중선저선의 운임이 높아질 것으로 예상하고 NOL이 일본 이마바리 조선소에서 건조중인 Aframax (92,000DWT) 2척을 하루 용선료 US$22,000～23,000에 계약을 체결했으나 시장료율이 US$12,500에 불과해[29] 진수한 지 수주가 채 지나지 않았은 Neptune Centaurus호를 해약하고, 건조중인 Neptune Corona를 해약하였다.[30]

그리고 샤파이어호 사건이 해운전문일간지 TradeWinds에 기사화 (93. 1. 29)되자 미국 샌프란시스코의 PLM International이라는 운송장비리스 회사가 호남탱커에 공동전선을 펴자는 제의의 팩스 (1993. 4. 8)를 보내왔는데, 동사는 몰러와 1989년 10월에 Maersk Beveries호와 Maersk Monica호 2척을 Purchase & Charter-Back 조건으로 구입하여 1992년 12월까지 몰러에게 대선했는데 91년 1월에 몰러가 전쟁약관을 들어 용선계약을 해지했다는 것이다. 또한 몰러는 1992년에 건조된 이태리 선사의 소유 95,000DWT급의 Diana호 및 Laura호를 용선기간이 1995년 말까지인데도 93년 1월에 해약하고, 발주한 3척의 VLCC 가운데 1척은 취소를 하고 2척은 인수시기를 늦추었으며, 석유탐사선의 인수를 거절하고 92년 한 해에 선대를 10% 감축하고 직원 50여명을 해고하는 등 내부적으로 심각한 재무위기를 겪었던 것으로 짐작된다. 이 와중에 아예 대선사로서의 체면이나 명성을 팽개치고 사방의 비난을 무릅쓰고 용선했던 선박을 중도에 해지하여 상도덕을 유린하는 비신사적 행위도 서슴치 않았던 것이다.

---

29) 1992년 3월 IMO 32차 총회는 노후선에 대한 규제를 하지 않기로 결의하여 이중선저선의 웃돈운임(premium rates)에 대한 기대가 좌절되자 시황이 악화되었다.(M.S. Oh, 전게자료, p.41).

30) 보상액에 대해 당사자들은 밝히지 않았지만 브로커들은 1,500만달러쯤 될 것으로 추정하였다. 이에 대해 NOL은 외교적인 수사인지는 모르지만 몰러의 처사에 대해 불만을 표출하지 않고 오히려 만족하며 몰러와 우호적인 관계를 지속하겠다는 반응을 보였다(*TradeWinds*, Feb. 12, 1993).

Ⅳ. 중재판정의 요지

(1) 1991. 8. 14. 작성된 Shelltime 4 C/P에 의거 피신청인(호남)은 소유선 Honam Sapphire 호(이하 본선으로 호칭)를 C/P에 약정된 조건으로 3년 동안 신청인(몰러)에게 정기용선으로 대선하였다.

(2) C/P 41조에 분쟁은 영국에서 심판하기로 약정되어 있다.

(3) 분쟁이 발생하여 신청인이 41조 C항에 따라 런던에서 단독중재인의 중재회부를 제의했고, 1993. 2. 5. 양자의 합의로 본인(Kazantzis; 이하 '본인'은 중재인을 지칭함)이 단독중재인으로 선임되었다.

(4) 신청인은 93. 1. 15. 또는 93. 1. 19. C/P 33조에 의거한 C/P의 해지에 대한 유효여부의 판정을 신청해 왔고, 피신청인은 신청인이 C/P를 해지할 권리가 없으며, 93. 1. 15.경에 C/P의 계속이행을 거부하여 계약을 위반했다고 반대신청을 해왔다.

(5) 1994. 1. 19. 중간심리(interlocutory hearing)가 있었고, 1994. 6. 27 ~ 7. 4 사이에 양자의 변호사 및 자문관들이 출석한 가운데 본심리(main hearing)가 있었다.

(6) 중재를 맡은 본인은 본인에게 제시된 제서류, 제출물, 증거들을 주의깊게 양심적으로 검토하고 숙고하여 잠정적 최종판정문(interim final award)을 아래와 같이 작성 공시한다.

① 본인은 신청인이 1993. 1. 15.에 C/P 33조에 의거 C/P를 해지할 권리가 있고 또한 동일자에 해지했음을 발견하고(find) 판정하여(hold) 선언한다(declare).

② 본 중재회부로 발생한 신청인의 비용 및 피신청인 자신의 비용은 피신청인이 부담하고, 그 금액에 대해 합의가 이뤄지지 않을 경우 사정(tax)을 명한다.

③ 피신청인은 본인이 산정하여 확정한 본인의 수당(fees) 및 지출(disbursements) ￡18,970 및 숙식비(cost of accommodation and catering) ￡5,406를 부담하고 지급할 것을 명한다.

④ 신청인이 본 중재와 관련하여 기지급한 중재신청비용은 피신청인으로부터 즉시 상환받아야 한다. 본 판정의 이유(reasons)는 부록(appendix)에 서술하였으며 그것은 본 판정문에 완전히 편입된다.

⑤ 본 판정은 여기에서 결정한 사항에 대해서는 최종적이지만 참조용으로는 잠정적인 것이다.[31] 본인은 여기에서 판정되지 않은 모든 사항은 법정에서 심판할 수 있음을 유보한다.

1994. 8. 15. 중재인 A. J. Kazantzis 작성하다.

---

31) This Award is final as to the matters decided herein but interim in the reference.

V. 중재판정의 이유

(1) 선가와 용선료가 시장료율로 체결된 팩키지 거래

몰러는 1991. 8. 14. 현대중공업이 1989년에 건조한 255,000DWT (142,488GRT)의 "Niels Maersk호" (Honam Sapphire호로 개명)를 호남에게 US$7,800만에 매도하고 3년 동안 용선하는 이른바 매도 및 용선(sale & charter-back)이라는 평행거래(parallel transaction; package deal, bridge contract) 계약을 체결하였다. 이는 상호 유리한 윈윈게임으로 인식되었다. 몰러는 선대축소계획을 세웠지만 단기적으로 본선에 적합한 일감이 있고, 호남은 당장의 일감은 없지만 2-3년 뒤에는 본선의 수요가 있기 때문이다.

호남은 탱커의 신조가격이 높아질 것으로 예측하여 상태가 좋은 중고 VLCC를 현재의 신조가보다 낮은 가격으로 구입하기로 한 것이다. 호남은 분명히 본선의 구입을 위한 금융비용을 용선료(hireage)로 충당하려 하였다. 그러나 매매와 용선이 연계는 되었지만(linked and bridging agreement) 계약서에 본선의 구입비용이 용선료로 충당되어야 한다는 명시가 없어 본인의 부담을 덜게 한다. 선가와 용선료가 현시장료율(current market rate)에 의해 결정되었고 명시되었다.

(2) 용선계약의 조기해지 및 중재회부

탱커의 시황이 악화되었던 1992. 12. 16. 닐센이 서울을 방문하여 조기해지에 대해 논의를 제의하였다. 몰러는 다시 1992. 12. 29. 호남의 입장을 묻는 텔렉스를 보냈고, 1993. 1. 5. 호남은 아직 결정을 못했다는 회신을 보냈다. 1993. 1. 15. 몰러가 다음의 요지로 해지를 통보했다.

"우리는 미국, 영국, 프랑스의 군대가 93. 1. 13. 수요일 저녁에 이라크를 공격한 이후 C/P에 관한 우리의 입장을 취하기 위해 이라크 국내 및 이라크/쿠웨이트 국경에서의 상황이 악화되는 것을 걱정스럽게 주시해왔다. 우리는 법률적 자문을 받을 때까지 C/P를 종료시키는 절차를 취하지 않았다. 이제 우리는 자문을 받아 다음과 같이 해지를 통고한다. 이국간 또는 다국간, 그 중에서도 특히 미국, 영국, 프랑스 및 이라크 사이에 전쟁 또는 적대행위가 발생하면 선주 및 용선인은 각각 C/P를 해지할 수 권리를 갖는다고 약정되어 있는 1991. 8. 14. C/P 33조에 의거 미국, 영국 및 프랑스와 이라크 사이에 전쟁 또는 적대행위가 발생하였기 때문에 1991. 8. 14. C/P를 해지한다."

이에 대해 호남은 1993. 1. 16. 다음의 요지로 해지의 거부를 통보했다.

"우리는 C/P 33조의 기본정신이 전쟁의 발발로 본선의 운항 또는 용선의 유지가 방해받아 결정적으로 불가능하면 용선인 및 선주에게 공히 안전대책을 제공하기 위한 것으로 이해하고 있다. 우리는 1993. 1. 13. 미국의 전투기가 이라크 남부를 공격한 것으로 본선의 운항이 영향을 받았다고 믿지 않는다.”

한편 1993. 1. 19. 호남은 닐센 개인에게 다음과 같은 요지의 팩스를 발송했다.

“연합국과 이라크의 분쟁은 계약체결 전에도 있었고 현재의 상황이 본선의 운항에 전혀 영향을 미치지 않고 있다. 만약 일방이 이러한 분쟁을 이유로 용선계약을 해지할 수 있다면 이 계약은 처음부터 해제되었어야 한다. 귀사는 용선서비스의 이행이 불가능하거나 비즈니스를 수행할 수 없게 될 때에만 해지할 수 있다. 이 용선계약은 “Niels Maersk호”의 매매계약과 연계된 팩키지 거래란 것을 일깨우고 싶고, 만약 팩키지 거래가 아니었더라면 이 용선계약도 없었을 것이다. 우리는 전쟁의 발발로 본선의 운항이 결정적으로 불가능할 때에 적용하기 위해 33조를 삽입하는 것이라는 몰텐센과 귀하의 언급을 기억하고 있다.”

그에 대해 닐센 개인으로부터 회신은 없었다. 그러나 몰러는 93. 1. 19. 첫 번째 해지통지 (15일자)를 침해하지 않는다는 단서를 달아 다음과 같은 요지의 해지통지를 반복하면서 호남의 팩스에 회신했다.

“만약 약관이 그러한 효과를 갖게 의도했다면, 그러한 조항이 약관에 포함되거나 추가되었어야 한다. 사실 33조는 본선의 고용을 상업적으로 불가능하게 하는 적대행위의 효과를 판단해야 할 21조 (d)[32)]와 대비된다. 우리는 33조가 약관에 열거한 국가간에 전쟁 또는 적대행위가 발생하면 자동적으로 발효하는 것으로 이해하고 있고 항상 그렇게 이해해 왔다. 우리는 어느 일방이 약관의 취지가 그것이 아니라고 느낀다는 것에 대해 동의할 수 없다. 적대행위가 발생했고 당사자의 일방은 C/P를 해지할 권리가 있다.”

1993. 1. 21. 몰러의 변호사가 중재회부를 제의하였고, 동일자 호남은 변호사를 통해 7일간의 기한을 정해 계약의 지속을 재확인하는 전문을 보냈다. 그리고 93. 1. 28. 호남의 변호사에게 동일자 18시까지 해지의 철회통지가 도달하지 않으면 계약의 파기로 간주하겠다는 최후통첩을 보냈다. 동일자 몰러의 변호사가 호남의 변호사에게 C/P는 1993. 1. 15에 종료되었음을 재확인하는 팩스를 보냈다.

그리고 몰러는 용선료 초과지급액 및 본선상의 연료대금 등 총 75만달러 이상을 호남에게 상환청구하였다. 호남은 다른 거래선을 찾아 본선을 대선하고 C/P의 용선료와 시장료율의 차액 약 900만달러의 손해배상을 청구하였다. 본인은 그 금액의 적정여부는 관심을 두지 않고, 다만 몰러가 C/P를 해지할 수 있는지, 아니면 몰

32) 만약 본선의 기국 (flag state)이 적대행위에 개입하고 일련의 적대행위로 인해 본선의 운항이 상업적으로 불가능하다고 판단하여 용선인이 선주에게 그 사실을 고지하면, 선주가 그 고지를 수령한 날로부터 상업적 불가능이 종료될 때까지 본선은 용선정지 (off-hire)가 되고 선주는 그들의 비용으로 본선을 운항할 권리를 갖는다.

러가 계약을 위반한 것인지만 판정하기로 한다.

(3) 1993.1.13. 사건에 대한 전문가들의 소견과 중재인의 견해

페르샤만에서 본선의 운항에 영향을 줄만한 충돌의 증거도 없고 이러한 사건을 이유로 해지된 타 C/P가 하나도 없다. 그리고 수천마일이나 떨어진 일본에 있었던 본선이 이 사건으로 직접적인 영향을 받지 않았음은 의심의 여지가 없다. 그럼에도 불구하고 1993. 1. 13. 사건은 1992. 12. 22. 사건 또는 걸프전 종결 이후의 여러 사건과는 그 규모나 성질이 완전히 다른 한 국가의 다른 국가에 대한 맹렬한 무력투입이고 계획적이며 의도적인 작전이다.

몰러측의 전문가로 심리에 응한 런던 킹스칼리지의 전쟁연구소 Lawrence Freedman 교수는, "긴장이 격화되어 이후 군사작전으로 이어졌던 1991년 3월 이후 첫 번째의 심각한 군사작전"이라고 증언했다. 일방적으로 이라크만 피해를 입어 사실상 위험이 없는 작전이라는 평이 있다. 그럼에도 불구하고 그것은 격렬한 충돌임에는 틀림이 없다.

한편 호남은 이 적대행위가 열거된 국가가 아닌 유엔 안보리의 결의 (resolutions)에 의해 치러진 것이라고 이의를 제기한다. 약관은 열거된 국가들 사이의 적대행위만을 언급했을 뿐 유엔에 대한 언급은 없다. 호남측의 자문관으로 심리에 응한 영국의 국제전략연구소 부소장 Michael Dewar 대령은 이라크와의 충돌의 당사자는 연합국이라기 보다는 유엔이라는 견해이다.

그는 유엔은 전투의 당사자는 아니지만 그 대리인들에게 권한을 부여했다는 것이다. 안보리에서 통과된 결의들을 대신 수행하기 위해 결성된 다국적 대리인이라는 주장이다. 그는 연합국을 "유엔으로부터 이라크에 대해 군사적 행동을 취할 수 있는 권한을 부여받은 미국 주도의 연합국"으로 규정했다. 그러나 그는 연합국을 적대행위에 개입한 유엔의 동일체 (monolithic)로 정의하지는 않았다.

유엔헌장 제7장은 평화의 위협, 파괴, 침략행위에 관한 조항이다. 7장 제42조에는 국제평화 및 안전의 유지 또는 회복에 필요할 경우 안보리가 육해공군을 투입하여 작전을 펼 수 있다고 규정되어 있다. 43조는 유엔회원국은 안보리의 요청이나 별도의 협정 (들)에 응해 무력지원 및 시설을 제공해야 한다는 규정이다. 따라서 유엔헌장은 유엔이 전투의 당사자가 될 수 있는 상황을 예견하고 있는 것이 분명하다.

그러나 그러한 상황은 걸프전에서는 발생하지 않았다. 헌장 제7장에 근거한 결의 678은 쿠웨이트에 협력하는 회원국은 결의 660 (1990) 및 후속결의를 지지하고 적용하기 위해 그 지역에서 국가의 평화 및 안전의 회복에 필요한 모든 수단을 사용할 권한을 부여했다 (결의 660은 쿠웨이트로부터 이라크의 무조건 즉각 철수를 요구하였다).

그것은 위임받은(mandated) 작전이 아니라 권한을 부여받은(authorized) 작전이다. 본인은 결의 678 및 688에 의해 권한이 부여되었다는 것을 인정하면서도 유엔이 직접 또는 유엔을 대신한 것이라는 주장을 수용하지 않았다. 비록 전투가 유엔을 대신한 것이라 해도 미국 및 그 동맹국이 벌린 전쟁으로 보고 이라크와 그 나라들 사이에 적대행위가 발생하여 33조에 대한 결과가 유발되었던 것이다.

(4) 적대행위에 대한 묵시성 논란 및 중재인의 소견

호남의 변호사는 '적대행위'라는 용어는 본선의 물리적 또는 상업적 사용에 영향을 미친 경우를 묵시하는 것으로 해석해야 한다고 주장한다. 그것이 곧 당사자들의 진정한 의사를 반영하고 사업상의 목적을 위해서도 필요한 묵시라는 것이다. 그러나 그의 주장은 약관에 명시된 의미와 상당한 거리가 있다. 그리고 그것은 묵시적 의미가 명백하여 당사자들이 그러한 점을 명시하지 않아도 될 만한 사안이 아니다.

또한 그러한 묵시의 주장은 곧바로 "왜 당사자들은 그들이 의도했던 것을 명시하지 않았는가?" 라는 의문을 불러일으킨다. 33조에 묵시되었다고 주장하는 유사한 적대행위에 대해 제21조 (d)에서는 명시적으로 적대행위를 정의하고 있다. 본인은 그러한 묵시조항에 대한 적절한 근거를 찾을 수 없다. 적대행위라는 단어는 묵시조항의 도움을 받을 만큼 모호하지 않다. 그 약관은 초안된 대로 적대행위가 발생한 경우 양당사자에게 공히 용선을 해지할 수 있는 권리를 부여한다.

본인은 1993년 1월 이라크에서의 군사활동이 약관 33조의 '적대행위'라는 용어의 적용에 적절하다는 데에 의심하지 않는다. 그 약관의 효과는 호남에게 가혹하고 심지어 불공평하게 보일 수도 있다. 그러나 그 약관은 양자가 공히 해지할 수 있는 공평한 권리를 부여하고, 다른 상황이라면 호남이 유리하게 이용할 수도 있다.

냉철한 관찰자라면 1월의 위기로 어떠한 결과를 예측할 수 있을까를 상상해 보았다. 그 약관은 광범위하게 적용될 수 있다. 일단 두 나라 사이에 적대행위가 발생하면 최종결과가 어떻게 될지는 누구도 예측할 수 없다. 1914년의 오스트리아와 세르비아의 적대행위가 그러한 예에 속한다.

이러한 결론에 이르기 전에 본인은, 33조는 운항에 심각한 영향을 미칠 때에만 적용되며 시황이 좋지 못한 시기를 틈타 일방이 약관을 부당하게 악용할 수 있다는 오의 주장을 무시하지 않았다. 그것은 중재인이 정당하고 공정한(ex aequo et bono)[33] 또는 상업적 공평원칙에 따라 판단할 권한이 주어진 흔치않은 중재사건에서 고려해야 할 것들이다.

33) according to what is just and equitable.

그러나 본인은 몰러가 공정한 상업윤리에 따라 행동했는가를 판정하는 것이 아니고 양당사자가 평등하게 합의한 계약에 따라 행동했느냐를 판정하는 것이다. 본인이 판정해야 할 것은 업계 전체의 이익을 위한 것인지의 여부이다. 일방 또는 타방의 상업적 시련에 대한 동정으로 중재판정이 왜곡되어서는 안 된다. 본인은 몰러는 계약상의 권리를 정당하게 행사했다고 본다.

(5) 33조에 대한 구두합의 주장 및 그에 대한 상반된 증언

33조의 문안은 주밀하게 작성된 표준약관(standard clause)에 양당사자가 수정하여 만들어진 결과이다. 원래의 표준약관은 강대국간의 적대행위에 대해 해지할 수 있게 되어 있었다. 1993년 1월 연합국과 이라크간에 발생한 것과 같은 강대국간의 격렬한 충돌이 적대행위를 구성하여 계약을 해지할 수 있는 권리를 부여하는 데에 대해 아무도 의심하지 않을 것이다. 거기에 몇개의 약소국을 추가했지만 약관의 의미는 변하지 않았다. 변경된 것은 2개 약소국간의 적대행위로 약관이 발효될 수 있는 점이다. 그러한 변경의 주이유는 페르샤만에서의 전쟁에 대한 VLCC 시장의 취약성이었을 것이다.

1993. 1. 19. 팩스에서 최초로 호남은 본선의 운항이 불가능할 경우에만 33조의 해지권을 행사할 수 있다는 합의가 1991 .8. 14. 몰러와 호남간에 있었다고 주장한다. 호남은 합의된 의미 및 / 또는 표시에 의존하여 33조가 포함된 문안의 C/P를 서명했다고 주장했다. 호남은 협정(convention) 및 / 또는 약속표시(promissory representation)에 의해 본선의 운항이 열거한 사건에 의해 전혀 영향을 받지 않았던 1월 15일자 몰러의 해지는 금반언의 위반이라고 주장한다.

호남의 주장은 운항부장 오의 구체적인 진술에 기초한다. 제33조를 논의할 때에 오가 왜 타이핑한 국가들로 확대하는지를 묻고 이라크와 미국이 당시 긴장상태에 있는 점을 거론했다. 이에 대해 닐센이 "우리는 장사를 위해 용선을 한다. 페르샤만에서 전쟁이 발생하여 본선을 실질적으로 운항할 수 없으면(trading of the vessel becomes impractical), 우리는 어떻게 되는가?"라고 반문했다. 그러자 오는 33조에 열거된 나라들 사이에 전쟁 또는 적대행위의 발생으로 본선의 운항이 현실적으로 불가능할 경우에만 적용된다는 것을 확인해 줄 것을 요청했다. Nielsen, Mortensen은 'Sure'라 답했고, Kristensen, Rayner는 고개를 끄덕여 동의했었다고 주장한다.

호남은 이러한 주장을 입증해야 한다. 그들은 이틀 동안에 걸쳐 장문의 매우 상세한 계약을 협상하여 합의하고 서명했다. 말할 나위도 없이 계약서에는 합의한 사항이 모두 포함되어 있어야 한다. 호남은 많은 조항 중의 하나가 서면으로 명시되지는 않았지만 다른 방법, 즉 구두상의 합의가 있었다는 사실을 입증해야 한다. 만약 오가 주장하는 대화가 있었음을 호남이 입증한다면 33조에 대해 명시적인 수정이 없었더라도 호남은 불이익을 받지 않을 것이다.[34] 계약의 약관을 어떻게 해석할 것인가에 대한 양당사자간의 구두상의 이해는 협정에 의한 금반언(estoppel)[35]에 기초하여 기속력을 가질 수 있을 것이다.

Choi (전무), Bang (운항과장), Hwang (호남측 브로커)은 모두 오의 주장을 지지한다. Nielsen (매매담당 부사장)은 그러한 논의가 없었다고 부인하면서 33조와 관련하여 오는 33조에 열거된 국가명단에 한국의 추가만 요청했다고 주장한다. 정기용선 조항의 협상담당자 Mortersen과 Kristensen (머스크 코리아), Rayner (몰러측 브로커)는 닐슨의 기억을 지지한다. 레이너는 오가 제기한 논의 자체를 기억하지 못한다.

대단히 중요한 C/P 조항에 대해 어떠한 논의가 있었는지에 대해 양팀의 기억이 완전히 다르다. 이 사람들 모두가 심리에 응했고 적절한 증거를 제시했다. 심리에서의 그들의 진술과 증거에 따르면 그들의 기억은 33조뿐만 아니라 다른 많은 부분에서도 차이가 있다.

증인들은 모두 정직하고 유능하며 심리에 대해 최선을 다 하고 있다. 그런데 왜 그들의 진술은 이렇게 다른가? 많은 증언을 청취해 본 본인의 경험으로는 정확한 기억력을 가진 자는 드물다. 대부분 사람들에게 기억은 마치 지도상의 지표(landmarks)와 같이 몇 개의 지표를 제외하고 세세한 것들은 기억에서 사라진다. 문서증거 또는 특이한 사건 또는 그러한 지표로 뒷받침된 경우의 기억은 믿을만 하거나 또는 종종 환상일 수도 있다.

증인들은 때로 동료의 잘못된 기억을 지표로 삼거나 또는 통상 그들이 어떻게 행동해야 하는지를 의식하면서 그것에 의존하는 경향이 있다. 따라서 증인들의 지표적 기억도 잘못될 수 있다. 인간 기억의 대부분인 지표간의 기억은 틀리기 쉽고 재구성되곤 한다. 8월 13/14일 서울에서 있었던 협상에는 지표가 거의 없다. 주요 항목은 미리 합의되었고 중요한 사업의 협상임에도 불구하고 그저 수많은 약관을 손보는 단조롭고 지루한 협상이었다.

---

34) 정식문서나 정식서명이 아닌 메모 또는 구두로도 계약이 이뤄진다. 한 때 명시만이 계약으로서의 효력을 내는 유일한 방법이었다. 구두증거(oral evidence)로는 계약의 조항을 변경할 수 없었기 때문이다. 그러나 지금은 계약에 구현되지 않은 서면 또는 구두에 의한 표시도 부대약속(collateral promises; 주계약에 포함되는 행위로 간주되어)으로 취급하여 계약으로서의 효력을 인정하고 있다. 그 예로 선사의 구두보증을 믿고 귤을 선적하였다가 손해를 입은 화주가 선주측의 구두계약의 위반을 들어 손해배상을 청구하여 승소한 Ardennes호 사건이 있다.

35) 관습법상의 금반언이 성립하려면 다음의 조건을 충족해야 한다. ① 그 진술(statement)이 사실의 표시를 구현(embody)하고 있을 것, ② 표시자는 그 표시를 믿게 하려는 의도(intention)를 갖고 있을 것. ③ 금반언을 주장하는 당사자가 실제로 그 표시를 믿고 피해를 보았을 것.

(6) 구두합의사실의 주장에 대한 기록검증

몰러측의 닐센과 몰텐센은 이러한 협상에 경험이 많은 전문가인데 반해 호남측의 오는 유능하기는 하지만 이러한 협상의 경험이 적은 것 같다. 참석자 가운데 레이너가 이러한 협상에 가장 경험이 많다. 그의 기억력은 좋지는 않지만 그는 C/P의 협상에 대해 꾸준히 기록을 했기 때문에 중요한 서면증거를 제시할 수 있었다. 레이너보다 경험이 적은 황은 레이너의 노트에 의존하였고 혹시 레이너가 방을 나가면 그의 노트에 추기를 하곤 했다. 따라서 레이너의 노트는 레이너와 황의 합작문서라 할 수 있다. 그리고 실제로 C/P의 최종본이 그의 노트에 의존하여 작성되었다.

닐센의 노트는 그의 책임사항인 매매계약에만 국한된다. 몰텐센은 그의 권한이 제한되어 있기 때문에 본사와 통화를 위해 준비한 노트를 포함하여 계속 기록을 했다. 호남의 변호사가 그의 노트가 과연 모두 공개되었는가라는 의문을 제기했는데 본인은 완전히 공개된 것으로 본다. 호남측에서는 누구도 이러한 노트를 작성하지 않았다. 대신 그들은 몰러가 미리 보낸 C/P 초안에 주석을 달아놓고 그것에 의존했다.

오는 몰러가 보낸 C/P의 초안을 방과 오랜 시간 상의했다고 한다. 33조도 논의했는데 그 요지는 “Ocean Runner호”의 C/P에는 전쟁 또는 적대행위로 운항이 방해를 받을 때에 C/P를 해지할 수 있다고 약정되어 있는데 다른 C/P에는 이런 문언이 없어, 방에게 그 문언의 유무에 대한 차이를 물었다. 당시 해운경영학 석사과정을 이수중인 방은 전쟁으로 본선의 운항이 영향을 받을 때에만 전쟁약관에 의거 해지할 수 있는 것으로 이해한다면서 본선의 운항을 실질적으로 방해할 경우의 해지조항과 실질적인 차이가 없을 것이라고 응답했다. 그러한 소견에 기초하여 “Ocean Runner호”의 C/P에서와 같은 문언을 추가하지 않기로 하고 국가목록에 한국만을 추가하기로 했다는 것이다.

회합에서 오는 몰러와 논의하려는 수정사항을 주석으로 단 C/P 초안의 사본을 사용하였다. 33조에는 다른 국가들에 한국을 추가하려는 수정사항이 표시되어 있다. 그러나 그 약관의 발효에 대한 오의 이해(understanding)에 관해서는 어떠한 노트도 주석도 없다. 오는 그 안건은 회의석상에서 제기되어 확인을 받았다고 주장한다. 그러나 참석자 가운데 어느 누구도 이러한 논의의 결과에 대해 노트를 하지 않았다. 레이너의 노트에는 33조의 국가목록에 대한 수정사항만 노트되어 있을 뿐 보다 중요한 약관의 해석에 대한 논의나 그 결과는 노트가 되어 있지 않다.

몰러는 명료한 관리구조를 갖춘 대규모 조직이다. 몰텐센은 그의 노트와 다른 증빙에서 분명히 알 수 있듯이 협상에서 제한된 권한을 가진 신중하고 차분한 사람이다. 그가 단독으로 33조를 명백하게 해석할 수 있는 지위가 아닌 것 같다. 특히 실제로 표시된 것보다 더 나아가는 해석을 그 또는 타인이 노트하지 않았을 리 만무하다. 닐센은 몰러팀의 리더이지만 매매전문 브로커로 매매계약에만 관여했고 전쟁위험약관에는 정통하지도 않으며 관심도 기울이지 않았다.

호남의 최는 영어가 짧아 주로 오에게 의존한 것이 불리하게 작용했고, 오와 방은 전쟁이 본선의 운항을 실제로 방해할 경우에만 전쟁약관이 발효한다는 방의 오해에 분명히 영향을 받았다. 이것이 그들로 하여금 그 문제를 거론하지 못하게 했을 수 있다. 오의 C/P 초안에는 그가 제기하려는 문제에 대해 꼼꼼히 주석이 되어 있다. 초안에 문제의 제기를 일깨워 줄 기록이 없다는 것은 논의시 그 문제를 놓치게 했을 수도 있다.

(7) 제33조 문언의 불수정 및 호남측의 부정확한 기억

오가 주장하는 약관의 이해를 명확히 하기 위해 33조를 수정하는 것은 복잡한 작업이 아니다. 오는 'Ocean Runner호' C/P의 약관을 원용하거나 또는 21조 (d)의 문언을 차용할 수 있었다. 이런 점에서 지금까지의 여러 증거를 종합해 볼 때 회의에서 발생한 정황은 몰러의 주장에 무게가 실린다.

몰러의 해지는 호남이 수용하기 힘든 쓴 약이다. 본선 매입 후 선가는 크게 하락했고 해지로 인해 샤파이어호를 불황시장에 내놓지 않을 수 없게 되었다. 페르샤만에서 수천마일 떨어진 일본에 있는 본선을 갑작스럽게 해지한 몰러는 물리적・상업적으로 본선에 영향을 미치는 적대행위에 대한 염려라기보다는 시황을 고려한 상업적 힘(commercial realpolitik)을 행사한 것이다.

만약 C/P를 논의할 때에 그러한 확약(assurance)이 있었다면 오가 분개하여 작성해 보낸 1993. 1. 16. 팩스에 그의 뇌리에 생생히 떠올랐어야 할 확약을 언급했어야 했는데 그러한 언급이 없다. 그것은 며칠 뒤의 팩스에 처음 언급되었다. 호남의 변호사는 확약이 있었다는 호남의 1993. 1. 19. 주장에 대해 닐센은 부인의 회신을 보내지 않았다고 지적한다. 그것은 참작해야 할 만한 사안이긴 하지만 몰러의 1993. 1. 19. 팩스에 나타난 침묵은 그 메시지가 아직 해명을 듣지 못한 변호사가 작성했기 때문이라는 변명에 수긍이 간다.

오의 기억에 기초한 증인들의 기억에 의해 표명된 증언을 판단해야 하는 중재인으로서의 어려움은 용선협상은 1991. 8. 14.에만 이루어졌고 1991. 8. 13.에는 매매에 대해서만 협상했다는 오의 진술에 대해 최, 방, 황은 모두 동의한다. 그러나 몰러측 증인의 진술과 그들의 노트를 보고서 오는 1991. 8. 13.에도 용선에 대한 협상이 있었다고 인정하면서 한발 물러선다.

그는 1991. 8. 13.에는 그가 원하는 수정안을 제시하기 위해 C/P 조항을 간단히 훑어보았을 뿐 구체적인 논의는 없었다고 진술했던 첫 번째의 기억을 수정한 것이다. 만약 오가 1991 .8. 13. 몰러측 협상팀에게 C/P 초안의 변경사항을 알리려 했다면 그가 준비한 주석된 초안의 사본을 건넸어야 한다.

이제 호남이 의존하고 있는 33조의 논의에 대한 오의 기억을 생각해 본다. 오가 진술한 첫 문단[36]만으로는 33조의 해석에 대한 합의가 있었다는 호남의 주장을 충족하지 못한다. 33조의 논의에 대한 오의 기억이 모두 정확하다는 가정하에 호남의 주장은 오가 회상한 첫 문단과 마지막 문단[37]에 의존하고 있다. 그러나 이것은 대단히 중대한 결과를 묶는 데에는 약한 근거이다.

양당사자는 세밀한 계약조항을 합의하기 위한 구체적 목적을 갖고 모였다. 몇 개의 조항은 문면으로 수정하였고 오는 익숙한 'Ocean Runner호'와 같은 약관을 이용하여 33조도 쉽사리 명료하게 수정할 수 있었다. 시간에 쫓기는 상황도 아니었다. 오와 다른 참석자들이 문면수정을 하지 않은 점은 33조의 특별한 이해(particular understanding)를 합의하려 했다는 의도의 가정(assumption)과 일치하지 않는다.

(8) 중재판정의 결론

결론적으로 호남과 몰러 사이에 33조가 전쟁 또는 적대행위가 본선의 운항에 실질적인 영향을 미칠 때에만 발효한다는 양해가 있었다고 볼 수 없다. 따라서 몰러가 C/P의 해지를 통지했을 때에 해지권은 발효되었다. 몰러의 승소판정과 동시에 호남의 항변과 반대신청은 패소판정한다.

한편 33조에 의거한 해지권이 부인되면 그들의 해지시도는 이행거부(repudiation)가 아니라고 뒤늦게 제기한 몰러의 주장을 판단한다. 몰러는 그들의 C/P 해지권의 존부를 신속한 중재로 판정하자는 제의에 호남이 성급하게 이행거부로 간주했다는 것이다. 그러나 당사자들의 교신내용에 비추어볼 때 이 주장은 적절하지 않다. 몰러는 1993. 1. 21. C/P가 종료되었다고 명백히 재확인한 바 있다.

마지막의 간단히 판단한 사항만 빼고 몰러는 중재신청에 모두 승소했으므로 모든 비용을 청구할 수 있고 본인은 그렇게 명령한다.

---

36) "I asked Mr. Mortensen what Moller's intention was in inserting the various countries referred to above in clause 33 of their draft timecharter. Mr Mortensen simply replied to me that Moller wanted to include these countries in this clause."

37) "I then asked that if he meant that clause 33 only came into effect in a case where the operation of the Vessel becomes impractical due to the occurrence of war or hostilities between the countries set out in draft clause 33. Both Mr Nielsen and Mr Mortensen replied "sure" and Mr Kristensen and Mr Rayner both nodded their heads in agreement."

Ⅵ. 중재판정에 대한 법리적 분석

본 사건은 명목상 제33조의 적대행위를 내세우고 있지만, 실질적으로는 시황의 악화로 손해를 입고 있던 몰러측의 일방적인 용선계약의 해지에 대한 호남의 클레임이다. 현실적으로 계약의 일방적 해지에 대한 소송의 주원인은 시황변동이다. 용선료율보다 시장료율이 낮으면 용선인은 어떻게든 계약을 해지하려 한다. 그 사유는 다르지만 Hongkong Fir Shipping Co. Ltd. v. Kawasaki Kisen Kaisha Ltd. 사건에서 시장료율이 크게 낮아지자 용선인(Kawasaki)이 불감항을 이유로 계약을 해지하려 했다. 그러나 재판부는 용선인이 문제의 선박으로 항해를 성공적으로 완료하였고, 지연은 용선정지약관(off-hire clause)에 의해 보상받을 수 있다면서 계약을 해지할 수 없다고 판시하였다.[38)]

Hongkong Fir호 사건은 불감항에 의한 지연이 상업적 목적(commercial purposes)을 중절시킬 만큼 심각한지 여부에 대한 판결이다. 중절(frustration)이란 의도했던 목적을 달성하지 못하고 계약이 중도에 해지됨을 의미한다. 통상 계약은 이행불능 또는 이행곤란에 대해 당사자의 지위를 약정하고 있지 않다. 따라서 계약의 이행불능 또는 이행곤란에 대해 법은 중절의 법리를 적용하여 이후의 이행의무를 면제 또는 지속하게 한다.[39)]

중절은 계약의 이행이 특정인(person), 사물(thing), 사정(circumstances)의 존속에 좌우되고, 당사자의 과실이 없는 가운데 그 사람, 사물, 사정이 존재 또는 존재하지 않음으로 해서 계약이 이행불능 또는 이행곤란이 되면 계약의 당사자는 이후의 이행의무를 면제받는다. 중절은 누구의 과실도 없이 예상치 못한 사유로 인해 이행되더라도 원래 의도했던 목적달성이 불가능할 경우에 가능하다. 중절이 되려면 당사자가 계

38) 1956년 12월 HKFS는 (바로 매입한) Hongkong Fir호를 Kawasaki에 24개월 정기용선을 주었다. C/P에는 "본선은 모든 면에서 일반화물운송에 적합해야 한다."는 약관이 있었다. 본선은 1957.2.13. 영국 리버풀에서 인도되어 미국 버지니아에서 일본 오사카로 석탄운송을 위해 2개월 예정으로 투입되었다. 도중에 본선은 5주 동안 수선을 했었고, 5월 25일에 오사카에 도착한 뒤 다시 15주 동안 수선을 했다. 가와사키가 용선을 해지하였고 HKFS는 해지를 수용하면서 손해배상을 청구하였다. 그러나 해지의 주이유는 스웨즈 운하의 재개로 그 당시(1957년 6월)까지 운임이 계속 하락했던 데에 있다. 선주의 의무위반으로 장기간의 지연이 있었다는 데에는 의심의 여지가 없었다. 그러나 재판부는 리버풀에서 인도받을 당시 본선의 기기결함으로 불감항이었다는 용선인의 주장을 인정하지 않았다. 재판부는 1957.2.13에는 엔진 및 기기가 양호한 상태였으며, 단지 노령선이라서 유능한 기관요원이 필요하다는 사실을 알았다. 그러나 기관요원이 부족하고 유능하지 못해 본선이 불감항이었다는 데에 선주도 이의를 달지 못했다. 이전에 비해 사관 2인 기관원 2인이 부족했고 기관장이 알콜중독자로 수시로 직무를 유기하곤 했다. 항소심은 선주가 C/P를 위반했으며 본선은 (기기의 결함이 아닌) 기관요원의 무능과 부적절로 인도시 본선은 불감항이라고 결론지었다. 그러나 재판부는 선박의 경우 아주 사소한 결함으로도 불감항이 될 수 있으므로, 불감항은 계약을 파기할 수 있는 조건(condition)이 되지 못하고, 손해배상만을 청구할 수 있는 중립조항(intermediate terms)으로 결론짓고 용선인은 선주에게 £184,743을 배상하라고 판시했다[(A.D. Hughes, *Casebook on Carriage of Goods by Sea*, (Blackstone Press Limited), 1994, pp. 59~60, 90~92.]

39) 일본해운집회소, [용선계약해석の기초이론], (동경: 일본해운집회소, 1986), p.324.

약을 이행하는 것이 명백히 부당하지 않으면 안 된다.[40] 예상보다 당사자 일방의 부담이 늘거나(onerous), 비용이 느는 것만으로 중절되지 않는다.[41]

심지어 일방이 적국의 당사자와 거래를 하거나, 그 소속국이 선전포고를 했더라도 계약은 이행불능이 되지 않는다. 법원은 개개의 사정에 따라 이행의 가부여부는 더 지켜봐야 한다면서 전쟁 자체와 그 효과를 달리 보고 있다.[42] 따라서 1993. 1. 13. 충돌이 샤파이어호의 상업적 목적을 중절시킬 수 있는 (사실이 되지 못한다는 것은 중재인도 천명한 바 있다. 그럼에도 불구하고 호남이 패소한 원인은 무엇인가?

호남의 변호사는 '적대행위'라는 용어는 본선의 물리적 또는 상업적 영향을 미친 경우를 묵시하는 것으로 해석해야 한다고 주장했다. 그러나 중재인은 "그것은 묵시적 의미가 명백하여 당사자들이 그러한 점을 명시하지 않아도 될만한 사안이 아니다. 33조에 묵시되었다고 주장하는 유사한 적대행위에 대해 제21조 (d)에서는 명시적으로 적대행위를 정의하고 있다. 적대행위라는 단어는 묵시조항의 도움을 받을 만큼 모호하지 않다."면서 호남의 주장을 일축했다.

요컨대 중절의 요건이 되는 묵시조건(이행불능 또는 이행곤란)이 계약의 명시약정에 반하면 중절은 성립되지 않는다. 즉, "명시조항은 묵시조건을 배제한다" (expressum facit cessare tacitum).[43]는 법언은, 명시조항이 효력을 발생하여 묵시적 중절조건을 부인함을 의미한다. 따라서 이 경우 법리적으로 보면 만약 C/P에 상업적 사용에 영향을 받을 경우 해지할 수 있다고 명시되어 있었다면, 일본에 있었던 본선은 상업적 사용에 영향을 받지 않는다고 판정되었을 것이다. 그러나 유감스럽게도 명시조항이 묵시조항을 배제하여 호남이 패소했다.

Ⅶ. 결론

몰러를 옹호해야 할 입장에 있는 자를 제외하고, 이 분쟁의 내막을 알게 되면 모두가 몰러의 행태에 분개하고 호남을 동정할 것이다. 1993. 1. 13. 연합국과 이라크의 충돌은 본선의 운항에 전혀 영향을 주지도 않았고, 그 사건을 이유로 해지된 타 C/P가 하나도 없으며, 해지의 주 이유는 시황의 악화로 손해를 보고 있던 몰러의 몰염치한

---

40) E. R. Hardy Ivamy, *Payne and Ivamy's Carriage of Goods by Sea*, (London: Butterworth), 1989. p.75.

41) 1956년 9월 제노아에서 흑해를 경유, 인도까지의 항해를 위해 정기용선되었다. 그 해 스웨즈 운하가 봉쇄되자, 용선인이 계약의 중절을 선언하였다. 재판부는 운하의 봉쇄가 항해를 불능케 할 만큼 근본적 상황변화가 아니므로 중절이 아니라고 판시하였다. 항해가 길어지더라도 이미 적재된 화물에 문제가 없고, 스웨즈 운하(108일)보다 희망봉의 경유(138일)가 비용이 더 드는 것 외에 큰 차이가 없다는 것이다(1964, *The Eugenia*; E. R. Hardy Ivamy, op. cit., p.71).

42) ibid., p.72.

43) Express term precludes the existence of an implied terms.

힘의 행사라고 중재인도 단언한다.

그런데도 호남이 패소하여 900만달러(약 73억원)의 용선료 손실에 2만 4천파운드(약 3천만원)의 중재비용까지 뒤집어쓰는 억울한 판정이 내려졌다. 저의가 어디에 있든 C/P에 열거된 국가간에 적대행위가 발생하면 해지할 수 있다고 C/P에 명시되어 있기 때문에 몰러의 부도덕과 호남의 억울함을 알고 있는 중재인도 정의로운 판정을 내리지 못한 것이다.

무엇보다 '계약문언'이 중시되어 중재인은 '정의의 사자'가 될 수 없었다. 중재인은 당사자가 공정한 상업윤리에 따라 행동했는지를 판정하는 것이 아니고, 단지 평등하게 합의한 계약에 따라 행동했느냐를 판정할 뿐, 일방 또는 타방의 상업적 시련에 대한 동정으로 판정하지도 않으며, 중재인은 업계 전체의 상질서 유지에 포커스를 맞추어 판정한다고 했다.

되돌아보면 호남의 경영시스템은 너무도 허술했다. 7,800만달러(약 573억원)에 달하는 거액의 계약을 체결하면서 변호사를 임석시키지 않고 협상경험도 적은 운항부장 일인에게 전적으로 의존한 것은 참으로 무모한 처사가 아닐 수 없다. 게다가 협상팀장인 전무가 영어에 서툴러 하급자의 도움을 받아가며 협상팀을 이끄는 것도 정상이 아니다. 그의 자리에 계약에 정통한 전문변호사가 앉았더라면 이러한 불상사가 방지될 수도 있었는데 참으로 아쉽고 안타깝다. 영국의 해운업계에는 일찍부터 "변호사의 영역을 침범하지 말라."라는 황금율(golden rule)이 있다고 한다. 아마추어가 보기에 계약내용이 아무리 간단하고 분명해도 정작 문제가 되어 법원에 가면 그 해석이 판이하게 달라지기 때문에 반드시 법률전문가의 도움을 받아야 한다는 것이다.[44)]

그런데 이러한 허술함은 호남탱커에 한하지 않는다. 한국의 선사 나아가 대부분의 한국기업이 이러한 행태를 답습하고 있다고 해도 과언이 아니다. 바야흐로 글로벌 시대에 국제간의 거래가 급증하고 있다. 이른바 글로벌 스탠더드라는 보편적 상관습을 숙지하고 활용하기 위해서는 계약문화에 대한 일대 사고의 전환이 필요하다. 세계화의 일환으로 계약문화에 대한 관심과 철저한 준비가 있어야 할 것이다.

한편 본 중재판정의 분석을 통해 우리는 한 중재인의 프로정신을 엿볼 수 있었다. 다양하게 제시된 항변과 주장을 하나도 빠뜨리지 않고 냉철하고 객관적인 통찰과 주도면밀한 논리로 판정하고 있음을 볼 수 있다. 더불어 중재판정에 등장하는 다양한 검증기법과 전문가의 의견청취 등이 특히 돋보여 귀감이 될 만한 중재판정으로 여겨진다.

---

44) C.F.H. Cufley, *Ocean Freights and Chartering*,(London; Granada,1964), p.18.

※ 끝으로 본 중재판정의 분석을 통해 얻을 수 있는 몇 가지 시사점은 아래와 같다.

1. 시황이 악화되어 상대방이 조기해지에 대해 논의를 제의하면 무조건 거부만 할 것이 아니라 더 큰 손해의 방지를 위해 내키지 않겠지만 협상도 진지하게 검토해야 한다. NOL처럼 적절한 타협을 통해 실리를 취하는 것이 더 나을 수 있다. 상대가 손해를 보고 있다면 지푸라기라도 잡으려 할 것이고, 제아무리 C/P를 주도면밀하게 작성하더라도 어딘가에 허점이 있기 마련이다. 결국 허점을 파고들면 오히려 손해를 키울 수 있기 때문에 상대의 의중을 잘 살펴 손해의 최소화를 꾀해야 한다. 분쟁보다는 타협이 낫다. 다툼은 피차 상처가 남는다. 승패가 아닌 윈윈의 개념으로 좋은 관계를 유지하는 것이 장기적으로 유리하다. 사실 호남도 미리 분석해 보았지만 승소의 가망이 거의 없었다. 포기가 아쉬워 중재에 응했고 결국 패소하여 중재비용 3천만원만 날렸다. 몰러가 논의를 제의했을 때 응했더라면 보상액이 얼마가 되었을지 모르지만 타협의 거절로 입은 손해가 막심하다.

2, 몰러측은 협상에 경험이 많은 전문가가 참여한데 반해 호남은 협상의 경험이 적은 비전문가가 주역을 담당한 것이 패인이다. 기업이 실패하는 주된 이유는 전문가와 네트워크의 부족이다. 이미 앞서 언급한 바와 같이 7,800만 달러에 달하는 거액의 계약이라면 반드시 유능한 전문가로 팀을 구성하여 임했어야 한다.

3. 기업간의 거래에서 이익과 손해가 교차할 때는 했던 말도 뒤집고 시치미를 떼는 몰염치를 서슴치 않음을 보았다. 말은 흔적이 없다. 오직 물적 증거만이 인정된다. 따라서 중요한 계약을 협상할 때는 기록은 물론 오디오 내지는 비디오 녹화를 해둘 필요가 있다.

4. 실패의 내용을 데이터베이스화하여 사회가 함께 나눠 가질 수 있는 대승적 사고와 더불어 그러한 사회적 시스템을 갖출 필요가 있다. 실패의 원인을 분석하고 실패로부터 배운 많은 교훈을 사회가 공유함으로써 대외적으로 국부의 유출을 방지할 수 있을 것이다.

5, 매매와 용선이 연계되는 평행거래(sale & charter-back)에는 본선의 구입비용을 용선료로 충당한다는 명시를 해두면 함부로 해지를 못할 것이다.

6. 세계적인 대선사도 곤경에 처하면 체면과 명예를 팽개치고 몰염치한 행위도 불사한다는 사실을 잊지 말고 차제에 명성과 규모에 대한 환상도 버려야 하겠다.

제 9 장

중재합의

무역거래 당사자 사이에서 분쟁이 발생했을 경우 분쟁해결을 위해 무조건적으로 중재제도를 활용할 수 있는 것은 아니다. 중재제도를 활용하여 분쟁을 해결하기 위해서는 당사자간에 분쟁이 발생했을 경우 중재제도에 의한다는 무역거래 당사자간의 약속 즉, '중재합의'가 존재해야 한다.

본장에서는 중재합의의 개념과 유형성 그리고 이러한 중재합의가 가지는 법률적 효력과 실제 사례 등을 중심으로 살펴보기로 한다.

1 중재합의의 유효성

(1) 중재합의의 개념

분쟁을 중재에 의하여 해결하기로 하는 합의를 중재합의라 하는데 중재합의가 있어야 중재신청이 가능하며, 중재합의는 독립된 합의 또는 계약 가운데 중재조항의 형식으로 할 수 있다. 이에 따라 계약서상에 분쟁이 있을 경우에는 중재에 의하여 해결하기로 명시해 두는 것을 포함하여 이와 같은 합의를 이루는 과정을 중재합의라고 한다. 즉, 분쟁을 중재에 의하여 해결하기로 하는 합의를 '중재합의(仲裁合意)' 또는 '중재계약(仲裁契約)'이라고도 한다.

중재합의는 당사자들이 서명한 문서에 중재합의가 포함되어 있는 경우, 서신·전보·전신 및 모사전송 기타 통신수단에 의하여 교환된 문서에 중재합의가 포함되어 있는 경우(중재법 제8조 제3항)로 규정하고 있어 중재합의의 서면주의를 명문화하고 있다.

중재합의는 중재의 대상이 되는 분쟁이 발생하기 전에 합의해 두는 '사전중재합의방식'과, 이미 발생되어 있는 분쟁을 중재로 해결하기 위하여 합의하는 '사후중재합의방식'으로 나눌 수 있다. 한편, 중재합의와 관련하여 중재조항이 포함된 문서를 인용할 수도 있다는 점도 기억해야 한다.

(2) 중재합의 방식

중재합의는 서면에 의한 별도 합의 또는 계약서상에 중재조항의 형식으로 체결할 수 있다. 우리나라의 중재법에서는 '중재계약은 당사자들이 서명한 문서에 중재합의가 포함되어 있거나 교환된 서신 또는 전보 등에 중재합의가 포함되어 있어야 한다'고 규정하여 중재합의의 서면주의를 명문화하고 있다. 또한 중재조항이 포함된 문서를 인용할 수도 있다.

국제 계약에 있어서의 중재조항이란 '국제거래의 당사자들이 계약에 관하여 장래 발생할지 모르는 분쟁을 어느 특정 국가의 법원에 의한 소송이 아닌 당사자자치에 의한 중재로써 해결하기 위하여 주된 계약의 일부로서 삽입하거나 위 계약과 독립하여 체결하는 약정'을 말한다.[1] 그런데, 중재 조항에서 중재를 진행하고 집행하는데 필수적인 사항들이 누락되는 경우, 시간과 비용의 낭비가 초래될 수 있고 중재를 통한 분쟁의 해결이 근본적으로 어려워질 수도 있음에 주의해야만 한다.

(3) 사전중재합의와 사후중재합의

중재합의는 중재의 대상이 되는 분쟁이 발생하기 전에 미리 합의해 두는 '사전 중재합의의 방식'과, 이미 발생한 분쟁을 중재로 해결하기 위하여 합의하는 '사후 중재합의의 방식'이 있다.

그런데 분쟁이 발생한 후에는 상호불신과 의사교환 단절로 중재합의에 동의하지 않거나, 동의하는데 시간이 지체되어 분쟁해결을 지연시키는 경우가 많으므로 계약체결시 계약서상에 중재조항을 삽입하는 사전 중재합의 방식이 매우 바람직하다고 볼 수 있다. 극히 예외적인 형태로서 사후중재합의 방식이 사용되는 경우도 있으나, 일단 분쟁이 발생하고 나면 분쟁의 양 당사자들의 합의 도출에 의한 중재방식을 사용하기는 매우 어렵기 때문이다.

2 중재합의의 내용

중재합의를 체결할 때에는 여러 가지 사항에 대하여 신중하게 접근해야 하지만, 특히 ㉠ 외국 기업과의 거래에서 중재를 행할 중재지, ㉡ 중재기관 및 적용할 준거법 등을 명확하게 명시하여만 한다. 왜냐하면 만일 분쟁이 발생하고 중재에 의해 제문제를 해결하려고 한다

1) 목영준, "국제계약에 있어서의 중재조항", 「사법논집」 제21집, 1990, p.631.

면 중재절차 진행시 이와 같은 기본적 사항에 대한 다툼의 소지를 없애는 것이 가장 바람직하기 때문이다.[2] 이러한 중재조항에 포함되어야 할 사항을 살펴보면 다음과 같다.

(1) 중재판정부

중재판정부는 통상 1인 또는 3인의 중재인으로 구성된다. 중재판정부가 구성되어야 본격적인 중재절차가 시작되는 것이므로, 중재인의 수, 중재인 선정 방법 등이 중재조항에 명시되어 있으면 중재의 효율적이고 신속한 진행을 도모할 수 있다. 다만, 통상적으로 당사자간에 중재인 수나 중재인 선임 방법에 관한 합의가 없으면, 중재기관의 규칙에 의하여 정해질 수 있으므로, 계약시에는 최소한 중재인 선임 방법에 관하여 적용할 절차법으로 특정국가의 중재법 또는 국제적 상사 중재기구의 규칙을 원용하여 두는 방법이 있을 것이다.

우리 중재법은 제11조에서 '중재인의 수는 당사자의 합의로 정한다. 합의가 없으면 중재인의 수를 3인으로 한다'고 규정한다. UNCITRAL의 중재규칙 제5조에서도 '중재인의 수에 관하여 당사자간의 사전 합의가 없는 경우 그 수를 3인으로 한다'고 규정한다. 한편, ICC 중재규칙에 의하면, 당사자 쌍방이 중재인의 수에 합의하지 못한 경우에는 중재법원은 분쟁이 3인의 중재인을 선정할 이유가 있다고 인정되는 경우를 제외하고는 단독중재인을 선정하여야 한다고 규정하고 있다.

중재인의 수에 따라 중재비용에 상당한 차이가 나게 될 뿐만 아니라, 중재인의 성향이 중재 결과에 적지 않은 영향을 미칠 수 있으므로, 중재인의 수와 선정 방법을 미리 예측할 수 있도록 중재조항에서 명시하는 것이 바람직하다.

특히, 당사자가 지정하는 후보가 포함될 수 있도록 하기 위해서는 각 당사자가 1명씩 선정하고, 의장중재인은 별도의 선정절차를 두도록 하는 것이 통상적이다. 1인 중재판정부의 경우는 절차가 간단하고 비용이 저렴하므로 작은 규모의 사건에 적절하고, 대형 사건인 경우는 3인 중재판정부가 안전할 수 있다. 또한, 중재인 자격 즉, 중재인의 사용 가능한 언어나 전문 영역, 국적 등에 관하여도 중재 조항에서 미리 명시하는 것을 고려해 볼 수 있다.

2) 중재지

중재지는 양당사자, 증인, 중재판정부의 편의, 소요 비용 등을 고려하여 가장 적절한 곳으로 정해져야 할 것이다. 또한, 중재지의 법정지법이 절차법으로 작용하게 되므로 이 점을 반드시 고려하여 중재지를 정해야 한다.

---

2) 박은영, "국제계약에 있어서 중재조항", 「월간중재」, 2005년 가을호 대한상사중재원, 2005. 10.

즉, 중재지는 중재판정에 대한 뉴욕협약의 적용 여부, 중재 판정의 취소를 구할 관할법원의 결정, 취소 사유를 정하는 근거 법규 등에 관하여 가장 중요한 척도가 된다. 특히, 중재지에서 심리를 수행하는 경우가 많으므로 실무상 심리의 편의성, 증거 및 증인의 편의성, 전문적인 속기사의 존재 여부 등을 고려하는 것이 좋다.

당사자들이 중재지를 정하지 않은 경우, 우리 중재법 제21조, UNITRAL 모델중재법 제20조 제1항, 그리고 ICC 중재규칙 제14조에 의하면 중재판정부가 이를 결정하도록 규정하고 있다. UNCITRAL 중재규칙 제16조 및 중재절차 구성에 관한 1996년 UNCITRAL 주석 제3항에 의하면, 통상적으로 중재판정부는 당사자와 중재인들의 편의성, 중재 진행에 필요한 서비스를 받을 수 있는지 여부, 계쟁물의 소재지와 증거 조사의 편의성 등을 고려한다.

중재지를 정하지 않는 경우에는 계약 체결시 예상하지 못한 곳에서 중재 진행과 판정이 이루어져 불측의 손해를 입을 위험이 있으므로 중재조항에는 반드시 중재지를 명시하여야 할 것이다.

(3) 절차법

중재에서 그 절차를 규율하는 절차법은 중재의 내부절차만 규율하는 것이 아니고 중재판정의 취소사유 같은 기준도 정하고 있다. 국제계약에서는 분쟁의 실체를 판단하는 실체법과 절차법이 반드시 한 국가의 법이어야 하는 것이 아니므로, 실체법과 절차법은 달리 정할 수 있는 것이다.

한편, 우리 중재법 제36조 제2항 및 기타 미국 중재법, 독일, 프랑스의 민사소송법에 의하면, 중재지의 법정지법에 반하는 절차법을 유효하다고 인정하더라도, 중재판정이 내려진 국가 즉 법정지국의 법원은 그 중재판정이 강행규정에 반하여 내려졌다는 이유로 이를 취소할 수 있고, 뉴욕 협약 제5조 제1항 e호에 의하면, 위 판정의 집행국은 판정이 법정지국의 법원에 의하여 취소되었다는 이유로 그 승인 및 집행을 거부할 수 있다[3].

따라서 당사자간에 합의한 절차법이 중재판정이 집행될 국가의 강행법규에 위반될 소지가 있는지를 검토할 필요가 있을 것이다.

(4) 실체법

UNICITRAL 모델법안 제33조 제1항과 중재규칙 제33조 제1항에 의하면, 중재에서 분쟁의 실체적 법률관계를 판단하는 기준이 되는 실체법도 기본적으로 당사자들의 합의에 의하여 결정되고, 당사자들이 중재조항에 어느 특정국가의 법을 지정하여 둔

3) 목영준, "국제계약에 있어서의 중재조항", 「사법논집」 제21집, 1990, p.646.

것은 그 국가의 섭외사법을 지정한 것이 아니고 그 실체법을 직접 지정한 것으로 추정된다. 우리 중재법 제29조도 위와 동일한 입장을 취하고 있다.

다만, 당사자가 중재에 적용될 실체법에 합의하였다 하더라도, 그 내용이 중재판정지나 집행지의 강행법규에 위반된다면 그 판정이 취소되거나 승인·집행이 거부될 수 있으므로, 그 범위 내에서는 당사자 자치의 원칙이 제한되는 것이다.

국제계약에서는 그 계약 전체에 적용될 실체법을 정하는 것이 보통이므로, 그러한 경우는 중재조항에서 달리 정한 바가 없다면 계약 전체에 적용되는 실체법이 중재조항에도 당연히 적용된다. 계약 전체에 적용될 실체법을 정하지 않고 중재조항에서도 중재에 적용할 실체법을 정하지 않은 경우에 관하여, UNCITRAL 모델법안 제28조 제2항과 중재규칙 제33조 제1항에 의하면, 중재판정부가 적용 가능하다고 보는 국제사법 규정에 따라 결정되는 법을 적용하도록 규정되어 있다. 또한, 우리 중재법 제29조 제2항에서는 중재판정부가 분쟁의 대상과 가장 밀접한 관련이 있는 국가의 법을 적용하도록 규정하고 있고, 이는 우리 국제사법의 내용을 중재법에 반영하여 마련한 조항이다.

중재의 실체법에 따라 중재절차에서 어느 국가의 변호사를 대리인으로 선정할 것인지가 결정된다. 다만, 사안에 따라서는 중재 실체법이 적용되는 국가 이외 국가의 변호사가 실체법 적용 국가의 변호사 등 법률전문가와 협력하여 중재 수행이 가능할 수도 있다.

(5) 언어

중재에서 사용되는 언어에 관하여도 사전 합의가 필요하다. 중재인이 중재 언어를 유창하게 구사하는 것이 필요하므로, 중재 언어의 구사력을 중재인의 자격으로 정하는 것도 고려할 수 있다.

또한, 중재 언어가 복수인 경우, 예를 들어, 영어와 한국어를 모두 중재 언어로 정하는 경우에는 영어 한 가지만 중재 언어로 정한 경우에 비하여 상대적으로 막대한 비용과 시간이 소요되므로, 절차의 지연이 특별히 필요한 경우가 아니라면 중재 언어는 한 가지로 정하는 것이 좋다.

(6) 중재 비용과 중재인 보수의 부담

중재 비용과 중재인 보수의 부담 비율에 관하여는 당사자간 합의가 없는 경우에는 중재인에게 재량에 의하여 중재판정에서 정해지는 것이 보통이다(ICC 중재규칙 제31조 제3항, 대한상사중재원 중재규칙 제61조). 그러나 필요한 경우에는 중재조항에서 미리 비용의 부담 비율을 정할 수 있고, 그러한 경우에는 당사자간 합의 비율이 적용된다.

7) 중재 약정의 적용 범위

우리나라의 법원은 중재합의는 중재조항이 명기되어 있는 계약 자체뿐만 아니라, 그 계약의 성립과 이행 및 효력의 존부에 직접 관련되거나 밀접하게 관련된 분쟁에까지 그 효력이 미친다[4]라고 판단하고 있다.

그러나, 실제 국제중재사건의 경우 중재판정부가 중재합의의 문구를 좁게 해석하여 분쟁의 범위를 제한할 수도 있으므로 이에 관한 논란을 불식시키기 위해서는 분쟁의 대상범위를 포괄적으로 또는 제한적으로 명시하는 것이 바람직하다. 또한, 어느 거래에 관련된 계약이 여러 건 존재하고, 그 계약들이 모두 동일한 중재조항을 가지고 있는 경우, 관련 중재가 여러 건 제기되는 경우 이들을 하나의 절차로 병합할 수 있다는 규정을 둔다면 하나의 절차 내에서 해결이 가능하다.

3 중재합의의 효력

중재합의의 효력은 여러 가지 관점에서 접근할 수 있으나, 일반적으로 ① 직소금지의 원칙, ② 최종 해결 수단, ③ 국제적 효력 등으로 볼 수 있다. 이를 구체적으로 살펴보면 다음과 같다.

(1) 직소금지

중재합의의 대상인 분쟁에 관하여 소(訴)가 제기된 경우 피고가 중재합의 존재의 항변(抗辯)을 하는 때에는 법원은 그 소를 각하하여야 한다(중재법 제9조). 즉, 중재합의가 있음에도 불구하고, 상대방이 법원에 소를 제기하였을 경우 본 항변을 통하여 중재합의가 있음을 주장하여, 입증하는데 성공한다면, 법원은 소 각하 판결을 하게 되어 당해 사안을 재판에 의하여 해결하는 것 자체가 불가능하게 된다.

(2) 최종 해결 수단

중재판정은 당사자간에 있어서 법원의 확정판결과 동일한 효력을 가지고 있다(중재법 제35조). 따라서 중재판정이 일단 내려지면 소송과 같이 불복절차인 항소나 상고제도가 허용되지 않는 다는 것을 의미하며 법원의 최종판결과 동일한 효력이 있다.

(3) 국제적 효력

중재판정은 국제적으로 "외국중재판정의 승인 및 집행에 관한 UN협약" (The United

---

4) 대법원 2005. 5. 13. 선고, 2004다67264, 67271 판결 등

Nations Convention on the Recognition and Enforcement of Foreign Arbitral Awards)[5] 이 협약에 의거하여 가맹국간에는 한국에서 내려진 중재판정이 외국에서도 승인·집행되며, 반대로 외국에서 내려진 중재판정 역시 한국에서도 승인되고 집행이 보장되고 있다.

우리나라는 이 협약에 가입할 때 한국법상 상사관련 분쟁에 한하고, 또 상호 체약국인 경우에 한해서 이 협약을 적용한다는 유보선언을 하였으므로 협약에 가입하지 않은 국가와의 상사중재에서는 이 규칙의 적용이 곤란하다. 그러나 우리나라와 국제거래를 하는 대부분의 국가이므로 큰 문제는 없다.

4 중재합의의 실례

국제상거래시에 중재합의와 관련한 사항은 필수적으로 기재하는 것이 일반적이다. 따라서 이와 관련된 구체적 실제 사례를 살펴보는 것도 중요하다고 판단된다.

(1) 국내 거래시 중재조항의 예

대한상사중재원에서는 국내 거래시 중재의 효율성을 높이고 신속한 중재절차의 진행을 위하여 상공인들이 중재합의를 체결할 때 쉽게 이용할 수 있도록 표준중재조항을 마련해 놓고 있으며, 다음의 내용을 계약 체결 시에 삽입하는 것이다.

<표 Ⅲ-4> 국내 거래시 중재조항 예

"이 계약으로부터 발생되는 모든 분쟁은 대한상사중재원에서 중재규칙에 따라 중재로 최종 해결한다."

(2) 국제거래시 중재조항의 예

국제상거래 계약시에도 계약서 내용에 중재와 관련된 조항의 삽입은 반드시 필요한데, 만일, 국내에서 상사중재를 한다고 하면 대한민국의 관련 법규에 의거하여 대한상사중재원에서 중재와 관련된 절차가 진행되는 것을 의미하는 것이다. 따라서 이를 위해서는 다음과 같은 내용을 계약서상에 명시적으로 삽입해야만 한다.

---

5) 약칭으로 'New York 협약'으로 지칭되고 있으며, 1958년에 채택되었으며, 한국은 1973년에 협약에 가입하였다. 2001. 5월말 현재 125개국에 의하여 국제적 효력을 인정받고 있다. 보다 자세한 내용은 본 교재 제15장 중재관련 국제규칙을 참고

<표 Ⅲ-5> 국제거래시 중재조항의 예

"이 계약으로부터 또는 이 계약과 관련하여 또는 이 계약의 불이행으로 말미암아 당사자간에 발생하는 모든 분쟁, 논쟁 또는 의견차이는 대한민국 서울에서 대한상사중재원의 중재규칙 및 대한민국법에 따라 중재에 의하여 최종적으로 해결한다. 중재인(들)에 의하여 내려지는 판정은 최종적인 것으로 당사자 쌍방에 대하여 구속력을 가진다."

("All disputes, controversies, or differences which may arise between the parties out of or in relation to or in connection with this contract, or for the breath thereof, shall be finally settled by arbitration in Seoul, Korea in accordance with the Arbitration Rules of the Korean Commercial Arbitration Board and under the law of Korea. The award rendered by the arbitrator(s) shall be final and binding upon both parties concerned.")

(3) 신청인 또는 피신청인 국가의 중재기관을 이용하기로 하는 중재조항 (예시)

국제거래에 있어서 계약을 체결하는 당사자간에 중재를 할 장소, 기관 등에 관하여 원활한 합의가 이루어지지 못하여 계약체결이 지연되거나 계약자체가 이루어지지 못하는 경우 즉, 외국무역업자는 자국의 중재기관에서 중재할 것을 고집하고 우리나라 무역업자는 "대한상사중재원"에서 중재하기를 고집할 때 이러한 문제점을 보완하기 위하여 대한상사중재원에서는 아래와 같이 신청인 또는 피신청인 국가의 중재기관을 이용하여 분쟁을 해결할 수 있도록 하고 있다.

만일, 무역계약서류에서 '표준중재조항' 삽입이 거래 상대방의 반대로 어려울 경우 아래에서 제시되고 있는 조항으로 대체할 수도 있다. 이는 피신청인의 국가에 있는 중재기관에서 중재로 해결하는 방식으로 중재판정을 이행하지 않는 경우 피신청인국가의 법원에 강제집행을 구할 경우에 용이하다.

<표 Ⅲ-6> 한국과 일본 기업이 피신청인주의에 의해 중재조항을 삽입한 경우

"All disputes that may arise under or in relation to this contract shall be submitted to arbitration in the country of respondent (a)under the Arbitration Rules of the Korean Commercial Arbitration Board if the arbitration is to be held in the Republic of Korea or (b) under the Commercial Arbitration Rules of the Japan Commercial Arbitration Association if the arbitration is to be held in Japan. The award rendered by the arbitrator(s) shall be final and binding upon both parties in concerned."

만약 당사자간에 신청인주의에 의한 중재합의가 이루어졌다면 그에 대한 영문표현은 피신청인주의 중재조항중 “in the country of respondent” 대신에 “in the country of applicant”로 바꾸면 된다. 또한 일본이 아닌 다른 국가일 때는 그 나라의 명칭으로 중재기관과 준거법을 바꾸어 사용하면 된다.

<표 Ⅲ-7> 신청인 국가에서 중재를 하기로 하는 경우(한·중 기업간의 예)

“계약과 관련하여 발생하는 모든 분쟁은 신청인의 국가에서 중재로 최종 해결한다. 만일 신청인이 (한국기업)일 경우 대한상사중재원에서, 만일 신청인 (중국기업)일 경우 중국국제경제무역중재위원회에서 진행한다.”

“All disputes relation to this contract shall be finally settled by arbitration in the country of the respondent. In case the claimant is (a Korean enterprise), the arbitration shall be held at The Korean Commercial Arbitration Board. In case the claimant is (a Chinese enterprise), The arbitration shall be held at the China International Economic and Trade Arbitration Commission.”

(4) 제3국 중재기관을 활용하려는 중재 합의

만약 당사자가 ‘신청인주의’나 ‘피신청인주의’에 의한 중재합의에 실패하고 제3국 중재기관을 활용하려는 중재합의를 하였다면 그 중재기관이 권장하는 중재조항을 인용하는 것이 이상적이라고 하겠다. 이것을 지칭하여 ‘제3국주의’라고 하는데, 이런 경우 중재비용 과다 등 문제가 발생할 수 있기 때문에 가급적이면 인용하지 않는 것이 좋다.

예컨대 국제상업회의소 (ICC : International Chamber of Commerce)부설 국제상사중재법원 (ICA : International Court of Arbitration)을 활용하기로 하였다면 다음과 같이 표현하면 된다.

<표 Ⅲ-8> ICC부설 국제상사중재법원 활용시의 준거문언

“All disputes arising out of or in connection with the present contract shall be finally settled under the Rules of Arbitration of the International Chamber of Commerce by one or more arbitrators appointed in accordance with the said Rules.”

학습정리

계약서상에 분쟁이 있을 경우에는 중재에 의하여 해결하기로 명시해 두는 것을 포함하여 이와 같은 합의를 이루는 과정을 중재합의라고 한다.

중재조항에 포함되는 내용으로는 중재판정부, 중재지, 절차법, 실체법, 언어, 중재 비용과 중재인 보수의 부담, 중재 약정의 적용 범위 등이 포함되어야만 한다.

중재합의의 효력은 직소금지의 원칙, 최종해결, 국제적 효력 등으로 볼 수 있다. 특히, 국제적 효력과 관련하여 우리나라에서는 "외국중재판정의 승인 및 집행에 관한 UN협약"에 가입해 있는데, 우리나라는 협약 가입시 한국법상 상사 관련 분쟁에 한하고, 또한 상호 체약국인 경우에 한해서 이 협약을 적용한다는 유보선언을 하였다.

학습과제

1. 중재조항에 포함되어야만 하는 내용에 대하여 기술하고 구체적 사항을 제시하시오.

2. 중재 합의 방식의 의의와 내용에 대하여 설명하시오.

3. 우리나라와 중국과의 거래시 우리나라의 대한상사중재원에서 중재를 한다는 요지의 관련 준거 문언을 기술하시오.

분쟁사례연구 9 1990년대 대통령 헬기도입과 관련한 분쟁을 중심으로6)

1. 서 론

우리나라는 매년 국내총생산(GDP)의 3%를 전후하는 막대한 예산을 국방예산으로 책정하여, 자유민주주의를 수호하고 대한민국의 국토와 국민을 외부의 적으로부터 보호하기 위해 군대를 유지하고 새로운 무기를 도입하고 생산하는데 소비하고 있다. 이러한 국방예산의 대부분은 군수물자를 구입하는데 소비되고 있는데, 그동안 국민경제의 발전과 정부의 국산화 지원정책에 힘입어 국내조달이 가능한 군수물자가 기하급수적으로 확대된 것은 사실이다.

하지만 아직까지 기술력과 산업인프라의 미비로 인해 국내생산이 불가한 분야(최첨단 무기, 항공기 등)가 많다. 또 한편으로는 국내생산이 가능한 물품 및 용역이라 하더라도 세계시장은 보호무역의 장벽을 걷고 자유경쟁을 도모하고 있어 외국기업과의 경쟁이 불가피하게 되었다. 이에 「국가를당사자로하는계약에관한법률(이하 "국가계약법"이라 한다)」 역시 일정금액 및 규모 이상의 정부조달계약7)은 국제입찰8)에 의하도록 하고 있는 것이다.

결국, 본질적인 한계에 기인한 외자조달이건, 국제입찰에 의한 경쟁입찰에 의한 외자조달이건 간에 외자조달은 불가피하다 할 것이며 실제 엄청난 규모의 예산이 외자조달에 소모되고 있다. 바꾸어 이야기하면 언어와 법률체계가 다른 외국정부 및 외국기업과의 국제계약이 매년 이루어지고 있다는 것인데, 과연 우리나라는 구매자로서의 권리를 충분히 보장받고 있는지 나아가 구매자로서 권리를 향유하기 위한 충분한 노력을 다하고 있는지 의문이다.

---

* 이명현, 「중재」 2005년 가을, 대한상사중재원, 2005. 10.

7) 「국가를당사자로하는계약에관한법률」 제4조 제1항 본문 : "국제입찰에 의하는 정부조달계약의 범위는 정부기관이 체결하는 물품·공사·용역의 계약으로서 정부조달협정 및 이에 근거한 국제규범에 따라 재정경제부장관이 정하여 고시하는 금액이상의 금액으로 한다."

8) 1994년 4월 15일 마라케쉬에서 작성된 정부조달협정 등 정부가 가입하거나 체결한 다자간 또는 양자간 정부조달협정을 이행하기 위하여 국가계약법 제4조의 규정에 의한 국제입찰을 실시함에 있어서 특례를 정하기 위한 목적으로 제정된 「특정조달을위한국가를당사자로하는계약에관한법률시행령특례규정」 제2조는 국제입찰을 다음과 같이 정의하고 있다. "국제입찰이라 함은 내·외국인 또는 외국인을 대상으로 하여 물품·공사 및 용역을 조달하기 위하여 행하는 입찰을 말하며 수의계약을 포함한다."

이에 본고에서는 1998년 4월 23일에 있었던 UH-60L계약을 둘러싼 국제중재판정을 중심으로 문제점과 대응방향에 대해 살펴보고자 한다.

2. UH-60L도입과 관련한 분쟁발생

가. 분쟁의 배경사실

1) 계약체결

1990년 대한민국(이하 “신청인”이라 한다)은 대통령의 안전을 위하여 대통령 탑승용 헬기 3대를 구매하고자 하여 대한민국 산하기관인 국방부 조달본부는 미국 SE사로부터 UH-60L (S-70A-22)헬기 3대를 구매하기로 하는 계약서를 1990년 4월 10일부로 체결하였다. 위 3대의 헬기 중 1대는 VIP기종 이였으며, 나머지 2대는 VVIP기종이었다.

최초로 제시된 구매가격은 미화 48,024,236불이었으나, 1991년 9월 28일 매도인이 상용항공 운송 및 보험(Commercial Air Transportation and Insurance)을 취득하는 것을 배제함으로 인한 가격인하분(미화 756,903불)을 반영하여 최초로 제안된 가격은 미화 47,267,333달러로 인하되었다.

2) 계약의 중요내용

* 계약서 제24조 : 본 계약의 성립, 효력, 구성 및 이행을 함에 있어 한국법을 준거법으로 한다.

* 계약서 제25조 :

a) 본 계약으로부터 또는 본 계약과 관련하거나 본 계약의 위반 또는 유효성과 관련하여 발생하는 모든 논쟁, 청구 또는 분쟁은 양 당사자간의 협상 및 화해에 종속된다. 만일 양 당사자간의 협의가 체결되지 않는 경우, 논쟁, 청구 또는 분쟁은 중재에 의거 최종 판정된다. 중재는 한국, 서울에서 국제상사중재규칙에 따라 진행된다. 중재는 영어로 진행한다. 매수인과 매도인은 각각 중재인을 지명할 것이며, 또한 지명된 두 중재인이 세 번째 중재인을 지명한다. 중재에 따라 결정되는 판정은 최종적인 것이며, 관련 양 당사자를 구속한다. 최종적인 판정은 양 당사자에 대한 관할권이 있는 어떤 법원에서 집행할 수 있다. 양 당사자는 모든 논쟁, 청구 또는 분쟁을 중재만을 통하여 해결한다고 합의한다. 매수인은 여하 주권행사를 포기하며, 관할권을 위와 같이 인정한다. 양 당사자는 비용을 각자 부담하고 또한 중재비용은 최종적인 중재판정의 패소자가 부담한다.

b) 중재 진행 중인 단계에서 사용되는 “국방부조달본부”라는 명칭은 한국정

부를 대표하는 것으로 상호 인정한다.

* 계약서 제20조:

a) 매도인은 본 계약이 매도인과 매수인 사이에 직접 체결됨을 보증한다.

b) 매도인은 기재된 가격이 계약체결 당시 유사한 경우에 다른 외국 구매자(정부기관이건 일반인이건)에게 유사한 종류와 유사한 품질의 품목("item")을 직접 제시한 가격보다 고가가 아니라는 것을 보증한다.

* 계약서 제27조:

a) 본 계약의 제1, 2 및 제3장과 그에 의거 첨부된 기타의 서류는 본 계약에 대한 양당사자의 완전하고 유일한 합의를 구성하며, 본 계약에 명시되지 않은 기타의 표현, 합의, 약속 또는 제안은 무효이다.

b) 본 계약에 대한 대체, 수정 또는 변경은 계약당사자가 정당하게 인정한 대표에 의하여 서면으로 작성, 서명되지 않은 한 어떠한 효력도 발하지 못한다.

* 계약서 제30조 : 본 계약서에 명시되어 있은 조건의 용어는 평면적인 영어의 뜻으로 해석한다.

3) 신청인이 중재신청을 하게 된 원인

신청인은 헬기 구매계약이 체결된 지 3년이 넘은 1994년 중반 경부터 계약서에 명시되어있는 가격보증조항(제20조 (b)항)에도 불구하고 고액의 대금을 지불하였다는 의혹을 가지게 되었고 특히, 피신청인과 이집트 정부간에 UH-60P VIP (2대) 거래대금 보다 47%, 피신청인과 오스트레일리아 정부간의 1987년부터 1991년 사이에 39대의 UH-60 Black Hawk 거래대금보다 89% 고가매입했음을 인지하고 이 사건 중재신청을 하게 된 것이다.

결국, 신청인의 중재신청과 본건 계약서 제24조 및 제25조에 의하여 대한민국 서울에서 한국법을 준거법으로 하여 국제상사중재규칙에 따라 본건 중재가 이루어지게 되었다.

나. 신청인과 피신청인의 주장요지

먼저 신청인은 직접 계약당사자이자 세 번째 피신청인인 SE사는 물론, SE사가 U회사의 100%출자회사로 U회사의 판매사업회사인 SA사의 판매업체라는 사실에 근거하여 U회사를 첫 번째 피신청인으로, SA사를 두 번째 피신청인으로 지정하고, 본건 계약서 가격보증조항(제20조 (b)항)에 근거하여 부당이득금 반환 내지 기망행위로 인한 불법행위에 기한 손해배상청구를 주장하였다.

이에 대해 피신청인인 U사와 SA사는 계약당사자가 아닌 별개의 법인이므로 본건 중재의 관할권이 미치지 않는다고 주장하고, 신청인의 본건 청구는 이미 시효로 소멸되었으며 설령 시효소멸이 되지 않았다 하더라도 본건 거래와 이집트 및 오스트레일리아에 대한 거래와의 유사성이 인정되지 않기에 계약서 가격보증조항(제20조 (b)항)이 적용되지 않는다고 항변하면서 피신청인은 결코 본건 신청과 관련한 신청인에 대한 완전한 합의를 한바 없다고 주장하였다.

3. ICC 국제중재법원의 판정내용 및 분석

가. 주요쟁점

중재판정부는 아래 4가지 사항을 주요쟁점으로 정리하였다.

a) 첫 번째 피신청인(U사)과 두 번째 피신청인(SA사)이 계약 당사자인지의 여부, 그리고 본 중재판정부가 두 피신청인에 대한 관할권이 있는지의 여부
b) 본 중재에서 제시된 보상청구 사항이 소멸시효가 만료되었는지?
c) 계약서의 20조 (b)항이 이집트 및 오스트레일리아에 대한 판매에 적용이 되는지?
d) 계약서의 제27조가 어떠한 효력을 제기하는지, 또한 제27조가 본 중재에서 제시된 보상청구 사항을 배제하는지?

나. 판정내용

1) 첫 번째 피신청인과 두번째 피신청인이 이 사건 계약의 당사자이고, 또한 본 중재판정부가 두 피신청인에 대한 관할권이 있는지에 대하여,

중재과정에서 U사와 SA사 모두 위 내용 중 관할권에 관한 이의신청을 철회하면서 계약 당사자가 아니라는 점만을 부각하여 다투었다. 즉, U사와 SA사는 본건 계약의 당사자가 아님은 물론이고 SE사가 U사와 SA사의 대리인(agent)도 아니었기에 SE사가 U사와 SA사를 구속시킬 수 있는 실질적인 또는 명시의 권한이 없다는 주장이었다.

이에 대하여 중재판정부는 아래와 같이 판단하였다.

「현재까지 제시된 사실관계를 고려하면 중재판정부는 세 피신청인 전부 본 사건의 계약체결과정에 있어 참여한 것으로 판단한다. SE사는 U사의 100%출자 자회사로서 U사의 판매 사업부서인 SA Division의 주력 판매업체로 추정된다. 또한 SA사는 1994년도에 SA Division의 업무를 승계하여 수행하는 독립적인 법인으로 설립되었으므로 SE사가 SA사의 판매 업무의 주력사로 운영되어 왔다고 해

도 과언은 아니라고 판단된다.

현재까지 밝혀진 증거에 의하면 SE사의 전 직원은 상시고용직원이 아니었으며, SE사의 모든 직원은 U사 또는 SA사의 직원임이 인정된다. 또한, SE사는 소유하고 있는 자산도 없고, 물품제조 또는 용역제공이 없다고 한다. 이러한 사실들을 감안하고 계약 협상과정에서부터 계약 체결후 계약이행 단계까지 U사가 행사한 여러 가지의 역할을 고려하면, SE사는 실질적으로 계약을 독립적으로 체결할 수 없었다고 판단한다. 그러므로 SE사는 U사를 대리하여 계약을 체결하였다고 판단된다. 또한 SA사는 SA Division의 판매 업무 일체를 승계하였으므로 U사와 동일하게 SE사의 책임 부담이 있다고 판단한다.

따라서 본 중재판정부는 SE사가 U사 및 SA사와 계약체결 당시 대리인 관계를 유지하였으므로 U사와 SA사도 계약 당사자로써 계약에 구속된다고 판단한다.」

위와 같은 중재판정부의 판단이 합리적이고 타당하다는 측면에서는 부인하기가 어려우나 민법 제115조[9)]에 비추어 볼 때, SE사가 U사 및 SA사의 대리인으로서 계약을 한다는 것을 표시하지 않았고 신청인 역시 그러한 사실을 알았거나 알 수 있는 상황이 아니었다면 본건 중재에서 U사 및 SA사에 대하여 계약당사자의 지위를 인정할 수 없다는 판단을 할 수 밖에 없는 것이다.

따라서 중재판정부는 신청인의 대리관계에 대한 인식 및 인식가능성에 관하여 좀 더 구체적이고도 깊이 있는 사실고찰을 했었어야 한다. 아쉬운 부분이다.

2) 신청인의 청구가 소멸시효 만료된 것인지 여부

중재판정부는, 먼저 한국법상 i) 계약상 청구와 불법행위상 청구는 각각 분리되어 분석되어야 하며, ii) 계약상 청구에 대한 소멸시효는 한국 상법상 5년이고, iii) 불법행위상 청구에 대한 소멸시효는 불법행위가 발생한 날로부터 5년[10)] 아니면 불법행위를 알게 된 후 3년 중 짧은 기간이라는 점을 분명히 한 후, 결국 본건에 있어 소멸시효의 쟁점은 신청인의 청구에 대한 소멸시효가 언제 시작되었는지 또한 그 기간이 중단되었는지의 여부임을 분명히 하면서 아래와 같이 판시하였다.

「계약서는 1990년 4월10일에 체결되었다. 제28조 (a)항에 의하면 계약의 효력

9) 민법 제115조(본인을 위한 것임을 표시하지 아니한 행위) : 대리인이 본인을 위한 것임을 표시하지 아니한 때에는 그 의사표시는 자기를 위한 것으로 본다. 그러나 상대방이 대리인으로서 한 것임을 알았거나 알 수 있었을 때에는 전조제1항의 규정(대리인이 그 권한 내에서 본인을 위한 것임을 표시한 의사표시는 직접 본인에 대하여 효력이 생긴다)을 준용한다.

10) 예산회계법 제96조 제1항 : 금전의 급부를 목적으로 하는 국가의 권리로서 시효에 관하여 다른 법률에 규정이 없는 것은 5년간 행사하지 아니할 때에는 시효로 인하여 소멸한다.

발생일은 “공식승인과 동 계약서를 충족시킬 수 있는 예산집행서류가 발행되었을 때”라고 되어있다. 이 날은 1990년 8월6일이다. 한편, 중재신청일자는 1997년 1월 15일이었다. 따라서 피신청인은 소멸시효가 1995년 4월10일이나 1995년 8월 6일에 만료되었다고 주장하고 신청인은 마지막 분할납부액인 미화 357,127.12달러를 지급한 1993년 1월 8일에 소멸시효가 시작되거나 적어도 가격인하에 합의한 계약서 개정일인 1991년 9월28일에 소멸시효가 시작된다고 주장한다.

그러나 i) 1990년 8월 6일에 총 구매액에 관한 신용장이 개설된 점, ii) 1991년 8월에 헬기 3대 모두가 인도된 점, iii) 인도시 헬기 3대 모두에 대한 소유권이 이전됐다는 점, iv) 1991년 12월 23일까지는 신청인은 미화 47,167,331달러를 지급했다는 점, v) 신청인은 1991년 3월 18일에는 지금 주장하는 바와 같이 지급할 금액보다 과도 지급하였다는 점을 통해 1990년 8월6일 외환은행에 이와 같은 신용장을 개설함으로서 신청인은 자신의 의무를 충족시켰다고 보아야 하며, 한국 민법 제166조 제1항[11] 하에서의 쟁점은 신청인이 어느 날짜로부터 가격인하의 청구 또는 계약위반에 따른 손실에 대한 청구에 대한 권리를 행사할 수 있느냐는 것인데 계약서 제20조(b)항에 나타난 보증은 계약일까지만 적용되는 것이다.

결국, 모든 자료 및 주장을 고려해 본 결과, 소멸시효 기산일중 가장 빠른 날은 1990년 8월6일이라는 주장이 타당하다.

만일, 신청인의 주장을 받아들인다면, 계약체결 다음날 명백한 제20조 위반사항을 발견하였다고 하여도 그 당사자는 중재신청을 하기 전에 계약총액을 일단 지불해야 한다는 이상한 결론에 이르게 된다. 이것은 너무 놀라운 결과이고, 한국을 포함한 그 어느 법제도 이러한 결과를 초래하지는 않을 것이다. 이에 따라 1990년 8월6일 소멸시효가 시작된다고 판단된다.[12] 」

중재판정부의 소멸시효에 대한 판시는 상당한 합리성과 설득력을 갖추고 있다. 법리적으로 명백히 부당한 판시라는 점을 지적하기는 어렵다고 사료된다.

그러나 한 가지 아쉬운 점이 있다. 즉, 국방부조달본부가 외자상업구매를 함에 있어 원칙적으로 취하고 있는 L/C개설에 따른 대금지급의 특수성에 대해서 신청인이 좀 더 상세하고 깊이 있게 주장했다면 중재판정부가 어떤 판시를 하였을까

11) 민법 제166조 제1항 : 소멸시효는 권리를 행사할 수 있는 때로부터 진행한다.

12) 이와 관련하여 신청인은 대법원 판결(1979. 12. 26.선고, 77다1894,1895)을 설시하며 마지막 분할금을 지급한 뒤에야 소멸시효가 개시된다는 점을 부각하였으나, 중재판정부는 위 판결은 마지막 분할금을 지급한 뒤에야 구매자가 합법적인 소유자가 되는 사례로 물품의 인도로 소유권이 이전되는 본건 중재와는 본질적으로 다른 사안이라는 이유로 배척하였다.

하는 점이다. 실제 국방부조달본부는 신용장 개설은행으로 하여금 신용장을 개설하도록 하지만 대금지급과 관련하여서는 대금지급스케줄(Payment Schedule)에 맞추어 개설은행에 대금을 송금하여 은행은 그 대금으로 송금하는 것이 예외 없는 관행[13]으로 자리 잡고 있어. 형식상으로 L/C방식을 취하고 있지만 실질적으로는 사실상 송금방식을 취하고 있기 때문이다. 만일 이러한 관행이 사실로 확인될 경우 본건 중재에 있어서 소멸시효의 기산점을 마지막 분할금을 납부한 때로 볼 수도 있었을 것이다.

3) 계약서 제20조 (b)항 규정상의 유사거래에 이집트 및 / 또는 오스트레일리아 판매도 포함되는지 여부

계약상 청구의 소멸시효가 이미 만료되었다고 결론지었다면 본 쟁점에 대해서는 결정할 필요가 없으나, 중재판정부는 본 쟁점과 관련하여 중재당사자들이 제시한 상세한 제출물과 증거에 근거하여 중재당사자들이 결론을 들을 권리가 있다고 판단하여 아래와 같이 판시하고 있다.

「이집트 판매와 관련 쟁점은 간단하게 말하여 그 FMS[14] 판매가 제20조 (b)항의 범위에 포함되는가 하는 여부다.

여기서 "직접적"이란 표현은 FMS 판매를 제외하고 있다는 것이 확실하다. 이 같은 결론은 영어 언어의 명백한 사용에 대한 결과이며 상업적으로도 이해가 된다. 우리가 받아들이는 Weeks씨의 진술에 의하면 피신청인은 FMS 판매 시 미 정부가 구매자에게 제시하는 가격을 알지 못한다는 것이다. 이것이 사실이라면 FMS 판매는 배제토록 하는 것이 당사자들의 의도였다고 짐작할 수 있다. 왜냐하면 그렇지 않다면 피신청인은 그들이 가격보증을 위배했는지 알지 못할 것이고 미 정부가격에 자신들을 구속시키기를 꺼려했을 것이다. 또한 FMS 거래에서는 피신청인은 미 정부가 그들의 구매자이지 외국구매자와 거래하지 않는다. 이러한 이유 때문에 이집트 판매가 제20조 (b)항에서 배제된다는 것이 확실하다는 것이다.

한편, 오스트레일리아판매와 관하여 제20조 (b)항에 나타나 있는 "item"이란 용어에 대하여 열띤 논쟁이 있었다. 이 용어가 완성된 제품에 적용되는 것인지, 또는 구성부품에 적용되는 것인지.

"item"이란 용어는 3개의 헬기를 뜻하는 것이지 구성품을 뜻하는 것이 아니다 우

13) 행여 조달본부로부터의 개설은행으로의 대금송금이 늦어질 경우 개설은행은 자신의 금원으로 대금을 치르지 않고 판매자에 양해를 구하며 판매자 역시 조달본부의 대금송금에 기한 관행을 잘 알기에 이를 특별히 문제삼지 않고 있다.

14) Foreign Military Sales

리가 보기에는 가격보증조항은 구매자가 실질적으로 구매한 물품에 대하여 과도하게 지급하는 것으로부터 구매자를 보호하기 위한 것으로 의도되었다고 판단한다.

한편, 오스트레일리아 병력수송 헬기가 VVIP 및 VIP 헬기와 "유사한 종류와 품질"인가를 생각해보아야 한다. 우리가 보기에는 명백하게 품질적으로 이 헬기들 간에 상당한 차이가 있었으므로 오스트레일리아 판매는 제20조 (b)항에 포함되지 않는다. "종류(kind)"란 단어는 논쟁에 영향을 미칠 수 있을까? 그렇게 생각하지 않는다. 어떤 면에서 그 단어는 불필요하다. 모든 헬기는 어떤 면에서 같은 종류라고도 할 수 있을 것이다. 헬기에게는 프로펠러가 있고 위 아래로 떴다 내렸다 하며 옆으로 왔다 갔다 하고 사람이나 장비를 운반한다. 그러나 국가원수를 운반하는 VVIP 헬기는 병력 수송시 사용되는 헬기와 다른 종류이다. 우리가 본 병력수송헬기는 대통령용 헬기의 복잡함이나 사치성이 없었다. 또한 계약은 헬기판매에 관한 것이었고 피신청인은 헬기 판매 및 제조업에 종사하고 있으므로 "종류"란 단어는 다른 종류의 헬기를 뜻하는 것이라고 보아야 한다.

이와 같은 이유로 우리는 오스트레일리아 판매는 제20조 (b)항에 포함되지 않는다고 본다.

소멸시효가 만료되었다는 점에서 위 중재판정부의 판시에 대해 더 이상 논의할 실익은 없지만, 위 중재판정부의 판시에 대해서는 상당한 의문을 제기한다. 이집트의 거래의 경우 FMS 판매에 의한 것으로 피신청인이 미국정부가 이집트 정부에 대해 얼마의 가격을 받았는지 알 수 없다는 점에서 비교대상이 될 수 없다 할 것이지만 위 거래를 통해 실제 피신청인이 받은 금원과의 비교는 얼마든지 유사거래로 판단될 수 있을 것이며, 오스트레일리아 판매의 경우 설령 귀빈용 헬기가 아니라 하더라도 모델이 같기에 귀빈용 헬기와 병력수송헬기와의 차이를 고려한 비교는 가능할 것이기에 계약서 제20조 (b)항의 적용을 단정적으로 불가하다 하는 것은 결론에 맞춘 논리가 아닌가 하는 의문이 든다.

4) 계약서 제27조 조항의 효력은 무엇이며 제27조는 본 중재의 청구를 제한할 수 있는지 여부

신청인은 제27조와 같은 통합조항을 존중하는 것은 한국의 공공정책에 위반된다고 주장을 하였고 이에 대해 중재판정부는 특정한 경우 그러한 조항이 다른 구제방법이 전혀 없는 상황에서 정당한 청구를 막는 효과가 있다면, 한국법원은 그러한 조항을 회의적으로 볼 것이라는 주장은 받아들일 여지가 있다는 전제를 하면서 다음과 같이 판시하고 있다.

「그러나, 본 사건은 그러하지 아니하다. 신청인은 명백히 제20조에 명시된 바와 다른 표현은 피하고 있다. 우리는 따라서 제27조의 효과는 신청인으로 하여금 협상에서부터 계약체결 시까지 피신청인이 나타낸 어떠한 표현이든 의존하는 것을 방지하기 위한 것이라고 결론짓는다. 제27조는 세련된 양당사자간에 자유롭게 형성된 조항이고 우리는 한국법이 이러한 사건에서 그러한 조항을 무효화시킬 것이라고 생각하지 않는다.」

이에 대해서는 경우에 따라 달리 판단되어야 할 것이다. 본건의 경우에도 피신청인측이 서신이나 증거에 의해 확인될 수 있는 진술 등을 통해 분명한 약정을 하였다면 본건 계약서 내용의 해석의 범위를 유연하게 해야 할 것이다.

4. 결어

위 중재판정에 있어 신청인은 피신청인들의 계약당사자의 지위 인정과 관련된 쟁점을 제외하고 모든 쟁점에 있어 중재판정부를 설득시키지 못하였다. 위 중재판정을 검토하면서 계약을 체결하는 과정에서부터 분쟁에 임하여 중재판정을 이끌어내는 과정에 이르기까지 정부나 기업이 유의하고 준비해야 할 점이 많다는 점을 깊이 인식하게 되었다. 특히 대형무기체계를 수시로 도입하는 정부조달계약에 있어서 많은 준비가 있어야 할 것이다.

첫째, 계약체결과정에 있어서의 사전 정보수집의 중요성이다. 계약상대자의 동종물품에 관한 거래내역과 분쟁사례 등을 면밀히 검토함으로써 계약금액협상은 물론 계약조건 작성에 있어 불이익을 받지 않도록 하여야 할 것이다.

둘째, 계약조건을 작성함에 있어 그 의미를 정확히 이해하고 계약조건에 따른 이해득실관계를 다양하게 검토하여 예상치 못한 불이익을 받지 않도록 하여야 한다. 이러한 점을 고려하여 정부조달기관의 경우 계약표준안을 마련하여 두고 있다. 하지만 대형무기체계의 도입 등 중요한 거래의 경우 모든 계약조건을 철저한 협상을 통해 정하게 된다. 이러한 경우 협상력에 의하여 계약에 있어 우위를 정하는 경우가 다반사이기에 계약협상을 함에 있어 부지불식간에 부당한 계약조건을 설정하는 것을 방지하기 위해서는 전문가들에 의한 협상팀을 구성하는 것이 필요하다. 특히, 준거법을 한국법으로 정하면서 언어는 영어로 할 경우 한국법과 영어의 의미를 충분히 검토할 수 있는 협상팀을 구성하는 것은 절대적으로 필요하다. 외국 유수의 기업들 같은 경우 자국 전문법조인 수십 명의 검증과정을 거치고 이와 아울러 한국의 대형 로펌의 자문을 받아 계약협상에 임하고 있는 점을 고려할 때, 상대적으로 그에 버금가는 협상팀을 구성하고 사전 자문을 충분히 받아 협상에 임하는 시스템을 구축하여야 한다.

셋째, 분쟁이 발생하여 국제중재를 하게 될 경우 우선 중재인 선정에 있어 불편부당한 인물이 선정되도록 최선의 노력을 기울여야 하며, 관련 국제중재사례, 판례 등의 충분한 자료를 수집하여 중재에 대비하고 중재인들을 설득시키는 논리와 증거제시에 총력을 기울여야 할 것이다. 중재과정에서 의외의 결과가 많이 나온다는 것은 노력여하에 따라 판정결과가 달라질 수 있다는 것을 의미하는 것이기에 정확한 법논리 전개와 관련증거 제시에 최선을 다하여야 할 것이다.

최근 정부조직법의 개정으로 내년 1월 1일부터 방위사업청이 발족하여 상용물자를 제외한 군수물자의 조달을 총괄하게 된다. 향후 방위사업청이 명실상부한 전문조달기관으로 자리 잡기 위해서는 그 구성에 있어서는 군수물자 획득 전문가들과 함께 전문법조인을 얼마나 충실하게 확보하고, 나아가 그들을 얼마나 효율적으로 배치시켜 그들의 능력을 극대화시키는 시스템을 구축하느냐에 달려있다.

이제 정부조달기관은 조달청과 방위사업청이라는 두 개의 기관에 의해 전문성과 체계성을 갖추게 된 바, 두 기관의 유기적인 협조와 선의의 경쟁을 통해 정부조달계약의 획기적인 발전을 기대해 본다.

살펴보기 : 국제무역 사기

Ⅰ. 국제무역 사기의 유형

① 무역사기(일명 선적서류 사기)

물품대금 그 자체를 대상으로 하는 사기로 가해자와 피해자가 매매의 당사자에 국한되며 무역사기의 사례들을 보면 물건을 인수하고 대금을 지불하지 않거나 어떤 이유를 들어 대금의 일부만 지급하는 금전적 사기(monetary fraud)로 선적서류를 위조하는 경우가 대부분이며 선적서류에 기재된 선박이나 운송회사는 사기와 무관한 경우가 일반적이다.

② 해적행위

범죄형 사기(criminal fraud)로 선박과 실려 있는 화물을 대상으로 하며 가해자는 무장한 해적 등 범죄 집단으로 선박과 화물을 탈취하기 위해서 인명을 살상하는 경우도 있으며, 탈취한 화물은 매각/처분하지만 선박은 이름을 바꾸어(유령선이라 함) 해상사기를 계속하는 경우도 있으므로 주의를 기울여야 한다.

국제적인 대형사기사건을 보면 화물, 선박, 관련보험금까지도 겨냥한 해적행위 (piratical action)가 개재되어 있는 것이 보통이다.

Ⅱ. 유형별 특징

A. 해상사기 (Maritime fraud)

해상사기사건은 오래 전부터 존재. 가장 전형적인 형태가 선박을 실제가격보다 훨씬 고액으로 보험에 가입시킨 다음 먼 바다에서 고의로 선박을 침몰시키고 보험금을 받는 형태로서 주로 노령 선박에서 많이 발생한다. 여기에서 한 단계 더 나아가 배에 실은 화물은 항해 중 중간항에서 싼값으로 처분한 후 빈 배로 항해를 하다가 침몰시켜 선박과 화물을 같이 희생시키는 형태로 발전하는 추세이다. 이런 사건에는 선박회사, 선원뿐만 아니라 화주까지도 가담하여 화물보험금까지 취하는 경우도 있다.

매매계약의 당사자가 아닌 운송회사가 운송중인 화물을 불법으로 처분하는 해상사기는 1970년대에 있었던 국제석유파동과 관련. 유가가 급등함에 따라 "오일 달러"를 주체하지 못한 산유국들은 해외로부터 엄청난 물량을 일시에 수입하였던 관계로 나이지리아 등 중동의 무역항은 세계 각처에서 밀려온 선박들이 장사진을 이루어 그곳에 들어간 선박은 하역작업의 차례가 올 때까지 몇 개월씩 대기하지 않을 수 없게 되었다.

운임도 중요하지만 척당 몇 백억을 홋가하는 선박이 항구에서 몇 개월씩 무작정 대기한다는 것은 선박회사 입장에서는 엄청난 손해를 의미하므로 피해를 줄이기 위해서 싣고 있는 화물을 엉뚱한 항구로 가서 내리거나 아니면 아예 선박회사에서 화물을 불법적으로 매각해버리는 사례까지도 발생하게 되었다. 물론 이러한 행위는 운송계약위반으로 선주는 화주에게 손해를 배상하여야 하겠지만 화물을 처분한 후 선주가 선박과 함께 행방을 감춰버렸을 경우에는 대책이 없는 것이 현실이다.

1990년대 이후 국제무역거래의 규모가 커짐에 따라 사기사건도 강도나 빈도에서 크게 증가해가고 있다. 이는 생산지와 소비지를 연결하는 운송시스템이 점차 복잡해짐에 따라 사기를 조기에 감지하여 예방하는 것도 그만큼 더 어려워지고 있는데 기인한다.

a) 용선계약사기 (Charter Party Fraud)

사기를 계획한 인물 또는 조직이 어떤 선박을 용선하여 (빌려서) 수출상사와 운송 계약을 체결하고 화물을 집하하여 운임을 취득한 후 운송 계약을 이행하지 않고 도망치거나, 선주에게 용선료를 지불하지 않거나, 때로는 집하한 화물을 적지나 중간항에서 팔아버리고 그 돈을 갖고 사라지는 것이다. 이 경우 용선자는 범죄 조직이 설립한 가공의 paper company인 경우가 빈번하다.

b) 침몰사기 (Scuttling Fraud)

위장침몰사기는 보험자를 비롯한 관계자들에게 가장 큰 피해를 입히는 사기(전형적인 해상사기)이다.

공통점으로는 침몰 당한 선박 거의 모두가 노후 소형선이고 고가의 화물(high valued cargo)을 적재했으며 사고시 승무원은 무사히 구출되었다는 것이다. 고의 침몰을 전문으로 하는 승무원이나 악덕 선주 및 용선자 등이 결탁한 범죄 신디케이트가 존재하고 있다는 것은 이미 알려진 사실이다.

B. 침몰사기 (Scuttling Fraud)

위장 침몰로 보이는 침몰 전손 사고는 극동국가들의 수입 항로와 그 가운데 특히 남지나해(South China Sea)를 중심으로 하는 해상에서 1977부터 1980에 결쳐 연속적으로 발생하여, 한국과 일본의 화물 및 선박 보험자는 물론 그 외 여러 나라의 보험자가 빈발하는 화물과 적재 선박의 전손 사고로 인해 막대한 보험금을 지급하는 것이다. 이런 사고는 침몰 상황이 수상하다는 점에서 “Suspicious sinking”이라 지칭. 또한 위장 침몰로 보이는 전손 사고는 노후 소형선박 대상으로 일어났으나, 요즘은 Salem호 사건처럼 원유를 가득 실은 대형 유조선조차 범죄의 대상이 되고 있다.

해상사기사건의 공통점을 살펴보면 1980년대에 발생한 사기사건중 국제기관 조사 10여건 분석 결과 그 피해액이 평균 미화 500 만 달러에 이르고 평균 월3건 정도가 발생하며 대부분이 해상사기와 직접 관련된 것으로 나타난다.

대부분의 경우 가격을 포함해서 제시된 거래조건이 아주 파격적이었던 관계로 무역거래시 당연히 체크해야 할 기본사항 마저도 간과한 채 덤볐다가 피해를 입게 된 것이다.

해상사기사건의 공통점(Wet fraud에서 나타난 공통점)으로는

a) 사건에 관련된 선박의 대부분이 선령 15 년이 넘는 낡은 선박
b) 사건에 관련된 선박은 대부분 1 항해 용선 선박(single voyage charter)
c) 관련선박의 선주는 그 배 한척만 가지고 있는 단선선주(single-ship owner)
d) 대부분의 선박이 사기사건 직전 또는 직후에 선명을 교체
e) 사기사건은 어느 지역을 중심으로 발생하나 그 패턴이 계속 변하고 있음.

Ⅲ. 사기를 방지할 방법

무역관행상 매매당사자들은 매매조건, 대금결제 등에만 관심을 갖을 뿐 해당 물품을 운송할 선박에 대해서는 관심을 갖지 않는 것이 보통이다. 그러나 무역사기사건을 조사해보면 그 상당부분이 선박회사의 노력에 의하여 예방될 수 있다. 즉, 수출지에서의 선적과정이나 수입지에서의 양하절차가 정상적으로 이루어진다면 가공상품의 위장수출 등의 무역사기는 어려워질 것이며 운송선박 그 자체와 선박회사가 수준급일 경우에는 위장침몰이나 선적서류사기 등은 현저히 감소될 수 있을 것이다.

A. 대상자별 유의사항

가. 매매 당사자(매수인, 매도인)

매매 계약에서 상대가 처음 거래하는 곳일 경우 다음 사항에 유의하여야 한다.

신뢰할 수 있는 선박 회사를 이용하되 운송선박의 선령을 15년 이하로 제한하고 선박의 크기는 해당항로의 평균크기 이상으로 지정하는 것이 좋을 것이다.

신용장 거래를 할 경우 서류 체크와 조건 설정을 철저히 점검. 매수인의 입장에서 보면 신용장 거래만으로 물품의 선적사실 여부, 선적상태나 질(quality)에 관한 안전장치가 확보된 것은 아니다. 실제 선적사실을 증명하기 위해 제3의 독립 기관에 의한 선적증서(Independent loading certificate)를 선적서류와 함께 제출하도록 L/C상에 의무화 해야 한다.

운송주선인(forwarding agent)을 이용할 경우 그 주선인이 국가의 관련협회 등의 회원인지 여부를 확인하고 이용하고 비회원일시는 이용하지 않는 것을 원칙으로 설정하는 것이 좋다.

물품을 운송하는 선박은 선박회사가 직접 소유 운항하고 있는 선박이 더 안전하며 만일 용선된 선박일시에는 매수인측은 해당 선박이 실제로 용선되었는지, 용선자 및 선주가 누구인지를 사전에 조사되어야 한다.

나. 은행

은행이 경험하는 사기의 형태로는 ① 선적서류는 정본(genuine documents)이지만 실제 물품을 속이는 경우, ② 선적서류 자체도 위조된 경우 이는 선적서류는 제시되지만 선적서류의 진위 여부나 실제 물품의 선적 여부등 사실행위에 대해서 은행이 조사 확인하는 것은 물리적으로 불가능한 것이 현실이다. 수많은 선적서류들의 진위 여부를 검사하는 것도 문제이지만 시간적 제약 때문에 신용장 통일 규칙(UCP 500)에서도 은행에 대해서 문면 검사(face checking) 이상의 사실 검사의무를 요구하고 있지 않다.

다. 선주 및 용선자

매매의 당사자는 아니지만 운송회사 역시 자신의 선박이 국제사기에 관련되는 것은 바람직하지 못 할뿐만 아니라 만일 자신이 고용하고 있는 선원들이 국제사기단과 연계될 경우 선박이 사기의 희생물이 될 수도 있다. 따라서 구체적인 계약(binding commitments)에 앞서 상대방에 대해 조사하여 두는 것이 바람직하다.

이와 관련된 유의사항으로 선주는 상대가 국제적으로 잘 알려져 있는 회사가 아니한 용선계약 이전에 BIMCO 등 국제해운단체 등을 통해 용선자에 대해 조회하고 가급적 명망 있는 중개인 이용한다. 용선자 재정상태 조사(필요시에는 용선계약 서명에 앞서 용선료 지급에 대한 은행의 보증 요구). 용선자를 신뢰할 수 없는 한 B/L 서명권을 용선자에게 허용하여서는 안 된다.

선장은 화물이 실제로 적재되는 것을 확인하고, B/L에 정당한 인물이 서명했는지 파악하여야 한다. B/L이 발급된 화물에 대해서는 반드시 B/L 원본과 상환하여 화물을 인도하고 B/L 사본이 제시되었을 경우에는 원본의 소재를 확인한 후에 인도. 만일 불가피한 사정으로 B/L을 받지 못할시에는 화주의 보상각서(Letter of Indemnity)를 받고 인도하되, 보상금액은 CIF의 200% 이상으로 반드시 신뢰할수 있는 은행의 보증을 받아야 한다.

라. 보험회사

무역상품을 운송하는 선박은 국제적으로 공인된 선급협회(Classification society)에 가입되어 있는 선박일 것을 요구하는 선급약관(Classification clause)을 보험계약에 포함시키고 운송선박이 노후선이 아닐 것을 요구하는 선령제한이나 선질(ship's quality)을 일정수준이상으로 제한하기 위해 특정선형 선박을 특수목적을 위해 건조하였기 때문에 일반 화물선에는 부적합한 선형이 있음에 유의하여야 한다.

실례로 2차 대전시 미국이 군수물자 수송용으로 선형을 몇 가지로 확정하여 일시에 대량선박을 건조한 경우가 있었는데, 이러한 선박은 한시적 용도로 건조하였기 때문에 장기간 운항하기에는 설비면에서 취약점이 많을 수 밖에 없다. 이러한 선박을 '전시표준형 선박', 약해서 '전시표준선(War time built ship)'이라 하며 타 선박에 비해 선박보험료도 고율이며 이러한 배에 실린 화물의 보험료도 상대적으로 비싸다는 점(type of ship : 예 전표선 등)을 배제하는 등 조치가 이행되어야 한다. 따라서 보험계약자는 운송선박의 선명을 보험자에게 알려야 하며 (선명고지의무) 보험자가 제시하는 요건에 미달할시에는 추가보험료를 내거나 극히 제한된 보험조건에만 가입이 허용되는 것이 일반적이다.

보험계약시 보험자에게 운송에 관련된 정보를 정확하게 제공하는 것도 사기의 예방에 도움이 될 수 있으며 거래당사자나 운송회사와 관련 의문사항이 있거나 물품을 선적한후 이상을 감지하게 되면 이를 지체없이 보험자에게 알려 지원을 받을 수 있다(국제보험자 단체에는 사기에 대처하는 조직을 갖고 있거나 전문조직과 제휴하고 있는 것이 보통). 우리나라의 경우는 보험회사의 신뢰도가 국제적 수준에 이르고 있으나 어느 나라에서 보험에 가입하든 보험은 신뢰할 수 있는 보험회사에 가입하는 것이 적절할 것이다.

B. 선박이 도착하지 않을 경우에 취해야 할 조치

사기사건은 대부분이 소수의 특정화물만을 운송하는 부정기선에서 발생하는 경우가 많다. 만일 선박이 예정대로 목적항에 도착하지 않는다면 무슨 일이 일어났을지도 모른다는 경고로 간주하는 것이 타당하다. 해운전문가가 아니더라도 선박이 항구를 떠나 목적지에 도착할 시기는 짐작 가능하기 때문이다.

선박의 도착 예정일(Estimated time of arrival)을 잘 알아두어 ETA까지 도착하지 않을 경우는 즉시 도착항의 Shipping Agent에 연락해야 하며, 해당 Agent나 Lloyd's List 등에서 정보 수집. 만일, 해당 선박에 관한 정보를 얻을 수 없을 때는 보험 사고가 발생했을 가능성이 크므로 즉시 보험자에게 알리고 전문기관에 도움 요청하여야 한다.

대금결제에 대비하여 가능한 한 신속히 관련은행에도 사실을 알려야만 한다. 후일 선박의 행방이 알려졌을 경우 지체없이 항해를 완료할 수 없었던 이유와 운송계약의 이행가능 여부를 조사하여 필요시에는 타 선편이나 운송수단을 수배하여 목적지까지 운송되도록 조치하는 것이 좋다. 이러한 조치가 적기에 이루어지지 않을 경우 값비싼 물품이 중도항에 장기간 방치된다거나 사라지는 경우도 발생할 수 있으며 손해를 경감하기 위한 적절한 조치를 소홀히 하였을 시 보험금 지급이 부인될 수도 있음에 유의해야 한다. 이러한 긴급사태가 발생할 경우 비전문가인 수출·수입상은 전문가의 조언이 절대 필요. 따라서 운송이나 보험회사를 선정시는 물론 관련 중개인 선정시도 신뢰할 수 있는 업체 선정하는 것이 최우선적으로 고려되어야 한다.

윤민현(팬 브리지 앤드 컴퍼니 사장)

제 10 장 중재판정부

무역거래의 분쟁을 중재제도에 의해 해결한다고 했을 때 관련 당사자간에 누구에게 귀책사유가 있는가 등 분쟁해결의 판결을 내리는 당사자를 중재판정인(또는 중재판정부)라고 부른다.

상사중재에서 중재판정부의 구성과 중재인의 제반 개념에 대하여 살펴본다. 그리고 이러한 중재인의 선정 방식에 대하여 살펴보고 현재 우리나라의 중재인 현황에 대하여 개략적으로 접근하여 본다.

1 중재판정부의 구성과 중재인

중재사건을 판정할 중재인은 분쟁당사자가 직접 선정하거나, 대한상사중재원에서 추천한 중재인 후보 중에서 선정하게 된다. 이러한 중재판정부의 구성과 중재인과 관련된 법제적 내용을 살펴보면 다음과 같다.

(1) 중재인의 지위

중재인(arbitrator)은 중재법에 의거하여 국내 및 국제분쟁을 국가기관인 사법부의 법관과 더불어 해결하는 법적 지위를 부여받고 있는데, 중재인의 분쟁해결자로서의 지위는 법원의 법관과 동네에서 분쟁을 듣고 조언하면서 해결해주는 원로로서의 결합된 지위.[1] 즉, 중재인이란 당사자간의 합의로 중재판정을 내리는 권한이 부여되어 있는 사인인 제3자를 의미하는 것이다. 따라서 중재인(Arbitrator)은 자기 자신의 자유심증(**自由心證**)에 따라 중재하는 경우의 중재인을 의미한다고 볼 수 있다.[2]

1) 김성수, "좋은 중재인의 10가지 이야기", 대한상사중재원.
2) 따라서 영국에서 보통법(Common Law) 및 형평법(Equity)상의 원칙에 따라 중재하는 경우의 중재

(2) 중재판정부

일반적으로 국제상사중재에 있어서 중재인은 1인 내지 3인으로 구성하게 된다. 보통법계 국가에서는 일반적으로 중재인이 1인인 경우를 단독중재인 (a sole arbitrator), 3인으로 구성되는 경우를 중재판정부 (arbitration tribunal)라고 부르고 있으나, 우리나라에서는 "중재판정부"라 함은 중재절차를 진행하고 중재판정을 내리는 단독중재인 또는 다수의 중재인으로 구성되는 중재인단을 말한다"고 규정하고 있어 (한국중재법 제3조 3항)[3] 중재판정을 내리는 1인 또는 3인을 총칭하는 의미로 사용된다.

중재판정부가 3인으로 구성되는 경우, 각 당사자가 각1인의 중재인을 선정하고 이에 따라 선정된 2인의 중재인들이 합의하여 나머지 1인의 중재인을 선정하게 되는데 이때 전자를 당사자 선정 중재인 (party appointed arbitrator, party nominated arbitrator)이라 하고, 후자를 제3 중재인 (third arbitrator) 또는 의장 중재인 (presiding arbitrator)이라 한다.

(3) 중재인 수

우리나라 중재법에서는 중재인의 수는 당사자간의 합의로 정하며 (중재법 제11조 1항), 당사자간의 합의가 없는 경우에는 3인으로 한다 (중재법 제11조 2항). 기관중재의 경우에는 대부분 상설중재기관의 중재규칙이 중재인 수를 규정하고 있으나, 당사간의 합의가 없는 경우에는 ICC 중재규칙 (제8조 2항), LCIA중재규칙 (제5조 4항), AAA 중재규칙 (제5조) 및 JCAA중재규칙 (제57조 1항)에서는 원칙적으로 중재인을 1인으로 규정하고 있다. 다만, UNCITRAL 중재규칙 (제5조)에서는 당사자간의 합의가 없는 경우 중재인을 3인으로 정하고 있다.

대한상사중재원 (KCAB) 중재규칙은 중재합의에서 중재인의 수를 정하였을 경우에는 그 수에 따라고 그 수를 정하지 아니하였을 경우에는 중재인의 수는 사무국이 1인 또는 3인으로 정한다 (제23조)고 규정하여 융통성을 발휘하고 있다. 따라서 실무적으로 KCAB에서는 신청금액이 1억원을 초과하는 경우에는 3인으로 중재판정부를 구성하고 그 이하인 경우에는 1인의 단독중재인이 중재절차를 진행하게 된다.

인을 지칭하는 중재인 (Arbiter)과 약간 차이가 있다. 또한 Umpire (심판자)은 중재인간에 의견이 불일치할 때 중재인에게 부탁된 사건을 인수하여 처리하도록 임명된 사람을 의미함. 한편, 심리인 (Referee)은 법원에 계속 중인 사건을 법원의 규칙에 따라 별도로 심리결정을 하기 위하여 법원이 임명하는 일종의 중재인으로 Referee는 오직 그 심리한 바를 법원에 보고할 권한과 의무가 있으며, 그에 대한 채택여부는 판사의 재량에 달려 있으므로 엄격한 의미의 중재인이라고 할 수 없다.(고범준, 「국제상사중재법 解義」, 대한상사중재원, 1991. pp. 81-82.)

3) 한편, UNCITRTAL 모델 중재법 (제2조 b항)과 LCIA 중재규칙 (제5조 1항)에서도 '중재판정부'라 함은 단독중재인 또는 일단 중재인들을 말한다라고 규정하여 구분하지 않고 있다 (보다 자세한 내용은 본 교재 제15장 참조).

(4) 중재인의 자격

중재인의 자격은 일반적으로 법조계, 학계, 업계 등 각계권위자로서 최소한 20년 이상 해당분야에 경험 있는 권위자이고 전문지식, 신뢰성, 성실성, 신망, 판단력 등이 갖추어진 인사로 구성된다.[4)]

1) 중재인의 일반적 요건

국제상사중재에서 중재인은 법률상 쟁점에 대하여 단심제로 해결하는 분쟁해결제도라는 특성 때문에 풍부한 경험과 법률적 식견을 갖추고 있는 전문가가 될 수 밖에 없다는 특징이 있다. 따라서 이러한 특성 때문에 대부분의 국제상사 관련 중재인들은 변호사 내지 대학 교수들이(대부분 법학과 및 무역학과의 국제상학(International Commerce)) 대부분이며, 우리나라의 경우도 예외는 아니다.

2) 우리나라의 중재법상 중재인의 자격

한국중재법은 중재인이 공정성이나 독립성에 관하여 의심을 야기할 수 있는 사유가 있거나(제13조 1항), 당사자들이 합의한 중재인의 자격을 갖추지 못한 사유가 있는 때(제13조 2항)에는 중재인을 기피할 수 있다고 규정하고 있다. 또한 대한상사중재원(KCAB)의 중재규칙에서도 중재의 결과에 관하여 법률적 또는 경제적 이해관계가 있는 사람은 중재인이 될 수 없다. 그러나 당사자가 중재인에게 위와 같은 사정이 있음을 알면서도 서면으로 그 중재인을 선정하기로 합의한 경우에는 그러하지 아니하다(제19조)고 중재인의 자격에 관한 일반원칙을 규정하고 있다.

따라서 중재인은 특별한 결격사유(예 : 금치산자, 한정치산자, 파산자로서 복권되지 아니한 자 등)[5)]가 없는 한 국적이나 직업에 관계없이 당사자의 약정에 의하여 자유로이 선정할 수 있다.

---

4) 중재인의 자격과 관련하여 대부분의 국가에서는 법조인의 자격을 요구하고 있는 국가가 있는 반면 그렇지 않은 국가들도 있다. 우리나라의 경우 법조인의 자격을 요구하지 않고 있다. 따라서 일부 국가를 제외하고는 중재인이 되는 자연인에게 특별한 자격제한은 없다고 할 수 있는데, 이는 국제경제가 급격히 발전함에 따라 국제상사분쟁 역시, 복잡·다양, 대량화되고 있는 바, 사인으로서 상사분쟁을 중재하고 판정하는 중재인의 현실적 요청에 기인하는 것으로 볼 수 있다.

5) 이와 관련하여 구(舊)중재법에서는 ① 금치산자 또는 한정치산자, ② 파산자로서 복권되지 아니한 자, ③ 금고 이상의 형을 받고 그 형이 종료된 후 3년이 경과되지 아니한 자 또는 집행을 받지 아니하기로 확정된 후 3년이 경과되지 아니한 자, ④ 금고 이상의 형을 선고받고 그 집행유예의 기간 중에 있는 자, ⑤ 금고 이상의 형을 선고유예 받은 경우에 그 선고유예기간 중에 있는 자, ⑥ 공민권의 제한 또는 자격정지의 형을 받은 자로 정의하고 있었다. 한편, 개정 법률에서 이들 조항이 삭제된 것은 중재인의 자격의 제한 조건을 완전히 없앴다고 보기는 어려우며, 당연히 중재인이 될 수 없음을 누구나 인식하고 있는데 기인하고 있는 것으로 판단된다.

2 중재인의 선정

중재인을 선정하는데 있어 다양한 방법이 있는데, 가장 흔히 쓰이는 방법으로는 다음과 같다.6)

(1) 당사자에 의한 직접 선정방법

가장 흔한 방법 중에 하나가 당사자의 합의에 의한 것이다. 중재의 중요한 매력은, 분쟁을 당사자 자신이 선택한 심판관에게 맡기는 것을 인정하는 것이다. 합의에 의한 중재인선정 요건에는 두 가지가 있는데, ① 첫째, 당사자가 자신의 선택으로 합의하는 것이고, ② 둘째, 당사자에 의하여 선택된 자가 선정을 하는 것이다. 중재인이 당사자의 합의에 의하여 선정되는 경우 이러한 합의는 분쟁이 일어난 후에 이루어지는 것이 일반적이고 선호된다.7)

당사자간의 약정으로 중재인을 당사자가 직접 선정 또는 선정방법을 정하였을 경우에는, 선정통지수령일로부터 15일(국제중재 : 30일)이내에 '중재인취임수락서'를 중재인으로부터 받아 제출하면 된다.

(2) 사무국에 의한 선정방법

사무국에 의한 선정을 할 경우에는 중재를 담당하는 기구에서(우리나라의 경우 대한상사중재원) 기 확보된 중재인 명부 중에서 5~10인의 후보자를 선정후 당사자에게 명단을 송부하게 된다. 그러면, 당사자는 동 명단에 자신이 희망하는 순위를 의장중재인과 기타 중재인란에 번호를 기재하여 후보자명단 수령일로부터 15일(국제중재 : 30일)이내에 반송하여야 한다. 사무국은 양당사자의 순위를 집계한 후 희망순위가 가장 높은 사람부터 취임수락서를 받아 선정하게 된다. 이후 중재판정부가 구성되면 중재인과 양 당사자에게 중재인선정 사실과 제1차 심리기일을 서면으로 통지하면 된다.

중재기관은 예외 없이 자체 중재규칙에 의하여 중재인을 선정하는 권한을 가지고 있다. 더욱이 많은 중재전문기구는 자체 중재규칙에 따라 중재를 행하지 않더라도, 선정된 중재기관으로서 중재업무를 제공한다.8) 전문기관과 무역협회와 비교해볼 때, 이들 중재기관과 국제기구가 제공하는 규칙의 장점은 중재인후보명부에서 자질을 미리 알

---

6) 장복희, "중재판정부의 구성과 중재인 선정", http://www.kcab.or.kr/journal/297_10.html

7) Alan Redfern & Martin Hunter, Law and Practice of International Commercial Arbitration, 2nd ed. (London: Sweet & Maxwell), 1991, p. 207.

8) 이러한 중재관련 전문기구로서는 국제상공회의소(ICC ; International Commercial Committee), 국제투자분쟁해결 본부(ICSID ; International Center for Settlement of Investment Disputes) 등이 있다.

수 있고, 국제중재에서 중재인으로 활동하는 자의 최근 기록들을 볼 수 있다.

(3) 무역협회 또는 기타 협회에 의한 지명

중재조항은 중재인의 선정은 무역협회나 기타 유사한 형태의 협회에 의하여 행해진다고 규정할 수 있다. 중재조항이 이러한 규정을 포함하고 있지 않더라도, 당사자는 이것이 중재인 선정방법임을 합의할 수 있다.[9)]

(4) 전문기관에 의한 지명

당사자나 당사자가 지명한 중재인이 이에 합의하지 못하는 경우, 단독중재인 혹은 중재판정부의 의장중재인으로서, 전문기관의 의장이나 임원이 중재조항과 중재계약에서 명명되는 경우가 종종 있다. 이렇게 지명된 자는 주로 중재인 임무를 맡게 된다. 실제로, 전문기관은 중재인으로 행동할 회원명부를 유지하고 있는 경우가 있다.

(5) 중재인 명부 제도

'중재인 명부(list system)'를 사용하는 경우, 각 당사자는 그가 받아들일 수 있는 중재인으로 생각하는 3인 내지 4인의 명부를 작성한다. 이 명부는 계약 체결시 교환하며, 이러한 명부의 교환으로 각 당사자는 중재인으로 선정될 자에 대하여 가능한 합의의 근거를 준비해 둘 수 있다. 중재기관은 당사자에 의하여 선호되는 순위에 따라, 명부에서 중재인을 선택하게 된다.

이 제도를 이용하는 것은, 중재기관에 의하여 직접 중재인이 선정되는 경우보다 신속하지 못하다는 단점이 있으나(이러한 선택은 명부에 의해 기관에 의하여 명명된 자에게만 한정됨), 당사자들에게 선택의 기회를 제공하는 장점이 있다.

(6) 기존 중재인에 의한 지명

3인의 중재인의 중재판정부가 구성되는 경우, 중재조항이나 중재합의는 각 당사자가 1인의 중재인을 선정하고 또한 그렇게 선정된 2인의 중재인은 의장중재인으로 행동할 제3의 중재인을 선택한다고 규정하는 것이 일반적이다. 이러한 규정은 중재기관에 의하여 존중된다.[10)] 제3의 중재인을 선정하는 다양한 방법 중에 이 방법이 가장 만족스럽다고 볼 수 있다.

---

9) Alan Redfern & Martin Hunter, 「Law and Practice of International Commercial Arbitration」, 2nd ed. (London: Sweet & Maxwell), 1991, p.208.

10) UNCITRAL 중재규칙 제7조 1항, 국제상공회의소(ICC) 중재규칙 제2조 4항, 런던중재법원(LCIA) 중재규칙 제3조 3항 참조.

(7) 권한있는 국가법원에 의한 지명

당사자가 중재인 선정에 합의할 수 없는 경우, 중재인으로서 권한을 부여받은 어느 누구도 없는 경우, 국내법원은 ① 관할권과, ② 필요한 중재인 선정을 할 수 있는 권한을 가질 수 있음을 생각할 수 있다.

국내법원은 원칙적으로 중재가 그 영역 내에서 행해지는 경우 관할권을 가진다. 선진화된 중재법제도를 가지고 있는 국가는 중재과정을 지원하는데 있어서, 법과 법원에 의하여 운용될 필요성이 있는 역할을 인정하고 있다. 이러한 역할의 일부로서 법원은 주로 분쟁당사자 중에 일방이 법원에 그러한 요청을 한 경우, 중재인을 선정할 권한을 가진다.

3 중재인 현황

우리나라의 중재인과 관련된 인력 풀은 대한상사중재원에서 위촉·관리하고 있으며, 대략적인 현황은 다음의 표와 같다.

(1) 국내거주 중재인단 현황표

국내 거주 중재인은 학계, 실업계, 법조계 등으로 구성되어 있으며, 또한 그 외에도 공공단계, 전문직 종사자(회계사 및 변리사 등)와 외국인으로 구성되어 있다.

(2) 국외거주 중재인단

국외 거주 중재인단의 경우는 미국이 가장 큰 숫자를 차지하고 있으며, 그 다음으로 아시아와 유럽, 아프리카와 오세아니아, 아메리카(미국 제외)가 비슷한 수치로 구성되어 있다.

학습정리

중재사건을 판정할 중재인은 분쟁당사자가 직접 선정하거나 중재기관(우리나라의 경우 대한상사중재원)에서 추천한 중재인 후보 가운데 선정하는 것이 가장 일반적이다.

중재인의 수와 관련하여 당사자간의 합의로 정해지지만, 일반적으로 국제상사중재에 있어서 중재인은 1인 내지 3인으로 구성하는 것이 보통이다.

중재인의 자격은 대부분 법조계, 학계, 업계 등 각계권위자로서 해당분야에 경험 있는 권위자이고 전문지식, 신뢰성, 성실성, 신망, 판단력 등이 갖추어진 인사로 구성되고 있다.

중재인의 선정은 당사자에 의한 집적 선정 방법과 제3의 기관(중재원 사무국, 관련 협회, 기존 중재인, 권한 있는 법원에 의한 지명)에 의하여 선정하게 된다.

학습과제

1. 중재인의 지위에 대하여 설명하시오.
2. 일반적으로 국제상사중재에서 중재인의 수는 몇 명으로 구성되는가?
3. 중재인을 선정하는 방법을 기술하고 각각의 특징에 대하여 설명하시오.

분쟁사례연구 10 선대신용장을 이용한 사기적 청구[11)]

선대신용장을 이용한 거래에서 선대금이 신용장이 전제한 바대로의 용도로 사용되지 아니한 채 기존의 채무를 변제한다든지 혹은 마치 회전신용장처럼 불특정 다수의 거래를 위한 보증으로서 보증신용장 내지 독립적 은행보증의 형태로 사용된 경우, 개설은행에 대한 위 선대금의 청구는 기본적으로 화환신용장인 선대신용장을 남용한 사기적인 청구로서 신용장의 독립추상성의 원칙에 의하여 보호되지 아니할 수 있다고 본 사례이다.

신용장 개설은행이 신용장을 개설하면서 확인 은행 혹은 지정된 은행으로 하여금 선적서류의 제시에 앞서 수익자에게 선대금(先貸金, advance)을 미리 지급할 수 있도록 하는 특수조건을 부가한 선대신용장(Red Clause Letter of Credit)을 이용한 거래에서, 선대금이 신용장이 전제한 바대로의 용도로 사용되지 아니한 채 기존의 채무를 변제한다든지 혹은 마치 회전신용장처럼 불특정 다수의 거래를 위한 보증으로서 보증신용장 내지 독립적 은행보증의 형태로 사용된 경우, 개설은행에 대한 위 선대금의 청구는 기본적으로 화환신용장인 선대신용장을 남용한 사기적인 청구로서 신용장의 독립추상성의 원칙에 의하여 보호되지 아니할 수 있다고 판단한 경우이다.

대상사건

1심 : 서울지방법원 2000. 2. 20. 선고 98가합74280 신용장대금

2심 : 서울고등법원 2001. 6. 18. 강제조정 2000나13636(확정)

[원고 HS은행, 피고 Y은행]

사실관계

가. 당사자들의 지위와 기본 약정

S제강 주식회사(이하 S제강)와 싱가포르 소재 K회사는, S제강이 K회사에게 철강원자재를 주문하면 K회사는 제3국에서 철강원자재를 구매하여 S제강에게 공급하고, S제강은 K회사로부터 공급받은 철강원자재를 이용하여 철강제품을 생산한 다음 다시 K회사에게 철강원자재 구매대금에 상응하는 가액의 철강제품을 수출함

* 채동헌 : 서울고등법원 판사, http://blog.daum.net/bluemorning/3144733

으로써 상호간의 거래대금을 정산해 나가는 방식의 연계무역거래를 하기로 하였다. 그런데, K회사가 원자재를 구매하기 위하여는 자금이 필요하였으므로 S제강은 K회사를 수익자로 하여 수익자가 선적서류를 제시하기 이전이라도 지정된 은행(선대은행)으로부터 선적서류의 '매입대금의 선급'의 의미를 갖는 일정한 선대금을 지급받을 수 있는 조건(선대조건)이 부가된 신용장을 개설하고, K회사는 그 신용장에 기하여 선대금을 지급받음으로써 철강원자재의 구매자금을 마련하여 연계무역거래를 진행하기로 하였다.

나. 1차 선대신용장의 개설

그에 따라 S제강은 피고에게 선대조건이 부가된 신용장의 개설을 의뢰하였고, 피고는 1993년 3월 31일 S제강이 K회사로부터 10,000톤의 prime steel billet을 수입하는 거래에 관하여 신용장 금액 미화 2,800,000달러, 유효기간 1994년 2월 28일(최종적으로 1996년 2월 28일로 연장), 수익자 K회사, 매입은행은 원고이고, 아래와 같은 선대조건이 부가된 취소불능 화환신용장(1차 신용장)을 개설하고, 통지은행인 원고에게 그 사실을 통지하였다.

<선대조건>

① 통지은행은 i) 수익자의 영수증과 ii) 신용장 유효기간 내에 신용장에 따른 상품을 선적하고 선적서류를 통지은행에게 제시하겠다는 수익자의 이행각서를 제출받고서, 신용장 금액의 100% 한도 내에서 수익자에게 선대를 할 권한이 있다. 선대금에 대한 이자는 수익자의 계산으로 한다.

② 선대금은 수익자가 통지은행에게 신용장 상의 선적서류를 제시하고 이에 따라 통지은행이 개설은행으로부터 신용장대금을 지급받음으로써 상환될 수 있다. 이와 같은 방법으로 상환되지 않을 경우 통지은행은 개설은행에게 수익자의 불이행 또는 일부 이행 사실에 관한 진술서를 제시하고 미상환된 선대금의 상환을 청구할 권한이 있다.

다. 선대조건의 일부 변경

피고는 1995년 8월 7일 위 선대조건을 일부 변경하여, "통지은행은 자신의 계열회사를 선대금을 지급할 자로 지명할 권한이 있으며, 이 경우에도 개설은행에 대한 선대금 상환청구권은 여전히 통지은행에게 귀속한다 ..."는 조건을 두었다.

라. 1차 신용장에 따른 선대

원고의 계열회사인 M회사는 S제강의 선대 요청을 받고, 1차 신용장에 기하여 K

회사에게 1993년 12월 6일 미화 600,000달러, 같은 해 12월 28일 미화 1,800,000달러를 각각 선대하였고, 1995년 8월 15일 위 선대금 합계 미화 2,400,000달러가 상환되자, 같은 날 K회사에게 미화 600,000달러를 선대하였으며, 같은 해 10월 6일 미화 951,056.61달러를 선대하였다.

마. 2차 선대신용장의 개설

피고는 1995년 12월 5일 S제강의 의뢰에 따라 S제강이 K회사로부터 11,000톤의 프라임 스틸 빌렛을 수입하는 거래에 관하여 신용장금액 미화 2,893,000달러, 수익자 K회사의 변경된 1차 신용장의 선대조건과 같은 선대조건이 부가된 취소불능 화환신용장(2차 신용장)을 개설하고, 통지은행인 원고에게 그 사실을 통지하였다. 2차 신용장은 K회사가 1차 신용장의 취소에 동의하는 것을 조건으로 하여 개설되었으며 1996년 1월 13일 K회사가 1차 신용장의 취소에 동의함에 따라 효력이 발생하였다.

바. 2차 선대신용장에 기한 선대

원고는 M회사를 2차 신용장에 기한 선대금을 지급할 자로 지명하였다. M회사는 1996년 1월 5일 S제강으로부터 K회사에게 미화 1,200,000달러를 선대하여 달라는 요청을 받고, 같은 달 16일 K회사에게 미화 2,751,056.61달러를 선대하면서, 그 중 미화 1,200,000달러만을 현실적으로 지급하고, 나머지 미화 1,551,056.61달러는 K회사의 요청에 따라 1차 신용장에 기하여 지급된 선대금 중 미상환된 금액인 미화 1,551,056.61달러의 상환에 충당하였다.

사. 선대신용장에 따른 원고의 청구

S제강과 K회사는 위와 같이 선대금을 기반으로 연계무역거래를 계속하여 왔는데, S제강이 1997년 11월경 부도를 내어 K회사와의 거래가 중단되는 바람에 K회사가 2차 신용장의 유효기간 내에 원고에게 선적서류를 제시할 수 없게 되자, 원고는 1997년 11월 20일 피고에게 K회사의 영수증과 K회사의 신용장 조건에 따른 화물의 선적 불이행 사실을 기재한 진술서를 송부하고, 선대금에서 신용장 개설의뢰인인 S제강으로부터 상환받은 미화 751,056.61달러를 공제한 나머지 미화 2,000,000달러 및 이에 대한 지연이자의 상환을 청구하였다.

아. 기타

한편, 1차 및 2차 신용장에 기한 선대금에 관한 이자와 은행수수료는 S제강과 K회사의 약정에 따라 S제강이 M회사에게 지급하였다.

당사자들의 주장

가. 원고

원고는 2차 신용장의 선대조건에 따라 피고는 원고에게 K회사에 대한 선대금 중 미상환된 미화 2,000,000달러 및 이에 대한 지연이자를 지급할 의무가 있다고 주장하였다.

나. 피고

(1) 신용장 조건에 부합하지 않는다는 주장

피고는, 원고가 2차 신용장에 기하여 K회사에게 선대되었다고 주장하는 미화 2,751,056.61달러 중 ① 미화 1,551,051.61달러는 1차 신용장과 관련하여 지급된 것인데, 2차 신용장에서는 1차 신용장과 관련하여 지급된 선대금을 이월처리하는 것을 허용하는 조건을 두고 있지 않으므로, 위 금원을 2차 신용장에 기한 선대금으로 볼 수 없으며, ② 미화 1,200,000달러는 화물이 K회사에 의하여 선적된 후 지급되었으므로, 이미 선적된 화물에 관한 매매대금의 지급을 위하여 수수된 것이지 K회사에 대한 선대금으로 지급된 것이 아니라고 할 것이므로, 원고의 이 사건 청구는 신용장 조건에 부합하지 않는다고 주장하였다.

(2) 사기적 청구라는 주장

피고는 ① M회사가 1996년 1월 16일 K회사에게 지급한 미화 2,751,056.61달러는 2차 신용장과 관련한 선대금이라 볼 수 없고, M회사의 S제강에 대한 대출금이라고 할 것이며, ② 1차 및 2차 신용장은 특정 상품의 거래에 관하여 개설된 화환신용장에 선대조건이 부가된 것으로서 그 본질은 화환신용장이므로, S제강과 K회사 사이의 불특정 다수의 철강 매매 거래에 있어서 매매대금의 지급을 위한 담보로 사용될 수 없는데, M회사, S제강 및 K회사는 1차 및 2차 신용장을 불특정 다수의 철강 매매 거래를 위한 보증신용장처럼 사용하였고, 또한 M회사는 1차 신용장을 마치 회전신용장처럼 사용하였는바, 이는 신용장 개설은행의 신뢰와 화환신용장의 본질에 반하는 거래로서 원고의 선대금 상환 청구는 사기적 청구라고 주장하였다.

1심 법원의 판단

가. 개요

1심 법원인 서울지방법원은 위와 같은 피고의 주장을 모두 배척하고 결과적으로 원고의 주장을 받아들여 피고에게 2차 신용장의 선대조건에 따른 신용장 대금의 지급을 명하였다.

나. 위 법원이 피고의 주장에 대하여 판시한 부분은 다음과 같다.

(1) 신용장 조건에 부합하지 않는다는 주장에 관하여

"...살피건대, ① 앞에서 본 바와 같이 M회사는 1996년 1월 16일 2차 신용장에 기하여 K회사에게 미화 2,751,056.61달러를 선대하였고, 그 중 일부인 미화 1,551,051.61달러가 K회사의 요청에 따라 K회사에게 현실적으로 지급되지 않고 1차 신용장과 관련하여 발생한 K회사의 M회사에 대한 선대금 상환 채무를 변제하는데 충당되었는 바, 미화 1,551,051.61달러가 K회사에게 현실적으로 지급되지 않았다는 이유만으로 이를 2차 신용장에 기한 선대금으로 볼 수 없게 된다거나 1차 신용장에 기한 선대금을 2차 신용장에 기한 선대금으로 단순히 이월 처리하였다고는 할 수 없다. ② 한편, ...앞에서 본 바와 같이 2차 신용장에는 화물의 단가가 톤 당 미화 263달러, 가격조건이 CIF로 되어 있어 위 선적서류와는 조건에 있어서 차이가 있고, 또한 신용장 개설은행에도 차이가 있으므로, M회사가 1996년 1월 16일 K회사에게 지급한 선대금 중 미화 1,200,000달러가 화물이 선적된 후에 그 매매대금의 지급을 위하여 수수된 것이라고 볼 수 없다..."

(2) 사기적 청구라는 주장에 관하여

"...살피건대, ① ...K회사가 아닌 S제강이 M회사에게 선대금에 관한 이자를 지급하고, 선대금 중 미화 751,056.61달러를 상환하기도 하였으나, S제강은 K회사와의 사이에 철강류 제품의 연계무역거래에 따라 발생하는 거래대금을 정산하는 방편으로 선대금의 이자를 K회사를 대신하여 M회사에게 지급하기로 약정하고 그에 따라 S제강이 M회사에게 선대금의 이자를 지급하였고, 일부 상환금 역시 거래 대금을 정산하는 의미에서 이루어진 것으로 보이므로, 이러한 사실만으로는 M회사가 K회사에게 지급한 미화 2,751,056.61달러가 2차 신용장에 기한 선대금이 아니라고 할 수 없다. ② 그리고 ...S제강과 K회사는 1차 및 2차 신용장에 의하여 선대금을 지급받아 철강류 제품의 연계무역거래를 개시하기 위한 자금을 마련한 다음, 이를 바탕으로 1차 및 2차 신용장과는 무관한 철강류 제품의 연계무역거래를 반복하였는 바(개개의 거래를 위하여 별도의 신용장을 개설하였던 것으로 보인다), 1차 및 2차 신용장은 선대금의 용도에 관하여 아무런 제한을 두고 있지 아니한 이상, 수익자인 K회사가 선대금을 1차 및 2차 신용장 개설의 원인이 된 무역거래를 위한 자금으로 사용하지 아니하고, 신용장의 유효기간에 이르기까지 공여받은 신용을 활용하여, 다른 무역거래를 위한 자금으로 사용하였다고 하여 신용장 조건에 위배되거나 사기적인 거래에 해당한다고 할 수 없다. 만일, S제강과 K회사가 1차 및 2차 신용장에 상응한 무역거래를 할 의사가 없이 오로지 신용장 개설은행의 보증 아래 선대금 명목으로 자금을 융자받는 수단으로 무역거래를 가장하여 선대조건이 부가된 신용장을 개설받은 경우라면, 신용장 개설은행을 기망하여 선대은행의 대출금에 대한 보증을 제공받는 것이 되어 사기적 거래에 해당할 여지가 있으나, 앞에서 인정한 사실에 의하면, S제강과 K회사는 철강류 제품의 연계무역거래를 하는 관계에 있으므로 1차 및 2차 신용장에 상응한 무역거래를 할 의사가 없었다고 보기 어렵고, 1차 및 2차 신용장에 기하여 지급받은 선대금을 즉시 그에 상응한 무역거래를 위한 자금으로 사용하지 않고 별도의 무역거래를 위하여 활용하였다는 사정만으로는 그러한 의사를 추단할 수도 없으며, 더욱이 M회사나 원고가 그러한 의사를 알았다고 볼만한 증거가 없다. 그리고 1차 신용장을 회전신용장과 같이 사용하였는지 여부는 2차 신용장에 기하여 선대금의 상환을 구하는 이 사건 소와는 아무런 관련이 없다…"

항소심에서의 소송 경과(서울고등법원)

이 사건은 제1심의 결과 원고가 전부 승소하여 항소심인 서울고등법원에서는 2000년 4월 25일 제1회 변론기일을 진행한 이래로 총 10회에 걸쳐 변론기일을 진행하여, 2001년 3월 27일 변론이 종결되고 2001년 6월 12일로 선고기일이 고지되었으나, 선고기일 이전인 2001년 5월 7일 조정절차에 회부하고 선고기일은 추정으로 변경된 뒤 조정에 회부되었다. 양측 대리인으로부터 조정을 통한 분쟁해결의 의사를 확인한 재판부는 제3회 조정기일(2001. 6. 18.)에 원금은 그대로 인정하여 주고 이율만을 연 5%로 축소시켜 가지급금의 일부를 원고가 피고에게 반환하는 방법으로 강제조정을 하였고, 이에 쌍방이 이의를 제기하지 않음으로써 위 강제조정결정은 2001년 7월 10일 확정되어 이 사건은 종결되었다.

해설

가. 선대신용장의 개념

선대신용장이란 개설은행이 신용장을 개설하면서 확인은행 혹은 지정된 은행으로 하여금 선적서류의 제시에 앞서 수익자에게 선대금을 미리 지급할 수 있도록 하는 특수조건을 부가한 것으로서, 이 선대조건에 의하여 수익자는 미리 대금을 지급받는 것과 같은 신용효과를 얻지만 수익자가 나중에 선대금을 지급한 은행에 선적서류를 제출하지 않는 경우에는 그와 같은 불이행 사실을 개설은행에 고지하고, 선대금의 청구를 할 수 있다. 이와 같은 선대조건은 당사자들의 눈에 쉽게 띄게 하기 위하여 붉은 글씨로 인쇄되어 있고, 그 때문에 일반적으로 'Red Clause Letter of Credit' 라고 불리운다.

나. 선대신용장을 이용한 사기적 거래에 대한 판결례

(1) Leonard A. Feinberg, Inc. v. Central Asia Capital Corp. 사건에서 신용장의 개설의뢰인이 선대신용장의 선대금을 지급한 지정은행과 수익자를 상대로 선대금이 신용장에서 지정된 물품을 생산하기 위한 원자재를 구매하는 데 사용되지 아니하고, 수익자가 기존에 선대은행이 부담하고 있던 부채를 변제하는 데 사용한 것을 사기 등의 여러 가지 청구원인을 근거로 손해배상을 청구하였다. 법원은 이 사건에서 수익자와 개설의뢰인 사이의 기본 계약에서 상정한 바대로 선대금이 사용되지 아니한 사실 및 이와 같은 사실을 선대은행이 알고 있었던 사실을 인정한 후 위와 같은 지정은행의 행위는 수익자의 사기 내지는 계약위반을 용이하게 한 것으로서 개설의뢰인에 대하여 배상책임이 있다는 취지로 판단하였고, 이와 같은 판단은 Oei v. Citibank 사건의 판시에서도 유지되었다.

위 사건들에서 보는 바와 같이 선대신용장에서 특정된 목적으로 선대금이 사용되지 아니하였다면 이는 기본적으로는 사기 거래로서 인정될 가능성이 크다는 점을 염두에 두어야 할 것으로 보인다.

(2) 그러나 그 후의 Tokyo Kogyo Boekki Shokai v. United States National Bank 사건의 판결에서는 개설의뢰인에 대하여 직접 선대금을 지급한 은행이 사기적 청구로 인한 책임을 지는 것에 대해 부정하였고, 이 판결은 선대신용장에 있어 수익자로 인한 위험은 개설의뢰인의 부담으로 돌아가야지 은행 시스템의 부담으로 돌아가서는 안 된다는 점을 명확히 하였다.

그러나 필자가 보기에 위 Tokyo Kogyo Boekki Shokai v. United States National

Bank 사건은 개설의뢰인의 청구에 대하여 그 청구와 선대은행 사이의 관계에 대한 판결로서 직접적으로 개설은행이 선대은행의 청구를 사기라는 이유로 거부할 수 있는지 여부는 별도로 생각해 보아야 한다고 본다.

다. 이 사건의 경우 (1심 판단의 문제점을 중심으로)

(1) 이 사건에 있어 일반적인 선대신용장을 이용한 거래와 달리 1차 신용장 거래에 있어서는 ① 선대신용장의 개설한도 금액을 넘어 선대금을 지급하여 회전신용장과 같이 사용한 점 ② 선대신용장 상에서 선대금을 지급할 수 있는 자를 원고(선대은행)가 지정하는 자(이 사건에서는 M회사)로 하는 특수조건이 추가되기 이전에 이미 이 사건에서는 당시 신용장 거래의 직접 당사자가 아니었던 M회사가 선대금을 수익자에게 지급한 점 등의 문제점이 있었고, 2차 선대신용장 거래에 있어서는 ① 1차 신용장에 의한 채무를 2차 신용장에 대한 선대금으로 활용한 점 ② 실질적인 화물의 선적 후에 지급된 대금을 선대금으로 청구한 것으로 일부 사실이 엿보이는 점(물론 그 사실관계에 대하여는 원·피고 사이에 다툼이 있었고, 1심 법원은 이를 부정하였었다) 등의 문제점이 있었으며, 1·2차 선대신용장 공통하여 ① 선대신용장 개설 후 이를 불특정 화물의 거래를 위한 보증방법으로 사용한 점 ② 선대신용장 상에는 선대금의 이자는 수익자의 부담으로 하도록 되어 있음에도 신용장 개설은행은 모르는 채 개설의뢰인이 수익자를 대신하여 선대금의 이자 및 원금을 상환한 점 등이 문제점으로 지적되었다.

(2) 한편 신용장의 개설은행측에서도 선대신용장이 최초로 개설된 후 장기간에 걸쳐 수차 만기가 연장되고, 다시 2차 선대신용장이 개설되어 그 만기도 수차례 연장되는 과정에서 선대금의 용도에 대한 추적이 전혀 이루어지지 않았다는 점은 상식적으로 납득이 되지 않는 점이 있었고, 사실관계에 대한 자료는 충분하지 않았으나 개설은행 측으로서도 이와 같은 선대신용장의 남용에 대하여 미루어 짐작하고 있었던 것은 아닐까하는 의심이 남았다.

(3) 신용장의 독립·추상성의 원칙상 신용장은 서류에 의한 거래이고, 그 기본적인 거래관계에 의하여 영향을 받지 않지만, 필자는 선대신용장의 경우 그 특성상 특정한 화물의 수출을 전제로 하여 그 편의를 위한 선대금의 지급을 전제로 하고 있고, 개설은행은 전혀 알지 못하는 용도로 그 선대금이 사용된 경우 이는 기본적으로는 사기 거래라는 점을 부인할 수 없다고 본다. 이는 위에서 언급한 미국 판례 Leonard A. Feinberg, Inc. v. Central Asia Capital Corp 사건에서와 같이 기존의 채무를 변제하는 방법으로 사용한 경우도 물론 포함하는 것으로 이 사건에서 개설은행의 동의

없이 1차 선대신용장에 기하여 발생한 채무를 임의로 2차 신용장의 선대금이 지급된 것으로 처리한 것은 그 자체로서 사기거래로 인정하여도 무방하지 않나 생각한다.

(4) 여하간 이 사건은 원·피고 상호간에 입증의 부담을 안고 있는 상태에서 조정으로 사건이 종결되었는데, 이 사건에서 1심 법원은 선대신용장을 회전신용장처럼 사용한다든지, 혹은 실질적으로 보증신용장처럼 사용한 것만으로는 사기적인 청구에 해당하지 않는다고 보았으나, 항소심인 서울고등법원은 이와 같은 결론에 기본적으로는 동의하지 않았고, 필자의 개인적인 생각으로도 1심의 판단은 위에서 본 바와 같이 무리가 있고, 오히려 법원으로서는 적극적으로 사기적인 청구로 인정하는 것이 신용장을 이용한 은행거래의 안정성을 꾀하는 데 도움이 되지 않을까 생각한다.

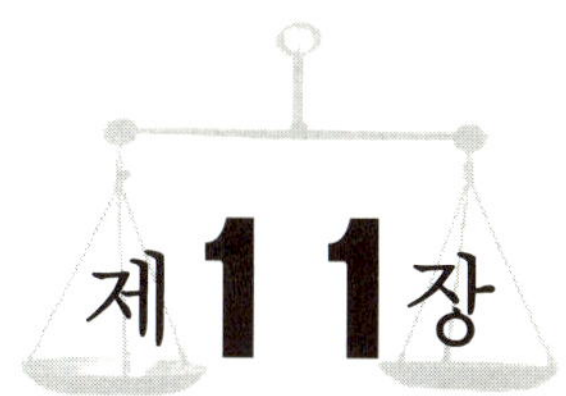

제11장 중재절차

> 중재절차는 글자 그대로 중재의 개시부터 중재판정이 내려질 때까지 전체의 진행과정을 의미하는데, 이번 장에서는 무역클레임의 제기부터 종결까지의 전체 과정을 메커니즘에 의해 살펴보기로 한다. 이와 함께 신속절차에 대하여 그 필요성과 적용범위 및 중재비용 그리고 메커니즘에 대하여 살펴보기로 한다.

1 중재절차의 개관

중재절차는 중재의 개시부터 중재판정이 내려질 때까지 전체의 진행과정을 의미하며, 여기에는 원칙적으로 당사자자치의 원칙이 적용된다. 이러한 중재절차의 전체 프로세스를 단계별로 살펴보면 다음과 같다.

2 무역클레임의 제기

무역클레임의 제기라 함은 클레임 제기자(Claimant)가 클레임 피제기자(Claimee)에 대하여 클레임을 제출하는 것을 말한다. 여기서는 무역클레임의 제기시기, 제기경로, 제기절차 등에 대하여 검토하기로 한다.

(1) 클레임의 제기 시기

Buyer는 물품을 수령하면 우선적으로 약정상품에 대한 검사부터 시작하여야 한다. 특수한 물품이 아닌 종류매매(sale by description)의 경우에는 수령 즉시 검사하여 물품의 하자유무를 판별한 후 Seller에게 통지하여야 한다.

Buyer가 이 검사 및 통지의무를 해태(解怠)하는 경우에는 청구권을 행사하지 못하게 되므로 특히 유의하여야 한다. 이 검사기간에 대하여 우리나라 상법 제69조는 '지체없이' (without delay) 검사하고 '즉시' (immediately, promptly) 통지하도록 규정하고 있다. 여기서 '지체없이'나 '즉시'의 뜻은 합리적인 기간 (reasonable time)을 의미하는 것으로서 이는 물품의 성질과 거래의 조건에 따라 구체적으로 판단할 문제이다. 즉, 아무리 신속한 검사를 요한다하더라도 합리적인 검사의 기회 (reasonable opportunity for examination)를 생략할 수는 없다.

한편, 클레임은 청구인의 확정적 의사에 따라 비로소 시작하게 된다. 확정의사는 객관적 판단에 의한 구체적 사실에 기반을 두어야 하며, 만일 그렇지 못한 경우에는 주관적 불만이나 항의 등으로 그치는 수가 있기 때문에 주의하여야 한다.

(2) 클레임의 제기 경로

원칙적으로 클레임은 당사자에게 직접 제기하여 당사자 상호간에 해결을 도모하는 것이 가장 바람직하다. 제3자나 기관에 제기하는 경우에도 당사자에게 먼저 제기한 후에 행하는 것이 합리적이다. 한편, 클레임이 발생하면 법에 의하는 것보다 행정적 조정에 의하는 것이 신속한 경우가 많기 때문에 상대국 정부기관 등에 진정할 경우, 의외로 빨리 해결되는 수도 있다. 또 클레임은 상거래에 경험이 많은 중재인에 의하여 해결하는 것이 신속하기 때문에 중재기관에 제기하는 것도 편리하다.

그러나 이 경우에는 분쟁의 양당사자가 분쟁을 중재로 해결하겠다는 합의가 필요하다. 이상과 같이 당사자에게 최종적으로 법원에 소송을 제기하는 수 밖에 없다. 이 경우에는 중재와는 달라서 상대방의 관할지법원에 제기하여야 사후집행이 가능하다.

(3) 클레임의 제기절차

클레임을 제기할 때에는 클레임청구서에 청구취지, 청구이유, 손해산출명세, 주장의 근거 (입증책임)등 모든 사항을 자세하고 명료하게 기술하여야 한다.

1) 청구취지

청구취지는 중재제기자의 제기 이유를 간단하게 기재하는데 청구내용의 주요골자를 중심으로 간단명료하게 작성한다. 즉, '손해배상금 ○○○를 지급하라든지', '몇 상자의 대체품을 송부하라든지' 등의 식으로 결론적인 청구를 하여야 한다.

2) 청구이유

위의 청구취지에 대한 이유를 명시하여 상대방에게 납득이 가도록 정성을 들여야 하는데, 그 이유는 석연치 않은 청구는 명확한 청구에 비해 절대적으로 승산이 떨어지기 때문이다. 또한 중재제도 역시 분쟁의 책임 사유를 명확히 규명하는 절차이기 때문에 장황하고 모호한 표현보다는 6하 원칙에 근거하여 명료하고 간결하게 작성하도록 한다.

3) 손해산출명세

손해산출명세의 작성에 있어 청구취지나 그 이유가 분명하더라도 그를 구체적으로 풀이하여 주는 것은 숫자에 의한 명세이므로 청구가능한 손해만을 정확한 근거에 산출하여 증거와 함께 제시하여야 한다.

4) 증거서류의 준비

증거는 절대로 남이 대신해 주지 않는다. 입증책임은 자신이 할 바이므로 유리한 증거, 이용가능한 모든 증거를 갖추는데 전력을 기울여야 하며, 이는 중재인단에 의한 중재판정시 활용되어야 하기 때문에 객관성을 가지는 것이어야 한다.

(4) 무역클레임의 종결

클레임의 제기에 대하여 금전으로 배상하도록 중재판정이 이루어진 때에는 ① 중재판정문의 사본 1부(공증된 것), ② 송금확약서 등의 서류를 구비하여 갑류외국환은행의 장에게 외환송금지급인증신청을 하여 인증을 받은 후 송금처리 하여야 한다.

이상과 같은 중재판정이 없더라도 당사자간에 화해가 이루어진 경우에는 대한상사중재원(KCAB : The Korean Commercial Arbitration Board)의 송금추천서를 받은 다음 갑류외국환은행의 장에게 외환송금지급인증신청을 받으면 된다. 여기서 대한상사중재원의 송금추천을 받으려면 ① 클레임발생경위서(해외한국영사의 확인을 받은 것), ② 송금확약서, ③ 상대방의 클레임제기서한, ④ 수출면장, ⑤ 기타 참고서류를 갖추어 소정의 심사를 받아야 한다.

한편, 대체품을 추송하도록 결정이 이루어졌을 때에는 정상적인 수출절차와는 달리 수출특례에 의한 절차를 밟아야 하는데 이 경우에는 대체품을 반출하는 것이라는 것은 입증하여 세관장에게 신고하여 수출면허를 받아야 한다.

그 밖에 각종 비용에 대한 클레임에 있어서는 그 금액을 전액 영수하여야 할 의무가 있다. 다만, 대금결제가 종결되지 아니하였거나 계속하여 거래하고자 할 때에는 그 금액만큼 상계하여 결제할 수도 있다.

클레임결정에 대한 불만을 가지고 그 결정대로 이행하지 아니할 경우는 강제집행을 하여야 할 것이나 각각 법률이 다른 외국에 대한 것으로 사실상 그 집행이 불가능할 뿐만 아니라, 그 집행을 하려고 하면 또다시 그 나라의 법원에 소송을 제기하여 집행판결을 받아야 하는 어려움이 있다. 따라서 클레임에 대하여는 원만한 해결을 얻지 못하는 한 강제력을 행사할 수 없으며, 다만 장래에 대하여 경계를 하여야할 뿐이다.

3 중재절차의 메커니즘

(1) 중재절차의 의의

중재절차는 중재사건이 접수되어 판정이 내려질 때까지의 진행과정을 의미한다. 단, 당사자간의 중재합의로 정할 수도 있다(중재법 제12조 2항 및 제20조 1항). 이렇듯 당사자가 중재합의로 정할 수 있으나 만약 당사자들이 중재절차에 관하여 합의를 하지 아니한 경우에는 중재판정부가 중재규칙의 규정에 따라 적절한 방식으로 중재절차를 진행할 수 있다.1)

이러한 중재절차를 간략히 요약하면 다음의 그림과 같다.

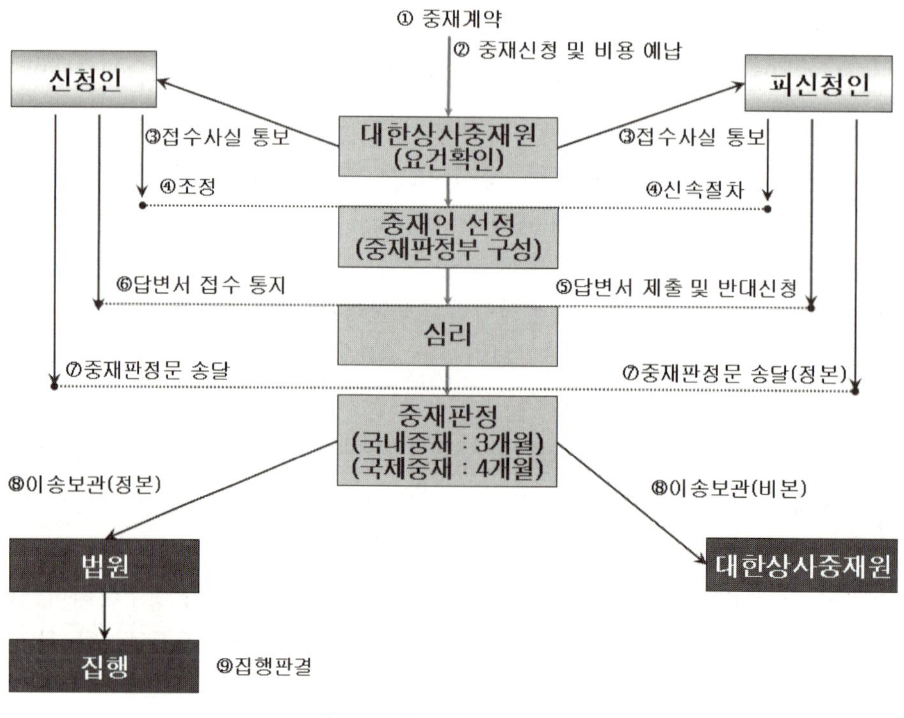

【그림 Ⅲ-1】 중재절차

1) 중재절차, trade.cau.ac.kr/board/down/제9강~_제11강_.ppt

1) 중재계약

중재신청인과 피신정인이 당해 계약에서 분쟁발생시 문제 해결을 중재방식으로 한다고 계약서상에 명시하거나, 분쟁발생후 분쟁해결을 중재에 의한다는 합의내용이 존재해야 한다.

2) 중재신청 및 비용 예납

중재를 진행하기 위해 중재신청을 하는 한편, 중재의 신청인이 당해 중재비용을 관할기관에 예납한다.

3) 접수사실 통보

중재원에서는 중재신청인이 접수한 제반 서류에 대하여 요건확인을 한다면 중재신청의 접수통지를 중재신청인과 피신청인에게 통지한다. 이와 함께 중재원에서는 중재인을 선정하기 위한 중재인 취임수락요청 및 접수 절차를 진행하고 중재판정부를 구성(1인 또는 3인)한다.

4) 신속절차

당해 분쟁해결을 신속절차에 의할 경우에는 당사자들과의 협의를 거쳐 신속절차에 의거 처리하게 된다.

5) 조정

중재절차 진행도중 조정에 의해 신청인과 피신청인이 제반 문제해결을 원하는 경우에는 조정 절차에 의거 진행한다.

6) 답변서 제출 및 반대신청

중재원에서는 신청인과 피신청인의 답변서 접수를 하고 이에 대한 반대신청이 있을 경우에는 제반 절차를 진행한다.

7) 답변서 접수 통지

중재 신청인과 피신청인 각각에게서 답변서 접수를 통지하고 당해 답변서를 접수한다. 중재원에서는 중재인을 중심으로 당해 사안에 대한 중재심리를 진행하며 중재 심리 종료후 중재판정을 하게 된다.

8) 중재판정문 송달

중재인단에서는 중재판정후 당해 중재판정문을 법원과 중재원에 전달하는데 우리나라에서 각종 법의 집행은 법원 고유의 권한이므로 정본을 법원에 이송하는 한편 중재원에는 사본을 송달한다.

9) 이송보관

이렇게 중재인단에 의하여 전달된 중재판정문은 법원과 중재원에서 보관하게 되는데, 중재판정문의 원본은 법원에서 보관하며 사본을 중재원에서 보관한다. 또한 중재신청인과 피신청인에게도 중재판정문 사본을 각각 송달하게 된다.

10) 집행판결

특별한 사안이 발생하지 않는 한 법원에서는 중재판정문의 판정 내용에 의거 판결사항을 집행하게 된다. 이로서 중재의 절차는 종료되는 것이며, 이를 통해 사건 종결 및 분쟁해결이 완성되는 것이다.

(2) 중재계약

클레임을 중재로 해결하기를 원할 경우 양 당사자간 중재협정 (Arbitration Agreement)이 있어야 한다. 중재계약은 당사자간에 발생할 분쟁의 해결을 중재인의 판정에 맡기고자 하는 계약이다. 중재계약이 있으면 양당사자는 법원에 소송을 통한 재판을 받을 권리를 상실하게 된다. 중재계약에는 중재지, 중재기관, 적용할 중재규칙 또는 준거법을 명시하여야 한다.

(3) 중재절차

1) 중재신청서 접수

중재를 신청하고자 할 때에는 대한상사중재원의 본부 (서울)나 지부 (부산)의 사무국에 중재비용과 함께 다음의 서류를 작성・제출하여야 한다.

㉠ 중재합의서 (원본 또는 사본), ㉡ 중재신청서 3부 내지 5부, ㉢ 청구의 원인사실을 입증하는 서증 (원본 또는 사본), ㉣ 대리인이 신청시 그 위임장, ㉤ 법인인 경우 법원의 등기부등본 (개인은 주민등록등본)

2) 중재비용 예납

당사자가 분쟁의 최종해결을 위해 중재를 신청한 후 판정이 내려질 때까지 소요되는 비용으로 중재원에 납부하는 비용을 말하며 요금, 경비, 수당으로 구분되며, 신청인은 중재신청서를 접수할 때 우선 예납 하지만, 추후 중재판정에서 중재비용에 대한 부담비율이 최종적으로 결정된다. 일반적으로 패소자가 중재비용을 부담하기 때문에 신청인이 승소하면 예납금을 돌려받을 수 있다.

① 요금

크게 중재와 관련되어 소요되는 요금은 관리요금과 심리연기요금으로 구분된다. 관리요금은 중재신청금액에 따라 중재규칙에서 정하는 요금으로 계산되며, 심리연기요금은 중재판정부의 직권으로 심리가 연기된 경우에는 부과하지 않고 당사자의 요구로 연기되는 경우에는 매 연기마다 우리나라 원화 100,000원씩이 부과된다.

② 경비

경비에는 중재인과 중재서기의 소요경비, 증거, 증인 또는 감정인의 소요경비, 검사 또는 조사경비, 녹음 또는 속기록의 작성경비, 통역 또는 번역경비, 기타 중재에 소요되는 일체의 경비를 말하며, 이 역시 당사자의 신청에 의한 경우에는 당사자간에 따로 정함이 없는 한 신청인이 예납해야 한다.

③ 수당

수당에는 중재인수당과 판정문작성수당이 있다. 중재인수당은 신청금액별로 다음과 같이 신청 금액에 따라 지급되나 당사자간의 합의로 수당을 별도로 정할 수도 있다.[2)]

<표 Ⅲ-9> 중재인수당

신청금액	중재인 수당(중재인 1인당)	판정문 작성 수당
5천만원 이하	400,000원	300,000원
5천만원 초과 1억원 이하	500,000원	300,000원
1억원 초과 5억원 이하	1,200,000원	500,000원
5억원 초과 10억원 이하	2,000,000원	600,000원
10억원 초과 50억원 이하	2,500,000원	700,000원
50억원 초과 100억원 이하	3,000,000원	800,000원
100억원 초과 200억원 이하	3,500,000원	1,000,000원
200억원 초과 500억원 이하	4,500,000원	1,500,000원
500억원 초과	7,500,000원	2,500,000원
신청금액이 없는 경우	500,000원	400,000원

2) 대한상사중재원

3) 중재신청의 접수 통지

① 중재신청의 접수

사무국은 일방당사자가 중재신청서를 제출하는 경우 당해 신청이 중재규칙 제10조의 규정에 적합한 것인지의 여부를 확인하고 적합한 경우에는 이를 접수한다. 주요 확인사항은, ㉠ 중재합의서, 중재신청서, 중재신청의 취지를 입증하는 서류의 유무 ㉡ 대리인이 선정된 경우에는 위임장 등이다.

② 중재신청의 접수통지

중재신청서가 접수되고 중재비용이 예납되면 중재사건의 사무를 처리하기 위하여 사무국 직원 중에서 중재서기가 지명된다. 그리고 사무국은 양당사자에게 중재신청이 접수되었음을 통지함과 동시에 중재인 선정을 의뢰함으로써 중재절차는 개시된다. 이때 피신청인측에 중재신청서 1부를 보낸다.

③ 피신청인의 대응

㉠ 답변서 제출

피신청인은 신청인의 중재신청서를 검토한 후 중재신청 접수통지의 수령일(기준일)로부터 국제중재의 경우 30일(국내중재의 경우 15일)이내에 사무국에 답변서를 제출 답변할 수 있다. 답변서 주요 기재 사항에는, ⓐ 양당사자의 성명 및 주소(당사자가 법인인 경우에는 법인의 명칭 및 주소는 물론이고 대표자의 성명 및 주소를 병기해야 한다), ⓑ 대리인이 있는 경우에는 그 성명과 주소, ⓒ 답변의 취지와 이유 및 입증방법이 아닌 다른 국가일 때는 그 나라의 명칭으로 중재기관과 준거법을 바꾸어 사용하면 된다.

사무국은 답변서를 제출받음과 동시에 그 답변이 적합한 것인지의 여부를 확인하고 적합한 경우에는 이를 접수하고 양당사자에게 접수사실을 통지하며, 신청인에게는 답변서 1부를 보낸다. 피신청인이 위의 기간 내에 답변서의 제출이 없는 경우에는 신청인이 주장하는 청구의 기각을 구하는 것으로 간주한다.

㉡ 반대신청

중재의 범위에 속하는 동일 사안에 대하여 피신청인이 중재신청을 하는 것을 반대신청이라 하는데, 피신청인은 신청인의 중재신청에 대하여 반대의 중재 신청을 할 수 있다. 그러나 중재판정부는 반대신청이 늦어 상대방의 이익을 해하거나 절차의 완결을 지연하게 하는 것으로 인정하는 경우에는 직권 또는 상대방의 신청에 의하여 이를 불허할 수 있다.

반대신청은 피신청인이 스스로 판단하여 직접하는 방법과 중재판정부가 답변의 취지나 이유가 반대 신청의 내용을 포함하고 있다고 판단할 경우 중재판정부는 피신청인에게 반대신청의 여부를 명확히 요구할 수 있다. 반대신청의 접수 및 통지와 반대신청에 대한 답변 등 반대신청의 절차는 중재신청의 절차와 동일하다. 그리고 피신청인의 반대신청은 신청인의 중재신청과 병합·심리한다.

4) 중재인 선정

중재판정부는 사무국에 접수된 중재사건을 심리하고 판정을 내리는 업무를 수행한다. 그리고 동판정부는 1인 혹은 수인의 중재인으로 구성된다. 중재판정부는 당사자의 중재합의로 정해질 수 있지만 사무국에 의해 선정될 때에는 당사자가 반송한 중재인후보자 선정명단의 당사자 선정희망순위에 따라 선정된다. 그리고 사무국은 중재인으로부터 취임수락서를 받아 판정부를 구성한다.

(4) 심리절차

1) 일시 및 장소의 결정과 통지

중재판정부는 심리의 일시, 장소와 방식을 결정하고, 사무국은 당사자에게 국내중재의 경우 10일, 국제중재의 경우 이를 심리개시 20일전까지 이를 통지하여야 한다.

2) 준비

중재신청서가 접수되고 중재비용이 예납되면 중재사건의 사무를 처리하기 위하여 사무국 직원 중에서 중재서기가 지명된다. 그리고 사무국은 양당사자에게 중재신청이 접수되었음을 통지함과 동시에 중재인 선정을 의뢰함으로써 중재절차는 개시된다. 이때 피신청인측에 중재신청서 1부를 보낸다.

3) 절차

심리절차는 비공개를 원칙으로 하고 있다. 따라서 당사자 이외의 사람은 중재판정부의 허가를 받아야 심문에 출석할 수 있다. 중재판정부는 증인의 증언 중에 다른 증인의 퇴석을 요구할 수 있다.

중재심리는 사건과 당사자의 호명으로 개시된다. 중재를 신청한 당사자는 신청취지와 신청이유의 진술과 동시에 증거서류를 제출하고 증인을 출석시킨다. 당사자의 일방이 증거물을 제출하는 경우 중재판정부는 이를 증거로 채택할 수 있다. 중재서기는 접수된 증거에 번호를 붙여서 기록의 일부로 하며, 중재판정부는 검증을 할 필요가 있는 경우에는 검증하기 전에 검증의 목적, 일시 및 장소를 정하여 당사자에게 통지하며, 당사자는 검증에 입회할 수 있다.

중재판정부는 필요하다고 인정하는 경우에는 절차를 변경할 수 있으나 당사자 쌍방에게 증거 및 관계자료를 제출할 수 있는 공평하고 충분한 기회를 부여한다. 당사자는 사무국이나 중재판정부가 요구하는 서면, 증거 또는 기타 문서의 번역문을 제출하여야 하고, 사무국은 당사자의 일방 또는 쌍방의 요구가 있거나 중재판정부가 필요하다고 인정하여 지시하는 경우에는 통역 또는 번역에 필요한 준비를 하여야 한다. 중재판정부는 당사자를 직접 심문하는 것이 원칙이지만, 당사자의 서면 합의가 있으면 서면심리에 의한 중재 심리로 대체할 수 있다.

4) 종결

중재판정부는 당사자가 주장 및 입증을 다하였다고 인정될 때에는 심리의 종결을 선언한다. 요약된 준비서면과 답변서의 제출이 요구되는 경우에는 중재판정부가 동 서류의 제출을 위하여 정한 최종기일에 심리종결이 있는 것으로 본다. 당사자 쌍방이 정당하게 통지 또는 고지되었는데도 불구하고 2회 이상 출석하지 아니하거나 출석하여도 심리에 응하지 아니하는 경우에는 중재판정부는 심리절차의 종료를 선언할 수 있다.

(5) 중재판정

1) 범위 및 기간

중재판정은 신속히 하여야 하며, 당사자의 합의 또는 법률의 규정 가운데 다른 정함이 없는 한 심리종결일로부터 30일 이내에 판정을 내린다. 판정의 범위는 중재계약의 범 위내에서 계약의 현실이행 뿐만 아니라 공정하고 정당한 배상이나 기타의 구제를 명할 수 있으며, 중재판정부는 책임있는 당사자에게 중재비용의 부담비율을 명하고 있다.

2) 형식

중재판정은 서면으로 작성하고 ⓐ 당사자의 성명 또는 명칭과 주소(대리인이 있는 경우에는 그 대리인의 성명과 주소), ⓑ 판정주문 및 판정이유, ⓒ 작성년월일, ⓓ 중재지 등의 사항을 기재하여 중재인이 서명한다.

중재판정은 한국어로 작성하며, 다만 당사자의 요구가 있거나 중재인 중에 외국의 국적을 가진 자가 있을 때는 한국어와 영어를 공용할 수 있고, 이때 국문과 영문으로 작성되는 판정문은 모두 이를 정본으로 하고 있다. 그러나 양 당사자간에 해석상의 차이가 있을 때는 한국어에 의하여 해석한다.

당사자간의 합의가 있으면 중재판정의 일부 또는 특정쟁점의 해석에 대하여 당사자는 중재판정의 정본을 받은 날로부터 30일 이내에 신청하면 신청을 받은 날로부터 30일 이내에 이에 대하여 판단해야 한다. 중재절차시 주장되었으나 중재판정에 포함되지 아니한 청구에 대한 추가 판정은 당사자의 신청을 받은 날로부터 60일 이내에 추가판정을 한다.

(6) 중재판정문의 송달

사무국은 판정의 정본을 당사자 또는 대리인에게 송부하고, 원본은 송부사실을 증명하는 서면을 첨부하여 관할법원에 송부한다.

4 신속절차

(1) 의의

신속절차는 중재절차의 하나로서 기존의 중재제도 보다 더욱 저렴하고 신속하게 중재에 의한 분쟁을 해결하도록 고안된 제도이다.

(2) 적용범위 및 중재비용

당사자간에 신속절차에 따르기로 하는 별도의 합의가 있는 중재사건 또는 신청금액이 1억원 이하인 국내중재의 경우에는 신속절차를 적용한다.

(3) 절차의 간소화

중재인의 선정에 대해 당사자간에 별도의 합의가 없는 경우에는 사무국이 중재인명부 중에서 1인의 중재인을 선정한다. 중재판정부는 심리일시와 장소를 결정하며, 사무국은 심리개시 3일전까지 구술, 인편이나, 전화 또는 서면 등 적합한 방법으로 당사자에게 통지한다. 심리는 1회로 종결함을 원칙으로 한다.

다만 중재판정부는 상당한 이유가 있다고 인정하는 경우에는 심리를 재개할 수 있다. 피신청인은 심리종결전까지 반대신청을 할 수 있다. 중재판정부는 심리 종결일로부터 10일 이내에 판정하며 당사자가 합의하면 판정이유의 기재를 생략할 수 있다.

학습정리

중재절차는 중재의 개시부터 중재판정이 내려질 때까지의 전체 진행과정을 의미하며, 당사자 자치의 원칙이 적용된다.

클레임을 제기할 때는 클레임 청구서에 청구취지, 청구이유, 손해산출명세, 주장의 근거(입증책임) 등 모든 사항이 구체적이고, 명료하게 제시되어야 한다.

클레임의 제기에 대하여 금전적 배상을 하도록 이루어진 때에는 중재판정문 사본(공증된 것), 송금확약서 등의 서류를 구비하여 외국환은행의 장에게 외환송금지급신청을 하여 인증을 받은 후 송금처리 하여야 한다.

신속절차는 중재제도의 강점을 살려 국내외 상사분쟁을 신속/저렴하게 해결함으로서 중재 이용자들에게 편익을 제공하는 제도로서 당사자간에 신속 절차에 따르기로 한 별도의 합의가 있는 중재사건 또는 신청금액 1억 이하의 국내 중재의 경우에 이 절차를 이용한다.

학습과제

1. 무역클레임의 제기시 요구되는 구체적인 내용에 대하여 기술하시오.
2. 분쟁의 해결을 우리나라의 대한상사중재원에 의한다고 할 경우 그 절차를 도식으로 그리고 간략히 설명하시오.
3. 신속절차는 왜 필요한 것인가? 또한 신속 절차를 이용할 수 있는 범위는 어디까지 인가?

분쟁사례연구 11

유효한 중재합의와 중재관할권

사건번호 : 제01113-0022호*[3)]

구 분	내 용	비 고
신 청 인	A사 (한국)	
피 신 청 인	B사 (미국)	
청 구 원 인	유효한 중재합의와 중재관할권	
품 목	TDSL 데이터 전송방식	
청 구 금 액	미화 360,000달러	
판 정 일	2002. 4. 25. 판정	
판 정 내 용	신청 각하	

판정요지 :

1. 신청인은 이 사건에서 중재신청의 근거로서 신청인과 피신청인이 2001. 1. 11. 체결한 비밀유지 및 우회금지계약 제7항에 따라 "본 계약에 관하여 상호 분쟁이 생길 경우에는 대한민국의 서울에서 중재를 신청할 수 있다"고 규정되어 있는 점을 근거로 대한상사중재원의 관할권을 주장하였다. 반면, 피신청인은 계약 제7항의 첫째 문장에서 규정된 "국제중재법정"이 존재하지 않으며, 신청인과 피신청인이 대한상사중재원의 관할권에 동의한 사실이 없으므로 이 사건에 관하여 대한상사중재원의 관할권을 부인하였다.

2. 대한상사중재원의 중재규칙 제9조에 따르면, 대한상사중재원이 이 사건에서 관할권을 인정받기 위하여서는 분쟁당사자들이 '대한상사중재원의 중재'에 대하여 합의하거나 '대한상사중재원 중재규칙에 의한 중재'에 대하여 합의할 것이 요구되는바, 문제의 계약 제7항의 문구만을 가지고는 그러한 명시적인 합의가 있었다고는 볼 수 없고, "국제중재법정"이 대한상사중재원을 의미하는 것으로 당사자 간에 합의되었다고 볼 수 있는 점에 대하여도 이를 입증할 증거가 없고, 피신청인은 대한상사중재원의 관할권에 대하여 줄곧 명백하게 반대의 의사표시를 하고 있는 점으로 볼 때 피신청인의 본안전 항변은 이유있어 신청인의 이 건 중재신청을 각하하였다.

---

* 대한상사중재원, 「사례집 제11권」, 2002, pp. 402 - 414.

판정주문

1. 신청인의 청구를 각하한다.
2. 중재비용은 신청인의 부담으로 한다.

신청취지

1. 신청인과 피신청인 사이에 체결된 2001. 1. 11.자 비밀유지 및 우회금지계약과 관련하여 신청인은 피신청인에 대하여 미화 360,000달러의 금전지급 채무가 존재하지 아니함을 확인한다.
2. 중재비용은 피신청인의 부담으로 한다.

판정이유

피신청인은 본안전 항변으로서 대한상사중재원이 이 사건에서 중재 관할권을 갖고 있지 않다고 주장하므로 이를 살펴본다.

신청인은 이 사건에서 중재신청의 근거로서 신청인과 피신청인이 2001. 1. 11. 체결한 비밀유지 및 우회금지계약 (이하 '문제의 계약'이라 함) 제7항에 따라 "본 계약에 관하여 상호 분쟁이 생길 경우에는 대한민국의 서울에서 중재를 신청할 수 있다고 규정되어 있다"고 지적하고, 이 사건에 대한 대한상사중재원의 관할권을 주장하였다. 그러나 피신청인은 동 문제의 계약 제7항의 첫째 문장에서 규정된 '국제중재법정' (International Arbitration Tribunal)이 존재하지 않으며, 신청인과 피신청인이 대한상사중재원의 관할권에 동의한 사실이 없으므로 이 사건에 대한 대한상사중재원의 관할권을 부인하였다.

신청인과 피신청인이 2001. 1. 11. 체결한 문제의 계약 제7항의 첫째 문장에 따르면 문제의 계약에 관련된 분쟁이 '국제중재법정의 당시 유효한 규칙 및 절차에 따른 구속력있는 중재'를 통하여 해결하도록 규정되어 있다. 또한, 동 항의 둘째 문장에 따르면 중재의 장소가 서울 또는 미국 샌디에이고가 될 것이라고 규정되어 있다.

한편, 대한상사중재원의 중재규칙 제9조에 따르면, 대한상사중재원이 이 사건에서 관할권을 가지기 위하여서는 분쟁당사자들이 '대한상사중재원의 중재'에 대하여 합의하거나 '대한상사중재원 중재규칙에 의한 중재'에 대하여 합의할 것이 요구되는 바, 문제의 계약 제7항의 문구만을 가지고는 그러한 명시적인 합의가 있었다고는 볼 수 없을 것이다. 또한 문제의 계약 제7항에 규정된 '국제중재법정' (International Arbitration Tribunal)이 대한상사중재원을 의미하는 것으로 당사자간에 합의되었다고 볼 수 있는 점에 대하여도 이를 입증할만한 증거가 없다. 특히 피신청인은 대한상사중재원의 관할권에 대하여 줄곧 명백하게 반대의 의사표시를 하고 있다. 이러한 점들을 고려할 때, 대한상사중재원의 중재에 대한 신청인과 피신청인의 합의가 존재하는 것으로 볼 수 없는 이 사건은 본 중재판정부가 본안에 대하여 판단할 수 없다고 보아야 할 것이다.

따라서 피신청인의 본안전 항변은 이유가 있다고 할 것이므로 신청인의 이 사건 청구를 각하하는 것이 타당하다고 판단되고, 중재비용은 신청인의 부담으로 하여 주문과 같이 판정한다

살펴보기 : 상사중재원, "대 중국 무역분쟁 주의보"

"대한상사중재원"이 「대 중국 무역분쟁사례」 보고서를 내놓았다. 이 보고서는 우리 무역업체들이 중국 업체들과의 분쟁 가운데 ① 샘플과 다른 품질의 물품이 선적 ② 제품 불량임에도 불구하고 선적을 강행 ③ 무역거래에서 중개인에 대한 수수료 미지급 ④ 선적서류 사본으로 물품인수 후 대금 지불 거부 등이 다수를 차지하고 있다고 밝혔다.

중재원은 중국 관련 무역분쟁의 경우 분쟁 해결이 불가능한 무역 사기가 대다수를 이루고 있고 중국 기업들의 비협조로 인해 상담의뢰자가 미리 항의 제기를 포기하는 경우가 대부분이라고 설명했다.

또 분쟁 유형들의 대부분이 악의적인 경우가 대부분이어서 실질적인 구제가 어렵다고 중재원은 설명했다. 보고서가 발표한 사례 내용을 살펴보면 다음과 같다.

▲ 샘플과 다른 품질의 물품 선적의 경우

한국의 K사는 중국 광저우에서 열렸던 전시회에서 중국 S사의 직물류 제품을 보고 샘플 요청을 했다. K사는 샘플을 확인하고 경쟁력이 우수하다고 판단, 1만 6000달러에 달하는 오더를 내렸으나 실제 물품이 선적돼 인수한 결과 샘플과는 다른 수준의 제품이었다. 이에 K사는 수차례에 걸쳐 물품을 다시 제작해 보내 줄 것을 요청했지만 중국업체는 다음 오더 때 10%를 할인해 주겠다는 답변만을 했다. K사는 액수가 크지 않고 중국 현지 소송이나 중재 제시 실효성이 없다고 판단하고 포기했다.

▲ 제품 불량임에도 불구 선적 강행한 경우

한국의 M사는 해운편으로 활꽃게 3.120KGS를 선적해 인천항을 통해 수입통관 절차를 밟았다. 그러나 검역을 한 결과 전량 폐사된 상태로 불합격 판정을 받아 폐기처분, 막대한 손해를 입었다. 조사결과 선적 당시 산동성에 한파가 몰아 닥쳐 양식장의 꽃게들이 전량 동사하게 됐지만 중국의 수출업체가 컨테이너 및 선박이 예약돼 있고 서류상 수출절차를 마쳤다는 이유로 무리하게 선적을 강행하게 된 것으로 나타났다. 이에 따라 M사는 중국 Y사에 2만6136달러의 손해비를 신청했지만 아무런 응답을 듣지 못하고 사건은 종결됐다.

▲ 무역거래에서 중개인에 대한 수수료 미지급

한국의 A사는 살충제 원료 수입 중개를 주로 하는 업체이다. A사는 한국의 수입업체가 중국의 제조사로부터 직접 수입을 할 수 있도록 물품매도 확약서를 발행하고 거래 이행이 끝난 뒤 계약 조건에 따라 수출자에게 대금 청구서를 발행해 일정 수수료를 가져간다. A사는 중국의 C사와 거래계약을 체결하였다. 이에 따라 A사는 중국의 C사에 총 6건의 물품매도 확약서를 발행하고 이에 따른 거래를 성사시켰다. 그러나 중국 C사는 A사에게 줘야 할 4700달러의 수수료를 차일피일 미루며 주지 않았다.

▲ 선적서류 사본으로 물품인수 후 대금 지불 거부

국내의 K사는 2002년 4월 중국의 Q사에 9만 달러 상당의 기계류를 수출했다. 선적을 끝내고 중국 수입자에게 선적 서류 사본을 팩스로 송부했다. L/C는 국내 매입은행을 통해서 Nego를 했고 중국 Q사의 대금 결재만을 기다리고 있었다. 그러나 네고 후 10여일이 지나자 국내 매입은행으로부터 중국 Q사에서 대금결재를 거절했다는 연락을 받게 됐다. 거절 사유는 Q사가 이미 운송회사에서 물품을 인수해 갔다는 것이었다. 즉, Q사는 B/L 사본만으로도 물품수취가 가능한 현지 통관관행과 중국 은행의 묵인하래 물품을 부당 인수해 간 것이다. K사는 고발하려 했지만 Q사는 이미 폐쇄된 상태인 것으로 조사됐다. Q사는 무역사기 업체인 셈이었다.

출처, 무역일보, “상사중재원, 대 중국무역 발생주의보”, 2006

제12장 중재판정

중재의 효력은 궁극적으로 중재판정에 의해 나타나게 된다. 본장에서는 중재판정의 의의와 법적 성질에 대하여 살펴본다. 이러한 제반 개념의 이해를 바탕으로 중재판정의 종류, 범위 및 기간, 기준 및 범위, 판정의 송달, 판정의 효력 등의 내용을 중심으로 살펴본다. 이와 함께 중재판정의 취소에 대하여 함께 접근하여 본다.

1 중재판정의 의의와 법적 성질

(1) 중재판정의 의의

중재판정(Award)이란 중재합의(계약)의 당사자들이 의뢰한 분쟁의 해결을 위하여 중재인(중재판정부)이 하는 최종적인 해결(final decision)을 의미한다. 경우에 따라서는 중재판정문이나 중재판정에 의하여 인정된 청구권의 대상(지급금으로서의 위약금 등)의 의미가 포함되기도 한다. 한편, 중재판정이 이루어질 때 중재인의 권한도 종료되게 된다.

따라서 중재판정의 효력은 양 당사자 사이에 종국적이고 구속력이 있으며, 집행 가능하여야 실효성이 있다. 일반적으로 중재판정에서 승소한 당사자는 패소한 당사자의 재산이 소재한 곳에서 강제집행을 하려 할 것이고, 중재판정에는 직접적인 강제집행력이 없다. 특히, 국제중재에 있어서는 그 나라의 법원에 의한 집행판결을 받아 집행하게 된다. 이 경우 외국중재판정을 어떤 기준과 범위 내에서 승인하고 인정할 것인가는 집행국의 법원에 의하여 결정되기 때문에 중재판정의 집행에는 여러 가지 문제가 있다.

일반적으로 중재판정이 타국에서 승인되고 집행되기 위해서는 중재판정의 주체인 중재인이나 중재판정부가 정당하게 구성되어야 하고 중재합의가 중재적격성을 가져야 하며, 중재절차나 중재판정이 준거법이나 중재절차규칙에 반하지 않아야 한다. 또한 중재판정이 승인되고 집행되는 국가의 공공질서 내지 공서양속 및 강행법규에 반하지 않아야 하는 등 중재판정의 취소사유나 거절사유가 없어야 한다.

(2) 중재판정의 법적 성질

중재판정의 법적 성질에는 판결설 (절차지법설)과 계약설 (준거법설) 등 두 가지 학설이 있다.

1) 판결설 (절차지법설)

중재판정은 법원의 판결과 동일하다고 보며, 중재판정 내지 절차는 소송절차에 갈음하는 것이므로 중재판정 및 그 절차는 중재가 이루어지는 국가의 법에 따라야 한다는 주장이다. 이에 의하면 중재합의의 법적 성질도 당연히 소송법상의 합의(계약)라고 보고 따라서 주재합의의 요건과 효력도 중재가 이루어지는 국가의 법률에 의한다고 보는 것이다. 따라서 중재합의는 실체법상의 합의가 아니기 때문에 당사자자치의 원칙이 적용될 여지는 적다고 판단된다.

2) 계약설 (준거법설)

중재합의를 소송법상의 합의라고 보는 판결설과 달리 중재합의를 실체법상의 계약으로 보고 중재판정도 당사자가 정한 준거법에 의하여 중재인이 중재합의에 표시된 당사자의 의사를 구체화한 것을 의미한다는 주장이다. 이에 의하면 중재절차의 준거법은 당사자의 의사에 의하여 결정되기 때문에 당사자의 원칙이 적용될 여지가 매우 큰 학설이라고 볼 수 있다.

2 중재판정의 종류

(1) 종국판정

'종국 (終局)판정 (final award)'이란 법원의 확정판결과 같이 분쟁사건을 종결시키는 판정이라는 의미이다. 일반적으로 모든 중재판정은 종국판정이라고 할 수 있으며, 사건을 완결하는 범위에 따라 전부판정, 일부판정, 추가판정으로 구분할 수 있다.

1) 전부판정

'전부판정(full award)'이란 사건의 전부에 대하여 심리를 완료할 때에 하는 판정을 의미한다. 일반적으로 중재인은 분쟁의 대상으로 판정이 요구되는 모든 사항에 대하여 최종적인 결정을 중재판정으로 하도록 하여야 하며, 그 가운데 일부가 제외되는 경우에는 그러한 중재인의 판정은 그 전부가 부적법 내지 무효라 할 수 있다. 또한 중재인은 한 가지 이상의 종국판결을 할 수 있는 특별한 수권을 받고 있지 않는 한 오직 한 가지 종국 판결을 할 수 있는 것이다.

2) 일부판정

'일부판정(partial award)'이란 가분(可分)적인 경우에 그 청구내용의 일부에 대하여 심리를 완료한 후에 종국적으로 하는 판정을 의미한다. 일반적으로 일부판정은 당사자의 요청에 의해서나 중재인의 재량으로 가능하다고 보는 것이 일반적인 견해이다. 가분적인 청구내용부분이란 그 부분의 특정될 수 있어야 하고, 또한 그 액수도 확정적이어야 하는 것이며, 막연히 청구의 수량적 일부를 지칭하는 것은 아니다.

3) 추가판정 또는 보충판정

'추가판정(additional award)' 또는 '보충판정(supplemental award)'이란 중재부탁사항 가운데 일부에 대하여 판정을 유탈(遺脫)하였을 경우에 이를 보충하기 위하여 하는 종국판정을 의미한다. 우리나라 중재법에서는 당사자들이 달리 기간을 정하지 아니한 각 당사자는 중재판정의 정본(正本)을 받은 날로부터 30일 이내에 다음 각 호의 하나에 규정된 정정(訂定)·해석 또는 추가판정을 중재판정부에 신청할 수 있다고 하고 그 하나로서 중재절차에서 주장되었으나, 중재판정에 포함되지 아니한 청구에 관한 추가 판정에 대하여 규정하고 있다(중재법 제34조 제1항, 제6항).

(2) 임시판정 또는 중간판정

'임시판정(interim award)' 또는 '중간판정(interlocutory award)'이란 당사자간에 별도의 정함이 없는 한 중재인은 그 자신이 타당하다고 판단하면 중재부탁사항 가운데 특정한 부분에 대하여 그것에 국한하여 중간적인 판단을 하는 것으로 그 자체로서 완전한 것이 될 수 있다는 것이며, 그 대상이 되어 있는 특정사항에 대하여는 그것이 전부판정이 될 수 있다. 이러한 임시판정 또는 중간판정은 중국적 중재판정을 하기 위한 준비단계에서 하는 중간판정이라 할 수 있다.

(3) 선택적(대안적) 판정

'선택적 또는 대안적 판정(alternative award)'이란 중재판정문 가운데 제시된 대안 가운데 하나가 실행 불가능할 경우일지라도 다른 대안이 명확하고 또한 실행 가능한 경우에는 그러한 판정은 유효한 것으로 해석되는 것을 의미한다.

예를 들면 중재판정문 가운데 "피신청인은 신청인에 대하여 미화 1,000달러를 지급하라. 만일 그 지급이 불가능한 경우에는 향후 3월 이내에 미화 1,030달러를 지급하라"는 경우와 같이 두 가지 대안 가운데 한 가지를 자신이 유리한 것을 선택하는 것을 의미하며, 이렇게 한 가지 대안이 선택되었다면 다른 한 가지는 자동적으로 효력을 상실한다.

(4) 확인판정

확인판정이란 당사자의 권리 또는 법률문제에 대하여 중재판정부의 의견을 선언할 뿐 그 밖에 하등의 행위 또는 부작위를 명하지 아니하는 판정을 확인판정이라고 한다. 이는 분쟁의 대상이 금전의 청구가 아니라 권리에 관한 것일 경우에 이루어지게 된다.

3 판정의 범위 및 기간

판정의 범위 및 기간과 관련하여 중재판정부에서는 다음과 같은 사항을 중심으로 이행하게 된다.

중재판정부는 중재합의의 범위 내에서 계약의 현실이행뿐만 아니라 공정하고 정당한 배상이나 기타의 구제를 명할 수 있으며 중재합의의 범위를 벗어난 판정은 효력이 인정되지 아니한다. 또한 중재판정부는 책임있는 당사자에게 중재비용의 부담비율을 명하여야만 한다.

중재판정부는 당사자간의 별도 약정이 없는 한 중재심리가 종결된 날로부터 30일 이내에 중재인 과반수 찬성으로 판정하게 된다.

4 중재판정의 형식

(1) 중재판정의 성립과 방법

중재판정은 판정형식을 구비함으로서 성립한다고 할 수 있으나[4], 일정한 서식에 의할 필요는 없다고 본다. 다만, 국내외 상설중재기관에서는 편의상, 관행상 일정한 판정문서식을 취하고 있는 것이 일반적인 견해이다.[5] 일반적인 중재판정문에는 당사자의 성명 또는 명칭과 주소, 대리인이 있는 경우에는 그 대리인의 성명과 주소, 판정주문, 판정이유, 중재신청연월일과 판정문 작성일자, 분쟁경위와 신청금액, 중재인명, 중재인의 서명 등이 사항이 포함된다.

한편, 중재판정의 방법은 당사자자치가 인정되나, 실제에는 중재법제나 상설중재기관의 중재규칙에 의하는 것이 보통이다. 복수의 중재인으로 중재판정부가 구성된 경우에는 중재인들의 의견이 일치하지 않는 경우에는 다수결에 의하여 결정하든가 의장중재인의 결정하게 되나 다수결원칙에 따르고 만일 가부동수가 있게 되는 경우에는 의장중재인이나 중재법원장이 결정하는 것이 일반적이다.

국제상사중재모델법은 중재판정부의 결정방법(decision-making by panel arbitrators)은 2인 이상의 중재인에 의한 중재진행의 경우에 중재판정부의 모든 결정은 당사자간에 별도의 합의가 없으면 그 전체 구성원 가운데 과반수 결의에 의한다고 하고 있으며, 중재절차(question of procedure)를 결정할 수 있다고 규정하고 있다(제29조).

또한, 한국의 중재법에서는 중재판정부의 의사결정은 당사자간에 다른 합의가 없는 경우에 3인 이상의 중재인으로 구성된 중재판정부의 의사결정은 과반수의 결의에 의한다고 하고 다만, 중재절차는 당사자간에 합의가 없거나 중재인 전원이 권한을 부여하는 경우에는 절차를 주재하는 중재인이 단독으로 이를 결정할 수 있다고 규정하고 있다(제30조). 결국, 우리나라의 중재법에서도 국제상사중재모델법의 결정방법을 거의 유사하게 취하고 있다.

---

4) 고범준, 「국제상사중재법해의」, 대한상사중재원, 1991. p.169.

5) 우리나라에서 중재판정에 사용되는 언어는 한국어로서 중재판정은 한국어로 작성하고 있다. 다만, 당사자의 요구가 있거나 중재인중에 외국의 국적을 가진 자가 있을 때는 한국어와 영어를 공용할 수 있으며 이때 국문과 영문으로 작성되는 판정문은 모두 이를 정본으로 한다. 그러나 국영문간에 해석상의 차이가 있을 때는 한국어에 의하여 해석하는 것이 일반적이다.

(2) 서면성과 서명

중재판정은 서면(書面)으로 작성되어야 하고, 중재인의 서명이 있어야만 하는 것이 일반적이다. 따라서 서명이 없는 중재판정은 효력이 없다고 할 수 있다. 이와 관련하여 국제상사중재모델법은 판정문은 서면으로 작성하여 중재인의 서명이 있어야 한다고 규정하고 있다(제31조 1항). 또한 우리나라의 중재법도 중재판정은 서면으로 작성하여야 하며, 중재인 전원의 서명이 있어야 한다고 규정(제32조 1항)하고 있다.

다만, 중재인이 단수가 아닌 복수인 경우가 문제가 될 수 있는데, 중재판정문에 중재인 전원의 서명이 있어야 하는가에 대한 문제가 있을 수 있다. 이 경우 중재판정부의 중재인은 원칙적으로 전원의 서명하여야 하나, 이 문제도 당사자간의 합의에 따라 달라질 수 있고 중재절차의 준거법에 의해 달라질 수도 있다.

국제상사중재모델법은 2인 이상의 중재에 있어서는 중재판정부 구성원 가운데 과반수의 서명으로 충분하다고 하고 있으며, 다만 이 경우에 서명이 생략된 이유를 기재함을 유한다고 명시하고 있다(제31조 1항). 한편, 한국의 중재법은 3인 이상의 중재인으로 구성된 중재판정부의 경우에는 과반수에 미달하는 일부 중재인에게 서명할 수 없는 사유가 있을 때에는 다른 중재인이 그 사유를 기재하고 서명하여야 한다고 규정하고 있다(제32조 1항).

(3) 주문과 이유의 기재

중재판정문에는 주문(主文)이 기재되는 것이 일반적이다. 여기서 판정주문(判定主文)이란 소송에 있어서 판결주문(判決主文)과 같이 중재판정의 결론적 부분에 해당한다고 볼 수 있다. 중재신청에 방소항변(妨訴抗辯)이 있다든지 신청요건에 흠결이 있는 경우에는 각하되고 중재신청이유가 없는 때에는 기각될 수도 있다.

다만, 중재판정문에 이유를 기재하여야 하는가에 대하여 입법례에 따라 견해가 매우 상이하다. 일반적으로 영미법계 국가에 있어서는 중재판정문의 이유의 기재가 요구되지 않고 대륙법계 국가의 경우 이유의 기재가 요구되는 것으로 대비되었으나, 영미법계 국가의 대표적 국가인 영국은 1996년 유엔무역법제정위원회의 국제상사중재모델법을 수용하여 중재법을 개정하면서 당사자들이 이유없는 것으로 합의하지 않는 한 이유를 기재하도록 규정하였다. 한편, 당사자들은 당사자자치의 원칙, 계약자유의 원칙에 따라 중재판정문의 이유기재에 대하여 합의를 할 수 있다는 점을 고려할 필요가 있다. 따라서 중재판정이 행하여지는 중재지 국가의 법에서 중재판정문에 이유를 반드시 기재하여야 한다는 강제조항이 없다면 당사자간의 합의에 의하여 결정할 수도 있을 것이다.

국제상사중재모델법에서는 중재판정문에 그 판정의 근거가 되는 이유를 기재하여야 하며, 다만 당사자간에 이유불기재에 대하여 합의하였거나 또는 중재판정문이 화해(에 의하여 합의된 내용의 판정인 경우에는 그러지 아니다하고 규정(제31조 2항)하고 있다. 한편, 워싱턴 협약에서는 중재판정은 중재판정부에 제출된 모든 문제를 해결하여야 하며, 판정의 근거가 되는 이유를 명시한다고 규정(제48조 3항)하고 있다.

우리나라의 중재법에서는 중재판정에는 그 판정의 근거가 되는 이유를 기재하여야야 하며, 다만 당사자간에 합의가 있거나 화해중재판정인 경우에는 그러하지 아니하다고 규정(제32조 2항)하고 있다. 그러나 오늘날 중재판정문에는 '주문'과 더불어 '이유'를 기재하는 것은 일반적 추세이다.

5 중재판정의 기준과 범위

(1) 중재판정의 기준

중재판정의 기준은 일반적으로 법에 의한 중재를 원칙으로 하고 선(善)과 형평(衡平)에 의한 중재는 특히 당사자가 그러한 판단기준의 수권(授權)에 합의하였을 경우 및 중재절차의 준거법이 그것을 허용하고 있는 경우에만 적용할 수 있다.

국제상사중재모델법(제28조), 뉴욕협약(제3조), 워싱턴협약(제42조) 등에서 법에 의한 중재원칙을 명시하고 있다. 우리나라의 중재법도 중재판정부는 당사자들이 지정한 법에 따라 판정을 내려야 하며 특정 국가의 법 또는 법체계가 지정된 경우에 달리 명시되지 아니하는 한 그 국가의 섭외사법이 아닌 분쟁의 실체에 적용될 법을 지정한 것으로 본다고 규정하고 있다. 그리고 당사자들이 명시적으로 권한을 부여한 경우에 한하여 형평과 선에 따라 판정을 내릴 수 있다고 규정하고 있다(제29조 1, 3항).

또한 나아가 위 실체법상의 문제가 아닌 절차법상의 문제에 대하여는 중재인은 사실관계의 존부 판단을 위하여 제출된 증거의 신빙성과 유용성은 자유심증(自由心證)으로 함을 원칙으로 하고 있다. 한국의 중재법은 강행규정에 반하지 아니하는 한 당사자들은 중재절차에 관하여 합의할 수 있다고 하고 이러한 합의가 없는 경우 중재판정부가 이 법의 규정에 따라 적절한 방식으로 중재절차를 진행할 수 있다고 규정하고 있다. 이러한 경우 중재판정부는 증거의 능력, 관련성 및 증명력에 관하여 판단할 권한을 가진다고 할 수 있다.

(2) 중재판정의 범위

중재판정의 범위는 중재인의 관할권한(the arbitrator's jurisdiction)의 문제라고 할 수 있으며, 중재합의에 따라 정해지는 것이 일반적이다. 즉, 중재판정부는 원칙적으로 중재관할권의 범위 내에서만 판정할 수 있다. 중재판정의 범위는 중재합의 범위 내이며 당사자들로부터 부탁된 사항에 관하여는 전부 결정을 하여야 하며, 그 한계를 벗어나서도 안 된다고 보아야 할 것이다. 만일, 중재판정부가 중재판정의 범위를 넘어선 분쟁에 대하여 판정을 한다면 그 중재판정은 취소될 수 있기 때문이다.

6 판정의 송달

판정의 송달은 우선, 사무국은 판정의 정본을 당사자 또는 대리인에게 최후로 알려진 주소에 등기우편(배달증명)으로 발송하거나 직접 교부하고 나서. 판정의 정본을 당사자에게 송달한 후 이의 수령을 확인하는 우편물 배달증명서가 도착하면 사무국은 판정문 원본과 송달의 증서를 첨부하여 관할법원에 이송·보관하게 된다.

7 판정의 효력

중재판정은 당사자간에 있어서는 법원의 확정판결과 동일한 효력이 있다. 또한 '뉴욕협약(외국중재판정의 승인 및 집행에 관한 UN협약)'에 따라 외국에서도 중재판정의 승인 및 집행이 보장되고 있다. 다만, 이러한 중재판정의 효력은 당해조약의 체약국(締約國)간에 효력이 보장되는 것이라는 점에 유의하여야 한다. 이러한 판정의 효력은 크게 국내적 효력과 국제적 효력으로 분류하여 볼 수 있다.

(1) 국내적 효력

중재판정은 당사자간에 있어서 법원의 확정판결과 동일한 효력이 있다. 따라서 확정판결에는 형식적 확정력, 실질적 확정력, 기속력, 집행력, 형성력 등의 효력이 있다고 할 것이다. 여기에서 각종 효력에 대하여 간략하게 살펴보면 다음과 같다.

1) 형식적 확정력

형식적 확정력이란 통상의 불복신청방법으로 취소할 수 없는 상태의 판결을 의미한다. 그리하여 중재판정이 있게 되면, 법원의 확정판결과 같이 형식적 확정력이 발생하게 되는 것이다. 다만, 중재판정취소사유가 있는 경우에 한하여 중재판정이 취소될 수도 있다는 점에 유의하여야 한다.

2) 실질적 확정력

실질적 확정력이란 기판력(旣判力)이라고도 하는데, 일단 판결이 확정되면, 이는 당사자와 법원을 구속하여 동일한 당사자는 그 소송물에 대하여 다시 다툴 수 없는 효력이 발생한다는 것을 의미한다.

중재판정이 성립, 발효된 경우에는 형식적으로 확정되며, 중재인이라 하더라도 자기가 행한 중재판정은 철회할 수 없다. 이와 관련하여 우리나라 중재법에서는 중재판정의 원본은 그 송부사실을 증명하는 서면을 첨부하여 관할법원에 송부・보관(제33조 4항)하도록 함으로써 중재인에 의한 중재판정문의 변조나 수정을 방지하고 있다.

3) 집행력

집행력이란 강제집행을 할 수 있는 효력을 의미하는 바, 집행권은 국가에 전속(全屬)되어 있으며, 집행의 요건도 국법에 의해 정해지는 것이 일반적이다. 중재판정은 국가기관에 의한 판단이 아니므로 법원의 확정판결이 원칙적으로 법원의 사무관 등에 의하여 집행문을 부여받음으로써 발생하는 것과 달리 법원으로부터 집행판결을 받아야만 집행력이 발생하게 된다.

한편, 중재판정의 집행절차 및 형식은 법제마다 일부 상이한데, 우리나라의 중재법에서는 중재판정의 승인 및 집행은 법원의 승인 또는 집행판결에 의한다고 규정되어 있다(제37조 1항). 한편, 중재판정을 집행하기 위하여 집행판결을 받은 경우 실제로 강제집행하기 위하여 다시 법원사무관의 집행문을 부여받아야 하는가에 대하여 이론상 이견이 있을 수 있으나, 실무상 집행문을 부여받도록 하고 있다.[6]

(2) 국제적 효력

중재판정의 국제적 효력 크게 외국중재판정의 승인 및 집행의 문제라고 할 수 있다. 외국중재판정의 승인과 집행에 관하여는 각국의 법제에 따라 일부 차이가 있으나, 조약관계나 상호보증이 있는 국가에서 행하여진 외국중재판정은 일반적으로 내국중재판정과 동일하게 취급하고 있는 것이 일반적이다.

한편, 외국중재판정의 국제적 효력을 위하여 '2국간 조약'과 '다국간 조약'이 체결되어 있는데, 2국간 조약으로는 한국과 미국간의 우호통상항해조약(1956년)이 그 예이며, 다국간 조약으로는 1923년 제네바의정서, 1927년 제네바협정 등이 있다.

---

6) 목영준, 「상사중재법」, 박영사, 2000. p.198.

8 중재판정의 취소

(1) 중재판정 취소의 의의

중재판정부의 중재판정에 대한 법정의 사유가 존재하는 등의 문제가 있는 경우에는 중재패소(仲裁敗訴) 당사자에게는 중재판정에 대한 구제방법이 필요하게 된다. 또한 국가에 있어서는 국가기관이 아닌 사적기관(중재기관)에 의한 사인(중재인)에 의하여 이루어진 중재판정이 공공정책상 허용되지 않는 등 특별한 흠이 있을 때에는 그 집행에 협조할 수 없고 나아가 그 판정의 효력을 상실시키고자 할 것이기 때문이다.

중재판정패 당사자가 중재판정에 불복하여 구제를 요청하는 방법에는 ① 중재판정 취소의 소(訴)를 제기하거나 ② 법원에 상소(上訴)하는 방법이 있다. 중재판정에 대한 상소여부는 각국의 중재법제에 따라 상이한데, 영국, 프랑스 등에 있어서는 법원에 대한 상소가 가능하나, 국제상사중재모델법을 비롯하여 미국, 우리나라 등에 있어서는 이를 인정하지 않고 있다. 오늘날 상소가능여부와 관계없이 각국의 중재입법은 중재판정의 구제수단으로서 중재판정취소의 소를 규정하고 있는 것이 일반적이다.

한편, 중재판정의 취소란 일방당사자의 청구에 의하여 법원이 판결로서 중재판정의 효력을 소멸시키는 것을 의미한다. 이러한 중재판정의 취소의 효력은 취소할 수 있는 행위는 취소될 때까지는 유효하며, 취소되면 처음부터 소급하여 무효가 된다. 이와 같은 중재판정의 취소는 법정의 사유가 발생한 경우에 한하여 법원의 판결로서 가능하게 된다. 중재판정이 취소되면 민법의 일반원칙에 따라 그 법률행위는 처음부터 소급하여 무효가 된다.

그러나 중재판정에 대한 취소는 억울한 중재패소 당사자에 대한 권리구제나 국가에 대한 국법질서의 유지 등의 필요성과 의의가 있는 반면, 중재판정이나 중재제도의 존재의의나 가치를 무의미하게 할 수 있다는 문제와 한계가 있다고 보아야 할 것이다.

(2) 중재판정취소 사유

1) 중재판정취소사유의 종류

중재판정 취소사유는 법제에 따라 상이한데, 프랑스와 같이 국내중재와 국제중재로 구별하여 달리 규정하는 입법례도 있으며, 국내중재와 국제중재를 구별하지 않는 입법례도 존재한다. 오늘날 중재판정의 취소사유는 특히, 국제중재에 있어서는 외국 중재판정의 승인과 집행에 관한 UN협약이나 국제상사중재모델법과 각국의 관련 법제 규정은 크게 다르지 않다.

한국의 중재법은 중재판정의 승인 또는 집행거부신청 외 중재판정에 대한 유일한 불복(不服)의 방법으로서 중재판정취소의 소를 인정하고 있다. 중재판정의 취소사유는 국제상사중재모델법을 고려하여 당사자의 신청에 의한 경우와 법원이 직권으로 중재판정을 취소할 수 있는 사유로 구분하여 규정하고 있다.

① 당사자의 신청에 의하여 중재판정취소가 가능한 사유

당사자의 신청에 의하여 중재판정취소가 가능한 사유에는 ① 중재합의의 당사자가 그 준거법에 의하여 중재합의 당시 무능력자이었거나 ② 중재합의가 무효인 경우, ③ 중재판정의 최소를 구하는 당사자가 중재인의 선정 또는 중재절차에 관하여 적절한 통지를 받지 못하였거나, 기타의 사유로 본안에 관한 변론을 할 수 없었던 경우, ④ 중재절차가 당사자간의 합의에 따르지 아니하거나 이 법에 따르지 아니한 경우 등이 있다.

② 법원이 직권에 의하여 중재판정이 취소될 수 있는 사유

또한 법원이 직권에 의하여 중재판정이 취소될 수 있는 사유로서 ① 중재판정의 대상이 된 분쟁이 대한민국의 법에 따라 중재로 해결될 수 없는 경우, ② 중재판정의 승인과 집행이 대한민국의 공서양속(公序良俗)에 위반되는 경우 등이 있다(중재법 제36조 2항).

③ 일반적으로 중재판정취소의 사유로서 규정하고 있는 사유

일반적으로 중재판정취소의 사유로서 규정하고 있는 사유로서 ① 중재합의의 무효 등에 의한 중재판정자체상의 흠결(欠缺), ② 중재절차 위반 중재판정부의 구성 또는 중재절차상의 흠결, ③ 중재판정부의 권한유월(權限踰越) 등 중재판정부에 대한 문제, ④ 중재부적격사항이나 공서양속 위반 등 중재판정내용상의 흠 등이 있다.

④ 기타

또한 중재판정취소사유에는 관할법원에 대한 당사자 신청에 의한 중재판정취소사유와 법원의 직권에 의한 취소사유로 구분할 수 있다.

2) 당사자 신청에 의한 중재판정 취소 사유

① 중재합의 당사자의 무능력 또는 중재합의의 무효

중재합의의 일방당사자가 무능력자이었거나 당사자가 체결한 중재합의가 부존재하거나 효력을 상실하거나 이행불능 등 무효인 경우에는 그에 입각하여 행하여진 중재판정은 취소될 수도 있다. 이와 관련하여 국제상사중재모델법은 중재합의의 당사자가 무능력자이었다든가 또는 당사자가 그 준거법으로 규정한 법률에 의하여 또는 그러한 지정이 없었을 경우에는 중재판정이 내려진 국가의 법률에 의하여 무효인 경우에는 그 중재판정은 취소될 수 있다고 규정하고 있다(제34조 2항).

② 중재절차 위반

양 당사자는 중재절차에서 동등한 대우를 받아야하며 만일 당사자가 중재인의 선임이나 중재절차에 관한 적절한 통지를 받지 못하였거나 기타의 이유로 방어할 수 있는 기회를 상실한 경우에는 방어권의 침해로서 그러한 중재판정은 취소될 수 있다.

국제상사중재모델법은 취소신청을 한 당사자가 중재인의 선정 또는 중재절차에 관하여 적절한 통지(proper notice)를 받지 아니하였거나 또는 기타의 이유로 방어할 수가 없었다면 중재판정은 취소될 수 있다고 규정하고 있다(제34조 2항).

③ 중재판정부의 구성과 중재절차상 흠

중재판정부의 구성이나 중재절차가 당사자의 합의나 중재절차법규에 반하여 행하여진 중재판정은 취소될 수 있다. 국제상사중재모델법에서는 중재판정부의 구성 또는 중재절차가 당사자의 합의에 의거하지 아니한 것이었다는 사실, 또는 그러한 합의가 없었던 경우로서 이 법에 의거하지 아니한 것이었다는 사실이 있는 경우에는 원칙적으로 중재판정은 취소될 수 있다고 규정하고 있다(제34조 2항).

④ 중재판정부의 권한(權限) 유월(踰越)

중재판정부는 권한 범위 내에서 판정할 수 있다. 즉, 중재합의의 범위를 벗어난 분쟁에 대하여 행한 중재판정은 취소될 수 있다는 것이다. 따라서 중재판정부의 권한은 당사자가 지정하는 준거법에 의하고 당사자의 지정이 없는 경우에는 중재지법에 의한다고 보아야 할 것이다.

이와 관련하여 국제상사중재모델법에서는 ① 중재판정이 중재부탁조항에서 예정되지 아니하였던 분쟁 또는 그 조항의 범위 내에 들어가지 아니하는 분쟁을 처리하거나 또는 ② 중재부탁의 범위를 유월(踰越)한 사항에 관한 결정을 포함하고 있다는 사실. 다만 중재에 부탁한 사항에 관한 결정이 부탁되지 아니한 사항으로부터 분리될 수 있는 것일 경우에는 중재에 부탁되지 아니한 사항에 관한 결정을 포함하는 중재판정부분에 한하여 취소될 수 있음을 규정하고 있다(제34조 2항).

3) 법원의 직권에 의한 중재판정 취소 사유

① 중재불능 내지 부적격사항

중재판정의 주요사항(subject matter of the dispute)이 중재지법에 의하여 중재에 의한 해결이 불가능(중재불능), 부적격(중재부적격 사항)한 것인 경우에는 법원은 직권으로 그 중재판정을 취소할 수 있다.

국제상사중재모델법은 분쟁의 주요 사항이 중재지법에 의해 중재에 의한 해결이 불가능하다는 사실을 발견하였을 경우에는 법원은 직권으로 그 중재판정을 취소할 수 있다고 규정하고 있다(제34조 2항).

② 공서양속(公序良俗) 위반

중재판정이 중재지국의 공서양속(public policy) 내지 공공질서에 반하는 경우에는 법원은 직권으로 그 중재판정을 취소할 수 있다. 공서양속이나 공공질서의 개념은 국가에 따라 상이하고 공서의 개념은 국제공서와 국내공서가 상이할 수 있으나, 대체로 국가의 기본적인 법질서 또는 강행법규 등을 말한다고 규정할 수 있다.

이와 관련하여 국제상사중재모델법은 법원이 중재판정 또는 그 속에 포함되어 있는 어떤 결정이 중재지 국가의 공서의 개념에 반하는 것을 발견하였을 경우 법원은 직권으로 그 중재판정을 취소할 수 있다고 규정하고 있다(제34조 2항).

(3) 중재판정 취소의 효과

중재판정이 법원의 판결에 의하여 취소되면 그 중재판정은 처음부터 무효가 된다. 그러나 중재합의 그 자체는 유효한 경우 중재합의에 따라 소송이 아닌 중재에 의하여 해결되어야만 한다. 따라서 중재인에 의하여 새로운 중재절차가 진행되는 것으로 볼 수 있다.

그러나 중재합의가 무효이거나 공서에 반한다는 사유로 중재가 무효가 되는 경우 즉, 중재가 중재지법에 의하여 불가능 내지 부적격하여 중재합의가 있다고 하더라도 중재합의 자체가 무효가 되는 경우에는 당사자는 별도의 중재합의를 하여 새로운 중재를 하거나 법원에 소를 제기할 수 있다고 할 것이다. 또한 중재판정의 취소사유가 중재인의 잘못에 기인하는 경우에는 중재인의 책임문제로 이어질 가능성도 배재할 수 없으며, 중재인의 자격이나 중재인 기피문제가 제기될 수도 있다.

학습정리

중재판정(Award)이란 중재합의(계약)의 당사자들이 의뢰한 분쟁의 해결을 위하여 중재인(중재판정부)이 하는 최종적인 해결(final decision)을 의미하며, 그 외에 중재판정문이나 중재판정에 의하여 인정된 청구권의 대상(지급금으로서의 위약금 등)을 의미한다.

중재판정의 기준은 일반적으로 법에 의한 중재를 원칙으로 하고 선(善)과 형평(衡平)에 의한 중재는 특히 당사자가 그러한 판단기준의 수권(授權)에 합의하였을 경우 및 중재절차의 준거법이 그것을 허용하고 있는 경우에만 적용할 수 있다.

중재판정은 당사자간에 있어서는 법원의 확정판결과 동일한 효력이 있다. 또한 뉴욕협약(외국중재판정의 승인 및 집행에 관한 UN협약)에 따라 외국에서도 중재판정의 승인 및 집행이 보장되고 있다.

중재판정의 취소란 일방당사자의 청구에 의하여 법원이 판결로서 중재판정의 효력을 소멸시키는 것을 의미하며 취소할 수 있는 행위는 취소될 때까지는 유효하며, 취소되면 처음부터 소급하여 무효가 된다. 이와 같은 중재판정의 취소는 법정의 사유가 발생한 경우에 한하여 법원의 판결로서 가능하다. 중재판정이 취소되면 민법의 일반원칙에 따라 그 법률행위는 처음부터 소급하여 무효가 된다.

학습과제

1. 중재판정의 종류를 열거하고 설명하시오.
2. 중재판정의 효력을 국내적 효력과 국외적 효력으로 구분하여 설명하시오.
3. 중재판정의 취소는 왜 필요한 것인가? 또한 중재판정의 취소를 위한 요건과 절차는 무엇인가?

분쟁사례연구 12

품질불량에 따른 손해배상청구

사건번호 : 제02113-0011호*7)

구 분	내 용	비 고
신 청 인	A사	
피 신 청 인	B사(일본)	
청 구 원 인	손해배상 청구	
품 목	양파종자	
신 청 금 액	일화 46,149,600엔(463,341,984원)	중재비용 : 5,638,381원
신 청 일	2002. 6. 14.	
판 정 일	2003. 1. 20.	
처 리 기 간	220일	
판 정 금 액	일화 46,149,600엔(463,341,984원)	

판정요지 :

A사는 2001. 8. 11. B사로부터 양파종자 3종을 수입하여 ㅇㅇ지역에 전량을 판매하였다. 2002. 3.경 A사는 양파종자를 구입하여 파종한 ㅇㅇ지역 농민들로부터 양파종자 2종이 품질보증서 상의 수확시기에 비하여 생육이 매우 늦을 뿐만 아니라, 분구 등 생육이상이 많아 도저히 수확할 수 없는 지경에 이르렀다는 항의를 받게 되었다.

이에 A사는 B사에게 연락을 하였고, 2002. 3. 23.에 현장을 방문한 B사는 생육불량상태를 인정, 양파종자 캔당 3만엔씩 위로금을 지급하고, 미판매된 양파종자는 반환받아가겠다고 약속한 후 이를 각서로 작성하였다

A사는 B사의 각서를 믿고 양파종자를 파종하여 손해를 본 농가들에게 캔당 30만원을 기준으로 보상금 438,000,000원중 일부를 지급하였으나 B사가 약속을 이행치 않아 손해배상금 일화 46,149,600엔을 청구하였다.

B사는 자신들이 작성한 각서는 강박에 의하여 작성된 것이어서 그 의사표시를 취소하며, A사가 정확한 손해의 규모를 밝히지 않고 있고, 그 손해발생이 B사가 공급한 종자로 인한 것이 아니므로 A사의 청구를 받아들일 수 없다고 주장한다.

---

* 대한상사중재원, 「사례집 제12권」, 2005, pp. 249 - 255.

이에 중재판정부는 증거서류, 증인의 증언 및 심리의 전취지를 종합하여 보면 협상 당시의 상황이나 각서 작성의 경위, 그 후 B사가 보여준 태도 등에 비추어서 각서가 강요에 의하여 작성된 것이라고 인정할 수 없으므로 B사의 주장은 이유 없으며, B사의 각서를 믿고 피해 농민들과 보상합의를 마치고 보상금을 일부 지급한 A사에게 지급을 거절할 수 없다고 인정하여 위로금 및 미판매 양파종자 대금 합계 일화 46,1496,600엔을 인정하였다.

판정주문

1. 피신청인은 신청인에게 일화 46,149,600엔 및 이에 대한 2002. 3. 24.부터 2002. 6. 21.까지는 연 6%의, 2002. 6. 22.부터 완제일까지는 연 25%의 각 비율에 의한 금원을 지급하라.
2. 중재비용은 피신청인의 부담으로 한다.

신청취지

판정주문과 같다.

판정이유

1. 인정되는 사실

양당사자가 제출한 증거서류, 증인의 증언 및 심리의 전 취지에 의하면 다음과 같은 사실을 인정할 수 있고 달리 반증이 없다.

(1) 신청인은 2001. 8. 11. 일본에 있는 피신청인으로부터 양파종자 슈퍼익스프레스 300리터, 간사이익스프레스 100리터, 센슈추코다카 800리터를 각 단가 22,700엔, 21,000엔, 3,900엔(각 리터당)에 수입하였다.

(2) 피신청인은 신청인이 양파종자를 처음 수입하여 국내에 판매하게 되므로 특수계약조건으로 양파종자는 피신청인의 비용으로 종자보험에 가입될 것과 피신청인은 종자에 대한 품질보증서를 발급하기로 약정하였다.

(3) 신청인과 피신청인은 분쟁 발생시 대한상사중재원의 중재로 해결하도록 약정하였다.

(4) 신청인은 피신청인과의 계약에 따라 수입한 위 양파종자를 ○○지역에 전량 판매하였다.

(5) 2002. 3.경 위 양파종자를 구입하여 파종한 △△△ 농민들로부터 본건 양파종자 중 슈퍼익스프레스, 간사이익스프레스에 의한 양파가 피신청인이 발급한 품질보증서 상의 수확시기에 비하여 생육이 매우 늦을 뿐만 아니라, 분구 등 생육이상이 많아 도저히 수확할 수 없는 지경에 이르렀다는 항의를 받게 되었다.

(6) 이에 신청인은 일본의 피신청인에게 연락하여 2002. 3. 23. 피신청인의 대표이사, 피신청인의 고문, 피신청인의 생산부 육종자 (이하 위 3인을 피신청인 등이라 한다) 3인과 함께 문제가 제기된 ○○지역의 밭을 둘러보았다.

(7) 현장확인을 마치고 난 피신청인 등은 당일 저녁 신청인측과 함께 묵고 있던 호텔방에 모여 앉아 문제 해결을 위한 회의를 하였고, 당시 회의에는 피신청인측 3인과 신청인의 회장, 공동대표이사와 □□□ (이하 신청인 등이라고 한다), 그리고 현지판매상인 ◇◇◇ 사장이 참석하였다.

(8) 2002. 3. 24. 다시 만난 피신청인 등은 위와 같은 문제점을 인정하고 "위로금" 명목으로 위 양파종자의 캔당 (1/5리터) 3만엔씩 지급하고, 미판매 양파종자는 반환 받아가겠다고 신청인에게 약속하고 이를 각서로 작성해 주었다.

(9) 이때 피신청인은 △△지역의 판매상으로부터 양파종자 슈퍼익스프레스 300리터, 간사이익스프레스 100리터 중에서 슈퍼익스프레스 252리터, 간사이익스프레스 40리터가 판매되고 슈퍼익스프레스 48리터, 간사이익스프레스 60리터가 남아있음을 확인하였다.

(10) 신청인은 피신청인의 각서를 믿고 피신청인이 공급한 양파종자를 파종하여 손해를 본 농가들에게 2dl 캔당 30만원을 기준으로 보상금을 지급하기로 약속하였던 바, 그 금액은 모두 438,000,000원 (슈퍼익스프레스 재배자 금 378,000,000원 + 간사이익스프레스 재배자 금 60,000,000원)에 달하고 그중 일부금액은 이미 지급한 상태이다.

2. 피신청인의 항변 및 그에 대한 판단

(1) 그런데 피신청인은 자신들이 작성한 각서는 강박에 의하여 작성된 것이어서 그 의사표시를 취소하며, 또한 신청인이 정확한 손해의 규모를 밝히지 않고 있고, 그 손해발생이 피신청인이 공급한 종자로 인한 것이 아니므로 원고의 청구에 응할 수 없다고 주장한다.

(2) 그러나 앞서 본 증거서류, 증인의 증언 및 심리의 전취지에 의하면 앞서본 바와 같이 신청인이 2002. 3. 23. 피신청인들과 함께 문제가 제기된 제주지역의 밭을 둘러보았을 때 피신청인 등은 당시 현지 재배농민으로부터 문제의 심각성

에 대한 설명을 직접 듣는 한편, 재배 중인 양파를 뽑아 분구현상 등 이상 생육상태를 직접 확인하였던 바, 그 문제의 심각성에 대하여 충분히 공감하였고, 현장 확인을 마치고 난 피신청인 등은 당일 저녁 신청인 등 및 위 ◇◇◇ 사장과 함께 묵고 있던 호텔방에 모여 앉아 문제 해결을 위한 토의를 하였는데, 당일 저녁에는 피신청인 등은 양파의 발육상태에 문제가 있다는 점을 인정하면서도 보상의사를 명확히 밝히지 않아 결론이 나지 않았었다.

하룻밤을 자면서 생각한 피신청인 등은 그 다음날 아침 이 사건 양파의 생육이상의 문제점을 인정하면서 정상적인 양파의 가격 동향 및 최근 정부의 양파수매가격, 그리고 피신청인이 판매한 양파종자(슈퍼익스프레스 252리터, 간사이익스프레스 40리터) 1캔 당 재배면적 등을 확인하고 "위로금" 명목으로 캔당(1/5리터) 3만엔씩 지급하고, 남아있는 슈퍼익스프레스 48리터, 간사이익스프레스 60리터의 반환을 받아가겠다고 이를 신청인 등에게 각서로 작성해 주었다.

이 과정에서 피신청인 등이 그들의 자유로운 의사에 반하여 위 각서를 작성해 주었다고 인정할만한 증거는 찾아볼 수 없다.

(3) 신청인은 피신청인 등이 일본으로 돌아간 후인 2002. 3. 26. 피신청인 사장에게 전화를 걸어 언제쯤 약속한 각서금을 지급할 것인지를 문의하자, 각서금은 지급하겠는데 이를 위해서는 보험금을 수령하는 것이 중요하다고 답하였고, 보험금수령절차를 취할 목적으로 2002. 4. 16. 피신청인측 전무 및 직원은 다시 ○○ 현지에 와서 본건 양파종자의 불량생육 상태를 재확인하였다.

당시 위 피신청인들은 본건 양파종자로 말미암아 불량생육이 발생한 밭의 위치와 면적, 경작자 이름, 분구율 등을 기록한 메모와 함께 증거사진을 찍어 갔고, 피신청인측은 이러한 증거자료를 바탕으로 종자보험회사에 보고서를 제출하겠다고 하였다.

그런데 2002. 6.경 피신청인은 보험금 신청에 무슨 차질이 있었는지는 알 수 없으나 이 사건 각서에 기한 금원의 지급을 거절하였다.

(4) 위와 같이 협상 당시의 상황이나 각서 작성의 경위, 그 이후에 피신청인등이 보여준 태도 등에 비추어 보면 본건 각서가 강요에 의하여 작성된 것이라고 인정할 수 없으므로 피신청인의 주장은 이유 없으며, 피신청인의 각서를 믿고 피해 농민들과 앞서 본 바와 같은 보상합의를 마치고 보상금을 일부 지급한 신청인에게 그 각서금의 지급을 거절할 수는 없다 할 것이다.

3. 결론

따라서 피신청인은 신청인에게 각서에 기한 금액을 지급할 의무가 있다 할 것인데, 그 금액은

- 기판매 양파종자 위로금 총액 43,800,000엔
- 슈퍼익스프레스 252리터×5×30,000엔 (2dl 당)=33,750,000엔
- 간사이익스프레스 40리터×5×30,000엔 (2dl 당)=6,000,000엔

  미판매 양파종자 총액 2,349,600엔
- 슈퍼익스프레스 48리터×22,700엔 (리터당)=1,089,600엔
- 간사이익스프레스 60리터×21,000엔 (리터당)=1,260,000엔이 된다.

그렇다면 피신청인은 위 위로금 및 미판매 양파종자 대금 합계 46,149,600엔 (43,800,000엔+2,349,600엔) 및 이에 대하여 2002. 3. 24.부터 이 사건 중재신청서 부본송달일인 2002. 6. 21.까지는 상법소정의 연 6%, 그 다음날인 2002. 6. 22.부터 완제일까지는 소송촉진등에관한특례법 소정의 연 25%의 각 비율에 의한 지연손해금을 지급할 의무가 있다 할 것이며, 중재비용은 피신청인의 부담으로 하여 주문과 같이 판정한다.

살펴보기 : 중재제도 및 중재원 업무

1. 대한상사중재원은 어떤 기관입니까?

민법 제32조에 따라 1970. 3. 21. 상공부(현 산업자원부)로부터 인가받은 비영리 사단법인입니다. 그리고 중재법(66년 법률 1767호로 제정, 99년 법률 제6083로 개정)에 따라 공정하고 독립적으로 중재업무를 수행하고 있습니다. 아울러 중재사무의 절차를 규정한 중재규칙은 공정성 확보를 위해 개정할 때마다 대법원으로부터 반드시 승인을 받아야 합니다. 동 규칙은 최근 2000년 4월 15일자로 개정된 바 있습니다.

2. 일반 개인과 기업체는 중재에 대해서 잘 모르고 있습니다. 중재가 무엇입니까?

강제집행이 보장되는 분쟁해결제도는 소송과 중재 이 두 제도가 있습니다. 중재는 그 절차가 비공개로 진행되기 때문에 일반적으로 잘 알려져 있지 않습니다. 중재는 모든 분쟁을 언제나 해결할 수 있는 것이 아니고 반드시 중재합의(계약, 조항)가 있어야만 중재신청을 할 수 있습니다. 그 표현방법은 "이 계약으로 인하여 발생하는 모든 분쟁은 대한상사중재원의 중재규칙에 따라 최종 해결한다"입니다.

3. 중재합의(계약, 조항) 가 있는 사건을 상대방이 법원에 소송을 제기할 수 있습니까?

계약당사자가 특정분쟁을 중재로 해결하기로 합의가 된 사건은 법원이 관할할 수 없습니다. 그럼에도 불구하고 일방이 법원이 소를 제기하였다면, 그 상대방은 반드시 본안에 관한 최초의 변론을 할 때까지 "중재합의 존재"의 항변을 하면 소는 각하됩니다.

4. 상사중재의 대상은 어떤 것입니까?

무역, 합작투자, 건설, 건축, 해운, 특허, 부동산, 유통 분야 등을 비롯하여 광고, 대리점, 기술제휴 등의 상행위에 의한 모든 분쟁은 중재로 해결할 수 있습니다. 그러나 가사, 행정 및 형사 사건은 중재로 해결할 수 없습니다.

5. 소송과 비교하여 중재의 장점에는 어떤 것이 있습니까?

첫째, 중재는 확정판결의 효력이 있어, 단심제로 운영되기 때문에 분쟁을 매우 신속히 해결할 수 있습니다.

둘째 국내상거래 분쟁은 물론 무역관련 분쟁해결에 있어서 외국에서도 강제집행(뉴욕협약 근거)이 보장됩니다.

셋째 중재절차는 기업의 영업비밀 혹은 개인의 사생활 보호측면에서 비공개로 진행되며 법조계, 학계, 업계 등의 전문가에 의하여 민주적, 비관료적으로 이루어지며 충분한 변론기회가 보장 됩니다.

넷째 분쟁당사자가 직접 중재판정을 내리는 중재인을 선임하고 그 절차도 합의로 정할 수 있습니다. 그리고 중재대리인(변호사 등) 선임여부도 자유입니다.

6. 중재조항이 없는 분쟁은 해결할 수 없습니까?

아닙니다. 중재원 직원이 분쟁사건에 개입하여 해결을 도와주는 알선(무료)이라는 제도가 있습니다. 알선을 통하면 상대방과의 차기거래에도 영향을 미치지 않고 우호적으로 해결할 수 있습니다.

7. 특히 외국과 거래하고 있는 기업체는 외국에 가서 소송을 하지 않고도 중재원에서 중재판정을 받아 강제집행까지 가능하다고 하는데, 그것이 사실입니까?

예. 사실입니다. 앞에서 말씀드린 바와 같이 계약서상에 관련 분쟁을 대한상사중재원에서 중재로 해결하겠다는 내용을 삽입할 경우, 중재원에 중재를 신청하면 됩니다. 그리고 우리 중재원에서 내려진 판정은 외국중재판정의승인및집행에관한유엔협약(일명 뉴욕협)에 따라 우리나라에서는 물론 외국에서도 중재판정이 승인되고 강제집행을 보장받을 수 있습니다.

8. 중재비용은 누가, 언제, 얼마를 어떻게 지급해야 합니까?

중재규칙에 의거하여 중재비용은 요금(관리요금, 심리변경요금), 경비(속기록, 녹음, 우송료 등) 및 중재인 수당으로 구성되어 있습니다. 중재비용은 신청인이 우선 중재신청서와 함께 중재원 사무국에 예납을 해야 합니다. 그러나 중재판정문의 주문에 따라 비용부담자와 부담비율이 구체적으로 결정되기 때문에, 신청인은 예납한 비용의 전부 혹은 일부를 되돌려 받을 수 있습니다.

9. 대한상사중재원은 1년에 중재, 알선 및 상담건을 어느 정도 처리하고 있습니까? 그리고 그 사건들은 주로 어떠한 것입니까?

중재는 1년에 180여건, 알선은 450여건, 상담은 4,000여건 정도 접수 처리하고 있습니다. 특이한 것은 과거에는 국제사건이 많았으나 최근에는 임대차분쟁을 포함하여 건설, 건축, 운송, 보험과 같은 국내사건이 증가추세에 있습니다. 그리고 원인별 유형은 물품대금, 품질과 관련한 분쟁, 계약불이행과 관련된 사건이 대다수입니다.

10. 어떻게 하면 네티즌들이 중재원을 쉽게 활용할 수 있습니까?

우리 중재원은 상담전화를 항상 가동하고 있기 때문에 모든 기업과 개인은 서울 551-2000번 또는 부산 (051)441-7036번으로 전화를 하시면 됩니다. 또한 시간적 여유가 있으신 분은 삼성동 한국무역회관 43층 (부산: 동구 초량동 대한통운빌딩 805호)에 있는 우리 사무실로 직접 방문하시거나 서면으로 요청하시면 즉시 무료상담을 해드립니다.

<자료 : 대한상사중재원>

중재판정의 승인과 집행

이번 장에서는 중재판정의 승인 및 집행의 의의에 대한 이해를 토대로 중재판정의 이행과 강제집행의 개념에 대하여 살펴본다. 구체적으로 중재판정을 국내중재의 승인과 강제집행과 외국중재판정의 승인 및 집행으로 분류하여 제반내용에 대하여 살펴본다. 특히, 외국중재판정의 승인 및 집행을 2국간 중재협정과 국제조약에 의한 중재판정의 승인 및 집행으로 분류하여 살펴본다.

1 중재판정의 승인·집행의 의의

(1) 중재판정의 승인 · 집행의 개념

외국 중재판정의 승인이란 외국의 중재판정을 자국의 중재판정과 같이 간주하여 자국의 확정판결과 같이 효력을 인정하여 주는 것을 의미하며, 외국 중재판정의 집행이란 외국의 중재판정에 대하여 강제 집행을 의미한다. 승인과 집행과는 달리 승인 또는 집행이란 의미는 승인은 집행 없이도 가능하지만 집행은 승인을 전제로 하기 때문에 집행은 승인을 포함하는 개념이라고 할 수 있다.

국내중재판정에 대하여 법원의 확정판결과 같은 효력을 가지기 때문에 법원의 집행판결에 의하여 강제집행이 가능하다. 다만 외국중재판정에 대하여는 국내 중재판정과 달리 외국중재판정의 승인절차가 필요하다는 차이점을 가진다.

(2) 중재판정의 승인 · 집행의 필요성

소송의 경우 법원의 판결은 원칙적으로 주권국가의 사법작용인 강제집행의 성격상 외국에서 직접 집행력을 가질 수 없으며, 외국법원의 새로운 절차에 따라 그 국내적 효력이 주어지게 된다.

외국법원의 판결에 대한 각국의 입법태도는 일정치 않은데, 어떤 국가에서는 소위 봉쇄(封鎖)입법을 하여 자국의 공서(公序)를 이유로 하여 그 집행을 금지하기도 한다. 특히, 기업연합(企業聯合 ; kartell) 또는 자국의 국익과 연관된 문제에서는 외국판결의 승인・집행을 저지시키는 입법경향이 뚜렷한 경향을 나타내고 있다.[1)]

(3) 중재판정의 승인・집행과 관련된 입법례

1) 우리나라의 입법례

중재판정의 승인・집행과 관련하여 우리나라는 법률에 의한 자동승인제도를 취하고 있으며, 법률이 규정하는 승인요건(민사소송법 규정)을 갖춘 외국판결은 특별한 절차를 거치지 않고도 법률상 당연히 승인의 효력이 발생하게 된다. 그러나 승인된 외국의 판결을 집행하는데 있어 또 다른 통상적인 집행절차를 필요로 하게 되는데, 이는 집행이 별개의 집행기관에서 행사되는 주권적 행위로 파악되기 때문이다. 따라서 먼저 집행판결에 대하여 그 적법함이 선고되어야만 한다. 외국 판결이 국내적으로 효력을 인정받기 위해서는 민사소송법에 따라 승인관할권, 피고의 방어권을 주요 내용으로 하는 절차적 공정성, 공서양속 및 상호보증요건을 충족하여야 한다.

2) 국제적 동향과 입법례

중재판정의 경우 국내중재판정과 외국중재판정으로 구별되며, 중재판정의 승인・집행(recognition and/or enforcement of award)상 차이가 존재한다. '국내중재판정'이란 자국영토 내에서 내려진 중재판정을 의미하며, '외국중재판정'이란 대체로 중재판정의 승인・집행을 요구받은 국가의 영토 밖, 외국에서 내려진 중재판정 또는 중재판정의 승인・집행을 요구받은 국가의 국내법에 의해 내국중재판정이고 할 수 없는 중재판정을 의미한다.

중재판정은 중재패소 당사자가 자발적으로 이행하면 별다른 문제가 없으나, 그렇지 않을 경우 법원의 집행판결에 의하여 강제집행하거나, 압력을 가하여야 실효성이 있으므로 중재판정의 승인・집행에 있어서 국가법원의 개입이 요구되어질 수 밖에 없다. 특히, 국내중재판정과 달리 외국중재판정에 대해서는 각국 법원에 의한 사법적 강제가 보장되는 경우에만 자주적 분쟁해결수단으로서 실효성이 있게 된다. 따라서 세계 각국은 국가간의 협약을 체결하여 체약국에서 행한 중재판정에 대

1) 김용진, 「국제민사소송전략」, 신영사, 1997. p.183.

해서는 가능한 한 국내중재판정과 같이 승인·집행을 인정하여 외국중재판정의 승인 및 집행을 용이하게 하고 있다.

이와 같이 외국중재판정의 승인·집행에 대한 대표적 국제협약이 1955년 작성되고 1958년 유엔총회에서 채택된 '뉴욕협약'이다. 외국중재판정의 승인·집행에 대하여 뉴욕협약에서는 외국중재판정의 승인과 집행이라고 규정하고 있으며, '제네바 협약'에서는 승인 또는 집행이라고 규정하고 있다.

① 국제상사중재모델법

'국제상사중재모델법'은 외국중재판정은 그 판정이 어느 국가 내에서 내려졌는지의 여부를 불문하고 구속력이 있는 것으로 승인되어야 하며, 서면으로 관할법원에 신청하면 본조(本條) 및 중재판정의 승인과 집행을 거부하는 이유의 규정(제36조)에 순응할 것을 조건으로 하여 집행하여야 한다고 규정하고 있다.

또한 중재판정문을 원용하거나 그 집행을 신청하는 당사자는 정당하게 인증된 판정문의 원본 또는 정당하게 증명된 그 사본과 중재합의의 정의와 방식(제7조)에 규정된 중재합의서의 원본 또는 정당하게 증명된 그 사번을 제출하여야 하고 중재판정문 또는 합의서가 당국 내의 공용어로 작성되어 있지 아니하는 경우에는 당사자는 당해 공용어로 번역된 것을 정당하게 증명·제출하여야 한다고 중재판정의 승인과 집행절차에 대하여 명시하고 있다(제35조).

② 뉴욕협약

'뉴욕협약'은 각 체약국은 중재판정을 다음 조항에서 규정한 조건 하에서 구속력 있는 것으로 승인하고 그 판정이 원용될 영토의 절차규칙에 따라서 그것을 집행하여야 한다고 명시하고 있다. 또한 이 협약이 적용되는 중재판정의 승인 또는 집행에 있어서는 내국중재판정의 승인 또는 집행에 있어서는 부과하는 것보다 실질적으로 엄중한 조건이나 고액의 수수료 또는 과징금을 부과해서는 안 된다고 규정하여 외국중재판정의 승인과 집행에 대하여 명시하고 있다(제3조).

③ 워싱턴협약

일방국가와 타방국가 국민간의 투자분쟁해결에 관한 협약인 '워싱턴협약'도 각 체약국은 본 협약에 따라 내려진 판정은 구속력이 있는 것으로 승인하고 그 판정에 의하여 과하여진 금전상의 의무를 자국법원의 종국판결과 같이 집행하여야 한다고 명시하고 있다. 연방법원을 가진 체약국은 상기판정을 그 국가의 연방법원에서 또는 이를 통하여 집행할 수 있으며, 또한 연방법원은 그 판정을 주 법원의 종국판결과 동일하게 취급할 것으로 정할 수 있다고 규정하고 있다.

그리고 체약국의 영역 내에서 승인이나 집행을 구하는 당사자는 동 국가가 사본을 제출하여야 한다고 하고 각 체약국은 이 목적을 위한 관할 법원 또는 기타 관련 기관의 지정이나 그 후에 동 지정의 변경이 있을 때에는 이를 사무국장에게 통고하여야 한다고 규정하고 있다. 그리고 판정의 집행은 동 집행이 요구된 국가에서 효력이 있는 재판집행에 관한 법률에 의하여 규제되어야 한다고 명시하고 있다(제54조).

④ 한국의 중재법

한국의 중재법은 중재판정의 승인 또는 집행은 법원의 승인 또는 집행판결에 의한다고 하고 외국중재판정의 승인 및 집행에 관한 협약의 적용을 받는 외국중재판정의 승인 또는 집행은 동 협약에 의한다고 규정하여 국내 및 외국중재판정을 구별하여 중재판정의 승인 또는 집행에 대하여 언급하고 있다(제37조, 제39조).

외국중재판정의 승인·집행내용의 유형으로서는 무역클레임 등으로 금전지급을 명령받은 당사자가 이를 이행하지 않기 때문에 상대방이 그 중재판정에 대한 강제집행을 요구하는 경우, 목적물의 인도를 요구하는 경우, 중재판정의 확인을 요구하는 경우, 중재판정에 기한 등기를 신청하는 경우 등이 있다. 이에 따라 일반적으로 외국중재판정에 대한 확인판결이나 형성판결은 승인만으로 족하며, 이행판결은 강제집행이 요구된다.

2 중재판정의 이행과 강제 집행

(1) 중재판정의 이행과 강제 집행의 필요성

중재판정이 내려진 후 패소자가 그 판정에 불복하여 구제받을 수 있는 유일한 수단이 '중재판정취소의 소(訴)'라고 한다면, 상대방이 중재판정에 따라 이행하지 않는 승소자가 받을 수 있는 수단은 '중재판정의 승인 또는 집행의 소'라 할 것이다.

중재판정은 법원의 확정판결과 동일한 효력이 있으므로 당사자들은 판정내용을 이행해야만 한다. 그러나 판정은 외국판결과 같이 그 자체로서 집행력이 없으므로 강제집행을 허용하는 법원의 집행판결로 그 적법함을 선고하는 절차를 거쳐야만 한다. 이러한 집행판결에 관한 소에 대하여 중재계약에서 합의한 때에는 그 지방법원 또는 동 지원(支院)이 관할하고, 그러하지 아니한 때에는 민사소송법이 적용되게 된다.

또한 중재판정에 의하여 확정된 청구권 내지 권리관계는 집행판결절차에서 다툴 수 없고 그것에 관한 항변도 제출할 수 없도록 되어있다. 따라서 중재판정의 취소사유가 없는 한, 중재판정에 대한 집행판결은 어떠한 저항도 받지 않고 그대로 인용하는 것이 일반적이다. 일단 집행판결이 내려지면 그것이 미확정인 때에는 가집행의 선고에 의하여, 확정이 된 때, 그 확정판결에 기하여 강제집행을 할 수 있다.

(2) 중재판정취소의 소

중재판정 취소의 소와 관련하여 우리나라 중재법(제36조)에서는 다음과 같이 세부 내용을 명시하고 있다. 이를 살펴보면 다음과 같다.

1) 당사자가 증명해야 하는 취소사유

당사자가 증명해야 하는 취소사유로는 ① 당사자의 무능력 또는 중재합의가 당사자들이 지정한 법에 의하여 무효가 된 경우, ② 중재인의 선정 또는 중재절차에 관한 통지 또는 본안 변론에 대한 방어권 결여된 경우, ③ 중재부탁의 범위가 일탈된 경우, ④ 중재판정부의 구성 또는 중재절차의 위반된 경우 등이다.

2) 법원의 직권 취소 사유

법원의 직권에 의한 취소 사유로는 ① 중재대상이 대한민국의 법에 따라 중재로 해결될 수 없을 때, ② 선량한 풍속 또는 사회질서에 위배된 경우 등이 이에 해당된다.

3) 취소의 소 제기

'취소의 소' 제기는 중재판정의 정본을 받은 날로부터 또는 정정, 해석 또는 추가판정의 정본을 받은 날부터 3월 이내에 제기하여야 하며, 중재판정에 관하여 대한민국의 법원에서 승인 또는 집행판결이 확정된 후에는 취소의 소를 제기할 수 없다는 점을 명심하여야 한다.

(3) 중재판정의 승인과 집행

중재판정의 승인과 집행에 대한 우리나라 중재법의 내용을 중심으로 살펴보면 다음과 같다(제37조-제39조).

1) 신청요건

중재판정의 승인과 집행을 위한 신청요건으로는 ① 중재판정의 정본 또는 인증된 등본 그리고 ② 중재합의의 원본 또는 인증된 등본을 제출하여야 한다. 또한 ③ 중재판정 또는 합의가 외국어로 작성된 경우에는 인증된 한국어 번역문을 첨부해야만 한다(중재법 제37조).

2) 구분

중재판정에서 국내중재판정과 외국중재판정이 일부 상이한데, 세부 내용을 살펴보면 다음과 같다.

① **국내중재판정**

국내중재판정의 경우에는 대한민국 내에서 내려진 중재판정은 중재판정취소의 소의 사유가 없는 한 승인 또는 집행되는 것이 일반적이다(중재법 제38조).

② **외국중재판정**

한편, 외국중재판정의 경우에는 뉴욕협약의 적용을 받는 국가의 경우와 그렇지 못한 국가의 경우로 분류하여 볼 필요가 있다. 우선, 뉴욕협약의 적용을 받는 국가의 경우에는 외국중재판정의 승인 및 집행에 관한 유엔협약의 적용을 받는 승인 또는 집행하게 된다(중재법 제39조). 반면, 뉴욕협약의 적용을 받지 못하는 국가의 경우에는 민사소송법을 적용하도록 우리나라 관련 법규에서 명시하고 있다(중재법 제39조).

3 국내 중재판정의 승인과 집행

(1) 국내 중재판정의 승인과 집행과 관련된 국제 동향

국내중재판정의 승인·집행과 외국중재판정의 그것이 동일한 절차, 동일한 형식에 의하였는지의 여부는 중재법제에 따라 상이할 수 밖에 없다. 실제로 미국, 독일, 한국 등 많은 국가의 중재입법이 국내중재판정의 승인·집행과 외국 중재판정의 그것과는 구별하여 규정하고 있다.

(2) 국제상사중재모델법의 관점

한편, '국제상사중재모델법'에 의하면, 중재판정은 그 판정이 어느 국가에서 내려졌는지의 여하를 불문하고 구속력이 있는 것으로 승인되어야 하며 서면으로 관할법원에 신청하면 이 조문과 중재판정의 승인·집행을 신청하는 당사자는 정당하게 인증된 판정문의 원본 또는 정당하게 증명된 그 사본과 중재합의서의 원본 또는 정당하게 증명된 그 사본을 제출하여야 한다고 하고 명시하고 있다. 또한 중재판정문이나 중재합의서가 당해 국내의 공용어로 되어 있지 않은 경우에는 당사자는 정당하게 인증된 번역문을 제출하여야 한다고 규정하고 있다(제25조). 이는 뉴욕협약(제3조, 제4조)과 같은 내용의 구속력과 집행요건, 승인과 집행을 위한 신청서류 등을 명시한 것이라 할 수 있을 것이다.

(3) 우리나라 중재법의 관점

한국의 중재법은 영토주의 원칙에 의거하여 대한민국 내에서 내려진 중재판정은 중재판정취소의 사유가 없는 한 승인 또는 집행되어야 한다고 명시하고 있다(제38조). 따라서 국내중재판정의 승인 또는 집행을 신청하는 당사자는 중재판정의 정본(正本) 또는 정당하게 인증된 그 등본과 중재합의의 원본 또는 정당하게 인증된 그 등본을 제출하여야 한다고 규정하고 있다. 또한 중재판정 또는 중재합의가 외국어로 작성되어 있는 경우에는 정당하게 인증된 한국어의 번역문을 첨부하여야 한다고 규정하고 있다(제37조).

4 외국 중재판정의 승인과 집행

무역은 국제간 거래이기 때문에 중재판정의 효력이 외국에 미치지 않는다면 그 제정은 의미가 없을 것이다. 따라서 국가간의 상사분쟁을 효율적으로 해결하기 위해서는 각국간 외국의 중재판정에 대한 상호보장을 필요로 하게 되며, 이러한 목적을 국제협력을 하기 위해 중재에 관한 국제협약 및 양국간 협정이 체결되어 있다. 이러한 협정에 가입한 국가 상호간에는 중재판정의 집행을 상호보장하고 있으므로 외국에서 결정된 중재판정의 집행을 국내에서 할 수 있고 국내에서 내려진 중재판정을 외국에서 집행할 수가 있게 된다.

한편, 이러한 중재협정은 2국간 중재협정과 3국 이상의 다자간 중재협정(즉, 국제조약에 의한 승인과 집행)으로 분류할 수 있다.

(1) 2국간 중재협정

무역거래에서 발생하는 클레임을 원활히 해결하기 위해서는 한 나라의 중재기관 단독의 힘만으로는 어려우며 2개국 중재기관이 상호 협력할 필요가 있을 것이다. 이와 같은 필요에서 각국 중재기관간에 업무제휴를 위한 중재협정을 맺고 있으며, 중재협정은 민간의 협정으로 당사자를 구속하지는 않지만 원활한 분쟁해결을 보장받을 수 있다.

이렇듯 중재협정의 체결은 이국(異國)간에 이루어지는 상호주의에 근간을 하고 있다. 이러한 우리나라의 2국간 중재협정으로는 1974년 한·미간 상사중재협정, 1973년 한·일간 중재협정, 한·중간중재협정 등이 있다.

(2) 국제조약에 의한 승인과 집행

외국중재판정의 승인·집행에 관련한 국제조약으로서 1923년 '제네바 의정서'가 있는데, 제네바 의정서에서는 각 체약국은 자국영역 내에서 행한 중재판정의 집행을 확보하는 약속을 함에 그치고(제3조) 외국중재판정의 승인·집행에 대해서는 직접적인 규정을 두지 않고 있다. 그리하여 이를 보완하고 체약국 상호간에 외국중재판정에 강제집행력을 부여할 것을 상호 약속하는 외국중재판정의 집행에 관한 조약(Convention on the Execution of Foreign Arbitral Awards) 즉, 1927년의 제네바 협약이 체결되었다. 이어서 1958년경에 이르러서는 외국중재판정의 집행을 더욱 용이하게 한 뉴욕협약이 성립되어 제네바 의정서와 제네바 협약에 가름하게 된 것이다.

또한 1965년에는 국가와 외국 사기업간의 중재에 관한 논의가 활발해짐에 따라 세계은행은 국가와 타국민간의 투자분쟁의 해결에 관한 협약 즉, 워싱턴 협약을 성립시켰는데, 이 협약에는 판정의 집행은 그 국가에서 제정한 판결의 강제집행에 관한 법률에 의하여 규제된다(제54조).

(3) 외국중재판정의 승인과 집행을 위한 뉴욕협약

1) 뉴욕협약의 개념

1958년 뉴욕에서 체결된「외국중재판정의 승인 및 집행에 관한 UN협약」(United Nations Convention on the Recognition and Enforcement of Foreign Arbitral Awards)을 말하며 이를 '뉴욕협약'이라고 지칭하고 있으며, 2004년 현재 뉴욕협약에 가입한 국가는 총 134개 국가에 이르고 있다.

뉴욕협약은 중재판정의 승인 및 집행을 요구받은 국가 이외의 국가의 영토 내에서 이루어진 판정으로서 자연인 또는 법인간의 분쟁으로부터 발생하는 중재판정의 승인·집행을 요구받은 국가에서 국내판정이라고 인정되지 아니하는 중재판정에도 적용된다고 규정하여 뉴욕협약의 적용범위를 명시하고 있다.

또한 뉴욕협약은 어떠한 국가이든 이 협약에 서명, 비준 또는 가입을 할 때, 또는 이 협약 제10조(협약의 확대 적용)에 의하여 확대적용을 통고할 때에 상호주의의 기초에서 다른 체약국의 영토 내에서 이루어진 판정의 승인 및 집행에 한하여 이 협약을 적용한다고 선언할 수 있다고 규정하고 있다. 또한 어떠한 국가이든지 계약적 성질의 것이거나 아니거나를 불문하고 이러한 선언을 행하는 국가의 국내법상 상사상의 것이라고 인정되는 법률관계로부터 발생하는 분쟁에 한하여 이 협약을 적용할 것이라고 선언할 수 있다는 것을 명시하고 있다(제1조 3항). 전자의 경우 상호주의 유보선언(The Reciprocity Reservation)이라고 하며, 후자의 경우 상사(한정)유보선언(The Commercial Reservation)이라 한다.

우리나라는 본 협약에 1973년 가입하였으며, 서명시 이 규정에 따라 상호주의 유보선언과 상사(한정)유보선언을 하고 뉴욕협약에 가입하였다. 따라서 뉴욕협약 가입국이 아닌 국가에서 내려진 외국중재판정은 한국에서 뉴욕협약에 따라 승인 및 집행된다고 할 수 없다. 또한 뉴욕협약가입국에서 내려진 중재판정이라도 한국의 상법에서 상행위로 인한 분쟁으로 볼 수 없다면 한국에서는 뉴욕협약이 적용되지 않는다고 할 수 있다.

결국, 국내 유일의 상설 중재기관인 대한상사중재원의 중재판정이 뉴욕협약의 체약국간에는 그 승인 및 집행을 보장 받게 된다. 즉, 뉴욕협약 하에서는 외국중재판정의 승인과 집행을 받는 상대방인 본 협약의 제5조에 규정된 당사자의 무능력, 불통지 등의 거절사유를 주장하고 입증하지 아니하는 한 외국중재판정의 승인과 집행이 가능하게 된다. 또한 뉴욕협약은 중재판정의 승인과 집행의 요구를 받은 국가 이외의 국가의 영토 내에서 내려진 중재판정의 승인 및 집행에 적용하는 것을 원칙으로 하고 있다.

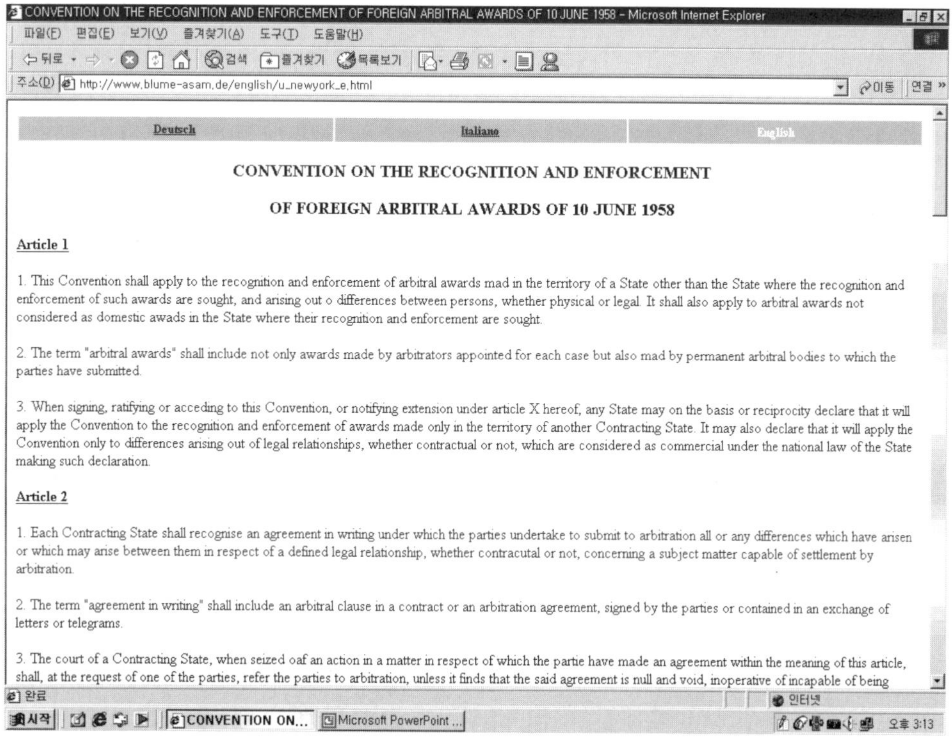

CONVENTION ON THE RECOGNITION AND ENFORCEMENT

OF FOREIGN ARBITRAL AWARDS OF 10 JUNE 1958

Article 1

1. This Convention shall apply to the recognition and enforcement of arbitral awards mad in the territory of a State other than the State where the recognition and enforcement of such awards are sought, and arising out o differences between persons, whether physical or legal. It shall also apply to arbitral awards not considered as domestic awads in the State where their recognition and enforcement are sought.

2. The term "arbitral awards" shall include not only awards made by arbitrators appointed for each case but also mad by permanent arbitral bodies to which the parties have submitted.

3. When signing, ratifying or acceding to this Convention, or notifying extension under article X hereof, any State may on the basis or reciprocity declare that it will apply the Convention to the recognition and enforcement of awards made only in the territory of another Contracting State. It may also declare that it will apply the Convention only to differences arising out of legal relationships, whether contractual or not, which are considered as commercial under the national law of the State making such declaration.

Article 2

1. Each Contracting State shall recognise an agreement in writing under which the parties undertake to submit to arbitration all or any differences which have arisen or which may arise between them in respect of a defined legal relationship, whether contracutal or not, concerning a subject matter capable of settlement by arbitration.

2. The term "agreement in writing" shall include an arbitral clause in a contract or an arbitration agreement, signed by the parties or contained in an exchange of letters or telegrams.

3. The court of a Contracting State, when seized oaf an action in a matter in respect of which the partie have made an agreement within the meaning of this article, shall, at the request of one of the parties, refer the parties to arbitration, unless it finds that the said agreement is null and void, inoperative of incapable of being

【그림 Ⅲ-2】 외국중재판정의 승인 및 집행에 관한 UN협약 조문 검색사이트 (www.blume-asam.de)

2) 뉴욕협약상의 승인과 집행의 요건 (적극적 요건)

뉴욕협약은 외국중재판정의 승인과 집행을 용이하게 하기 위하여 이를 요구하는 당사자는 협약에서 정한 서류만 제출하면 되도록 규정하고 있다. 즉, 그 중재판정의 승인과 집행을 얻기 위해서는 승인과 집행을 신청하는 당사자는 ① 정당하게 인증된 판정원본 또는 정당하게 증명된 그 등본, ② 중재합의의 원본 또는 정당하게 증명된 등본, ③ 판정이나 합의가 원용될 국가의 공용어로 작성되어 있지 아니한 경우에는 공증인 또는 선서한 번역관, 외교관 또는 영사관에 의하여 증명된 번역문을 제출하기만 하면 된다(제4조). 여기서 인증(認證, Authentication)이란 서류의 진정성에 대한 서명확인이며, 증명은 단순한 존재사실의 확인을 의미하는 것이다.

3) 뉴욕협약상의 승인과 집행의 거부 요건 (소극적 요건)

외국 중재판정의 승인과 집행을 요구받고 이를 거부하고자 하는 당사자는 관련 국가간 별도의 협약이 없는 한 뉴욕협약에 따라 이를 거부할 수 있으며 그 거부사유는 당사자의 입증에 의하여 거부될 수 있는 사유와 집행국의 법원이 직권으로 거부할 수 있는 사유 등 두 가지로 구분할 수 있다. 이러한 거부사유는 예시적인 것이 아니고 제한적 열거사유로서 집행신청인은 다른 사유로 다툴 수 없고 법원도 재량으로 다른 사유를 이유로 거부할 수도 없다.

첫째, 중재판정의 승인과 집행은 판정이 불리하게 원용되는 당사자의 청구에 의하여 그 당사자가 판정의 승인 및 집행의 요구를 받은 국가의 권한 있는 기관에게 다음의 증거를 제출하는 경우에 한하여 거부될 수 있다(제5조 1항). 이들 사유는 다음과 같다.

① 제2조(중재합의)에 규정된 합의의 당사자가 그들에게 적용될 법률에 의하여 무능력자이었던가 또는 당사자들이 준거법(準據法)으로서 지정한 법령에 의하여 또는 지정이 없는 경우에는 판정을 내린 국가의 법령에 의하여 전기 합의가 무효인 경우, 즉 당사자의 행위능력이 결여되어 있거나 중재합의가 무효인 경우,

② 판정이 불리하게 원용되는 당사자가 중재인의 선정이나 중재절차에 관하여 적절한 통고를 받지 아니하였거나 또는 기타 이유에 의하여 응할 수 없었을 경우로서 중재절차 통지상의 흠결이 있었던 경우.

③ 판정이 중재부탁조항에 규정되어 있지 아니하거나 또는 그 조항의 범위에 속하지 아니하는 분쟁에 관한 것이거나 또는 그 판정이 중재부탁의 범위를 벗어나는 사항에 관한 결정을 포함하는 경우(중재인의 권한 유월-踰越-). 다

만, 중재에 부탁한 사항에 관한 결정이 부탁하지 아니한 사항과 분리될 수 있는 경우에는 중재부탁사항에 관한 결정을 포함하는 판정의 부분은 승인되고 집행될 수 있다.

④ 중재판정부의 구성이나 중재절차가 당사자간의 합의와 합치하지 아니하거나 또는 그러한 합의가 없는 경우에는 중재를 행하는 국가법령에 합치하지 아니하는 경우 즉, 중재판정부의 구성이나 중재절차의 흠(欠)이 있는 경우.

⑤ 중재판정이 당사자에 대한 구속력을 아직 발생하지 아니하였거나, 또는 판정이 내려진 국가의 권한 있는 기관이나 또는 그 국가의 법령에 의하여 취소 또는 정지된 경우, 즉, 중재판정의 무효, 취소 또는 정지 등의 경우.

둘째, 중재판정의 승인 및 집행이 요구되는 국가의 권한있는 기관 즉, 집행국의 법원이 다음 2가지 사항을 인정하는 경우에도 중재판정의 승인과 집행은 거부될 수 있다(제5조 2항).

① 분쟁의 대상인 사항이 그 국가의 법률 하에서는 중재에 의한 해결을 할 수 없는 경우, 즉, 중재부적격의 경우,

② 중재판정의 승인이나 그 국가의 공공질서에 반하는 경우 즉, 공서(公序)의 경우.

학습정리

중재판정의 경우 국내중재판정과 외국중재판정으로 구별되며, 중재판정의 승인·집행 (recognition and / or enforcement of award)상 차이가 있음. 국내중재판정이란 자국영토 내에서 내려진 중재판정을 의미하며, 외국중재판정이란 대체로 중재판정의 승인·집행을 요구받은 국가의 영토 밖, 외국에서 내려진 중재판정 또는 중재판정의 승인·집행을 요구받은 국가의 국내법에 의해 내국중재판정이고 할 수 없는 중재판정을 의미함.

외국 중재판정의 승인이란 외국의 중재판정을 자국의 중재판정과 같이 간주하여 자국의 확정판결과 같이 효력을 인정하여 주는 것을 의미함. 또한 외국 중재판정의 집행이란 외국의 중재판정에 대하여 강제 집행을 의미함. 승인과 집행과는 달리 승인 또는 집행이란 의미는 승인은 집행 없이도 가능하지만 집행은 승인을 전제로 하기 때문에 집행은 승인을 포함하는 개념이라고 할 수 있음.

국내중재판정의 승인·집행과 외국중재판정의 그것이 동일한 절차, 동일한 형식에 의하였는지의 여부는 중재법제에 따라 상이함. 미국, 독일, 한국 등 많은 중재입법이 국내중재판정의 승인·집행과 외국 중재판정의 그것과는 구별하여 규정하고 있음.

학습과제

1. 중재판정의 승인과 집행이 필요한 이유에 대하여 설명하시오.
2. 국제상사중재모델법에서 제시하고 있는 중재판정의 승인 및 집행의 내용에 대하여 설명하시오.
3. 외국중재판정의 승인 및 집행을 2국간 중재협정과 국제조약에 의한 승인 및 집행을 예를 들어 설명하시오.

분쟁사례연구 13 준거법판단과 계약불이행으로 인한 손해배상청구

사건번호 : 제00113-0005호*[2)]

구 분	내 용	비 고
신 청 인	한국의 K회사	
피 신 청 인	중국의 S공사	
청 구 원 인	계약불이행으로 인한 손해배상청구	
품 목	금 속	망간메탈
청 구 금 액	미화 28,440.00달러	
판 정 일	2000. 9. 19. 판정	
판 정 내 용	미화 20,940.00달러	중재비용 신청인 1/4, 피신청인 3/4

판정요지 :

1. 피신청인은 신청인과 사이에 체결된 이 건 계약에 관하여 분쟁이 있는 경우 중국법에 따라야 한다고 주장한다. 살피건대 중국법을 적용하겠다는 합의가 있다고 볼 수 없고 근거도 없다. 오히려 신청인과 피신청인 사이의 이 건 계약체결경위, 이 건 계약에 기하여 신청인의 의뢰로 한국의 조흥은행이 신용장을 개설한 사실 및 신청인과 피신청인 사이에 이 건 계약에 관한 분쟁은 대한상사중재원의 중재합의에 비추어 법정지법인 대한민국법과 조리가 적용되어야 할 것이다.

2. 신청인은 비철금속 및 합금철에 대한 국내외 수출입을 주영업으로 하는 무역회사로서 중국내 공급자인 피신청인과 망간메탈 120MT를 단가 1,463달러/MT, FOB HUANGPU, CHINA로 하는 매매계약을 체결하였다. 그후 신청인은 피신청인을 수혜자로 하는 신용장들을 개설하였다. 그런데 피신청인은 신청인에게 국제가격상승을 이유로 단가를 1,563달러/MT로 인상하여 줄 것을 요청하였다 그러나 신청인은 이를 거부하고 계약된 가격으로 즉시 선적하도록 요구하였다. 피신청인은 1996. 3. 28. 신청인에게 가격이 대폭 상승하고 있으며 이러한 상황에서 신용장을 취소하고 납기를 무기한 연장할 것을 요청하면서, 차후에 다른 계약 등으로 보상할 수 있으면 하겠다고 하였다. 신청인은 피신청인에게 계약불이행을 이유로 손해배상을 청구하였다. 그렇다면 피신청인은 피신청인의 귀책사유로 인하여 이 건 계약을 불이행하였다고 할

* 대한상사중재원, 「사례집 제10권」, 2001, pp. 394 - 405.

것이고, 이로 인하여 신청인이 입게 될 손해를 배상할 책임이 있다고 할 것이다.

손해배상의 범위에 대해서 보면, 신청인은 피신청인의 위와 같은 불이행으로 외국의 다른 회사로부터 이 건 망간메탈과 같은 품질의 60MT를 미화 1,625/MT에 60MT를 미화 1,650달러/MT에 각 구매하였다. 이들과 단가 1,463달러/MT와의 차액을 계산해보면, 미화 20,940달러가 된다.

3. 따라서 피신청인은 신청인에게 미화 20,940달러 및 지연손해금을 지급할 의무가 있으며, 이 범위 내에서 이유 있어 인용하고 중재비용은 주문과 같이 판정한다.

판정주문

1. 피신청인은 신청인에게 미화 20,940달러 및 이에 대한 2000. 9. 20.부터 완제일까지 연 6%의 비율에 의한 금원을 지급하라.

2. 신청인의 나머지 청구를 기각한다.

3. 중재비용은 이를 4등분하여 그 3은 피신청인의, 나머지는 신청인의 각 부담으로 한다.

신청취지

1. 피신청인은 신청인에게 미화 28,440.00달러 및 이에 대한 본 중재판정일 다음날부터 완제일까지 연 25%의 비율에 의한 금원을 지급하라

2. 중재비용은 피신청인의 부담으로 한다. 라는 판정을 구함.

판정이유의 요지

1. 준거법에 관하여

피신청인은, 아래에서 보는 신청인과 피신청인 사이에 체결된 이 사건 계약에 관하여 분쟁이 있는 경우 중국법에 따라야 한다고 주장한다.

살피건대 신청인과 피신청인간에 이 사건 계약의 분쟁에 관하여 중국법을 적용하기로 한 합의가 있다고 볼 수도 없고 달리 중국법을 적용하여야 할 근거도 없다(피신청인은 그 주장과 같이 이 사건 계약의 분쟁에 관하여 중국법을 적용하기로 하였다는 점이나 적용되어야 한다고 주장하는 중국법령의 존재에 관하여 아무런 입증도 하지 않고 있다).

오히려 신청인과 피신청인 사이의 이 사건 계약체결 경위, 이 사건 계약에 기하여

신청인의 의뢰로 한국의 조흥은행이 신용장을 개설한 사실 및 신청인과 피신청인 사이에 이 사건 계약에 관한 분쟁은 대한상사중재원의 중재에 의하기로 합의한 사실 등에 비추어볼 때 법정지법인 대한민국법과 조리(條理)가 적용되어야 할 것이다.

2. 신청인과 피신청인 사이의 망간메탈(ELECTROLYTIC MANGANESE METAL)의 계약체결 및 피신청인의 계약불이행과 손해배상책임

(1) 신청인은 비철금속 및 합금철에 대한 국내외 수출입을 주영업으로 하는 무역회사로서 중국 내 공급자인 피신청인과 1995. 3. 6. 아래와 같은 내용의 물품매매계약(이하 "이 사건 계약"이라 한다)을 체결하였다.

- 아　　래 -

① 계약번호 : 95SIEC-04066SK
② 품　　목 : 망간메탈(ELECTROLYTIC MANGANESE METAL)
③ 수　　량 : 120MT
④ 규　　격 : MN 99.7% MIN
⑤ 단　　가 : 미화 1,463불/MT, FOB HUANGPU, CHINA
⑥ 금　　액 : 미화 175,560.00달러
⑦ 선 적 일 : 1995년 4월 30일전
⑧ 결제방식 : 신용장 결제방식

(2) 그 후 신청인은 피신청인을 수혜자로 하는 신용장들(신용장번호 : M-691-503-NU-00460, M1691-503SS-00477)을 각각 개설하고 이를 통지하였다.

(3) 그런데, 피신청인은 1995. 3. 17. 신청인에게 국제가격상승을 이유로 단가를 미화 1,563달러/MT로 인상하여 줄 것을 요청하였다. 그러나 신청인은 이를 거부하고 계약된 가격으로 즉시 선적하도록 요구하였다.

(4) 피신청인은 같은 해 3. 28. 신청인에게 가격이 대폭적으로 상승하고 있으며 이러한 상황에서 이 사건 계약에 대한 신용장을 취소하고 납기를 무기한 연장할 것을 요청하면서 차후에 다른 계약 등으로 보상을 할 수 있으면 하겠다는 통보를 하였다.

이에 신청인은 같은 해 5. 3. 피신청인에게 피신청인의 계약불이행으로 인한 손해배상을 청구하였다.

그렇다면 피신청인은 피신청인의 귀책사유로 인하여 이 사건 계약을 불이행하였다고 할 것이고, 이로 인하여 신청인이 입게 된 손해를 배상할 책임이 있다.

3. 손해배상의 범위

(1) 신청인은 피신청인의 위와 같은 계약불이행으로 인해 1995. 3월말 및 같은 해 4월 중순경 외국의 다른 회사로부터 이 사건 망간메탈과 같은 품질의 망간메탈 60MT을 미화 1,650달러 / MT에 각 구매하였다(1995. 5. 15.경의 이 사건 망간메탈과 같은 품질의 망간메탈의 국제시세는 미화 1,640달러 / MT 내지 1,660달러 / MT정도였다).

(2) 계산

① (미화 1,625달러/MT - 미화 1,463달러/MT) × 60MT = 미화 9,720달러
② (미화 1,650달러/MT - 미화 1,463달러/MT) × 60MT = 미화 11,220달러

합계 미화 20,940달러

4. 증거

증거서류 및 변론의 전취지

5. 결론

그렇다면 피신청인은 신청인에게 미화 20,940불 및 이에 대한 지연배상금을 지급할 의무가 있다 하겠으므로 신청인의 이 건 신청은 위 인정범위에서 이유 있어 이를 인용하고, 나머지 신청은 이유 없으므로 기각하며 중재비용 부담에 관하여는 상사중재규칙 제 62조에 의하여 주문과 같이 판정한다.

살펴보기 : 정부조달시장의 클레임, 국제중재로 해결하자.

1. 시작하는 말

중재원에서 클레임 사례에 대한 원고를 의뢰해왔다. 참으로 난감한 일이다. 왜냐하면 30년 넘게 무역을 해 왔지만 클레임을 당한 경우가 거의 없기 때문이다. 곰곰이 생각해보니 클레임을 당할 뻔 한 경우는 여러 번 있었지만 실제로 클레임을 당한 경우가 딱 두 번 있었다. 하지만 그 이야기도 드러내기는 부끄럽다. 왜냐하면 그 정도로 허술하게 일했던가 하는 후회와 지금이라면 그렇게 당하지는 않을 텐데 하는 안타까움 때문이다.

혹자는 무역업 30년에 단 두 번의 클레임이라면 참으로 양호한 것이라 할지 모르겠다. 하기야 주위에 많은 기업들이 클레임으로 사업이 휘청거리는 것도 보았고 심지어 부도가 나는 경우도 목격했다. 그렇다고 무역을 하는 필자가 남의 사례를 인용하고 싶지는 않다. 어쨌거나 필자의 사례를 쓰겠다고 생각하니 또 다시 난감하다.

즉 과연 이 사례가 국제중재 활성화와 어떤 연관이 있느냐 하는 것이다. 그러나 窮卽通이라 했던가? 아이디어가 떠올랐다. 해외 정부조달시장의 조달계약서에 중재조항을 삽입하도록 하는 거다. 왜냐하면 필자의 사업이 주로 해외 정부조달시장의 국제입찰 거래인데 정부조달 계약서에는 중재조항이란 없었다. 그렇다고 다른 나라 정부기관을 상대로 중재조항 삽입을 주장할만한 처지도 되지 못했다.

정부조달시장은 각국의 정부 및 정부투자기관이 정부의 고유 업무 수행을 위하여 민간으로부터 물품, 건설, 설계, 컨설팅, 서비스 등을 구입하는 조달행위로 형성되는 자국시장에서 가장 구매력이 큰 공공시장이다.

그러나 전 세계 정부조달시장의 규모가 무려 2조1천억 달러나 된다(OECD, “the Size of Government Procurement Market”, Journal on Budgeting, Vol. No.4, 2002). 이 막대한 시장에서 발생하는 분쟁을 법원의 소송이 아닌 중재로 유인한다면 그야말로 국제중재 활성화에 기폭제가 될 수 있으리라는 제안을 시작으로 본론인 클레임 사례를 살펴보기로 한다.

2. 클레임 사례 1 : 위장군복 원단 1백만 야드 교체 요청 사례

이 사례는 클레임은 제기되었지만 배상은 하지 않은 사례다. 그러나 complaint 즉 불평, 불만, 항의의 차원을 넘어 물품을 전량 교체하라는 상황까지 이르렀으니 사실상 클레임을 당한 사례다. 다행히 클레임을 제기한 쪽에서 자신들에게도 결정적으로 불리한 하자가 발견되자 스스로 더 이상의 클레임을 접었던 사례다.

사례의 발단은 이렇다. 싱가포르 국방부의 얼룩무늬 위장군복 원단 1백만 야드 국제입찰에 참여했다. 입찰에 참여하기 위해서는 입찰당국이 요구하는 규격에 맞는 견본품을 제출해야 한다. 그러나 문제는 입찰가격이다. 공개경쟁입찰[3])이다 보니 결국은 최저가응찰자가 낙찰을 받게 될 것이다. 그렇다면 최대한 낮은 가격으로 응찰을 해야겠는데 현지 에이전트가 보내온 견본품을 분석해본 결과 응찰 예정가격보다 50% 이상 비싼 것이었다.

그 이유는 염료날염(染料捺染, dyestuff printing)을 했기 때문이다. 일반적으로는 위장군복 원단 날염은 안료날염(顔料捺染, pigment printing)을 많이 하는데 이는 비용이 월등히 저렴하기 때문이다. 그러나 견본품 분석결과 이 원단은 염료날염을 해야만 했다. 이렇게 되니 당연히 높은 원가가 산출되고 이런 가격으로 입찰에 참여했다가는 십중팔구 들러리 노릇만 할 게 뻔하다.

❶ 염료가 원단의 내부까지 완전히 침투하는 방식의 날염, 가시부(可視部)의 빛을 선택적으로 흡수하는 물질을 색소라 하고 적당한 염색법에 의해 섬유에 염착됨과 동시에 높은 견뢰도를 나타낸다.

❷ 안료를 원단 외부에 도포하는 방식의 날염, 안료는 섬유에 친화성이 없으므로 수지(樹脂)를 사용하여 고착시켜야 한다.

❸ 그렇다면 방법은 없는 것인가? 아니다. 우리나라 국방부에 7년간이나 입찰납품을 해온 전문가로서, 명색이 국가가 인정하는 1급 섬유기사로서 이대로 물러설 수는 없다. back to the basic, 기본으로 돌아가서 입찰규격서를 검토해 보기로 했다. 왜냐하면 입찰규격을 통과할 수만 있으면 된다는 판단에서다. 규격서를 면밀히 분석한 결과 우리는 쾌재를 불렀다. 안료날염으로도 입찰규격을 충족시킬 수 있다는 결론이 나왔기 때문이다. 부랴부랴 시제품을 만들어 실험분석을 해보니 다행히 합격이었다. 미안한 얘기지만 싱가포르 국방부의 입찰규격은 그들이 요구하는 견본에 해당하는 품질수준에 미치지 못하는 거였다.

드디어 입찰일자에 맞추어 경쟁력 있는 입찰가격과 규격에 맞는 입찰견본을 제시한 결과 쟁쟁한 경쟁기업들을 물리치고 우리는 낙찰에 성공했다. 처녀 출전한 싱가포르 국방부 입찰에서 무려 1백만 야드의 군복원단을 수출하는 쾌거를 이룬 것이다. 회사 내 다른 부서는 물론 경쟁기업들의 부러움과 시새움을 받으면서 무사히 선적했고 대금결제까지 무사히 끝났다.

그러나 호사다마라 했던가? 선적한지 6개월쯤 지나서 청천벽력 같은 소식이 날아들었다. 우리가 선적한 군복원단이 세탁을 하고 나니 물이 다 빠져서 얼룩무늬가 거의 다 없어졌다는 것이다. 동시에 그들이 보내온 빛바랜(fade out) 원단 조각을 받아보고 아연실색할 수 밖에 없었다. 즉시 현지로 날아가 창고에 쌓여있는 제품들을 살펴보니 결과는 마찬가지, 쥐구멍이라도 있으면 들어가고 싶었다. 이 일을 어쩌면 좋단 말인가? 그들의 요구대로 제품 전량을 교체해 주어야 한단 말인가? 그것도 원단만을 교체해서 끝나는 일이 아니라 그 원단으로 만든 군복 20만착을 교체해 주어야 하는 것이다. 교체 경비만도 약 4백만 달러, 한화로 40억원에 해당하는 금액이다. 아! 이 엄청난 경제적 손실과 회사의 운명은 어떻게 될 것인가?

원인분석에 들어갈 것도 없이 엔지니어의 동물적인 느낌, 네 죄는 네가 알렸다! 결국 안료날염에서 문제가 야기된 것이다. 30도를 오르내리는 고온다습 열대성기후에서 군인들이 거의 매일같이 세탁을 하다 보니 세탁견뢰도(color fastness to washing)와 마찰견뢰도(color fastness to rubbing)를 이겨내지 못한 것이다. 사실 당초부터 찜찜했던 부분이다. 분명히 에이전트가 보내온 견본은 염료날염인데 입찰당국의 규격은 안료날염으로도 가능했으니 말이다. 싱가포르 입찰에 처음으로 참여하다보니 우리에게 유리한 점만 생각했던 것이다. 입찰당국의 규격에만 맞으면 문제가 없다는 생각이 화를 부른 것이다.

회사가 발칵 뒤집혔다. 고문변호사와 함께 싱가포르 국방부를 방문하고 문제해결에 전력을 기울였다. 상당한 노력 끝에 문제는 의외로 깨끗이 해결되었다. 물품교체는 물론 단 한 푼의 클레임도 배상하지 않았으며 오히려 새로운 추가오더를 받게 되었으니 전화위복이 된 셈이다.

어떻게 된 일인가? 딱 하나의 물증(物證)이 결정적 역할을 했다. 지금 생각해도 당시의 현명함에 탄복한다. 사실은 이러했다. 입찰규격을 통과하기 위한 견본과 메인생산 시제품(試製品, pre-production)을 제출하면서 엔지니어 특유의 기지를 발휘했던 것이다. 즉 이 제품을 공급해도 좋다는 확인을 시제품에다 직접 검사관의 사인(signature)으로 받아 놓았던 것이다. 싱가포르 국방부의 규격검사관과 제품검사관이 공급해도 좋다는 허락(approval)을 한 것이다. 입찰당국은 자신들의 사인을 부인할 수 없었고, 더구나 자기들에게 불리한 소송에서 패소하면 오히려 스스로 묘혈을 파는 결과일 것이다. 그들은 현명한 엘리트 관료답게 더 이상 클레임을 제기하지 않았다.

오히려 싱가포르 국방부 담당자들이 난리가 났다. 이들은 부랴부랴 물품대체를 위해 차기입찰을 진행했고, 경쟁자들 보다 내부사정을 잘 아는 우리에게 또다시 낙찰되었다. 물론 이번에는 당연히 염료날염으로 생산했고, 규격서에는 이전에 없던 세탁견뢰도시험 (washfastness test), 마찰견뢰도시험 (crocking test) 항목이 강화되었음은 두말할 나위가 없다. 비 온 뒤에 땅이 더욱 굳어진다고나 할까? 우리는 이후에 무려 7년간이나 동일 오더를 지속적으로 수주할 수 있었다.

3. 클레임 사례 2 : 이행보증금 (p-bond)환수 사례

이 클레임 사례는 법원의 소송에서 패소당해 이행보증금을 환수 당한 사례다. 필자는 자칭 국제입찰 전문가로서 마치 국제입찰의 전도사인양 여러 곳에 다니며 국제입찰 즉, 해외정부조달시장을 개척하라고 역설한다. 그때마다 많은 참석자들은 입찰보증금 (b-bond) 과 이행보증금 (p-bond)에 질문이 쏟아진다. 국제입찰에 참여하고 싶어도 입찰보증금을 미리 납부해야하고, 낙찰에 성공한다 해도 상당한 금액의 이행보증금을 미리 납부해야 하는 것에 위험부담을 느낀다는 것이다.

입찰보증금 (bid bond)은 입찰시행기관이 경쟁입찰에 부칠 경우 경쟁입찰자들에게 납부시키는 물적 담보를 말한다. 입찰보증금을 납부시키는 목적은 불성실한 입찰자를 배제시키기 위한 것이므로 입찰보증금의 납부가 없는 입찰은 무효이고 또 입찰자가 낙찰하였을 경우에 그 계약을 체결하지 않을 때는 그 입찰보증금은 손해배상으로써 입찰기관에 귀속시키게 된다. 입찰보증금 금액은 통상적으로 입찰서류에 명시되며 대략 입찰금액의 1%~10%를 납부하게 된다.

이행보증금 (performance bond)은 체결된 계약의 적정한 이행을 담보하고 불이행시는 이에 대한 손해의 보전을 위하여 납부시키는 것이다. 여러 보증금 중 계약에 가장 직결되는 중요한 보증금으로, 차액보증금과 달리 납부 면제의 경우를 제외하고는 모든 경쟁계약 및 수의계약의 경우에 낙찰자 또는 계약당사자에게 징수하게 된다. 계약이행보증금은 국제입찰 시행기관에 따라 다르지만 통상 해당 계약금액의 10%이상이나 경우에 따라서 20% 또는 그 이상을 요구하는 경우도 있다.

사실 입찰보증금을 내고도 입찰에 참여하지 않거나, 업자끼리 담합 등 부정한 행위를 하거나, 낙찰에 성공하고도 계약을 거절하게 되면 그 입찰보증금은 그대로 국고에 환수되게 된다. 또한 이행보증금을 납부하고 계약을 제대로 이행하지 못하면 여지없이 계약금의 일부 또는 전부를 환수 당하게 된다. 참으로 위험한 일이 아닐 수 없다. 당연히 입찰경험이 없는 입장에서는 쉽게 접근하기 어려운 일이다. 그러나 필자는 국제입찰을 20년 이상 하면서 수없이 입찰보증금, 이행보증금을 납부했지만 단 한 번도 환수당한 적이 없다. 단지 입찰의 요식행위에 불과하니 걱정 말고 입찰시장을 노크하라고 독려하고 다녔다. 그러던 필자가 보기 좋게 당한 것이다. 중동지역 정부조달시장에서 악명 높은 요르단 국방부가 주범이다.

사례의 발단은 이렇다. 요르단 국방부의 군복 입찰에 참여했다. 꽤 능력 있는 에이전트를 만나서 의외로 입찰이 순조롭게 진행되었다. 더구나 대부분 중동 이슬람 지역에서는 현지 에이전트를 주계약자로 하는데 이번에는 우리가 직접 주계약자로 전면에 나서게 된 것이다. 좋게 생각하면 우리 회사가 현지회사를 제치고 당당히 주계약자가 되었다는 사실에 기쁨일 수 있겠으나 돌이켜보면 이것이 함정이었다.

우리는 군복입찰에 낙찰되자 중동에 새로운 시장을 개척했다는 기쁨으로 들떠 있었다. 하루빨리 신용장 도착을 기다리던 어느 날 요르단 국방부로부터 한 장의 전문이 날라 왔다. 내용인 즉, '계약자로 낙찰된 것을 축하한다. 우리는 지금 물품 공급을 조속히 원하고 있다. 그래서 신용장을 빨리 열겠으니 이행보증금(p-bond)을 먼저 납부하라'는 것이었다. 우리는 낙찰의 기쁨과 신용장을 빨리 받고 싶은 욕심에 즉시 거래은행으로 달려가 지급보증신용장(standby L/C)을 개설했다.

여기가 함정이었다. 지급보증신용장을 개설한 이후에 생각지도 못했던 일방적인 주문서(P/O)가 도착했고 거기에는 당초 우리가 제시했던 납기를 무려 한 달 이상 단축시켜야하는 무리한 조항이 들어 있었다. 물론 정정을 요청하고 항의를 했지만 그러나 결과는 속수무책이었다. 에이전트와 입찰당국의 관계자들이 정정을 약속했지만 그것은 속임수에 불과했다는 것이 후일 여러 가지 정황으로 드러났다.

그러나 지급보증신용장[4)]은 특성상 수익자가 요청하면 지체 없이 지급해야 한다. 단, 그것이 사기에 의한 권리남용적 청구의 부당성이 인정될 경우에는 지급하지 않아도 된다는 판례가 있다. 우리나라 대법원판결(1993. 12. 9. 판결 93다43783) 및 미국통일상법전(U.C.C. sec §5-114) 에서도 사기적 청구에 대해서는 독립적 은행보증이라 하더라도 지급하지 않을 수도 있다는 것을 인정하고 있다. 물론 우리는 이 부분을 적극적으로 주장하면서 소송에 대응했지만 국제입찰, 국제금융에 전문지식이 부족한 법원에 의해 패소했고 무려 5만 달러의 보증금을 환수당하고 말았다. 법원의 소송이 아니고 중재였다면 결과는 달라졌을 수도 있었을 텐데... 이제 더 이상은 어디에 가서도 입찰보증금, 이행보증금을 걱정하지 말라는 주장은 할 수 없게 되고 말았다.

4. 사례를 통해 본 클레임 예방의 지혜

1) 클레임 사례 1

싱가포르는 누구나 알고 있듯이 세계적인 엘리트국가, 엘리트정부를 지향하는 투명한 나라다. 당시 리콴유 수상은 사석(私席)에서 '대학을 나오지 않은 사람은 자녀도 나아서는 안 된다'는 식의 발언을 했다가 혼쭐이 난 적이 있을 정도로 엘리트 국가를 지향하는 나라다. 또한 기후조건이 30도를 오르내리는 열대국가로 매일같이 세탁을 해야 되고 그래서 세탁견뢰도와 마찰견뢰도가 매우 중요한 조건이다. 상황이 이렇다면 싱가포르가 구매하고자 하는 품질은 최상급 원단이라는 것을 알아차렸어야 했다. 가격중심이 아니라 품질중심의 입찰이라는 것을 말이다.

리콴유(李光耀 19239.16 ~) : 1949년 영국 케임브리지 대학교 법학과를 수석으로 졸업하고 변호사 자격을 취득한 후 귀국해서 1951년 변호사 개업, 1959년 싱가포르 자치정부 총리, 1963년 말레이시아 연방 발족에 따라 주정부 총리, 1965년 8월 싱가포르가 말레이시아에서 분리 독립함에 따라 싱가포르 총리에 취임. 1990년 11월까지 26년간 총리로 있다가 퇴임, 인구 3백만의 작은 나라 싱가포르를 아시아의 용(龍)으로 일으켜 세운 인물이자 냉철한 현식감각과 능수능란한 정치술, 대중적 인기에 영합하지 않는 확고한 신념을 가진 지도자로서 20세기 세계의 지도자 가운데 한 사람으로 꼽힌다.

또한 에이전트가 보내온 견본과 입찰당국의 규격이 일치하지 않는다면 전문가인 엔지니어답게 비전문가인 입찰당국에게 기술적으로 그 사실을 일깨워주고 해결책을 모색했어야 했다. 만일 그랬다면 후일 문제해결에 진땀을 흘리지도 않았을 것이고 신뢰받는 공급자로서 입지를 더욱 굳혔을 것이다. 목전의 이익만 생각했던 안일한 자세가 화를 불렀지만 천만다행으로 시제품에 사인 받은 물증으로 위기를 넘겼다. 하지만 아직도 마음 한구석엔 죄책감을 떨칠 수가 없다. 기술지식이 없었던 입찰담당자들이 당했을 곤혹스러움 때문이다.

2) 클레임 사례 2

요르단은 우리나라의 많은 기업들이 이미 유사한 클레임을 당한 바 있다. 나중에 알고 보니 K상사, H 상사 등이 클레임에 걸려 대금지급을 못 받고 있었다. 이미 국내 공급자들은 요르단 정부를 악명 높은 악덕바이어로 인식하고 기피하고 있었는데 우리만 주계약자가 되었다고 기뻐한 것이다. 사전정보 없이 오더수주에만 급급했던 까닭에 지급보증금을 환수당하는 화를 당한 것이다. 더구나 중동 이슬람지역에는 그들만의 특별한 상거래 관습과 문화가 있다.

예컨대 그들의 IBM식 대화 즉, 명확한 시간개념 없이 대답하는 '인샬라'의 약속을 철석같이 믿었던 어리석음이 있었다. 또한 배드윈(bedouin)의 후예로서 허장성세와 체면 그리고 예의를 중시하는 에이전트에게 전화상으로는 물론 현지까지 찾아가 수없이 꾸짖고 비방하고 다그쳤었다. 그리고 아무리 이스라엘 친구에 의해 요르단과 연결되었다 하더라도 아직도 유태인에 대한 증오가 뿌리깊이 깔려있는 그들에게 유태인을 중개자로 활용했다는 어리석음이 있었다. 중동인과의 상거래에서 그들의 문화적 특성과 의식구조, 가치관의 형성 및 협상상의 유의점 등을 이해하지 못한 것이 결국은 예상치 못했던 클레임을 불러온 것이다.

3) 클레임 사례 3

IBM의 I는 '인샬라' (In Sha Allah : 알라가 원한다면), B는 '부크라' (Bukrah : 내일), M은 '마알라이쉬' (Ma alaish : 괜찮아, 무얼 그러느냐)라는 단어의 첫 자모음으로 무슬림 들의 사고 즉, 모든 것은 알라의 뜻대로 반드시 이루어질 것이니 걱정하지 말고 서두르지 말라는 뜻을 서구인들이 빗대서 표현하는 말이다.

베두인(bedouin)은 사막에 사는 유목민을 뜻한다. 요르단과 모로코를 잇는 3,000마일 가량의 중동과 북부아프리카의 건조지대에 약 3백만이 살고 있다. 베두인은 사막을 배회하는 유목민 생활에 익숙해 종종 때를 따라 가축이 먹을 물과 식량을 따라 이동한다. 비가 많은 계절에는 사막에, 건조기에는 물이 풍부한 지역으로 이동한다. 사막에 가장 가까이 살며 낙타를 사육하여 승용, 식육, 유제품에 이용한다.

5. 클레임을 해결하는 지혜

마케팅을 아무리 잘해서 좋은 가격으로 오더를 수주했다 하더라도 계약이행의 문제로 물품대금을 지급받지 못하거나 또는 받은 물품대금을 클레임으로 변제해야 한다면 그야말로 헛장사를 하는 셈이다. 뿐만 아니라 거래선 까지 잃게 되는 손실을 감수해야 된다. 따라서 클레임의 발생을 최대한 예방해야 하지만 그럼에도 불구하고 클레임이 발생하면 신속하고 원만하게 해결해야 한다.

상기의 사례에서 보듯이 실제로 클레임의 가능성은 항상 존재한다고 보아야 한다. 물론 앞의 싱가포르 경우처럼 클레임이 오히려 좋은 국면으로 전환되는 경우도 있지만 요르단의 경우처럼 대책 없이 당하고 원수처럼 되는 경우도 있다. 즉, 클레임을 잘 해결하면 오히려 신뢰를 구축할 수 있지만 대부분은 클레임도 당하고 바이어도 잃는 결과를 초래한다.

클레임은 수출업자가 수입업자에게 제기하는 경우는 극히 제한적으로 대금결제 거절 및 지연, 신용장개설 불이행 및 지연 등이다. 클레임의 대부분은 수입업자가 수출업자에게 제기하는 경우로 제품의 하자나 계약불이행이 원인이기도 하지만 언어, 관습, 법률, 문화 등의 이해부족과 불명확한 의사소통에서 발생되기도 한다. 더구나 악의적인 클레임도 있다. 수입상에게 거의 손해를 입히지 않는 정도의 사소한 과실임에도 수입상이 과장하여 가격인하를 요구하거나 물품대금 지불을 지연 또는 거절하는 경우다. 뿐만 아니라 계약서류 및 선적서류에 하자가 생기도록 의도적으로 유도하는 등 소위 마켓클레임 (Market Claim)이 있다.

어떤 경우든 거래 상대방이 클레임을 제기하면 진지하고 합리적인 자세로 대응해야 한다. 우선 클레임의 발생원인이 무엇인지, 누구에게 하자가 있는 것인지를 파악해야 하며 그리고 가능하면 신속하고 원만하게 해결할 수 있는 방법을 모색해야 한다. 부채가 자산이듯 클레임도 자산일 수 있기 때문에 가능한 당사자간에 자의적 해결이 중요하다. 제3자의 도움이 필요하다면 상사중재원의 조정이나 알선이 적격일 것이다. 어쩔 수없이 분쟁 (dispute)으로 발전한다면 이 또한 소송이 아니라 반드시 중재로 해결하는 것이 신속하고 원만한 해결 그리고 지속적인 거래 가능성을 높일 수 있다.

조정은 공정하고 중립적인 조정인이 당사자간의 분쟁을 적정한 합의를 통해 해결하도록 도와주는 절차다. 조정인은 해당분야에 대해 경험이 풍부하고 전문적 지식을 갖춘 전문가로 구성되는 것이 보통이며 전문적 지식을 바탕으로 거래관행, 상관습을 반영하여 의견을 제시하거나 분쟁에 대한 적절한 평가를 통해 당사자들이 스스로 자신의 분쟁에 대해 결정하고 상호 만족할 만한 합의에 이루도록 돕는다. 실제로 조정에서의 합의율은 외국의 경우 70~80%에 이르며, 합의는 당사자들의 입장을 수용하여 이루어지므로 합의안에 따른 자발적 이행율이 높다.

알선은 국내외 상거래에서 발생하는 분쟁을 분쟁해결의 경험과 지식이 풍부한 대한상사중재원의 직원이 개입하여 양당사자의 의견을 듣고 해결합의를 위한 조언과 타협권유를 통하여 합의를 유도하는 제도이다. 알선단계에서는 특히 분쟁당사자간의 협력이 필요하며 당사간의 비밀이 보장되고 거래관계를 지속시킬 수 있는 장점이 있다. 대개 중재합의가 없는 경우에 많이 이용되고 알선절차에 소요되는 모든 경비는 무료이다.

6. 끝맺는 말

세계에서 가장 큰 시장은 정부조달시장이고, 세계에서 가장 큰 바이어는 각국의 정부이다. 왜냐하면 전 세계 2백여 국가 중에 정부조달을 하지 않는 나라는 거의 없다. 통계에 의하면 전 세계 정부조달시장의 규모가 무려 2조1천억 달러, 정부조달에 참여하는 기업이 1천만 개가 넘는다고 한다.[5)]

당연히 각국의 정부조달시장에서는 수많은 종류의 클레임으로 인한 상사분쟁이 발생되고 있다. 이 상사분쟁을 법원의 소송에 의하지 않고 상사중재로 해결하도록 유도할 수만 있다면 국제중재 활성화는 저절로 이루어질 것이다. 따라서 서두에 언급한 대로 국제중재 활성화를 위해 해외 정부조달시장 계약서에 중재조항을 삽입하는 노력을 기울여야 한다.

그 방법으로 뉴욕협약에 가입된 135개 국가의 정부조달시장에서 조달계약서에 중재조항을 삽입하도록 할 수만 있다면 국제중재 활성화와 많은 도움이 될 것이다. 이미 우리나라의 조달청과 국방부조달본부에서도 중재조항이 삽입될 수 있는 것과 마찬가지로 말이다. 현재 뉴욕협약에 가입된 국가들을 보면 대부분 우리나라와 교역하는 주요국가 들이다. 그렇다면 135개 나라의 상사중재기관을 중심으로 정부조달기관에 중재제도의 장점과 이점을 설득하여 표준계약서에 중재조항을 삽입할 수 있도록 노력하는 것이다. 개인기업을 상대로 홍보하는 것보다 정부조달기관의 파급력이 엄청나기 때문이다.

뉴욕협약은 외국중재판정의 승인 및 집행에 관한 UN협약(1958)으로 2005년 8월 현재 135개국이 가입했다. 우리나라는 1973년 5월 9일 42번째로 가입하였으며 그 효력은 우리나라에서 내려진 중재판정이 외국에서도 승인되고 집행되며, 그 반대의 경우도 동일하다는 것이다. 승인집행의 요건으로는 ① 유효한 중재합의가 있어야 한다. ② 중재판정은 적법한 절차진행으로 내려져야 한다. ③ 중재판정이 판정지 국가에서 기판력(확정력)을 가지고 있어야 한다. ④ 중재판정의 내용이 집행지 국가의 공서양속에 반하지 않아야 한다.

자료 : 대한상사중재원 방성석(이글코리아 대표이사)

---

3) 일반경쟁입찰 이라고도 한다. 입찰 참가자의 자격에 제한을 두지 않고 모든 국가, 모든 업체의 불특정 다수가 참가할 수 있는 입찰방식이다. 공개경쟁입찰은 입찰계약의 목적, 범위 등을 공고하여 입찰 참가기회를 널리 주고 그중에서 가장 유리한 조건을 택하는 것이다.

4) 국제상업회의소(ICC) 1992년 제정, ICC Publication No.458 독립적 보증에 관한 통일규칙 제26조.

5) 중소기업청, "보도자료-국제조달시장진출지원개요", 2004.2.23.

제14장 중재비용

중재는 중재신청인의 신청에 의해 진행되는데 이러한 중재를 하는데 필연적으로 비용이 소요될 수 밖에 없다. 재판의 경우와 달리 중재의 경우에는 그 비용이 상대적으로 많지 않지만 분명한 것은 수익자 부담원칙에 의거하여 부담하게 된다는 점이다. 본 장에서는 중재비용의 정의의 내용을 중심으로 하여 중재비용의 유형과 중재비용과 관련된 국제규칙에서의 각 조문들의 내용을 살펴본다. 또한 중재비용의 산정 방식과 함께 중재비용의 예납 및 반환 등의 내용 및 절차에 대하여도 함께 살펴보기로 한다.

이와 함께 무역클레임액의 대외송금 내용 및 방법에 대하여 함께 살펴보기로 한다.

1 중재비용의 의의

(1) 중재비용의 정의

중재절차를 수행하는데 있어 필연적으로 비용의 지출이 따르게 되는데, 재판과 달리 중재의 경우 중재절차에 소요되는 모든 비용을 당사자가 부담할 수 밖에 없다. 이러한 중재비용(Costs of the arbitrations)은 중재를 신청한 후 판정이 내리질 때까지 소요되는 모든 비용으로서 중재인의 선정, 심리절차의 진행, 중재판정 및 중재판정문 원본의 관할법원에로의 이송보관에 이르기까지 발생되는 모든 비용을 의미하는 것이다.

(2) 중재비용의 개념

1) 중재관리비용

중재비용은 중재관리비용(Administrative expenses)과 같은 의미로 사용되기 하는데, 중재관리비용이란 중재관리기관(우리나라의 경우 대한상사중재원)에 의하여 부과되는 중재절차의 비용을 의미한다. 이러한 관리비용에는 ① 관리요금(administrative fee), ② 심리요금(hearing room fee), ③ 심리의 복사가 아닌 사무서비스 비용(charges for clerical services)이 포함되고 경우에 따라서는 ④ 중재인의 요금과 비용(fees and expenses of the arbitrators)등의 비용이 포함되기도 한다.[1)]

중재도 재판(소송)과 같이 분쟁해결 방법의 하나로서 중재절차를 진행하기 위하여 비용의 지출이 수반될 수 밖에 없는데, 중재비용은 법규에 의하거나 중재인에 의하여 중재비용으로 인정되게 된다. 그러나 이러한 비용은 국가기관에 의한 재판과는 달리 당사자가 전액부담하게 되어 있다.

이렇듯 기관 중재를 통하여 분쟁해결을 하는 경우에는 중재인의 보수와 비용 외에도 중재기관의 관리비용 등의 지출이 있게 마련이며, 그 비용은 그 기관의 규칙에 따르는 것이 일반적인 관례이다. 따라서 당사자들은 중재기관이 정한 요금규정에 따라 산출된 금액을 지불하게 된다. 예를 들자면, 어떤 당사자가 대한상사중재원을 이용하여 중재를 수행한다면 이와 관련된 비용의 처리는 대한상사중재원의 관련 규칙에 의거 처리하게 되는 것이다.

2) 상환청구가능 비용

한편, 중재비용에는 중재절차에 소요되는 각종 경비 가운데 상환청구가 가능한 비용을 포함하고 있다. 여기서 상환청구가 가능한 중재비용이란 회수가 가능한(recoverable) 비용을 의미하는데, 중재비용의 종류, 금액 및 부담 비율에 대하여 누가 얼마나 부담할 것인지를 결정하여야 한다.

3) 대리인 변호사의 보수와 비용

각국의 중재법 가운데 명시적으로 중재절차에 들어가는 대리인 변호사의 보수와 비용에 관하여 명문의 규정을 두고 있는 중재법은 거의 없다. 그러나 중재절차에 소요되는 비용 가운데 대리인 변화사의 보수와 비용 등을 포함시키면, 당사자가 중재절차를 수행하기 위하여 필요한 비용은 통상 비용 가운데 가장 큰 비율을 차지하는 것이 일반적이다.

---

1) American Arbitration Association, 「A Dictionary of Arbitration and its Terms」, 1979, p.6.

2 중재비용의 유형

(1) 중재법규에 의한 규정

1) 중재법규와 관련 입법례

중재비용의 종류에 대하여 명문의 규정을 두고 있는 법제도 있고 그렇지 아니한 법규도 있다. 중재비용에 대한 명문의 법규가 있는 경우에도 모든 법규가 일치하는 것은 아니다. 따라서 중재규칙을 제정하여 이용하고 있는 상설중재기관의 관리요금에 있어서는 중재비용의 종류가 당해 중재기관의 중재규칙에 의하여 명시되어 있는 것이 상례적이라고 할 것이다.

이러한 중재관리 비용에는 대체로 중재기관 자체 관리 사무에 대한 실비 충당을 위하여 ㉠ 당사자가 중재인에게 지급하여야 하는 보수 또는 수당(arbitrator's remuneration or allowances), ㉡ 중재심리절차진행상 중재인의 지시에 의하여 또는 당사자의 신청에 의하여 증거조사·증언 또는 통역이나 번역 등의 서비스 제공을 필요로 하는 경우, 그러한 서비스 제공에 대한 여비, 수당, 숙박비 등의 비용과 ㉢ 기타 중재에 소요되는 기타의 비용(other expenses of the arbitration)이 포함된다.

2) 영국의 중재법

영국의 중재법(1996년 개정)은 중재인의 수당 및 비용, 관련 중재기관의 이용에 따른 비용, 중재당사자의 법률 또는 기타 비용 등을 규정하고 있으며, 중재비용의 담보를 제공하도록 신청인에게 명령하는 권한과 중재인들의 비용과 요금의 완불이 없는 한 당사자들에 판정문의 송달을 거부할 수 있는 판정부의 권한을 규정하고 있다. 또한 중재인에 의한 과다한 비용청구에 대하여 법원에 대한 소송절차를 규정하고 있다.

3) 우리나라의 중재법

한편, 한국의 중재법에서는 중재비용에 대하여 구체적인 명문규정을 두고 있지 않으며, 중재규칙에서 구체적으로 규정하고 있다. 한국의 중재법은 다만 정부는 이 법에 의하여 국내외 상사분쟁을 공정·신속하게 해결하고 국제거래질서를 확립하기 위하여 산업자원부장관이 지정하는 상사중재를 행하는 사단법인에 대하여 필요한 경비의 전부 또는 일부를 보조할 수 있다고 하여 상사중재기관에 대한 보조를 명시(제40조)하고 있다. 이에 따라 대한상사중재원에서는 매년 국고보조를 지원받고 있다.

(2) 중재비용의 유형

중재비용이란 일방 당사자가 분쟁의 최종 해결을 위해 중재를 신청한 후 판정이 내려질 때까지 소요되는 비용을 의미하는데, 이러한 중재비용은 요금, 경비, 수당으로 구분되어진다. 한편, 중재비용의 납부와 관련하여 중재신청서를 접수할 때 신청인으로부터 우선 예납을 받으나 중재판정부에 의하여 비율이 판정에서 정해지는 것이 일반적이다.

이러한 중재 비용은 크게 3가지로 구분되는데, 첫째, 대리인 변호사의 보수 등 중재절차를 수행하기 위해서 들어가는 당사자 비용과 둘째, 중재인의 보수와 비용 셋째, 중재기관을 이용하는 경우 중재기관에 지불하는 관리요금 등으로 분류가 된다.

1) 중재요금

중재요금이란 상설중재기관이 중재관리를 위하여 제공하는 서비스에 대한 보상을 목적으로 징수하는 것이며, 소정의 요율표에서 명시된 일정금액에 한정되고 있다. 이러한 중재요금은 관리요금과 심리기일변경요금으로 구분되며 신청인이 예납(豫納)하여야 한다.

① 관리요금

관리요금은 중재신청금액에 따라 중재규칙 및 중재사무처리규정에서 정하는 요금표에 의하여 계산된다.

② 심리기일변경요금

심리기일변경요금은 심리의 연기가 중재판정부의 직권으로 이루어진 경우에는 부과하지 아니하나 당사자의 요구에 의하여 연기되는 경우에는 매 연기마다 ₩100,000을 부과된다(대한상사중재원 중재규칙 제62조).

2) 경비

경비란 중재인 및 중재서기의 소요경비, 증거, 증인 또는 감정인의 소요경비, 검사 또는 조사경비, 녹음 또는 속기록의 작성경비, 통역 또는 번역경비, 기타 중재에 소요되는 일체의 경비를 의미하는 것이다.

우리나라의 대한상사중재원 중재규칙의 경우 이러한 경비는 당사자의 신청에 의한 경우에는 그 당사자가 예납하도록 규정하고 있다. 만약 위 경비가 중재판정부의 지시에 의한 것일 경우에는 당사자간에 따로 정함이 없는 한 신청인이 예납하도록 명시하고 있다(대한상사중재원 중재규칙 제63조).

3) 수당

수당이란 중재인 보수를 의미하며, 수당에는 '중재인 수당', '판정문 작성 수당',

'심리당 추기지급수당' 등이 있다. 중재신청인은 중재원이 정하는 중재인의 수당을 예납하도록 제규정에 명시되어 있다(대한상사중재원 중재규칙 제64조). 중재비용에 따른 수당은 다음의 표와 같다.[2]

<표 Ⅲ-10> 중재비용

신청금액	관리요금	기일변경 요금	요금합계	부가세	수당	예납금액
5백만원	100,000	100,000	200,000	20,000	0	220,000
1천만원	200,000	100,000	300,000	30,000	0	330,000
2천만원	350,000	100,000	450,000	45,000	0	495,000
4천만원	650,000	100,000	750,000	75,000	700,000	1,525,000
5천만원	800,000	100,000	900,000	90,000	700,000	1,690,000
1억원	1,300,000	100,000	1,400,000	140,000	800,000	2,340,000
2억원	1,800,000	100,000	1,900,000	190,000	1,700,000	3,790,000
3억원	2,300,000	100,000	2,400,000	240,000	4,100,000	6,740,000
5억원	3,300,000	100,000	3,400,000	340,000	4,100,000	7,840,000
10억원	5,800,000	100,000	5,900,000	590,000	6,600,000	13,090,000
50억원	25,800,000	100,000	25,900,000	2,590,000	8,200,000	36,690,000
100억원	38,300,000	100,000	38,400,000	3,840,000	9,800,000	52,040,000
200억원	58,300,000	100,000	58,400,000	5,840,000	11,500,000	75,740,000
300억원	78,300,000	100,000	78,400,000	7,840,000	15,000,000	101,240,000
500억원	118,300,000	100,000	118,400,000	11,840,000	15,000,000	145,240,000
800억원	178,300,000	100,000	178,400,000	17,840,000	25,000,000	221,240,000
1,000억원	218,300,000	100,000	218,400,000	21,840,000	25,000,000	265,240,000
2,000억원	418,300,000	100,000	418,400,000	41,840,000	25,000,000	485,240,000
신청금액이 없는 경우	1,000,000	100,000	1,100,000	110,000	1,900,000	3,110,000

* 중재인수당 금액은 청구금액 2억원 이하는 중재인 1인, 2억원 초과는 중재인 3인의 수당 금액임.
* 청구금액 2천만원 이하의 국제중재의 경우 중재인 수당 및 판정문 작성 수당으로 700,000이 추가됨.
** 상기 금액 현황은 2005. 2. 21. 자료임.

① 중재인수당

중재인수당은 대한상사중재원이 정하는 상사중재사무처리규정에 의거하여 신청금액별로 차등 지급된다. 이러한 중재인 수당은 300,000원에서 1,100,000원 가량으로 청구금액에 따라 차등 지급된다.

② 판정문 작성수당

판정문 작성수당은 글자 그대로 중재판정문의 작성과 관련된 수당으로서 의장중재인이나 단독중재인에게는 별도로 판정문 작성수당이 지급된다. 이러한 판정문 작성수당은 200,000에서 400,000원으로 청구금액에 따라 차등 지급된다.

2) 대한상사중재원, 중재비용, http://www.kcab.or.kr/

3 중재비용에 관한 중재조항

중재비용은 일반적으로 중재절차의 준거법에 규정되어 있으나, 원칙적으로 '당사자 자치의 원칙'이 광범위하게 인정되고 있다. 따라서 관련 당사자는 적용되는 중재규칙의 내용에 유의하여야할 필요가 있으며, 필요에 따라서는 중재조항으로 별도의 규정을 두는 것이 합리적일 것으로 판단된다.

<표 Ⅲ-11> 중재비용에 관한 중재조항 (영문)

The arbitrators shall have the power to make an arbitral award allocating th costs of the arbitrations between the parties, including the arbitrators' fees as well as the costs of legal representation.

The prevailing party shall be entitled to recover its costs, including the arbitrators fees and expenses, the fees and expenses of the arbitral institutions, and the fees as well as the costs of legal representation, incurred in the arbitral proceedings.

Each party shall bear its own costs for the arbitration, including the fees as well as the costs of legal representation and an equal share of the arbitrators; fees and expenses, the fees and expenses of the arbitral institution.

<표 Ⅲ-12> 중재비용에 관한 중재조항

중재인은 중재인의 보수와 비용, 중재기관의 요금과 비용 및 법적 대리인의 보수와 비용을 포함하여 당사자간의 중재비용을 할당하는 중재판정을 결정할 권한을 갖는다.

유리한 중재판정을 얻은 당사자는 중재절차에서 발생한 중재인의 보수와 비용, 중재기관의 요금과 비용 및 법적 대리인의 보수와 비용을 포함하여 자신의 비용을 상환할 권리를 가진다.

각 당사자는 법적 대리인의 보수와 비용을 포함하여 중재에 따른 자신의 비용을 부담하고, 중재인의 보수와 비용 및 중재기관의 요금과 비용은 균등하게 부담하는 것으로 한다.

4 중재비용의 산정

(1) 중재비용 산정의 원칙

소송에 있어서 일반적으로 '패소당사자 부담의 원칙'이 적용되어 원칙적으로 패소한 당사자가 소송비용을 부담하고 예외적으로 법원이 사정에 따라 승소한 당사자로 하여금 소송비용의 일부나 전부를 부담하게 할 수 있다. 그러나 중재의 경우에는 당사자자치의 원칙에 근거하므로 중재인 계약에 의해 중재인 보수 등을 당사자의 합의로 정할 수 있고, 이러한 합의가 없는 경우에는 중재법규가 정하는 바에 따르는 것이 일반적인 형태라 하겠다.

(2) 영국 중재법에서의 중재비용 산정

이와 관련하여 영국의 중재법에서는 다음과 같이 명시하고 있다. '중재인과 당사자간에 별도의 합의가 없는 경우, 중재인은 당해 분쟁의 규모나 복잡성 등을 고려하여 적당하고 합리적인 보수와 비용을 받을 권리가 있으며, 당사자는 연대하여 이를 부담하여야 한다'고 명시하고 있다. 미국의 경우에도 대체로 유사한데, 중재인은 자기의 보수를 합리적인 범위 내에서 결정할 수 있도록 하고 있다.

(3) 우리나라 중재법에서의 중재비용 산정

한편, 우리나라의 중재법에서는 중재비용에 대하여 규정하고 있지 않으나, 중재규칙에서 구체적으로 규정하고 있다.[3] 이에 따라 중재비용은 각 당사자들이 중재판정에 의하여 결정되는 부담비율에 따라 부담하고 있다. 다만, 중재판정에서 중재비용의 전부 또는 일부를 어느 일방당사자 또는 쌍방당사자의 부담으로 정하지 않았을 경우에는 당사자 쌍방의 균등부담으로 한다고 명시하고 있다(중재규칙 제61조 참조).

---

3) 중재비용과 관련한 내용은 본질적으로 미국, 영국과 유사하지만 우리나라의 중재법에서 중재비용과 관련된 사항을 언급하기 보다는 하위법에서 언급하고 있는 것은 법계(法戒)의 상이함에서 기인하는 것으로 보는 것이 타당하다. 즉, 우리나라는 경성(硬性)법계를 가지고 있기 때문에 법의 개정이 불문법계 국가보다 상대적으로 용이하지 않다. 따라서 중재비용과 같이 비교적 변동될 가능성이 큰 부분은 하위법에서 구체적으로 명시하는 기술방법을 활용하는 것이 일반적이다.

5 중재비용의 예납과 반환

(1) 중재비용의 예납

중재신청인은 중재요금, 중재경비, 중재수당 등 중재비용을 중재의 신청과 함께 사무국이 필요하다고 예상하는 금액을 법규에 정하는 바에 따라 사무국이 지정하는 통화로 예납하여야 한다. 예외적인 형태이지만 만일, 예납액이 부족될 것으로 인정되는 경우에는 사무국인 신청인에게 추가예납을 요구할 수도 있다.

중재비용의 예납은 중재신청요건의 하나로 볼 수 있는데 근거한다. 따라서 신청인이 예납을 이행하지 않거나 피신청인이 이를 대납하지 않는 경우에는 중재판정부의 결정에 따라 중재절차의 진행을 종료할 수도 있다(중재규칙 제65조).

(2) 중재비용의 환원

그리고 예납된 중재비용은 중재판정에 의해 결정되어 그에 의해 부담되어지는 부담비율에 따라 정산되는 것이 일반적이다. 즉, 사무국은 심리가 종결되면, 예납액의 수지계산서를 작성하고 중재판정문이 작성되었을 때는 그 정산서를 작성하여 중재판정문과 함께 송부한 다음 해당 당사자에게 정산잔액을 반환하게 된다.

그 외 ① 중재신청의 접수통지가 발송되기 전에 사건의 해결 또는 철회를 서면으로 사무국에 통지한 경우, ② 중재판정부의 구성이 완료되기 전에 사건의 해결 또는 철회를 사무국에 통지하였을 경우, ③ 제1차 심리예정일(심리에 의하지 아니하는 절차의 요금에 대하여는 첫 증거 및 서류가 중재인에게 송달된 일자)보다 적어도 48시간 이전에 해결 또는 철회를 서면으로 사무국에 통지하였을 경우 등에 있어서는 일정 금액을 초과하는 요금은 요금반환 규정에 따라 반환하게 된다.

그러나 관리요금은 중재신청의 변경으로 인하여 신청요금의 감액이 있는 경우에는 그 차액은 반환되지 아니하며, 중재비용의 예납에 따라 발생할 수 있는 이자 등도 반환하지 아니한다.

6 무역클레임액의 대외송금

(1) 무역클레임액의 대외 송금 필요성

무역클레임이 제기되어 그 해결결과 위약금, 손해배상금, 보상금, 해약금 및 대리점 수수료, 대행지급금, 기타 중개수수료 등을 거래선에 지급하고자 할 경우에는 외국환관리법령에 따라 외국환은행장에게 신고 또는 한국은행 총재의 허가를 받아 지급받으면 된다.

(2) 무역클레임액의 대외 송금 관련 서류

무역클레임액의 대외 송금과 관련하여 사안별로 요구되는 서류가 일부 상이한데 구체적인 내용은 다음과 같다.

1) 위약금, 손해배상금, 보상금, 해약금 지급

이러한 경우에는 외국환은행장 신고가 되어야 하며 ① 거래 경위서 또는 합의서, ② 클레임사실 입증서류(공인기관의 검사보고서 등), ③ 신용장 또는 계약서 등이 필요하다.

2) 물품의 수출·수입에 직접 수반하는 중개 또는 대리 수수료 등의 지급

이러한 경우에는 외국환은행장 신고가 되어야 하며 ① 대리점 계약서 또는 중개료 계약서 등, ② 신용장 또는 계약서 등이 필요하다.

3) 물품의 수출·수입과 직접적으로 관계되지 않는 중개·대리 수수료 등의 지급

이 경우에는 대상거래 금액의 100분의 10 또는 미화 5만 달러 이하인 경우에는 외국환은행장 신고가 필요하며, 대상거래 금액의 100분의 10 또는 미화 5만 달러 초과의 경우에는 한국은행 총재 허가가 필요하다. 이 경우 요구되는 서류로는 ① 대리점 계약서 또는 중개료 계약서 등, ② 신용장 또는 계약서 등이 필요하다.

학습정리

중재비용의 종류에 대하여 명문의 규정을 두고 있는 법제도 있고 그렇지 아니한 법규도 있음. 또한 이에 대한 법규가 있는 경우에도 모든 법규가 일치하는 것은 아님. 중재규칙을 제정하여 이용하고 있는 상설중재기관의 관리요금에 있어서는 중재비용의 종류가 당해 중재기관의 중재규칙에 의하여 명시되어 있는 것이 상례적임.

중재비용(Costs of the arbitrations)은 중재를 신청한 후 판정이 내리질 때까지 소요되는 모든 비용으로서 중재인의 선정, 심리절차의 진행, 중재판정 및 중재판정문 원본의 관할법원에로의 이송보관에 이르기까지 발생되는 모든 비용을 의미함.

중재비용은 일반적으로 중재절차의 준거법에 규정되어 있으나, 원칙적으로 당사자자치의 원칙이 광범위하게 인정되고 있음. 따라서 관련 당사자는 적용되는 중재규칙의 내용에 유의하여 하며, 필요에 따라서는 중재조항으로 별도의 규정을 두는 것이 합리적일 것임.

중재비용의 산정과 관련하여 중재의 경우에는 당사자자치의 원칙, 중재인 계약에 의해 중재인 보수 등을 당사자의 합의로 정할 수 있고, 이러한 합의가 없는 경우에는 중재법규가 정하는 바에 따름.

중재신청인은 중재요금, 중재경비, 중재수당 등 중재비용을 중재의 신청과 함께 사무국이 필요하다고 예상하는 금액을 법규에 정하는 바에 따라 사무국이 지정하는 통화로 예납하여야 함.

학습과제

1. 중재비용이란 무엇이며, 그 종류에 대하여 설명하시오.
2. 중재비용의 유형을 3가지 구분으로 제시하고 설명하시오.
3. 중재비용과 관련된 중재조항을 작성하시오.

분쟁사례연구 14

계약해지와 지체상금 등 지급청구

사건번호 : 제99111-0080호[4)]

구 분	내 용	비 고
신 청 인	S텔레콤회사	
피 신 청 인	H전자산업	
청 구 원 인	계약해지로 인한 지체상금 지급청구	
품 목	전 자	디지털 TRS 시설
청 구 금 액	금 12,186,299,672원	
판 정 일	2000. 11. 30. 판정	
판 정 내 용	금 580,899,408원	중재비용 신청인 19/20, 피신청인 1/20

판정요지 :

1. 신청인과 피신청인이 디지털 TRS 시설구매 및 설치공사 계약을 체결하면서 계약금액은 금 7,818,296,200원, 계약방식은 일괄인수계약방식 등으로 약정하였고, 위 계약금 중 6,254,636,960원을 신청인이 피신청인에게 지급한 사실은 당사자 사이에 다툼이 없다.

신청인의 이 사건 신청이유의 요지는 다음과 같다. 신청인은 피신청인과의 이 사건 계약내용으로 계약서 제10.1.에 규정되어 있는 사유의 경우에는 신청인이 계약을 해지할 수 있도록 약정하였는바, 피신청인이 이 사건 공사의 준공일까지 완공하지 못하였고, 피신청인이 납품한 시스템이 발주자가 요구하는 성능 및 품질을 충족하지 못하였고, 시스템의 안정화로 정상적인 상용서비스가 불가능할 뿐만 아니라, 이 시스템으로 계약 목적을 달성할 수 없으므로 이 사건 계약을 해지한다. 따라서 피신청인은 지체상금, 신청인이 피신청인에게 지급한 금액, 상업은행으로부터 대출한 금액의 이자, 부대시설비, 직접경비 합계 12,186,299,672원을 지급해야 한다. 이에 대하여 피신청인은 신청인의 위 주장을 부인하면서 계약을 이행하였다고 주장한다.

2. 신청인은 피신청인이 약정된 준공일까지 준공을 승인하지 못하였을 뿐만 아니라, 지금까지 준공하지 못한 것이라고 주장한다. 그러나 피신청인은 신청인에게 인수시험절차서를 제출하였고, 신청인이 시험결과를 승인하고, 주제어국 및 8개지국에 대

* 대한상사중재원, 「사례집 제10권」, 2001, pp. 232 - 242.

한 준공을 승인하였음을 인정할 수 있으므로 신청인의 주장은 이유 없다. 또한 1년 이상 상용서비스를 계속한 점에 비추어 보면 일부 불완전한 이행이 있다 하더라도 이 사건 사업목적물은 그 공사가 완공되었다고 봄이 상당하다. 피신청인이 납품한 시스템이 발주자가 요구하는 성능 및 품질을 충족하지 못하는지 여부에 대하여는 여러 가지로 복합적이고 복잡한 시설물로 구성된 사업인 점등 이 사건 계약의 특수성에 비추어 목적을 달성할 수 없는 경우가 아니라면, 부족한 성능, 품질을 수정보완하기 위한 비용을 청구함은 별론으로 하더라도, 이를 이유로 계약을 해지함은 신의와 공평의 원칙에 반한다 할 것이어서 신청인의 주장은 받아들이지 아니한다. 피신청인이 계약상의 중대한 의무를 위배하고 시스템의 안정화기간이 현저히 연장되어 정상적인 상용서비스가 불가능한지 여부에 대하여는 비록 일부 의무위반이 있고, 시스템안정화기간이 연장된 사실은 인정되나, 이로 인하여 계약 목적을 달성할 수 없거나, 사용서비스가 불가능하다고 보여지지 않으므로 신청인의 계약해지 주장은 이유 없다. 결국 신청인의 이 사건 해지주장은 이유 없으나, 다음에서 보는 바와 같이 채무불이행이 있으므로 피신청인이 이로 인하여 신청인이 입은 손해를 배상할 책임이 있다.

피신청인이 준공예정일인 1997. 10. 31.까지 의무이행을 다하지 못한 경우 계약금액의 1000분의 1.5에 해당하는 금액에 지체일수를 곱한 금액을 신청인에게 지체상금으로 지급하되 준공예정일로부터 60일을 초과한 경우 지체상금은 총계약금의 10%로 약정한 사실을 인정할 수 있는 바, 피신청인의 준공예정일이 빨라도 1998. 3. 24.임을 인정할 수 있어 계약금의 10%에 상당액인 781,829,620원을 지급할 의무가 있다. 추가기능일부 미이행에 따른 계약금의 1%에 상당하는 배상의무가 있음을 피신청인이 자인하고 있으므로, 그 액수는 78,182,962원이 된다. 감정인의 감정결과에 따른 항목별 이행비율에 관하여 신청인 및 피신청인 모두 이견을 주장하나 감정인의 감정결과는 합리성이 있으므로 이를 그대로 하기로 한다. 따라서 이사건 계약내용의 이행비율은 83.57%라 할 것이므로 신청인은 피신청인에게 총계약금 중 83.57%에 해당하는 6,533,750,134원을 지급할 의무가 있는바, 신청인은 계약금 중 이미 6,254,636,960을 지급하였으므로 나머지 279,113,174원만 피신청인에게 지급의무가 있다. 위에서 본 바와 같이 피신청인은 신청인에게 지체상금과 추가기능 미이행에 따른 배상금을 지급할 의무가 있으나, 한편 신청인은 피신청인에게 계약이행금을 지급할 의무가 있으므로 이를 상계하면, 피신청인은 신청인에게 지급할 금액은 580,899,408원이 된다.

신청인은 이 사건 계약을 해지함을 전제로 시스템 단말기대금, 대출이자금, 각종부대비용을 청구하나, 해지할 수 없음은 앞에서 본 바와 같으므로 이유 없다.

3. 그렇다면, 피신청인은 신청인에게 580,899,408원 및 이에 대한 지연손해금을 지

급할 의무가 있으며, 위 인정범위 내에서 이유 있어 인용하고, 나머지 신청부분은 이유 없어 기각하며 중재비용은 20등분하여 그 19는 신청인의, 나머지 1은 피신청인의 부담으로 하여 주문과 같이 판정한다.

판정주문

1. 피신청인은 신청인에게 금 580,899,408원 및 이에 대한 1999. 10. 23.부터 2000. 11. 30.까지는 연 5푼의, 그 다음날로부터 완제일까지는 연 2할5푼의 비율에 의한 금원을 지급하라.
2. 신청인의 나머지 신청은 기각한다.
3. 중재비용은 이를 20등분하여 그 19는 신청인의, 나머지 1은 피신청인의 부담으로 한다.

신청취지

1. 피신청인은 신청인에게 금 12,186,299,672원 및 이에 대하여 이 사건 중재신청서 부본 송달일부터 완제일까지 연 2할 5푼의 비율에 의한 금원을 지급하라.
2. 중재비용은 피신청인의 부담으로 한다.

판정이유의 요지

1. 다툼이 없는 사실

1997. 3. 5. 신청인과 피신청인이 디지털 TRS시설구매 및 설치공사 계약을 체결하면서 계약금액은 금 7,818,296,200원, 계약방식은 시스템 제작설치 및 설계, 시험 및 개통 등을 포함한 일괄인수계약방식, 계약기간 1997. 3. 5.부터 1998. 12. 31.까지, 계약준공일 1997. 10. 31. 상용서비스 개시일 1997. 11. 1, 시스템 인수일 1997. 12. 31. 시스템 기능개량 1998. 12. 31.까지, 단말기 국산화 공급일정은 차량용은 1997년 말까지, 휴대용은 1998년 초까지, 1999년 제3모델을 출시하는 것으로, 하자보증기한은 시스템 인수일로부터 2년간으로 약정하였고, 위 계약금 중 6,254,636,960원을 신청인이 피신청인에게 지급한 사실은 당사자 사이에 다툼이 없다.

2. 당사자의 주장

가. 신청인 주장

신청인의 이 사건 신청이유의 요지는 다음과 같다.

1) 신청인은 피신청인과의 이 사건 계약 내용으로 계약서 제10.0에 규정되어 있는 사유, 즉 ① 계약자가 계약상의 의무를 중대하게 위반하고 그 위반으로 인하여 계약목적을 달성 할 수 없다고 인정될 경우, ② 계약자가 이행한 사항이 발주자가 요구하는 성능 및 품질에 이르지 못하여 발주자로 부터 시정지시를 받았음에도 불구하고 발주자가 정한 기한 내에 이를 이행하지 아니하거나 못한 경우, ③ 계약자의 귀책사유로 인하여 준공기한까지 공사를 완공하지 못하거나 완공할 가능성이 없음이 명백한 경우, ④ 계약자의 귀책사유로 인하여 시스템 안정화기간이 당초 예정기간보다 현저히 연장되어 정상적인 상용서비스가 불가능하다고 객관적으로 인정되는 경우에는 신청인이 계약을 해지할 수 있도록 약정하였는바, 피신청인은 이 사건 공사를 준공일까지 완공하지 못하였고, 피신청인이 납품한 시스템이 발주자가 요구하는 성능 및 품질을 충족하지 못하였고, 시스템의 안정화로 정상적인 상용서비스가 불가능할 뿐만 아니라, 이 시스템으로 계약목적을 달성할 수 없으므로 이 사건 계약을 해지한다.

2) 따라서 피신청인은 다음과 같이 합계 12,186,299,672원을 지급해야 한다.

㉮ 1997. 10. 31.까지 계약을 완료하지 못하였으므로 그에 따른 지체상금 781,829,620원

㉯ 이 사건 계약으로 신청인이 피신청인에게 지급한 6,824,394,000원

㉰ 이 사건 사업을 위하여 신청인이 산업은행 등으로부터 총 8,425,000,000원을 대출받아 총 1,212,116,720원의 이자를 지급하였으므로 그 상당금액

㉱ 이 사건 사업을 위하여 기지국 환경공사 등 부대시설비로 총 2,279,672,000원을 투자하였는바, 그 중 1,749,796,000원

㉲ 이 사건 사업을 위하여 소요된 직접인건비, 기술연수경비 등 직접경비 총 1,618,163,332원

나. 피신청인 주장

피신청인은 신청인의 위 주장을 부인하면서 계약을 이행하였다고 주장한다.

3. 이 사건 증거조사의 내용

이 사건에 관하여 신청인은 갑제1호증내지 67호증을, 피신청인은 을제1호증내지 24호증을 제시하였고 중재판정부는 신청인측 증인 C씨를 심문하였으며, 신청인의 교환국, 기지국 중 P기지국 1개소에 대한 현장검증과 D공학회에 이 사건 TRS시스템 및 단말기에 관하여 i) 상용서비스 개시 지연원인 및 영향, ii) 시스템 기능개선 미이행 원인 및 책임, iii) 전체시스템 관점에서 필요한 기능, 서비스 개선작업

불이행 및 제공사항, iv) 각 항목별 이행비율을 분석감정토록 하였다.

4. 신청인의 이 사건 계약해지 주장에 관한 판단

신청인이 주장하고 있는 이 사건 계약의 해지사유에 관하여 본다.

가. 이 사건 공사 완공 여부

1) 신청인은 피신청인이 약정된 준공일까지 준공을 승인하지 못하였을 뿐만 아니라 지금까지 준공을 못한 것이라고 주장한다.

2) 그러나 을제2호증 내지 제9호증의 기재에 의하면, 피신청인은 신청인에게 1997. 9. 29. 인수시험절차서를 제출하였으며 신청인은 이에 따른 검사를 시행하였고 1998. 1. 8. 시험결과를 승인하고 1998. 3. 24. 주제어국 및 8개기지국에 대한 준공을 승인하였음을 인정할 수 있으므로, 신청인의 주장은 이유 없다.

3) 또한, 사업의 목적물이 완성된 경우에는 비록 그것이 불완전하여 보수를 하여야 할 부분이 있다 하더라도 준공이 되었다고 할 것인 바, 가사 신청인의 주장처럼, 위의 준공승인이 약정서에 기재된 절차에 따른 준공승인이라고 볼 수 없다 하더라도, 피신청인이 신청인으로부터 이 사건 사업목적물을 인수받아 1년 이상 사용서비스를 계속한 점에 비추어 보면 뒤에서 보는 바와 같이 일부 불완전한 이행이 있다 하더라도 이 사건 사업목적물은 그 공사가 완공되었다고 봄이 상당하다.

나. 피신청인이 납품한 시스템이 발주자가 요구하는 성능 및 품질을 충족하지 못하였는지 여부

이 부분에 관하여는 뒤에서 보는 바와 같이 시스템의 성능 및 품질이 발주자가 요구하는 정도에 이르지 못하였음이 인정되나, 이 사건 사업이 거액의 비용이 소요되고, 장기간에 걸친 사업이며, 여러 가지로 복합적이고 복잡한 시설물로 구성된 사업인 점 등 이 사건 계약의 특수성에 비추어 이 사건 사업의 목적을 달성할 수 없는 경우가 아니라면 부족한 성능·품질을 수정보완하기 위한 비용을 청구함은 별론으로 하더라도 이를 이유로 바로 계약을 해지함은 신의와 공평의 원칙에 반한다 할 것이어서 신청인의 주장은 받아들이지 아니한다.

다. 피신청인이 계약상의 중대한 의무를 위배하고 시스템의 안정화기간이 현저히 연장되어 정상적인 상용서비스가 불가능한지 여부

신청인의 이 사건 계약상의 의무이행의 정도는 뒤에서 보는 바와 같은 바, 비록 일부 의무위반이 있고, 시스템안정화기간이 연장된 사실은 인정되나, 이로 인하여 계약목적을 달성할 수 없거나, 상용서비스가 불가능하다고는 보여지지 아니하므로 이로 인한 신청인의 계약해지주장은 이유 없다.

5.

결국, 신청인의 이 사건 계약해지 주장은 이유 없으나, 다음에서 보는 바와 같은 채무불이행이 있으므로 피신청인은 이로 인하여 신청인이 입은 손해를 배상할 책임이 있다.

(신청인은 계약해지로 인한 손해배상을 청구하고 있으나 그 가운데에는 채무불이행으로 인한 손해도 구하고 있는 취지로 볼 수 있고, 피신청인 또한 이를 전제로 준비서면을 제출하고 있다. 피신청인 2000. 6. 7.자 준비서면 66면)

가. 지체상금

피신청인이 준공예정일인 1997. 10. 31.까지 의무이행을 다하지 못한 경우 계약금액의 1000분의 1.5에 해당하는 금액에 지체일수를 곱한 금액을 신청인에게 지체상금으로 지급하되, 준공예정일로부터 60일을 초과하는 경우 지체상금은 총계약금의 10%로 약정한 사실을 인정할 수 있는 바(갑제1호증 계약서 11조),

피신청인의 이 사건 사업준공일은 위에서 본 바와 같이 빨라도 1998. 3. 24경임을 인정할 수 있어 준공일예정일을 60일 초과한 것임이 역수상 분명하므로 피신청인은 신청인에게 계약금의 10% 상당액인 781,829,620원을 지급할 의무가 있다.

나. 추가기능일부미이행에 따른 배상금

추가기능일부미이행에 따른 계약금의 1%에 상당하는 배상의무가 있음을 피신청인이 자인하고 있으므로 그 액수는 78,182,962원이 된다.

다. 채무불이행의 내용과 책임정도

1) 감정인의 감정결과에 따른 각 항목별 이행비율

감정인은 각 항목별로 그 중요도를 고려하여 가중치를 10단계로 구분하고, 계약서관련 항목별 이행률과 항목간 중복성 등을 반영하여 다음과 같이 피신청인의 이행비율을 산출하였다.

2) 위와 같은 감정인의 감정결과에 관하여 신청인 및 피신청인 모두 이견을 주장하나 감정인의 감정결과는 합리성이 있으므로 이를 그래도 인용하기로 한다.

3) 따라서, 피신청인이 이 사건 사업계약 내용의 이행비율은 83.57%라 할 것이므로 신청인은 피신청인에게 이 사건 총계약금 7,818,296,200원 중 83.57%에 해당하는 6,533,750,134원을 지급할 의무가 있는 바, 신청인은 계약금 중 6,254,636,960원을 이미 지급하였으므로 그 나머지 279,113,174원만 피신청인에게 지급할 의무가 있다.

라. 피신청인이 지급할 금액

위와 가항에서 본 바와 같이 피신청인은 신청인에게 지체상금으로 781,829,620원을, 추가기능 일부미이행에 따른 배상금으로 78,182,962원을 지급할 의무가 있으나, 한편 위의 다항에서 본 바와 같이 이 사건 계약 이행금으로 신청인은 피신청인에게 279,113,174원을 지급할 의무가 있으므로 이를 대등액에서 상계하면 피신청인이 신청인에게 지급할 금액은 580,899,408원(781,829,620원+78,182,962원-279,113,174원)이 된다.

대 항 목	소 항 목	가중치 (A)	이행비율 (R, %)	가증 이행율 (A×R)/100
서비스 개시지연	· 혼신 · ATP 지연	2	60	1.20
서비스 기능	지역그룹호출	10	100	10.00
	· 텔리포니 · 1:1 개별호출 · 광역 및 전국, 타망 접속서비스 · 문자전송, 데이터 통신 · 음성사서함 · 통화 대기, 기타	4	65	2.60
시스템 기능	· 시스템 확장, 정합 · 이중화 기능, 다중채널 접속, 수신방해 폐쇄 · 운용 관리, ID구조 / 관리, OAP 기능 · 단말 인증, 통화정지 · 통화시간 조정, 통화우선순위, 기타	6	80	4.80
통계 데이터 기능	· 통화량 데이터 · 완료 / 불완료 통계자료 · 과금 운용, 과금 전송	5	90	4.50
추가기능 개선	· 신규 개발 투자 · 단말기 소형화, 저가화, 고기능화, 개발 · 기타 서비스 개선	1	30	0.30
종합 이행 비율 R = P / S		S = 28	R	P = 23.40
종합이행 비율(R) = P / S = 24.40 / 28.0 = 83.57%				

6. 신청인의 나머지 청구에 대한 판단

신청인은 이 사건 계약을 해지함을 전제로 시스템 단말기대금, 대출이자금, 이 사건 사업수행을 위하여 소요된 각종부대비용 등 합계 11,404,470,052원을 청구하나, 이 사건 계약을 해지할 수 없음은 앞서 본 바와 같으므로, 계약해지를 전제로 한 신청인의 위 청구는 나머지 관하여 따질 것 없이 이유 없다.

7. 결론

그렇다면, 피신청인은 신청인에게 580,899,408원 및 이에 대한 이 사건 신청서 부본이 피신청인에게 송달된 다음날인 1999. 10. 23.부터 이 사건 중재판정일인 2000. 11. 30.까지는 연 5푼의, 그 다음날부터 완제일까지는 연 2할 5푼의 비율에 의한 금원을 지급할 의무가 있으므로, 신청인의 이 사건 신청은 위 인정범위 내에서 이유 있어 인용하고, 나머지 신청부분은 이유 없어 기각하며, 중재비용은 20등분하여 그 19는 신청인의, 나머지 1은 피신청인의 부담으로 하여 주문과 같이 판정한다.

제 4 부

중재관련 법규와 분쟁해결제도의 전망

살펴보기 : **최근 중국 중재제도의 현황 및 문제점**

(김광수, 대한상사중재원 기획홍보팀장)

1. 중국의 중재관련 법률 체계

가. 법률체계의 국제화

중국은 2001년 12월 11일 WTO에 가입했다. 그리고 그 이전에 국제물품매매에 관한 Vienna협약과 외국중재판정에 관한 New York협약에 기입했다. 이에 중국정부는 중국의 현행 법률과 WTO 협정의 일치성을 위하여 가입할 때 약속한 내용과 일정에 따라 자국의 법률체계의 개혁을 적극 추진하고 있다. 그리고 법의 투명성 제고는 물론 자유경쟁과 공정거래 원칙을 준수키 위해 많은 노력을 하고 있는 것으로 알려져 있다.

나. 분쟁 해결방안

종전 중국의 대외상거래 관련 분쟁은 최하급법원인 기층인민법원에서 관할권을 행사했으나 2002년 3월 1일부터 중급인민법원으로 이전되어 판결의 공정성 및 효율성이 제고되었다. 그리고 중국의 일반 민, 상사 사건은 보통 6개월 만에 일심판결이 내리지만 섭외사건의 경우 그러한 명시적인 규정을 가지고 있지 않다. 중재절차인 경우 중국국제경제무역중재위원회에서는 일반 절차는 9개월, 간이절차인 경우 3개월 내에 판정을 내려진다.

다. 집행제도

중재판정이 내려진 후 패소자가 판정을 이행하지 않을 경우 승소자는 상대방의 소재지 또는 재산소재지 법원에 강제집행을 신청할 수 있다. 강제집행신청은 일반적으로 6개월내에 집행이 종료된다. 그리고 판정 후 집행신청에 시효가 있는바, 회사인 경우 6개월내 개인인 경우 1년 내로 되어 있다.

한편 중국은 뉴욕협약에 따라 외국중재판정을 승인하고 집행을 보장하지만 임의중재에 대해서는 당사자 소재지 국가가 뉴욕협약의 체약국이며 아울러 국내법이 임의중재를 금지하지 않는 경우에만 허용하고 있다.

라. 중국 중재법

중국의 중재법은 1994. 8. 31. 제정되어 1995. 9. 1.부터 시행되었다. 한편 중재법과 민사소송법의 관련 규정에 따라 중국국제경제무역중재위원회의 중재규칙도 시행되고 있다. 중국법원은 인민법원이 공정성과 신뢰성을 가지지 못하는 상황에서 국제관례에 부합하는 중재제도를 정비하는 것은 외국 투자자들에게 매우 중요한 의미를 가질 수 있었다.

중국의 중재법은 자체적인 입법 경험을 집약하고 국제중재관행 및 서구의 중재법, 뉴욕협약, 워싱턴협약, 유엔국제무역법위원회의 국제상사중재에 관한 모델법을 참고하여 제정되었다. 중국 중재법의 특징으로는 확고한 중재합의의 원칙준수, 인민법원의 중재기관 중재판정의 존중과 국내중재와 달리 섭외중재는 법원의 감독을 적게 받도록 규정되어 있는 점을 들 수 있다.

특히 국내중재와 섭외중재를 하나의 법규 안에 통일적으로 규정함으로써 국내중재제도의 수준을 높이는 계기가 되었다고 평가받고 있다.

마. 중재기관

중국의 대표적인 중재기관으로는 중국국제경제무역중재위원회(CIETAC) 및 중국해사중재위원회(CMAC)가 있으나 사실 상 CMAC는 CEITAC에 속해 있다고 볼 수 있다. 이 두 기관은 1994년 이전까지는 국내사건을 취급할 수 없었다. 한 때 중국의 국내중재는 중재합의와 관계없이 정부당국의 강제적인 직권중재가 가능하였다. 아울러 판정에 불복하여 법원에의 제소도 가능하였다.

그러나 1992년부터 중국이 시장경제 체제를 유지하면서부터 중국의 국내중재제도는 국제중재 기준에 부합될 수 있도록 대폭 개선되었다.

2. 중국 중재제도의 문제점 및 전망

가. 최고인민법원의 섭외중재 및 외국중재에 관한 취급규정

2003. 12. 31. 중국최고인민법원(the Chinese Supreme People's Court: 이하 “SPC” 라고 지칭함)은 인민법원의 섭외중재 및 외국중재 사건 취급에 관한 일련의 규정초안(the Certain Provisions Regarding the handling by the People's Courts of Cases Involving Foreign-related Arbitrations and Foreign Arbitrations, Draft for Comments: 이하 SPC 규정이라고 지칭함)을 마련하였다. 총 40개 조항으로 구성된 이 규정은 2004. 2. 20.까지 의견수렴을 위해 일반에게 공개되어 조만간 공식적으로 규정될 예정이다.

SPC 규정은 인민법원에서의 중재사건 취급 시 적용될 기준을 제시할 것이다. 그리고 이 규정은 중재관련 쟁점을 분명히 하고 현존하는 규칙과 실무를 정리한다는 의미는 있지만 또 다른 새로운 문제점을 야기 시킬 수 있을 것이다.

나. 일방적인 중재지 지정

최근 중국에서 국제중재 이용 건수가 증가하고 대표적인 국제중재기관인 CIETAC의 역할이 제고되어 그 기능이 ICC나 AAA에 버금간다고 중국 측에서는 주장하고 있지만 외국기업체는 “왜 중국에서만 중재를 진행해야 하느냐” 라는 의문점을 자주 제기하고 있다.

외국기업은 당사자의 자치원칙에 따라 계약의 협상이 진행되기가 곤란하다고 한다. 비록 중국에서 중재가 진행될 경우 편리성, 저렴성, 효율성이 중재지 선택에 도움을 줄 수 있지만 중국의 중재법제, 사업관행 및 불투명한 중국정부의 정책 등은 부정적인 요소로 평가될 수 있다는 것이다.

특히, 중국 법규에 의해 계약의 당사자가 중국이 아닌 외국에서의 중재를 선택할 수 없도록 되어 있는 경우는 문제점으로 지적되고 있다. 예를 들어 비밀거래의 대다수가 중국에서 중재를 해야 하며 외국기업의 자회사 또는 외국기업과의 합작거래와의 국내분쟁도 중국에서 중재토록 되어 있는 경우가 흔히 있다. 중국기업 측과의 물품교역은 대다수가 표준계약서식을 이용하고 있는 국영기관에 의해 운영되고 있다. 그 계약조항에는 중국에서의 중재가 강행규정으로 되어 있다. 또한 대다수의 투자계약은 중국정부의 사전승인을 받아야만 효력이 발생될 수 있도록 되어 있다.

다. 임의중재의 불허

중국 중재법에는 임의중재 (Ad hoc Arbitration)에 관한 명시적인 규정을 두고 않고 모든 중재는 반드시 중재위원회 (Arbitration Commission)의 감독 하에 진행되도록 규정되어 있다. 중재기관의 지정은 유효한 중재조항 되기 위한 필수 조건인 것이다.

SPC 규정의 초안에는 “계약당사자 모두가 뉴욕협약 가입국의 국민이고” 그리고 “당사자가 속한 국가의 법이 임의중재를 금지하지 않는” 경우 이외에는 임의중재에 관한 중재합의는 무효라고 규정하고 있다. 때문에 ICC 중재가 중국 법에 따라 진행되고 그 중재판정이 강제집행까지 되려면 ICC 자체가 중재위원회로서의 자격을 인정받아야 할 것이다. 중국 국내중재위원회를 규정하고 있는 중국 중재법 제2장에는 중재위원회의 설립과 동 위원회는 지방정부에 의해 운영되며 지방법무성에 등록토록 규정되어 있다.

한편, 섭외중재를 규정한 제7장에는 중국국제상업회의소에 의해 중재위원회가 설립토록 되어 있다. 또한 동 위원회의 운영도 제2장에 준하도록 되어 있다. 또한 SPC 규정에도 ICC 중재규칙 등에 의한 중재절차 인정여부에 대한 명시적인 규정이 없다.

라. 중재절차 진행상의 문제점

최근 CIETAC과 중국 내 기타 중재위원회에서는 중재에 관한 국제관행에 근접시키기 위해 중재규칙을 개정했다. 이에 지방 중재위원회 측에도 국제중재가 가능하게 되었다. 그러나 몇 가지 문제점이 지적되고 있다.

첫째, 중재인 선정과 중재판정부 구성에 있어서. CIETAC과 지방 중재위원회는 중재인명부에 의존하여 중재인을 선정하는 점이다. 이로 인해 당사자는 원하는 중재인을 스스로 선임하기가 곤란하다는 것이다. 그리고 중재인명부상에는 외국 국적의 중재인이 그리 많지 않다는 점이다. CIETAC의 경우 1988년에는 외국 국적의 중재인이 한명도 없었고 1989년에는 3명, 최근에는 전체 중재인명부에 1/3에 해당 146명 정도 밖에 되지 않는다. 한편 중재위원회 중재인명부에 외국인의 수가 증가되는 것과 별개로 거의 선정되지 않는 다는 것이 더 큰 문제점으로 지적되고 있다. 또한 외국인이 중재인 취임수락 요청을 받아도 절차 진행의 공식 언어가 중국어이며 외국중재인에 대한 수당이 국제수준에 미치지 않기 때문에 거부하는 경우가 많다고 한다. 아울러 기타 중재인 2명이 의장 중재인을 선임할 수 없을 때 중재위원회가 의장중재인을 선임하며, 그 의장중재인의 대부분이 중국인이기 때문이다. 또한 중재판정부가 중국인 2명과 외국인 1명으로 구성된다는 점이다.

중국 중재법규에서 권장되고 있는 중재와 조정의 결합 방식인 MED/ARB 절차에서 불성립시 중재인은 조정단계에서 노출된 모든 증거를 중재절차에서 인용할 수 있다는 것이다. 일반적으로 중국 중재에 있어서의 중재인은 사실, 법, 계약의 규정, 국제관습 및 공정과 합리성을 기초로 중재판정을 하도록 요구 받고 있지만 공평성과 합리성에 있어서 문제점이 있을 수도 있다.

마. 중국 이외 지역에서의 중재 : 중재지 결정

중국과 외국기업체간의 계약서상에 중국 이외의 지역에서 중재가 진행토록 합의되어 있다면 중재지는 어디가 선호될 수 있을까? 전통적으로 동서중재 장소로서 명성을 지니고 있었던 스톡홀름이라고 할 수 있다. 그 예로 중국국가 역외

석유공사 및 중국국가석유공사가 사용하고 있는 표준계약서 상에 스톡홀름중재가 명시적으로 규정되어 있는 점을 들 수 있다.

그러나 최근에는 중국 기업들이 출장경비의 절약, 중국어 구사가 가능한 변호사 고용 및 중국어 통역이 용이한 점을 고려하여 자국과 가까운 장소도 중재지로 고려하고 있는 실정이다. 때문에 전통적인 스톡홀름, 구미지역 및 미국을 벗어나 서울, 홍콩 싱가포르에서의 중재가 선호될 수 있을 것이다.

특히 1977년 홍콩 귀속 이후 홍콩은 중국과 외국의 기업체 간의 중재지로 선호되고 있다. 그 이유는 2000년 홍콩특별행정지역과 중앙인민정부 간의 "강제집행약정" 제정으로 중재판정의 상호 간 강제집행의 인정이 허용되었기 때문이다.

바. 강제집행 : 중재판정과 중재인

흔히 중재는 "오직 중재인과 같다(Arbitration is only as good as Arbitration)" 라는 서양의 격언이 있다. 이 격언은 "중재판정은 단지 그 판정이 집행의 허용을 요구 받는 법원 이상일 수 없다(An Arbitral Award is only as good as the Court that is asked to enforce it)"는 의미로 추론될 수 있을 것이다. 중재가 어느 곳에서 진행된다 하더라도 외국기업은 그 판정의 강제집행에 깊은 관심을 가질 수 밖에 없다.

중국이 1987년에 뉴욕협약에 가입하고 유럽 및 북미국가의 외국법원 측과 강제집행에 관한 약정을 한 관계로 동 법역에서는 대다수의 중국 중재판정이 승인과 강제집행이 되고 있는 실정이며 홍콩과 중국 본토 정부와의 강제집행에 관한 약정 덕택에 특별행정구역 내에서도 중국본토의 중재판정의 실효성이 담보되고 있다. 반면 중국 본토 내에서 홍콩 및 외국 중재판정의 강제집행은 어떠한가? 중국인민법원의 강제집행에 대한 태도는 부정적이라 할 수 있다.

이는 자국 보호주의, 정치적인 간섭, 사법제도의 취약성 및 사법부 독립성의 부족 등 때문이다. 이에 중국정부는 1995년 강제집행제도를 강화하가 위하여 하급 인민법원이 중재판정의 강제집행을 거부하고자 할 경우 상급인민법원의 결정을 위한 사전보고제도를 도입하였다.

또한 1998년의 이와 관련된 규칙에 따르면 하급 인민법원이 뉴욕협약과 관련된 중재판정의 강제집행을 취급함에 있어 신속하게 처리해야 한다는 규정을 마련했으며. 2000년에 들어서서도 인민법원에 의해 진행되는 강제집행의 행정업무도 더욱 강화 되었다.

사. 국제투자분쟁 관련 중재

중국은 100여개 이상의 국가들과 쌍무투자협정을 체결하였다. 이 투자협정의 대다수는 투자협정으로 인하여 중국정부가 계약상의 의무를 위반했느냐 하지 않았느냐 하는 문제는 오직 중국 인민법원 또는 중국행정부에 의해서 결정된다고 규정되어 있다. 반면에 국제중재판정부는 오직 계약상의 의무에 관한 쟁점에 대해서가 아니라 손해배상액이 얼마 지급되어야 하느냐? 에 대한 문제만 다루게 되어 있다. 중국도 1994년도에 ICSID 협약에 가입을 했으며 가입시 "국유화 또는 몰수(expropriation)로 인한 배상에 관한 분쟁만 ICSID 관할권에 회부한다."는 유보선언을 했다.

그러나 중국은 1980년 네덜란드와 독일 측과 체결한 쌍무투자협정을 개정한 것은 중요한 변화로 지적되고 있다. 개정 협정에 의하면 중국은 종전의 입장에서 벗어나 외국의 투자가가 요구하면 조건없이 ICSID 중재회부가 가능토록 허용하고 있다.

그리고 쌍무투자협정문에 임의중재의 가능성을 시사했으며 나아가 협정부속서에 국제투자분쟁 관련 중재에 대하여 최소한의 통제조항만 규정했다. 그리고 외국투자가는 국제중재절차를 진행하기 전에 중국인민법에 규정된 국내행정재심절차에 의해서도 분쟁을 효율적으로 해결이 가능토록 했으며 그러한 절차가 3개월 내에 처리될 수 있도록 규정하였다.

Ⅳ. 결론

한중 수교 이후 중국과 한국의 경제협력 관계는 급속한 발전을 가져 왔다. 투자면에서 한국은 중국의 4대투자국으로 부상했다. 한국의 입장에서는 중국은 한국의 최대 투자대상국, 제2의 무역대상국이다. 이러한 급성장과 함께 양국간의 교역 관련 분쟁 또한 증가하고 있다. 대 중국교역 과정에서는 '수출입 경영권을 가지지 않은 회사와 수출입계약을 체결할 경우 무효가 될 수 있는' 무역자격으로 인한 분쟁 등이 흔히 발생하고 있는 실정이다. 이러한 경우를 대비하여 우리나라의 기업체는 계약서상의 분쟁해결 조항을 명확히 해야 할 것이며 만일의 경우를 대비하여 중국의 분쟁해결제도를 잘 이해해야 할 것이다.

첫째, 중국측에서 제시하는 계약서에는 중국에서의 중재가 규정되어 있기 때문에 협상을 통해 중재절차가 우리 측에서 진행될 수 있도록 해야 할 것이다.

둘째, 중국에서는 중재는 물론 조정제도가 권장되고 있다는 점에 유의하여 중국

의 MED/ARB 등 ADR제도도 숙지해야 하며,

셋째, 중재판정의 강제집행을 위해 판정 후 시효에 걸리지 않도록 해야 할 것이다.

또한 중재합의 내용 주에 ICC규칙에 의해 중국 내에서 중재를 할 경우 중국 내에서는 임의중재가 원칙적으로 허용되지 않는 점을 감안하였기 때문에 중재합의시 중재기관의 명칭도 분명히 해야 할 것이다. 그리고 홍콩에서 내려진 중재판정도 중국본토에서도 강제집행이 용이하게 되었다는 점을 알고 있어야 할 것이다. 앞으로 SPC 규정이 공식적으로 규정화 되면 중국입장에서의 섭외중재 및 외국중재에 대한 분명한 해석이 될 수 있을 것으로 예견된다.

제15장 중재관련 주요 국내외 법규

우리나라에도 중재와 관련된 법규인 중재법이 있다. 그런데, 이러한 중재법이 비단 우리나라에만 있는 것은 아니다. 또한 중재와 관련된 국제규칙도 있는데 외국중재판정의 승인 및 집행에 관한 UN협약(일명, 뉴욕협약), 국제상사중재에 관한 UN무역법제정위원회(UNCITRAL) 표준중재법, ICC 중재규칙 등이 그것이다.

우리나라는 이미 뉴욕협약에 가입하였으며, 우리나라의 중재법 역시 국제규칙의 변화에 부응하여 수차례 개정된바 있다. 이러한 동향은 비단 우리나라만 그런 것이 아니라, 대부분의 국가도 자국의 특징을 반영하되, 국제규칙의 흐름에 부응하고 있는 것이다.

이에 본장에서는 각종 국제규칙의 특징과 제반 내용에 대하여 살펴보고, 주요국의 중재규칙 및 기구에 대하여 간략하게 접근하여 보도록 한다.

1 중재관련 주요 국제규칙

(1) 외국중재판정의 승인 및 집행에 관한 UN협약

1) 외국중재판정의 승인 및 집행에 관한 UN협약의 약사(略史)

유엔총회의 보조기관인 유엔국제무역법위원회(UN Commission on International Trade Law: UNCITRAL)는 국제법위원회(International Law Commission : ILC)와 함께 국제법의 성문법전화에 일익을 담당하고 있다.[1)]

1) UNCITRAL은 1966년 12월 17일 총회결의 제2205호(Resolution 2205(XXI) of 17 December 1966)에 의해서 국제무역법의 점진적 조화와 통일(the progressive harmonization and unification of the law of international trade)을 이루기 위해서 설치되었다.(http://www.uncitral.org/en-index.htm)

이러한 UNCITRAL의 설립배경을 살펴보면 다음과 같다. 1965년 제20차 UN총회에서 헝가리(Hungary) 대표는 '국제무역의 촉진을 주안점으로 한 국제사법 분야의 점진적 발전을 위한 단계적 고려(Consideration of steps to be taken for progressive development in the field of private international law with a particular view to promoting international trade)'라는 주제의 의제를 제출하였다.[2)]

이 제안이 1965년 12월 UN총회에서 채택되어 21차 UN총회에서 심의를 계속하기로 의결되었으며, 이에 의해 제출된 보고서에 의거 전세계를 포괄하는 가장 큰 국제기구인 UN이 이들 문제를 취급하기에 적합한 기구라는 합의가 도출되었다.[3)] 이에 의거 국제무역법제정위원회(United Nations Commission on International Trade Law)의 설립이 1966년 12월 17일에 이루어졌다.[4)] 이후 1968년부터 국제무역관계법의 점진적 통일과 조화를 위하여 각종 활동을 시작하여 오늘에 이르고 있다.[5)]

한편, UNCITRAL에서 제정한 중재관련 규칙의 제정은 1968년으로 거슬러 올라가는데, 동년 1차 회의에서 통일상사중재규칙을 제정하기로 결의하고 최종보고서가 1972년(제5차 회의)에 제출되었으며, 1973년(제6차 회의)에서 본격적인 논의가 시작되었다. 이후 1975년 국제상사중재위원회(ICCA : International Council on Commercial Arbitration)가 지명한 전문가들과의 작업을 통하여 1975년(8차 회기)에서 시안이 마련되었다. 이후 1976년 4월 28일자로 UNCITRAL 중재규칙이 채택되었다. 이후 국제통상환경의 변화를 수용하여 수차례의 개정작업을 거듭한 채 오늘에 이르고 있다.[6)]

2) 우리나라의 뉴욕협약 가입

우리나라는 1958년 뉴욕협약을 1973년 5월 9일 조약 제471호로 받아들였고, 1999년 12월 31일 법률 제6083호로 1966년에 제정된 중재법을 전문개정하면서 모델중재법을 거의 전부를 수용하였다. 다만 우리나라는 다음과 같은 유보선언을 한바 있다. 즉, 한국은 이 협약가입에 있어서 ① 한국법상 상사관계의 분쟁에 한해서 이 협약을 적용한 것과, ② 내국 중재판정일지라도 그 외국이 이 협약의 체약국인 경우에 한해서 이 협약을 적용할 것을 선언하였다.

---

2) Official Recorders of General Assembly, "Twentieth Session", Agenda Item 72, Document No.A/C. 6/L.571.
3) 유성근, "UNCITRAL Arbitration Rules와 한국상사중재법규", 「대한상사중재원」, 1976. 5. p.5.
4) Progressive Development of the Law of International Trade : Report of the Secretary General : UNCITRAL Year Book, Vol. I. p.18.
5) 이원갑, "UN국제상거래법위원회의 설립・활동과 통일중재규칙의 제정", 「중재」, 제90호, 1979. p.2.
6) UNCITRAL 중재실무작업반(Working Group on Arbitration)은 2001년부터 "Working Group on Arbitration"은 "Working Group II(Arbitration and Conciliation)"으로 명칭을 바꾸었다.

(2) 국제상사중재에 관한 국제상거래법위원회 표준중재법

1) UNCITRAL 중재규칙의 개요

UNCITRAL 중재규칙[7]은 1976년 4월 28일 UNCITRAL 제9차 회기에서 채택하고, 1985년 제18회기에 채택된 41개조로 구성된 중재규칙이다. 동 규칙은 범세계적 이용을 위해 고안되었는데 원래 임시적 중재(ad hoc arbitration)를 지향하고 있었으나 제도적 중재(institutional arbitration)를 배타적 관계로 보지 않고 있다. 모델법은 각국에서 호평을 얻고 있는데, 특히, UNCITRAL의 활동 중에서도 가장 성공적인 사례로서 모델법이 거명되고 있기도 하다. 모델법은 국제상사중재의 가장 기본적인 규칙(Rule)의 하나로 자리잡고 있다고 봄에 틀림없을 것이다.

2) UNCITRAL 중재규칙의 약사(略史)

UNCITRAL 중재규칙은 범세계적 보편화를 위해 UN차원에서 노력한 결실이다. 이를 위해 동 규칙의 초안 작업시 뉴욕협약, 워싱턴협약, 모스크바협약과 같은 중재에 관한 국제협약의 내용을 고려하였다. 또한 UNCITRAL 중재규칙은 현존하는 국제적 중재규칙도 고려하였는데 ECAFE 규칙과 ECE 규칙이나 ICC 중재규칙, 미국중재협회 중재규칙, 소련상업회의소 중재규칙도 고려하였다.[8]

국제상거래에서 발생하는 상사분쟁을 해결하기 위하여 UNCITRAL 중재규칙이 최초로 언급된 중재협정은 「미-소 무역계약에 사용하기 위한 선택적 중재조항(Optional Arbitration Clause for Use in Contracts in USA-USSR Trade)」으로 알려지고 있다. 또한 1984년 미국중재협회와 헝가리상업회의소간에 체결된 같은 명칭의 중재협정에서도 중재절차에 관하여 UNCITRAL 중재규칙에 따른다고 규정하고 있다. 우리나라와 러시아간에 체결된 '한-러 투자보장협정'에서도 일방 체약당사국과 타방 체약당사국 투자자간의 분쟁은 UNCITRAL 중재규칙에 따라 해결된다고 규정하고 있다. 따라서 오늘날 UNCITRAL 중재규칙은 보편적인 국제적 중재규칙으로서 특히 동서국가간의 중재에 널리 이용되고 있다.

3) UNCITRAL 중재규칙의 특징

모델법은 각국에서 그대로 또는 약간의 수정을 거쳐 채택되고 있다.[9] 모델법은

7) 국제상사중재에 관한 UNCITRAL모델법의 영문 정식명칭은 'UNCITRAL Model Law on International Commercial Arbitration'이다. 이하, 모델법이라 칭하였음.

8) 김상호, "UNCITRAL 중재규칙에 따른 중재관리와 국내법의 적용", 「중재」 제291호, 1999.

9) 이하에 대해서는 道垣內正人=早川吉尙, 「諸外國におけるUNCITRAL仲裁モデル法の採用狀況」, 國際商事仲裁協會委託研究, 1997 참조.

기존의 조약처럼 일괄적으로 비준의 여부를 묻는 방식과는 달리, 채택을 원하는 국가는 모델법을 베이스로 이를 자유롭게 수정하여 도입할 수 있다는 점에 특색이 있다. 이 점 때문에 형식적으로 모델법을 채택하지 않은 국가 중에서도 실질적으로 중재법의 내용이 모델법과 유사하다고 볼 수 있는 나라가 다수 존재한다. 또한 채택에 있어 국제중재와 국내중재를 구별하는 국가 및 구별하지 않는 국가도 존재한다. 이러한 차이는 있지만, 적어도 국제중재에 있어서는 서구 선진국을 필두로 다수의 국가에서 모델법에 기초한 중재시스템을 구축하고 있다고 평가할 수 있다.[10)]

(3) ICC 중재규칙

1) ICC 중재규칙의 연혁

ICC[11)]에서 제정한 ICC중재규칙은 1922년 제정 이래 3회의 개정(1차 - 1955, 2차 - 1975, 3차 - 1988)을 시행한 바 있다. 이후 ICC 국제 중재재판소는 1990년 '중재전판정절차규칙(Rules for a Pre-Arbitral Referee Procedure)', 1993년 '전문가판정규칙(Rules for Expertise)'을 제정하였으나, 중재규칙에 관하여는 1993년경까지는 규칙의 개정보다는 그 운용에 의하여 충실을 꾀할 방침이었다. 그러나 다수 당사자중재에 있어서의 중재인 선정에 있어 모든 당사자를 평등하게 취급하고 있음을 보다 명확히 하기 위하여 규칙에서의 명확화가 바람직하다고 하는 요청을 계기로 하여 추가 개정작업에 착수하기 시작하였다. 이후 1998. 1. 1부터 시작된 제4차 개정이 발표되기에 이르렀다.[12)]

2) ICC 중재규칙의 특징

개정된 ICC 중재규칙은 종전과 달리 여러 가지 특징을 가지고 있으나, 가장 큰 특징으로는 다수 당사자(multiple parties) 중재가 증가하면서 각각 1인의 중재인을

---

10) 김상수, "仲裁制度의 課題와 展望", 「중재」 제291호, 1999.

11) 국제상업회의소(ICC : International Chamber of Commerce)는 국제간 상업거래의 정상화와 민간기업의 이익을 국제적으로 대변하는 것을 목적으로 하는 기관으로서 본부는 파리에 있고 1920년에 조직되었다. 현재, 전세계 130여개국의 주요경제단체, 글로벌기업 등이 회원으로 가입하고 있는 세계최대의 민간국제경제단체로 지칭되고 있다. 이들의 역할은 대정부정책건의, 화환신용장통일규칙(UCP), 정형무역조건(trade terms)에 관한 국제규칙(Incoterms), 복합운송증권통일규칙, 계약보증에 관한 통일규칙 매우 다양한 무역규칙의 제정보급, 국제상사중재, 국제경제경영 현안연구 등의 활동을 하고 있으며 2년마다 개최되는 ICC총회는 세계경제 주요이슈에 대한 정보공유와 기업의 당면과제 해결방안 등을 논의하는 자리로 매회 개최대륙을 바꿔가며 총회를 유치하는 특징을 가지고 있다.

12) 임홍근, "중재기관규칙의 개정과 발전", 「중재」, 2005년 겨울호, 2005. 12. p.24.

선정한 중재법정이 원활한 기능을 하지 못하게 된 점도 이번 ICC 중재규칙 개정의 주요 원인으로 볼 수 있는데, 이와 관련된 구체적 내용은 다음과 같다.13)

① 시간 감축

우선, 미국중재협회(AAA : America Arbitration Association) 중재규칙의 경우와 동일한 위기감에서 시간의 감축이 기도되었다. 예를 들지만 구 규칙에서는 중재재판소에 의한 비용과 총견적에 기초한 당사자의 비용의 예납 후에 비로소 제반 서류가 중재법정에 회부되었으나, 신규칙에서는 중재신청사항 작성까지를 제공하는 예납금으로서 사무국장이 결정하는 금액이 납부되면 일건 서류는 중재법정의 손으로 넘어가게 된다(제13조, 제30조 1항).

또한 중재인의 선정은 중재재판소의 확인에 의하여 확정하는 것이었으나, 중재인 후보자의 독립성 보증이 완전한 경우 등에는 사무국장에게 확인 권한을 부여하였다(제9조 2항). 이러한 예는 사무국장 권한의 증대로 인하여 시간감축이 기도된 것으로 볼 수 있다.14)

② 규칙의 유연화

일부의 경우이기는 하지만 규칙의 유연화를 추구하고 있는데, 예컨대 중재법정이 중재신청사항(terms of reference)을 작성함에 있어 판단할 쟁점의 명시를 생략할 수 있다고 명시하고 있다(제18조 1항). 그 이유는 신청서, 답변서의 상세함이 작성자에 따라 차이가 나기 마련인데, 그러한 서면이 작성되어서는 중재신청사항에서의 명시를 의무지우지 않는 편이 오히려 낫기 때문이다.

또한 중재신청사항을 신중하게 작성해야 하는 것에는 변함이 없으나, 중래 일방 당사자의 반대가 있으면 신청구의 추가가 불가능하였는데, 개정에 의하여 중재법이 추가를 인정할 수 있도록 하였다(제19조).15)

③ 새로운 제도의 도입

먼저, 당수당사자 중재가 3인의 중재인에게 부탁되어야 할 경우 다수신청인, 다수의 피신청인이 각각 1인의 중재인을 공동으로 선정하도록 하는데, 공동선정이 이루어지지 않고, 모든 당사자가 중재법정의 구성방법에 합의할 수 없는 경우, 중재재판소가 각 중재인을 선정한 다음 1인을 의장으로 지명한다(제10조).

또한 절차 종료후 중재인의 사망, 파면후 정족수 부족의 경우 중재법정이 직무를 계속할 가능성을 인정하였다(제12조 5항). 그리고 UNCITRAL 모델법의 영향

13) 김범수・박효준, "주요 국제중재절차 규칙 관련 고려사항", 「중재」, 2005년 겨울호, 2005. 12. pp. 18-19.
14) 澤田壽夫, "仲裁機關規則の展開", 松浦 馨・青山善允編, 「現代仲裁法の要點」, 1998, p.84.
15) 澤田壽夫, "仲裁機關規則の展開", 松浦 馨・青山善允編, 「現代仲裁法の要點」, 1998, p.83.

도 있어서 법정이 당사자의 청구 또는 스스로의 발의에 의하여 중재판정을 정정·해석하는 방법도 열어놓았다(제29조). 또한 중재인의 면책규정이 추가되었다(제34조).[16)]

④ 시간적 순서에 입각한 조문의 배열

AAA중재규칙 개정에서는 구조문번호를 대부분 변경하지 않았으나, ICC 중재규칙개정에서는 주문을 중재가 진행되는 시간적 순서에 따라 배열하고 7개의 소절로 나누어 각각 표제(서설, 중재개시, 중재법정, 중재절차, 판정비용, 잡칙)를 붙였다.[17)]

3) ICC 중재절차

ICC 중재규칙에 의거한 중재의 절차상 특징을 중심으로 간략하게 살펴보면 다음과 같다.[18)]

① 중재절차 개시

신청인이 중재신청서를 사무국에 접수함으로써 절차는 진행된다. 이러한 중재신청서에는 ⓐ 이름을 포함한 당사자들에 대한 설명, ⓑ 중재신청의 근거, ⓒ 구제수단 및 분쟁 액수, ⓓ 관련 합의(특히, 중재합의), ⓔ 중재인 선정관련 요청, ⓕ 중재지 및 중재언어 등이 포함되어야 한다.

피신청인은 신청서 접수 후 30일 이내에 신청인의 주장에 대한 답변서를 제출해야 한다. 그 후, 신청인은 피신청인의 반대중재신청이 있을 경우 이에 대한 답변을 답변서 수령 후 30일 이내에 제출해야 한다.

② 중재절차 진행

ICC사무국에서는 중재판정부 구성 후 중재판정부에게 사건을 송부해야 하며, 이때 사무국에 요청한 중재 비용의 지불이 완료되어야 한다. ICC중재 규칙 제18조에 의하면 중재판정부는 사무국으로부터 사건을 받을 후 청구취지(TOR : Terms of Reference)를 규정한 문서를 작성해야 한다.

이러한 TOR 문서는 당사자들이 제출한 서면 입장 등의 자료에 기초하여 작성하되 다음과 같은 사항이 기재되어야 한다. ⓐ 이름을 포함한 당사자들에 대한 설명, ⓑ 당사자 주소지, ⓒ 당사자들의 주장과 원하는 구제수단 및 분쟁 액수, ⓓ 사건의 쟁점 사항들, ⓔ 중재인의 성명, 약력 및 주소, ⓕ 중재지, ⓖ 적용할

16) 단, 여기서는 AAA 중재규칙과 같이 의식적인 고의의 비행을 제외하고 있지는 않다.(澤田壽夫, “仲裁機關規則の展開”, 松浦 馨·青山善允編, 「現代仲裁法の要點」, 1998, p.84.)
17) www.iccbo.org
18) 임홍근, “중재기관규칙의 개정과 발전”, 「중재」, 2005년 겨울호, 2005. 12. pp. 28-29.

절차규칙에 대한 상세한 내용

한편 TOR은 당사자들 및 중재판정부가 서명한 후 중재판정부가 중재파일이 송부된 후 2개월 이내(ICA의 재량에 따라 연장될 수도 있음)에 중재법정(ICA : International Court of Arbitration)에 송부되어야 한다. 만일 어느 한 당사자가 TOR의 작성 또는 그에 대한 서명을 거부할 경우, TOR에 대한 승인을 위해 ICA에 제출되어야 한다. TOR에 대한 당사자들 및 중재판정부에 의한 서명 또는 ICA에 의한 승인이 있는 경우 중재절차가 진행된다. 특기사항으로는 ICC 중재규칙 제19조에 의하면 TOR에 대한 ICA의 승인 후에는 중재판정부의 동의없이 당사자들은 TOR에 포함되어 있지 않은 새로운 주장은 할 수 없다.

이후 중재일정표를 작성하는데 중재판정부는 TOR의 작성과 동시에 또는 이후 당사자들과 별도의 협의를 한 다음 별도의 문서로 잠정적인 중재절차 일정표를 작성하고 당사자들에게 통보하여야 한다.

③ 구두심리

중재판정부는 구두심리(Hearing) 진행에 관한 모든 권한을 보유하며 중재절차와 관련 없는 사람들은 중재판정부 및 당사자들의 승인 없이는 구두심리에 참석할 수 없다.

④ 중재절차 종료

중재절차 종료가 선언되는 경우 추가 서면입장서, 주장 전개 또는 증거제출은 중재판정부가 요청 또는 승인하지 않는 한 허용되지 않는다.

⑤ 중재절차 기간

중재판정부는 6개월 이내에 최종 판정을 내려야 한다. 다만 이는 훈시규정이라는 점에 유의한다(제24조).

⑥ 중재판정

ICC 중재규칙 제27조에 의하여 중재판정(Award)에 대한 서명 이전에 중재판정부는 ICA에게 판정초안을 제출해야 한다. ICA는 이러한 판정초안의 형식(form) 및 내용(substance)에 대한 의견을 개진할 수 있다. 여기서 form과 substance의 차이는 구분할 필요가 있는데, 중재판정부는 form의 결함에 관해 ICA의 권고를 받아들여야 할 의무가 있으나, substance에 관해서는 ICA의 권고를 수용해야 할 필요는 없기 때문이다. 한편, ICA는 중재판정부의 판정 재량권에 대한 침해를 하지 않기 위해 form을 좁은 의미로 해석하는 경향이 있다.[19]

---

19) Yves Derains & Eric A. Schwartz, “A Guide to the New ICC Rules of Arbitration”, ver. 1.0. 「Kluwer

2 주요국의 중재관련 법규

(1) 세계 각국의 상사중재관련 법제

오늘날 세계 여러 나라들은 대체로 소송제도 이외의 상사중재와 같은 이른바 대안적 분쟁해결제도를 시행하고 있다. 이러한 상사중재제도를 시행하기 위하여 자국의 중재입법을 가지고 상사중재를 제도화하고 있으며 상설중재기관을 설치하고 있다. 이와 같은 세계 여러 나라의 상사중재법제는 그 특성이 따라 집단화하여 2분법 또는 5분법 등으로 분류되고 있다. 또한 이를 지역적 특성 내지 중재기관으로 분류하여 유럽, 미주, 아시아, 아프리카, 기타 대양주 지역 등으로 구분할 수 있다.[20]

세계 각국의 상사중재법제를 2분법으로 분류하는 경우 이를 영미법계와 대륙법계로 구분하는 것이 일반적이다. 이는 세계 여러 나라의 법제를 크게 영미법제와 대륙법제로 분류하는 법학 방법론에서 기인하는 것으로 판단된다. 여기서 영미법계는 판례법을 중심으로 하는 불문법 국가로서 중재에 관해서는 특별입법을 하고 있는 나라이다. 영국과 미국을 비롯하여 캐나다, 맥시코, 아르헨티나, 브라질, 오스트레일리아, 뉴질랜드 등의 국가가 이에 속한다. 한편, 대륙법계는 성문법 국가들로서 중재법을 대체로 민사소송법에 포함시키는 국가들의 중재법 체계를 말한다. 프랑스, 독일, 네덜란드, 스위스, 스웨덴, 이탈리아, 일본 등의 국가가 여기에 속한다.[21]

한편, 세계 각국의 상사중재제도를 5분법으로 분류하는 경우, 이는 대체로 성문법국가인가 불문법국가인가, 국영무역국가인가 비국영무역 국가인가, 종교법국가인가 세속법 국가인가, 상사법의 진보성과 세계성에 기초하여 얼마만큼의 통일성을 가지고 있는가의 여부에 따라 ① 영미법계, ② 대륙법계, ③ 공산법계, ④ 회교권계, ⑤ 통일법계 등으로 분류할 수 있다.

1) 영미법계

영미법계는 판례법을 중심으로 하는 불문법 국가들로서 비국영무역국가이며, 중재에 관해서는 특별입법을 하는 국가들이다. 여기에는 영국, 미국, 캐나다, 오스트레일리아, 뉴질랜드, 멕시코, 아르헨티나, 브라질, 필리핀 등이다.

Law International」, 1998, p.42.

20) 최장호, 「상사분쟁관리론 ; 클레임과 상사중재 및 ADR」, 도서출판 두남, 2003. 12. pp. 488-490.

21) 대한상사중재원, 「상사중재 30년사」, 1996. p.31.

2) 대륙법계

대륙법계는 성문법을 취하는 비국영무역 국가들로서 중재법을 민사소송법에 삽입하고 있는 국가들인데, 프랑스, 독일, 이탈리아, 스위스, 일본, 네덜란드, 스웨덴 등이 이에 속한다.

3) 공산법계

공산권계는 성문법국가들로서 국영무역을 하며 중재는 비정부적인 공법인(公法人)에 의하여 이루어지는 국가들이다. 여기에는 러시아를 비롯하여 여러 동구권, 중국, 몽고, 쿠바, 캄보디아, 북한 등이 속한다.

4) 회교권계

회교권계는 회교 경전인 "코란(Koran/Qur'an ; القرآن)"[22] 속에 세속법에 포함되어 종교법의 색채를 가지고 있으며 비국영무역을 하고 있는 국가들이다. 이에는 사우디아라비아, 이란, 이라크, 시리아, 파키스탄, 레바논, 쿠웨이트 등 이슬람 중동지역 국가들이 이에 속한다.

5) 통일법계

통일법계는 영미법계와 대륙법계의 장점을 취하여 중재를 제도화하고 비국영무역을 하는 국가들로서 우리나라를 비롯하여 태국, 미얀마, 말레이시아, 인도, 가나, 나이제리아 등 아시아·아프리카 지역의 여러 국가들이 이에 속한다.[23]

한편, 지역 내지 중재기관을 기준으로 분류하면 유럽지역에는 프랑스, 독일, 스위스, 영국, 스웨덴, 벨기에, 오스트리아, 덴마크, 핀란드, 이탈리아, 그리스, 네덜란드, 러시아 등이 이에 속하고 미주지역에는 미국, 캐나다. 아르헨티나, 브라질, 칠레, 멕시코 등이 이에 속하고 아시아지역에는 일본, 중국, 싱가포르, 말레이시아, 인도, 이스라엘 등이 이에 속하며, 대양주에는 오스트레일리아, 뉴질랜드 등이 이에 속한다.

오늘날에는 많은 국가들이 대체로 유엔무역법위원회(UNCITRAL)의 국제상사중재모델법을 전면 또는 일보를 수용하여 자국의 중재법을 개정하거나 개정을 준비

---

22) 코란은 꾸란이라고도 불리는데 이란 아랍어로 '읽혀야 할 것'이라는 의미이다. 이는 선지자 무함마드가 619년 경 하나님에게 받은 계시를 기록한 책으로 무함마드가 40세 경 현재 사우디아라비아에 있는 히라산 동굴에서 천사 가브리엘을 통해 계시를 받았다고 전해진다. 꾸란은 계시될 때마다 무슬림들에 의해 낙타의 골편(骨片), 암석의 파편이나 야자의 엽피(葉皮) 등에 불완전한 형태로 기록되었으나 이후 제1대 칼리프아부 바르크 시절에 집대성되어 제3대 칼리프인 우쓰만이 636년 시절 현재의 책으로 출판되었다.

23) 고준환, 「국제상사중재론」, 법문사, 1980. pp. 42-43.

중에 있어 일반적으로 상사중재법의 국제화와 통일화가 동시에 이루어지고 있다. 더욱이 뉴욕협약이나 워싱턴협약과 같은 중재에 관한 다국간 국제협약에 가입하거나 2국간 국제중재조약이나 협정을 체결하는 등 국제중재협력을 통하여 중재에 관한 국가간의 협조체제가 형성되어 과거와 같은 국가별, 법역별 상사중재법제의 전통적 특성을 논하는 것 자체가 큰 의미를 가지지 못하게 되고 있다. 이러한 추세는 앞으로도 계속될 것으로 전망되고 있다.

(2) 미국의 중재법

1) 미국 중재법의 개관

미국은 역사적으로 영국의 보통법(Common Law)의 영향에 의해 그 실정에 맞게 그 법의 발전을 보아왔기 때문에 제정법(Statutory Law)과 판례법(Judge-Made Law)과 같이 공용되어 주(state)마다 중재법이 각기 다른 양상을 나타내고 있었다. 그럼에도 불구하고 미국법의 중재와 관련된 기본적 견해는 국내상거래 및 국제상거래에 있어서 중재계약과 중재판정의 집행에 관해서는 매우 호의적인 입장을 견지해 오고 있는 것이 사실이다. 실제로 1854년 미국최고법원은 중재가 '분쟁해결을 위한 하나의 방법으로서 법원으로부터 여러 가지 지지를 받아야 한다'고 판시한바 있다.[24]

1920년 뉴욕에서 중재법이 제정된 이후, 1925년 중재합의의 강행성을 인정받기 위하여 '연방중재법(Federal Arbitration Act)'이 제정되었다.[25] 이후 뉴욕협약 가입과 파나마 협약 가입시 필요한 부분이 추가되면서 점진적으로 개정되어 왔다.

연방중재법은 해사중재나 주간 또는 국제간의 거래에 적용되는 법으로서, 중재계약의 유효성(Validity)과 철회불능성(Irrevocability) 및 집행가능성(Enforceability)을 규정하고 있으며, 소송절차의 정지(Stay of Trial), 그리고 중재의 특수이행(Special Performance)을 규정하고 있는 것이 그 중요한 특징이다.[26] 한편, 미국이 뉴욕협약에 가입하면서 기존의 연방중재법 규정에 제2장을 신설하여 뉴욕협약이 적용되는 외국중재판정에 대한 입법규정을 별도로 마련하였다. 따라서 뉴욕협약의 적용을 받는 외국중재판정의 승인 및 집행도 다른 중재판정과 동일하게 법원의 확인명령을 받는 식으로 이루어진다. 다만 세부적으로 중재판정의 승인 및 집행신청 기간을 상당부분 완화하여 당사자의 편의를 도모하였다. 즉, 국내중재판정의 경우 당사자는 1년

24) 한주섭・김상호・우성구, 「국제상사중재론」, 동성사, 1997. pp. 37-40.

25) 정식명칭은 합중국연방법(United States Arbitration Act)이다.(강이수, "상사중재제도의 개선방향에 관한 연구", 숭전대학논문집, 제17집, 1987, p.183.)

26) 정기인, 「상사중재론」, 무역경영사, 1988. p.243.

이내에 확인명령을 신청하여야 하는데 반해, 뉴욕협약이 적용되는 외국중재판정의 경우 당사자는 중재판정이 내려진 때로부터 3년 이내에 관할 법원에 대하여 확인명령을 구할 수 있도록 하였다. 또한 당해 법원은 뉴욕협약에서 규정한 승인과 집행의 거부 또는 연기의 사유가 없는 한 중재판정을 확인하고 있다.27)

한편, 주법위원회(National Conference of Commissioners of Union State Laws)는 1924년 각주에서 통일적으로 채택·시행할 수 있는 표준중재법(Uniform Arbitration Act)을 제정하였고, 1955년 미국변호사협회(ABA : America Bar Association)의 대의원들의 협조로 25개조문의 통일중재법을 제정하였다.28) 통일중재법의 중재의 대상은 건설(construction), 보험(insurance), 임대차(leases), 노사관계(labour motorists), 의사나 변호사에 연관된 문제에 대한 분쟁이다.

그리고 중재에 대한 국민의 필요성에 부응하여 뉴욕, 시카고 등의 상업도시에서는 임대차계약에서도 중재조항을 두고 있는 경우를 흔히 볼 수 있다. 1952년 시카고 법과대학의 조사보고에 의하면, 미국 전체민사사건 중 약70%가 중재로 해결되는 것으로 분석되고 있다. 또한 필라델피아의 시민법정에서는 법정의 혼잡을 덜기 위하여 2,000달러 이하의 소액분쟁은 강제중재로 해결하도록 권고하고 있다.

미국의 상설중재기관으로는 1922년 미국중재위원회(Arbitration Society of America)와 1925년의 중재재단(Arbitration Foundation)의 두 단체가 1926년 합병하여 발족된 미국중재협회(AAA : American Arbitration Association)가 있다. 이 AAA는 뉴욕에 본부를 두고, 미국 내의 20여개 대도시에 지부를 둔 세계 최대의 중재기관으로서 4,000여명의 중재인이 중재인단명부(Panel of Arbitration)에 기재되어 상사중재뿐만 아니라 자동차사고중재, 노동중재, 선거중재, 건설중재, 보험중재에 이르기까지 광범위한 분야에 걸쳐 중재를 담당하고 있다.29)

미국은 1923년 "제네바의정서"와 1927년 "제네바협약"에는 가입하지 않았으나, 1968년 10월에 "뉴욕협약"에 가입하였다. 1968년 10월까지는 주로 각국과 우호통상항해조약을 체결하고 그 속에 중재에 관한 사항을 삽입함으로써 개별적인 2국가

27) 김태훈, "미국중재협회 연수기", 「중재」, 대한상사중재원, 2005.12. pp. 2-3.

28) 미국의 통일중재법은 1979년 말 현재 39개주 및 2개 특별지구에서 선별 채택되고 있는 것으로 나타나고 있다.

29) AAA는 전국적이며 광범위한 산업, 전문직 및 사회단체로부터 선출된 사람들로 구성된 이사회에 의해 운영되고 있다. 또한 중재절차가 법률전문가인 상근직원에 의해 실제 업무가 행하여지고 있다. 현실적으로 취급 사건, 사무소, 직원 수 및 지출경비 면에서 미국 최대의 중재기관인 동시에 세계 최대의 중대기관이라 할 수 있다. 이 기구는 중재업무 외에도 UN기구에서 행하여지는 중재의 편의를 제공하며, 국내외 상사중재제도를 보급하기 위하여 동 협회 자체에 필요한 중재인의 육성을 위한 교육도 실시하고 있다(森井 淸, 「國際商事仲裁」, 東京 : 日本經濟新聞社, 1974, pp. 24-25.).

간 조약에 의하여 외국중재판정의 승인과 집행을 인정하는 방법을 취하였다. 한국과는 한・미우호통상항해조약과 뉴욕협약의 당사자국이 되고 있다.

2) 미국의 상사중재 절차

① 일반원칙과 적용범위

미국에는 연방중재법과 주중재법 또는 통일중재법이 적용되고 있으며, 각 주의 중재법은 동일하지 않고 약간의 차이를 보이고 있다. 연방중재법은 해상운송 등 해사거래나 각주간 및 국제거래 등에서 적용된다.

중재합의에 있어서 당사자자치의 원칙이 잘 보장되고 있으며, 합의내용에 따라 중재합의의 존재 및 그 범위가 결정된다. 중재범위에 대하여 많은 분쟁을 중재로 해결하는 것이 최근의 추세이며, 의회와 법원의 주장은 중재범위를 확대시키고 있다.[30] 특히, 유효성과 특허침해분쟁 등의 특허에 대하여서도 1983년 1월 당시 미국 대통령이었던 레이건이 서명하여 미국 특허법 가운데 특허중재조문이 유효하게 되었다. 이와 관련하여 미국중재협회는 1983년 6월 특허중재규칙을 제정・공포하였다.

② 중재합의

중재합의(Arbitration agreement)에는 중재조항에 의하는 경우와 분쟁발생후 독립적으로 중재합의하는 경우가 있다. 중재합의의 형식이 유효하기 위해서는 반드시 서면으로 작성되어야 하며, 현재 및 장래의 분쟁을 중재에 회부한다는 서면합의는 유효하고 강제성이 있으며, 철회불가성이 있다.

중재합의의 유효성, 강제성, 철회불가성에 대하여 연방중재법과 통일중재법[31]에서 모두 규정하고 있다. 따라서 중재합의의 존부 및 범위 판단과 관련한 문제는 법원에 부여되어 있다고 할 수 있다.[32]

③ 중재인 선정 절차와 중재판정부

당사자는 중재합의에 의하여 정한 방법에 따라 중재인을 선정할 수 있다. 그러나 중재합의에서 이를 정하지 아니하였거나 집행이 불능한 경우, 또는 직무를 이행할 수 없는 경우 등에 있어서는 법원은 일방당사자의 신청에 따라 한 명 또

---

30) 陳桂明, 「仲裁法論」, 中國政法大學出版社, 1993, pp. 60-61.

31) 통일중재법 제2조 : 분쟁의 일방당사자가 중재합의를 제시하고 중재신청을 한 경우 타방당사자가 중재를 거부한다면 법원은 양당사자에게 중재를 하도록 명령할 수 있다. 만일, 상대방 당사자가 중재합의의 존재를 부인할 경우, 법원은 이에 대하여 결정하여야 한다.

32) 연방법원은 중재합의의 존부 판단을 전제로 소송진행의 중지 또는 중재절차의 진행을 명령할 수 있다.(김연호, "미국중재법과 중재합의", 「중재학회지」, 2004. p.4.)

는 여러 명의 중재인을 선임하여야 한다. 법원이 선임한 중재인은 합의에 의하여 선정된 중재인과 동일한 권한이 있다. 연방중재법(제5조)과 통일중재법(제3조)은 모두 이를 규정하고 있다.

이렇게 선정된 중재인은 심리하는 시간과 장소를 결정한 다음 직접 당사자에게 최소 심리 5일 전에 배달하여 통지하거나 등기우편으로 당사자에게 통지하여야 한다. 일방 당사자가 통지를 제때에 받았으나 출석하지 아니하는 경우, 중재인은 심리를 그대로 진행할 수 있으며 현재의 증거에 근거하여 중재판정을 내릴 수도 있다. 또한 연방중재법과 통일중재법은 중재인은 어떠한 사람도 소환하여 증언하게 할 수 있는 소환권을 인정하고 있고 실질적으로 증거가 되는 책자, 기록, 문서 혹은 기타 증거에 대하여 채취할 수 있다고 규정하였다. 만일, 피소환증인이 이를 거부하거나 출석하지 아니하는 경우 법원은 청구에 따라 강제적으로 출석시킬 수 있고 규정에 따라 처벌할 수 있다. 통일중재법은 중재인이 중재인에게 선서하도록 하게 하는 권한이 있다고 규정하고 있다.

④ 중재판정

중재판정은 중재판정부의 다수결에 의하여 서면으로 이루어지며 중재판정에 참가한 중재인이 서명하여야 한다. 중재인의 비용, 중재절차 가운데 기타 비용(변호사 비용은 불포함) 등은 중재합의를 제외하고 중재판정문에 따른다.

관할권이 있는 법원은 일정한 조건하에서 중재판정을 취소할 수 있으나, 법률상의 착오와 사실상의 착오는 법원의 중재판정기각사유가 될 수 없다. 법원은 통상적으로 중재인의 착오애 대하여 가혹한 요구를 하지 않는다.[33] 미국중재협회는 상사분쟁해결 절차(Commercial Dispute Resolution Procedures-Including Mediation and Arbitration Rules)에서 상사조정규칙(Commercial Arbitration Rules)과 더불어 상사중재규칙(Commercial Arbitration Rules)을 상세하게 규정하고 있다.

3) 미국중재협회 중재규칙의 특징

① 중재대상의 구분에 따른 규제 방식

AAA 중재규칙 R-1조 (b)와 (c)의 규정을 보면, R-1조부터 R-54조까지 시작되는 일반중재규칙과 Expedited Procdures(간이절차)에서 규정되는 E-1조에서 E-10조까지의 부분, Procedures for Large, Complex Commercial Disputes(청구금액이 다액이고 복잡한 상사분쟁절차)에서 규정되는 L-1조에서 L-4조까지의 부분 그리고 Optional Rules for Emergency Measures of Protection(긴급보호조치를 위한 선택적

33) 陳桂明, 「仲裁法論」, 中國政法大學出版社, 1993, p.86.

규칙)에서 규정되는 O-1조에서 O-8조까지의 부분으로 구성되어 있는 것이 특색이다. 간이절차는 청구액이나 반대청구액이 $75,000인 경우이고, 대형의 복잡한 상사분쟁절차는 청구액이나 반대청구액이 $500,000인 경우이다.[34)]

② 일반중재규칙상의 특징

㉠ 예비심리 (Preliminary Hearing)

AAA 중재규칙 R-20조에 의하면, 당사자의 청구 혹은 중재인 또는 AAA의 재량으로 중재인은 당사자 및 그들의 대리인과 실무상 신속하게 예비 심리를 예정할 수 있으며, 이 예비심리에서 중재인의 재량으로 전화에 의하여 진행될 수 있다. 예비심리 중에 당사자와 중재인은 쟁점과 청구의 명확화를 비롯하여 사건의 장래 진행, 심리예정표와 다른 예비심리문제를 협의하여야 한다.

㉡ 중간조치 (Interim Measures)

AAA 중재규칙 R-34조에 의하면, ⓐ 중재인은 재산의 보호 또는 보전과 부패하기 쉬운 물품의 처분을 위하여 유지명령의 구제와 조치를 비롯하여 중재인이 필요하다고 인정하는 어떠한 중간조치를 취할 수 있다. ⓑ 그러한 중간조치는 중간판정의 형식을 취할 수 있으며, 중재인은 그러한 조치의 비용에 관한 담보를 요구할 수 있다. ⓒ 당사자가 사법당국에 제기한 중간조치의 신청은 중재합의 또는 중재권의 포기와 상충된 것으로 보지 않는다.

㉢ 중재판정의 방식 (Scope of Award)

AAA 중재규칙 R-32조에 의하면 ⓐ 중재판정은 중재인의 다수결에 의하여 서면으로 작성하고 이에 서명하여야 한다. 그것은 법에서 요구하는 방법으로 집행된다. ⓑ 중재인은 당사자의 합의의 범위 내에서 공정하고 형평하다고 인정되는 구제를 부여할 수 있다. 이 구제에는 계약의 특정이행을 포함하는 것으로 한다. ⓒ 최종의 중재판정 이외에 중재인의 가(仮), 중간, 일부의 판정에 있어서 중재인은 그 중재판정과 관계가 있는 요금, 비용, 보수로서 중재인이 적정하다고 결정한 것을 부과・배분할 수 있다. ⓓ 중재판정에는 (1) 중재인이 적정하다고 인정하는 일자로부터의 이율, (2) 당사자 모두가 변호사의 보수에 관한 판정을 요구하거나 법 또는 중재합의로 수권(授權)되는 경우 그러한 판정을 기재할 수 있다.

㉣ 법원과의 관련과 면책 (Application to Court and Exclusion of Liability)

AAA 중재규칙 R-48조에 의하면 ⓐ 중재의 대상이 되는 목적물에 관하여,

34) 임홍근, “중재기관규칙의 개정과 발전”, 「중재」, 2005년 겨울호, 2005. 12. pp. 24-27.

당사자가 행하는 소송절차의 어느 것도 당사자의 중재권 포기로 인정되지 않는다. ⓑ 이 규칙에 의한 절차에 있어서 AAA나 중재인은 중재와 관련된 소송절차에 있어서 필요당사자가 아니다. ⓒ 이 규칙에 의한 중재의 당사자는 중재판정에 관한 판결이 관할권을 가지는 연방법원 또는 주법원에 등록될 수 있음을 동의한 것으로 본다. ⓓ 이 규칙에 의한 당사자는 AAA나 중재인이 이 규칙에 의한 중재와 연관된 직위 또는 부작위로 인하여 손해배상 혹은 유지명령의 구제의 당사자로 책임지지 않는다는 것을 동의하는 것으로 본다.

③ 청구금액이 다액이고 복잡한 상사분쟁절차

㉠ 운용상의 협의 (Administrative Conference)

AAA 중재규칙 L-1조에 의하면 잠재적인 중재인의 명단을 배포하기 전에 AAA는 당사자가 달리 합의하지 않는 경우 당사자 및 그들의 변호사, 기타 대리인과 전화에 의한 협의를 진행한다. 그 협의는 중재의 개시 후 14일 이내에 시작된다. 당사자가 그 협의에 관하여 서로 편리한 시간에 대해서 합의할 수 없는 경우에는, AAA는 협의의 대상이 될 쟁점을 토의하기 위하여 당사자를 개별적으로 접촉할 수 있다. 그러한 운용상의 협의는 ⓐ 분쟁의 성격과 규모에 관한 부가적 정보와 심리에 관해 예상되는 시일과 예정표를 얻고, ⓑ 중재인의 전문적인 면과 자격에 관하여 당사자들의 견해를 토론하며, ⓒ 당사자의 진술서상의 불일치를 확인하고, ⓓ 당사자와 함께 분쟁해결의 조정과 기타 비사법적 방법이 적절한지를 고려하기 위한 목적과 AAA가 적절하다고 인정하는 부가적 목적을 위해 진행된다.

㉡ 중재인 (Arbitrators)

AAA 중재규칙 L-2조에 의하면 ⓐ 청구금액이 다액이고 복잡한 상사사건은 당사자가 합의할 수 있는 경우 1인 또는 3인의 중재인에 의하여 심리되고 판단된다. 당사자들이 중재인의 수를 합의할 수 없고 청구금액이나 반대청구금액이 최소 1백만달러인 경우, 3인의 중재인이 그 사건을 심리하고 판단한다. 당사자들이 중재인의 수를 합의할 수 없고 각 청구금액이 1백만달러 미만인 경우, 1인 중재인이 그 사건을 심리하고 판단한다. ⓑ AAA는 당사자들이 합의한 중재인을 선정한다. 당사자들이 그 선정방법에 관하여 합의할 수 없는 경우, AAA는 정규상사중재규칙 (Regular Commercial Arbitration Rules)에서 정한 방식으로 청구금액이 다액이고 복잡한 상사사건명부에서 중재인을 선정한다. 당사자의 합의가 없는 경우, 중재인은 당해 절차의 조정단계에서 조정자로서 봉사하지 않는다.

㉢ 예비심리 (Preliminary Hearing)

AAA 중재규칙 L-3조에 의하면, 중재인의 선정 후 실무상 가능한 신속하게 예비심리는 당사자 및 그들의 변호사, 기타 대리인과 중재인이 참석한 가운데 개최된다. 당사자가 달리 합의하지 않는 한, 예비심리는 개인적인 접촉보다도 전화에 의한 협의에 의하여 진행된다.

예비심리에서 고려된 사안은 제한없이 다음의 사항이 포함된다. 즉, ⓐ 청구금액, 손해배상액 및 항변의 상세한 진술서, 각 당사자가 주장한 쟁점과 그에 관한 입장과 당사자들이 중재인의 주의를 유도하려는 어떠한 법률적 문헌의 업무, ⓑ 다툼이 없는 사실에 대한 약정, ⓒ 개시가 될 수 있는 범위, ⓓ 각 당사자들이 심리에 제출될 수 있을 것으로 믿는 서류의 교환과 사전점검, ⓔ 감정인을 포함하여 증인의 동일성과 유용성 및 증인의 전력을 포함하여 증인과 관련된 사항과 적절하게 예상되는 증언, ⓕ 선서진술서 및 그 선서증거가 채택될 수 있는 여부와 한계, ⓖ 심리가 연속적으로 진행되는 한도, ⓗ 중재절차의 속기록 기타 공식기록이 유지되는지 여부, ⓘ 조정 기타 비사법적 분쟁해결의 방법을 활용할 수 있는 가능성, ⓙ 증인소환장의 발부절차, 당사자의 합의 및 중재인의 명령에 의하여 중재를 규율하는 예비심리활동과 심리절차는 예정절차규칙 (Scheduling and Procedure Order)에 따른다.

㉣ 절차의 운영 (Management of Proceedings)

AAA 중재규칙 L-4조에 의하면, ⓐ 중재인은 청구금액이 다액이고 복잡한 상사사건의 지체를 피하고 공정·신속하며 비용절감의 해결책을 달성하기 위하여 필요하거나 바람직하다고 판단되는 조치들을 취한다. ⓑ 당사자는 자신들의 관리하에 있는 서류, 증거서류와 정보의 교환에 있어서 협력한다. 다만, 중재인이 그러한 제출이 공정·신속하여 비용절감의 해결책을 달성하는 목표에 부합하는 경우에 한한다. ⓒ 당사자는 모든 당사자들이 합의할 수 있는 개시 (discovery)를 행할 수 있다. 그러나 중재인은 개시의 행위에 대하여 중재인이 적절하다고 인정하는 제한을 둘 수 있다. 당사자가 서류의 작성 기타 정보에 관하여 합의할 수 없는 경우, 중재인은 중재의 간이성을 고려하여 개시의 한도를 설정할 수 있다. ⓓ 제시된 충분한 중재이유와 중재의 간이성을 고려하여 중재인의 재량으로 중재인은 사건의 판단에 필요하다고 인정되는 정보를 소유하는 자의 증언, 질문서의 제출을 명령할 수 있다. ⓔ 당사자는 중재인이 달리 결정하지 않는 한 심리 10일 전에 심리에 제출하려고 하는 모든 증거서류의 사본을 교환한다. ⓕ 이 규칙에 따른 정보의 교환은 당사자의 합의 및 중재인의 지시가 있는 한, 예정절차규칙 내에 포함된다. ⓖ 중재인은 정보교환에 관한 분쟁을 해결할 권한을 가진다. ⓗ 일반적으로 심리는 효율을 극대화하고 비용을 최소화하기 위해 연속한 날 또는 일정한 기간의 연속한 날로 한다.

④ **긴급보호조치를 위한 선택적 규칙** (Optional Rules for Emergency Measures of Protection)

㉠ **적용가능성** (Applicability)

AAA 중재규칙 O-1조에 의하면 당사자들이 특별합의 또는 중재조항에 의하여 긴급보호조치를 선택적으로 채택한 경우, 긴급구제를 필요로 하는 당사자는 중재인단의 구성에 앞서 AAA와 모든 당사자들에 대하여 서면으로 구하는 구제의 성격과 그러한 구제가 긴급하게 요구되는 이유를 통지하여야 한다.

신청을 할 때에도 당사자는 그러한 구제를 받을 권리가 있는 이유를 제시하여야 한다. 그 통지는 팩시밀리 등 기타 믿을만한 수단으로 할 수 있으나, 다른 모든 당사자에게 통지된 것을 확인하는 진술서 또는 다른 당사자에게 선의로 취한 통지조치가 설명서에 포함되어야 한다.

㉡ **긴급중재인의 선정** (Appointment of Emergency Arbitrator)

AAA 중재규칙 O-2조에 의하면, O-1조에서 정한 통지수령의 1거래일 이내에, AAA는 특별명부에서 단독의 긴급중재인을 선정하여야 한다. 긴급중재인의 선정에 대한 기피는 AAA가 당사자들에게 긴급중재인의 선정과 개시된 사실을 연락한 1거래일 이내에 하여야 한다.

㉢ **예정표** (Schedule)

AAA 중재규칙 O-3조에 의하면 긴급중재인은 가능하면 신속하게 단 2거래일 이내에 긴급구제를 위한 적용을 고려하여 예정표를 작성하여야 한다. 그 예정표에는 심리의 대상이 되는 모든 당사자들에게 합리적인 기회를 주어야 하지만, 정식의 심리의 대안으로 전화를 통한 협의나 서면신청에 의한 절차를 정할 수 있다.

㉣ **중간 판정** (Interim Award)

AAA 중재규칙 O-4조에 의하면, 고려한 후 긴급중재인이 긴급구제를 구하는 당사자가 직접적이고 회복할 수 없는 손실이나 긴급구제가 없기 때문에 결과가 초래되었고, 그 당사자는 그 구제를 받을만하다는 것을 입증한 것에 만족하는 경우, 긴급중재인은 구제를 허용하고 그에 관한 이유를 기재한 중간판정을 내릴 수 있다.

ⓜ 중재인단의 구성 (Constitution of the Panel)

AAA 중재규칙 O-5조에 의하면, 긴급구제의 중간판정을 수정하려는 신청을 하는데 있어 변화된 상황을 기초로 하여야 하며, 중재인단이 구성되기까지 긴급중재인에 대하여 이를 할 수 있다. 긴급중재인은 당사자가 긴급중재인이 중재인단의 구성원으로 기명된 것을 합의하지 않는 한, 중재인단이 구성된 다음 더 이상 행동할 권한이 없다.

ⓗ 담보 (Security)

AAA 중재규칙 O-6조에 의하면, 긴급중재의 중간판정은 그 구제를 구하는 당사자에 의한 적절한 담보의 제공을 조건으로 할 수 있다.

ⓢ 특별보좌재판관 (Special Master)

AAA 중재규칙 O-7조에 의하면, 당사자가 사법당국에 대하여 행한 중간조치의 신청은 중재합의나 중재권의 포기와 상충되는 것으로 인정되지 않는다. AAA가 사법당국으로부터 긴급구제를 신청한 것에 대하여 이를 판단하고 보고할 특별보좌재판관을 지명하도록 지시를 받는 경우, AAA는 이 규칙 O-1조에서 정하는 대로 진행하고, 긴급중재인에 대한 조회는 특별보좌중재인을 의미하는 뜻으로 해석되어야 한다. 단, 특별보좌재판관이 중간판정보다 보고서를 발부하는 경우에는 예외로 한다.

ⓞ 비용 (Costs)

AAA 중재규칙 O-8조에 의하면, 긴급구제신청과 관련된 비용은 처음에는 긴급중재인 또는 특별보좌재판관에 의하여 배분되고, 최종적으로는 그 비용의 배분을 결정할 중재인단의 권한에 따라야 한다.

4) 미국중재협회 국제분쟁해결센터의 절차상 특징

미국중재협회 (AAA : America Arbitration Association)산하 국제분쟁해결센터 (ICDR : International Center for Dispute Resolution)의 중재절차상의 특징은 다음과 같다.[35)]

① 중재절차 개시

ICDR에서 중재절차는 ICC와 마찬가지로 신청인이 ICDR에 ① 중재를 통해 해결되어야 한다는 요구사항, ② 당사자의 이름 및 주소, ③ 분쟁발생의 원인이 되는 계약에 대한 설명, ④ 법적 구제책에 관한 요구사항 등의 내용을 포함하는 중

35) 김범수 · 박효준, “주요 국제중재절차 규칙 관련 고려사항”, 「중재」, 2005년 겨울호, 2005. 12. pp. 19-20.

재신청서를 제출하고 ICDR이 이를 접수함으로서 공식적으로 개시된다.

이러한 중재신청서가 접수된 후 ICDR은 즉시 모든 당사자들에게 연락을 취하고 중재절차 개시를 알린다. 반면, 피신청인은 중재신청서 송달 후 30일 이내에 답변서를 제출해야 하는데 동 답변서에 반대중재신청(counter claim)이나 상계청구(set off) 등에 관한 내용이 포함되어 있는 경우 신청인은 30일 이내에 신청인 측에 답변서를 제출해야 한다.

② 중재관할 분쟁

중재절차의 진행 이전에 중재판정부의 관할권에 대한 분쟁이 야기될 수 있는데, 이러한 경우 중재판정부는 중재합의의 존재, 범위, 유효성 등에 대하여 이의제기를 포함하여 중재판정부 관할권에 대한 판정을 할 수 있는 권한을 가진다. 만일, 중재판정부의 관할권에 대하여 이의가 있는 일방 당사자는 답변서 제출 기일까지 공식적으로 이의를 제기해야 한다.

③ 중재절차 진행

중재판정부는 당사자들이 동등하게 대우받는다는 전제하에 중재진행에 있어 상당한 재량권을 보유하고 있다. 즉, 중재판정부는 절차의 진행과정중 증거자료의 추가 제출을 요구할 수 있고, 반대로 불필요하거나 중복되는 증거자료는 배척할 수도 있으며, 절차를 나누어 진행할 수도 있다. 그리고 중재판정부는 당사자로 하여금 추가적인 서면입장서의 제출을 요구할 수도 있다.

④ 구두심리

중재판정부는 당사자들에게 최초 구두심리(Hearing) 개최 일시 및 장소에 대하여 사전 통보를 개최일 30일 이전에 해야 하고, 구두심리(口頭審理) 15일 이전에 각 당사자는 중재판정부 및 다른 당사자에게 자신의 증인에 대한 정보(이름 및 주소 등), 증언내용 및 증인이 사용할 언어를 통보한다.

중재심리는 당사자들이 별도의 합의가 존재하지 않는 한 비공개로 진행된다(ICDR 중재규칙 제20조 4항). 이러한 심리절차 이외에도 중재인 및 사무국 직원은 중재절차 중 당사자 또는 증인에 의해 공개된 비밀정보들을 공개하지 않을 의무가 있다.

중재판정은 분쟁사항에 대한 최종판정으로서 서면으로 하도록 되어 있으며, 이에는 판정의 사유가 포함되어야 하는 것이 원칙이며 판정일자 및 판정장소 등도 포함되어야 한다.

(3) 유럽의 중재법[36)]

1) 영국

① 영국 상사분쟁해결제도의 약사

㉠ 영국 상사중재의 기원

영국은 전통적으로 무역 및 해사분야 분쟁의 중재로 국제적인 명성을 얻어 왔다. 이러한 영국의 중재법제는 상당히 오랜 기간동안 발전하여 왔다. 영국은 불문법계 국가이지만 중재법은 법관과 중재인들이 내린 수없이 많은 판례들과 더불어 수백년 동안 내려온 성문법에 기초를 두고 있다.[37)]

㉡ 근대의 상사중재제도

근대의 상사중재제도는 1881년으로 거슬러 올라갈 수 있는데, 런던상업회의소가 설립된 이해에 London시와 협력하여 중재제도의 보급을 위해 상업회의소 내에 중재위원회를 설치하였으며, 실업단체에 의한 중재제도의 보급을 배경우로 영국의 근대적인 중재법 체제를 갖춘 중재법이 1889년에 탄생되었다.

이후 1920년 재판관리법, 1924년 중재조항법, 1930년 외국중재판정법, 1934년 중재법 등에 의하여 이들 법규 및 체제의 근대화가 이루어졌으며,[38)] 이것들을 통합 편제한 "1950년 중재법 (The Arbitration Act, 1950)"이 등장하게 되었다. 이법이야말로 현대 영국 상사중재의 기초가 된 법이라 하겠다.

㉢ 현대의 상사중재제도

1985년 UNCITRAL이 회원국간의 법률통일화를 위하여 국제상사중재모델법을 채택함에 따라 영국은 1989년 중재법 개정안을 마련하여 1997년부터 현재의 중재법 (Arbitration Act 1996 of England)이 탄생되었다. 또한, 해사중재에 관하여도 별도의 법률이 없고 중재법 (Arbitration Act)이 해사중재에 관한 준거법이 된다.

② 주요 분쟁해결 기구

영국의 주요한 상설중재기구로는 런던국제중재법원 (LCIA : London Court of International Arbitration), 영국중재인협회 (The Chartered Institute of Arbitrators), 런던해사중재인협회 등을 들 수 있다. 비교적 근래에 등장한 분쟁해결조직으로서는 효과적 분쟁해결센터 (CEDR : The Centre for Effective Resolution)나 ARD그룹[39)] 등이 있다.[40)]

---

36) 한주섭 · 김상호 · 우성구, 「국제상사중재론」, 동성사, 1997. pp. 37-40.
37) 최장호, 「상사분쟁관리론」 -클레임과 상사중재 및 ADR, 두남출판사, 2004. pp. 489-492.
38) 森井 清, 「國際商事仲裁」, 東京 : 東洋經濟新聞社, 1979. p.129.

③ 런던국제중재재판소

㉠ 런던국제중재재판소의 특징

LCIA는 1881년 런던상업회의소가 설립된 이후 1892년 11월 상사분쟁의 해결을 위하여 설립되었으며 기업, 중재법원, 사무국을 포함하는 3단 구조하에서 활동하는 비영리기관으로 보든 당사자들을 위하여 분쟁해결 절차를 관리하고 있다.41)

이 중재법원은 영국의 산업혁명 이후 공업의 신속한 성장과 국제무역의 활성화 그리고 상사분쟁의 해결의 필요에 의해 등장하게 되었다. 설립당시에는 런던중재소(London Chamber of Arbitration)라는 명칭으로 출범하였으나, 1903년 4월 런던중재법원으로 개칭되었고, 다시 1981년 런던국제중재법원(LCIA)으로 개명되었다. 원래 이 기관은 하나의 연합중재위원회에서 관리하였으며, 위원회는 12명의 런던시 정부와 런던상업회의소 추천 인물로 구성되었다.42)

㉡ 런던국제중재재판소의 분쟁해결 형태

분쟁의 해결형태(Mode of Resolution)로는 중재, 조정(conciliation and/or mediation) 등이 있으나, LCIA는 현재 영국에서 가장 중요한 국제상사기구이며, 주로 국제상사분쟁을 해결하는데 필요한 서비스를 제공하고 있다. 이 중재법원은 1981년 기관의 규칙을 제정하여 중재절차의 폭넓은 자유를 부여하였으며, 양당사자는 UNCITRAL의 중재규칙에 따라 중재절차에 합의할 수도 있다.

즉, 그 자신의 중재 그리고 조정규칙과 UNCITRAL 규칙하에서도 포괄적인 국제분쟁해결서비스를 제공한다. 이 기관에 회부된 계약분쟁은 원격통신(telecommunications), 보험, 석유・가스 개발, 건설, 해운, 항공, 제약, IT, 금융과 은행업무 등 모든 형태의 국제상사(international commerce)를 포함한다.43) 런던국제중재법원은 효율적인 활동과 LCIA규칙의 적용, 중재절차 진행 그리고 중재인의 선정과 관련된 모든 문제들을 관리한다.

사무국은 런던에 있는 국제분쟁해결센터(the International Dispute Resolution Center)에 근거하여 런던국제중재법원의 규칙에 의하던 그렇지 않던 간에 모든 중

---

39) ARD 그룹은 조정인(Mediator)을 공급하는 것을 목적으로 3개 회사(ADR Net Limited IDR Europe Limited, ADR Group Family Mediation Training Limited)로 구성되어 있으며, ADR 그룹은 ADR분야에 있어 국제적으로 인정받는 시장지도자들이다. 2000년 말에는 조기중립평가제도(ENE : Early Neutral Evaluation)를 도입하였다(http://www.adrgroup.co.uk).

40) 이러한 LCIA는 미국의 AAA의 ICDR, ICC의 ICA와 함께 국제상사중재의 세계3대 기관으로 지칭되고 있다.(임홍근, “중재기관규칙의 개정과 발전”, 「중재」, 2005년 겨울호, 2005. 12. p.20.)

41) 森井 清, 「國際商事仲裁」, 東京 : 東洋經濟新聞社, 1979. p. 129.

42) 陳桂明・王生長 編著, 「中國國際經濟貿易仲裁」, 人民中國出版社, 1992, p.299.

43) http://jurisint.org/pub/02/ed/doc/63.htm

재와 조정의 관리를 책임진다. 또한 당사자들과 그들의 대리인, 중재판정부 등에게 정보의 제공 및 권고 등의 역할을 수행하며, 분쟁해결 절차를 감독하고 지원한다. 영국 외에서 심리를 하는 경우에는 사무국과 해당지역 중재기관에 의하여 공동으로 관리서비스가 제공된다. 중재를 위하여 런던국제중재법원 중재규칙(Arbitration Rules of the London Court of International Arbitration)이 이용되고 있다.

ⓒ 런던국제중재재판소 규칙의 특징

1998. 1. 1.부터 시행되고 있는 런던국제중재재판소(LCIA : The London Court of International Arbitration)의 중재규칙은 절차의 유연화, 기간의 단축, 중재법정의 권한확대를 꾀한 것이 드러난다.[44] 통신전달방법과 기한에 관한 합리화가 도모되었으며(제4조), 피신청인이 협력하지 않고, 중재법정의 성립이 지체되는 경우에, '예외적 긴급성(exceptional emergency)'이 있으면, 시간단축을 구하는 특별신청을 인정하는 장치를 마련해 놓고 있다(제9조). 또한 다수당사자의 중재사건에서의 중재인 선정에 관하여는 ICC의 새로운 중재규칙과 유사한 규정이 도입되어 있다(제8조).[45]

2) 독일

① 독일의 상사중재제도 개관

독일은 프랑스와 더불어 대표적인 대륙법계 국가의 하나로서 또한 성문법계 국가로 분류된다. 따라서 ADR로서 중재의 입법에 있어서도 중재법을 민사소송법 속에서 규정하고 있다. 독일은 전통적으로 관습적·독립적인 중재제도를 발전시키지 못하고 대체로 중재를 소송의 한 유형으로 파악하여 소송법상의 개념과 형식으로 나타났다고 할 수 있다. 이와 함께 참고할만한 것으로 독일실업계에서는 사법적 분쟁해결 방법과 함께 중재는 전통적으로 매우 보편적으로 이용되었던데 비해 조정이나 기타의 ADR 방법은 크게 활용되지 못했던 것으로 알려지고 있다.

독일의 중재에 대하여는 민사소송법 제10편의 '중재절차에 관한 조항(제1025조-1084조)'이 적용되는데 여기에는 계약자유의 원칙에 입각하고 있으며, 중재합의 중에 특약이 없는 중재절차는 중재인의 재량에 맡겨져 있다(동법 제1034조 2항). 그러므로 당사자의 합의가 법률에 우선한다. 다만, 강제규정으로 당사자는 반드시 정당한 심문을 받아야만 한다(동법 제1304조 1항, 제1041조 1항 4호).

---

44) 임홍근, "중재기관규칙의 개정과 발전", 「중재」, 2005년 겨울호, 2005. 12. p.29.
45) 澤田壽夫, "仲裁機關規則の展開", 松浦 馨・青山善允編, 「現代仲裁法の要點」, 1998, p.85.

이와 같이 독일에서는 중재를 관대하게 취급하고 있으며, 중재절차에 있어서도 공적 규제와 간섭이 배제되어 있고 오직 국제적 공서(公書)(International Public Order)에 의존하고 있음으로써 독일의 중재법을 "불완전법"이라고 지칭한다.

② 독일의 중재절차

중재인의 자격에 관하여는 법률적 행위능력을 지는 자라면 누구나 중재인이 될 수 있도록 규정하고 있으며, 중재인의 수에 대한 제한도 없다. 중재판정은 다수결에 의하지만, 제3중재인 또는 의장중재인도 다른 중재인과 동일한 권한을 가질 뿐이다. 또한 중재판정문에는 간결한 이유를 붙여 법원에 등록함으로써 그 집행력이 인정될 수 있다.

독일의 중재절차는 제1심으로 종료하는 것을 원칙으로 하지만, 중재합의 또는 중재법원의 규정에 의하여 항소가 인정되는 경우에는 제2심에서의 항소가 가능하다. 독일의 대표적인 상설중재기구로서는 Bonn에 위치하고 있는 독일상사중재협회(Deutscheraussschuss fűr Schiedsgerichtszesen)이 있다.

3) 프랑스

① 프랑스의 상사중재제도 개관

프랑스의 중재법은 1806년 4월 29일 제정된 민사소송법 제3편에 26개 조문(제1003-제1028조)으로 구성되어 있었다. 19세기 초기 이래, 프랑스 국내에서 중재제도의 엄격성은 외국인과의 거래에서 중재조항을 삽입하는 것을 방해하여 국제거래에 있어서의 경쟁력 약화를 초래하였다.

그 후 프랑스의 법제는 국내상사(國內商事)와 국제상사(國際商事)의 '이원주의(二元主義)'를 채택하였다고 할 수 있다. 즉, 국제적 공공질서(l'ordre publique interantionale)에 반하지 않는 것과 내국인간(內國人間)의 분쟁을 런던에서 영국중재법에 의해 중재판정이 된 것도 사적자치로서 인정하는 태도를 취하게 된 것이다.

이리하여 국내업자들이 불이익을 구제하고 경쟁력 강화를 목적으로 1925년에 상법 제631조의 규정을 개정하였는데 여기에는 상법의 상사계약에 관한 규정을 개정하여 중재조항의 효력을 인정한 것이다. 이후 프랑스 중재위원회가 핵심이 되어 1964년부터 집중적인 개정작업에 착수하여 1981년 5월 12일 총66개 조문으로 구성된 중재법(민사소송법 제1442조-1507조)을 완성시키게 되었다.

프랑스는 독일, 일본, 스위스, 네덜란드, 스웨덴, 이탈리아와 같은 대륙법계의 성문법 국가로서 민사소송법 내에 중재법을 설정하고 있다. 국제분쟁의 중재는 ICC의 중재기관에 의하여 처리되고 있어 국내분쟁에 대하여는 미온적인 태도를 고수하여 오다가 최근에 와서 그 대폭적인 개정을 하였다.

프랑스 개정 중재법의 특징만 살펴보면 다음과 같다. 중재합의의 내용에는 ① 분쟁이 발생된 주계약의 표시, ② 발생된 분쟁을 중재에 붙인다는 의미, ③ 중재인의 선정 또는 선정방법이 서면으로 기재되어야 하며, 이 가운데 하나라도 누락된 경우 중재합의는 무효로 된다(제1443조).

만일, 합의로 선정해 두었던 중재인이 사망한 경우에는 법원장이 중재인을 선정하게 된다. 중재인은 자연인으로서(법인은 중재인이 될 수 없음)법관 자격으로 절차를 진행해야 하며, 증인이나 감정인을 선서(宣誓) 또는 강제 소환할 수 없도록 되어 있어 전반적으로 우리나라의 중재법과 유사한 점이 많다.

프랑스의 상설적인 중재기관으로는 파리중재원(Paris Chamber of Arbitration)이 있으나, 거의 모든 사건은 파리에 있는 국제상업회의소의 중재법원(ICC Court of Arbitration)에서 처리되고 있는 실정이다.

4) 이탈리아

① 이탈리아의 상사중재제도 개관

이탈리아의 중재법은 1940년 민사소송법 중에 규정되어 있었는데, 근대중재법적인 요소를 많이 포함하고 있다. 즉, 장래의 분쟁에 대한 중재계약의 유효성이 인정되고, 중재판정에 대한 이의의 방법도 어느 정도 인정되고 있다.

그러나 중재법은 파시스트 정권하에서 제정된 것으로서, 결코 중재에 대하여 크게 신임을 하지 않았기 때문에 현재와 같은 활발한 국제거래에 대하여는 적당하지 못하였다.

현재 이탈리아 관련법상의 중재는 법에 의한 중재와 우호적 중재의 두 종류가 인정되고 있다. 양자의 경우 모두 중재인은 그 판정의 초안을 작성할 권한밖에 없으며, 이를 5일 내에 법원에 기탁하여 하급법원의 법관의 명령에 비로소 중재판정으로서의 효력이 주어지게 된다. 그런데 이 기탁요금(寄託料金)이 고액이고 중재는 결국 법원의 하부기관으로서의 지위를 벗어나지 못한다. 또 중재인은 이탈리아인이어야 하고, 본래 이탈리아 법원의 관할에 속하는 사건은 이탈리아에서만 중재를 할 수 있었다.

그리하여, 이러한 불편을 해소할 수 있는 방안을 찾게 되었는데, 이것이 이른바 “비공식(非公式)의 중재(arbitrato irrituale)”이다. 그 이론적 근거는 이탈리아 민법 제1319조의 규정인데, 동조는 제3자에게 계약내용의 확정을 위임하는 계약을 체결할 수 있음을 규정하고 있다. 그리하여 당사자는 중재인인 제3자에게 계약내용의 확정을 위임하고 그것을 서로 준수할 것을 약정하는 백지위임계약을 맺는 것이다. 다만, 이 경우 제3자가 당사자간의 조정을 하는 것이 아니라 권리·의무관계를 확정하는 준재판(準裁判)을 하는 것이다.

그러나 이러한 비공식중재에도 문제는 있다. 즉, 당사자가 위임을 받은 제3자가 내린 판정에 따라 권리·의무관계를 확정지을 것을 약정한 계약을 체결한 것이므로 판정만 제3자가 내렸을 뿐 그 판정의 내용은 당사자간의 명의의 것이므로 중재판정의 자격을 갖지 못하고 단순한 계약으로 인정되는데 불과하다. 따라서 그 집행을 위하여 통례적(通例的)인 소송에 의한 판정을 구하여야만 한다. 결국, 이탈리아의 중재법도 내국중재와 국제상사중재로 이원화되어 후자의 경우에는 "ICC중재규칙"에 의한 비공식의 중재를 이용할 수 밖에 없는 것이 현실이다.

(4) 일본의 중재법

1) 일본 중재법의 개관

① 일본상사중재제도의 변화 추이

일본에 있어서 중재제도의 시초는 '명치 민사소송법(明治 民事訴訟法)' 이전 그 전시대인 '덕천시대(德川時代)'부터라고 하기도 하나 이는 사회사실로써 본 경우의 중재 그 자체로서 덕천시대의 오인조(五人組)에서 이루어진 내제(內濟) 특히 개인간의 민사분쟁에 대해 은밀히 서로 해결한다는 것을 가리켜 말하는 것으로[46] 이것은 조정적인 색채가 농후한 일종의 화해제도로서[47] 서구의 중재와는 다르고 명치민사소송법상의 중재편과의 관련도 없는 중재제도와 유사한 제도로 평가되고 있다.

덕천시대의 내제(內濟)제도를 이어 받아 명치초기에는 프랑스의 조정제도를 본받은 권해제도(勸解制度)가 채택되어 명치 17년에는 권해약칙(勸解略則)이 제정되고 권해사건을 취급하는 치안재판소가 21개소 있었다고 전해지고 있다. 이 제도는 명치 23년 민사소송법의 시행에 의해서 화해(和解)와 중재제도(仲裁制度)로 대치되고 그 이후 폐지되었다.[48]

일본에 있어서 서구형 근대중재제도의 도입은 명치민사소송법의 중재편의 제정에 근거한다. 즉 일본근대중재절차의 법적기초는 1877년 독일민사소송법을 계

---

46) 김상수, "일본에 있어서의 중재제도의 현황과 전망", 「중재학회지」 제2권, 한국중재학회, 1992, p.58.
47) 森井 淸, 「グレイムド對策」, 日本經濟出版社, 1972, p.129.
48) 森井 淸, 「グレイムド對策」, 日本經濟出版社, 1972, p.130.

수하여 1890. 4. 21.에 처음 제정한 일본 민사소송법이라 할 수 있다.[49] 중재법은 동법에서 중재절차란 제목으로 중재계약의 유효성, 중재인 선정, 중재절차, 중재판정의 효력 등으로 규정되어 있다.

일본에서는 1890년 명치민사소송법 제정 이래로 중재는 소송대체적 분쟁해결 방법의 하나로서 성문법적으로 인정되어 왔다. 또한 관영 및 비관영의 중재기관들이 해사, 교통, 노동, 건설, 그리고 클레임사건들과 같은 특정분야의 중재사건을 처리하고 있다. 특히 국제무역분쟁사건의 처리를 위하여 1953년 상설중재법정으로 일본국제상사중재협회가 창설되었으며, 현재 이 협회는 국제무역분쟁을 해결하기 위하여 중재법정을 제공하고 있다. 일본에서의 중재는 조정과 같은 소송대체적 분쟁해결 방법과 비교하여 매우 대중적이지는 않지만 국제무역분쟁을 처리하기 위한 국제상사중재사건은 점차적으로 증가하고 있다.[50]

② 현대 일본의 상사중재제도

일본의 상사중재제도는 독일의 중재제도를 모방하여 제정한 민사소송법 제8편(제786조 - 제805조)에 규정되어 있다. 일본은 자국의 산업계의 요청에 앞서서 그 국제적인 지위의 개선을 위하여 독일법의 제반 사항을 무비판적으로 수용하였으나 제2차 세계대전의 종전까지는 거의 활용되지 않았다.

제2차 세계대전 이후 미국과의 교역분쟁을 해결하기 위하여 1949년 9월에 미국중재협회(AAA)와 일본상공회의소 사이에 미 · 일중재위원회가 설치되고 이듬해 3월 일본상공회의소를 중심으로 하여 일본경제단체연합회, 일본무역협회, 일본중소기업연맹 등 8개 단체가 핵심적 주체가 되어 국제교역에서 발생하는 상사분쟁을 해결할 목적으로 국제상사중재위원회를 발족하였다. 3년 후에 동 위원회는 일본민법(日本民法) 제34조[51]에 기초를 둔 "사단법인 국제상사중재협회"로 개칭되어 현재에 이르고 있다.[52]

일본중재법에 의하면, 계약에서 명문화하고 있는 경우를 제외하고 중재인 1인으로 가능한 단독중재인제도이며(일본국제상사중재인협회의 중재규칙 제11조),

---

49) Teruo Doi, "Japan", International Hand- book on Commercial Arbitration, Kluwer Law and Taxation Publishers, 1990, p.1.

50) Yoshikaku Takaish, "International Commercial Arbitration in Japan", International Commercial Arbitration Forum 1994, The Japan Commercial Arbitration Association, 1994, p.57.

51) 일본민법 제34조는 공익법인의 설립에 관한 허가주의 원칙을 규정하고 있으며 우리나라 민법 제32조에 상당하는 내용이다. 즉, "제사, 종교, 자선, 학술, 기술, 기타 공익에 관한 사단 또는 재단으로서 영리를 목적으로 하지 아니하는 것은 주무관청의 허가를 얻어 이를 법인으로 할 수 있다."

52) 최장호, "중국, 대만, 일본 상사중재의 제도화와 그 운용", 「중재」 1999년 봄호, 1999. 4.

그 자격은 중재의 결과에 대해 경제적으로 이해관계가 없는 한 용인되지만, 이러한 경우에도 양당사자가 서면으로 그 적부를 불문에 붙인다는 합의가 있을 때에는 예외로 한다(동 규칙 제11조). 중재판정기간은 당사자가 별도로 정하거나 법률에서 그 기간을 정하지 아니하는 한 최종심문기일 또는 구두심문이 아닐 경우에는 최후의 진술서와 증거를 중재인에게 송달한 날로부터 30일을 초과하지 아니하도록 되어 있다(동법칙 제38조).53)

또한 외국중재판정의 승인 및 집행을 위하여는 통상의 소송에 의하여 확정판결을 받아야 한다. 그러나 법원에 판정문 원본의 등록을 요하지 아니하고, 상호의 보증도 필요하지 아니하며, 또한 그 실패에 관한 심사에 들어갈 수 없다고 하여 가능한 한 국제주의의 원칙에 충실하려고 하고 있다.54)

2) 일본의 중재기구

일본의 중재는 거의 대부분 상설중재기관에 의하여 이루어지고 임시중재에 의한 경우는 극히 드물다. 일본의 상설중재기관은 공적(행정형)중재기관과 사적(민간형)중재기관으로 구별할 수 있다. 전자에 속하는 것으로는 공해 등 조정위원회를 비롯하여 중앙노동위원회 및 중앙건설공사분쟁심사회가 있다. 또한 후자에 속하는 기관으로서는 국제상사중재협회를 비롯하여 일본해운집회소, 교통사고분쟁처리센타, 제2동경변호사회중재센타가 있다.

① 국제상사중재협회

㉠ 탄생 배경

국제상사중재협회(The Japan Commercial Arbitration Association)의 설립은 1948. 6. 패전후 전국무역업자대회가 동경과 요꼬하마에서 개최되고 민간무역의 재개를 맞이하여 클레임처리기관의 문제가 중요 결의의 하나로 채택되고 9월에는 일본상공회의소총회에서도 국제상사중재정비에 관한 의결이 채택된 것에서 비롯되었다고 할 수 있다. 그 무렵 미국중재협회로부터 일본상공회의소에 대하여 일미합동중재위원회의 설치와 합동중재약관에 대한 제안이 이루어지고 재일미국상업회의소의 협력으로 1949. 9.에는 미국중재협회와 일본상공회의소간에 일미중재위원회의 설치를 합의하였다. 1949. 12. 1.부터 수출이, 1950년부터 수입이 민간에서 이행됨에 이르러 본격적으로 중재기관을 정비할 필요가 대두되어 일본상공회의소(전국상공회의소연합체)가 중심이 되고 경제단체연합

53) 土井輝生 編,「仲裁判定要約集」, 東京 : 國際商事仲裁協會, 1980, pp. 277-286.
54) 小山 升,「仲裁法」, 東京 : 有斐閣, 1981, pp. 25-35.

회, 일본무역회, 일본산업협의회, 중소기업연맹, 전국금융단체협의회 등이 발기인이 되어서 1950. 3. 14. 국제상사중재위원회의 창립총회가 개최되기에 이르렀다. 이렇게 해서 일미중재위원회의 중재규칙 기타 사업내용을 그대로 인계받는 형식으로 일본측 중재기관의 모체가 탄생하게 된 것이다.55) 위원회는 그 후 1953. 8.에 사단법인 국제상사중재협회로 독립·명칭을 변경하였다. 이와 같이 국제상사중재협회는 설립 당초부터 미국중재협회의 지도와 원조를 받았다.

ⓛ 국제상사중재협회의 업무

국제상사중재협회의 업무에는 중재, 조정, 국외중재기구와의 교류 및 합작, 중재인 관리, 국제중재세미나의 조직 및 참가, 국제상사중재의 연구 및 중재잡지의 출판, 상사분쟁해결경험의 소개 등이 있으며 유엔국제무역법위원회 중재규칙에 따라 기구의 위임 및 중재인의 파견업무를 담당한다. 협회는 동경에 본부를 두고 있으며 오사카, 고베, 나고야, 요꼬하마에 지역분회를 두고 있으며56) 본부와 분회에서는 중재인 명단을 비치하고 있다. 분쟁 당사자들은 어느 곳에나 중재신청을 할 수 있다.

② 일본해운집회소

일본해운집회소(日本海運集會所)는 戰前 일본의 유일한 상설중재기관으로57) 일본에서 가장 오래된 상설중재기관이다.58) 일본해운집회소는 런던에 있는 발틱해운집회소를 모델로 1921년에 설립한 신호해운집회소(神戸海運集會所)가 그 전신이며 1926년에는 해사분쟁전문상설기구로서 중재부가 창설되었다. 이후 1933년에는 위 집회소의 업무가 널리 해운관련 전업계의 발전에 보탬이 된다는 점에서 주식회사 신호해운집회소를 해산하고 공익법인으로서 사단법인 일본해운집회소가 발족되었으며 분쟁처리방식은 중재(조정 포함), 감정, 증명, 지도 조언, 상담, 알선 등이 있다.59) 이 집회소의 중재건수는 국제상사중재협회의 그것보다 많은 편이다.

③ 제2동경변호사회 중재센터

제2동경변호사회 중재센터는 시민의 소액분쟁을 주된 대상으로 하여 이를 신

55) 森井 淸, 「グレイムド對策」, 日本經濟出版社, 1972, p.134.

56) Teruo Doi, "Japan", International Hand- book on Commercial Arbitration, Kluwer Law and Taxation Publishers, 1990, p.3 ; 陶春明·王生長 編, 「中國國際經濟貿易仲裁」, 人民中國出版社, 1992, p.336. 참조.

57) 森井 淸, 「グレイムド對策」, 日本經濟出版社, 1972, p.133.

58) Teruo Doi, "Japan", International Hand- book on Commercial Arbitration, Kluwer Law and Taxation Publishers, 1990, pp. 1-2.

59) 森井 淸, 「グレイムド對策」, 日本經濟出版社, 1972, p.133. ; 김상수 "일본에 있어서의 중제제도의 현황과 전망", 「중재학회지」 제2권, 한국중재학회, 1992, p.70. 참조.

속 공정하게 중재하는 분쟁처리방법으로 해결하기 위하여 1990년 3월에 설립되었다. 이 센터는 상담, 중재, 화해, 알선에 의한 분쟁해결을 도모하며 절차의 간소화와 비용의 절감에 힘쓰고 있으며 중재는 법률상담센터의 상담소에서 중재에 적합한 사건에 대해 중재의 신청을 권유하는 것으로 시작된다. 센터의 중재건수는 설립한지 3년도 안 된 사이에 200건을 초과하여 타 중재기관에 비해 성공적이라 평가되고 있다. 성공이유로는 법률상담과의 연계에 수반하여 적합한 사건이 가능한 점, 신청서 등의 구체화, 중재에 관한 안내서나 중재합의의 성립에 노력하는 점 등이 제시된다.[60]

④ 기타

㉠ 교통사고분쟁처리센터

교통사고분쟁처리센터는 1974년 2월 교통사고분쟁의 처리를 위해 발족된 교통사고중재위원회가 1978년 3월 조직을 강화하고 규모를 확대하기 위하여 재단법인으로 설립된 것이다. 이 센터는 중립적이고도 공정한 입장으로 활동하고 있고 본부 이외에 각 고등재판소 소재 도시에 지부가 설치되어 있다. 업무규정에 따라 상담, 알선, 조정, 중재라는 분쟁처리방식을 취하고 있다.[61]

㉡ 공해 등 조정위원회

공해 등 조정위원회는 국가행정조직법에 의해 설립된 총리부의 外局이며 이 위원회의 분쟁처리방식은 알선, 조정, 중재, 고정처리 등이며 절차규정은 공해분쟁처리법이다.

㉢ 중앙노동위원회

중앙노동위원회는 1976. 3. 1. 노동성의 外局으로 창설되었으며 합의제의 행정위원회로 각 지방에도 하나의 지방노동위원회가 설치되어 있고 분쟁처리방식은 재심사, 알선, 조정, 중재로 구성되어 있다.

㉣ 중앙건설공사분쟁심사회

중앙건설공사분쟁심사회는 1956년 건설업법의 개정에 의해 동법 제25조에 기하여 설치된 건설성의 부속기관으로 각 지방에 하나씩 지부가 설치되어 있으며 분쟁처리방식은 알선, 조정, 중재, 상담이다.[62]

---

60) 김상수, "일본에 있어서의 중제제도의 현황과 전망", 「중재학회지」 제2권, 한국중재학회, 1992, pp. 68-69.
61) 김상수, "일본에 있어서의 중제제도의 현황과 전망", 「중재학회지」 제2권, 한국중재학회, 1992, p.67.
62) 김상수, "일본에 있어서의 중제제도의 현황과 전망", 「중재학회지」 제2권, 한국중재학회, 1992, p.66.

3) 일본의 중재절차

① 일반원칙 (General Principles)과 적용범위 (Scope of application of provisions)

일본의 신중재법은 기본적으로 유엔무역법제정위원회 (UNCITRAL)의 '국제상사중재모델법'에 근거하고 있으며, 한국과 이본의 중재법과 공통된 것이 많고 매우 유사하다는 특징을 가진다. 일본의 신중재법에서 중재는 국제중재와 국내중재로 나뉜다.63)

② 중재합의 (Arbitration agreement)와 중재합의의 분리가능성 (separability of arbitration agreement)

일본의 신중재법에서 중재합의 (Arbitration agreement) 정의 규정은 중재적격성의 문제를 포함한다. 중재법의 정의에서 "당사자들에 의한 협상으로 해결하기로 한 분쟁"이라고 하고 있다 (법 제13조). 중재합의의 대상인 분쟁에 관해 소 (訴)가 제기된 때에는, 신중재법하에서 중재합의에 따라 수소법원 (受訴法院)은 피고의 신청에 의해 중재합의의 무효, 취소 등의 경우를 제외하고 소 (訴)를 각하 (却下)한다 (법 제14조). 일본 중재법은 UNCITRAL의 모델법 (제8조)과는 달리 중재회부 명령제도를 채택하지 아니하였다. 법원은 이 경우, 한국 중재법 (제102조)나 중국 중재법9제28조)과 같이 오직 각하할 뿐이다.

③ 중재판정부와 중재인 선정절차

중재판정부의 권한에 관한 규정은 기본적으로 UNCITRAL 모델법 규정과 동일하다. 일본 신중재법은 중재의 기능을 강화하고 있는데 특히, 증거조사절차와 임시조치 등과 다른 한편 중재판정의 강제집행을 위한 법원절차의 간소화를 위한 법원과의 협조에서 임시보전조치를 명하는 등 중재판정부의 권한이 대표적인 예이다.

④ 중재판정

분쟁의 실체문제에 관한 적용법은 당사자들에 의해 지정되어야 하고 그러한 지정이 없는 경우 그 사건과 가장 의미 있는 관계를 가지는 국가의 법이 적용된다 (법 제36조). 신중재법의 가장 두드러진 점은 강제집행과 같이 중재판정의 취소를 원하는 당사자는 법원판결의 형태로서가 아니라 명령의 형태로서 법원의 판단을 필요로 한다는 것이다.

---

63) 김상수, "일본에 있어서의 중제제도의 현황과 전망", 「중재학회지」 제2권, 한국중재학회, 1992, p.58.

(5) 중국의 중재법

1) 중국 상사중재의 법제화 동향

중재제도는 구미 등 선진국에서는 100년 이상의 역사를 갖고 있으나 중국은 청나라 말부터 시작되었다.[64] 중재법을 포함한 중국의 법률은 대륙제도, 특히 독일법제의 영향을 많이 받고 있다.[65] 중국인민공화국성립 이전에는 중국에 중재법이나 독립적인 중재기구가 존재하지 않았다. 중화인민공화국이 성립한 후 법제가 미비한 상태에서 사회조직간에 발생하는 경제계약분쟁을 업무주관부문에서 중재하였으며 중국정부는 대외무역촉진에 힘쓰는 한편 대외무역에 있어서 중재의 효용을 인식하게 되었다. 이에 따라 먼저 대외무역에서 발생할 분쟁을 처리할 섭외중재제도를 갖추기 시작하였고 국내중재제도는 그 후 1980년대에 들어와 마련되기 시작하였다.[66]

1954. 5. 6. 정무원(현 국무원)은 중국국제무역촉진위원회에 대외무역중재위원회를 설치하는 결정을 하고 1956년 대외무역중재위원회를 설립하였으며 동년 3. 3. 대외무역중재위원회 중재절차 임시규칙을 제정하였다. 1984. 4. 이 중재위원회는 처음으로 심천(Shenzhen)에 파출기구를 설립하였다. 1988. 6. 21.에는 국무원에서 중국국제무역촉진위원회 대외경제위원회를 중국국제경제무역중재위원회로 개칭하고 1988. 8. 12. 중국국제경제무역중재위원회중재규칙과 중국해사중재위원회 중재규칙을 가결하여 섭외경제무역 및 해상의 모든 분쟁을 해결하는데 중요한 역할을 하고 있다.[67] 또한 중국은 유엔국제무역법위원회의 국제상사중재모범법을 참조하여 중재법을 제정하고 1994. 8. 31. 第8기 전국인민대표회의 상무위원회 제9차 회의 통과를 거처 1995. 9. 1.부터 시행하고 있다.

섭외중재제도의 발전을 보면 1978년 이후 중국은 대외개방정책을 실시함에 따라 1980. 2. 국무원에서 대외무역중재위원회를 대외경제무역중재위원회로 명칭을 바꾸고 더욱더 광범위하게 분쟁을 취급하게 되었다.

중국의 중재관계입법은 비교적 분산되어 있고 중재제도는 중재관계법규에 내포되어 있다. 그 법규로는 ① 중화인민공화국경제계약법 ② 중화인민공화국경제계약중재조례 ③ 중화인민공화국섭외경제계약법 ④ 중화인민공화국기술계약법 ⑤ 중화인민공화국기술계약중재조례 ⑥ 국영기업노동쟁의처리잠행규정 ⑦ 국영기업노

64) 王令麟, "我國仲裁制度的回顧與展望", 「飛躍中的我國仲裁制度」, 力覇文化傳播, 1995, p.22.
65) 唐厚志, "中國의 國際商事仲裁 및 調停制度", 「韓・中・日 國際仲裁 심포지엄」, 大韓商事仲裁院, 1993, p.1.
66) 손한기, "중국중재제도의 일고찰", 「중재학회지」 제3권, 한국중재학회, pp. 89-90.
67) 陳桂明, 「仲裁法令」, 中國政法大學出版社 1992, p.182.

동계약제시행잠행규정 ⑧ 국영기업사퇴위기직공잠행규정 ⑨ 중화인민공화국저작권법 ⑩ 중국국제경제무역중재위원회중재규칙 ⑪ 중국해사중재위원회중재규칙 ⑫ 중화인민공화국민사소송법 ⑬ 중화인민공화국중재법 등[68])이다.

이 외에 중재에 관한 지방법규도 있다. 예를 들면 성(省), 자치구, 직할시에서 공표한 소비분쟁중재방법 등도 지방중재입법으로 중국중재제도의 한 부분이다. 특히 중국은 국제상사중재에 관하여 다음과 같은 법과 규정을 공포하였다.[69])

① 국제무역촉진을 위한 대외무역중재위원회설치에 대한 중국정부국무원결정(1954년)
② 중국과 외국합작투자에 관한 중화인민공화국법률(1979년)
③ 외국업체와의 협력에 의한 중화인민공화국 연안석유자원개발규정(1982년)
④ 민사소송(재판을 위한)에 관한 중화인민공화국법(1982년)
⑤ 중국외국합작투자에 관한 중화인민공화국시행규정(1983년)
⑥ 외국기업관련중화인민공화국경제계약법(1985년)
⑦ 중국과 외국간계약상 합작투자에 관한 중화인민공화국법률(1988년)
⑧ 외국인소유기업에 관한 중화인민공화국법률(1986년)
⑨ 1991년 개정중화인민공화국민사소송법(1991년)

중국정부는 1994. 8. 31.중재에 관한 법률을 처음으로 입법하여 '중재법(The Arbitration Law of the People's Republic of China)'을 만들었고 1995. 9. 1.부터 시행하였다. 이 중재법은 중국에서의 모든 형태의 중재와 특별히 국제중재에 적용되어야 할 규정들을 포함하고 있다.[70])

한편, 국내중재는 1980년대에 들어와 다양하게 제도화되기 시작하였다. 1981. 12. 31.에는 전국인민대표자대회 제5기 제4차 회의에서 중국인민공화국경제계약법이 통과되어 경제계약분쟁의 조정과 중재의 법적근거가 마련되었다. 1983. 8. 22.에는 국무원이 중화인민공화국경제계약중재조례를 공포하고 또한 국가공상행정관리국이 경제계약중재위원회판안규칙을 제정하여 국내경제계약중재제도가 확립되었다.

그 밖에도 1986. 7. 12.에는 국무원의 노동분쟁처리잠정규정에 의하여 노동분쟁기구를 설립하였고 1987. 7. 31.에는 국영기업노동분쟁처리잠정규정을 공포하였다. 또한 1991. 1. 21. 국가과학기술위원회가 공포한 기술계약중재기구관리임시규정에

68) 王令麟, "我國仲裁制度的回顧與展望", 「飛躍中的我國仲裁制度」, 力覇文化傳播, 1995, p.255. ; 陳桂明, 「仲裁法令」, 中國政法大學出版社 1992, pp. 185-186.
69) 한국무역협회, 「대중국교역 및 투자안내」, 1994, pp. 41-42.
70) 김연호, "중국대외경제무역중재위원회에서의 중재절차 개설", 「중재」, 제285호, 1997. p.17.

따른 기술계약중재가 있다.

이와 같이 중국중재제도는 국내중재제도와 섭외중재제도로 구분되고 국내중재에는 경제계약중재, 노동중재, 기술계약중재, 소비중재, 저작권중재, 부동산중재 등이 있고 섭외중재에는 국제경제무역중재와 해사중재가 있다. 중재관할권에 따라 중재합의에 의한 중재와 행정권에 의한 중재로 구별되고 전자에는 기술계약중재, 대외경제무역중재, 해사중재 등이 있고 후자에는 경제계약중재, 노동중재 등이 있다. 행정중재는 국가행정기관에서 실시하는 중재이며 엄격히 말하면 중재의 범주에 속하지 않으며 특수한 행정사법의 일종이다.[71)]

2) 중국의 상사중재기구

① 국제중재기구

중국국제경제무역중재위원회(CIETAC : China International Economic and Trade Arbitration Commission)는 경제 내지 상사문제에 관하여 발생하는 외국관련분쟁의 중재사건을 담당하는 중국에서 유일한 국제상사중재기구이며 심천경제특구와 상해에 소위원회를 두고 있다. 위원회의 중재인단은 291명의 중재인으로 구성되며 21개국 88명의 외국중재인이 포함되어 있다. 위원회는 1990년 238건, 91년 274건, 92년 267건, 93년 504건 그리고 94년(11월말까지) 600건의 국제사건을 취급하였다.[72)] 전통적으로 중국에서의 국제중재에 관한 중재기관과 법적근거는 국내중재의 그것과 상이하였다.[73)]

제2차 세계대전 이후 미국은 중국의 대외무역을 통제하게 되었다. 미국은 자국의 정치, 경제이익을 보호하기 위하여 미국 국무성에서 제의하여 미국중재협회와 중국국민당정부는 공동으로 중미상사연합중재위원회를 설립하고 중재규칙을 제정하였다. 중미간 협의에 의해 중미간 발생한 무역분쟁은 모두 이 연합중재위원회에서 중재규칙에 따라 중재하여야 하였으며 위원회의 구성원 26명중 20명이 미국인이고 중국인은 6명에 불과하였다. 이것은 미국인의 조정 아래 설립한 중재기구와 제정된 중재규칙은 미국을 위한 것임을 알 수 있다. 따라서 이러한 중재기구와 중재규칙은 반(半)식민지성격을 띄고 있다고 할 수 있다.[74)]

1956년에는 중국국제무역촉진위원회에 의하여 대외무역중재위원회(FTAC)가

71) 陳桂明, 「仲裁法令」, 中國政法大學出版社 1992, p.11.

72) Tang Houzhi, 「Commercial Arbitration In China」, International Commercial Arbitration Forum 1994, The Japan Commercial Arbitration Association, 1994, p.69.

73) 김연호, "중국대외경제무역중재위원회에서의 중재절차 개설", 「중재」, 제285호, 1997. p.17.

74) 王存學, 「中國經濟仲裁和訴訟實用手冊」, 中國發展出版社, 1993, p.83.

설립되었다. 중국국제무역촉진위원회는 무역, 상업, 공업, 농업, 운송, 보험 및 법률 등의 분야에서 저명인사, 전문가 등 21명의 위원을 선출하여 대외무역중재위원회 제1기 위원회를 구성하였으며 이런 위원회의 위원들이 중재인을 겸하게 되었다.[75)]

1970년대 말부터 시작된 개혁개방정책에 따른 환경변화에 부응하기 위하여 1980. 2. 22. 국무원에 의하여 동 위원회는 대외경제무역중재위원회(FETAC)로 개칭되고 업무범위도 확대되었다. 대외경제무역중재위원회는 1988. 6. 21. 중국국제경제무역중재위원회(CIETAC)로 바뀌게 되었다.

한편 중국해사중재위원회(CIMAC : The China Maritime Arbitration Commission)는 해상 또는 선박충돌, 선박상호구조, 환경오염으로 인한 분쟁 등을 중재한다. 해사중재위원회에는 약 70명의 중재인이 있다.[76)]

1958. 11. 21. 국무원은 중국국제무역촉진위원회 안에 해사중재위원회를 설치하는 결정을 내려 해사중재위원회를 설립하고 1959. 1. 8.에는 해사중재위원회 중재절차임시규칙을 제정하였다.[77)] 1988. 8. 12. 국무원의 허가로 중국국제무역촉진위원회 해사중재위원회는 중국해사중재위원회로 개칭되었다.[78)]

② 국내중재기구

중국은 국내중재에 관한 다른 법과 기구를 갖고 있다.[79)] 중국의 국내중재, 즉 외국관련중재(Foreign Related)가 아닌 경우에는 모두 중재법에 의하여 각 성(省) 정부가 중재기관을 설치할 권한을 부여받고 있고 통일된 절차규칙과 조직에 의하여 운영되고 있다.

중국중재법(제10조)에 의하면 중재위원회는 직할시, 성, 자치구인민정부소재지 시에 설립할 수 있으며 상사중재위원회는 시 인민정부조직의 관련부문과 상회가 통일적으로 설립한다. 중재위원회는 행정기관에서 독립된 것이며 행정기관과 예속관계가 아니고(제14조) 사회단체법인으로 중국중재협회의 회원이다. 중국중재협회는 중재위원회의 자율성 조직이고 중재위원회나 중재인의 위법행위에 대하여 감독한다(제15조). 새로이 설치되는 모든 중재기관은 각 정부법무부에 등록하여야 하고 비정부조직인 중국중재협회(CAA : The China Arbitration

---

75) 陶春明・王生長 編, 「中國國際經濟貿易仲裁」, 人民中國出版社,1992, p.2.
76) 박상수, 「중국의 대외무역관리제도」, 대외경제정책연구원 지역정보센터, 1994, p.160.
77) 손한기, "중국중재제도의 일고찰", 「중재학회지」 제3권, 한국중재학회, p.90.
78) 陳桂明, 「仲裁法令」, 中國政法大學出版社 1992, p.182.
79) 唐厚志, "中國의 國際商事仲裁 및 調停制度", 「韓・中・日 國際仲裁 심포지엄」, 大韓商事仲裁院, 1993, p.6.

Association)의 일원으로 가입하게 된다.[80)]

중재기구는 인민법원으로부터 두 가지 방법으로 감독받는다. 그 하나는 중재판정에 대한 불복제소에 따라 다시 재판하거나 불복제소가 없는 경우는 확정된 판정의 집행절차를 통하여 감독을 받는 방법이며 다른 하나는 중재판정이 있는 사건을 다시 재판하지는 못하고 집행절차를 통하여만 감독받는 방법 중 하나에 의하여 인민법원은 중재기구의 중재활동을 감독하게 된다. 전자의 방법과 같이 중재판정이 있은 후에도 당사자가 인민법원에 불복・제소할 수 있는 제도를 '기재우심제도(旣裁又審制度)'라고 하고 후자와 같이 중재판정의 종국성이 보장된 제도를 '혹재혹심제도(或裁或審制度)'라고 한다.[81)]

3) 중국의 상사분쟁 해결 제도

중국의 상사분쟁은 대체로 당사자들간의 협상이나 조정, 중재 또는 소송에 의하여 해결된다. 그 중 중국의 3대 주요 상사분쟁해결 방법은 협상과 중재 및 소송이다.[82)] 상대방과의 협상(Negotiation)은 일반적으로 최선의 분쟁해결 방법이다. 협상은 분쟁해결비용을 최소화하고 관련 당사자들간의 관계를 유지할 수 있게 된다. 중국 내의 대부분의 거래계약서에는 다른 어떤 분쟁해결 방법보다 협상을 우선해야 한다고 규정하는 조항을 포함하고 있다. 협상이 실패한 경우, 차선책으로 중재(Arbitration)가 선호된다. 중재는 분쟁발생 후 당사자들이 중재에 대해 합의하거나 기본계약서나 별도계약으로 분쟁은 중재를 통하여 해결된다는 것을 분명히 하여야 한다. 중재합의에는 통상적으로 중국이나 외국에 있는 중재기관의 선택과 분쟁의 준거법을 명시한다. 중국에서 상사분쟁해결의 최후수단은 중국법원에서의 소송(Litigation)이다. 중국에서는 외국인과 외국기업은 중국 국민과 중국기업들과 마찬가지로 법원에 소송을 제기할 수 있다.

중국은 섭외사법을 별도로 두지 않고 있으며 당사자들이 약정한 경우에는 그 국가의 법률을 적용하고, 이러한 규정이 없거나, 선택할 법률에 관한 명백한 의사표시가 없으면 중재판정부가 적용 법률을 선택하여야 한다. 이때에 중국의 개별법에 관련규정이 없으면, 민법의 규정이 준용된다. 중국 민법과 해상법에는 각각 섭외사전 처리에 채용되는 준거법을 규정하고 있는데, 일반원칙은 다음과 같다. ① 법률에 달리 규정한 경우를 제외하고, 계약당사자는 계약에 적용되는 법률을 자유롭게 선택할 수 있다. ② 계약당사자가 준거법을 선택하지 않는 경우에는 계약과 가장

80) 김연호, "중국대외경제무역중재위원회에서의 중재절차 개설", 「중재」, 제285호, 1997. p.19.

81) 손한기, "중국중재제도의 일고찰", 「중재학회지」 제3권, 한국중재학회, p.19.

82) http://www.ita.doc.gov/exportamerica/TechnicalAdvice/ta_ChinaDispute.pdf, 6/15/2003

밀접한 관계가 있는 국가의 법률을 적용한다.

① 중국의 중재제도

중국의 중재관련 절차는 "민사소송법" (1982. 3. 8. 시행 ; 1991. 4. 9. 개정)에 근거한 중국중재위원회규칙에 규정되어 있으며 1995년부터 독립적인 중재법이 시행되기 시작했다. 중재계약은 쌍방 당사자간에 분쟁발생 전후에 서면을 통한 중재합의가 있어야 하며 합의시 반드시 구체적으로 중재지, 중재기관, 준거법을 명시해야 한다. 즉, 선정한 중재기구의 명칭 등 중재내용이 명확하지 않을 경우 중재조항이 무효화될 소지가 있다. 중재판정의 효력은 법원의 판결과 동일한 효력이 있으나 판정 자체로는 집행력이 없으므로 강제집행을 받기 위해서는 법원의 집행판결이 필요하다.[83)]

중재는 1심으로 끝나므로 시간 및 비용 절약이 가능하고 중재원을 당사자가 지정할 수 있으며 중재원 구성원의 자질이 비교적 높아 현재 중국 실정상 소송보다 더욱 공정성이 보장되어 외국인에게 유리한 장점이 있다. 그러나 중재기구는 민간 쟁의해결기구로서 강제성이 결여되어 있으며 제3자에 대한 출석강제권이 없어 출석 거부시 객관적 증거수집 곤란 등 문제해결에 어려움이 있다. 중재기관은 양자간 합의에 의해 결정하며 크게 섭외 중재기구인 중국경제무역중재위원회(中國經濟貿易仲裁委員會)와 각 성 및 대도시에 설치된 상업중재위원회가 있다.

② 관련 법적용 원칙

㉠ 일반원칙 (General principles)과 적용범위 (Scope of application of provisions)

중국중재제도의 기본원칙 또는 일반원칙으로는 당사자자치의 원칙, 사실에 근거하고 법률의 기준 하는 원칙, 중재법 독립진행의 원칙, 조정선행의 원칙 등을 들 수 있다.

'당사자자치의 원칙'이란 당사자상호간의 분쟁은 중재가 완전히 양당사자의 자치에 의하여 이루어지는 것이지 외부의 관여와 영향에 의한 것이 아니라는 것이다. 사실에 근거하고 법률에 기준되는 원칙이란 중재업무의 기본운용으로 사실에 근거하여 법률을 기준으로 하는 원칙이다. 중재법 제7조에서는 중재는 사실에 근거하고 법률규정에 부합하며 공평하고 합리적으로 분쟁을 해결하여야 한다고 규정하고 있다.

'중재법 독립진행의 원칙'이란 중재법원이 경제분쟁을 처리하는 과정에서 외부의 방해를 받지 않고 오로지 사실과 법률에만 근거하여 중재를 진행하는

83) 최장호, 「상사분쟁관리론 : 클레임과 상사중재 및 ADR」, 두남출판사, 2004.

것이다.84) 이는 중재법 제8조에 근거한 것으로 제8조에서는 중재는 법에 따라 독자적으로 진행하며 행정기관이나 사회단체와 개인이 간섭을 받지 아니한다고 규정하고 있다.

'조정선행의 원칙'은 중재법원은 판정 전에 먼저 조정을 할 수 있다는 것으로 중재개시 전에 조정할 수 있고 중재 진행 중에도 가능하다. 중재법(제51조, 제52조)에서는 중재판정부의 판정 전에 조정을 선행할 수 있으며 당사자가 스스로 조정을 원하는 경우 중재판정부는 조정하여야 하고 조정이 불성립된 경우에는 즉시 판정하여야 한다고 한다. 또한 조정이 성립된 경우, 중재판정부는 조서 또는 합의 결과에 따른 판정문을 작성하여야 한다고 하고 조서와 판정문은 동일한 법적 효력을 가진다고 규정하고 있다. 중국에서의 중재는 평등한 주체인 공민과 법인 및 기타 조직사이에 발생하는 계약분쟁과 기타재산권익분쟁이 그 대상이며 혼인, 입양, 후견, 부양, 상속분쟁이나 법에 따라 당연히 행정기관이 처리하는 행정분쟁은 중재할 수 없다(제2조, 제3조). 또한 중재법에서는 국내중재와 국제중재를 같이 규정하고 있다.

㉡ 중재합의(Arbitration agreement)와 중재합의의 분리가능성(Separability of arbitration agreement)

중재는 반드시 중재합의를 전제로 한다. 중재합의 없이 당사자일방이 중재를 신청한 경우, 중재위원회는 이를 수리할 수 없으며 또한 중재합의 없이 당사자일방이 중재를 신청한 경우, 중재위원회는 이를 수리할 수 없으며 또한 중재합의가 있음에도 일방당사자가 인민법원에 소를 제기한 경우 인민법원은 이를 수리하지 아니한다(법 제4조, 제5조).

중재합의의 내용으로는 ① 중재청구의 의사표시, ② 중재사항, ③ 선정한 중재위원회 등 중재합의의 3요소를 구체적으로 명시하고 있으며(법 제16조) 중재합의가 무효인 경우로는 약정한 중재사항이 법률이 규정한 중재범위를 벗어난 경우와 민사상 행위능력이 없는 자 또는 행위능력이 제한된 자가 체결한 중재합의 및 일방이 협박하여 상대방으로 하여금 중재합의를 체결하게 한 경우 등 두 가지를 열거하고 있다(법 제17조).

중재합의의 효력여부는 중재판정부가 확인할 권한을 가지며 당사자가 중재합의의 효력에 대하여 이의가 있는 경우, 중재위원회에 결정 또는 인민법원에 재정을 청구할 수 있다. 일방당사자가 중재위원회에 결정을 청구하고 다른 일

84) 王存學, 「中國經濟仲裁和訴訟實用手冊」, 中國發展出版社, 1993, p.151.

방당사자는 인민법원에 재정을 청구한 경우에는 인민법원이 이를 재정한다(법 제29조).

특기할만한 것은 중재합의의 3요소 가운데 중재사항 또는 중재위원회에 대한 약정이 없거나 불분명한 때, 당사자는 보충합의를 할 수 있다는 것이다. 만일 보충합의가 이루어지지 아니한 경우 중재합의는 무효가 된다(법 제18조). 또한 중재합의는 독립하여 존재하며 계약의 변경, 해제, 해지 또는 무효가 중재합의의 효력에 영향을 주지 않는다고 하여 중재합의의 독립성 내지 분리가능성을 규정하고 있다(법 제19조 참조).

ⓒ 중재판정부(The arbitral tribunal)와 중재인 선정 절차(Procedure for appointment of arbitrators)

중재판정부는 3명 또는 1명의 중재인으로 구성되며 3명의 중재인으로 구성되는 경우 의장중재인을 둔다. 당사자들이 1명의 중재인으로 중재판정부를 구성하기로 합의한 경우에는, 당사자공동으로 중재인을 선임하거나 또는 공동으로 중재위원회 주임에게 지정을 위탁한다. 또한 3명의 중재인으로 중재 합의한 경우 각자가 중재인을 선임하거나 각자가 중재위원회 주임에게 1명의 중재인의 지정을 위탁하여야 한다. 이 경우 세 번째 중재인은 당사자가 공동으로 선입하거나 또는 공동으로 중재위원회 주임에게 지정을 위탁하며 세 번째 중재인은 의장중재인이 된다.

당사자가 중재규칙에 규정되어 있는 기한 내에 중재판정부의 구성방식이나 중재인 선임을 약정하지 아니한 경우, 중재위원회 주임이 이를 결정한다(법 제30 - 32조). 중재판정부가 구성된 후 중재위원회는 중재판정부의 구성내용을 당사자에게 서면으로 통지하게 된다(법 제33조). 중재위원회는 직할시와 성, 자치구 인민정부소재지의 시, 구에 설치될 수 있으며 시의 인민정부가 관련부서와 상인연합회 및 통일된 조직으로 편성된다(법 제10조). 중재위원회의 장관은 중재법에 따라 재정된다(법 제11조).

ⓔ 중재판정(Award)

중재는 비공개로 진행하는 것을 원칙으로 하고 당사자가 공개로 진행하기로 합의한 경우에는 공개로 진행할 수 있으나 국가기밀과 관계된 것은 제외된다(법 제40조). 중재심리는 구두심리를 원칙으로 하되 당사자들이 구두심리를 하지 아니하기로 합의한 경우, 중재판정부는 중재신청서, 답변서 기타 자료에 따라 판정할 수 있다(법 제39조).

증거는 심리시에 제시하여야 하며 당사자는 질의할 수 있다. 중재판정부는 증거의 수집이 필요하다고 판단되는 경우 독자적으로 증거를 수집할 수 있으며 감정을 요할 경우, 당사자가 약정한 감정기관에게 감정을 의뢰할 수 있으며 중재판정부가 지정한 감정기관이 감정할 수도 있다. 감정기관은 당사자의 청구 또는 중재판정부의 요구에 따라 감정인을 심리에 참가하도록 하여야 하고 당사자들은 중재판정부의 허락을 받아 감정인에게 질문할 수 있다(법 제44조).

중재판정은 중재인 다수의 의견에 따라 이루어지며 소수중재인의 의견은 기록되어야 한다. 만일 다수의견이 형성되지 않는 경우에는 중재판정부는 의장중재인의 의견에 따라 판정하여야 한다(법 제53조). 또한 판정문에는 판정이유는 물론 중재청구, 분쟁사실, 판정결과, 중재비용의 부담과 판정일시를 기재하여야 하며 만일 당사자들이 분쟁사실과 판정이유의 기록을 하지 않기로 합의한 경우에는 기록하지 않을 수 있다. 판정문에는 중재인이 서명하고 중재위원회가 날인한다. 판정문은 작성된 날로부터 법적 효력이 발생된다(법 제57조). 당사자는 판정문을 받은 날로부터 6개월 내에 철회사유에 해당하는 증거를 제출하고 중재위원회의 소재지 중급인민법원에 판정의 철회를 신청할 수 있다. 이 경우, 인민법원은 합의부를 구성하여 당해 판정을 심사하고 철회사유에 해당하면 판정을 철회하여야 한다. 중재법에서 명시한 철회사유는 다음과 같다(법 제38조).

첫째, 중재합의가 없는 경우.

둘째, 판정내용이 중재합의의 범위에 속하지 아니하거나 또는 중재위원회가 권한 없이 중재한 경우.

셋째, 중재판정부의 구성 또는 중재절차가 법적 절차를 위반한 경우.

넷째, 판정에서 취한 증거가 위조된 경우.

다섯째, 일방당사자가 공정한 판정에 영향을 미치기에 충분하게 속인 증거가 있는 경우.

여섯째, 중재인이 당해 사건을 중재하는 도중, 뇌물을 요구하거나 또는 수뢰하거나, 사욕을 채우기 위해 부정하거나 법을 위반하여 판정을 한 사실이 있는 경우.

중재판정의 집행과 관련하여 당사자가 중재판정을 이행하지 않을 경우 타방당사자는 민사소송법의 규정에 따라 인민법원에 집행을 신청할 수 있다(법 제62조). 만일 일방당사자는 판정의 집행을 신청하고 다른 일방당사자는 판정의 철회를 신청한 경우, 인민법원은 집행의 중지를 결정하여야 한다. 또한 인민법원이 판정을 철회할 경우에는 집행의 종결을 결정하여야 하며, 판정의 철회 신청을 기각하기로 결정한 경우 인민법원은 집행의 회복을 결정하여야 한다(법 제64조).

섭외중재(涉外仲裁)의 당사자는 증거보전(證據保全)을 신청할 수 있고 신청인의 소재지 중급인민(中級人民法院)에서 처리한다(중재법 제 68조).

ⓜ 중국의 외국중재판정에 대한 승인과 집행

중국은 중재판정의 승인·집행에 대해서는 우리나라와 같은 판결절차가 없고 모두 결정절차로써 한다. 또 담당 법관의 독립은 부정되며, 중요 안건의 결론은 모두 법원의 심판위원회가 결정한다. 최고인민법원은 각지의 중급인민법원이 섭외중재의 중재합의나 중재판정의 승인·집행에 대해서 심사하는 경우에 지켜야 할 두 건의 지침을 지시했다. 담당 법관이나 재판부의 심리권한을 침해하는 상급법원의 이와 같은 지시는 우리나라의 경우에는 이해할 수 없으나 중국에서는 일반적이다.

하급 및 중급인민법원이 지방의 이익을 보호하기 위하여 외지(外地) 또는 외국판정에 대한 적법한 집행을 거절하는 수가 많기 때문에 이를 저지할 목적으로 각 성(省)의 고급인민법원과 중앙의 최고인민법원이 적극적으로 하급법원의 심리를 사전에 제약하는 지시를 하는 시스템이 확립되어 있다고 하겠다.[85)]

---

85) 다음의 두건의 지시는 중국의 법원의 독립성이 어느 정도인가를 파악할 수 있다.

(1) 1995년 8월 28일의 지시 : 다음과 같이 섭외중재의 중재합의를 무효로 하는 경우와 중재판정에 대하여 승인·집행을 거절하는 경우에는 반드시 상급법원인 당지의 고급인민법원과 최고인민법원에 보고하고 지시를 받을 것.

(a) 중급인민법원이 섭외사건(홍콩, 마카오, 대만 포함)의 제소를 받은 때 중재합의가 있으나 그 합의를 무효로 하는 것인 경우에는 소장을 정식으로 수리하기 전에 반드시 상급의 고급인민법원에 보고하여 그 법원의 심의를 받을 것. 만약 그 고급법원도 같은 의견인 경우는 다시 그 의견을 붙여 최고인민법원에 보고할 것. 최고인민법원의 회답이 있기까지는 중급법원은 소를 수리하지 말 것.

(b) 중국국제경제무역중재위원회(CIETAC) 또는 외국의 중재기관이 내린 중재판정의 승인·집행을 거절하는 경우에는 반드시 상급의 고급인민법원의 심의를 받고 만약 그 법원도 같은 의견인 경우에는 그 의견을 붙여 최고인민법원에 보고하고 그 회답을 기다려 승인·집행을 거절할 것.

(2) 1998년 4월 23일의 지시 : 다음과 같이 섭외중재의 중재판정(중국경제무역중재위원회(CIETAC)에 한하지 않고 중국각지의 중재위원회의 섭외중재의 중재판정도 포함)의 취소를 구하는 경우에 반드시 상급의 고급인민법원이나 최고인민법원에 보고하고 그 지시를 받아야 한다.

(a) 인민법원이 섭외중재의 중재판정의 신청을 받아 심리한 결과 중재판정을 취소하는 결론에 이른 경우 반드시 상급의 고급인민법원에 보고하여 그 심리를 받을 것. 만약 이 법원도 같은 의견인 경우는 그 의견을 붙여 최고인민법원에 보고하고 이 최고법원의 회답을 기다려 중재판정의 취소를 결정할 것.

(b) 중재판정의 취소 신청을 수리한 인민법원이 중재판정을 취소하는 결론에 이른 경우는 신청 수리후 30일 이내에 고급인민법원에 보고할 것. 이 법원도 같은 의견인 경우는 15일 이내에 최고인민법원에 보고할 것.(粟津光世, "日本·中國·台灣·香港の 判決, 仲裁判斷の 相互承認と 執行の 現況", 「國

③ 상사중재절차

섭외사건을 중심으로 살펴본 중국국제경제무역중재위원회(CIETAC)에서의 중재절차는 다음과 같다. 중재협의 → 중재신청 → 안건수리(접수일로부터 5일 이내) → 중재정(仲裁庭)구성 → 심리(개정 전 30일전 당사자에게 통지) → 조정 → 중재재결(중재정 구성일부터 9개월 이내) → 집행(인민법원에 신청) → 재산보전신청 가능, 인민법원 관할

㉠ 분쟁의 종류

ⓐ 처리 가능한 분쟁

처리 가능한 분쟁은 섭외분쟁으로 홍콩특별행정구, 마카오 혹은 대만 지역과 관련한 분쟁, 외국인 투자 기업 간 및 외국인투자기업과 중국인 혹은 경제기구간의 분쟁86) 및 CIETAC의 중재에 따라 해결하기로 양당사자들이 합의한 국내분쟁 등이다.

ⓑ 처리 대상이 될 수 없는 분쟁

처리 대상이 될 수 없는 분쟁은 가사심판사건 행정사건 노동 분쟁 및 농업운영과 관련된 농업단체경제조직 내의 분쟁이다.

㉡ 중재 합의

중재합의의 방식 및 효력 등은 한국과 유사하며, 중재합의가 있는 사건에 대하여 일방 당사자가 인민법원에 소(訴)를 제기하여도 인민법원에서는 수리하지 않는다. CIETAC에서 권장하는 표준중재조항을 소개하면 아래와 같다.

<표 Ⅳ-1> CIETAC의 표준중재조항

Any dispute arising from or in connection with this Contract shall be submitted to China International Economic and Trade Arbitration Commission for arbitration which shall be conducted in accordance with the Commission's arbitration rules in effect at the time of applying for arbitration. The arbitral award is final and binding both parties.

際商事法務」, vol. 26, No.11(1998), p. 1156. ; 강희갑. "중국의 국제상사중재규칙의 개정과 중재판단의 승인 및 집행", 2000.에서 인용.)

86) 중국법인, 자연인 혹은 기타 경제기구가 외국, 국제기구, 홍콩특별행정구, 마카오, 대만 지역의 금융, 기술, 서비스를 이용하여 진행하는 프로젝트, 공사 건설 등의 활동과 관련한 분쟁 즉, 중국 법률, 행정 법규상에 특별히 규정한 분쟁 혹은 CIETAC에 특별히 접수 권한을 부여한 분쟁.

㉢ 중재절차의 개시

ⓐ 중재신청서 작성 및 제출

중재신청서는 일반적인 중재신청서 작성 방식(예를 들면, 당사자명, 주소, 연락처, 신청취지, 신청이유의 기재 및 증거자료, 중재합의 첨부 등)과 동일하게 작성한다. 그리고 청구금액이 50만 위안 이상인 경우에는 중재신청서와 증거자료를 5부, 50만 위안 이하인 경우는 3부를 제출하며, 대리인이 있는 경우에는 위임장을 제출해야한다.

ⓑ 중재비용

청구금액에 따라 중재규칙에서 규정한 중재요금을 납부하여야 한다. 중재요금은 사무처리비용(등록비)으로 1만 위안을 받도록 되어있으며, 청구금액이 없는 경우에는 사무국에서 요금을 정하도록하고 있고, 외화로도 비용을 받는다. 또한 절차에서 추가비용이 발생할 경우에는 실비를 받도록 하고 있다.

ⓒ 사건의 접수 및 통지

사무국은 중재신청서 접수 후 5일 이내에 접수요건에 부합하는 지를 통보하도록 하고 있다. 부합하는 경우 사무국은 신청인에게는 중재규칙과 중재인 명단을 피신청인에게는 중재신청서 부본과 중재규칙, 중재인 명단, 중재요금 명세표를 보낸다.

ⓓ 답변서 및 반대신청

피신청인은 중재신청서를 받은 날로부터 45일 안에 답변서 및 그 증거서류를 사무국에 제출하여야하며, 60일 이내에 반대신청을 할 수 있도록 하고 있다.

ⓔ 중재판정부 구성

- 판정부의 수

신속(간이)절차의 경우에는 단독중재인을, 일반 절차인 경우에는 3인의 중재인으로 중재판정부를 구성한다.

- 중재인의 선정

당사자들이 신청서 통지 접수일로부터 20일 이내에 자신의 중재인을 선정하지 못할 경우 CIETAC의 주임이 선정하도록 되었으며, 당사자가 공동으로 의장중재인(혹은 단독중재인)을 선정하지 못할 경우에도 CIETAC 주임이 선정하도록 되어 있다.

ⓕ 중재인의 기피

선정된 중재인이 그 사건에 관하여 개인적 이해관계를 갖고 있는 경우에는 스스로 그 사정을 CIETAC에 고지하고 그 직무로부터 사임하여야 하며, 양 당사자는 이해관계가 있는 중재인을 기피할 권한이 있다. 그러나 중재인의 기피 여부에 대한 최종 결정은 CIETAC의 주임이 하도록 하고 있다.

㉣ 심리

ⓐ 심리의 통지

중재판정부는 CIETAC 사무국과 협의하여 제1차 심리기일을 정해야 하며, 당사자에게 심리기일 30일전에 통지해야 한다. 제1차 심리 이후의 심리기일의 통지는 30일의 기간의 제한을 받지 아니한다.

ⓑ 심리의 연기

당사자는 정당한 사유가 있는 경우에는 심리기일의 연기를 요구할 수 있으나, 그 요구는 CIETAC 사무국에 심리기일 12일 전에 해야 하고 판정부가 심리기일의 연기여부를 결정하도록 하고 있다.

ⓒ 심리 방식 (1회 원칙)

CIETAC 본부에는 4개의 중재심리실 (대형 1개, 소형 3개)을 가지고 있으며, 각 심리실 안에 별도의 중재인실을 두고 있다. 심리의 절차진행은 비교적 자유스러운 분위기에서 이루어지고 있으며, 통상 CIETAC에서의 심리는 1회를 원칙으로 하고 있다.

ⓓ 심리 조서 작성

중재판정부는 필요하다고 인정하는 경우에 심리의 주요쟁점을 조서로 작성하고 당사자, 대리인, 증인 및 기타 관계인에게 서명・날인하게 할 수 있다.

ⓔ 비공개

중재판정부는 심리를 공개하지 아니한다. 그러나 양당사자가 공개 심리를 요구하는 경우에는 판정부가 그 심리의 공개 여부를 결정할 수 있다.

ⓕ 증거 조사, 보전 및 전문가의 조언

중재판정부는 필요하다고 인정하는 경우에 직권으로 조사를 하거나 증거를 수집할 수 있다. 증거보전의 경우 신청인의 주소지 중급법원에서 처리하도록 하고 있다 (단, 국내중재의 경우 기초법원). 또한, 사건과 관계있는 특별한 문제를 명확하게 하기 위하여 전문가의 자문을 받거나 또는 감정인을 선정할 수 있도록 하고 있다.

ⓖ 당사자의 불출석

당사자 일방이 심리에 출석하지 아니 하는 경우에도 중재판정부는 심리를 진행하고 궐석에 기한 판정을 할 수 있다.

㉤ 조정 및 화해 판정

ⓐ 조정 절차

양당사자가 조정에 의한 해결에 합의한 경우, 중재판정부는 사건을 조정으로 진행할 수 있다. 만약 조정이 실패하는 경우에는 조정절차에서 당사자 또는 중재판정부가 언급, 제기, 제출, 인정, 승낙 또는 거부한 진술, 의견, 견해 또는 제의 등은 후에 속행되는 중재절차, 사법절차 또는 기타의 어떠한 절차에서도 청구, 답변 및 반대신청의 근거로 사용할 수 없도록 하고 있다.

ⓑ 화해 판정

당사자들이 판정부의 조정을 통해 합의한 경우, 당사자간에 다른 약정이 없다면 합의의 내용에 따라 판정부는 화해판정문을 작성하고 사건을 종결한다.

㉥ 판정

ⓐ 판정문 형태

ⅰ. 중재판정문에 포함하여야 할 내용에는 ① 당사자명, 주소, 대표자 등의 일반 인적 사항과 ② 신청 취지, 분쟁 사실, 판정 이유, 판정 주문, ③ 중재 비용 부담자, ④ 판정 일자 및 장소, ⑤ 중재인의 성명 및 서명 등이다.

ⅱ. 분쟁 사실 및 판정이유는 당사자가 판정문에 이를 기재하지 않도록 합의하거나 또는 중재판정을 당사자간의 화해의 내용에 따라서 작성하는 경우에는 기재하지 않을 수도 있다.

ⓑ 중간 판정

판정을 하기 전 판정부가 필요하다고 인정하는 경우 또는 당사자의 요구가 있고 판정부가 동의하는 경우에는 중간 판정 또는 부분판정을 할 수 있다.

ⓒ 의사 결정 방식

3인으로 구성된 중재판정부의 경우에, 중재판정은 과반수 중재인의 결정으로 하고, 소수의견은 판정문에 기재할 수도 있고, 별도로 첨부할 수 있다. 만약, 중재판정부가 과반수 의견을 달성하지 못하는 경우에는 중재 판정은 의장중재인의 의견에 따라서 결정된다.

ⓓ 사건해결비용의 분담

중재판정부는 패소한 당사자가 승소한 당사자에게 그 보상으로서 승소한 당사자가 사건해결에 소요된 비용 중 합리적 비용의 일부를 승소한 당사자에 대한 보상차원에서 지급할 것을 중재판정에서 결정할 권한을 가진다. 그러나 보상액은 판정 금액의 10%를 초과할 수 없다.

ⓔ 중재 판정의 효력

판정은 분쟁당사자들에게 종국적이며 구속력을 갖는다. 따라서 어느 당사자도 중재판정에 대해 법원에 소송을 제기하거나 다른 어떠한 기관에도 판정의 정정을 요청할 수 없다.

ⓕ 판정문의 보관

중재사건 서류와 판정문은 자체 자료실에 영구 보관하고 있으며, 사건 종결일로부터 8년 후부터 사건의 내용을 책자로 만들어 외부에 공개하고 있다.

ⓖ 판정기간

판정부가 구성된 날로부터 9개월 이내에 판정을 내려야한다. 판정부는 그 기간의 연장이 필요한 경우 CIETAC의 사무국장(비서장)에게 요청하도록 하고 있다.

ⓗ 사무국의 판정문 검토

중재판정부는 판정문에 서명하기 전에 그 초안을 CIETAC 사무국에 제출해야 하며, 사무국은 판정부의 결정에 영향을 주지 않는 범위 내에서 판정문의 형식에 관련된 사항에 대하여 중재인의 주의를 환기시킬 수 있도록 하고 있다. 더 나아가 판정문에 CIETAC의 직인을 날인하도록 하고 있다. CIETAC은 이러한 개입을 통해 판정의 통일성과 잘못된 판단을 바로 잡을 수 있다고 밝히고 있으나, 이는 CIETAC이 중재인의 판단내용에 까지도 개입할 수 있는 근거가 된다고 판단된다.

ⓘ 신속(간이)절차

ⅰ. 대상

신청 금액이 50만 위안 미만의 사건이거나, 양 당사자가 신속절차에 합의한 경우에 적용된다. 그 절차는 일반절차와 동일하나, 아래의 판정부 구성, 서류의 제출, 판정기간에 있어서 차이가 난다.

ii. 판정부 구성

피신청인이 중재접수의 통지를 받은 날로부터 15일 이내에 당사자들이 중재인 1인을 선정하도록 하고 있으며 그 기간 내에 선정되지 않을 경우, CIETAC이 선정한 중재인으로 판정부를 구성한다.

iii. 답변서 및 반대신청서 제출

피신청인은 중재신청의 접수통지를 받은 날로부터 30일 이내에 답변서나 반대신청서를 제출하여야 한다.

iv. 판정기간

서면심리의 경우는 중재판정부가 구성된 날로부터 90일 이내에 중재판정이 내려져야 하며, 구두심리의 경우에는 구두심리가 있는 날로부터 30일 이내에 중재 판정이 내려져야 된다. 만약, 중재판정부가 그 기간을 연장해야 할 정당한 이유가 있는 경우에 CIETAC의 사무국장(비서장)에게 연장을 요청할 수 있다.

④ 외국 및 섭외 중재판정의 집행

㉠ 개요

중국에서 중재 판정의 집행은 중화인민공화국 민사소송법(1991 ; PRC's Civil Procedure Law. 이하 민사소송법이라 지칭함)과 중화인민공화국 중재법(1994 ; PRC's Arbitration Law. 이하 중재법이라 지칭함)에서 규정하고 있다. 중국에서의 중재는 그 성격에 따라 섭외중재판정, 외국중재판정 외국중재기구에서 내린 중재 판정 및 국내중재판정 국제 또는 섭외 요인이 없는 중국 중재기구의 중재 판정으로 구분된다. 이렇게 구분하는 이유는 중재 판정의 집행과 집행 거부 및 취소 등과 관련하여 다른 규정을 두고 있기 때문이다.

㉡ 중재 판정의 집행 신청

ⓐ 관할법원

섭외 및 외국중재판정은 피집행인의 법정 주소지 혹은 재산 소재지의 중급인민법원(국내중재판정은 기층인민법원)에 신청한다. 만약, 중급법원에 강제 집행을 신청했는데 그 집행을 거부할 경우, 신청인은 고급인민법원에 재신청할 수 있는데, 이는 중급법원의 감독을 강화하여 강제집행을 용이하도록 한 것이다.

ⓑ 신청시 제출 서류 및 유의사항

i. 제출서류

제출서류에는 ① 신청인 본인이 서명한 신청서가 있는데 여기에는 집행 신청의 사유, 집행 목적물 및 신청인이 파악하고 있는 피집행인의 재산 상황 양당사자의 인적 사항을 기재하여야 한다. ② 신청인의 신분 증명[87]에는 피신청인은 판정문 상에 기재된 대로 적으면 된다. 그 외에도 ③ 중재 판정문 원본과 ④ 중재합의서 또는 중재 조항을 명기한 계약서 등이 필요하다.

ii. 유의사항

모든 서류는 반드시 중문(中文)으로 작성하여야 하며, 외국어로 작성된 서류는 중문 번역본을 공증하여 첨부하여야 하므로 이 경우 중재판정지의 중국대사관 혹은 영사관의 인증을 받거나, 중국 공증기관의 공증을 받도록 한다.

iii. 신청 기한

신청 기한은 국내·섭외·외국중재판정 동일하며, 중재 쌍방 혹은 일방이 자연인일 경우에는 1년이고, 중재 쌍방이 법인 혹은 기타 조직일 경우에는 6개월이다. 이러한 신청기한의 기산점은 이행기간이 있는 경우에는 중재 판정에 규정된 마지막 날부터 기산하며, 만일 기한을 나누어 이행하도록 되어있는 경우는 매 이행 기간의 마지막 날부터 기산한다. 만일, 이행기간이 없는 경우 판정문을 받은 날로부터 계산한다.

iv. 최고(催告)의 의무

신청기간 내에 반드시 패소자에게 의무 이행을 최고하도록 하고 있으며, 만약 패소자의 거절 의사가 확실한 경우에는 바로 강제 집행을 신청할 수 있다. 패소자의 거절에 대한 입증 방법으로는 팩스, 우편 등을 통해 패소자에게 의무 이행을 최고한 사실이 있기만 하면 된다.

ⓒ 중재판정의 집행절차

ⓐ 집행방법

법원이 강제집행과 관련하여 집행 결정이 난 후 집행신청인이 피집행인의 재산 및 은행 구좌 등을 신고하면 압류, 동결, 환매, 경매를 할 수 있으며, 가압류·가처분은 법원에 공탁하여야 한다.

ⓑ 집행중 화해

집행절차 중에도 쌍방 당사자가 자체적으로 화해를 하여 합의를 달성할 경우 집행관은 합의 내용을 기록하고 쌍방 당사자가 서명을 하고 날인한다. 만약 합의를 이행하지 않을 경우 법원은 일방 당사자의 신청에 의하여 강제집행절차를 회복하도록 하고 있다.

---

87) 본인인지 대리인인지에 대해 명시해야 하며 이를 위해 개인일 경우 여권, 주민등록증 또는 호적등본을, 법인일 경우는 법인등기부등본과 법인대표증명을 첨부하여야 함.

ⓒ 집행 기한 잠정 연장

집행절차 중 피집행인이 법원에 담보를 제공하고 집행신청인이 동의를 할 경우 법원은 집행을 잠정 연기 결정할 수 있도록 하고 있다.

ⓓ 집행 중지

ⅰ. 중지 사유

아래의 경우 법원은 집행 중지에 관한 결정을 하는데, 동 결정은 당사자에게 송달되는 즉시로 발효하며 상소할 수 없다. ① 신청인이 집행 잠정 연장에 동의할 경우, ② 제3자가 집행 목적물에 이의를 제기할 경우, ③ 당사자인 일방이 사망하여 권리의 승계 혹은 의무의 승계를 할 상속인을 기다려야 할 경우, ④ 일방 당사자인 법인 혹은 기타 조직이 소멸되어 권리의무의 상속인을 확정하지 못하였을 경우 ⑤ 법원이 집행 중지가 필요하다고 인정하는 기타 상황이 발생한 경우

ⅱ. 집행의 회복

집행 중지 사유가 소멸하면 집행법원은 당사자의 신청 혹은 직권으로 집행을 회복하고 서면으로 당사자에게 이를 통고한다.

ⓔ 집행 종료

ⅰ. 종료 사유

아래의 경우 집행법원은 집행 종료에 대한 결정을 내리며 집행 종료 결정은 당사자에게 송달 즉시 발효하며 상소할 수 없다. ① 신청인이 신청을 철회할 경우 집행 근거로 되는 법률 문서가 취소될 경우, ② 피집행인인 사망하고 집행할 만한 유산이 없고 또한 의무 부담자가 없을 경우, ③ 피집행인인 생활고로 차용금을 반환할 수 없고 또한 수입원 없으며 노동능력을 상실하였을 경우 ④ 법원이 집행 종료가 필요하다고 인정하는 기타 상황이 발생한 경우(예: 피집행인이 법원에 의하여 파산 선고당한 경우)

ⓡ 중재 판정의 거부 및 취소 절차

ⓐ 집행거부 및 취소사유

ⅰ. 섭외 중재판정의 경우

㉮ 중재조항이나 중재합의가 없는 경우, ㉯ 피신청인이 중재인을 지정받지 못했거나, 절차의 진행 통지를 받지 못했거나, 피신청인의 책임 없는 사유로 자신의 의견을 진술하지 못한 경우, ㉰ 중재판정부의 구성 혹은 중재절차가 중재규칙과 부합되지 않을 경우, ㉱ 판정내용이 중재합의의 범위에 속하지 아니하거나 또는 중재기구가 권한 없이 중재한 경우

ⅱ. 외국중재판정의 경우

중국은 1986년 뉴욕협약에 가입함과 동시에 성명을 통해 상호주의 기초 아래 협약에 가입한 가입국과, 중국 법률이 상사 법률관계에 속한다고 인정하는 분쟁에 대하여만 본 협약을 적용한다고 밝히고 있다. 따라서 가입국의 경우 중재판정에 대한 거부사유는 오직 1958년 뉴욕협약 제5조의 적용을 받는다.

ⅲ. 국내 중재판정의 경우

국내중재판정의 경우, 위에서 언급한 섭외중재판정의 거부 및 취소 사유에 추가하여 증거부족이나 위조, 은닉, 법률 적용의 착오, 중재인이 뇌물을 받았다는 등을 이유로 집행을 거부하거나 취소를 할 수 있도록 하고 있다.

ⓑ 판정 거부 및 취소의 절차

관할 중급법원은 중재 판정의 당사자가 집행 취소 및 집행 거부 신청을 상기 사유에 따른 증거와 함께 제출할 경우 합의부를 구성하여 심사를 진행한다.

ⓒ 최고인민법원의 심의

최고인민법원의 1995. 8. 28. 지침과 1998. 4. 22. 지침에 따르면 관할 중급법원은 중재 판정의 일방 당사자가 집행 거부를 신청하여 상기 요건을 만족시키더라도 집행 거부를 판결(결정)하기 전 반드시 해당 지역 고급인민법원에 심사 결과를 보고하여야 하며, 고급인민법원은 집행 거부 판결(결정)에 동의할 경우 심사 의견을 최고인민법원(민사심판 제4정)에 보고하여 심의를 받도록 하고 있다. 따라서 최고인민법원이 집행 거부에 대한 결정을 동의할 경우에만 최종적으로 집행 거부 판결(결정)을 내릴 수 있다.

ⓓ 집행 거부 및 취소 시 재판정 및 재소

취소 및 집행 거부의 법원의 판결(결정) 이후에 당사자는 새로운 중재 합의를 하여 해당 중재위원회에 중재를 신청하거나 혹은 관할권이 있는 법원에 소송을 제기할 수 있다.

⑤ 중국의 소송제도

㉠ 소송제도의 메커니즘

중국의 재판기관인 인민법원은 기층(**基層**) 인민법원, 중급인민법원, 고급인민법원 및 최고 인민법원 등 4개 등급으로 구성되어 있다. 중국의 소송은 모두 2심 종심제를 원칙으로 하고 있으므로 2심이 끝난 판결은 종심판결로서 효력이 발생되고 종심판결에 대해 당사자는 이의를 제기할 수 있으나, 판결의 집행에 영향을 미치지 않는다. 섭외사건 소송 가액에 따라 관할법원이 결정되고 안건 처리기간의 제한은 없다. 소송접수비는 일반적으로 원고 측이 사전 납부해야 하고 소송비용은 판결이 끝난 후 패소 측에서 최종 부담하고 있다.

㉡ 소송제도의 문제점

이러한 중국에서의 소송에 의한 분쟁해결의 문제점은 다음과 같다.

첫째, 판결의 공정성 보장 불가 : 중국 법원의 지방보호주의 경향으로 외국 또는 외지의 기업이나 개인에 대해 불공평한 판결을 내리는 경우가 있어 대도시 법원 선정이 필요하다는 것이다.

둘째, 복잡한 절차 및 이에 따른 시간 지연 : 섭외사건의 경우에 최고인민법원의 의견을 구해 처리하는 경우가 빈번하다는 점이다.

셋째, 소송비용의 과다 : 기본비용인 안건수리비는 소송가액에 따라 결정하며 현장검증 비, 감정비, 공고비, 통역비 등 잡비가 공식비용보다 더 많이 소요되므로 주의를 기울여야만 한다.

⑥ 중국의 강제집행제도

중국에서는 중재나 소송에서 승소해도 소용이 없다는 말을 많이 듣게 되는데 이는 중국 강제집행제도의 문제점으로 지적되고 있다. 일반 민사사건 강제집행의 경우, 집행신청기간은 법인 간은 재판확정 후 6개월, 개인 간은 1년 내 집행을 신청해야 하며 위탁 대리인의 선임이 가능하다. 그러나 지역보호주의 및 부문보호주의 의식 팽배로 집행이 안되는 경우가 많으며 피집행자의 소재 파악, 피집행 재산 파악 및 재산확보 곤란, 집행관의 비협조로 인해 집행이 안 되는 경우도 상당하다.

중재재결의 강제집행의 위해서는 피집행인의 소재지 또는 재산 소재지의 중급인민법원에 신청하며 인민법원은 일정한 사유가 있을 경우에 집행을 거절할 수 있다.

한국 중재기구(한국상사중재원)의 중재재결을 중국에서 집행할 경우 중급법원에 한국중재기구 '재결의 승인 및 집행신청' 절차를 거쳐 집행을 실시한다. 중재판정에 의한 강제집행의 집행결정권한 및 집행실시권한이 인민법원에 있기 때문에 인민법원이 강제집행을 거부하거나 지연시키는 사례가 많은 것으로 알려지고 있다.

이렇게 중국 내에서 강제집행의 실행이 어려운 것이 사실이지만 기본적으로 상대방의 재산을 사전에 파악하고 보증인 및 저당권제도 등 재산보전제도를 활용하는 한편, 집행거부시 집행거부죄로 형사고발 등의 조치를 취한다면 어느 정도 효과가 있을 것으로 보인다.

(6) 중동지역의 상사중재제도[88]

1) 일반원칙 및 관련 국제규칙

① 일반원칙 및 절차

무슬림법(Moslem Law)에서 중재의 개념(concept of arbitration)에 대하여는 논쟁이 있었으며 두 가지 견해가 있다. 첫째는 중재는 당사자를 구속하지 않는 우의적 해결 즉, 화해(a form of amiable composition)의 형태로서 조정(conciliation)이다.[89] 이 경우, 중재인의 수는 짝수이며, 그들의 판단은 분쟁당사자 모두에 의하여 받아들여지지 않는 한 최종적인 것은 아니며, 구속력도 없다. 만일 중재판정이 당사자들에 대하여 구속력이 있다면 그것은 국가법관(judges of the State)에 대한 도전이며, 이만(Iman)과 당국의 권한에 대한 문제를 야기 시킨다고 생각한다. 따라서 중재판정은 당사자들이 동의한 경우에만 집행이 가능하며 중재는 사법적 성질을 가지지 않으며 오히려 조정에 가깝다.

한편, 다른 견해도 있는데, 만일 판단할 권한이 부여된다면, 그는 구속력 있는 판단을 권한이 있다는 것이다.[90] 따라서 중재를 책임질 수 있는 사람이 선정되어야 하고 만일 그 판단에 대한 만장일치가 이루어지지 못할 경우에는 다수결에 따라야 한다. 중재인의 수는 홀수이어야 한다.

이슬람법에서는 중재의 기본정신을 자치성에 두고 그 법적 근거는 코란의 계시에서 찾고 있는 점은 공통적이나 각국의 세부 운영법계는 서구 어느 나라의 영향을 받았느냐에 따라 약간의 차이를 보이고 있다.[91] 이슬람 중재를 인정하는 국가들은 사우디아라비아, 오만, 카타르, 예맨 등 아라비아 반도에 위치한 국가들이다. 프랑스 중재제도의 영향을 받은 국가들은 알제리, 바레인, 이집트, 쿠웨이트, 레바논, 리비아, 모로코, 시리아, 튀니지 등이다. 영국 중재제도에 영향을 받은 국

---

88) Abdul Hamid El-Ahdab, "General Introduction on Arbitration in Arab Countries", 「International Handbook on Commercial Arbitration」, Kluwer Law and Taxation Publishers, 1992, pp. 6-7. ; 최장호, 「상사분쟁관리론」-클레임과 상사중재 및 ADR, 두남출판사, 2004. pp. 578-560.

89) 이 견해는 다음과 같은 꾸란(Koran)의 구절에 근거한다. "...만일 네가 그들 사이에 계약 위반을 걱정한다면 (2명의) 중재인을 선정하라. 한명은 그의 가족에서 다른 한명은 다른 가족에서 선정하라. 만일 그들이 평화를 원한다면 알라(Allah)는 그들의 화해를..."

90) 이와 관련된 코란 구절은 다음과 같다. "알라가 너에게 명하노니 너의 신뢰를 그들에게 돌려주라. 그리고 사람 사이를 판단할 때 정의(justice)로서 판단하라. 얼마나 바르게 판단하느냐하는 것은 그가 너에게 준 가르침이다. 알라는 모든 것을 듣고 보느니라."

91) 대부분의 이슬람권 국가들은 유럽(특히 프랑스가 크며, 이외에도 영국, 독일, 스페인 등이 있음)의 식민지 생활을 경험한바 있다. 일부 식민지 생활을 경험하지 않은 국가들 역시 특정 국가에 의해 경제적 종속 생활을 한 역사를 가지고 있는 경우가 대부분이다.

가들은 이라크, 요르단, 수단, 아랍에미레이트연합(UAE) 등이다. 꾸란의 가르침은 비구속적 중재와 구속적 중재로 분류할 수 있다. 비구속적 중재는 당사자를 구속하지 않는 일종의 조정형태이다. 반면 구속력 있는 중재는 당사자에게 구속력이 미치는 판단을 할 수 있는 중재의 형태를 의미한다.92) 이에 따라 분쟁을 판정할 권한이 있는 사람이 판정을 하면 당사자를 구속한다.

중재의 대상이 될 수 있는 분쟁의 범위는 각국의 법에 따라 다르며 이슬람에서는 중재의 대상에서 제외되는 것이 있다. 즉, 화해목적물의 종류, 수량 및 품질 등이 불확실한 경우 또는 이자 및 사기행위에 따르는 계약 등이다.93)

② 이슬람 국가의 중재관련 국제규칙94)

㉠ 리야드 조약

리야드 조약(Riyad Treaty)은 여러 아랍 국가들간의 지역간 다자조약으로 이라크(Iraq), 예멘(Yemen), 모리타니아(Mauretania), 요르단(Jordan), 시리아(Syria), 소말리아(Somalia), 튀니지(Tunisie) 및 리비아(Libya)가 비준했다. 이 조약은 중재판정 뿐만 아니라 법원판결의 강제집행 및 승인에 관한 것이다. 동조약은 승소당사자의 국적을 불문하고 체약국에 있어서의 중재판정의 강제집행을 인정하고 있다. 즉 요르단에서 행한 판결 또는 중재판정에서 영국인이 승소한 경우에 이를 이라크에서 강제집행 할 수 있다. 비록 강제집행을 청구하는 사람은 체약국의 국민이 아니지만 그 판결 또는 중재판정은 체약국인 요르단에서 행해진 때문이다. 더욱이 판결 또는 중재판정의 강제집행을 위한 집행판결의 청구의 소를 제기받은 법원은 분쟁의 실체를 조사할 수 없고 다만 강제집행을 승인하거나 거부(특정한 경우에)할 수 있을 뿐이다.

리야드 조약은 뉴욕협약에 가입하지 않은 국가에는 일보 전진을 의미하는 것이고 뉴욕협약에 가입한 국가에는 일보 후퇴를 의미하는 것이라고 할 수 있다. 리야드 조약은, 어느 아랍국가에서 행한 중재판정에 관하여 다른 아랍국가에서 이를 강제 집행하고자 하는 경우에, 중재판정국의 법원으로부터 집행판결을 받을 것을 요구하고 있다. 이것은 뉴욕협약은 강제집행이 행해지는 국가의 집행판결만을 요구하는 반면에 리야드 조약은 두개의 집행판결을 요구하고 있다.

---

92) 이와 관련된 코란 구절은 다음과 같다. "맡은 물건은 반드시 주인에게 돌려주어라. 그리고 타인간의 분쟁을 판단할 때는 공정하게 해야 한다"

93) 이슬람의 교리에서는 이자(利子)를 인정하지 않는다.(김중관, "중동 이슬람 지역의 상거래 관습", http://www.okasfa.or.kr)

94) Abdul Hamid El-Ahdab 저, 정정일 역, "아랍국가에 있어서의 중재판정의 강제집행", 「중재」, 제290호, 대한상사중재원, 1998. 12.

이에도 불구하고 리야드 조약은 일보 전진한 것이라고 할 수 있는데 이는 뉴욕협약과 마찬가지로 법원이 집행판결을 거부할 수 있는 이유를 제한하고 있기 때문이다. 이들 이유는 다음과 같다.

첫째, 강제집행이 소구되는 체약국이 특정의 분쟁에 대하여 중재방법에 의한 해결을 인정하지 않는다. 따라서 중재를 행하는 국가뿐만 아니라 강제집행을 행하는 국가에서도 중재의 목적물이 중재방법에 의한 해결에 적합한 것으로 인정되어야 한다.

둘째, 중재가 무효인 중재조항이나 중재계약에 기하여 행해졌거나 또는 중재가 종국적인 것이 아니었다. 리야드 조약은 법원이 중재조항 또는 중재계약의 유효조건을 조사할 수 있도록 인정하고 있지만, 어떠한 법률에 의하여 조사할 수 있는가를 명시하지 않았다. 즉, 중재판정국의 법에 의할 것인가 또는 강제집행국의 법에 의할 것인가? 이것은 동조약의 중대한 결함의 하나이다.

셋째, 중재인이 중재계약 또는 중재조항에 의하여 또는 중재준거법에 의하여 관할권이 없다.

넷째, 당사자가 부당하게 중재절차의 통지를 받지 못했다. 이것은 방어권 존중의 원칙이다.

다섯째, 중재판정이 회교법의 규정, 또는 강제집행을 행할 체약국의 공서양속에 위배한다.

더욱이 동조약 제30조 제(a)항은 제37조에 의하여, 집행판결을 행하는 법관에게 중재판정 또는 판결이 헌법에 위배하는 규정을 포함하는 경우에는, 집행판결을 거부할 수 있도록 했다. 동조약 제37조(법관에게 집행판결을 거부할 수 있게 하는 조항)에 정한 사유에 추가하여, 판결의 강제집행에 관한 제30조를 적용하는 다른 특정의 사건에 관하여 언급할 필요가 있다.

첫째로 판결 또는 중재판정의 승인 및 집행판결이 소구된 체약국에 있어서 시행하는 무능력자의 법적 대리에 관한 규정이 준수되지 않은 경우이다.

둘째로 판결(또는 중재판정)이 선고되어 그 승인 또는 집행판결이 소구되어 있는 분쟁이, 이미 동일 당사자간 및 동일 목적물에 관하여 승인 또는 집행판결이 소구된 체약국 또는 다른 체약국에서 행해진 종국적이고 또한 승인된 판결에 의하여 또는 집행판결이 소구된 국가에서 승인된 판결에 의하여 이미 해결된 경우이다.

셋째로 판결(또는 중재판정)이 있었고 그 집행판결이 소구된 분쟁이 그 체약국의 법원에서 동일 당사자간 및 동일 목적물에 관한 절차에 따르도록 되어 있고 이 절차가 판결(중재판정)이 행해진 체약국의 법원(중재인)에서 절차가 진행되기 전에 제기된 경우이다. 이 조에 의한 집행판결의 신청을 심리하는 법원은 그 국가의 법규정을 준수해야 한다.[95)]

㉡ 1987년의 상사중재에 관한 암만 조약

아랍상사중재센터를 창설한 암만 조약(Amman Treaty)은 모든 아랍 국가들의 적극 참여와 그 주목하에서 채택됐다. 동조약에는 14개국이 서명했고 동센터는 라바트(Rabat)에 소재한다. 동조약은 각국의 고등법원이 중재판정의 강제집행을 위한 집행판결을 하는 관할권을 갖는다고 규정한다. 아랍중재센터가 행한 중재판정은 강제집행 할 수 있는 것이고 각 체약국의 고등법원은 집행판결을 할 수 있다. 집행판결은 오직 중재판정이 공공질서에 위배되는 경우에 한하여 거부할 수 있다. 그러나 공공질서는 모든 아랍 국가들에 있어서 동일하지 않은데, 특정의 아랍 국가들에 있어서는, 이자(利子)는 공공질서에 위배된다고 보고, 다른 아랍 국가들에 있어서는, 이자가 일정한 이자율을 초과하지 않는 한, 민·상법에서 이를 인정하고 있다. 또 다른 국가에서는 아직 이자를 상법상에서만 인정하고 민법상으로는 이를 인정하지 않고 있다.

그러나 동조약이 아직 해답을 제시하지 못하고 있는 문제가 있다. 국제중재판정의 경우 이는 국가적 공공질서를 준수해야하는가 또는 국제적 공공질서를 준수해야 하는가의 문제이다. 법원이 아직 이 문제를 해결할 기회를 갖지 못했다는 것을 주의할 필요가 있다. 마찬가지로 이 문제에 대하여는 학문상의 저술도 없다.

암만조약은 라바트 센터가 한 중재판정은 강제집행을 할 국가의 법원에의 항소의 대상이 아니라고 규정한다. 그 중재판정을 행한 센터만이 그 취소를 할 수 있다. 이 점에서 동조약은 중재판정 취소의 사유로 다음의 3가지를 든다. 즉, 첫째로 중재판정부가 그 권한을 유월한 경우, 둘째로 중재판정에 중대한 변경을 가할 새로운 사실을 법원판결이 확립한 경우(새로운 사실의 不知가 중재판정의 취소를 신청하는 당사자에 기인하지 아니할 것이 그 조건임) 또는 셋째로 중재인의 결정에 변경을 가할 수 있을 정도로 중재인들 중의 1인에 대하여 부당한 영향력이 행사된 경우 등이다.

---

95) 이 조약은 이라크, 예멘, 모리타니아, 요르단, 시리아, 소말리아, 튀니지 및 리비아가 비준했다.

2) 중재합의의 분리가능성

무슬림법에서는 중재조항과 중재합의는 특별한 위치에 있다. 즉, 중재합의는 유효하지만, 전형계약에 속하지 않기 때문에 구속력이 없다. 한편, 중재합의는 다음 4개의 조건하에서는 유효하며 구속력이 있다. ① 분쟁이 이미 발생되었고 명백하게 확정된 경우, ② 당사자들이 청약과 승낙에 중재할 것을 동의하여야 하며, ③ 중재인들은 이름으로(by name) 선정되어야 하며, ④ 중재인은 증인(witness)이 될 능력(capability)이 있어야 한다.

무슬림법은 중재조항을 금지하지 않지만 법은 그것을 무시할 뿐이다. 중재조항이 유효(Valid)한 것은 ① 중재조항이 판매된 물품의 인도(delivery of the item sold)와 같이 계약에 필요한 경우, ② 중재조항이 지급보증과 같이 계약(bond to guarantee payment)에 적합한 경우, ③ 중재조항이 거래(transactions)에서 통상적으로 이용되는 경우 등이다. 중재조항이 무효(invalid clauses)인 경우는 2가지가 있다. ① 중재조항에 문제가 있는 것으로 그 조항자체는 무효이지만 계약은 유효하다. 이러한 조항들은 사실상 당사자들에게 이자(interest for the parties)에 대한 것이 없고 그 이행이 요구될 수 없는 것들이다. ② 중재조항 자체도 무효일 뿐만 아니라, 중재조항이 포함된 계약도 무효인 경우이다. 그것들은 이자가 포함된 조항이나 혹은 일방당사자에게 상응하는 반대이익(Counter Benefit)없이 이자와 같은 추가이익(additional profit)을 보장하는 조항이 있는 계약이다. 이자를 숨기는 이중계약(double contract)을 만든 조항이 이에 속한다.

3) 중재판정부와 중재인 선정 절차

이슬람법에서 중재인은 분쟁이 발생한 후에 서명된 중재합의에 따라 선임되어야 한다. 중재인의 수는 여러 명(several arbitrators)이 될 수 있고, 홀수일 것이 요구되지 않는다. 중재인은 법관과 같은 자격을 가져야 하며, 중재기간 동안 그 자격을 유지하여야 한다.

즉, 법관은 남성(male)이며, 성인(aged)이며, 슬기롭고(wise), 자유로우며(free), 무슬림(Muslim)이어야 하고 공정하여야만 한다. 또한 그는 증인이 될 수 있어야 한다. 유력한 견해에 따르면 비무슬림은 중재인으로 선정될 수 없다. 중재인이 무슬림인 경우에는 샤리아(Sharī'ah)[96]에 대한 지식을 가져야 하고 법규를 정의할 능력

96) 일반적으로 이슬람법의 법이론을 피즈흐(Figh), 법체계를 샤리아라고 하는데, 때로는 이 두 가지를 동의어로 사용하기도 한다. 샤리아는 알라 신의 말 그 자체인 "코란(Koran)"을 바탕으로 하여 성립하고 있다. 그런 뜻에서 샤리아는 곧 신의 의지이다. 코란에서 언급되지 않은 문제에 관하여서는 샤리아는 예언자 마호메트의 언행(수나 : Sunna)과 그 전승(하디스 : Hadith)에 근거를 두고 있

을 가지고 있어야 한다. 이러한 조건은 공서(public policy)에 반하는 것과 같이 중재인의 판정이 취소되는 것을 피하도록 중재의 효율성(efficiency of arbitration)을 위하여 유용한 것이지 필요조건이나 정지조건은 아니다. 무슬림법에서는 중재인은 법관보다 역할과 지위에서 떨어지므로 당사자들에 이하여 면직될 수 있으며 중재인은 그를 선정한 당사자의 남편, 선조 또는 후손은 될 수 없다고 규정하고 있다.

4) 중재판정

중재절차에서 당사자들은 심리되어야하고 중재판정은 중재인이 당사자들의 주장을 듣고 중재절차가 그의 면전에서 이루어진 것을 명시하여야 한다. 무슬림법에 있는 유력한 견해에 의하면 중재인은 공정(fairness)의 법칙과 공서(公序 ; public policy)에 따라 분쟁을 해결하여야 한다. 무슬림에게는 이자, 술과 돼지고기의 거래, 사행성 있는 계약 등과 같이 몇 개의 금지조항이 있다. 중재인의 지위는 당사자들이 화해에 의하여 분쟁을 해결하도록 하는 것과 비슷하게 분쟁을 해결하도록 하는 프랑스법의 우의적 중재인(amiable compositor)에 가깝다. 중재인은 계약당사자 사이의 균형을 유지하기 위하여 부당하게 짐이 되는 계약적 의무의 이행을 하게 하는 경제적 변화를 고려하여야 한다. 신의(good faith)는 당사자들의 통상적이고 공정한 이해를 목표로 할 것을 요구한다. 선의의 이행(good conduct)은 계약의무는 성실히 이행되고 경제환경의 변화뿐만 아니라 각 당사자의 개인적 상황도 고려될 것이 요구된다.

중재인들은 판정이 법원에 집행이나 취소신청이 있을 때까지는 그들의 잘못을 정정할 권한을 갖는다. 중재판정은 강제 집행될 수 있다. 그러나 중재인이 중재판정의 강제집행에 관하여 권한을 갖고 있지 못하면 법원의 개입이 필요하다. 법원은 단지 분쟁의 유효한 중요재합의의 존재, 중재판정이 중재인 전원에 의하여 내려졌는가 하는 것 그리고 분쟁의 주제를 다루고 있는가 하는 것을 검토할 수 있을 뿐이다. 이슬람법에서도 중재판정의 취소는 물론 제3자의 이의신청에 의한 구제를 규정하고 있다.

다. 하디스에도 없는 문제에 대해서는 법학자공동체의 합의(이즈마 : Ijmā')가 샤리아의 기본이 되었고, 법학자는 코란·하디스·이즈마에서 법의 적용을 유추(類推 : Qiyas)하였다. 그러므로 코란·수나와 하디스·이즈마·퀴야스, 이 4가지가 이슬람의 주요 법원(法源)으로 되었다. 그러나 10세기가 지나자 법학자는 새로운 합의나 유추를 하지 않게 되어 샤리아는 고정되었다. 이슬람 국가의 위정자에게는 샤리아의 시행과 유지가 최대의 임무였다.

5) 중재판정의 강제집행[97)]

중재판정의 강제집행에 관하여 아랍국가들을 ① 뉴욕협약에 미치지 못하는 중재법을 가지고 있는 아랍국가들, ② 뉴욕협약에 가입한 아랍국가들, ③ 뉴욕협약보다 앞선 중재법을 구비하고 있는 아랍국가들 등 3개의 부류로 분류할 수 있다. 이렇듯 상이한 국가들에서의 중재판정에 있어서 강제집행과 관련된 현황은 어떠한지를 살펴보면 다음과 같다.

① 뉴욕협약에 미치지 못하는 중재법을 가지고 있는 아랍국가들

이라크, 오만, 카타르, 리비아, 아랍에미레이트(Arab Emirates)[98)], 예멘 및 수단 등의 국가들이 이 부류에 속하는데 이들 국가들의 중재법은 국내중재와 국제중재를 구별하지 않는다. 외국의 중재판정에 의한 강제집행을 위한 집행판결을 하는 판사는 우선 집행판결을 하기 전에 그 중재판정이 그 외국에 있어서 법원의 명령에 의하여 강제 집행할 수 있고, 또한 그 중재판정이 공정한 심문원칙과 방어권을 존중한 것이고 또한 공공질서(이들 아랍 국가들은 국가적 공공질서와 국제적 공공질서를 구별하지 않는다는 것을 유의해야 한다)에 반하지 않는다는 것을 증명해야 한다.

일반적으로 이들 국가들의 법은 다음의 경우에 그 중재판정의 취소를 허용한다.

첫째, 중재인이 자신에게 위임된 임무에 반하여 중재판정을 한 경우
둘째, 특히 공정한 심문원칙, 방어권 및 합의된 판정기간 등의 절차규정을 준수하지 않은 경우
셋째, 사기 또는 허위증거에 의한 결정이 있었다는 것이 판명되는 경우
넷째, 중재판정이 공공질서에 위배하는 경우
다섯째, 중재계약이 무효로 된 경우
여섯째, 중재판정부의 구성에 부정이 있는 경우

② 뉴욕협약에 가입한 아랍국가들

뉴욕협약에 가입한 아랍국가들은 요르단, 바레인, 튀니지, 알제리, 시리아, 쿠웨이트, 이집트, 모로코 그리고 사우디아라비아 등이다. 튀니지와 알제리는 국제중재법을 갖고 있다는 것을 지적할 필요가 있다. 이집트는 국내중재 및 국제중재를 규

---

97) Abdul Hamid El-Ahdab 저, 정정일 역, "아랍국가에 있어서의 중재판정의 강제집행", 「중재」, 제290호, 대한상사중재원, 1998. 12.

98) 아랍에미레이트(UAE : United Arab Emirates)는 "아랍에미레이트토후국연합"이라 지칭하기도 하는데, 에미레이트란 에미르(Emir)가 지배하는 땅이란 의미로 이슬람 수장이나 왕족을 의미하며, 마호메트의 자손이라는 의미가 포함되어 있기도 하다.

정하는 중재법을 국회에서 통과시켰다. 이집트(중재법의 '국제중재' 부분에 있어서) 및 튀니지는 국제중재에 관한 'UNCITRAL 표준법'의 영향을 받았고, 알제리는 1981년에 제정된 국제중재에 관한 프랑스 법의 영향을 받았다. 따라서 이들 3국의 법은 외국중재판정의 강제집행을 용이하게 했다는 점에서 뉴욕협약보다 앞섰다.

이들 국가들에 있어서 외국중재판정의 강제집행에 대하여 적용되는 뉴욕협약의 주요 특징은 이제는 2중의 집행판결을 받을 필요가 없게 됐다는 것이다. 따라서 중재판정을 한 국가에 있어서는 이제는 집행판결을 받을 필요가 없게 됐고, 이 문제는 강제집행을 행하는 국가로 넘겨져서 여기에서 자동적으로 집행판결을 받을 수 있다. 그러나 이에 이의를 제기하는 당사자는 다음의 사항을 증명하여 집행판결을 저지할 수 있다.

첫째, 중재계약의 당사자가, 예컨대 당사자의 법적 지위에 관한 법률에 의하여 그 중재계약을 체결할 법률상의 능력이 없거나 또는 중재계약이 당사자가 적용하기로 합의한 법에 의하여 무효인 경우

둘째, 방어의 권리가 존중되지 않은 경우(중재판정을 강제집행 하는 경우 그 대상인 당사자는 방어권리의 침해를 증명해야 한다)

셋째, 중재인이 청구보다 많은 것을 판정했거나 또는 중재계약에 언급되지 않은 분쟁을 판정한 경우

넷째, 중재판정부의 구성 또는 중재절차가 중재계약의 규정을 준수하지 아니했거나 또는 중재계약에 그와 같은 규정에 대한 언급이 없는 경우에는 중재를 한 국가의 법규정에 위배한 경우

다섯째 중재판정이, 중재국의 권한 있는 기관 또는 법에 의하여, 아직 구속력을 갖지 못하거나, 취소됐거나 또는 유보된 경우

여섯째 강제집행국의 법이 중재방법에 의한 분쟁의 해결을 허용하지 않는 경우 등이다.

중재판정이, 중재판정국에 있어서 법원결정에 의한 법적 결정에 의하여 강제집행 할 수 있게 되어 있다고 하더라도, 사우디아라비아에 있어서는 이에 대한 강제집행을 저지하는 많은 장애물이 상존해 왔는데, 사우디아라비아가 뉴욕협약에 가입함으로써 이들 장애물을 제거한 것은 주목되어야 한다. '디완 알 마잘렘'(Diwan al Mazalem) 즉 집행판결을 하는 권한을 갖는 법원은 외국재판의 강제집행(외국중재판정도 이와 동일하다)에 관하여, 특히 상호주의와 공공질서를 대단히 엄격하게 요구한다. 예컨대 영국에서 중재판정에 대한 집행판결을 신청하여 영국에서 집행판결을 받았지만[99], 영국의 법원이 사우디의 재판에 대한 집행판

결을 인정하지 않았다는 이유로, 영국의 중재판정에 의한 강제집행을 거부했다.

③ 뉴욕협약보다 앞선 중재법을 구비하고 있는 아랍국가들

이 부류의 국가들에는 레바논, 알제리, 튀니지 및 이집트가 포함된다. 레바논(Lebanon)과 알제리아(Algeria)는 프랑스 법의 영향을 강하게 반영한 국제중재법(International Arbitration Acts)을 입법화했다. 이집트와 튀니지는 국제중재에 관한 UNCITRAL 표준법의 영향을 많이 반영한 법을 제정했다.

뉴욕협약은 외국의 중재판정에 대하여 이중의 집행판결을 받을 필요가 없도록 했다. 따라서 외국의 중재판정은 강제집행국에서만 집행판결을 받으면 족한 것으로 되었다. 그러나 뉴욕협약은 중재판정국과 강제집행국 간에 차이를 두고 있다. 즉 강제집행국의 판사는 중재판정국의 판사 및 중재준거법국의 판사의 결정에 일치하는 결정을 해야 한다고 규정하고 있다.

뉴욕협약보다 앞선 이들 국가들의 법은 다음과 같이 규정하고 있다.

첫째, 레바논, 알제리, 이집트 및 튀니지의 법은 2중의 집행판결을 요구하는 요건을 완화했다. 따라서 이들 법은 뉴욕협약과 이점에서는 일치한다. 그러나 레바논과 알제리아의 법은 집행판결을 하는 판사가 중재판정국 및 중재준거법국의 판사의 결정과 일치하는 결정을 해야 할 의무는 규정하고 있지 않다. 마찬가지로 뉴욕협약은 중재판정에 대한 집행판결을 선고하기 위해서는 그 중재판정이 중재판정국 또는 중재준거법국과 관련하여 어떠한 결함도 없어야 한다고 요구하고 있지만, 레바논과 알제리아의 법은 이와 같은 문제에는 관심이 없고 오직 레바논 또는 알제리아의 법 즉 강제집행국의 법과 관련하여 어떤 결함이 있는가 만을 보고 있다.

둘째, 뉴욕협약은 국제중재판정의 내용이 공공질서에 위배하는 경우에는 이의 강제집행을 할 수 없게 한다. 그러나 레바논, 알제리 및 튀니지의 법은 국가적 공공질서와 국제적 공공질서를 구별했다. 따라서 국제적 공공질서에 위배하는 중재판정만을 강제 집행할 수 없는 것으로 한다.[100] 국제중재판정을 그 판정국의 사법적 심사에 구속되지 않게 하는 법의 입장은 '중재계약(arbitration-contract)'이론을 우선시키는 입장과 같다. 이것은 외국판사의 결정은 강제집행을 구하는 국가의 법제도의 일부가 아니고 또한 중재판정과는 아무런 관련이 없고 따라서 집행판결을 하는 법관이 중재판정을 취소할 수 있는 사유가 되지 않는다는 의미다. 중재판정 자체에 기판력(旣判力)을 주고 중재판정을 취소하는 법원의 결정에 주

99) NINIVO사와 REDEC사 간의 사건(Case no. 185/2/Q/149)
100) Article 81 of the Tunisian Law. Article 817 of the Lebanese Law. Article 458 bis-23(h) of the Algerian Law.

는 것이 아닌 이상 동일한 입장에서 중재판정을 일반계약보다 훨씬 상위의 지위에 놓고 또한 외국의 법적 결정보다 훨씬 상위의 지위에 놓는다.

셋째, 이집트 법에서는, 국제중재의 문제는 중재인 선정은 중재계약에 그 성명의 기재를 요구하는 민사소송법 제502조 제(3)항에 있다. 이것은 물론 과거에 일반적으로 중재인 성명의 기재를 요구하지 않는 계약의 중재조항에 기하여 외국의 중재판정을 강제집행하고자 할 때 문제가 될 위험이 있었다는 것이다. 이 문제는, 그동안 상당히 많은 수의 국제중재판정이 이집트에서 강제집행된 실적이 있지만, 이집트 법원(Egyptian Court of Cassation)이 사건번호 51/547(j) (1992년 12월 23일의 판결)에서 해결할 때까지는, 분쟁의 주요쟁점으로 되어 왔다. 동 법원은 민사소송법 제502조 제(3)항은 공공질서에 관한 것이 아니고 따라서 당사자가 이와 달리 정할 수 있다는 것이다. 그 후 새로운 이집트 중재법이 제정됐고 이에 의하여 국가적 및 국제적 중재제도가 완비됐다. 국제중재부분은 주로 UNCITRAL 표준법을 따랐다. 이에 의하여 중재조항은 중재인 성명의 기재를 요하지 않게 되어 민사소송법 제502조 제(3)항의 문제는 해결됐다.

UNCITRAL 표준법을 따른 새로운 중재법(국제중재 부분)은, 뉴욕협약의 여러 규정을 채택했는데, 공공질서의 문제에 관하여 분명한 입장을 택했다.[101] 표준법에서는 그것은 국제적 공공질서를 의미하고 이집트 법에서는 국가적 공공질서를 의미한다. 이 점에서 이집트 법은 표준법의 규정을 채택하지 않은 까닭에 표준법에 비하여 일보 후퇴했다고 할 수 있다.

이집트 법은 중재판정국 판사의 결정 또는 중재준거법국 판사의 결정에 대하여 집행판결을 하는 판사가 이를 존중할 것인가에 관하여는 다소 분명하지 않은 입장을 택하고 있다. 이집트도 가입하고 있는 뉴욕협약에 의하면, 중재판정이 그에 대한 집행판결을 받기 위하여서는 그 중재판정은 중재판정국 또는 중재준거법국과 관련하여 아무런 결함이 없을 것을 요구하고 있다.

따라서 새로운 이집트 중재법은 중재판정이 무효이거나 또는 중재절차에 중재판정에 영향을 주었다고 할 정도의 결함이 있는 경우에 한하여 국제중재판정을 취소할 수 있도록 규정하고 있다.[102] 따라서 이집트의 집행판결을 하는 판사는 무엇에 구속되는가? 그것은 중재판정국 판사의 결정인가? 또는 중재준거법국가 판사의 결정인가? 또는 이집트 판사는 중재판정의 취소사유(즉, 중재계약의 부재, 당사자의 법률상 능력의 상실, 공정한 심문권의 무시, 예측 가능한 법의 적용

101) Article 58-2(b) and Article 53(2) of the New International Arbitration Act.
102) Article 53(g) of the New Egyptian Inter- national Arbitration Act.

이라고 하는 원칙을 위배한 경우, 중재판정부의 구성에 타당성이 없는 경우, 중재인이 중재계약에 언급되지 않은 사항을 판정한 경우)가 있는 경우에 중재판정의 취소에 대한 관할권을 갖고 있는가를 검토해야 하는가?

국제중재에 관한 UNCITRAL 표준법은 중재판정이 아직 당사자를 구속하지 못하고, 중재판정국의 법원 또는 법이 중재판정을 취소했거나 또는 그 강제집행을 정지했다는 것을 "강제집행의 대상인 당사자가 주장하여 클레임을 제기하는" 경우에 한하여 그 중재판정을 취소할 수 있다고 규정하고 있다.

이집트 법은 이 조문을 채택하지는 않고 있지만, 중재판정이 무효이거나, 또는 중재에 영향을 준 절차상의 결함이 있는 경우에는 중재판정을 취소할 수 있다고 규정했다. 따라서 이 법은, 중재판정에 대한 중재판정국의 판사 또는 중재준거법국의 판사의 통제권을 배제함으로써 뉴욕협약보다 한발 앞서기를 시도했고 또한 중재판정의 취소의 고전적 사유를 검토한 후 집행판결을 하는 이집트의 판사에게만 그 관할권을 인정하고자 했는가? 그렇다면 이집트의 판사는 중재판정국 판사의 결정에는 구속되지 않는가? 우리가 새로운 이집트 법의 조문을 이집트도 가입하고 있는 뉴욕협약에 비추어 읽어 본다면 그 답은 이집트의 판사는 아직도 구속되고 있는 것처럼 보인다. 그러나 왜 표준법이 변경되고 여러 가지의 해석이 가능한 다른 문구가 채택되었는가 하는 의문이 일어지만 아직은 분명하지 않다. 이집트의 새로운 중재법에서는 이를 적극적으로 규정하고 있지는 않지만, 집행판결을 하는 법원이 중재판정국 법원의 결정을 준수해야 한다는 조건을 제거한 것으로 보인다. 동법은 중재를 한 국가가 이집트 또는 외국이었는가에 관계없이, 국제중재사건에 있어서의 중재판정에 대한 취소청구에 관하여 관할권을 갖는 법원은, 당사자가 다른 이집트 고등법원으로 합의하지 아니한 한 카이로 고등법원으로 한다. 이것은 중재판정의 결함에 관하여 오직 이집트 법원만이 관할권을 갖는가 또는 다른 법원도 이에 대하여 관할권을 갖는가? 환언하면, 이집트 법원이 중재판정국의 법원 또는 중재준거법국의 법원의 결정에 구속되는가에 대한 문제에 답하고 있다.

중재판정이 중재판정국 또는 중재준거법국의 법원에 의하여 취소되었거나 또는 그 강제집행이 유보된 경우에는 강제집행국에서도 그 승인 및 강제집행을 거부할 수 있도록 규정하고 있는 표준법 제36조를 채택하지 않고 있고 또한 국제상사중재판정이 이집트에서 있었거나 또는 외국에서 있었거나에 관계없이 그 취소청구에 관하여 관할권 있는 법원은 카이로 고등법원으로 하고 있는 이집트의 신중재법은 이집트 법원이 중재판정에 대한 집행판결을 심리하는 경우에는 중재판정국 또는 중재준거법국 법원의 결정에 구속되지 않는다는 것을 말해 주고 있다.

3 대한민국 중재관련 법규

(1) 개관

1) 법규 변천 동향

우리나라의 구 중재법은 1966. 3. 16. 법률 제1767호로 제정되었다. 이는 일본 민사소송법 제786조 내지 805조와 아주 유사하며 18개 조문으로 구성되어 있다. 더 거슬러 올라가면 19세기 말 독일의 중재질서를 규율하고 있는 1877년 독일의 민사소송법 해당 규정을 모델로 한 것으로 보인다.

구 중재법은 1973. 2. 17. 1차 개정이 있었고, 1993. 3. 6. 정부조직법의 개정으로 인한 2차 개정, 1997. 12. 13. 정부부처명칭 등의 변경에 따른 건축법 등의 정비에 관한 법률의 개정으로 인한 3차 개정이 있었다. 1차 개정은 1970. 3. 21. 사단법인 대한상사중재협회가 독립된 법인으로 발족됨에 따라 관련규정을 정비하고 중재판정의 기재사항에 주문을 추가하는 내용으로 일부 개정이 있었으며, 2차 및 3차 개정은 정부조직 개편에 따른 부처명칭을 변경(상공자원부장관에서 산업자원부장관 등)하는 내용으로 실질적 내용의 변경은 없었다.

1985. 6. 21. 유엔국제상거래법위원회가 표준법을 채택하는 등 각국 중재법의 국제화·표준화를 위한 국제적 노력이 확산됨에 따라 국내에서도 실무계와 학계를 중심으로 국제적 규범의 수용을 위한 중재법 개정의 필요성이 제기되었다. 특히 대한상사중재원에서는 1992년 자체적으로 중재법개정시안을 마련하는 등 법개정을 위한 준비 작업을 추진해 왔으며, 1996. 3. 12. 법률소관부처인 법무부에 개정의견을 송부하였다.

법무부에서도 우리 중재제도의 신뢰성 제고 및 중재의 활성화를 도모하기 위하여 이러한 국제적 규범을 수용할 필요성을 인식하고 그동안 입법자료를 수집하여 왔으며, 1997. 12. 18. 중재법개정준비실무위원회를 구성하여 개정 착안점 검토 등 중재법개정을 위한 준비작업에 착수하였다. 그리고 1998. 12. 22. 에는 법조계, 학계, 실무계 등 관계 전문가들을 중재법개정특별분과위원회 위원으로 위촉하고 본격적으로 중재법개정작업에 돌입하였다. 중재법개정특별분과위원회는 1999. 7.까지 9차에 걸친 회의를 거쳐 개정초안을 법무부에 제출하였다. 법무부는 위원회의 개정초안을 토대로 각계 전문가들의 의견을 수렴하여 199. 8. 18. 중재법개정안을 마련하고, 199. 8. 18.부터 1999. 8. 31.까지 산업자원부·법원행정처 등 10개 관련부

처와 대한상사중재원·대한변호사협회·대한상공회의소 등 7개 관련단체에 의견조회를 하였다. 또한 1999. 8. 28. 대한상사중재원과 한국중재학회와 함께 대한상공회의소에서 공청회를 개최하여 각계의 다양한 의견을 수렴하여 그 결과를 반영하여 1999. 9. 6.부터 동년 9. 26.까지 입법예고를 하였다. 관계기관의 의견조회과정에서는 산업자원부·법원행정처 및 상공회의소에서 의견을 제시하였고, 공청회에서도 다양하고 바람직한 의견들이 제시되었다. 입법예고 및 공청회 등을 통하여 제시된 의견을 반영하여 중재법개정법률안을 확정하여 1999. 9. 10. 법제처에 법률안 심사를 의뢰하였고, 동년 11. 2. 차관회의 및 동년 11. 9. 국무회의의 의결을 거쳐 정부안으로 확정되었고, 동년 11. 12. 국회에 제출되었다. 국회 법제사법위원회의 심의의결을 거쳐 1999. 12. 31. 법률 제6083호로 공포되었다.

한편, 국제적 추세를 보면, UN을 중심으로 중재 현실과 각국의 중재법과의 조화문제가 다루어져 1958년 외국중재판정의 승인 및 집행에 관한 뉴욕협약(우리나라는 1973. 5. 9. 비준)이 제정되었고, 유엔국제상거래법위원회(UNCITRAL)는 1985. 6. 21. 표준법(Model Law)를 채택하고 동년 12. 11. 유엔총회 결의로 각국의 중재법 개정시에 이를 수용하도록 적극 권고함으로써 중재법의 국제화·통일화 경향은 그 속도를 더하게 되었다. 이에 따라 1986부터 많은 국가들이 자국에 국제중재를 적극 유치하기 위하여 국제중재기관을 설치하거나 기존의 기관을 재정비하였고, 이에 맞추어 중재법을 개정하거나 개정할 움직임을 보이고 있었다.

2) 개정방향

중재법의 개정방향은 첫째, 독일·영국 등 선진입법례를 참고하면서 국제적 기준인 유엔국제상거래법위원회의 표준법(Model Law)의 체계와 내용을 수용하는 것이었다. 표준법은 전 세계적 합의에 근거하고 있어 국제적으로 신뢰할 수 있는 중재규범이며, 실제 국제상사중재의 준거법으로 널리 활용되고 있다. 따라서 이를 수용함으로써 우리나라를 국제분쟁사건의 중재지로서의 매력을 증가시켜 국제중재를 적극 유치하고 우리기업이 외국에서 중재를 하게 되는 불편과 불이익을 덜어 줄 수 있다고 보았다.

표준법 규정의 내용이 우리나라에서는 다소 생소하거나 상이한 경우에도 이러한 입법의 취지 및 중재법의 국제적 통일화라는 관점을 중시하여 가능한 범위 내에서 이를 수용하고자 하였다. 또한 체제 면에 있어서도 외국인이 쉽게 이해하고 접근할 수 있도록 하기 위하여 가급적 표준법의 체제를 따르고자 하였다.[103]

103) 예컨대, 소위 중재합의의 분리가능성에 대하여 그 내용 및 성격상 제8조(중재합의의 방식)에서

둘째, 국제중재절차 및 국내중재절차에 모두 적용될 수 있는 통합 중재법을 마련하였다. 위원회에서도 이 문제에 대하여 논의가 있었는바, 표준법이 국제상사중재를 규율대상으로 하고 있으나 각국의 국내중재절차에서도 동일하게 적용될 수 있음을 전제로 제정된 것이고, 중재당사자, 중재인 등 중재관계자들이 중재절차를 쉽게 파악할 수 있도록 국내 및 국제중재절차에 통일적으로 적용될 중재법을 마련하는 것이 바람직하다고 보았다.

셋째, 법개정 형식에 관한 것으로 전문개정 형식을 채택하였다. 법 개정 형식에는 부분개정 또는 전문개정형식이 있으나, 이번 개정은 내용 및 체제면에서 사실상 제정에 가까워 전문개정 형식을 채택하였다.

규정하는 것이 바람직하다는 의견이 많았으나, 위와 같은 이유에서 표준법 체계와 같이 제17조 제1항 후단에서 규정하였다.

학습정리

중재제도와 관련된 주요 국제규칙은 여러 가지가 있으나, 가장 중요하게 고려되는 것이 뉴욕협약이다. 이는 외국중재판정의 승인 및 집행에 관한 UN협약의 약칭으로서 우리 나라 뿐만 아니라 세계 여러 국가에서 가맹하고 있다. 이 협약에 근거하여 외국중재판정이 우리나라에서도 그 효력을 발휘하고 있다.

뉴욕협약 가맹시 우리나라는 상호주의에 입각하여 가입함으로써 뉴욕협약 체약국에 한하여 그 국가에서 행한 중재판정의 효력이 우리나라에 발휘하도록 제한적 조항을 두고 있다. 그러나 세계에서 뉴욕협약에 가입한 국가가 대부분이므로 큰 문제는 사실상 없다.

주요국가의 중재법규는 각 국가의 특성을 반영하여 매우 다양하게 전개되어 왔으나, 대부분 뉴욕협약의 마인드를 자국의 법에 포함시키고 있는 것으로 볼 수 있다.

학습과제

1. UN에서 제정한 중재와 관련한 국제규칙은 무엇인가? 그 특징을 설명하시오.
2. 우리 나라의 상사중재와 관련된 법규는 무엇인가? 그 개념을 설명하시오.
3. 우리 나라의 상사중재관련 법규와 UN중재모델법을 비교 설명하시오?

분쟁사례연구 15

물품공급계약상 중재합의 인정여부

사건번호 : 제00111-0032호*104)

구 분	내 용	비 고
신 청 인	A주식회사	
피 신 청 인	L씨	
청 구 원 인	계약해제로 인한 손해배상청구	
품 목	섬 유	날염직물
청 구 금 액	미화 286,820달러	
판 정 일	2000. 10. 23. 판정	
판 정 내 용	각하	중재비용 신청인 부담

판정요지 :

1. 신청인은 브라질의 의류제조판매업자인 K씨가 발주하고 그를 대행한 피신청인과의 사이에 물품(날염직물)거래계약을 체결하고, 납품을 위한 견본제작·작업지시 등 작업 진행 중에 분쟁이 생겨, 계약위반을 이유로 계약을 해제 및 그로 인해 디자인 작업비, 견본제작비등 미화 286,820달러 상당의 손해배상청구를 내용으로 한 이 사건 중재신청을 함에 대하여 피신청인은 중재합의가 없었다 하여 부적법하다는 취지로 다툰다.

2. 그러므로 살피건대, 중재법 제3조 제1호에서 중재에 대하여 같은 제2호는 중재합의의 정의에 대해 규정하고 있는 바, 이들 규정은 비록 재판을 받을 권리를 기본권으로 보장(헌법 제27조 제1항)받고 있으나, 사법상 분쟁의 적정·신속한 해결을 도모하기 위하여 중재합의가 있을 때에 한하여 법원의 재판관할권을 배제시킨다는 취지로 풀이되고, 그렇다 보니 성질상 중재합의는 명시적이어야 하며, 그 존부의 해석은 제한적이어야 할 것이다.

이 건에 비추어 보면, 신청인과 피신청인은 이 건 계약을 체결하면서 분쟁발생시 서울민사지방법원 또는 상사중재원의 합의에 따른다(위 계약 제8조 제1항)라고 약정하였음을 알 수 있다. 그런데 이 약정은 그 취지가 애매하기 짝이 없으나, 일단 분쟁발생시 법원의 심판에 의한 해결 외에 중재판정에 따르기로 택일할 수 있다는 의미로 풀

---

* 대한상사중재원, 「사례집 제10권」, 2001, pp. 388 - 393.

이할 수 있는 바, 다음으로 이 선택을 누가 어떤 방법으로 할 수 있겠느냐에 대하여 의문이 제기된다. 이는 결국 중재합의의 존부를 가리는데 귀착된다. 중재합의의 방식에 관해 중재법 제8조는 중재합의는 독립된 합의 또는 계약 중 중재조항의 형식으로 할 수 있다. 또 중재합의는 서면으로 하여야 한다고 한다면서 제3항에 서면에 의한 중재합의로 보는 경우로서 열거하고 있다. 이에 따르면 위 계약 제8조 제1항 후문에 의한 계약당사자중 어느 일방이든 상사중재원을 분쟁해결의 기관으로 선택할 수 있기 위해서는 중재법 제3항 제3호가 예정하고 있는 상대방 당사자가, 중재합의가 있다면서 하는 중재신청에 대하여 이의하지 않고 중재절차에 따르는 등 경우에나 가능하다.

그런데 각 그 공성부분 및 수령사실을 인정하는 서증의 각 기재 및 심문결과를 종합하면, 신청인은 피신청인을 상대로 위 수출물품거래계약의 이행작업의 속행여부에 대한 통고를 통해 분쟁해결을 대한상사중재원으로 하겠다는 뜻을 명시하였고, 피신청인은 수출작업이행권이란 통지문에서 서울민사지방법원을 중재기관으로 함으로써 신청인과 달리하는 취지를 명시한 사실, 그런데도 신청인이 대한상사중재원의 중재판정에 의해 분쟁을 해결하겠다는 취지의 통고를 계속한 사실이 인정되고 중재신청이 2000. 4. 29. 본원에 접수되었음이 명백하다. 그럴진대 신청인은 피신청인이 서울민사법원에 소제기의 방법에 의하겠다고 견해를 달리하고 있음을 명백히 밝혀 다툰 사실을 알았다 할 것이어서 중재합의가 있다고 할 수 없다. 또 신청인은 피신청인이 서증에서 비록 분쟁해결기관은 법원이라고 하였지만, 방법은 중재라고 표시하였으니 중재합의가 있다고 보아야 할 것이라는 취지의 주장도 하나, 그것이 법원 본래의 심판기능을 배제하는 취지로 보이지 아니하여 이 주장도 부당하다 하겠다. 신청인은 다시 중재합의의 존부 및 그 내용에 대한 당사자간의 정확한 의사는 위 물품거래계약의 전제가 된 실질적인 당사자간에 체결된 신청인과 K씨 사이의 기본계약서를 기초로 해석해야 할 것이고 그렇다면 중재피신청인과의 사이에서도 중재합의가 있다고 보아야 한다는 주장도 하나, 이는 이 신청외인과의 계약관계를 전제로 한 독자적인 주장이어서 채용할 수 없다.

3. 그렇다면 적법한 중재합의의 존재를 전제로 한 이 중재신청은 부적법하며 각하하기로 하고 중재비용은 신청인의 부담으로 하여 주문과 같이 판정한다.

판정주문

1. 중재신청을 각하한다.
2. 중재비용은 신청인의 부담으로 한다.

신청취지

1. 피신청인은 신청인에게 미화 286,820달러 및 이에 대하여 이 건 중재신청서 송달일 다음날부터 완제일까지는 연 2할 5푼의 비율에 의한 금원을 지급하라.

2. 중재비용은 피신청인의 부담으로 한다.

판정이유의 요지

중재신청인은 브라질의 의류제조판매업자인 K씨가 발주하고, 그를 대행한 피신청인과 사이에 물품(날염직물)거래계약을 체결하고, 납품을 위한 견본제작·작업지시 등 작업 진행 중에 분쟁이 생겨, 계약위반을 이유로 계약을 해제 및 그로 인해 디자인 작업비, 견본제작비등 미화 286,820달러 상당의 손해배상청구를 내용으로 한 이 사건 중재신청을 함에 대하여 중재피신청인은 피차 중재합의가 없었다 하여 부적법하다는 취지로 다툰다.

그러므로 살피건대, 중재법 제3조 제1호에서 중재라 함은 당사자간의 합의로 사법상의 분쟁을 법원의 재판에 의하지 아니하고 중재인의 판정에 의하여 해결하는 절차를 말한다라고 정의하고, 같은 제2호는 중재합의라 함은 계약상의 분쟁인지의 여부에 관계없이 일정한 법률관계에 관하여 당사자간에 이미 발생하였거나, 장래 발생할 수 있는 분쟁의 전부 또는 일부를 중재에 의하여 해결하도록 하는 당사자간의 합의를 말한다라고 정의되어 있다.

따라서 이들 규정은 비록 모든 국민은 헌법과 법률에 정하는 법관에 의하여 법률에 의한 재판을 받을 권리를 기본권으로 보장(헌법 제27조 제1항)받고 있으나, 사법상 분쟁의 적정·신속한 해결을 도모하기 위해 중재합의가 있을 때에 한하여 법원의 재판관할권을 배제시킨다는 취지로 풀이되고, 그렇다 보니, 성질상 중재합의는 명시적이어야 할 것이며 그 존부에 대한 해석은 제한적으로 해야 할 것이다.

돌이켜 이 사건에 비추어 보면, 갑제1호증(을제1호증과 같다. 물품거래 계약서)의 기재에 의하면, 신청인과 피신청인은 수출용 날염직물(폴리에스터)의 제작·납품계약을 체결하면서, 이들 둘 사이에 분쟁 발생시 서울민사지방법원 또는 상사중재원의 합의에 따른다(위 계약 제8조 제1항)라고 약정하였음을 알 수 있다.

그런데 이 약정은 그저 법원 또는 중재원의 합의에 따른다라고 표시하였을 뿐이어서 그 취지가 애매하기 짝이 없으나, 일단 이후 분쟁 발생 시에 법원에 제소하여 법원의 심판에 따라 분쟁을 해결할 수 있다는 당연한 내용 외에 또는 중재신청에 의해 상사중재원의 중재판정에 따르기로 택일할 수도 있다는 의미로 풀이할 수 있을 것인 바,

다음으로 이 선택을 누가, 어떤 방법으로 할 수 있겠느냐에 대해 의문이 제기된다.

이는 결국 중재합의의 존부를 가리는데 귀착된다 할 것인데, 중재합의의 방식에 관해 중재법 제8조는 중재합의는 독립된 합의 또는 계약 중 중재조항의 형식으로 할 수 있다.

또, 중재합의는 서면으로 하여야 한다면서 제3항에 서면에 의한 중재합의로 보는 경우로서,

(1) 당사자들이 서명한 문서에 중재합의가 포함되어 있는 경우

(2) 서신, 전보, 전신 및 모사전송, 기타 통신수단에 의하여 교환된 문서에 중재합의가 포함되어 있는 경우

(3) 일방 당사자가 당사자간에 교환된 문서의 내용에 중재합의가 있는 것을 주장하고 상대방 당사자가 이를 다투지 아니하는 경우 등을 열거하고 있다.

이에 따르면, 위 계약 제8조 제1항 후문에 의한 계약당사자 중 어느 일방이든 "(또는) 상사중재원"을 분쟁해결의 기관으로 선택을 할 수 있기 위해서는 중재법 제8조 제3항 제3호가 예정하고 있는 상대방 당사자가, 중재합의가 있다면서 하는 중재신청에 대해 이의하지 않고 중재절차에 따르는 등 경우에나 가능하다 할 것이다.

그런데 각 그 공성부분 및 수령사실을 인정하는 갑제6호증, 갑제7호증, 갑제15호증(을제5호증의 이와 같다)의 각 기재 및 심문결과를 종합하면, 중재신청인은 2000. 4. 19. 중재 피신청인을 상대로 위 수출물품거래계약의 이행작업의 속행여부에 대한 최고를 내용으로 한 브라질 수출 건 작업가부결정을 촉구하는 통고를 통해, 추후 발생되는 분쟁해결은 위 계약 제8조 제1항에 의해 대한상사중재원에 중재신청 하겠다는 뜻을 명시하였고, 이에 대해 중재 피신청인은 그 다음일자의 수출작업계약이행건이란 통지문에서 "본 건에 대한 중재처리 발생시 계약서 제8조 제1항에 의거하여 서울민사지방법원을 중재원으로 함을 통보함이라고 분쟁해결기관을 중재신청인과 달리하는 취지를 명시한 사실, 그런데도 중재신청인은 2000. 4. 21.자의 중재 피신청인에 대한 대 브라질 수출 건 작업진행 여부에 대한 최고를 통해 거듭 대한상사중재원의 중재판정에 의해 분쟁해결 하겠다는 취지의 통고를 계속한 사실이 인정되고, 다른 한편 중재신청인의 이 중재신청이 2000. 4. 29. 대한상사중재원에 접수되었음이 기록상 명백하다.

그럴진대, 중재신청인은 이미 이 중재신청 이전에 중재피신청인이 이 사건 계약에 관한 분쟁해결을 위해, 대한상사중재원의 중재에 의하지 아니하고 서울 (민사)지방법원에 소제기의 방법에 의하겠다라고 견해를 달리하고 있음을 밝혀 명백히 다툰 사실을 알았다 할 것이어서 이 중재신청에 대해 중재합의가 있다 할 수가 없다.

또, 중재신청인은 중재피신청인이 갑제15호증에서 비록 분쟁해결기관을 법원으로

지시하였지만, 분쟁해결의 방법을 중재라고 표시하였으니, 중재합의가 있다고 보아야 할 것이라는 취지의 주장도 하나, 그것이 법원본래의 심판기능을 배제하는 취지로 보여지지 아니하여 이 주장도 부당하다 하겠다.

중재신청인은 다시 이 사건에 관한 중재합의의 존부 및 그 내용에 대한 당사자간의 정확한 의사는 위 물품거래계약의 전제가 된 실질적인 당사자간에 체결된 중재신청인과 K씨와 사이에 체결된 기본계약서(갑제23호증)상의 중재조항(제9조)을 기초로 하여 해석하여야 할 것이고, 그렇다면, 중재신청인과 사이에도 중재합의가 있다고 보아야 한다는 주장도 하나 이는 이 신청외인과의 계약관계를 전제로 한 독자적인 주장이어서 채용할 수가 없다.

그렇다면 적법한 중재합의의 존재를 전제로 한 이 중재신청은 부적법하여 이를 각하하기로 하고 중재비용은 신청인의 부담으로 하여 주문과 같이 판정한다.

국제분쟁해결제도의 향후 전망

18세기 본격화된 오늘날의 국제무역제도는 정보통신기술의 진화에 따라 매우 다양한 시대의 특성을 반영하여 진화를 거듭하여왔다. 특히, 1990년대 이후 등장한 정보화 혁명의 영향은 무역에도 중대한 영향을 미치고 있는데, 구체적으로 정보통신 기술을 활용한 무역 즉, 전자무역의 탄생 및 진화가 그것이다.

한편, 분쟁해결에 있어서도 여러 측면에서 영향을 미치고 있는데 직접적으로는 가상공간을 활용한 분쟁해결방식의 등장이라는 것과 간접적으로는 가상공간에서의 무역의 활성화에 따른 분쟁이 그것이다.

현재 국제무역분쟁은 여러 가지 대응방안의 강구에도 불구하고 발생 빈도는 줄지 않고 있으며, 오히려 증가하는 경향을 나타내고 있다. 이는 여러 가지 원인에서 기인하는 것으로 볼 수 있는데, 국제무역거래 건수의 급증과 새로운 형태의 무역거래(즉, 가상공간을 활용한 무역거래의 등장 및 증가) 등에 기인하는 것으로 보인다.

이에 본장에서는 국제분쟁해결제도의 현황 및 향후 전망에 대하여 앞의 내용을 토대로 고찰해 보기로 한다.

1 | 국제무역과 분쟁해결 시스템의 진화

지난 18세기 산업혁명부터 본격화된 현대적인 무역은 제2차 세계대전을 이후 급속한 성장을 가져왔다. 특히, 1990년대 들어 인터넷으로 지칭되는 정보통신혁명은 단순히 정보통신수단의 급속한 진보에 그치지 않고 무역에서 직·간접적인 영향을 미쳤다.

한편, 18세기 시작된 무역은 성장을 거듭할수록 분쟁 역시 같은 비중으로 증가하였으며, 이는 거래 빈도가 커지고, 국제무역량이 증가하는 것과 비례하여 증가하고 있다. 과거 국제무역량 증가의 축이 국제기업(TransNational Corporation)에 의한 국제분업체계

(International Division System)의 구축에 따라 확대되었다면, 오늘날에는 WTO의 타결에 따라 Global Standard의 실질적 구현에 의한 축 즉, 'One Market One Rule'로 변화하였다. 이러한 변화가 채 시작도 하기 전에 들이닥친 정보화는 좁게는 거래 상대방과의 저렴하며 신속한 정보교환 및 의사소통에서 넓게는 가상공간에서의 재화의 유통(즉, 디지털재화의 등장 및 급속한 확대)으로 숨 가쁘게 이어지고 있다.

2 UNCITRAL과 ICC

국제무역의 사적 영역(private law) 측면에서의 표준화를 이끌고 있는 UNCTRAL에서도 이미 상사중재와 관련된 다양한 활동을 수행하고 있다. 실제로 최근까지도 UNCITRAL은 1999년 국제상사중재법의 발전을 위해서 여러 가지 작업을 제시한 바 있다.1) 2000년 이후 UNCITRAL 중재실무작업반(Working Group on Arbitration)은2) 이 중에서 모델중재법(UNCITRAL Model Law on International Commercial Arbitration) 제7조와 1958년 뉴욕협약(The New York Convention on the Recognition and Enforcement of Foreign Arbitral Awards) 제2조 제2항에서 규정하는 중재합의의 서면성, 모델중재법 제17조의 임시적 처분,3) 모델조정법안(Draft UNCITRAL Model Law on International Commercial Conciliation)의 작성을 우선과제로 선정하여 논의해 오고 있다.

이와 함께 ICC도 중재제도에 관계하는 사람들에게 여러모로 중요한 국제기구이다. ICC는 1923년에 제정한 「제네바 의정서」와 1927년에 제정한 "외국중재판정의 집행에 관한 제네바 협약"(일명 제네바 협약)을 기초한 국제연맹과도 밀접한 협조관계를 유지하였었다. ICC가 중재에 기여한 노력은 우선 「뉴욕협약」의 제정을 위하여 5년여(1953년부터)에 걸쳐 초안을 작성하고 국제적 의견수렴을 하였으며, 마침내 UN이 제정한 그 많은 국제협약중 가장 국제적 호응이 높은 유명한 「뉴욕협약」 제정에 산파역할을 맡았다. 이 협약에 힘입어 국제분쟁을 효과적으로 해결했으며 결국 세계경제 발전에 크게 공헌하게 된 것이다. ICC는 창설 이래 오늘에 이르면서 엄청난 변화를 겪었다. 창설초

---

1) A/CN.9/460

2) 2001년부터 "Working Group on Arbitration"은 'Working Group II(Arbitration and Conciliation)'으로 명칭을 바꾸었다.

3) 'interim measures of protection'은 'provisional orders', 'interim awards', 'conservatory measures', 'preliminary injunctive measures'라는 용어들과 혼용되고 있다. 우리나라 중재법에서는 이들 용어들이 나타내는 조치를 판단하는 주체가 법원인지 아니면 중재판정부인지에 따라서 제10조에서 '보전처분' 그리고 제18조에서 '임시적 처분'이라는 용어로 구분하고 있다. 하지만, 우리 중재법이 근본을 두고 있는 모델중재법에서는 'interim measures'라는 용어를 조문 제목에서 사용하고 있고, 조문내용에서는 'interim measures of protection'이라는 용어를 사용하고 있다.

기에는 대부분의 분쟁당사자가 국제중재보다는 ICC규칙에 따른 조정(調停)을 요청하는데 머물렀다. 그래서 변호사들은 중재인으로 역할을 할 기회도 별로 없었고 중재사건 대리인이 될 기회도 거의 없었다. 그러나 시간이 흐르면서 국제거래 형태가 복잡한 양상으로 발전하고 거래내용이 고도의 기술성, 전문성, 규범성을 포함하게 되자, 조정해결에 한계를 느끼면서 조정보다 중재를 더 선호하는 경향이 나타나게 되었고, 국제상거래법을 잘 아는 국제변호사 도움의 필요성이 높아지게 됨에 따라 국제변호사의 협력비중이 또한 높아지게 되었다. 중재제도 발달초기에 팽배했던 국제중재인과 현직판사의 경쟁적 대립관계도 기능의 상호 보완적 필요성이 인정되면서 소중한 협력자의 관계로 발전하게 되었다.

다시 말하면 국제거래의 발전이 ICC 중재의 발전과 성장을 가져왔고, 이러한 당시의 시대적 상황이 필연적으로 국가간 효율적 강제집행의 필요성을 절실히 느끼게 하였다. 이것이 ICC가 1958년에 제정된 「뉴욕협약」의 이니시어티브를 갖게 된 배경이다. 이렇게 제정된 뉴욕협약은 시너지 효과를 발휘하여 국제상거래 분쟁을 해결하는데 있어서 중재를 더욱 선호하도록 하는 요인이 되었고, 그로 인하여 뉴욕협약은 중재제도 발전에 없어서는 안 되는 필수품이 되었으며 세계교역질서 확립에 지대한 공헌을 하게 된 것이다.

뉴욕협약에 따라 외국중재판정의 강제집행이 각국 재판에 의한 판결의 강제집행보다 현저하게 용이해졌다. 강제집행의 신속성, 편의성이 높아짐에 따라 체약국이 현저히 증가하여 현재 120개 국가가 뉴욕협약 체약국으로써 세계교역을 주도하는 국가가 대부분 포함되었다. 특히 국제중재제도에 대하여 비우호적 감정을 갖고 있었던 라틴 아메리카 국가들도 최근에 동 협약에 많이 가입하였다.

그러나 뉴욕협약의 성장사를 회고해보면 보완이 요망되는 부분도 없지 않다.

첫째로 뉴욕협약을 보다 획일적, 효율적으로 강제집행할 수 있는 범국제적인 통일된 강제집행 절차규정이 없다는 것이다.

국제중재제도의 향후 100년의 비전을 그려본다면 외국중재판정의 강제집행이 현재와 같이 각국의 국내법에 따라 강제집행 절차를 진행할 수 밖에 없음으로 상이한 법률환경 때문에 야기되고 있는 혼선을 일관되게 해결할 수 있는 국제강제집행법정의 창설도 고려해 볼만하다.4)

둘째로 급격히 확산되고 있는 국경없는 지구촌시대를 맞이하여 일어나고 있는 세계화의 물결과 사회주의 경제권의 붕괴로 시작한 사유화 물결로 국제거래의 규모가 증대

4) 국제적으로 명성이 높은 중재전문가(Howard Holtzman 판사, Robert Briner ICC 중재법원장) 들은 그 필요성과 가능성에 대하여 이미 방법론을 제시하고 있다.

되고 있으며 상거래분쟁과 법정 분쟁도 증가하고 있다. 이에 따라 새롭게 국제거래에 참여하는 기업인들도 증가하고 있는데, 이들 대부분이 국제거래 관행에서는 비전문가라는 것이다. 동시에 이들 국가의 중제기구에 관여하고 있는 중재인 가운데는 전문적 식견과 경험이 부족한 인사가 많다. 따라서 분쟁해결의 공정성이 우려된다.5)

따라서 중재제도의 신뢰성을 유지하는 가장 중요한 요소인 중재인의 확보야 말로 당해 문제해결의 중요한 시발점이 될 수 있다. 중재판정의 공정성·신뢰성은 명망 있고 전문성을 갖춘 중재인을 통해 확보할 수 있기 때문에 각 국의 상설중재기관에서는 분쟁당사자의 중재인 선정에 도움을 주고자 중재인명부를 마련해 두고 있다. 그러나 현실적으로 질적·양적인 면에서 중재인을 충분히 확보하고 있다고 하기는 어렵다. 예컨대 최근에 보는 바와 같은 국제전자상거래의 급증 등 새로운 상관습의 등장에 따라 이러한 국제거래분쟁과 관련하여, 새로운 거래의 실무에 정통하고 법률에 밝은 중재인을 때와 장소에 구애받지 않고 손쉽게 확보할 수 있다고 할 수는 없기 때문이다. 또 해사사건, 보험사건 등 국제거래에 부수되는 분야의 사건에 정통한 중재인의 선임에도 이러한 문제가 생길 수 있다. 그러므로 중재인들과 상설중재기관에서는 이러한 문제점을 충분히 인식하고 중재제도의 장점을 최대한 구현할 수 있도록 노력할 필요가 있다.

셋째는 중재가 소송과 유사한 형태로 변질되는 경향이 있다. 즉, 국제거래분쟁의 고액화와 법률문제의 복잡화 때문에 법률전문가를 중재인으로 선임하는 경우가 증가하고 있으며, 변호사를 당사자의 대리인으로 선임하는 것이 일반화되고 있는 것이다.

한편, 중재인도 자신이 진행하는 중재심리에서 절차의 하자를 지적 받거나 중재인 기피신청을 받지 않기 위해, 또 나아가 중재판정의 집행거부나 취소가 발생하지 않도록 하기 위해 필요 이상으로 신중한 태도를 취하는 경향이 나타나고 있다. 그 결과 중재절차에 요하는 기간이 장기화하고 경비도 증가할 뿐 아니라, 중재판정도 상거래의 실태에 맞는 현실적인 것이라기보다 법적인 결론에 기우는 현상이 생기고 있다. 이러한 현상 자체는 국제거래의 다양화, 복잡화라는 변화 양상으로 보아 어느 정도 불가피한 점은 있다.

그러나 이러한 현상이 심화되면 경제적인 상사분쟁의 해결수단으로서 일정한 제약이나 한계가 따르는 소송제도를 피하기 위해 채용한 ADR의 장점이 사라지게 된다. 중재의 특질을 고려할 경우 과연 이러한 상태가 바람직한가에 대하여는 다시 한 번 생각

5) 이러한 이유로 인해 지난 1997년도 ICC가 접수한 국제분쟁을 보면 분쟁 당사자중 서부 유럽과 북미 출신이 60%에 불과한데 비하여 선정된 중재인의 85% 이상이 이 지역출신이고 이들 사건의 중재지의 90% 이상이 서부유럽과 북미 지역으로 편중되게 하는 결과를 낳았다. 물론 이러한 결과는 분쟁당사자가 스스로 선택한 것이다. 이와 같은 불균형의 이유를 살펴보면 분쟁당사자 출신지역의 중재인에 대한 신뢰도 결핍과 자국의 실정법과 사법제도의 공정성 보장에 대한 우려에 기인하고 있으며, 단기간에 명확한 해결방법은 부재한 실정이다.

해 볼 필요가 있는 것이다.

넷째로 국제적으로 볼 때 사법제도가 고유기능을 수행하지 못하고 마비되어 있는 국가들이 존재하고 있다는 것이 국제거래분쟁을 중재에 의뢰하게 하는 동기를 부여하고 있다. 한편 일단 중재해결을 시도해본 기업인은 중재의 단심제와 간소한 심문절차 그리고 신속한 결론유도 등에 매료되어 중재제도에 대한 관심을 고조시키게 된다. 비용면에서도 소송보다 훨씬 저렴한 것도 매력을 높여준다. 물론, 중재인 수당을 지급하고 중재신청기관에 신청비용을 지불하는 부담이 있기는 하지만 소요비용 전체가 소송비용보다 저렴하다. 집중심리로 얻는 시간절약과 신속한 해결 그리고 외국당사자가 현지 변호사를 고용할 필요가 없다는 점 등의 장점도 있다.

앞으로 중재제도를 통하여 무역분쟁을 해결할 수 있기 위해서는 ⓐ 복수당사자 분쟁의 효율적 처리방법, ⓑ 권리침해로 인한 불법행위(Tort in infringement)에 대한 중재해결방안, ⓒ 중재판정 전에 청구권 이행보장 목적에서 행하여진 예비적 금지명령(preliminary injunction)에 대한 효율적 강제집행 방안, ⓓ 중재인의 증거채택에 대한 명령을 위한 절차 규정제정 등에 대한 심도 깊은 연구와 대안 모색이 이행되어야 할 것으로 판단된다.

3 디지털재화와 on-line ADR

최근 국제거래가 확대되고 다양해짐에 따라 분쟁도 증가하고 있다. 특히, 디지털혁명이라고 불리 우는 인터넷이 급속히 발전·보급됨에 따라 국제상거래에서도 인터넷의 사용이 급증하게 되었으며, 사이버 공간상의 분쟁도 많이 발생할 것으로 예상된다. 이러한 국제거래에서의 분쟁은 대부분 당사자간의 직접적인 교섭에 의한 화해를 통해 해결되고 있고, 화해가 성립하지 않는 경우 제3자가 개입하는 조정, 중재, 소송 등의 방법을 이용하게 된다.

그런데 현재 상태로 국제거래로부터 생기는 분쟁을 해결하기 위한 국제적인 재판기관은 존재하지 않는다. 따라서 국제거래로부터 발생하는 분쟁도 국내의 소송사건과 마찬가지로 어떤 주권국가의 국내법원에서 처리할 수 밖에 없다. 그러나 이러한 소송에 의한 분쟁의 해결에는 재판관할권 문제, 외국 판결의 승인·집행문제 등 여러 가지 문제가 따른다. 따라서 국제거래로부터 생기는 분쟁에 대하여는 이른바 재판을 통하지 않는 분쟁처리제도인 대체적 분쟁해결(ADR ; alternative dispute resolution)이 널리 이용되고 있는 것이다. ADR은 분쟁당사자의 합의를 기초로 하는 것으로 신속성, 경제성 이외에 당해 사건의 특성이나 성질에 따른 절차를 제공할 수 있는 효율성, 비공개성, 나아가 적절한 전문가를 활용할 수 있는 점 등 소송과는 다른 특징 내지 장점을 지니고 있다.

이러한 원인 때문에 ADR, 그 가운데에서도 중재가 널리 이용되고 있는 것이다.

그러나 앞서 말했던 바와 같이 on-line 시스템에 의한 절차의 진행에는 아직 아래와 같은 많은 문제들이 있다.[6]

(1) on-line에 의해 체결된 중재계약의 유효성

인터넷상에서 '동의함'이라는 버튼을 클릭함으로써 체결된 중재계약이 과연 유효하다고 할 수 있는가가 문제된다. 만약 거래 당사자가 중재제도에 대한 인식이 부족한 경우, 이는 자칫 몇몇 국가에서는 재판받을 권리를 빼앗는 결과를 초래할 수 있게 된다.

(2) 사이버상에서 중재계약의 체결시 "중재장소"의 선택문제

기존의 방법에 의한 중재의 경우 '중재장소'의 선택문제는 매우 중요하다. 하지만 on-line을 통한 중재절차를 진행할 경우, 분쟁 당사자, 중재인, 감정인 · 증인 등의 제3자의 심리참가가 각각 다른 물리적 장소에서 있게 된다. 이럴 경우 '중재장소'에 대한 기존의 인식전환이 필요하다.

(3) 사이버상에서의 다수 당사자의 중재

on-line 상에서는 다수의 당사자가 동시에 접속해 중재절차를 진행시킬 수 있다. 이런 다수당사자 중재에 필요한 법적기반 및 기술적인 절차가 필요하며, 이에 대한 중재규칙의 정립이 필요하다.

(4) 국제거래에 있어서 분쟁발생시 법적용 문제

기존 중재와 마찬가지로 on-line에 의한 중재 역시 있어서 분쟁당사자들은 법적용을 당사자합의에 의해 임의적으로 할 수 있다. 이런 경우 아무런 문제가 없지만, 당사자에 의한 법의 선택이 없는 경우 중재인에 의해 적용할 법의 선택이 이루어지는 것이 일반적이다. 그러나 아직 전자상거래는 대다수의 국가에서는 초창기이고, 전자상거래에 대한 법과 제도의 정립이 없는 경우가 대부분이다. 설사 있다 하더라도 아직은 국제적으로 통일된 법이 없기[7] 때문에 각각 다른 법적용으로 인해 혼란을 초래할 수 있다.

---

6) 오현석, "on-line에 의한 ADR 시스템", 「중재」, 제297호, 2000. 9. pp. 33-34.

7) UNCITAL의 전자거래기본법이 있지만, 분쟁해결에 관한 부분의 언급은 거의 없다. 그 외 EU 및 미국 등 일부국가에 전자상거래에 관한 기본법 및 지침 등이 있으나, 역시 분쟁해결에 관해서는 아직 논의 중이다. 이는 우리나라의 전자거래기본법 역시 마찬가지다.

(5) on-line에 의한 중재시 절차법의 문제

실체법 적용 문제와 같이 중재진행에 필요한 절차법 역시 문제가 된다. 전자적 기입방법에 의한 문서 및 전자문서에 의한 증거의 효력 문제, 음성과 화상에 의한 참고자료의 유효성 문제, 채팅에 의한 심리진행의 적법성 여부 등에 관한 절차법 정립이 필요하다.

(6) 당사자의 인증문제

분쟁 당사자와 중재인임을 확인하기 위한 인증의 문제는 그동안 꾸준히 논의되어 온 결과 이제는 어느 정도 해결이 되었으나, 아직도 해킹 등에 의한 왜곡된 인증의 위험이 완벽하게 사라진 것은 아니다. 오히려, 기존 유선망(Wireline) 중심의 네트워크 구조에서 초고속망(NGCN : Next Generation Conversion Network)의 등장과 무선망(Wireless)의 등장 및 활용은 당사자 인증에 있어 더 많은 문제를 해결해야만 하는 과제를 던져주고 있는 것이 현실이다.

(7) on-line에 의한 중재판정의 승인 및 집행문제

사이버 공간상에서의 중재판정 역시 전자문서에 의해 작성되고, 전자적인 방법에 의해 당사자 및 법원 등에 통지되게 되는데, 이러한 중재판정이 당사자에 의해 이행이 되지 않고 법원의 강제집행에 의할 경우 법원에서의 전자문서에 의한 중재판정의 승인 및 집행 여부가 문제된다. 특히 국제거래에 있어서 이 부분에 대한 통일적인 규율이 필요할 것이다.

위에서 살펴본 바와 같이 이러한 on-line ADR은 매우 폭넓게 활용됨에도 불구하고 매우 다양한 문제점을 내포하고 있는 것 또한 사실이다. 따라서 이러한 문제점의 다각적 검토와 단계적 해결이야말로 상사중재의 중요한 대안이 될 수 있을 것으로 판단된다.

특히, 국제무역이 가지고 있는 관습법적 측면을 고려한다면 이러한 중재를 중심으로 한 대안적 분쟁해결제도는 그 위력이 더욱 커질 것으로 판단되며, 사이버 공간을 포괄하는 on-line과의 융합은 그 위력을 더할 것으로 전망된다. 따라서 이들과 관련된 국제적 논의 동향을 예의주시하는 한편, 이를 능동적으로 활용하는 방안에 대한 진지한 고민이 필요한 시기인 것이다.

학습정리

현재 국제무역분쟁은 여러 가지 대응방안의 강구에도 불구하고 발생빈도는 줄지 않고 있으며, 오히려 증가하는 경향을 나타내고 있다. 이는 여러 가지 원인에서 기인하는 것으로 볼 수 있는데, 국제무역거래 건수의 급증과 새로운 형태의 무역거래(즉, 가상공간을 활용한 무역거래의 등장 및 증가) 등에 기인하는 것이다. 이에 따라 국제무역분쟁을 법이 아닌 대안적 분쟁해결 방안이라는 중재라는 독특한 제도를 활용하여 온 무역에서 가상공간을 활용함으로써 시간과 비용을 단축하는 방향으로 진화를 거듭하고 있다.

현재 국제무역분쟁의 해결방식으로는 당사자간의 화해가 가장 빈번하게 활용된다. 그러나 우호적인 해결이 불가능할 경우에는 '상사중재'제도가 가장 빈번하게 활용되어 왔다. 이러한 상사중재제도와 관련한 국제규칙이 뉴욕협약이다. 이러한 국제협약은 단순히 협약에 국한되는 것이 아니고, 시대와 상황에 따라 변화하고 있으며, 우리나라의 상사중재제도 역시 이러한 시대적 흐름에 따라 변화를 거듭하고 있다.

전통적으로 무역의 대상은 1950년대에는 1차산품 즉 식량이 주류를 이루었다. 그러나 1970년대를 거치면서 공산품의 비중이 급증하기 시작하였으며, 이후 정보화 혁명을 거치면서 디지털 재화의 유통이 급증하고 있다. 문제는 디지털 재화의 유통 비중만큼 분쟁건수가 증가하고 있는 측면인데 이러한 특성을 반영하는 새로운 형태의 대안적 분쟁해결제도 즉, on-line ADR 제도가 출현하고 있으며, 향후 이들의 사용빈도는 더욱 높아질 것으로 판단된다.

학습과제

1. 현재 국제상사중재와 관련된 국제규칙이 있는가? 있다면 규칙의 의의와 개략적 내용을 제시하시오.
2. 현재 국제기구(또는 협회)에서 중재제도를 가지고 있는 기관이 있는가? 있다면 그 기구의 특징과 의의를 간략히 기술하시오.
3. 디지털 재화의 분쟁은 전통적 재화의 분쟁과 또 다른 특성을 가지고 있다. 이러한 디지털 재화의 특성은 무엇인가? 또한 이러한 디지털 재화와 관련된 분쟁이 가지는 특징은 무엇인가? 기술하시오.

분쟁사례연구 16

상표권 등 침해금지

도메인네임에 관한 샤넬(Chanel)판결[8)]

원고

1. 샤넬(Chanel, France)
2. 샤넬 유한회사(Chanel, Korea)

피고

김홍철(주민등록번호)

주문

1. 피고는,

가. 별지 제1목록 기재 각 문자를 피고의 상호로 사용하거나 피고의 인터넷 홈페이지에 사용하여서는 아니되고,

나. 별지 제2목록 기재 각 문자를 피고의 인터넷 도메인네임으로 사용하여서는 아니된다.

2. 피고는 원고들에게 한국전산원 산하 한국인터넷정보센터에 1998. 12. 30. 등록한 chanel.co.kr 도메인네임의 등록말소절차를 이행하라.

3. 원고들의 나머지 청구를 각 기각한다.

4. 소송비용은 피고의 부담으로 한다.

5. 제1항은 가집행할 수 있다.

청구취지

주문

제1의 가.항, 제2항과 같은 판결 및 피고는 별지 제1목록 기재 각 문자를 피고의 인터넷 도메인네임으로 사용하여서는 아니된다는 판결.

---

* 서울지방법원 : 제12민사부 판결 99가합41812 상표권등침해금지

이유

1. 인정사실

다음의 사실들은 당사자 사이에 다툼이 없거나 갑 1 내지 갑 5 각 기재에 변론의 전 취지를 종합하여 인정할 수 있고 반증이 없다.

가. 당사자의 지위

원고 샤넬은 CHANEL 또는 샤넬 이라는 상표로 화장품, 의류를 비롯하여 악세사리, 핸드백 등 수많은 패션 제품을 디자인하여 생산, 판매하는 프랑스공화국의 법인이고, 원고 샤넬유한회사는 위와 같은 업종에 종사하는 원고 샤넬의 한국 내 자회사로서 원고 샤넬의 제품을 한국에서 독점적으로 수입, 판매하는 자(원래의 상호는 샤넬코리아 주식회사 였다가 1997. 12. 29. 조직변경 하면서 현재의 상호로 변경되었다)이다.

피고는 아래에서 보는 바와 같이 chanel.co.kr 이라는 인터넷 도메인네임(이하 이 사건 도메인네임이라 한다)의 홈페이지를 운영하면서 인터넷 통신망으로 성인용품 등을 판매하는 자이다.

나. 원고들의 등록상표 및 상호의 주지저명성

(1) 원고 샤넬은 향수등의 화장품류나 속옷, 악세사리 등을 지정상품으로 하여 CHANEL 또는 샤넬 표장을 문자상표로, 의류·화장품·향수류 판매대행업을 지정서비스업으로 하여 샤넬 표장을 서비스표로 각 등록하였고, 원고 샤넬유한회사는 모회사인 원고 샤넬로부터 위 등록 상표 및 서비스표의 통상사용권을 설정 받아 한국 내에서 위 상표 및 서비스표를 사용하여 원고 샤넬의 제품을 독점적으로 수입, 판매하고 있다.

(2) 그런데, 원고 샤넬은 1924년 코코 샤넬에 의해 창립되어 고급 패션사업을 시작한 이래 오랜 기간 동안 의류, 향수 및 액세서리 등 분야에서 독특한 디자인을 개발하고 우수한 품질의 제품을 생산, 판매함으로써 세계적으로 유명한 업체로 성장하였고, 이에 따라 창립자의 성을 딴 CHANEL 이라는 상호와 상표는 원고 샤넬의 영업 또는 그 상품을 지칭하는 표장으로서 외국에서는 물론 우리나라에서도 일반인에게 널리 알려지게 되었다.

특히, 1988년 우리나라 특허청 발행 외국 상표자료집 에 원고 샤넬의 상표가 저명상표로 등재되어 있고, 1998년 우리나라 특허청 발행 주로 도용되는 국내·외 상표집에 원고 샤넬의 상표가 가장 자주 도용되는 저명 외국상표 중 하나로 기재되어 있으며, 영어사전에도 Chanel 이 디자이너인 원고 샤넬의 창립자 또는 위 원고 제품의 상표를 지칭하는 것으로 기재되어 있고, 또 원고 샤넬의 표장과 유사한 표장을 등록하고자 한 등록출원 상표들에 대하여 위 원고 표장의 주지저명성을 이유로 특허청에서 이를 등록거절한 사실이 있을 정도이다.

다. 피고의 도메인네임 등록 및 영업행위

피고는 원고들의 승낙을 받지 아니하고 1998. 12. 30. 국내 .kr 도메인 네임의 등록업무를 담당하고 있는 한국전산원 산하의 한국인터넷정보센터(Korea Network Information Center, 약칭하여 KRNIC)에 chanel.co.kr (여기서 .kr 은 우리나라를 뜻하는 1단계 도메인이고, .co 는 기업/상용기관을 뜻하는 2단계 도메인이다)이라는 인터넷 도메인네임을 등록한 다음 그 홈페이지 여러 곳에 Chanel International 또는 샤넬인터네셔널 이라는 상호를 표시하고(특히 회사소개란에 회사명칭을 샤넬인터네셔널 이라 표시하였다), 페르몬 향수, 콘돔 등을 비롯한 각종 성관련 상품과 란제리(여성용 기능성 속옷) 등의 목록을 게시하여 이를 판매하였는바, 특히 페르몬 향수 의 광고에는 프랑스 직수입품 이라 표시하였다.

2. 당사자의 주장 및 판단

가. 원고들의 주장

원고들은, 피고가 위와 같이 국내에 주지된 원고들의 상호 등과 유사한 이 사건 도메인네임 및 상호를 무단으로 사용하여 통신판매업을 하는 행위는 부정경쟁방지및영업비밀보호에관한법률(이하 부정경쟁방지법이라고 한다) 소정의 상품주체 혼동행위 또는 영업주체 혼동행위에 해당한다고 하면서 이러한 부정경쟁행위의 중지 또는 그 예방을 구한다.

나. 부정경쟁행위 해당여부

(1) 부정경쟁방지법 제2조 제1호 나.목은 국내에 널리 인식된 타인의 상호 등과 동일 또는 유사한 것을 사용하여 타인의 영업상의 활동 등과 혼동을 일으키게 하는 행위를 부정경쟁행위의 하나로 규정하고 있는바, 이러한 영업주체 혼동행위로서의 부정경쟁행위는 영업표지의 주지성, 주지된 영업표지와 동일 또는 유사한 것을 사용하는 행위, 이로 인하여 영업주체의 혼동 을 일으킬 것 등을 그 요건으로 하고 있다.

(2) 살피건대, 원고 샤넬의 상호 등 영업표지가 국내에 널리 알려져 있는 사실 및 피고가 원고 샤넬의 상호 등을 포함한 이 사건 도메인네임 및 Chanel International 또는 샤넬인터네셔널 이라는 상호나 표시를 원고들의 승낙 없이 자신의 홈페이지에 사용하였음은 앞에서 본 바와 같고, 이러한 도메인네임이나 상호 등은 원

고 샤넬의 상호 등 영업표지와 동일, 유사한 영업표지라 할 것이다.

(2) 나아가 위와 같이 유사한 영업표지의 사용이 영업주체의 혼동을 일으키는가에 관하여 보건대, 무릇 부정경쟁방지법 소정의 영업주체의 혼동은 주체의 동일성에 관한 협의의 혼동 외에 양자 사이에 거래상, 경제상 또는 조직상 어떠한 관계가 있는 것은 아닐까 하는 생각이 들게끔 하는 광의의 혼동 또는 후원관계의 혼동도 포함될 뿐만 아니라 현실의 혼동에 한하지 않고 혼동의 위험이 있는 경우까지도 포함된다고 할 것이고, 이러한 혼동의 위험은 식별력이 특히 강한 저명 영업표지의 경우에 더욱 크며, 혼동의 위험이 있는 이상 반드시 동종의 상품을 생산, 판매하는 경우에 한정되지 않는다.

이에 비추어 이 사건을 살펴보면, 대다수의 경우 도메인네임은 광고나 선전 등의 목적상 자신의 영업이나 상표를 표창하는 영문철자로 이루어져 있고 또 기업의 경우에 .kr 로 끝나는 우리나라의 국가코드 도메인(nTLD : national top-level domain)을 등록함에 있어 그 2단계 도메인으로 .co 를 일반적으로 사용하므로, 한국에서의 원고 샤넬 또는 그 영업과 관련이 있는 기업의 홈페이지를 찾으려는 일반인으로서는 원고 샤넬의 상호나 상표의 영문철자를 그대로 사용한 이 사건 도메인네임을 자연스럽게 생각하고 이를 통해 피고의 홈페이지에 접속하게 된다는 점, 앞에서 본 바와 같이 피고의 홈페이지에는 Chanel International 또는 샤넬인터네셔널 이라는 상호나 표시가 곳곳에 사용되었고, 또 게시된 상품목록도 원고 샤넬이 상표등록을 하고 제조, 판매하는 상품인 향수나 여성용 속옷과 유사하거나 동일한 페르몬 향수 및 란제리를 포함하고 있었으며, 더구나 위 페르몬 향수에 대한 소개에는 프랑스 직수입품 이라고 표시하고 있던 점, 원고 샤넬의 상호나 상표는 일반인에게까지 널리 알려진 저명한 영업표지 또는 상표로서 강한 식별력을 가지는 점 등을 종합해 보면 비록 피고가 위와 같은 페르몬 향수나 란제리 외에 콘돔 등 성관련 상품도 함께 판매하고 있었다 하더라도 피고의 홈페이지에 접속하는 일반인으로서는 피고의 위와 같은 영업 행위가 원고 샤넬과 어떠한 관련이 있는 것이 아닌가 하는 생각을 가지게 될 것이므로, 위와 같이 chanel.co.kr 이라는 도메인네임과 샤넬인터네셔널 이라는 표지 등을 사용한 피고의 영업행위는 원고 샤넬의 영업과 사이에 영업주체의 혼동을 일으킨다고 할 것이다.

(3) 그렇다면, 피고가 위와 같이 국내에 주지된 원고 샤넬의 상호 등과 유사한 이 사건 도메인네임 및 상호를 무단으로 사용하여 통신판매업을 하는 행위는 부정경쟁방지법 소정의 타인의 영업표지가 갖는 명성에 편승하여 수요자를 유인하여 부정한 이익을 얻고자 하는 영업주체 혼동행위라 할 것이므로, 피고

는 그로 인하여 영업상 이익이 침해되거나 침해될 우려가 있는 원고들에게 그 침해의 중지 및 예방으로서 원고 샤넬의 영업표지와 동일, 유사한 별지 제1목록 기재 각 문자를 피고의 상호로 사용하거나 인터넷 홈페이지에 사용하여서는 아니되고, 별지 제2목록 기재 각 문자를 피고의 인터넷 도메인네임으로 사용하여서는 아니되며(원고들은 피고에게 샤넬 이나 이를 포함한 문자에 대해서도 도메인네임으로 사용하지 말 것을 구하나, 갑 3의 기재에 의하면 한국인터넷정보센터의 .kr 도메인이름 등록 세부원칙 에 도메인네임에는 영문자, 숫자, 하이픈(-)만을 사용할 수 있다고 규정하고 있으므로 이 부분에 대한 청구는 불가능한 행위의 금지를 구하는 것이므로 이를 받아들이지 아니한다), 나아가 원고들에게 이 사건 도메인네임의 등록말소절차를 이행할 의무가 있다(원고들은, 피고에게 이 사건 도메인네임의 등록을 말소하라고 청구하나 이는 그 등록말소절차를 이행하라는 취지로 보여진다).

다. 피고의 주장에 대한 판단

(1) CHANEL 등의 문자를 상호 등에 사용하지 말라는 청구에 대하여 이에 대해 피고는 이 사건 소제기 이후 상호 등을 변경하고 판매품목을 일부 삭제하였으므로 원고들의 위 청구는 더 이상 유지할 필요가 없게 되었으므로 이유 없다는 취지의 주장을 한다.

그러므로 보건대, 갑 1, 갑 4의 각 기재에 의하면, 피고는 이 사건 소제기 이후에 상호를 샤넬인터네셔널 에서 다인코리아(多人Korea) 로 변경하고 위 홈페이지에 표시된 Chanel International 또는 샤넬인터네셔널 을 삭제하거나 다인코리아 등으로 바꾸었으며, 란제리를 그 판매품목에서 삭제하고 페르몬 향수에 대한 광고에 프랑스 직수입품이란 표현을 삭제하였으며 홈페이지 초기화면에 본 사이트는 현재 프랑스 샤넬사와 소송 중에 있습니다. 아울러 저희 회사는 프랑스 Chanel사와 무관함을 밝힙니다. 라는 문구를 기재한 사실을 인정할 수 있으나, 이와 같은 홈페이지의 내용 변경은 이를 운영하는 피고의 입장에서는 언제든지 용이하게 할 수 있는 것이므로, 이 사건 소제기 당시까지 샤넬인터네셔널 등의 표지를 사용하여 광고 및 영업행위를 해온 피고로서는 이 사건 chanel.co.kr 도메인네임을 자신의 위 홈페이지 주소로 사용하고 있는 한 언제든지 다시 원고 샤넬의 영업표지와 동일, 유사한 표지를 자신의 홈페이지에 표시·사용함으로써 원고들의 이익을 침해할 우려가 있다 할 것이므로, 원고들은 이와 같은 부정경쟁행위에 대한 예방청구로서 여전히 피고에게 위와 같은 상호 등을 사용하지 말 것을 청구할 수 있다고 할 것이다.

(2) 도메인네임의 등록말소청구에 대하여

(가) 피고는, 한국인터넷정보센터(KRNIC)에 도메인네임을 등록하기 위해서는 한국 내에 적을 둔 기관이어야 하는데 원고 샤넬은 프랑스 공화국에 적을 둔 기관이어서 한국인터넷정보센터에 도메인네임을 등록할 수 없으므로 피고에 대하여 도메인네임의 등록 말소를 구할 수 없다는 취지의 주장을 한다.

그러므로 보건대, 갑 3의 기재에 의하면 한국인터넷정보센터의 .kr 도메인이름 등록 세부원칙 에 한국 내에 존재하지 않는 외국기업은 도메인네임을 신청할 수 없다고 규정하고 있으나, 한편 위 갑 3의 기재에 의하면 위 세부원칙에 외국기업의 지사 또는 자회사가 한국 내에 등록되어 있거나 존재하는 경우에는 도메인네임을 신청할 수 있다고 규정하고 있고 또 원고 샤넬유한회사가 원고 샤넬의 한국 내 자회사임은 앞에서 본 바이므로 결국 원고 샤넬도 도메인네임을 신청할 있다고 할 것이어서 피고의 위 주장은 이유 없다.

(나) 피고는 또, 이 사건 도메인네임은 피고가 한국인터넷정보센터(KRNIC)의 위 .kr 도메인이름 등록 세부원칙 에서 정한 선접수 선처리(first come, first served)의 원칙에 따라 원고들보다 먼저 적법하게 취득하였으므로 원고들의 사전승락을 받지 않았다 하더라도 그 등록을 말소할 수는 없다는 취지의 주장을 하나, 이러한 선접수 선처리의 원칙은 위 단체의 방침 또는 지침에 불과한 것이므로 그에 따른 도메인네임 등록이 부정경쟁방지법 등의 일반 법률질서에 위반한 경우에까지 적법하게 되어 허용된다고 할 수 없으므로 위 주장도 이유 없다.

(다) 피고는 다시, 부정경쟁행위가 문제된다면 원고들로서는 위 영업주체의 오인·혼동을 일으키는 페르몬 향수의 취급을 금지하는 청구를 하면 족하고 이 사건 도메인네임의 등록말소까지 구할 수는 없다고 주장한다.

그러므로 보건대, 앞에서 본 바와 같이 피고 명의로 이 사건 도메인네임이 등록되어 있는 한 피고가 다시 용이하게 원고 샤넬의 영업표지를 자신의 홈페이지에 사용하여 위와 같은 부정경쟁행위를 할 우려가 있고 이에 위 부정경쟁행위의 종국적 근절을 위해서 피고 명의의 위 도메인네임의 등록을 말소할 필요가 있으므로 원고들은 그 부정경쟁행위의 금지 또는 예방으로서 이 사건 도메인네임의 등록말소까지도 청구할 수 있다고 함이 상당하고, 따라서 피고의 위 주장은 이유 없다.

(3) 기타의 주장에 대한 판단

피고는, 원고 샤넬유한회사는 원고 샤넬의 위 등록상표 또는 서비스표의 통상사용권자에 불과하므로 위 부정경쟁행위의 금지나 예방을 청구할 수 없다는 취지의 주장을 한다.

그러나 부정경쟁방지법상 부정경쟁행위의 금지나 예방을 청구할 수 있는 자는 부정경쟁행위로 인하여 자신의 영업상의 이익이 침해되거나 침해될 우려가 있다고 인정되는 자 이고 여기에는 영업표지의 소유자뿐만 아니라 그 사용권자 등 그 표지의 사용에 관하여 고유하고 정당한 이익을 가짐으로써 부정경쟁행위로 인하여 신용 및 고객흡입력이 실추 또는 희석화되어 영업상 손실을 입게 되는 자도 포함되는 바, 앞에서 본 바와 같이 원고 샤넬유한회사는 위 영업표지의 소유자인 원고 샤넬의 한국 내 자회사로서 원고 샤넬의 제품을 한국에서 독점적으로 수입, 판매하는 자이므로 원고 샤넬유한회사는 위와 같은 피고의 부정경쟁행위로 인하여 자신의 영업상의 이익이 침해되거나 침해될 우려가 있는 자라 할 것이고 따라서 피고에 대해 위 부정경쟁행위의 금지나 예방을 청구할 수 있다고 할 것이므로 이 부분에 대한 피고의 주장 역시 이유 없다.

라. 원고 샤넬의 상표권 등에 기한 청구에 대한 판단

원고 샤넬은 자신의 등록상표권 또는 서비스표권에 기하여, 앞에서 부정경쟁행위의 금지 또는 예방으로서 인정된 부분 외에 피고에게 샤넬 이나 이를 포함한 문자를 인터넷 도메인네임으로 사용하지 말 것도 구하나 이 부분 청구는 앞에서 본 바와 같이 불가능한 행위의 금지를 구하는 것이므로 마찬가지로 이를 받아들이지 아니한다.

3. 결론

그렇다면, 피고는 부정경쟁행위에 대한 침해의 중지 또는 예방으로서 별지 제1목록 기재 각 문자를 피고의 상호로 사용하거나 피고의 인터넷 홈페이지에 사용하여서는 아니되고, 별지 제2목록 기재 각 문자를 피고의 인터넷 도메인네임으로 사용하여서는 아니되며, 원고들에게 한국전산원 산하 한국인터넷정보센터에 1998. 12. 30. 등록한 이 사건 chanel.co.kr 도메인네임의 등록말소절차를 이행할 의무가 있으므로 원고들의 이 사건 청구는 위에서 인정한 범위 내에서 이유 있어 이를 인용하고 나머지 청구는 이유 없어 이를 각 기각하기로 하며, 소송비용의 부담에 관하여는 민사소송법 제89조, 제92조 단서, 가집행선고에 관하여는 같은 법 제199조를 각 적용하여(원고들은 주문 제2항 기재 판결에 대하여도 가집행선고를 구하나 이는 의사의 진술을 명하는 판결로서 확정이 되어야만 의사의 진술이 있는 것으로 간주되므로 가집행선고를 붙일 수 없다 할 것이어서 이를 받아들이지 아니한다) 주문과 같이 판결한다.

1999. 10. 8.

제1목록 : ① 샤넬, ② CHANEL, ③ Chanel, ④ chanel, ④ 위 1 내지 4 문자를 포함한 문자. 끝.

제2목록 : ① CHANEL, ② Chanel, ③ chanel, ④ 위 1 내지 3 문자를 포함한 문자. 끝.

살펴보기 : 문화콘텐츠 산업에서의 분쟁 실태와 중재의 활용 방안

I. 문제의 제기

영화, 게임, 애니메이션, 만화, 음악, 모바일 콘텐츠, 방송, 애니메이션, 캐릭터 등 문화콘텐츠 산업은 1999년부터 2002년까지 연평균 18 %로 높은 성장률을 나타내고 있으며, 고부가가치를 창출하는 차세대 성장 동력산업으로 중요하게 인식되고 있다.

그러나 최근 IT기술과 디지털기술이 발전하면서 온라인·모바일을 통한 문화콘텐츠의 유통이 급증하고, 원소스 멀티유즈가 활발히 진행되어 문화콘텐츠의 생산, 유통, 소비양상이 변하고 있다. 그러나 이러한 변화가 새로운 시장 창출 등 긍정적인 면도 있지만, 그 과정에서 새로운 분쟁이 나타나고 그 양상도 복잡·다양해지는 등의 문제도 발생하고 있다.

문화콘텐츠 산업은 지적재산권을 기반으로 한 산업이면서도 지적재산권 영역의 다방면에 걸쳐 있고 유행에도 민감하기 때문에 신속적이고 효율적인 분쟁 해결이 필요하다.

최근의 소리바다, 벅스뮤직, 리니지 사건에서 보았듯이 소송을 통한 오랜 분쟁은 문화콘텐츠의 지적재산권자, 유통자, 소비자 모두에게 이익이 되지 않는다. 특히 중소 문화콘텐츠 제작업체의 경우 분쟁해결에 있어 소송비용과 절차면에서 어려움을 겪고 있다. 특히 관련 분야의 선도업체의 경우에는 변호사선임 등 법적 절차를 통한 구제가 가능하지만, 후위업체의 경우에는 선도업체의 문의 또는 자력구제를 통한 분쟁해결에 치중하고 있다.

II. 문화콘텐츠 산업에서의 분쟁 특성

1. 분쟁해결의 긴급성

문화콘텐츠 상품은 원소스 멀티유즈에 있어서 그 시기가 매우 중요하다. 만화, 음악, 캐릭터, 애니메이션, 게임 등 문화콘텐츠는 수요자에게 노출된 후 인기를 얻게 되면, 고객흡인력(顧客吸引力)을 구비하게 되고 여러 장르로 멀티유즈 된다. 일단 판매가 시작된 상황에서의 사업 성패 여부는 극히 짧은 시간에 좌우되며, 이 시기에 분쟁이 발생하게 되면 사업을 효과적으로 진행하지 못해 빠르게 시장에 대응하지 못하게 되며 결국 사업에 실패하게 되는 것이다.

문화콘텐츠 사업은 다른 어떤 경우보다도 더욱 사안의 긴급성을 인식하고 신속하게 대응전략을 세워 빠른 시간 안에 분쟁해결에 착수하지 아니하면 사업자의 이익을 실현할 수 없는 분쟁분야라고 할 것이다.

2. 비경합성 및 비배타성으로 인한 침해의 빈번

문화콘텐츠 산업은 "무형의 재산"인 콘텐츠와 관련된 산업이므로, 다수가 동시에 사용하는 비배타성과 다수가 사용한다고 하여 효용이 떨어지지 않는 비경합성을 가진다. 이러한 상황에서는 타인의 유형인 재산을 침해하는 것과는 달리 물리적으로는 정당한 권리자를 배제하지 않기 때문에 유형물인 권리침해가 용이하며, 유형물의 권리침해에 비하여 죄의식이 낮은 편이라 침해가 빈번하다.

3. 다양한 분야의 일괄적 해결 필요성

문화콘텐츠 산업은 다수당사자 관여 및 여러 장르에 걸쳐있는 고위험 고수익(High Risk High Return)형 산업이다. 제작, 생산, 유통에 있어서 여러 다수당사자들 간의 이용허락, 배급, 유통, 기술개발 등 여러 가지 계약 등과 관련되어 있으며, 저작권, 상표, 특허, 민법상 계약 등의 내용이 혼재되어 있으며, 한 분야의 분쟁 해결로는 종결되지 못한다. 따라서 문화콘텐츠 분쟁에 직면해서는 이해당사자들 사이의 복잡한 분쟁의 내용을 미리 정리하고 일거에 분쟁을 일괄하여 해결할 수 있어야 한다.

4. 해당분야의 전문가의 식견, 낮은 구제비용, 국제적 분쟁해결 필요

음악, 캐릭터, 애니메이션, 모바일 콘텐츠 등 상표, 특허, 저작권 등 관련 분쟁은 법률적인 지식 이외에 관련 기술과 상표 등에 대한 전문가적인 이해가 필요하다. 그리고 문화콘텐츠 지적 재산 관련 분쟁은 소송의 경우 승소로 배상받는 손해배상비용보다 소송비가 현저하게 크며, 일반소송보다는 낮은 구제수단을 필요로 한다. 왜냐하면 문화콘텐츠 관련업체는 아직 대부분 영세성을 면치 못하고 있기 때문이다.

또한 문화콘텐츠는 전세계인이 소비하는 상품이라는 속성과 인터넷을 비롯한 정보통신 기술의 발달로 국제간 콘텐츠 거래가 증가하여 국경을 초월한 관련분쟁이 양산되는 경향이 있다.

Ⅲ. 문화콘텐츠 산업에서의 분쟁 현황

1. 음악

음악분야는 기획·제작·유통방식이 복잡하여 이와 관련된 분쟁이 다양하다. 그리고 기존의 아날로그 음반산업에서 디지털 음원산업으로 산업구조가 변화되면서 저작권 관련 협회, 모바일 거대기업, 저작자 및 저작인접권자, 콘텐츠 프로바이더 상호간의 갈등이 있다.

2. 캐릭터

캐릭터 분야는 주로 미등록상표의 선등록을 통한 상품화 및 불법복제가 대부분을 이루고 있다. 상표심사에 있어서도 외국 유명상표의 경우 절차가 빠르거나, 상표의 부등록 사유로 되나, 국내 상표의 경우 그렇지 못하며, 주지성 여부 등에 대하여 업계의 불만과 함께 계속적인 논쟁이 있다.

그리고 저작권 미등록, 주지성 획득과정중인 캐릭터, 상품의 로고 등의 경우 저작권법 및 상표법으로 보호받지 못하는 한계가 있다(대장금, 느낌표 등). 또한 상표분야는 상습범이 많다는 문제가 있다.

형사소송의 경우 상표 등의 경우 집행유예 또는 300만원 이하의 벌금형이 대부분이며, 특히 한탕주의를 노리는 악의적 업체의 경우 상습범 처벌조항이 없으므로 계속적인 침해가 있는 실정이다.

3. 만화

만화는 원작산업으로 게임, 애니메이션 등에 2차 이용되는 경우가 많아 이와 관련된 분쟁과 저자본 가내수공업적 제작방식에 따라 창작과 관련된 자(유명만화가와 문하생 등), 출판인쇄 계약 등의 분쟁이 있다. 만화산업은 대여업의 성행 등으로 업계 자체가 매우 어려운 실정이며, 분쟁을 조율할 수 있는 인력도 크게 부족하다.

4. 애니메이션

애니메이션은 만화원작 등을 바탕으로 제작되거나, 상품화로 활용되는 과정에서 계약, 상표권, 저작권과 관련된 분쟁이 발생하고 있다.

5. 모바일 콘텐츠

모바일 콘텐츠에서는 휴대폰 등 이동통신기기에 문화콘텐츠 서비스 타이밍을 맞추기 위하여 선사용 후 라이센스가 문제, 기술분야 특허 분쟁, 해외수출 관련 저작권 징수분배 등의 모델이 전무한 실정으로 해외에서의 분쟁 가능성이 높은 분야이다.

6. 게임

게임의 경우도 애니메이션과 같이 2차적 이용과정에서 상품화와 관련된 분쟁과 상표의 악의적 선출원에 따른 분쟁 발생이 많다. 특히 만화 등 원작을 통하여 게임의 2차개발이 이루어진 경우 원작의 라이센스 범위가 2차적으로 만든 게임에 미치는가에 대하여 다툼이 있다.

Ⅳ. 문화콘텐츠산업에서의 분쟁 해결의 한계

위의 사례와 같이 문화콘텐츠 산업에서의 분쟁해결은 기업의 자력구제 또는 길고 지루한 법정공방이 대부분이다. 특히 문화콘텐츠의 지적재산권을 침해당한 원지적재산권자는 비록 소송에서 승소한다고 하여도 소송 소요시간과 증거 확보 등으로 시간적, 비용적, 정신적으로 손해이다.

특히 민사소송은 구제절차 소요기간이 1년6개월~3년 이하, 민사 가처분만해도 12~15개월이 소요되어 실무적으로 그다지 선호하지 않는 다. 이러한 이유로 비교적 처리기간이 6개월~1년 정도 소요되는 형사소송을 선호하고는 있으나 경찰 및 관련 검사의 인식미비로 무혐의 또는 벌금형에 그치고, 그 액수마저도 미비하여 많은 문화콘텐츠 기업이 어려움에 처하고 있다.

그리고 저작권 미등록, 주지성획득과정 중인 캐릭터, 상품의 로고 주지성이 낮은 미등록 상표의 선등록을 통한 상품화의 경우 상표법, 부정경쟁방지법, 저작권법 등에 의한 보호를 받지 못하여 현행 법률에 의한 보호한계가 있다.

따라서 현행법에 의한 보호한계와 시간, 비용 등의 문제를 극복하기 위해서는 전문가의 조력하에 당자자의 합의를 바탕으로 한 신속한 분쟁 해결이 필요하다. 이러한 소송에서의 불만족, 빠른 분쟁해결 등을 위해서 현행 소송제도에 대안으로 활용되고 있는 것이 대체적 분쟁해결제도(ADR) 이다. 대체적 분쟁해결기구는 전문성, 비공개성, 신속성, 저렴성, 유연성 등의 장점을 가진다.

구분		분쟁내용
분쟁형태	기획제작	- 상표권의 선원주의 약용을 이용한 선출원 ·MBC로부터 대장금 라이선싱을 대행하고 있는 회사가 K사임에도 불구하고, 2003. 5. 이후 특허청에 '대장금' 상표를 등록하는 사례가 속출(웅진식품 등) - 불법제작 ·중앙산업은 등록상표 'TOMTOM(상표권자 : 토마스 카스트론)'에 대하여 2001. 8. 30. 로바스 카스트론의 독점대리인인 K사와 사용권계약을 체결하여 통상 사용권자로서 판촉물을 제작
	유통	- 불법 복제물 유통 ·롯데마트 및 이마트에서는 '은행나무와 아이들' 이외에서 불법으로 제조된 도서류를 판매 ·오성산업은 상표등록번호 0472552 및 저작물 등록번호 990310의 캐릭터 저작물 '나이스워리(NICEWORY)'를 무단으로 복제하여 20,000벌(5,000만원 상당)을 국내 유통하기 위하여 중국에서 제조

구분		분쟁내용
분쟁형태	기획제작	- 원소스 멀티유즈 과정에서 저작권 소유 및 인세 배분 관련 분쟁(그리이스 로마 신화 및 리니지 사건) - 기존 캐릭터의 표절문제(원피스를 표절한 '와피스' 사건)
	유통	- 상품화 과정에서 선출원주의를 악용하여 상표권 충돌이 발생(하얀마음 백규의 게임선정 등록, 문구회사의 둘리상표의 선등록- 2년간 법적 분쟁) - 영상물의 불법 유통 문제
	기타	- 사업 수익금의 미지급으로 인한 분쟁(하얀마음 백구, 그리이스 로마신화 등)

구분		분쟁내용
분쟁형태	기획제작	- 스토리작가와 그림작가간 공동창작 및 제작의 수익배분 관련 분쟁 - 창작 참여시 어시스턴스(일명 문하생)의 임금 등 보상문제 관련 분쟁 - 저작인격권중 성명 표시권 침해문제(그림작가의 이름만 만화책에 명시되는 경우가 대부분임) - 표절관련 분쟁(2004년 9월 사극 '태왕사신기'의 기자회견에서 발표된 드라마 핵심 컨셉 내용이 만화「바람의 나라」의 세계관과 역사해석을 무단 도용하고 있다는 주장이 만화독자층을 중심으로 제기)
	출판	- 연재조건은 작가의 등급마다 다르고 원고료가 차등화되어 있으며, 영업비밀로 취급하는 관계로 구두계약이 빈번하여, 이와 관련한 분쟁 발생 - 단행본 계약 ·저작권료 지불과 관련하여 인세를 적게 지급, 출판부수 미공개 등 불투명한 인세문제 ·계약종료와 자동갱신조항의 분쟁
	유통	- 덤핑 판매과정에서 계약 만료후 유통되는 경우 분쟁 발생 - 해적판 문제로 이와 관련한 배상금을 둘러싸고 계약기간에 대한 기준시점, 계약연장의 자동 진행 등 여러 조항에서 분쟁이 발생 - P2P 등을 통한 온라인 불법유통
	기타	- 원소스 멀티유즈 과정상의 분쟁 ·리니지 사건, 그리이스 로마 신화 등

<table>
<tr><th colspan="2">구분</th><th>분쟁내용</th></tr>
<tr><td rowspan="4">분쟁형태</td><td>기획제작</td><td>- 음원 제작자 협회의 사용요율과 관련된 분쟁(신탁자 확보를 위한 높은 사용료 책정)
- 저작권 대리 중개업체의 콘텐츠 독점 공급, 저작권자의 높은 수익률 배분과 관련한 분쟁</td></tr>
<tr><td>기술개발</td><td>- 모바일 특허 분쟁
· 통화연결음 기술분쟁(에드랭시스템 vs. SKT, LGT, KTF)
· 휴대폰 결제와 관련된 기술분쟁(인포허브 vs. 다날)
- 유통공급을 위한 기술개발의 경우 높은 기술 사용료 요구에 따른 분쟁
- 원천기술에 기반하여 신기술을 CP가 개발한 경우 기술의 귀속권 다툼</td></tr>
<tr><td>유통</td><td>- 유통계약의 불공성과 관련된 분쟁
· 다른 권리자와의 계약금지, CP에 의한 계약 해지 불가, 콘텐츠에 대한 분쟁발생이 CP에게 책임 전가, 중복음원이 있을시 자회사 우선정산 등
- 미계약 콘텐츠의 선제공에 따른 분쟁(문화콘텐츠의 타이밍)
· 유행에 민감한 벨소리 등의 콘텐츠를 먼저 서비스 하고, 차후에 저작권자 및 인접권자와의 분쟁 빈번(며칠간의 서비스로 300 - 500만원의 과다한 합의금 요구)
- 음악저작권협회의 해외상호계약 지연에 따른 콘텐츠 수출의 어려움에 따른 분쟁 발생가능성 잔존</td></tr>
<tr><td>정산</td><td>- 저작권협회 등의 정산내역의 불투명에 따른 정산금에 대한 분쟁
- 이동통신사에서 CP에게 분배된 수익을 권리자에게 다시 정산을 안하는 경우의 분쟁발생 빈번</td></tr>
</table>

현재 대한상사중재원, 산업재산권분쟁조정위원회, 프로그램심의조정위원회, 저작권심의조정위원회, 전자거래분쟁조정위원회, 배치설계심의조정위원회, 인터넷주소분쟁조정위원회, 소비자보호원 등 여러 ADR기구가 존립하고 있다.

현재 문화콘텐츠산업 분야와 가장 관련 있는 기관은 저작권심의조정위원회이다. 그러나 저작권심의조정위원회는 "저작권법에 의하여 보호되는 권리에 관한 분쟁"만을 담당하고 있으므로, 캐릭터 분야의 상표권 등 산업재산권과 얽혀 있는 관련 분쟁 처리에는 한계가 있다. 이를 다시 산업재산권 분쟁조정위원회에게 의뢰한다 하여도 기업 당사자로서는 번거로운 일이다.

현실적으로 문화콘텐츠 산업 분야에 있어서의 분쟁을 일괄적으로 처리할 분쟁해결기구가 없다. 따라서 문화산업분야에서는 전문적인 새로운 분쟁해결기구의 설립이 필요하다.

대한상사중재원은 국내 유일의 상설 중재기관으로 국내외 상거래상의 분쟁을 해결하고 있다. 그러나 지적재산권과 관련한 교역의 규모가 적은 이유 등으로 지적재산권과 관련한 중재 건수는 적은 편이다. 앞으로 대한상사중재원의 문화콘텐츠 산업 분야에 있어서 지속적인 관심과 분쟁 해결의 노력이 필요하다.

계간 중재, 2005년 여름호, 윤선희

참고문헌

국내문헌

강이수, "상사중재제도의 개선방향에 관한 연구", 「숭전대학논문집」 제17집, 1987.
강이수, 「국제거래분쟁론」, 삼영사, 1999.
강이수, 「무역클레임론」, 삼영사, 1984.
江平, "중국의 중재제도", 「중재연구」, 제13권 제1호, 한국중재학회, 2003.
강현중, 「민사소송법」, 박영사, 1997.
강희갑. "중국의 국제상사중재규칙의 개정과 중재판단의 승인 및 집행", 2000.
고범준, 「국제상사중재법 解義」, 대한상사중재원, 1991.
고범준, 「국제상사중재법해설」, 대한상사중재원, 1985.
고준환, 「국제상사중재론」, 법문사, 1980.
김범수 · 박효준, "주요 국제중재절차 규칙 관련 고려사항", 「중재」, 2005년 겨울호, 2005. 12.
김병묵 외, 「생활과 법률」, 법문사, 1996.
김상수 "일본에 있어서의 중제제도의 현황과 전망", 「중재학회지」 제2권, 한국중재학회, 1992.
김상수, "仲裁制度의 課題와 展望", 「중재」 제291호, 1999.
김상호, "UNCITRAL 중재규칙에 따른 중재관리와 국내법의 적용", 「중재」 제291호, 1999.
김상호, 「클레임과 무역」, 도서출판 두남, 2002. 7.
김성수, "좋은 중재인의 10가지 이야기", 대한상사중재원. 2002. 7.
김연호, "미국중재법과 중재합의", 「중재학회지」, 2004.
김연호, "중국대외경제무역중재위원회에서의 중재절차 개설", 「중재」, 제285호, 1997.
김용진, 「국제민사소송전략」, 신영사, 1997.
김원배 · 김경배, "대중국 무역분쟁에 관한 연구", 「2003년도 한국무역학회 국제학술발표대회 논문집」, 한국무역학회, 2003.
김중관, "중동 이슬람 지역의 상거래 관습", http://www.okasfa.or.kr
김진원, 「로펌」, 띄인돌, 1999.
김태훈, "미국중재협회 연수기", 「중재」, 대한상사중재원, 2005. 12.

김태훈, "중국섭외중재제도 현지조사", 2002.
唐厚志, "中國의 國際商事仲裁 및 調停制度", 「韓 · 中 · 日 國際仲裁 심포지엄」, 大韓商事仲裁院, 1993.
대한상사중재원, "조정제도", 2001.
대한상사중재원, 「상사중재 30년사」, 1996.
목영준, "국제계약에 있어서의 중재조항", 「사법논집」 제21집, 1990.
목영준, 「상사중재법」, 박영사, 2000.
박상수, 「중국의 대외무역관리제도」, 대외경제정책연구원 지역정보센터, 1994.
박은영, "국제계약에 있어서 중재조항", 「월간중재」, 2005년 가을호 대한상사중재원.
박채균, 「한국 상사중재제도의 발전적 방향에 관한 연구」, 조선대학교 대학원 1979. ;
변재훈, "이슬람 무역계약의 관행과 유의점", 「중재」, 제285호, 1997. 9.
상공부, 「통상연보」, 1973.
손경한, "전자상거래 분쟁의 해결", 「중재」, 2002. 봄호.
손한기, "중국 중재제도의 일 고찰", 「중재학회지」 제3권, 한국중재학회, 2000.
신영무, "국제매매계약과 법적 문제", 「국제거래법 워크샵」, 한국무역협회, 1983.
신한동, "개방경제시대의 분쟁처리 이원화", 「중재」 제289호, 대한상사중재원, 1998.
오현석, "on-line에 의한 ADR 시스템", 「중재」, 제297호, 2000. 9.
유병현, "ADR의 발전과 법원외 조정의 효력", 「법조」 통권 573호, 2004. 6.
유성근, "ADR과 상사중재", 「중재」, 제203호, 1988.
유성근, "UNCITRAL Arbitration Rules와 한국상사중재법규", 「대한상사중재원」, 1976. 5.
이규진, "미국의 ARD에 비추어 본 우리나라의 ADR", 「중재」 제296호, 2000. 6.
이규철, 「대중국 투자전략과 법률」, 도서출판 두남, 2001. 7.
이순우, "AOEC 역내 기업인에 대한 ADR 교육", 「중재」, 제290호, 대한상사중재원, 1998.
이시윤, 「민사소송법」, 박영사, 2001.
이옥영, "무역클레임의 회계처리", 「중재」, 1983. 4.
이원갑, "UN국제상거래법위원회의 설립 · 활동과 통일중재규칙의 제정", 「중재」, 제90호, 1979.
이호원, "개정 중재법에 관한 소고", 「중재」, 2000.
임홍근, "중재기관규칙의 개정과 발전", 「중재」, 2005년 겨울호, 2005. 12.
장문철, 「현대중재법의 이해」, 세창출판사, 2000.
장복희, "중재판정부의 구성과 중재인 선정", http://www.kcab.or.kr/journal/297_10.html
전창원, "클레임 및 조정서한 작성 요령", 「중재」, 1978. 11.
정기인, "경제제도로서의 중재가 되기 위한 몇 가지 문제점", 「중재」 제276호, 1995.
정기인, 「상사중재론」, 무역경영사, 1988.
정영수, "전자법원과 전자 ADR", 인터넷법률 제34호, 2006.
최기원, "한국기업의 해외진출에 따르는 국제간의 분쟁의 해결을 위한 국제상사 중재제도에 관한 연구", 「법학」, 서울대학교, 1978.
최장호, "중국, 대만, 일본상사중재의 제도화와 그 운용", 2003.
최장호, 「상사분쟁관리론」 -클레임과 상사중재 및 ADR, 두남출판사, 2004.
최장호, 「한국무역기업의 상사분쟁관리와 상사중재처리에 관한 연구」, 고려대학교 대학원, 1985.
한국경제신문, 1997. 11. 29.
한국무역협회, 「대중국 교역 및 투자안내」, 1994.
한국무역협회, 「수출입절차해설」, 2004.
한국무역협회, 「최신중국무역현장 가이드」, 2002.
한주섭 · 김상호 · 우성구, 「국제상사중재론」, 동성사, 1997.
홍성규, 「국제상사중재 : 이론과 실제」, 도서출판 두남, 2002. 3.
Abdul Hamid El-Ahdab 저, 정정일 역, "아랍국가에 있어서의 중재판정의 강제집행", 「중재」, 제290호, 대한상사중재원, 1998. 12.

외국문헌

Abdul Hamid El-Ahdab, "General Introduction on Arbitration in Arab Countries", 「International Handbook on Commercial Arbitration」, Kluwer Law and Taxation Publishers, 1992.
Alan Redfern & Martin Hunter, Law and Practice of International Commercial Arbitration, 2nd ed. (London: Sweet & Maxwell, 1991.
American Arbitration Association, 「A Dictionary of Arbitration and its Terms」, 1979.
Aron Broches, 「Commentary on the UNCITRAL Model Law on International Commercial Arbitration」, Denver · Bosten : Kluwer Law and Taxation Publishers, 1990.
BBB AUTO LINE Arbitration Rules October 1998.
Christian Buhring-Uhle, 「Arbitration and Mediation」, Kluwer Law International, 1998.
Clive M. Schmithoff, 「The Export Trade」 5th ed., London : Stevens, 1969,
Convention on the Recognition and Enforcement of Foreign Arbitral Award, New York June 10, 1958.
E Casey Lide, ADR and Cyberspace : The Role of Alternative Dispute Resolution Online Commerce, Intellectual Property and Defamation, 12 Ohio St. J. on Disp. ol. 193, 1996.
Ethen Katch · Janet Rifkin and Alan Gaitenby, "e-Commerce, e-Dispute, and e-Dispute Resolution : In the Shadow of "e-Bay Law"", http://www.disputes.net
Joel B. Erisen, Are We Ready for Mediation in Cyberspace? 1998 BYU L. Rev. 1305.
M. Ethan Katsch, Dispute Resolution in Cyberspace, 28 Conn. L. Rev. 953, 1996.
Mattew R. Burnstein, "Conflicts on the Net: Coice of Law in Transnational Cybe- rspace, 29

Vandervilt Journal of Transna- tional Law, Jan. 1996.

Official Recorders of General Assembly, "Twentieth Session", Agenda Item 72, Document No.A/C. 6/L.571.

Paul Edward Geller, Conflict of Laws in Cyberspace: Rethinking International Copy- right in a Digitally Networked World, in THE FUTURE OF COPYRIGHT IN A DIGITAL ENVIRONMENT(1996), 20 Columbia-VLA Journal of Law & The Arts 571, 1996.

Progressive Development of the Law of International Trade : Report of the Secretary -General : UNCITRAL Year Book, Vol. I.

Robert C. Bordone, Electronic Online Dispute Resolution : A Systems Approach - ential Problems and a Proposal, 3 Harv. negotiation L. Rev. 175, 176. 1998.

Robert D. Fram & Daniel E. Purcell, Choice of Law in Internet-Based Controversies. http://www.hewm.com/choiceex.htm

Roland L. Kramer, 「International Trade」, 6th ed., Ohio : South Western Publishing 1959.

Roland L. Kramer, 「International Trade」, 6th ed., Ohio : South Western Publishing Co., 1959.

Stefan H. Robock · Kenneth Simmonds, 「International Business and Multinational Enterprise」, Richard D. Irwin, Inc., 1983.

Stephen J. Ware, "Alternative Dispute Resolution", West Group, 2001.

Tang Houzhi, 「Commercial Arbitration In China」, International Commercial Arbitration Forum 1994, The Japan Commercial Arbitration Association, 1994.

Teruo Doi, "Japan", International Hand- book on Commercial Arbitration, Kluwer Law and Taxation Publishers, 1990.

UNCITRAL Model Law on International Commercial Arbitration, 1985. 6.

Yoshikaku Takaish, "International Commercial Arbitration in Japan", International Commercial Arbitration Forum 1994, The Japan Commercial Arbitration Association, 1994.

Yves Derains & Eric A. Schwartz, "A Guide to the New ICC Rules of Arbitration", ver. 「Kluwer Law International」, 1998.

內田晴康・橫山經通 編著, インターネット法 ー ビジネス法務の指針, 商事法務研究會, 1997.

陶春明・王生長 編, 「中國國際經濟貿易仲裁」, 人民中國出版社,1992.

譚兵主 編, 「中國仲裁制度硏究」, 法律出版社, 1995.

陶春明・王生長 編, 「中國國際經濟貿易仲裁」, 人民中國出版社, 1992.

貿易實務講座刊行會, 「貿易と法律」, 東京 : 有斐閣, 1970.

森井 淸, 「國際商事仲裁」, 東京 : 東洋經濟新聞社, 1979.

森井 淸, 「貿易クンムと對策」, 東京 : 東洋經濟新聞社, 1979.

小島武司, 「會社法務入門」, 靑林書院新社, 1983.

三戶岡道夫, 「經營法學門」, 日本經濟新聞社, 1979.

小山 升, 「仲裁法」, 東京:有斐閣, 1981.

粟津光世, "日本・中國・台灣・香港の 判決, 仲裁判斷の 相互承認と 執行の 現況", 「國際商事法務」, vol. 26, No.11, 1998.

楊平燮, "我國進口體制改革方向化原則", 「國際商報」, 1992. 4.

楊平燮, 「中國外貿法律指引」, 1992. 8.

王令麟, "我國仲裁制度的回顧與展望", 「飛躍中的我國仲裁制度」, 力覇文化傳播, 1995.

王存學, 中國經濟和訴訟實用手冊, 中國發展出版社, 1993.

齊藤詳男, 「貿易實務解說」, 世界書院, 昭和 54.

中華人民共和國, 「海關法」, 2001. 1.

中華人民共和國, 「憲法」,1982. 12.

陳桂明, 「仲裁法令」, 中國政法大學出版社, 1992.

村上幸隆, "中國仲裁法施行後の 仲裁機關の 再編と 仲裁規則", 「國際商事法務」, vol. 25, No. 9, 1997.

土井輝生 編, 「仲裁判定要約集」, 東京 : 國際商事仲裁協會, 1980.

唐厚志, "中國의 國際商事仲裁 및 調停制度", 「韓中日國際仲裁심포지엄」, 大韓商事仲裁院, 1993.

道垣內正人 早川吉尚, 「諸外國におけるUNCITRAL仲裁モデル法の採用狀況」, 國際商事仲裁協會委託研究, 1997.

貿易實務講座刊行會, 「貿易と法律」, 東京 : 有斐閣, 1970.

棚瀨 孝雄, 「紛爭と裁判の法社會學」, 法律文化社, 1992.

森井 清, 「國際商事仲裁」, 東京 : 東洋經濟新聞社, 1979.

森井 清, 「貿易クンムと對策」, 東京 : 東洋經濟新聞社, 1974.

森井 清, 「グレイムド對策」, 日本經濟出版社, 1972.

三戶岡道夫, 「經營法學入門」, 日本經濟新聞社, 1979.

小島武司, 「會社法務入門」, 青林書院新社, 1983.

小島武司・伊藤眞, 「裁判外紛爭處理法 : Alternative Dispute Resolution」, 宥斐閣, 1998.

小山 升, 「仲裁法」, 東京:有斐閣, 1981.

粟津光世, "日本・中國・台灣・香港の 判決, 仲裁判斷の 相互承認と 執行の 現況", 「國際商事法務」, vol. 26, No.11 1998.

王令麟, "我國仲裁制度的回顧與展望", 「飛躍中的我國仲裁制度」, 力覇文化傳播, 1995.

王存學, 「中國經濟仲裁和訴訟實用手冊」, 中國發展出版社, 1993.

齊藤詳男, 「貿易實務解說」, 世界書院, 昭和 54.

陳桂明, 「仲裁法令」, 中國政法大學出版社 1992.

陳桂明・王生長 編著, 「中國國際經濟貿易仲裁」, 人民中國出版社, 1992.

出川一雄, 「會社法制部」, 商事法務研究會, 1982.

澤田壽夫, "仲裁機關規則の展開", 松浦 馨・青山善允編, 「現代仲裁法の要點」, 1998.

土井輝生 編, 「仲裁判定要約集」, 東京 : 國際商事仲裁協會, 1980.

Internet Site

http://blog.daum.net/ftjapan99/909937

http://blog.naver.com/berdnamuryu/7996136

http://blog.naver.com/kathyyu/8437983

http://jurisint.org/pub/02/ed/doc/63.htm

http://kr.blog.yahoo.com/kenzo4644/240.html#lifelaw0301

http://kr.dic.yahoo.com/search/enc/result.html?pk=11284350

http://ks.hmall.com/top/detail?eid=06TJp

http://vmag.org

http://www.adrgroup.co.uk

http://www.arbiter.wipo.int

http://www.asser.nl/ica/nyca-eng.htm#IT14 6. 23. 2003.

http://www.bbbonline.org

http://www.chinagate.com.cn/english/1058.htm 4/30/2003

http://www.clickNsettle.com

http://www.cybercourt.de

http://www.cybersettle.com

http://www.disputes.org

http://www.ecmc.or.kr/troublemedi/troublemedicomm.asp

http://www.ecmc.or.kr/troublemedi/troublemedicomm.asp

http://www.e-mediation.nl

http://www.fsm.de/bes/index.html

http://www.happycampus.com/pages/2003/12/11/D2664631.html

http://www.iccbo.org

http://www.i-courthouse.com

http://www.internetneutral.com

http://www.iris.sgdg.org/mediation

http://www.ita.doc.gov/exportamerica/TechnicalAdvice/ta_ChinaDispute.pdf, 6/15/2003

http://www.kcab.or.kr/journal/301_3.htm 6/17/2003

http://www.kcab.or.kr/journal/302_9.htm 6/18/2003

http://www.kcab.or.kr/M6/M6_S2.asp 6/20/2003

http://www.kiec.or.kr/htm/kor/about/e_committee/kiec.htm

http://www.lawsee.com/lawinfo

http://www.ombuds.org.org
http://www.onlinemediators.com
http://www.settleonline.com
http://www.transecure.org
http://www.trustedshops.org
http://www.which.com/webtrader

영문색인

A

B

C

D

E

F

G

I

국문색인

저자약력

박승락

중앙대학교 무역학과 졸업 (상학사, 경영학석사), 한국방송통신대학교 졸업 (법학사)
영국 웨일즈대학교 국제운송학부 졸업 (경제학박사)

현 청주대학교 경제통상학부 무역학전공 교수

(사)한국통상정보학회 수석부회장, (사)한국국제상학회 부회장 역임
관세청 품목분류위원회 위원, 국립중앙도서관 외국도서 선정위원 (무역학분야), 행정고등고시 출제위원, 관세사 시험 출제위원

저서

항만하역산업의 구조조정과 정책과제 (도서출판 창보, 1995), 세계화와 한국무역 (동성사, 1997)외 다수

논문

Changing Seaport Systems and Port Planning Strategies in the Container Age : A Korean Case, 철도소화물 운송사업의 활성화를 위한 택배시스템 도입 방안에 관한 연구 외 다수

윤영한

청주대학교 경상대학 무역학과 졸업 (경영학사)
청주대학교 대학원 무역학과 수료 (경영학석사, 경영학박사)
강남대, 충북대, 서울디지털대, 청주대 무역학과 강사 역임
주성대학 국제문화과 전임강사, 전자상거래과 조교수, 경영과 부교수 역임

현 충북개발연구원 산업경제실 연구위원

통산정보학회, 국제e-비즈니스학회 상임이사, 국제상학회, 국제지역학회 이사, 한국무역학회 정회원

저서

사이버무역의 동향과 전망 (한국무역협회, 2000), 전자상거래 (텔렉처, 2003), 국제무역결제-전통적 결제와 전자결제 (두남출판사, 2005), 국제상거래실무 (주성대학출판부, 2006) 등

논문

글로벌 전자상거래 인증제도의 확립방안에 관한 연구 외 40여편

이재영

청주대학교 경상대학 무역학과 졸업 (경영학사)
청주대학교 대학원 무역학과 수료 (경영학석사, 경영학박사)

현 청주대학교 경제통상학부 무역학전공 전임강사

국제통상전략연구원 원장 (현), 청주세관 이의신청 심의위원, 한국전자거래진흥원 이러닝 수출전략연구회 연구위원, 청주대학교, 충남대학교, 우송대학교 강사

저서

정보화시대 무역의 이해 (우용출판사, 2007)

논문

"중국의 반덤핑제도에 관한 연구", "WTO 기술무역협정과 위생 및 식물검역협정과의 주요 쟁점 연구" 외 다수

무역분쟁의 예방과 해결

2008년 6월 23일 초판 인쇄
2008년 6월 27일 초판 발행

저자 / 박승락, 윤영한, 이재영
발행인 / 고종식
발행처 / 우용출판사
등록일 / 1997년 11월 25일
출판등록 / 제 2001-1호
주소 / 서울특별시 마포구 망원1동 338-53
전화번호 / 02) 324-6577
팩시밀리 / 02) 324-6177

정가 / 23,000원

ISBN / 978-89-6249-000-8 93320

www.choolpansa.com